Inhalt

Der Nationalsozialismus in Deutschland 1933–1945

* Begriffe, die im Anhang erläutert werden, sind im Text durch ein vorangesetztes ▷ gekennzeichnet.

1931: Ernst Barlach für den Krieg 1914/18
1939 Entfernung des Reliefs
1949/50 Wiederherstellung

Denkmäler des Krieges (in Hamburg)

1880: für den Krieg 1870/71

1935/1985: Alfred Hrdlickas Denkmal für die Opfer des Zweiten Weltkriegs vor dem nationalsozialistischen Denkmal von Richard Kuöhl mit dem Leitspruch: „Deutschland muss leben, wenn wir auch sterben müssen."

Einleitung: Deutschlands politischer Weg in die moderne Industriegesellschaft – ein Sonderweg?

Die Weltgeschichte der letzten beiden Jahrhunderte ist zunehmend von zwei Prozessen bestimmt: der Industrialisierung und der Demokratisierung. Nur der Übergang der Menschen zur Sesshaftigkeit und Landwirtschaft in der Jungsteinzeit (Neolithische Revolution) lässt sich hinsichtlich seiner Tragweite mit den Entwicklungen vergleichen, die mit den politischen ▷ Revolutionen in England im 17. Jahrhundert, in den USA (1776) und in Frankreich (1789) sowie der um 1750 einsetzenden industriellen Revolution in England begannen. In diesen Rahmen muss man auch die deutsche Geschichte einordnen, die Geschichte einer Industriegesellschaft (seit der Mitte des 19. Jahrhunderts) auf ihrem schwierigen Weg zwischen autoritärer Monarchie, Demokratie und Diktatur.

So eindeutig und einleuchtend der Rahmen von Industrialisierung und Demokratisierung auf den ersten Blick erscheint, als so schwierig erweist er sich bei näherem Hinsehen. Lange Zeit herrschte in der Soziologie und der Sozialgeschichte die Ansicht vor, dass Demokratie und Industrialisierung in einem direkten Abhängigkeitsverhältnis zueinander stünden. Die Industrialisierung bedinge einen stetigen sozialen und kulturellen Wandel in Richtung auf eine Nivellierung von gesellschaftlichen Unterschieden, Ausbau der Massenbildung, Ausdehnung der Informationsmöglichkeiten, bessere Lebensbedingungen der Massen und wachsende politische Mitbestimmung. Dabei wurde lange eine Tendenz der Entwicklung zu einem höheren und besseren Zustand – wie auch immer solche Bewertungen begründet wurden – erwartet: Der Fortschritt war ein zentraler Begriff des gesellschaftlichen politischen Denkens seit dem 18. Jahrhundert.

Aber historisch lässt sich eine solche fortschrittliche Entwicklung nicht als Notwendigkeit nachweisen. So sind die demokratischen Ideen und Institutionen in den USA, Großbritannien und Frankreich im Wesentlichen schon vor der Industrialisierung entwickelt worden. Dagegen blieben noch im 20. Jahrhundert funktionierende demokratische Verfassungen in den neuen industrialisierten Gesellschaften eher die Ausnahme. Gerade in Deutschland entfaltete sich das hochindustrielle System im monarchischen Kaiserreich und in der nationalsozialistischen Diktatur erfuhr es einen wichtigen Modernisierungsschub. Nach 1945 wurde eine parlamentarische Demokratie nach westeuropäischem Vorbild nur in einem Teil Deutschlands durchgesetzt, zunächst durch äußeren Druck und erst allmählich grundsätzlich akzeptiert.

Von einem automatischen Zusammenhang zwischen Industrialisierung und Demokratie kann also nicht die Rede sein, vielmehr bleiben für die Durchsetzung demokratischer Rechte „die Amerikanische und die Französische Revolution weitaus wichtiger als die Industrielle Revolution“, wie es der Historiker Hans-Ulrich Wehler formuliert hat. Wenn also Industrialisierung die Ausdehnung demokratischer Mitbestimmung nicht aus sich selber hervortreibt, dann kann sie nur ein wünschenswertes Prinzip staatlicher und gesellschaftlicher Ordnung sein und durch politisches Wollen und Handeln verwirklicht werden. Dieses Verlangen nach politischer und gesellschaftlicher Partizipation und die ihm entgegenwirkenden Kräfte sollen im Folgenden die Darstellung und Dokumentation der Geschichte Deutschlands zwischen Demokratie und Diktatur bestimmen.

Die Demokratisierung im Europa des 20. Jahrhunderts ist ein Prozess voller Rückschläge und Stagnationen. Der Erste Weltkrieg ist von den

Westmächten – und besonders den USA – im Namen der Demokratie geführt worden. 1917/19 entstanden neue Demokratien auf dem Boden der alten Monarchien Deutschland, Österreich-Ungarn und Russland und gleich darauf begannen die ersten wieder zu versagen – angefangen mit der faschistischen Machtübernahme 1922 in der konstitutionellen Monarchie Italien. 1937 waren alle neuen Demokratien – mit Ausnahme der Tschechoslowakei – gescheitert. Aber in keinem Land war das Scheitern so katastrophal, in seinen Folgen so verheerend wie in Deutschland. Ein hochindustrialisiertes und hochzivilisiertes Volk, das besonders stolz auf seine humanistische geistige Tradition war, brachte ein in der uns bekannten Weltgeschichte einzigartiges Terrorsystem hervor, das in dem Versuch gipfelte ganze Völker zu dezimieren (Polen, Ukrainer, Russen) oder gar auszurotten (Juden). Die Größe und Einmaligkeit der deutschen Verbrechen erschütterten nachhaltig den Glauben an einen Fortschritt der Menschheit. Sie forderten und fordern noch heute die Deutschen heraus, das an Erinnerung, Erklärung, Trauer und Annahme der Folgen zu leisten, was man unter dem Begriff der Bewältigung oft etwas gedankenlos zusammenfasst.

Schon früh suchten Historiker und Politiker die Einmaligkeit dieses Geschehens aus einer eigenartigen Entwicklung, die Deutschland von den westlichen Demokratien scharf unterschied, d. h. aus einem „deutschen Sonderweg", zu erklären. In Frankreich, England und den Vereinigten Staaten wurden schon während des Ersten Weltkrieges die obrigkeitsstaatlichen Traditionen Deutschlands in der Neuzeit hervorgehoben und mit den eigenen demokratischen Traditionen kontrastiert. Besonders klar wurde diese These eines „deutschen Sonderweges" im Jahre 1915 von dem amerikanischen Nationalökonomen und Soziologen Thorstein Veblen formuliert. Er sah einen Widerspruch zwischen den rückständigen geistigen und gesellschaftlichen Zuständen Deutschlands einerseits und seiner auffälligen wirtschaftlichen Dynamik andererseits: Danach übernahm die deutsche Gesellschaft unter preußischer Führung von ihren „fortgeschritteneren Nachbarn den neuesten und höchst effizienten Zustand der industriellen Entwicklung – gänzlich ohne Zusammenhang mit ihrem institutionellen[1] System, aber höchst produktiv, und den Zwecken des dynastischen[2] Staates daher einen breiten Raum eröffnend". Konsequenterweise habe der feudalistische[3] und militaristische Geist des preußischen Staates den Rest des im neuen Kaiserreich zusammengeschlossenen Volkes durchdrungen. Zahlreiche Erklärungen der West-Alliierten im Ersten und Zweiten Weltkrieg belegen die Absicht durch eine Beseitigung obrigkeitsstaatlicher, als typisch preußisch empfundener Strukturen Deutschland sowohl nach innen zu liberalisieren und zu demokratisieren als auch damit nach außen weniger aggressiv zu machen.

Auch in Deutschland selbst waren während des Kaiserreichs wie in der Weimarer Republik Ideen von einer Andersartigkeit der geistigen Werte und der politischen Verfassung der Deutschen verbreitet. Dabei beurteilte man diese Besonderheiten jedoch positiv im Sinne einer Überlegenheit Deutschlands gegenüber den als „schwach" eingeschätzten liberalen Traditionen West-Europas. Sichtbar brach dieses „Sonderbewusstsein" vor allem in der Kriegsbegeisterung zu Beginn des Ersten Weltkriegs 1914 hervor; weiter übersteigert wurde es zum absoluten Überlegenheitsgefühl in der nationalsozialistischen Ideologie.

Erst nach dem Ende der nationalsozialistischen Diktatur wurde der „deutsche Sonderweg" auch in Deutschland negativ, als problematische Abweichung von der demokratischen Entwicklung der westeuropäischen Staaten beurteilt. In einem Buch mit dem programmatischen Titel „Die verspätete Nation" stellte Helmuth Plessner 1946 fest, dass sich Deutschland schon seit der Reformation, spätestens aber seit dem Dreißigjährigen Krieg dem „Westen" entfremdet habe. Deutschlands Beitrag zur Ausbildung eines modernen Staates, der auf der Volkssouveränität aufbaut, sei nur gering gewesen. Die Idee eines Staates, der die Freiheit der Bürger schütze und um des Schutzes der Freiheit willen Rechtsstaat sei, habe wohl auch deutsche Vorkämpfer gehabt, aber in Deutschland nur begrenzte Aufnahme gefunden. Preußen habe eine staatliche Haltung und Gesinnung entwickelt, die im Gegensatz zu den westlichen Ländern an das Gottesgnadentum des Königs gebunden und durch Militär und Beamtenschaft geprägt gewesen sei und statt bürgerlichem Selbstbewusstsein Untertanengeist hervorgebracht habe.

---

1 politisch, d. h. hier parlamentarisch-demokratisch
2 monarchisch
3 adelig im Sinne von vorindustriell, vormodern

Zu Anfang der Sechzigerjahre verknüpfte der Soziologe Ralf Dahrendorf in einem Aufsatz über „Demokratie und Sozialstruktur in Deutschland" die These von einem „deutschen Sonderweg" mit der anglo-amerikanischen „Modernisierungstheorie"[1]. Er schränkte damit die These auf die letzten zweihundert Jahre ein und präzisierte sie so gegenüber dem sehr weiten, bis in die Reformationszeit reichenden Rahmen Plessners. Auch er ging von dem von ihm positiv gewerteten und für notwendig gehaltenen Zusammenhang zwischen Industrialisierung und Demokratisierung aus. Die Besonderheit der deutschen Entwicklung liege in der Schwäche und dem Versagen seiner progressiven Kräfte, der ▷ Bourgeoisie und der Arbeiterschaft, gegenüber der ▷ feudalen Aristokratie. Während in England, den USA und Frankreich die Bourgeoisie die Industrialisierung in Gang gesetzt und so ihre eigene Machtstellung aufgebaut habe, sei in Deutschland die Industrialisierung einer „Revolution von oben" entsprungen und damit die Bourgeoisie „von vornherein eine Bourgeoisie von Gnaden der staatstragenden, vorwiegend preußischen Aristokratie" (→ M 1.1). Die politisch-soziale Rückständigkeit der deutschen Gesellschaft hat nach Dahrendorf erst „die soziale Revolution des Nationalsozialismus" durchbrochen. Sie war für Deutschland der „Stoß in die Modernität", hinter die auch die beiden Nachfolgestaaten des Deutschen Reiches nach 1945 nicht mehr zurückfallen konnten.

Gegen die Sonderwegsthese allgemein und die Dahrendorfscher Prägung im Besonderen wurde schon früh deren Fixierung auf das Deutsche Kaiserreich und seine Strukturschwächen vorgebracht. Letztendlich seien solche Darstellungen übertrieben, ja verzerrt. Das Reich sei z. B. schon ein Rechtsstaat gewesen, das Bürgertum insgesamt keineswegs so schwach, wie Dahrendorf behauptete. Die Chancen zur Ausweitung demokratischer Partizipation seien vorhanden gewesen und in gewissen kleinen Schritten auch vollzogen worden. Jede Nation beschreite schließlich eigene, in gewisser Hinsicht also auch Sonderwege in ihrer historischen Entwicklung (→ M 1.2). Dennoch plädieren auch Kritiker der Sonderwegsthese, wie die Historikerin Helga Grebing, dafür, „die Spur des deutschen Sonderweges", wie er z. B. in Bürokratisierung, Militarisierung und Untertanenmentalität zum Ausdruck kam, nicht aufzugeben, allerdings seine „Eindimensionalität" in seiner engen Ausrichtung auf die nahezu als unausweichlich empfundene „deutsche Katastrophe" zu korrigieren.

Schon die These vom deutschen Sonderweg warf das Problem vom Allgemeinen und Besonderen in der Geschichte auf. Dies verschärft sich noch in der Diskussion um die Faschismustheorien. Aus der Analyse der Erscheinungsweisen und des Selbstverständnisses der rechtsradikalen Bewegungen in Europa zwischen den Weltkriegen versucht Ernst Nolte (→ M 10.3), den ▷ Faschismus als eine politische Idee zu erklären, die als nationalistische Antwort auf die bolschewistische Revolution entstanden sei. Der Faschismus in seiner politischen Verwirklichung war so zunächst Verbündeter des nationalen Bürgertums, das er aber nach seiner Machteroberung als Gegner ansah.

Marxistische Theoretiker leiteten bereits vor dem Zweiten Weltkrieg den Faschismus aus der Analyse der ökonomischen Entwicklung ab. Faschismus und Nationalsozialismus waren danach eine reaktionäre politische Antwort auf die Krise des ▷ Kapitalismus nach dem 1. Weltkrieg, um diesen gegen die Bedrohung durch die Arbeiterbewegung zu retten (→ M 7.19 B u. M 8.34 C).

Der marxistischen Theorie steht diametral die Erklärung des Faschismus als ▷ Totalitarismus (→ M 10.5) gegenüber. Diese Theorie vergleicht die Herrschaftssysteme des Faschismus und Nationalsozialismus mit denen des Kommunismus. Aus dieser Sicht werden Faschismus bzw. Nationalsozialismus zu gleichen Gegnern der liberalen westlichen Demokratie. Die meist vergröberte politische Nutzung der Faschismustheorien hat diese verallgemeinernden Erklärungsversuche in eine Sackgasse geführt. Einen Ausweg daraus suchen in letzter Zeit Historiker durch vergleichende sozialgeschichtliche Methoden (→ M 10.5) zu eröffnen.

Angesichts dieses vorläufigen Diskussionsstandes halten es die Autoren für wissenschaftlich und didaktisch sinnvoll, die Theorie des deutschen Sonderweges im Sinne Helga Grebings zum leitenden Gesichtspunkt dieses Buches zu machen. Diese wird einerseits dem Nationalsozialismus als einer besonders extremen Form des Faschismus gerecht und andererseits auch dem Interesse an einer vorrangigen Auseinandersetzung mit unserer eigenen Vergangenheit.

---

[1] s. S. 8 f.

Überlegungen zur weiteren Arbeit

Die Einleitung gibt keine Anweisung, wie die deutsche Geschichte im 20. Jahrhundert „richtig“ zu verstehen sei – im Gegenteil! Sie sollten aus der Diskussion um einen deutschen Sonderweg Fragen mitnehmen, mit denen Sie das umfangreiche Material der folgenden Kapitel angehen können: Sie sollten nach Demokratisierungsansätzen und Obrigkeitsdenken, nach bürgerlichem Selbstbewusstsein und Untertanenmentalität fragen; Sie sollten Zwänge und offene Chancen gleichermaßen suchen.
Sie können die Frage nach dem deutschen Sonderweg an dieser Stelle weiter vertiefen, indem Sie die Materialien M 1.1 und 1.2 lesen und die Kriegsdenkmäler auf S. 7 als Ausdruck deutschen politischen Bewusstseins interpretieren. Gleichzeitig sollten Sie aber auch Ihren Blick auf verallgemeinernde Erklärungsansätze richten, um sich neben dem Bewusstsein von der Singularität der deutschen Geschichte der letzten 200 Jahre auch das ihrer Einbindung in die allgemeinen Entwicklungen in Europa und der Welt zu bewahren. Die daraus zu gewinnenden Ergebnisse können uns unsere gegenwärtige und zukünftige politische Verantwortung angesichts der Entstehung eines großen gesamtdeutschen Staates und der daraus folgenden neuen Ordnungsprobleme in Europa und der Welt klären helfen.

Materialien zur Einleitung

Zwei Pole in der Sonderwegsdebatte

M 1 — 1968 – Ralf Dahrendorf: Modernität und deutscher Sonderweg – die These

Das kaiserliche Deutschland war politisch autoritär. „Autoritär“ heißt etwas gänzlich anderes als „totalitär“. Der autoritäre Staat beruht auf dem unbestrittenen Führungsanspruch einer meist traditional legitimierten Schicht, die keiner verbindlichen Kontrolle durch repräsentative Institutionen ausgesetzt ist, die vielmehr die Vielen an politischer Teilnahme hindert, bis sie selbst auf ihren Anspruch verzichten. Der autoritäre Staat ist in dieser Hinsicht kein Willkürregime. Seine Träger herrschen nicht mit Terror, sondern mit jener Mischung von Strenge und Wohlwollen, die die patriarchalische Familienstruktur kennzeichnet. [...]
Der Autoritarismus ist, vor allem in der Form des kaiserlichen Deutschland, vergleichsweise aufgeklärt. Er ist keine Tyrannis oder Despotie, keine absolute Herrschaft. Man wird auch zugestehen müssen, dass der autoritäre Wohlfahrtsstaat ernstlich um die Wohlfahrt der Untertanen besorgt ist. Möglicherweise diente die Sozialgesetzgebung auch der Stärkung staatlicher Macht. Aber ihre Nebenfolgen entwerten ja sozialpolitische Maßnahmen ebensowenig wie solche der Humanität. Das kaiserliche Deutschland hat es manchem seiner Bewohner schwer gemacht; im Großen und Ganzen aber konnte man in ihm in einer Freiheit leben.
Nur eines erlaubt der autoritäre Wohlfahrtsstaat nicht: die Entfaltung des Untertanen zum vollen Staatsbürger mit allen Rechten dieser Sozialfigur. Seine Basis ist die Unmündigkeit derer, die in ihm leben und die wie die Kinder der patriarchalischen Familie gehalten werden. Den Liberalen macht ein solcher Staat es schwer; dem liberalen Prinzip gibt er keine Heimstatt. Aus der Perspektive der politischen Theorie also sind die Verwerfungen der deutschen Gesellschaft des Kaiserreiches ebenso viele Kompromisse; und es lässt sich nicht von der Hand weisen, dass auch die größten Vertreter dieser Zeit die Kompromisse ihrer Umwelt anerkannt, wenn nicht mitgemacht oder gar herbeigeführt haben. Man mag ihnen zugute halten, dass sie sich über die vulkanische Natur der verworfenen Gesellschaft noch nicht im Klaren sein konnten.
Damit klingt das Thema an, durch das sich die so schmerzliche deutsche Geschichte des letzten Jahrhunderts beschreiben lässt und in dem sie mehr Kontinuität enthüllt, als wir gemeinhin in

ihr zu entdecken meinen: Der Ausgang des Deutschen aus seiner selbst verschuldeten Unmündigkeit – so könnte man es in Abwandlung von Kants berühmter Definition der Aufklärung, und nicht ganz ohne Bitterkeit, nennen. Das Bemerkenswerte am kaiserlichen Deutschland war, dass es durch die industrielle Revolution diesen Weg in die Moderne noch nicht fand, sich vielmehr zunächst als industrielle Feudalgesellschaft mit autoritärem Wohlfahrtsstaat konsolidierte. Auch das Deutschland der Weimarer Republik fand diesen Weg noch nicht. An seinem Anfang stand eben keine Revolution. Erst die furchtbare Erschütterung des Nationalsozialismus sollte die deutsche Gesellschaft an den Punkt der Sozialentwicklung bringen, der Modernität und Liberalität zur realen Möglichkeit machte.

Ralf Dahrendorf: Gesellschaft und Demokratie in Deutschland. (dtv) München [4]1975. S. 68–70.

M 2 1980 – Geoff Eley: Sonderweg – Normalweg? – die Kritik

Wenn man das Problem behandelt, warum es in Deutschland nicht gelang, einen stärkeren Anstoß in Richtung auf eine erfolgreiche „Parlamentisierung“[1] vor 1914 hervorzubringen, muss man sich wirklich im Klaren darüber sein, welche Art von Frage man damit stellt, denn im Augenblick werden zwei ganz unterschiedliche Probleme miteinander verquickt. Das eine lautet: Unter welchen Bedingungen konnte eine bürgerlich-kapitalistische Gesellschaft sich erfolgreich reproduzieren, d. h., was waren die gesetzlichen, politischen und ideologischen Grundlagen für einen erfolgreichen deutschen Kapitalismus? Und das zweite lautet: Wie konnte ein liberales politisches System geschaffen werden? Das ist nicht dasselbe. [...] Keinesfalls können wir eine „natürliche“ oder „logische“ Verbindung zwischen einer kapitalistischen Gesellschaft und einer liberalen demokratischen Politik ansetzen. Wenn man erst einmal beginnt, diese Dinge zu konzedieren, dann wird das gesamte Vokabular der deutschen Geschichtsschreibung – nämlich das der „Fehlentwicklung“ und der „Diskrepanz“ zwischen ökonomischer Entwicklung und politischer Rückständigkeit – überflüssig. [...]

Wenn eine einzelne These dieses Aufsatzes besonders deutlich hervortritt, dann die Betonung der Tatsache, dass das Kaiserreich aufgrund seiner eigenen Bedingungen betrachtet werden sollte: nicht als Arena des Zusammenspiels „vorindustrieller Kontinuitäten“, auch nicht als bloßer Auftakt zur späteren Weimarer Zeit und den Dreißigerjahren, eingezwängt zwischen einer vertrauten Vergangenheit und einer bekannten Zukunft, sondern im Gegenteil als eine wichtige Gründerzeit mit eigener Signatur. Die besondere Struktur des kaiserlichen Staates und seine Probleme am Vorabend des Ersten Weltkrieges – die Uneinigkeit der Machtblöcke und das auf lange Sicht verschlechterte Potential[2] für eine Hegemonie[3] – rührte nicht von einem besonderen Erbe politischer „Rückständigkeit“ her (und daher von einer „anomalen“ Bedingung, die durch „Modernisierung“ hätte überwunden werden „müssen“), sondern von einer Anhäufung konjunktureller Widersprüche.[4] [...] Wenn wir die idealistische Auffassung linearer Kontinuitäten[5] und die ihr zugrunde liegende teleologische[6] Konzeption aufgeben, die die deutsche Geschichte des 19. und des 20. Jahrhunderts auf das wohlbekannte Schlussergebnis von 1933 reduzieren, können wir den dichten Schleier der Ausweglosigkeit, der über der deutschen Vergangenheit liegt, eher lüften. [...] Ganz wichtig ist, dass es jene besonderen Formen des Antagonismus von Kapital und Arbeit waren – also die Fähigkeit der großen Konzerne, den Gewerkschaften Widerstand entgegenzusetzen, und ihre gleichzeitige Schwäche auf der politischen Bühne, wie sie sich in den Wahlergebnissen spiegelt –, die beträchtliche Teile der Bourgeoisie zu einer rechtsgerichteten Bündnispolitik mit den Großgrundbesitzern veranlasste; eher handelt es sich hier um eine besondere Kombination von politischen Zwängen als ein besonderes Verhaltensmuster „staatsbürgerlicher Unmündigkeit“.

Geoff Eley: Deutscher Sonderweg und englisches Vorbild. In: David Blackbourn/Geoff Eley: Mythen deutscher Geschichtsschreibung. (Ullstein) Frankfurt/M.-Berlin-Wien 1980, S. 55–58.

---

1 d.h. die Durchsetzung eines politischen Systems, in dem die Regierung vom Vertrauen des Parlaments, nicht eines Monarchen, wie im Deutschen Kaiserreich, abhängig ist.

2 Kräftevorrat

3 Vorherrschaft

4 d.h. zu- und abnehmende Widersprüche in Wirtschaft, Gesellschaft und Politik

5 ungebrochene Fortentwicklung

6 auf ein bestimmtes Ziel ausgerichtet

Das Deutsche Kaiserreich

1 Reichsgründung von oben

Die großen sozialgeschichtlichen und kulturellen Ähnlichkeiten zwischen Großbritannien, Frankreich und Deutschland haben die Unterschiede in der politischen Entwicklung dieser Gesellschaften immer besonders deutlich hervortreten lassen und die Vorstellung von einem deutschen Sonderweg immer neu gefördert. Der frühen und wirksamen Einschränkung der Königsmacht in England seit dem Mittelalter und den revolutionären Ereignissen des 17. Jahrhunderts sowie den französischen Revolutionen 1789, 1830, 1848 und 1871 steht auf deutscher Seite nichts Gleichrangiges gegenüber.

Im März 1848 immerhin setzte sich die von Paris ausgehende Welle europäischer ▷ Revolutionen auch in Berlin, Wien und kleineren deutschen Hauptstädten überraschend schnell und scheinbar unaufhaltsam fort. Selbst die preußische Armee schien unfähig, den Aufstand der ▷ Bürger niederzuwerfen. Aber den Revolutionären – Bürgern und auch bereits Arbeitern – gelang es nicht, ihre politische Macht zu stabilisieren. Die (nach fast allgemeinem Wahlrecht für Männer) gewählte Nationalversammlung stand vor der überaus schweren Aufgabe die Frage der nationalen Einheit – und damit der Zukunft der beiden Großmächte Preußen und Österreich – gleichzeitig mit der Verfassungsfrage zu lösen. In den mühsamen Verfassungsberatungen entschied sich die Mehrheit der Parlamentarier für das Modell einer konstitutionellen ▷ Monarchie, in der die Bürgerrechte durch einen sorgfältig ausgearbeiteten Katalog der ▷ „Grundrechte des deutschen Volkes" besonders gesichert werden sollten. Aber während die Nationalversammlung in Frankfurt – weit ab von den Machtzentren Berlin und Wien – noch um einzelne Verfassungsbestimmungen rang und die Aufmerksamkeit der Deutschen auf sich zog, konnte sich die Macht der Bürokratien und Armeen stabilisieren. 1849 setzten sich die Monarchen durch und lösten das Frankfurter Parlament auf.

Trotz ihrer Niederlage hatten die Bürger gewisse politische Fortschritte erreicht: Die Monarchen gaben ihren Staaten Verfassungen, in denen sie auch Rechte des Volkes anerkannten. In der oktroyierten (aufgezwungenen) Verfassung Preußens (1848/50), die bis 1918 in Kraft blieb, gab es ein Zwei-Kammer-Parlament aus einem adligen Herrenhaus und einem gewählten Abgeordnetenhaus; für das Zustandekommen eines Gesetzes war die Zustimmung beider Kammern und des Königs erforderlich, sodass der Monarch ein Vetorecht besaß. Die Regierung hing allein vom Vertrauen des Königs ab. Außerdem wurden durch das für das Abgeordnetenhaus geltende ▷ Dreiklassenwahlrecht die mittleren und unteren Bevölkerungsschichten in extremer Weise benachteiligt.

Wie in vielen Ländern Europas führte das Scheitern der Revolution auch in Deutschland zu einer Entmutigung und Schwächung der demokratischen Kräfte. Die Forderung nach nationaler Einheit gewann aber nach einigen Jahren der Resignation besonders im liberalen Bürgertum schnell wieder an Boden. Die Feiern zum 100. Geburtstag Friedrich Schillers im Jahre 1859 standen in ganz Deutschland im Zeichen der wiedererwachten Einheitsidee. Immer weniger glaubte man im deutschen Bürgertum allerdings, dass das Ziel der nationalen Einheit „von unten" erreichbar sein würde. Stattdessen hoffte man mehr und mehr auf ein Handeln der deutschen Großmächte Preußen und Österreich.

Obwohl politisch zersplittert, rückten die Staaten und Regionen Deutschlands, unterstützt durch die Verkehrsrevolution (Eisenbahnbau) und verbesserte Kommunikationsmöglichkeiten (Post, Telegrafie), enger zusammen. Das Tempo der Industrialisierung beschleunigte sich nach 1850 deutlich („take off").

Die wirtschaftliche Integration Deutschlands war nur im Bereich der Zoll- und Handelspolitik vorangekommen. Im 1834 gegründeten Deutschen

Zollverein waren die Binnenzölle weggefallen und ein gemeinsamer Außenzoll eingeführt worden. Im Jahre 1854 umfasste der Deutsche Zollverein mit Ausnahme von Hamburg, Bremen und Mecklenburg das spätere Gebiet des Kaiserreichs. Treibende Kraft im Zollverein war Preußen, das Österreich aus Deutschland verdrängte – Österreich gehörte dem Zollverein nicht an und war damit an der allmählich wachsenden wirtschaftlichen Integration Deutschlands nicht beteiligt.

1.1 Bismarck und die preußisch-deutsche Reichsgründung von oben

„Beginnen muss jede Geschichte des Kaiserreichs mit Bismarck", hat noch kürzlich der deutsche Historiker W. Loth festgestellt. Dieser Satz bedeutet nicht, dass ohne Bismarck die nationale Einigung Deutschlands nicht vorstellbar gewesen wäre; ohne Bismarck wäre jedoch die spezifische Form des Kaiserreichs mit seiner Mischung aus obrigkeitlichen und modernen Elementen, preußischen Traditionen und zukunftsweisenden Integrationsschritten nicht realisiert worden.
Otto v. Bismarcks Aufstieg in die politische Verantwortung war ursächlich verknüpft mit dem politischen Großkonflikt um die Heeresreform in Preußen seit etwa 1860. Die von König Wilhelm I., seinen Militärs und der Führungselite des Landes gewünschte Reform bedeutete zunächst eine Heeresvergrößerung, die etwa dem Bevölkerungswachstum entsprach. Da die Dienstzeit der Rekruten jedoch von zwei auf drei Jahre verlängert wurde, das adelsdominierte Offizierskorps vergrößert und die sog. Landwehr – seit der Zeit der Freiheitskriege eine Art Volksheer, dem jeder Gediente (bis zu seinem 40. Lebensjahr) angehörte – praktisch abgeschafft werden sollte, hatte die Reform eine stark reaktionäre Tendenz, gegen die die bürgerlich-liberalen Kräfte in Preußen Sturm liefen. Im Abgeordnetenhaus verweigerten die Liberalen konsequent die Bewilligung der nötigen Finanzmittel. Bei den Wahlen im Dezember 1861 wurde die neu gegründete liberale Fortschrittspartei zur stärksten Fraktion. Insgesamt verfügten die verschiedenen liberalen Gruppierungen in der Zweiten Kammer über eine Dreiviertelmehrheit, die auch nach der Auflösung des Abgeordnetenhauses durch den König bei Neuwahlen vier Monate später nochmals bestätigt wurde.

Auf dem Höhepunkt des Konflikts 1862 war König Wilhelm zur Abdankung bereit – zugunsten seines Sohnes Friedrich, auf den auch in liberalen Kreisen einige Hoffnungen gesetzt wurden. Auf Anraten seines Kriegsministers v. Roon entschloss sich der Monarch zur Berufung Otto v. Bismarcks zum Ministerpräsidenten und spielte damit sozusagen die letzte Karte im Kampf gegen die liberale Opposition aus. Bismarck entstammte einer märkischen Adelsfamilie, verfügte über sehr gute Verbindungen zu den hoch konservativen Kreisen Preußens, war als Gesandter am Frankfurter Bundestag, in St. Petersburg und Paris tätig gewesen. Er galt als ebenso begabter wie ehrgeiziger, bisweilen aber auch unberechenbarer und skrupelloser politischer Kopf – was ihm bis dahin immer den Sprung in das preußische Ministerium versperrt hatte.
Bismarck war entschlossen neue Wege in dem aufgebrochenen Konflikt um die Heeresform zu gehen. Verfassungspolitisch konstruierte er die sog. Lückentheorie, nach der im Falle einer Nichtverständigung zwischen König, Erster und Zweiter Kammer in wichtigen Gesetzgebungsfragen der König selbst die entstehende „Lücke" ausfüllen und notfalls auch ohne genehmigtes Budget regieren müsse. Diese Linie hielt Bismarck konsequent bis zum Jahr 1866 durch und setzte rücksichtslos alle ihm zu Gebote stehenden Machtmittel – Pressezensur, Bespitzelung missliebiger Personen, Maßregelungen von Staatsbeamten usw. – ein.
Bismarcks Kampfkurs empörte und verschreckte die Liberalen in ganz Deutschland, von denen eine Mehrzahl sich gerade Preußen als Partner bei der Realisierung des Einheitsgedankens wünschte. Bismarck hoffte allerdings darauf, gerade die nationale Frage für seine Ziele nutzen zu können. Eine Woche nach seiner Berufung erklärte er: „Preußens Grenzen ... sind zu einem gesunden Staatsleben nicht günstig; nicht durch Reden und Majoritätsbeschlüsse werden die großen Fragen der Zeit entschieden – das ist der große Fehler von 1848 und 1849 gewesen –, sondern durch Eisen und Blut."

Bismarcks Machtpolitik und liberale Entscheidungszwänge

Hauptgarant des komplizierten Status quo in der deutschen Frage war der auf dem Wiener Kongress geschaffene und nach der Revolution wie-

derbelebte – 39 Einzelstaaten bzw. Städte umfassende – Deutsche Bund, in dem der Dualismus der beiden Hauptmächte Österreich und Preußen jede Veränderung blockierte. Bismarck gelang es innerhalb kurzer Zeit, durch geschickte politische Manöver den Deutschen Bund zu sprengen und die politische Landkarte Europas zu verändern.
Als 1863 der dänische König die zum Deutschen Bund gehörigen, aber von ihm in Personalunion regierten Herzogtümer Schleswig und Holstein unter klarem Bruch früherer Abkommen in den dänischen Staatsverband zu integrieren versuchte, sah Bismarck die erste Chance zum Handeln. Zwar wirkte er in den zuerst begonnenen diplomatischen Bemühungen und nach ihrem Scheitern bei der dann verfolgten militärischen Lösung mit Österreich als der anderen deutschen Vormacht zusammen. Aber schon nach dem schnellen militärischen Sieg gegen Dänemark 1864 legte Bismarck bei der notwendigen politischen Regelung für die Elbherzogtümer die Grundlage für einen künftigen Konflikt mit Österreich: Preußen übernahm die Verwaltung der nördlichen Provinz Schleswig, während Österreich die Kontrolle über das südliche Holstein zufiel. Der preußische Ministerpräsident tat im Übrigen alles, um jede Mitsprache des Bundestags in Frankfurt (und damit der anderen deutschen Staaten) oder gar der deutschen Nationalbewegung zu verhindern.
Zielstrebig arbeitete Bismarck nun auf weitere Entscheidungen hin. Im April 1866 schloss er ein auf nur drei Monate befristetes Bündnis mit dem gerade als Nationalstaat entstandenen Italien ab, dem er für den Fall eines erfolgreich gegen Österreich geführten Krieges Venetien zusicherte. Einen Tag nach dem Abschluss des Geheimvertrages mit Italien beantragte er zur Überraschung der gesamten deutschen Öffentlichkeit die Wahl eines deutschen Parlaments – und zwar unter Anwendung des allgemeinen Wahlrechts. Dieser überraschende Schachzug Bismarcks brachte Österreich in eine höchst prekäre Lage: Im Falle der Zustimmung hätte Österreich praktisch die Auflösung des eigenen Staatsverbandes besiegelt, da nur die deutschsprachigen Teile des Vielvölkerstaats für die vorgeschlagenen Wahlen zu einem deutschen Nationalparlament in Frage kamen. Österreich sah daher in Bismarcks Vorschlag eine Verletzung des Bundesvertrags und beantragte die Mobilisierung der Truppen des Deutschen Bundes gegen Preußen.
Die militärische Entscheidung in diesem „Bruderkrieg" fiel überraschend schnell zugunsten Preußens. In der Schlacht bei Königgrätz am 3.7.1866 wurde das österreichische Hauptheer von den preußischen Armeen unter Führung des Generalstabschefs Helmuth v. Moltke geschlagen.
Im Frieden von Prag (23.8.1866) wurde Österreichs Ausscheiden aus dem Deutschen Bund besiegelt, der deutsche Dualismus war beendet. Preußen annektierte nördlich der Mainlinie alle kleineren deutschen Staaten, die auf der Seite Österreichs gestanden hatten, darunter das Königreich Hannover. Die übrigen norddeutschen Kleinstaaten schlossen sich mit Preußen zum Norddeutschen Bund zusammen. Im Februar 1867 kam es zur Wahl des Norddeutschen Reichstags nach allgemeinem Wahlrecht.
Bismarcks Kalkül war damit aufgegangen, eine Teillösung der nationalen Frage im Sinne einer preußischen Machterweiterung bzw. Vormachtstellung erreicht. Diese beträchtliche Machtverschiebung in Mitteleuropa wurde durch eine günstige internationale Konstellation erleichtert, in der Russland nach dem verlustreichen Krimkrieg mit inneren Reformen beschäftigt war, Frankreich sich auf ein riskantes Abenteuer in Mexiko eingelassen hatte und England – jedenfalls die englische Regierung – sich sogar eine Stabilisierung der mitteleuropäischen Verhältnisse durch Preußens Machtzuwachs versprach.
In Deutschland verwandelten sich Kritik und Skepsis gegenüber Bismarck schlagartig in Bewunderung für den großen Staatsmann; der Liberalismus erlitt damit eine schwere Niederlage, da sein Widerstand gegen die Heeresreform als Behinderung der nationalen Einigung erschien. Bismarck nutzte die günstige Situation um im Preußischen Abgeordnetenhaus Indemnität („Straflosigkeit") für die Zeit der Regierung ohne genehmigten Haushalt zu beantragen. In der Auseinandersetzung über diese Frage spaltete sich die bisher kompromisslose liberale Fortschrittspartei, deren rechter Mehrheitsflügel sich als Nationalliberale Partei neu konstituierte, Bismarcks Antrag unterstützte und künftig zur engen Zusammenarbeit mit ihm bereit war. Diese Entscheidung der liberalen Mehrheit wird bis heute kontrovers diskutiert: Gleich ob sie als „Machtverzicht des Bürgertums" (H. A. Winkler) und Unterwerfung unter den preußischen Militärstaat oder im Gegenteil als weise Einsicht in das politisch Machbare gewertet wird – die Entschei-

dungen des Jahres 1866 sind entscheidende Weichenstellungen der jüngeren deutschen Geschichte.

Reichsgründung im Krieg 1870/71

1866/67 war keineswegs sicher, dass aus dem Norddeutschen Bund ein noch größerer deutscher Nationalstaat unter Einschluss der süddeutschen Staaten entstehen würde. Diese schlossen zunächst nur Militärbündnisse mit dem nördlichen Nachbarn ab. In der weiteren Entwicklung spielte die Politik des französischen Kaisers Napoleon III. eine entscheidende Rolle.
Für die Besetzung des vakanten spanischen Throns kam Anfang 1870, von Bismarck durchaus absichtsvoll forciert, ein Prinz aus der katholischen Nebenlinie des Hauses Hohenzollern ins Gespräch, was in Frankreich schnell zu Ängsten vor einer langfristigen Umklammerung führte. Auf französischen Protest und internationalen Druck gaben die Hohenzollern die spanische Thronkandidatur allerdings schnell wieder auf. Veranlasst durch eine Reihe innen- und außenpolitischer Misserfolge, wollte Napoleon III. diesen Verzicht aber zu einem größeren diplomatischen Erfolg seiner Regierung aufwerten. Während eines Kuraufenthaltes des preußischen Königs in Bad Ems verlangte der französische Botschafter eine bindende Erklärung Wilhelms I., auch in Zukunft einer neuen Kandidatur eines Angehörigen des Hauses Hohenzollern nicht zuzustimmen. Dieses Vorgehen nutzte Bismarck aus: Den langatmigen Bericht aus Bad Ems kürzte Bismarck auf eine knappe Mitteilung, die er an die Presse gab (Emser Depesche). Der Kernsatz lautete: „Seine Majestät der König hat es … abgelehnt, den Französischen Botschafter nochmals zu empfangen und demselben durch den Adjutanten vom Dienst sagen lassen, dass seine Majestät dem Botschafter nichts weiter mitzuteilen habe."
Diese öffentliche Brüskierung beantwortete die französische Regierung mit der Kriegserkärung an Preußen. Bismarck hatte die öffentliche Meinung in Deutschland auf seiner Seite. Die süddeutschen Staaten sahen den Bündnisfall gegeben und traten auf der Seite des Norddeutschen Bundes in den Krieg ein.
Entgegen den in den europäischen Hauptstädten vorherrschenden Erwartungen erwiesen sich die verbündeten deutschen Armeen als überlegen. Die militärische Entscheidung fiel am 2.9.1870 bei Sedan, wo die Armeen Napoleons III. eingeschlossen wurden und der Kaiser in Gefangenschaft geriet; in Frankreich wurde die Republik ausgerufen. Der Sedanstag wurde zu

Das Brandenburger Tor in Berlin im Festschmuck zum 25. Jahrestag der Schlacht bei Sedan 1895

einem Jahr für Jahr mit großem nationalistischen Pathos begangenen Gedenktag der Kaiserzeit.
Zu einem raschen Ende des Krieges – wie im preußisch-österreichischen Krieg nach der Schlacht bei Königgrätz – kam es allerdings nicht. Bismarck schloss sich den Forderungen der Militärs nach einer Annexion des Elsass und großer Teile Lothringens an und verlängerte damit den Krieg. Im Friedensschluss 1871 musste Frankreich die Gebietsabtretungen hinnehmen und darüber hinaus die bis dahin kaum vorstellbare Summe von 5 Milliarden Goldfrancs als Kriegsentschädigung akzeptieren. Die Frankreich auferlegten Friedensbedingungen schürten Revancheforderungen und belasteten das Verhältnis zwischen beiden Ländern nachhaltig.
Nach relativ schnellen Verhandlungen mit den süddeutschen Staaten traten diese dem Norddeutschen Bund bei. Der preußische König Wilhelm I. wurde noch während des Kriegs in einer militärischen Zeremonie in Versailles zum Deutschen Kaiser gekrönt.
Anders als von Liberalen und Demokraten 1848 und später erhofft, entstand der deutsche Nationalstaat zwischen 1866 und 1871 unter Anwendung kriegerischer Mittel, die von den Repräsentanten einer fast schon überlebten feudalen, halbabsolutistischen Ordnung eingesetzt wurden. Ihr Hauptvertreter Otto v. Bismarck – nach seinen Erfolgen zum Fürsten ernannt – fühlte sich mehr preußischen Hegemonialbestrebungen als nationaldeutschen Zielen verpflichtet. Die Mittel zur Durchsetzung seiner Ziele waren jedoch durchaus modern: Über gewachsene Legitimitätsansprüche der deutschen Fürsten- und Königshäuser setzte er sich bei der Annexion der norddeutschen Kleinstaaten bedenkenlos hinweg. Zum Entsetzen der großen Mehrzahl seiner konservativen Standesgenossen war er auch bereit das Instrument des allgemeinen Wahlrechts dort einzusetzen, wo er glaubte es seinen Interessen dienstbar machen zu können – Bismarck war davon überzeugt, mit Hilfe des allgemeinen Wahlrechts die konservativen Stimmungen in den unteren Volksschichten zugunsten der monarchischen Interessen bündeln und notfalls auch gegen die Ansprüche des liberalen Bürgertums ausspielen zu können. Unter solchen Aspekten betrachtet, machte Bismarck „Revolution von oben".
Bismarck drängte das liberale Bürgertum wenigstens zeitweise in die Rolle des Zuschauers ab, die es letztlich akzeptierte, da ja mit dem Ziel der nationalen Einheit ein Teil der eigenen Forderungen erfüllt wurde. Außerdem schien vielen Angehörigen des Bürgertums der feudal dominierte nationale Machtstaat gleichzeitig auch ein Bollwerk gegen demokratische oder gar sozialistische Bestrebungen zu sein, die als neue und wachsende Gefahr für die bürgerliche Gesellschaft am Horizont erschienen.

1.2 Verfassung und Parteien im Kaiserreich

Die Präambel der Reichsverfassung vom 16.4. 1871 kennzeichnete das Deutsche Reich als einen von den deutschen Fürsten geschlossenen Bundesstaat. Die Verfassung enthielt keinen Grundrechtskatalog und blieb damit weit hinter dem Entwurf von 1848/49 zurück. In ihren wesentlichen Grundzügen entsprach die Verfassung des Reichs der Verfassung des Norddeutschen Bundes, die Bismarck in ihren Eckpfeilern selbst entworfen hatte.
Die Reichsverfassung brachte Deutschland auf den Weg einer konstitutionellen Monarchie – allerdings mit einigen deutschen Besonderheiten, die vor allem mit der eigentümlichen Konstruktion des Bundesrats zusammenhingen. Bismarck stellte den Bundesrat gern als wirkliche Exekutive des Reichs, als Organ der „verbündeten Regierungen" hin – und verschleierte damit den Einfluss des Reichskanzlers, der als mächtiger Vorsitzender des Bundesrats amtierte.
Der Reichskanzler regierte gestützt auf das Vertrauen des Kaisers – unabhängig von parlamentarischen Mehrheiten. Da alle Reichskanzler (mit nur einer kurzen Ausnahme) gleichzeitig das Amt des preußischen Ministerpräsidenten innehatten, hatten sie in Berlin nicht nur die zunächst schmale Reichsbürokratie, sondern zugleich die Macht und den Sachverstand der preußischen Ministerien zur Verfügung.
Während in der Dritten Französischen Republik (1871–1940) die Regierung an die jeweilige Parlamentsmehrheit gebunden war und der Wechsel zwischen Konservativen und Liberalen in der Regierungsverantwortung in Großbritannien geradezu zum Musterbeispiel eines funktionierenden parlamentarischen Systems wurde, hatten die Parteien in Deutschland keine Aussicht Regierungsverantwortung zu übernehmen. In der politischen Publizistik des Kaiserreichs wurde der in Deutschland gewählte Weg schnell ideologisch überhöht und zum Merkmal eines beson-

deren deutschen Staatsverständnisses gemacht (→ M 1.1).

Die politische Macht des Reichstags war auch dadurch beschränkt, dass sein Gesetzgebungs- und Budgetrecht die Übereinstimmung mit dem Bundesrat voraussetzte. Bismarck tat außerdem alles, um vor allem den Einfluss des Reichstags auf den Heeresetat (anfänglich 95 % der Reichsausgaben!) zu schmälern. Eine Kompromisslösung in dieser Frage sah schließlich mehrjährige Etats für die Armee vor.

Für den Reichstag galt das allgemeine Wahlrecht für Männer über 25 Jahre. Für die einzelstaatlichen Wahlen blieben die jeweiligen Länderregelungen in Kraft. Das bedeutete z. B., dass für die Wahlen zur Zweiten Kammer im mit Abstand größten Bundesstaat Preußen dort das Dreiklassenwahlrecht mit seiner extremen Benachteiligung der unteren Bevölkerungsschichten – bis 1918 – fortbestand.

Die Wahlen zum Reichstag wurden nach dem Mehrheitswahlrecht durchgeführt: Gewählt waren die Kandidaten, die im ersten Wahlgang eine absolute Mehrheit bzw. im zweiten Wahlgang eine relative Mehrheit der Stimmen des jeweiligen Wahlkreises erhielten. Vor allem durch den Zuschnitt der Wahlkreise und die unterschiedliche Bevölkerungsentwicklung in den Wahlkreisen des agrarischen Ostens und der industriellen Regionen im Westen des Reichs führte das Wahl-

Präambeln der deutschen Verfassungen seit 1849

a) Reichsverfassung vom 28. März 1849:

Die deutsche verfassungsgebende Nationalversammlung hat beschlossen und verkündigt als Reichsverfassung [...]

b) Reichsverfassung vom 16. April 1871:

Seine Majestät der König von Preußen im Namen des Norddeutschen Bundes, S. M. der König von Bayern, S. M. der König von Württemberg, S. K. H. der Großherzog von Baden und S. K. H. der Großherzog von Hessen und bei Rhein für die südlich vom Main belegenen Teile des Großherzogtums Hessen schließen einen ewigen Bund zum Schutze des Bundesgebietes und innerhalb desselben gültigen Rechtes, sowie zur Pflege der Wohlfahrt des Deutschen Volkes. Dieser Bund wird den Namen Deutsches Reich führen und wird nachstehende Verfassung haben.

c) Reichsverfassung vom 11. August 1919:

Das deutsche Volk, einig in seinen Stämmen und von dem Willen beseelt, sein Reich in Freiheit und Gerechtigkeit zu erneuern und zu festigen, dem inneren und dem äußeren Frieden zu dienen und den gesellschaftlichen Fortschritt zu fördern, hat sich diese Verfassung gegeben.

Zitiert nach: Dieter Kakies (Hrsg.), Deutsche Verfassungen. Goldmann-Verlag, München o. J.

d) Grundgesetz der Bundesrepublik Deutschland vom 23. Mai 1949

Im Bewusstsein seiner Verantwortung vor Gott und den Menschen, von dem Willen beseelt, seine nationale und staatliche Einheit zu wahren und als gleichberechtigtes Glied in einem vereinten Europa dem Frieden der Welt zu dienen, hat das Deutsche Volk in den Ländern Baden, Bayern ..., um dem staatlichen Leben für eine Übergangszeit eine neue Ordnung zu geben, kraft seiner verfassungsgebenden Gewalt dieses Grundgesetz der Bundesrepublik Deutschland beschlossen. Es hat auch für jene Deutschen gehandelt, denen mitzuwirken versagt war. Das gesamte deutsche Volk bleibt aufgefordert, in freier Selbstbestimmung die Einheit und Freiheit Deutschlands zu vollenden.

Anm.: Mit der staatlichen Einigung 1990 ist auch die Präambel des GG angepasst worden. Sie lautet nun:

Im Bewusstsein seiner Verantwortung vor Gott und den Menschen, von dem Willen beseelt, als gleichberechtigtes Glied in einem vereinten Europa dem Frieden der Welt zu dienen, hat sich das deutsche Volk kraft seiner verfassungsgebenden Gewalt dieses Grundgesetz gegeben. Die Deutschen in den Ländern Baden-Württemberg, Bayern, Berlin, Brandenburg ... haben in freier Selbstbestimmung die Einheit und Freiheit Deutschlands vollendet. Damit gilt dieses Grundgesetz für das gesamte deutsche Volk.

Verfassung des Deutschen Kaiserreichs 1871

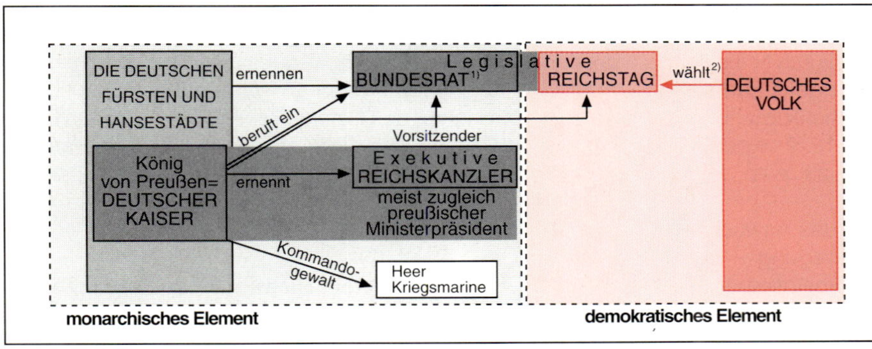

1 Im Bundesrat saßen die Vertreter der 25 Bundesstaaten. Von den insgesamt 58 Stimmen hatte Preußen 17. Verfassungsändernde Gesetze galten bei 14 Gegenstimmen als abgelehnt.

2 nach dem allgemeinen, gleichen und geheimen Wahlrecht für Männer über 25 Jahren

recht des Kaiserreichs zu erheblichen Verzerrungen, von denen die konservativen Parteien wesentlich profitierten.

Oppositionsparteien im Reichstag

Neben der linksliberalen Fortschrittspartei, die auch nach 1871 an ihrem bismarckkritischen Kurs festhielt, nahmen besonders die katholische Zentrumspartei und die zahlenmäßig noch schwachen Sozialdemokraten die Oppositionsrollen im Reichstag ein.
Die erst 1870 gegründete Zentrumspartei verstand es, die katholischen Bevölkerungsteile des neu gegründeten Reichs über alle regionalen und sozialen Unterschiede hinweg politisch zusammenzuführen. Auf Anhieb wurde das Zentrum zweitstärkste Fraktion des Reichstags. Zum wortgewaltigen Sprecher des politischen Katholizismus wurde bald Ludwig Windthorst, der letzter Justizminister des Königreichs Hannover vor der Annexion durch Preußen gewesen war.
Die erfolgreiche politische Etablierung des Zentrums weckte schnell Misstrauen und Widerspruch Bismarcks. Der Reichskanzler fürchtete eine Stärkung des Partikularismus durch die Verbindung der katholischen Bevölkerungsgruppen einschließlich der katholischen Minderheiten in den Grenzgebieten des Reichs – und damit eine Gefahr für sein Werk der Reichsgründung. Der politische Erfolg des Zentrums bei den Unterschichten steigerte Bismarcks Befürchtungen, die auch von den Nationalliberalen geteilt wurden, noch weiter. Bismarck gelang es, den politischen Katholizismus als vom römischen Papst ferngesteuert hinzustellen und damit das Zentrum als „Reichsfeinde" zu brandmarken.
Mit gezielten Repressionsmaßnahmen gegen die katholische Kirche verschärfte Bismarck den Konflikt weiter und hob ihn auf die Ebene einer grundsätzlichen Auseinandersetzung zwischen Staat und (katholischer) Kirche (sog. Kulturkampf). Da die gläubigen Katholiken angesichts der gezielten Unterdrückungsmaßnahmen nur enger zusammenrückten, blieb der Kulturkampf letztlich jedoch stecken: Zwar gelang eine dauerhafte Trennung von Staat und Kirche – sichtbar z. B. in der Einführung der Zivilehe und der Abschaffung der kirchlichen Schulaufsicht –; die Zentrumspartei ging jedoch politisch gestärkt aus der Auseinandersetzung hervor. Bei den zweiten Reichstagswahlen 1874 gaben fast zwei Drittel aller wahlberechtigten Katholiken der Partei ihre Stimme.
Mit noch größerer Härte als das Zentrum bekämpfte Bismarck die Sozialdemokraten, die im ersten Reichstag lediglich zwei Abgeordnete stellten und rund drei Prozent der Stimmen auf sich vereinigt hatten. Erst 1875 vereinigten sich die bis dahin zwei sozialdemokratischen Parteien auf dem Gothaer Parteitag zur Sozialistischen (später: Sozialdemokratischen) Arbeiterpartei Deutschlands (SAPD). 1877 kam die Partei auf zwölf Mandate und rund neun Prozent der Wählerstimmen.
An der Spitze der Partei stand bis zu seinem Tode 1913 August Bebel, der wie kein zweiter die Visionen der Partei von einer Verbesserung der Lage der Arbeiterschaft und einer gerechteren

Gesellschaft verkörperte. Bebel besaß Organisationsgeschick, Zähigkeit und Mut in politischen Auseinandersetzungen und rednerisches Geschick (→ M 1.2). Durch seine Kritik an der Annexion Elsass-Lothringens und seine Sympathien für die französische Republik zog er sich früh Bismarcks Zorn zu. 1872 wurde Bebel in einem Hochverratsprozess zu zwei Jahren Festungshaft verurteilt.
Bismarck fürchtete das Anwachsen der sozialdemokratischen Bewegung – der „Räuberbande, mit der wir gemeinsam unsere größeren Städte bewohnen" – und führte nach Ende des Kulturkampfs seinen „zweiten innenpolitischen Präventivkrieg" (V. Ullrich) gegen die Sozialdemokratie (s. S. 21f.)

1.3 Wirtschaftliche Modernisierung von oben

In den ersten Jahren des Reichsaufbaus ging Bismarck ein Bündnis mit den Nationalliberalen ein, das zukunftsweisende Modernisierungsschritte möglich machte. Die Ausführung der Reformen lag in der Hand kompetenter liberaler Persönlichkeiten in der Reichs- sowie in der preußischen Ministerialbürokratie (R. v. Delbrück als Chef des Reichskanzleramtes, O. v. Camphausen als preußischer Finanzminister).
Die währungspolitische Zersplitterung des Reichsgebietes wurde schnell und ziemlich konsequent beseitigt. Neue Reichswährung wurde die Mark, die die Vielzahl der unterschiedlichen Landeswährungen und Rechnungssysteme – Taler in Preußen, Gulden in Süddeutschland und weitere Münzsysteme in den kleineren Staaten – ablöste.
Mit der Einführung der neuen Währung war der Übergang zum Goldstandard verbunden, den bis zu diesem Zeitpunkt nur England eingeführt hatte, dem sich aber nach und nach alle großen Industrienationen anschlossen. Die Entscheidung für den Goldstandard erleichterte Deutschlands Weg in die Weltwirtschaft, weil er die uneingeschränkte Konvertibilität der neuen Währung sicherte. Schließlich wurde im Jahre 1875 die Preußische Bank in die neue Reichsbank überführt, der von nun an das Aufsichtsrecht über die weiteren 33 Noten ausgebenden Banken zustand.
Schon 1871 trat das Strafgesetzbuch, sechs Jahre später die reichseinheitliche Strafprozessordnung in Kraft. Seit Ende 1874 besaß das Reich die Zuständigkeit für das gesamte Zivil- und Prozessrecht, die allerdings erst zur Jahrhundertwende in das reichseinheitliche Bürgerliche Gesetzbuch mündete. Zur Rechtsvereinheitlichung trug auch die Gründung eines oberen Gerichts, des Reichsgerichts in Leipzig, im Jahre 1879 bei. Im Ergebnis des sog. Kulturkampfs wurde schließlich in wesentlichen Punkten die Trennung von Staat und Kirche durchgesetzt.

1.4 Das „System Bismarck" und die inneren Widersprüche des Kaiserreichs

Die Nationalliberalen sahen die enge Zusammenarbeit mit Bismarck in den ersten Jahren des Reichs als Mittel zum Ausbau des eigenen Einflusses und mittelfristig auch als Schritt auf dem Weg zur erstrebten Parlamentarisierung der Reichsverfassung. Genau diese Konsequenzen der Kooperation mit den Liberalen fürchtete Bismarck jedoch aus tiefster Überzeugung. Seit 1876 bereitete er langsam einen innenpolitischen Kurswechsel vor, bei dem Diskussionen um finanz- und handelspolitische Fragen im Vordergrund standen.
Ausgangspunkt war die schwache Finanzbasis des Reichs, das über keine eigenen Steuereinnahmen verfügte. Nachdem die Finanzspritze der französischen Reparationszahlungen aufgebraucht war, setzte Bismarck auf die Erhebung indirekter Steuern, die dem Reich zufließen sollten. Als mit dem Abflauen der Konjunktur nach 1873 Eisen- und Stahlindustrie immer lauter nach der Einführung von Schutzzöllen verlangten, griff Bismarck auch diese Idee bald auf. Beide Einnahmequellen besaßen aus seiner Sicht den Vorteil, dass sie, wenn sie einmal beschlossen waren, dem Reich vergleichsweise sichere Finanzmittel ohne immer neue parlamentarische Kämpfe um ihre Bewilligung bescherten.
Bismarcks taktischen Überlegungen kamen Verschiebungen im konservativen Lager entgegen: Unter dem Eindruck sinkender Agrarpreise und der Konkurrenz aus Russland forderte 1877 auch eine einflussreiche Lobby konservativer Großgrundbesitzer den Übergang zur Schutzzollpolitik. Fast gleichzeitig gab der rechte Flügel der Konservativen seine bis dahin bismarckkritische Haltung auf und organisierte sich neu in der Deutschkonservativen Partei, die mit ihrem neuen Kurs bei den Wahlen 1877 auch sogleich erfolgreich war.

„Der Pfeil ist auf die Sozialdemokraten gerichtet; wie aber, wenn er über das Ziel hinausfliegt?“
Karikatur aus „Kladderadatsch“, 1878

Die Einführung von Schutzzöllen war gleichbedeutend mit einem klaren Kurswechsel in der Handelspolitik, in der Bismarck bis dahin voll der freihändlerischen Linie der Nationalliberalen gefolgt war. Als sich unter dem Druck mittelständischer Interessengruppen nun auch Abgeordnete der Nationalliberalen Partei für Schutzzölle aussprachen, nutzte Bismarck die Gelegenheit um einen Keil zwischen die verschiedenen Gruppen der Partei zu treiben und die Nationalliberalen so zu schwächen.

Zum endgültigen Bruch zwischen Bismarck und den Nationalliberalen kam es schließlich in der Frage, wie mit der sozialdemokratischen Bewegung umzugehen sei. Bismarck trat für staatliche Repressionsmaßnahmen ein, scheiterte dabei jedoch wiederholt an den Nationalliberalen, die im Reichstag rechtsstaatliche Bedenken gegen Sondergesetze gegen die Sozialdemokraten geltend machten. Erst nach zwei Attentaten auf den Kaiser, die Bismarck fälschlicherweise den Sozialdemokraten anlastete, konnte Bismarck 1878 die vorzeitige Reichstagsauflösung erreichen. Den anschließenden Wahlkampf führte er mit aller Schärfe gegen die Nationalliberalen, die nach dem ersten Attentat ein Sozialistengesetz noch abgelehnt hatten.

Die Wahlen von 1878 brachten im Wesentlichen das von Bismarck gewünschte Ergebnis: eine klare Stärkung der konservativen Parteien und eine ebenso klare Schwächung der Nationalliberalen. Im Reichstag gelang es nun, ein Gesetz „gegen die gemeingefährlichen Bestrebungen der Sozialdemokratie“ (sog. Sozialistengesetz) durchzusetzen, mit dem alle sozialdemokratischen und gewerkschaftlichen Aktivitäten unter Strafe gestellt wurden. Wegen des personenbezogenen Mehrheitswahlrechts konnten allerdings Kandidaten der an sich verbotenen Partei

Reichstagswahl-Ergebnisse der wichtigsten Parteien 1871–1912

Jahr	Konservative[1]		National-liberale		Linksliberale[2]		Zentrum		Sozial-demokratie		Gesamtzahl der Abg.
	a	b	a	b	a	b	a	b	a	b	
1871	23	94	30	125	9,3	47	18,6	63	3,2	2	382
1874	14,1	55	29,7	155	9	50	27,8	91	6,8	9	397
1877	17,7	78	27,2	128	8,5	39	24,8	93	9,1	12	397
1878	26,6	116	23,1	99	7,8	29	23,1	94	7,5	9	397
1881	23,7	78	14,6	47	23,1	115	23,2	100	6,1	12	397
1884	22	106	17,6	51	19,3	74	22,6	99	9,7	24	397
1887	25	121	22,3	99	14,1	32	22,1	98	7,1	11	397
1890	19,1	93	16,3	42	18	76	18,6	106	19,7	35	397
1893	19,2	100	13	53	14,3	48	19	96	23,3	44	397
1898	15,4	79	12,5	46	11,1	49	18,9	102	27,2	56	397
1903	13,4	75	13,9	51	9,3	36	19,7	100	31,7	81	397
1907	13,6	84	14,4	54	11	49	19,4	105	29	43	397
1912	12,2	57	13,7	45	12,3	42	16,4	91	34,8	110	397

1 Deutsche Konservative Partei und Deutsche Reichspartei (Freikonservative)
2 Liberale Vereinigung (1893 Freisinnige Vereinigung, 1910 Fortschrittliche Volkspartei), Deutsche Fortschrittspartei (1893 Freisinnige Vereinigung), Deutsche Volkspartei
a = Stimmenanteil in v. H.; b = Zahl der Mandate

Nach: Das 19. Jahrhundert, 1: Monarchie-Demokratie-Nationalstaat, Informationen zur politischen Bildung 1963. Hrsg. von der Bundeszentrale für politische Bildung, Wiesbaden 1975, S. 28

weiter gewählt werden. Auch die Schutzzollgesetze wurden im Reichstag mit einer neuen Mehrheit, die die wirtschaftlichen Interessen aus Mittelstand, Industrie und Landwirtschaft teilweise quer zu den Parteien organisierte, verabschiedet.
Diese Entscheidungen 1878/79 bedeuteten einen dauerhaft nachwirkenden politischen Umbruch. Mit der von Bismarck gezielt erreichten Schwächung der Nationalliberalen war allen Gedanken an stabile parlamentarische Mehrheiten, die auch Einfluss auf Regierung oder gar Regierungsbildung nehmen konnten, eine klare Absage erteilt. Der Parlamentarismus in Deutschland war in seinen Entfaltungsmöglichkeiten nochmals geschwächt.
In den Achtzigerjahren flankierte Bismarck seine Repressionspolitik gegenüber der Sozialdemokratie durch Ansätze zu einer fortschrittlichen Sozial- und Arbeiterschutzgesetzgebung (Krankenversicherung, Unfallversicherung, Alters- und Invaliditätsversicherung). Die Liberalen lehnten die Sozialgesetzgebung größtenteils als unerwünschte staatliche Einflussnahme in die Wirtschaft ab.

Bismarcks Scheitern

Mit der konservativen Wende von 1878/79 hatte Bismarck den Machtanspruch der Liberalen nochmals entscheidend und, wie sich zeigen sollte, dauerhaft geschwächt. Die Strategie, politische Stimmungen durch die Ausgrenzung und Bekämpfung wechselnder Gruppen zu schüren, hatte sich als wirksam erwiesen und war auch „Vorbild“ für künftige Entwicklungen des Kaiserreichs: Bismarck selbst führte den Kampf mit wechselnden Mitteln und wechselnder Intensität erst gegen Katholiken und Zentrumspartei, dann gegen die Liberalen und schließlich gegen die Sozialdemokraten, die bis 1890 einer beispiellosen staatlichen Repression ausgesetzt wurden.
Dennoch bekam Bismarck selbst zu spüren, dass eine Stabilisierung des politischen Systems durch das negative Mittel der Ausgrenzung vermeintlicher Gegner und ihrer Abstempelung zu „Reichsfeinden“ sich abnutzen musste. Die Sozialdemokratische Partei gewann gerade in der Zeit ihrer Verfolgung eine wachsende Anhängerschaft; Mut und Einsatz ihrer politischen Führer fanden Anerkennung und bisweilen Bewunderung.
Unter Schürung innerer und außenpolitischer Ängste (vor dem katholischen Zentrum und den Sozialdemokraten sowie vor einer künstlich hochgespielten Kriegsgefahr mit Frankreich) gelang es Bismarck 1887 noch einmal, im Reichstag eine ihm genehme Mehrheit aus Konservativen und – nach neuen Spaltungen im liberalen Lager – Nationalliberalen zu erreichen. Die nötige Anpassung des politischen Systems an gesellschaftliche Wandlungen, wie sie in parlamentarischen Systemen über veränderte Mehrheitsverhältnisse möglich ist, hatte Bismarck aber selbst auf Dauer blockiert.
Politische Signale setzte das Dreikaiserjahr 1888. Zunächst zerschlugen sich Hoffnungen auf eine liberale Weiterentwicklung der Verfassung, als nach dem Tode Wilhelms I. dessen Sohn und Nachfolger Friedrich III., auf dem die Hoffnungen vieler Liberaler seit Jahrzehnten geruht hatten, nach nur 99 Tagen starb. Der zweite Thronwechsel auf Friedrichs Sohn, den 29-jährigen Wilhelm II., bedeutete zugleich Generationenwechsel und Generationensprung. Wilhelms II. politische Vorstellungswelt war von ehrgeizigen Zielen und schwärmerischen Ideen geprägt; persönlich war der junge Kaiser sprunghaft, ja unberechenbar. Wilhelm II. war von Anfang an entschlossen das politische Geschehen selbst stärker zu beeinflussen. Bestärkt wurde er in diesem Ziel von seinem Beraterkreis und auch von einer breiten, zunehmend nationalistischen öffentlichen Meinung.
Der Konflikt zwischen Wilhelm II. und Bismarck wurde schließlich zu einem wesentlichen Teil auf dem Feld der Sozialpolitik und des Sozialistengesetzes ausgetragen. Wilhelm II. schwärmte von der Idee eines „sozialen Kaisertums“ – im großen Bergarbeiterstreik an der Ruhr 1889 trat Wilhelm daher auch öffentlich für Lohnerhöhungen der Streikenden ein – und wollte so letzten Endes die SPD entscheidend schwächen. Bismarck dagegen setzte auf eine nochmals verschärfte Vorlage des Sozialistengesetzes, von der er wusste, dass der Reichstag und besonders die Nationalliberale Partei sie ablehnen würden. Aus seiner Sicht war „die soziale Frage nicht mit Rosenwasser zu lösen: hierzu gehöre Blut und Eisen“. Bismarck steuerte also bewusst einen Konfliktkurs und dachte sogar zeitweise an eine „Neugründung des Reiches“ nach einer staatsstreichartigen Aufhebung der Verfassung durch die „verbündeten Regierungen“.
1890 lehnte die Mehrheit des Reichstags eine Verlängerung des Sozialistengesetzes ab und in

den anschließenden Reichstagswahlen erlitten Konservative und Nationalliberale – Bismarcks „Kartell“ von 1887 – eine verheerende Niederlage; Bismarck war gescheitert. Auf Drängen Wilhelms musste Bismarck am 18. März 1890 seinen Abschied einreichen.

Bismarcks Gedankenspiele mit einem Staatsstreich und sein Scheitern zeigten noch einmal das Grunddilemma der Verfassung des Deutschen Kaiserreichs bzw. des „Systems Bismarck“. Die Reichsgründung hatte der wirtschaftlichen Entwicklung Entfaltungsräume eröffnet; gleichzeitig hatte Bismarck aber gehofft, die politischen Konsequenzen des wirtschaftlichen und gesellschaftlichen Wandels aufzuhalten und den Obrigkeitsstaat preußischer Prägung konservieren zu können. Deshalb blockierte Bismarck alle Versuche zur Parlamentarisierung der Reichsverfassung und deshalb begünstigte er 1878/79 nochmals die konservativen Kräfte in Gesellschaft, Armee und Staatsverwaltung, die ein Bollwerk gegen jeden politischen Wandel bildeten.

Stabile Reichstagsmehrheiten und dauerhafte Parteienbündnisse gab es auch nach Bismarcks Entlassung nicht. Bismarcks Nachfolger mussten sich Mehrheiten von Fall zu Fall suchen. Am Ende des Kaiserreichs waren es gerade die von Bismarck als Gegner und Reichsfeinde bekämpften Parteien des Zentrums, der Linksliberalen und der SPD, die durch ihre Kooperation die, wenn auch fragile Basis für ein parlamentarisches System in Deutschland schufen.

In der Geschichtsschreibung ist Bismarck bis heute ein Thema, wie immer neue Einzelstudien und Biografien beweisen. Kontrovers sind bis heute nicht nur einzelne Entscheidungen des Reichskanzlers, sondern auch die Nachwirkungen seiner Politik auf die deutsche Geschichte (→ M 1.3). Damit stellt sich auch erneut die Frage eines deutschen Sonderwegs.

1.5 Gespaltene Gesellschaft

Das Kaiserreich wies in der Bismarck- wie in der Nach-Bismarck-Ära alle Merkmale einer vielfältig gespaltenen Gesellschaft auf, deren Einzelgruppen sich nicht nur in ihrer ökonomischen Stellung und ihrem politischen Einfluss unterschieden, sondern die auch in ihren jeweiligen sozialen Milieus scharf getrennt waren. Die Verfassungsordnung des Kaiserreichs konservierte diese Strukturen und behinderte damit soziale Wandlungsprozesse.

Die Spitze der Gesellschaft bildete, jedenfalls nach Einfluss und Prestige, der preußische Adel. Eine geschlossene Gruppe von rund 25 000 Personen nahm etwa zwei Drittel aller entscheidenden Stellen in Reichsverwaltung, Armee und Diplomatie ein. Überheblichkeit und Machtanspruch der Mehrzahl der Angehörigen der ostelbischen Junker[1] standen oft in krassem Gegensatz zu ihren tatsächlichen Fähigkeiten und Leistungen. „Jedermann in Deutschland weiß“, urteilte 1903 der angesehene Althistoriker Theodor Mommsen, „dass mit einem Kopf wie (dem sozialdemokratischen Parteivorsitzenden) Bebel ein Dutzend ostelbischer Junker so ausgestattet werden könnten, dass sie unter ihresgleichen glänzen würden!“ Der gesellschaftliche und politische Einfluss dieser ▷ Klasse war durch das preußische ▷ Dreiklassenwahlrecht und die Gutsbezirksverfassung besonders gesichert, der die Junker z.B. zum Träger der örtlichen Verwaltung und Polizeigewalt machte.

Wirtschaftlich geriet der ostelbische Adel dagegen durch den weltweiten Rückgang der Agrarpreise seit den Siebzigerjahren trotz der Schutzzollpolitik[2] in Schwierigkeiten, aus denen er bis 1945 nicht mehr herausfand. Anders als der englische Adel, dessen Angehörige sich nicht selten an Handelsunternehmen, Bank- und Kolonialgeschäften beteiligten, versagten sich die Junker einer solchen Öffnung weitgehend.

Bis heute ist es erstaunlich zu sehen, in welchem Umfang das ▷ Bürgertum zur Rezeption adliger Lebensformen und Wertorientierungen bereit war. Manche Historiker sprechen deshalb von einer ▷ Feudalisierung des deutschen ▷ Bürgertums, das etwa in den pseudoaristokratischen Prachtbauten von Großindustriellen wie Krupp und Thyssen (Villa Hügel, Schloss Landsberg) zum Ausdruck kam. Außerordentlich verbreitet war vor allem das Bestreben der Söhne bürgerlicher Familien, in die Stellung des Reserveoffiziers aufzurücken – wofür eine Gesinnung erforderlich war, die von einer einschlägigen Zeit-

---

1 Junker – gebräuchliche Bezeichnung für ostelbische Adlige

2 Schutzzölle (s. auch S. 20f.) wurden erstmals 1879 zugunsten der Landwirtschaft und der Eisen und Stahl erzeugenden Industrie eingeführt und in den folgenden Jahren mehrfach erhöht (▷ Protektionismus).

schrift 1889 so formuliert wurde: „Der bürgerliche sowohl wie der adlige Offizier vertrete das gleiche Prinzip, die aristokratische Weltanschauung gegen die demokratische [...]. Die dem Urgedanken des Offiziersstandes entstammenden Gesinnungen sind: dynastischer Sinn, unbedingte Treue gegen die Person des Monarchen, Erhaltung des Bestehenden [...]".
Heinrich Mann hat die Orientierung an einer feudalen Wertordnung und den verbreiteten Untertanengeist im deutschen Bürgertum in seinem 1914 abgeschlossenen und 1918 erschienenen Roman „Der Untertan" zwar überspitzt, aber nicht falsch gesehen. Dennoch gab es in Literatur, Theater, Mode und anderen Bereichen auch Strömungen, die eher auf eine „Verbürgerlichung der deutschen Gesellschaft" (D. Blackbourn) als auf eine Feudalisierung des Bürgertums hindeuten. Solche Strömungen erreichten aber die politische Ebene nicht.
Die Obrigkeitshörigkeit des deutschen Bürgertums wurde durch die verbreitete Furcht vor der ▷ sozialistischen Revolution zusätzlich begünstigt, die die SPD wenigstens in ihren Programmen anstrebte. In Wahrheit wurde das revolutionäre Potenzial im zahlenmäßig ständig wachsenden Industrieproletariat des Kaiserreichs überschätzt und die Revolutionsfurcht absichtsvoll geschürt. Unter dem Eindruck der politischen Verfolgung und Ausgrenzung fand in der sozialdemokratisch orientierten Industriearbeiterschaft ein Prozess der „negativen Integration" statt. D. h., die Entwicklung führte zwar zu einer von der ▷ bürgerlichen Gesellschaft scharf abgesonderten Subkultur, was sich z. B. in sozialdemokratischen Turnvereinen oder Versicherungseinrichtungen zeigte. Andererseits band gerade diese Subkultur ihre Mitglieder auch wieder an die bestehende Ordnung. Der allmählich wachsende Lebensstandard der Arbeiterschaft in den letzten beiden Vorkriegsjahrzehnten, der weitere Ausbau der Sozialgesetzgebung und die wachsende Bereitschaft der Unternehmer (außerhalb der Schwerindustrie) die Gewerkschaften als Tarifpartner anzuerkennen trugen zu dieser zunehmenden Integration der Arbeiterschaft bei.

Überlegungen zur weiteren Arbeit

Als am 9. November 1918 in Berlin die Republik ausgerufen wurde, gab es keinen radikalen Neuanfang in der deutschen Politik. Nicht nur in Bezug auf die Kriegsfolgen übernahm die erste deutsche Demokratie eine schwere Erblast des untergegangenen Kaiserreichs; viele Strukturen und Traditionen dieses Reiches – so z.B. die Macht der vordemokratischen Eliten oder die mangelnde Erfahrung der Parteien in der politischen Verantwortung – prägten die Nachkriegszeit und bedeuteten eine Belastung für die junge Demokratie. Darüber hinaus musste sich die glanzlose und von Krisen geschüttelte Republik oft den Vergleich mit einer verklärt dargestellten Zeit des Kaiserreichs gefallen lassen. Eine Rückschau auf das Kaiserreich ist daher aus vielen Gründen zum Verständnis der Republik und der späteren Diktatur notwendig.
Dieser Rückblick legt eine genetische Perspektive nahe: Er konzentriert sich zum einen auf die Umstände der Entstehung des Kaiserreichs und damit notwendigerweise auch auf die Person Bismarcks. Zum anderen stehen Verfassung, Parteien und politische Mentalitäten, durch die die politische Kultur Deutschlands und damit möglicherweise sein Sonderweg geprägt waren, im Mittelpunkt der Darstellung.

Materialien zu Kapitel 1

M 1.1 1871 – Deutsches Staatsverständnis und Sonderbewusstsein im Kaiserreich

Der im gebildeten Bürgertum viel gelesene Historiker Heinrich v. Treitschke, Reichstagsabgeordneter der Nationalliberalen Partei, schrieb im Jahre 1871:

Die politische Freiheit liegt nicht allein und nicht wesentlich in den Formen der Verfassung, da ja dieselben Staatsformen verschiedenen Volksnaturen zum Heile oder auch zum Unsegen gereichen; sondern jener Staat ist frei, dessen Gesetze der getreue Ausdruck des Volkscharakters sind, also von den Besten der Nation mit Überzeugung befolgt werden. Die Entwicklung der Freiheit führt nun dahin, dass diese leidende Staatsgesinnung zu einer tätigen Kraft ausgebildet, jeder Bürger zur politischen Arbeit herangezogen, die Macht des Staates durch die Tat des Volkes selber gewahrt wird. Diese ethische Auffassung des Staates, die jeder Staatsform wie jedem Volkstum gerecht wird und jeden politischen Formalismus bekämpft, ruht auf einem schweren Unterbau historischen Wissens und kann darum niemals in ihrem vollen Umfange populär werden. Aber ihre wichtigsten Ergebnisse sind auf mannigfachen Umwegen schon einem großen Teile unseres Volkes in Fleisch und Blut gedrungen; sie offenbaren sich in der Pietät, die der Deutsche, der Preuße mindestens, seinem Staate entgegenbringt, in dem lebendigen Pflichtgefühl, das harte, anderen Völkern unerträgliche Staatslasten als einen Vorzug unseres Gemeinwesens preist. Und eben dieser in schwerer wissenschaftlicher Arbeit, in der opferreichen Geschichte des preußischen Staats gereifte politische Idealismus der Deutschen bleibt den Fremden ein unfassbares Rätsel.

Überall in der Welt herrscht heute die nationalökonomische Ansicht vom Staat, die Sehnsucht nach „viel Geld und wenig Obrigkeit“, und außerdem noch ein politischer Formalismus, den die historische Staatswissenschaft der Deutschen längst überwunden hat. Jede Nation besitzt ihre eigene politische Dogmatik, an deren festen Formeln sie den Wert und Unwert fremder Zustände misst. Der Brite kann sich die Freiheit schlechterdings nicht vorstellen ohne jene parlamentarischen Institutionen, welche die verwickelte Geschichte seiner Heimat gebildet hat [...] Bei allen romanischen Völkern gelten die „Ideen von 89“ kurzweg als das politische Evangelium. Allein unter den Deutschen ist der unbefangene Sinn, der jedes Volkstum aus sich selber erklärt, ein Gemeinbesitz der Gebildeten. [...]

Aber kein Staat der Welt fasst den Staatsgedanken so groß, so menschlich wie der deutsche Staat; keiner strebt so ernst wie er, die uralten Gegensätze des Völkerlebens, Staatsmacht und Volksfreiheit, Wohlstand und Wehrkraft, Bildung und Glauben zu versöhnen. Und weil die Fremden dies im Stillen fühlen, darum hassen sie uns.

Heinrich von Treitschke: Historische und politische Aufsätze, Bd. 3. (Hirzel) Leipzig ^{3}1915, S. 574ff.

M 1.2 1871 – August Bebel (SPD) im Reichstag über die Grundrechte in der Verfassung des neu gegründeten Deutschen Reichs

Ich will hier zunächst nur bemerken, als vor ca. 8 Monaten der König von Preußen Berlin verließ und nach dem Kriegsschauplatz abreiste, er in einer Proklamation ausdrücklich aussprach, dass aus diesem Kriege die freiheitliche und einheitliche Entwicklung Deutschlands hervorgehen solle. Nun, meine Herren, ich hätte denn doch geglaubt, wenn man von höchster Stelle dieses Versprechen nicht erfüllt hat, nach meiner Überzeugung es wenigstens Aufgabe und Pflicht des Reichstags gewesen sei, an dieses Versprechen zu erinnern und alles aufzubieten, um dieses Versprechen zur Verwirklichung zu bringen. [...]

Also, die Herren haben uns seit dieser Zeit beständig damit vertröstet, die Freiheit würde kommen, und jetzt, wo mit der Freiheit nach ihren früheren eigenen Äußerungen der Anfang soll gemacht werden, sagen sie, es ist inopportun, und zu meinem größten Erstaunen tritt diejenige Partei (die Fortschrittspartei), die in dem vergangenen Jahre, wo diese Herren

(auf die Nationalliberalen weisend)

die Parole der Inopportunität[1] ausgaben, diese Parole bekämpft hat, jetzt auf und erklärt ebenfalls, es ist inopportun, die Grundrechte[2] in die Verfassung aufzunehmen. [...]

Indes, diese eigentümliche Erscheinung lässt sich

sehr wohl erklären, und hier komme ich auf das Wort zurück, was der Abgeordnete Treitschke am Sonnabend ausgesprochen hat, nämlich, dass es in die Zeit der politischen Kinderjahre gehöre, wo man Grundrechte und dergleichen Dinge in eine Verfassung aufgenommen hat. Ich gebe diesem Satze allerdings eine andere Interpretation, wie er sie gegeben hat. Der Abgeordnete von Treitschke hat vollständig Recht, von politischer Kindheit zu reden, wenn er die Zeit von 1848 erwähnt. Denn, meine Herren, politische Kinder können es allerdings nur gewesen sein, die in einer Reichsverfassung, an deren Spitze der König von Preußen als deutscher Kaiser stehen soll, absolute Pressefreiheit, absolutes Vereins- und Versammlungsrecht, Trennung der Schule von der Kirche, der Kirche vom Staat, die Gewährleistung der persönlichen Freiheit und noch eine Menge anderer Dinge verlangen. Das von dem König von Preußen, überhaupt von einem Fürsten zu verlangen, ist allerdings kindisch.

(Heiterkeit.)

Denn, meine Herren, wir dürfen nie vergessen, dass die Interessen des Volkes und die Interessen der Fürsten entgegengesetzt sind,

(Widerspruch und Gelächter.)

dass der Fürst das Interesse hat, möglichst absolut zu regieren, und dass er dieses Interesse nur insoweit wird fahren lassen, als er durch die öffentliche Meinung und nötigenfalls durch die physische Gewalt des Volkes dazu gezwungen wird. Aber in einer Zeit, wo die preußische Staatsmacht und die gesamte deutsche Macht dem König von Preußen als Kaiser von Deutschland zur Verfügung steht, wo er über eine Million Bajonette zu verfügen hat, im Parlament darüber zu debattieren, ob man absolute Vereinsfreiheit usw. vom Könige von Preußen verlangen könne, ja, meine Herren, das können allerdings ernsthafte politische Männer nicht tun, die das wissen, dass alle politischen Fragen, alle Rechtsfragen zugleich *Machtfragen* sind. […]
Meine Herren, der Liberalismus muss sich eingestehen, dass er, wenn er mit freiheitlichen Forderungen kommt und wenn er diese freiheitlichen Forderungen ernsthaft verficht, auf alle Fälle auf unsere Unterstützung rechnen kann. Er weiß aber auch, dass die Durchsetzung der freiheitlichen Forderungen wesentlich uns, der revolutionären Partei, zugute kommt, und weil er das eben weiß, darum werden wir in Deutschland, im neuen Deutschen Reich genau das erleben, was wir in Frankreich und in anderen Ländern, wo die revolutionäre Partei in gewisser Stärke vorhanden war, stets erlebt haben, dass nämlich diese Herren sich lieber in die Arme der reaktionärsten Regierung werfen, als sich in eine noch so schwache Verbindung mit der Revolutionspartei einzulassen.

(Von *allen* Seiten: Sehr richtig!)

Zit. nach: Eberhard Jäckel / Axel Kuhn (Hrsg.): Deutsche Parlamentsdebatten I. (Fischer) Frankfurt 1970, S. 49 ff.

---

1 Unzweckmäßigkeit

2 Die Reichsverfassung von 1871 enthielt keinen Grundrechtskatalog; allerdings garantieren die Verfassungen der Bundesstaaten in unterschiedlichem Umfang Grundrechte (vgl. S. 17f.).

M 1.3 Bismarck im Urteil von Historikern

A – Johannes Willms (Verfasser einer Bismarck-Biografie, Feuilletonchef einer überregionalen deutschen Tageszeitung):

Bismarck [verstand] die Dynamik jener Kräfte nicht, die ein sich rasant entwickelndes kapitalistisches Wirtschaftssystem freisetzte, für die das neu geschaffene Reich die Rahmenbedingungen schuf. Weil er diese Kräfte und ihre vielfältigen gesellschaftlichen und politischen Auswirkungen nicht begriff, war er auch immer weniger imstande, sie zu bändigen. Dazu gehörte auch jener Nationalismus, der im Bismarckreich besonders heftig aufschäumte. Gewiss handelte es sich dabei um Entwicklungen, die nicht auf das Deutsche Reich beschränkt blieben, sondern sich in allen europäischen Staaten und in den USA bemerkbar machten. Aber nur in Deutschland verdichteten sie sich zu einem explosiven Gemisch. Dass es nicht nur einmal, 1914, sondern zum zweiten Mal nach 1933 zündete und die Welt in Brand setzte, hing entschieden mit Bedingungen und Strukturen zusammen, für die Bismarck verantwortlich war.
Bismarck war der erste Dämon, der den Deutschen in ihrer jüngeren Geschichte erwuchs. Er setzte in der Nachfolge Friedrichs II. das Beispiel für eine Politik, bei der Macht allemal vor Recht und Rücksicht ging. Er lieferte das Exempel für eine Vergötzung des Erfolgs ohne Rechnung der Kosten und Folgen. Sein angeblich langfristiges und vorausschauendes Planen und Hecken ist im Wesentlichen nur frommer Selbstbetrug seiner

Bewunderer. Sie achteten und verehrten in Bismarck einen Mann, der in allem das war, was sie selbst sich nicht zugestanden: maßlos.

Johannes Willms: Bismarck. Dämon der Deutschen – Anmerkungen zu einer Legende. (Kindler) München 1997, S. 264f.

B – Otto Pflanze (amerikanischer Historiker, Verfasser einer mehrbändigen Bismarck-Biografie):

WELT: *Nach einer gewissen linearen Betrachtungsweise der deutschen Geschichte führt ein „gerader Weg" von Luther über Friedrich II. und Bismarck hin zu Hitler. Würden Sie sagen, dass sein nationalistisches Konzept die Grundlage einer solchen These liefern könnte?*

Pflanze: Nein. Bismarcks Nationalismus beschränkte sich auf die Schaffung des deutschen Reiches und bestimmte nicht seine Außenpolitik. [...] Das Merkwürdige an dieser These vom „geraden Weg" der deutschen Geschichte ist, dass sie den Lauf der Jahre von 1806 bis 1933 geradezu deterministisch und entpersonalisiert darstellt, als einen Weg ohne Seitenstraßen und ohne Wendemöglichkeiten, während sie andererseits die persönliche Rolle Bismarcks weit überschätzt. Bismarcks Herrschaftstechnik wird als ungeheuer genial dargestellt und habe gerade deshalb den unglücklichen Verlauf der deutschen Geschichte so entscheidend bestimmt. Diese Einschätzung geht an der Realität vorbei.

WELT: *Wie weit reicht die politische Verantwortung Bismarcks für Deutschland über seinen Tod hinaus? Kann man etwa jene Faktoren, die zum Ausbruch des Ersten Weltkrieges beigetragen haben, indirekt als Folgen der Bismarckschen Politik bezeichnen?*

Pflanze: ... Ich kann dieser These von Bismarcks Verantwortung für den Ersten Weltkrieg nicht zustimmen, denn die grundlegende Entscheidung, die zum Ersten Weltkrieg führte, wurde erst nach Bismarcks Entlassung 1890 gefällt. Während Bismarck in seiner Außenpolitik immer auf ein Gleichgewicht bedacht gewesen war, brachte Wilhelm II. durch seine Prahlerei mit der deutschen Weltmacht nun einen offensiven Zug in diese Politik. Er vertat die Chance, nach der Nichterneuerung des 1887 geschlossenen Rückversicherungsvertrages mit Russland England als Verbündeten zu gewinnen. Damit aber war jene Situation eingetreten, vor der Bismarck immer gewarnt hatte. Das Deutsche Reich war von Österreich-Ungarn als einzigem Verbündeten abhängig. Dieser Umstand und die Sorge um die Stabilität des Habsburgerreiches führten schließlich dazu, dass der deutsche Kaiser und Reichskanzler die Wiener Regierung zu jenem unglückseligen Ultimatum an Serbien[1] drängte.

Die Welt, 20.7.1998

---

[1] vgl. S. 33

M 1.4 1896 – Liberale Kritik am deutschen Bürgertum

Max Weber (1864–1920) war einer der bedeutendsten Sozialwissenschaftler und politischen Theoretiker. In seiner Antrittsrede an der Universität Freiburg ging er weit über akademische Fragen hinaus. Er begann mit einer Würdigung der „Junker", des preußischen Adels, und ihres größten Vertreters, Bismarck:

Die Gutshöfe des Ostens waren die Stützpunkte der über das Land dislozierten[1] herrschenden Klasse Preußens, der soziale Anschlusspunkt des Beamtentums, – aber unaufhaltsam rückt mit ihrem Zerfall, mit dem Schwinden des sozialen Charakters des alten Grundadels, der Schwerpunkt der politischen Intelligenz in die Städte. *Diese* Verschiebung ist das entscheidende *politische* Moment der agrarischen Entwicklung des Ostens.

Welches aber sind die Hände, in welche jene politische Funktion des Junkertums hinübergleitet, und wie steht es mit ihrem politischen Beruf?

Ich bin Mitglied der bürgerlichen Klassen, fühle mich als solches und bin erzogen in ihren Anschauungen und Idealen. Allein es ist der Beruf gerade unserer Wissenschaft, zu sagen, was ungern gehört wird, – nach oben, nach unten, und auch der eigenen Klasse, – und wenn ich mich frage, ob das Bürgertum Deutschlands heute reif ist, die politisch leitende Klasse der Nation zu sein, so vermag ich *heute* nicht diese Frage zu bejahen. Nicht aus eigener Kraft des Bürgertums ist der deutsche Staat geschaffen worden, und als er geschaffen war, stand an der Spitze der Nation jene Cäsarengestalt aus anderem als bürgerlichem Holze.[2] Große machtpolitische Aufgaben wurden der Nation nicht abermals gestellt; weit später erst, schüchtern und halb widerwillig, begann eine überseeische „Machtpolitik", die diesen Namen nicht verdient.[3]

Und nachdem so die Einheit der Nation errungen war und ihre politische „Sättigung" feststand, kam über das aufwachsende erfolgstrunkene und friedensdurstige Geschlecht des deut-

schen Bürgertums ein eigenartig „unhistorischer" und unpolitischer Geist. [...]
Nur allzu offenkundig sehnt sich ein Teil des Großbürgertums nach dem Erscheinen eines neuen Cäsar, der sie schirme: nach unten gegen aufsteigende Volksmassen, nach oben gegen sozialpolitische Anwandlungen, deren ihnen die deutschen Dynastien verdächtig sind.[4]
Und ein anderer Teil ist längst versunken in jene politische Spießbürgerei, aus welcher die breiten Schichten des Kleinbürgertums noch niemals erwacht sind. Schon als nach den Einheitskriegen die ersten Anfänge positiver politischer Aufgaben der Nation nahe traten, der Gedanke einer überseeischen Expansion, – da fehlte ihm selbst jenes einfachste *ökonomische* Verständnis, welches ihm gesagt hätte, was es für den Handel Deutschlands in fernen Meeren bedeutet, wenn an den Küsten umher die deutschen Fahnen wehen. [...]
Werden andere Klassen die Träger einer politisch größeren Zukunft sein? Selbstbewusst meldet sich das moderne Proletariat als Erbe der bürgerlichen Ideale. Wie steht es mit seiner Anwartschaft auf die politische Leitung der Nation? Wer heute der deutschen Arbeiterklasse sagen würde, sie sei politisch reif oder auf dem Weg zur politischen Reife, der wäre ein Schmeichler und strebte nach der fragwürdigen Krone der Popularität. *Ökonomisch* sind die höchsten Schichten der deutschen Arbeiterklasse weit reifer, als der Egoismus der besitzenden Klasse zugeben möchte, und mit Recht fordert sie die Freiheit, auch in der Form des offenen organisierten ökonomischen Machtkampfes ihre Interessen zu vertreten. *Politisch* ist sie unendlich unreifer, als eine Journalistenklique, welche ihre Führung monopolisieren möchte, sie glauben machen will. Gern spielt man in den Kreisen dieser deklassierten Bourgeois mit den Reminiszenzen aus der Zeit vor 100 Jahren – man hat damit in der Tat erreicht, dass hier und da ängstliche Gemüter in ihnen die geistigen Nachkommen der Männer des Konvents[5] erblicken. Allein sie sind unendlich harmloser, als sie selbst sich erscheinen, es lebt in ihnen kein Funke jener katilinarischen[6] Energie der *Tat,* aber freilich auch kein Hauch der gewaltigen *nationalen* Leidenschaften, die in den Räumen des Konventes wehten. Kümmerliche politische Kleinmeister sind sie, – es fehlen ihnen die großen Machtinstinkte einer zur politischen Führung berufenen Klasse.

Max Weber: Gesammelte politische Schriften. (Mohr) Tübingen [3]1971, S. 19ff.

1 disloziert – verteilt, verstreut
2 Gemeint ist Bismarck
3 Weber verfocht eine entscheidende imperialistische Politik als neue nationale Aufgabe.
4 Die Sozialpolitik unter Wilhelm II. schien dem Bürgertum bedrohlich.
5 Konvent – französisches Parlament der radikalen Phase 1792–1794.
6 Catilina – römischer Politiker, der 63 v. Chr. einen Staatsstreich versuchte.

Aufgaben zu Kapitel 1

(1) Beschreiben Sie anhand der Darstellung und der Skizze auf S. 19 die Eigenart der Verfassung des Deutschen Kaiserreichs im Vergleich zum Grundgesetz der Bundesrepublik Deutschland. – Ziehen Sie auch die Präambeln der deutschen Verfassungen seit 1849 heran (S. 18) und überlegen Sie, welche Rückschlüsse die Präambeln erlauben.

(2) Bismarcks Bild in der Geschichtsschreibung schwankt bis heute zwischen rückhaltloser Bewunderung und scharfer Ablehnung. Stellen Sie aus dem vorliegenden Kapitel Gründe für beide Ansichten zusammen! Versuchen Sie auch eine Verknüpfung zwischen den Urteilen über Bismarck bzw. seine Politik und der Vorstellung eines deutschen Sonderwegs (vgl. dazu auch M 1.3).

(3) Den Parteien der Weimarer Republik wird oft vorgeworfen, dass es ihnen an Kompetenz und am unzweideutigen Willen zur Macht gefehlt habe. Verbinden Sie diese Meinung mit den politischen Strukturen und Mentalitäten des Kaiserreichs, wie sie sich aus der Darstellung und den Quellen (M 1.1, 1.2, 1.4) dieses Kapitels ablesen lassen. Versuchen Sie dabei auch ein Urteil über Modernisierungschancen und -hemmnisse des Kaiserreichs.

2 Zwischen Weltmachtstreben und Untergang

Um die Jahrhundertwende zeigte sich, dass sich die wirtschaftlichen Gewichte in Europa verschoben hatten. Deutschland hatte die führende Industriemacht England nicht nur eingeholt, sondern in manchen Bereichen schon überholt. In der Stahlproduktion war Deutschland in den Neunzigerjahren an England vorbeigezogen, 1908 produzierte es doppelt, 1913 fast dreimal so viel Stahl wie der Inselstaat. In der Chemie- und Elektroindustrie war Deutschland um die Jahrhundertwende unbestreitbar führend. Deutsche Unternehmen gehörten zu den ersten in Europa, die Neuerungen aus Amerika adaptierten. Auf der Pariser Weltausstellung im Jahre 1900 fand der deutsche Pavillon unter den europäischen Ausstellern die größte Beachtung – meistbesuchter Pavillon war allerdings der amerikanische.

Obwohl Deutschland eine Vorreiter- und Spitzenpostion in der ökonomischen Entwicklung in Europa hatte, nahmen doch die meisten europäischen Staaten an der kräftigen wirtschaftlichen Aufwärtsentwicklung um die Jahrhundertwende teil. Nach den Jahren eines abgeschwächten und krisenanfälligen Wirtschaftswachstums („Große Depression" nach 1873) profitierten die europäischen Staaten seit Mitte der Neunzigerjahre von der lang anhaltenden konjunkturellen Aufwärtsentwicklung bis 1913/14. In den meisten Ländern gewann der industrielle Sektor deutlich an Bedeutung gegenüber dem agrarischen Sektor. Gleichzeitig wurden die Verflechtungen zwischen den europäischen Volkswirtschaften enger. Alles in Allem gaben die ökonomischen Rahmenbedingungen der beiden Jahrzehnte vor 1914 Anlass zu optimistischen Zukunftserwartungen.

Gleichzeitig mehrten sich allerdings auch die Krisenzeichen im internationalen Staatensystem. In den beiden Jahrzehnten vor der Jahrhundertwende war die imperialistische Expansion der europäischen Mächte – also eine Politik, die auf Durchdringung und Beherrschung hauptsächlich überseeischer Gebiete zielte – praktisch zum Abschluss gelangt. Bei der Aufteilung Afrikas, aber auch bei der Sicherung von Einflussmöglichkeiten in China waren die europäischen Staaten in einen regelrechten Wettlauf geraten, der stets das Risiko größerer Konflikte einschloss.

Deutschland, das nicht zu den alten Kolonialmächten gehörte, hatte 1984/85 lediglich kleinere Gebiete in Südwest- sowie Ostafrika erworben, trat aber seit dem Ende der Neunzigerjahre als Nachkömmling umso fordernder in das Konzert der imperialistischen Mächte ein, in dem nun auch die außereuropäischen Mächte USA und Japan eine Rolle spielten (spanisch-amerikanischer Krieg um Kuba 1898, russisch-japanischer Krieg um die Mandschurei 1904/05).

In scharfem Gegensatz zu dem Bild eines durch Handel und wirtschaftliche Entwicklung enger zusammenrückenden europäischen Staatensystems entzweite die entfesselte imperialistische Politik also die Großmächte und schuf ein explosives internationales Klima, das die Jahre bis zum Kriegsaufbruch 1914 kennzeichnete. In wachsendem Maße wurde dieses Klima durch aggressive nationalistische Propaganda und militante Ideologien aufgeheizt, worin nationale Macht und militärische Stärke glorifiziert wurden. Zuerst in England, dann in Deutschland und anderen Ländern prägten sozialdarwinistische Vorstellungen das politische Weltbild einflussreicher Publizisten und Politiker: Charles Darwins Lehre der biologischen Evolution durch Anpassung und Auslese *(survival of the fittest)* wurde auf den gesellschaftlich-politischen Bereich übertragen. Das Zusammenspiel von Staaten wurde danach nur als Kampf ums Überleben, um Aufstieg oder Niedergang von Staaten und Völkern gedeutet. In diesem Kampf zählte nur das *Recht* des Stärkeren. Die eigene Nation (oder„Rasse") erschien als überlegen und höherwertig, andere Völker wurden als nachgeordnet und minderwertig eingestuft. Das Individuum zählte allenfalls noch als Mitglied einer Nation, also als Kollektivwesen.

Zivilisationskritik in Kunst und Kultur

In den kulturellen und künstlerischen Strömungen seit der Jahrhundertwende verblasste der in Wirtschaft, Wissenschaft und Technik dominierende optimistische Fortschrittsglaube zunehmend. An seine Stelle traten zivilisationskritische und kulturpessimistische Züge.
Theater und Literatur nahmen sich neue Themen vor, die teilweise ein Bild der Krisenhaftigkeit der sozialen Zustände vermittelten und daran erinnerten, dass die Modernisierung, die das Leben so sehr verändert hatte, auch Verlierer und Ausgestoßene produzierte. Bekannte Autoren wie Hauptmann, Ibsen, Zola oder Strindberg erinnerten Leser und Zuschauer in naturalistischer Weise an die Schattenseiten der Industriegesellschaft.
Selbst ein bürgerlicher Autor wie Thomas Mann ließ in den „Buddenbrooks" (ersch. 1901) etwas von den neuen Themen der Literatur erahnen, indem er gerade den *Niedergang* einer alten Kaufmannsfamilie und das spannungsgeladene Verhältnis von Künstlertum und Bürgerlichkeit thematisierte.
Auch in der bildenden und darstellenden Kunst zeichneten Realismus und Naturalismus ein neues und z.T. sozialkritisches Bild der Wirklichkeit. Noch ein Stück weiter gingen expressionistische Künstler, in deren Werken nicht nur materielle Not der Benachteiligten in der Industriegesellschaft, sondern Kälte und Seelenlosigkeit der Zivilisation überhaupt zum Thema wurden. Mittel dazu waren auch die Verfremdung und Auflösung der Gegenständlichkeit der äußeren Objekte und das Spiel mit abstrakt-geometrischen Formen.
Die Titel mancher Bilder brachten Endzeit- und Untergangsvisionen zum Ausdruck (Meidner: *Apokalyptische Landschaft,* Kandinsky, *Der apokalyptische Reiter),* die sich zum Teil mit der Erwartung einer „Wiedergeburt" aus der Zerstörung verbanden.
Die neuen Strömungen des kulturellen und künstlerischen Lebens erfassten praktisch alle Länder Europas, das wirtschaftlich rückständigere Russland eingeschlossen. – Überall in Europa war es die bürgerlich-großstädtische Jugend, die eher als die Erwachsenengeneration empfänglich für die neuen Strömungen war. Ausschlaggebend dafür war wohl, dass die Jugendlichen – Jungen wie Mädchen – nach der Jahrhundertwende Jugendzeit und Erwachsenwerden wahrscheinlich als spannungsreicher als frühere Generationen erlebten, wuchsen sie doch in eine Welt hinein, die sich von der Erfahrungswelt der Elterngeneration fundamental unterschied. Die Distanz zwischen der Welt der Erwachsenen und der Welt der Jugend wuchs: Jugendliche gerade aus bürgerlichem Umfeld spürten den hohen Erwartungsdruck der älteren Generation, gleichzeitig empfanden sie Orientierungsmuster und Werte dieser Generation oftmals als zu „materialistisch" und „unecht". Die bürgerliche Jugendbewegung der Vorkriegsjahre nahm vielfach rückwärtsgewandte und romantische, zivilisationskritische Züge an. Es erstaunt nicht, dass es 1914 unschwer gelang, die Gefühls- und Gedankenwelt dieser Jugendlichen im Sinne der nationalistischen Kriegsbegeisterung zu kanalisieren und zu vereinnahmen.

2.1 Wilhelminische Außenpolitik und europäisches Mächtesystem

Die Dynamik des ökonomisch fortgeschrittenen, in seinen gesellschaftlichen Strukturen aber noch stark vormodern und preußisch geprägten Deutschen Kaiserreichs weckte um die Jahrhundertwende zunehmend Sorgen in Europa. Nach dem Thronwechsel 1888 beanspruchte Wilhelm II. als Kaiser mehr Mitsprache und eigene Gestaltungsmöglichkeiten in der deutschen Außenpolitik. Er fühlte und präsentierte sich öffentlich als höchster Sachwalter der „weltpolitischen Ansprüche seines Volkes", das bei der Aufteilung der Welt „zu kurz gekommen" sei und seinen „Platz an der Sonne" noch erstreiten müsse. Nach Ansicht des selbstbewussten – und übrigens an technisch-wissenschaftlichen Entwicklungen sehr interessierten – Kaisers wie auch in den Augen einer breiteren Öffentlichkeit verliehen Wirtschaftskraft, Forschungsleistungen und das kulturelle Erbe Deutschland geradezu ein Recht auf weitere territoriale Erwerbungen und eine Verstärkung der deutschen Position im Konzert der Großmächte. Auch das starke Bevölkerungswachstum Deutschlands – von 41 Millionen 1871 auf 64 Millionen 1914 – wurde als Legitimation für den deutschen Expansionsdrang ins Feld geführt.
Am deutlichsten wurden weltpolitische Ansprüche und Ziele Deutschlands von Agitationsverbänden der politischen Rechten formuliert: „Wollen wir herabsinken auf die Stufe einer

Macht höchstens zweiten Ranges, oder wollen wir werden, wozu die Vorsehung dem deutschen Volke die reichsten Gaben in die Wiege gelegt hat, ein Edelvolk, ein Herrenvolk, bestimmt, der Kulturträger für die gesamte Menschheit zu werden?", fragte beispielsweise ein Magazin des radikal nationalistischen und antisemitischen Alldeutschen Verbandes am Neujahrstag des Jahres 1900. Solche Artikel waren geeignet nicht nur nationalistische Stimmungslagen in der Bevölkerung zu schaffen, sondern damit auch die Regierung unter Druck zu setzen, die sich ihrerseits zeitweilig gern der Agitationsmöglichkeiten der radikalen rechten Verbände bediente.
Nach Bismarcks Entlassung im Jahre 1890 leiteten Kaiser Wilhelm II., der ein „persönliches Regiment" führen wollte, und die folgenden Reichskanzler (v. Caprivi bis 1894, Fürst zu Hohenlohe-Schillingsfürst bis 1900, Graf v. Bülow bis 1909, v. Bethmann-Hollweg bis 1917) die neue Außenpolitik des Deutschen Reiches ein. Zu den ersten Weichenstellungen des „neuen Kurses" gehörte die Entscheidung zur Nichtverlängerung des

Bündniskonstellationen in Europa 1889 und 1912

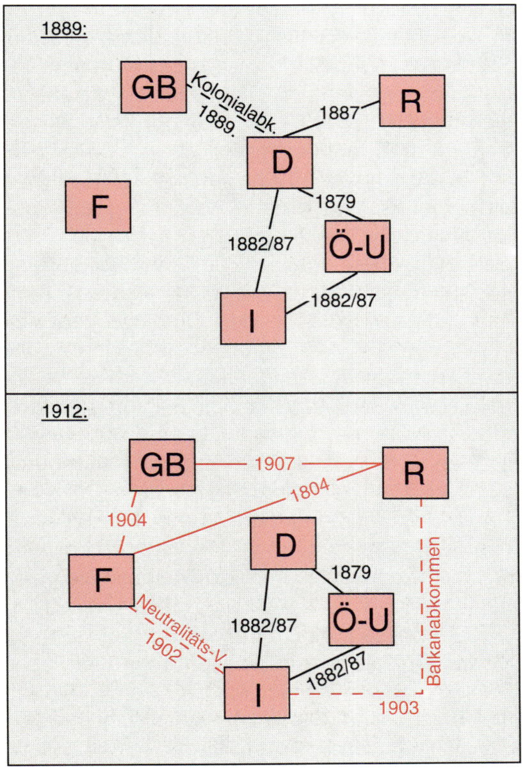

sog. Rückversicherungsvertrages mit Russland 1890. Dieser Schritt bedeutete eine erste Abwendung von Bismarcks außenpolitischen Vorstellungen, in denen die Verhinderung gegnerischer Koalitionen und die absolute Isolierung Frankreichs oberste Priorität hatten. Bismarck hatte außerdem das Reich als „saturiert" dargestellt, was mit den Ideen vom „Platz an der Sonne" ebenfalls nicht zur Deckung zu bringen war. Allerdings blieben die tatsächlichen kolonialen Erwerbungen Deutschlands in den nächsten Jahren durchaus unbedeutend: Das Reich sicherte sich 1898 mit Kiautschou einen Stützpunkt in China und konnte im folgenden Jahr einige Inseln im Pazifik erwerben. Außerdem begann das Reich mit der Beteiligung an der Bagdadbahn eine aktivere Ostpolitik.
Für alle Welt sichtbar wurde die außenpolitische Neuorientierung des Reiches mit dem Aufbau einer deutschen Schlachtflotte, die seit 1897 vom Reichsmarineamt unter Staatssekretär Alfred v. Tirpitz zielstrebig vorangetrieben wurde. Das Deutsche Reich, das als stärkste Landmacht in Europa galt, strebte zur See ein Kräfteverhältnis von 2:3 zur führenden Seemacht England an. Innenpolitisch wurde das gewaltige Flottenrüstungsprogramm von einer bis dahin beispielosen Propagandaoffensive begleitet, in der der von Schwerindustrie und Großagrariern unterstützte Alldeutsche Verband und der mit Staatsgeldern unterstützte Deutsche Flottenverein (der zeitweilig etwa eine Million Mitglieder zählte) eine führende Rolle spielten.

Flottenrüstung der europäischen Großmächte

	Bau von Panzerkreuzern 1889–1905	Bau von Großkampfschiffen 1905–1913
England	35	42
Deutschland	8 (9)	26
Frankreich	24	17

Nach: H. Hallmann, Der Weg zum deutschen Schlachtflottenbau, Stuttgart 1933, S. 337

Die deutsche Flottenrüstung belastete das deutsch-britische Verhältnis zunehmend. Zu Tirpitz' Gegenspieler wurde auf britischer Seite Sir John Fisher, auf dessen Initiative England seit 1905 zum Bau einer neuen Klasse von Großkampfschiffen überging (sog. Dreadnought-Sprung). Versuche den Rüstungswettlauf zur

See zu stoppen scheiterten endgültig während des Besuchs des britischen Kriegsministers Lord Haldane in Berlin 1912 (→ M 2.1).

Zur „Wasserscheide" (W. J. Mommsen) in der Außenpolitik des Kaiserreichs wurde schließlich die zweite Marokkokrise 1911, bei der Deutschland das Vordringen Frankreichs in Marokko zum Anlass für die Entsendung eines Kanonenbootes vor die südmarokkanische Küste nahm („Panthersprung nach Agadir"). Durch diese militärische Machtdemonstration sollte Frankreich zu Verhandlungen über eine für Deutschland günstige Neuordnung Afrikas gezwungen werden.

Deutschlands Vorgehen führte überall in Europa zu empörten Reaktionen. England stellte sich öffentlich auf die Seite Frankreichs, sodass Deutschland am Ende als klarer Verlierer des riskanten Spiels dastand. Da die deutsche Regierung im gefährlichen Zusammenspiel mit den rechten Agitationsverbänden die öffentliche Stimmung gegen Frankreich geschürt hatte, wurde ihr der Ausgang des Konflikts auch im Innern als Verrat an deutschen Interessen vorgehalten.

Angesichts der wachsenden Spannungen in Europa gab England nach und nach seine distanzierte Haltung gegenüber Bündnissen („splendid isolation") auf und schloss nacheinander Verträge mit Japan (1902), Frankreich („Entente cordiale" 1904) und Russland (1907). Die Verfestigung von Bündnisstrukturen zwischen den übrigen Mächten wurden in Deutschland als „Einkreisung" verstanden und propagandistisch entsprechend genutzt – Historiker haben später von einer selbst verschuldeten „Auskreisung" des Reiches gesprochen. Einziger sicherer Bündnispartner des Deutschen Reiches war nunmehr Österreich-Ungarn, dessen Interessen und Politik auf dem Balkan aber geeignet waren Deutschland auch in diesen Konfliktherd hineinzuziehen.

Die wachsenden Spannungen zwischen den Mächten in Europa führten zu steigenden Rüstungsausgaben, die innenpolitische Konflikte um die Finanzierung und die soziale Verteilung der Rüstungslasten verstärkten. In Deutschland zeigte der erdrutschartige Wahlsieg der SPD in den Reichstagswahlen 1912 die Stimmung in den unteren Bevölkerungsschichten, ohne dass das Wahlergebnis allerdings zu politischen Reformen führte. Die Außen- und Militärpolitik blieben der Kontrolle durch den Deutschen Reichstag weiterhin entzogen.

2.2 Balkankonflikt, Julikrise und Kriegsausbruch 1914

Dass der Balkan zum Konfliktherd und viel zitierten „Pulverfass" wurde, hing mit dem Niedergang des Osmanischen Reiches zusammen, das immer weitere Teile seiner europäischen Besitzungen auf dem Balkan verlor. Nacheinander wurden Rumänien, Serbien, Montenegro (1878) und Bulgarien (1908) unabhängig. Russland verstand sich als Schutzmacht der neuen slawischen Staaten und stellte sich an die Spitze einer panslawistischen Bewegung für die Unabhängigkeit und Einheit der Slawen, verfolgte dabei aber nicht zuletzt machtpolitische Interessen, die auf eine vollständige Verdrängung der Türken vom Balkan und die russische Kontrolle über die Meerengen am Bosporus und an den Dardanellen zielten.

Der Vielvölkerstaat Österreich-Ungarn mit seinen starken slawischen Bevölkerungsgruppen fürchtete die slawischen Unabhängigkeitsbestrebungen und die russischen Expansionsziele gleichermaßen. Nach einem Aufstand gegen die türkische Herrschaft in Bosnien-Herzegowina 1877 übernahm Österreich-Ungarn die Oberhoheit in diesem Gebiet. 1908 gliederte es die Provinzen in den Staatsverband der kuk Monarchie ein. Serbien und Russland protestierten scharf gegen die Annexion, mussten aber einlenken, als sich das Deutsche Reich bedingungslos auf die Seite des Bündnispartners Österreich-Ungarn stellte (bosnische Annexionskrise). Russland antwortete mit verstärkter Aufrüstung auf diese diplomatische Niederlage.

Das fragile Gleichgewicht auf dem Balkan ging endgültig verloren, als die Balkanstaaten die offenkundige Schwäche des Osmanischen Reiches 1912 zum Angriff nutzten. Im Ergebnis des Krieges verlor das Osmanische Reich seine europäischen Gebiete bis auf die Region um Konstantinopel (erster Balkankrieg). Als die Balkanstaaten sich über die Aufteilung der Kriegsbeute nicht verständigen konnten, kam es im Folgejahr zum Krieg untereinander (zweiter Balkankrieg), aus dem insbesondere Serbien mit erheblichen Gebiets- und Bevölkerungszuwächsen siegreich hervorging.

Die Ereignisse auf dem Balkan wurden nicht nur in der Doppelmonarchie, sondern auch beim Bündnispartner Deutschland mit Sorge verfolgt. Im Dezember 1912 traf sich Kaiser Wilhelm II. mit den Spitzen von Heer und Flotte – ohne Beteiligung des Reichskanzlers – zu einem „Kriegsrat“, bei dem der geeignete Zeitpunkt für die Auslösung eines Krieges erörtert wurde, um einer weiteren Verschlechterung der machtpolitischen Situation der Mittelmächte zuvorzukommen.

Die Julikrise 1914

Die Ermordung des österreichischen Thronfolgers Franz-Ferdinand und seiner Frau am 28.6.1914 anlässlich ihres Besuches in Sarajewo, der Hauptstadt der annektierten Provinz Bosnien-Herzegowina, wurde zum Auslöser des Ersten Weltkriegs. Die Verantwortung für das von einer Gruppe bosnischer Serben vorbereitete Attentat wurde nicht zu Unrecht in Serbien vermutet. In der Öffentlichkeit wurde daher sofort der Ruf nach Vergeltung und harter Bestrafung Serbiens laut.

Klar war, dass Österreich-Ungarn ohne Rückendeckung nur begrenzt handlungsfähig war, da jedes Vorgehen gegen Serbien das Risiko einer Intervention Russlands und somit die Gefahr eines europäischen Krieges beinhaltete. Daher war die am 5.7.1914 von Kaiser Wilhelm II. und Reichskanzler Bethmann-Hollweg Österreich gegenüber gegebene Versicherung, dass Deutschland zu seinen Bündnispflichten stehen werde (sog. Blankoscheck), die entscheidende Weichenstellung für die weiteren Ereignisse.

Der deutsche „Blankoscheck“ wird bis heute unterschiedlich bewertet: Während einige Historiker argumentieren, dass der „Blankoscheck“ vor allem in der Erwartung eines begrenzten Konfliktes mit Serbien ohne direktes Eingreifen Russlands ausgestellt worden sei, betonen andere, dass die deutsche Versicherung der uneingeschränkten Bündnistreue ein Sieg der kriegsbereiten „Falken“ in Berlin war, die das Attentat in Sarajewo zu einem Befreiungsschlag Deutschlands gegen die Mächte der Triple-Entente hätten nutzen wollen. Vor allem der Generalstabschef v. Moltke war in der Tat der Meinung, dass Russland notfalls in einem Präventivkrieg geschlagen werden müsse, bevor die im Gange befindliche russische Aufrüstung Deutschlands Chancen in einer militärischen Auseinandersetzung in einigen Jahren drastisch vermindern würde.

Ermuntert durch die deutsche Rückendeckung, richtete Österreich-Ungarn am 23.7. ein Ultimatum an Serbien, das im Tenor und in der Fülle seiner Forderungen – u.a. wurde ein Tätigwerden österreichischer Beamter auf serbischem Boden bei der Verfolgung und Bestrafung der Verantwortlichen für das Attentat verlangt – für die Regierung in Belgrad schwer akzeptabel war.

Spätestens seit dem Ultimatum war klar, dass Russland kein militärisches Vorgehen der kuk Monarchie gegen Serbien tatenlos zulassen würde. Damit war die Vorstellung einer Lokalisierung des Konflikts Illusion. Allerdings hegte man in der deutschen Reichsleitung die Hoffnung, dass England aus dem Konflikt herausgehalten werden könne, obwohl gerade die strategische Planung des deutschen Generalstabs fast zwangsläufig auf eine Intervention Englands hinauslief. Die trotz mancher Einwände von Moltke zäh beibehaltene Planung sah nämlich für den Kriegsfall zunächst die „Niederwerfung“ Frankreichs nach Durchmarsch der deutschen Truppen durch das neutrale Belgien vor, bevor man den Krieg im Osten gegen Russland, dessen Aufmarschzeit länger eingeschätzt wurde, führen wollte. Dass England aber eine Verletzung der belgischen Neutralität auf keinen Fall akzeptieren würde, machte die Londoner Regierung in Telegrammen an die deutsche Reichsleitung Ende Juli 1914 noch einmal unmissverständlich klar.

Als Österreich-Ungarn am 28.7. Serbien den Krieg erklärte, obwohl Serbien unerwartet die weitaus meisten Forderungen akzeptiert hatte, antwortete Russland mit französischer Rückendeckung mit der Mobilmachung seiner Truppen. In ultimativer Form verlangte nun Deutschland die Rücknahme dieser Entscheidung von Russland und darüber hinaus eine französische Erklärung nicht in den Konflikt einzugreifen. Als beide Antworten ausblieben, erklärte Deutschland am 1.8. Russland und am 3.8. Frankreich den Krieg. Die sofort beginnenden deutschen Operationen im Westen mit der kalkulierten Verletzung der belgischen Neutralität veranlassten England am 4.8. zur Kriegserklärung an Deutschland.

Über Schuld und Verantwortung für den Kriegsausbruch 1914 wird bis heute diskutiert. Klar ist aber, dass von einem „Hineinschlittern“ aller europäischen Mächte, wie in deutschen Geschichtsdarstellungen lange behauptet, angesichts der Fakten keine Rede sein kann. Über die genauen Motive, Hintergründe und Ziele der Entscheidungen in der Julikrise 1914 lässt sich aber durchaus streiten. Nicht vergessen werden sollte, dass auch in der Julikrise eine Verständigung zwischen den Großmächten nicht von vornherein ausgeschlossen war. Allerdings war nicht nur bei führenden Militärs und bei den politischen verantwortlichen Stellen, sondern auch in großen Teilen der öffentlichen Meinung nicht nur in Deutschland der Grad an „fatalistischer Kriegserwartung und freudiger Kriegsbejahung“ (H. P. Ullmann) zunehmend gestiegen – eine Stimmung, die eine aggressive Politik erleichterte und Entspannungsbemühungen erschwerte.

2.3 Der Erste Weltkrieg

Dass die Verantwortlichen 1914 wenigstens teilweise Bedeutung und Dimensionen des heraufziehenden Krieges einzuschätzen wussten, geht aus einem Brief des deutschen Generalstabschefs H. v. Moltke an Wilhelm II. vom 28.7.1914 hervor. Moltke erwartete von dem sich abzeichnenden Weltkrieg „die gegenseitige Selbstzerfleischung“ und die Vernichtung der „Kultur fast des gesamten Europas auf Jahrzehnte hinaus“ – eine düstere Prognose, die von den wirklichen Ereignissen schnell bestätigt, ja übertroffen wurde.

In den ersten Kriegsmonaten wurden in Europa weit mehr als 15 Millionen Soldaten mobilisiert. Mehr als 13 Millionen Deutsche dienten im Weltkrieg, ein Sechstel von ihnen, überwiegend junge Männer unter 30 Jahren, fiel, ein weiteres Drittel wurde verwundet.
Die Materialschlachten des Krieges führten zu schrecklichen Verlusten. Allein in der Schlacht an der Somme (Juni bis November 1916) verloren 615 000 deutsche Soldaten ihr Leben. Am Beginn der alliierten Offensive hatte die britische Armee an einem einzigen Tag 60 000 Opfer zu beklagen. Die Gesamtzahl der im Ersten Weltkrieg Gefallenen wird auf 9 bis 10 Millionen Menschen geschätzt, die Zahl der Verwundeten auf 20 Millionen. Die Gesamtverluste im Deutsch-Französischen Krieg 1870/71 lagen bei 215 000 Menschen.
Durch die neuartigen Waffen und Kampfmethoden blieben viele der Verwundeten für ihr Leben gezeichnet. Viele waren bis zur Unkenntlichkeit an Gesicht oder Körper verstümmelt, andere litten bis an ihr Lebensende an traumatischen Ängsten, die die ehemaligen Soldaten selbst,

Truppenbewegungen 1914–1918

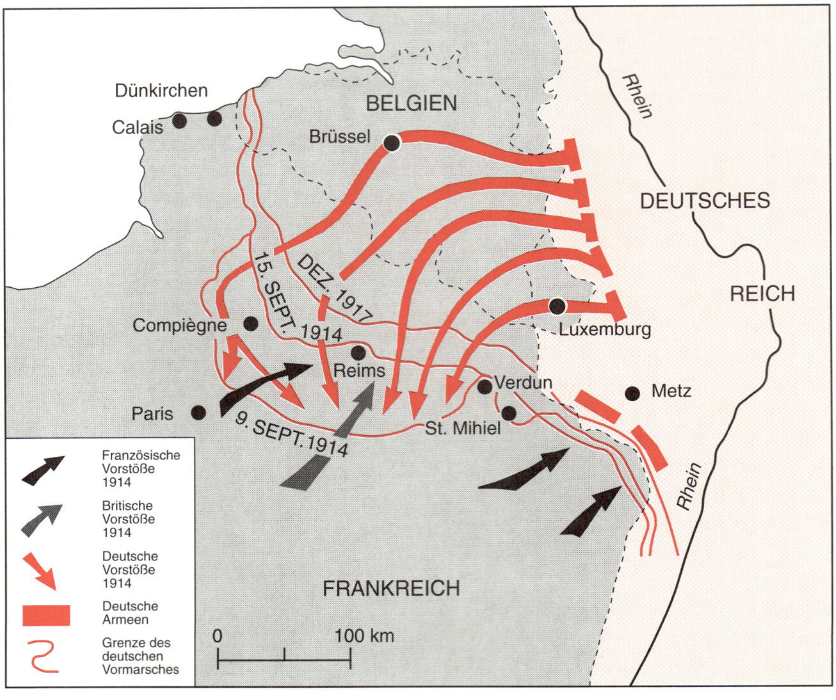

Nach: W. Loth, Geschichte Frankreichs im 20. Jh., Frankfurt/M. 1992, S. 26

oftmals aber auch ihre Familien in die Verzweiflung trieben.
Der Erste Weltkrieg war noch kein totaler Krieg wie der Zweite Weltkrieg, in dem auch die Zivilbevölkerung direktes Opfer der industrialisierten Kriegsführung und Vernichtungsstrategie wurde. Aber hinsichtlich der Industrialisierung und Technisierung der Kriegsführung – erstmals kamen Tanks, Flugzeuge und U-Boote zum Einsatz, Maschinengewehrfeuer und Giftgas potenzierten die Zahl der Opfer an der Front – näherte sich der Erste Weltkrieg sehr wohl dem späteren Bild des totalen Krieges.

Kriegsverlauf 1914–1918

Die militärischen Planungen des deutschen Generalstabs erwiesen sich schon in den ersten Kriegswochen als Fehlkalkulation. Im Westen kam der deutsche Vormarsch schon Anfang September 1914 an der Marne zum Stillstand. Der geplante schnelle Bewegungskrieg erstarrte zum Stellungskrieg: Auf einer Länge von 750 km gruben sich die Armeen auf beiden Seiten von der belgischen Kanalküste bis zur Schweizer Grenze hinter Stacheldraht in Schützengräben ein. An der Ostfront erfolgte der Aufmarsch der russischen Armeen rascher als erwartet. Unter dem Kommando Hindenburgs und Ludendorffs gelang es den deutschen Armeen aber gerade noch, den weiteren Vorstoß des Gegners bei Tannenberg (Ostpreußen) zu stoppen (Ende August 1914) und 250 000 russische Soldaten in die Gefangenschaft zu führen. Diese Schlacht begründete den Mythos des eigentlich schon pensionierten Generals Hindenburg mit weitreichenden Folgen in der Weimarer Zeit.
Die Chancen der Mittelmächte verschlechterten sich bald wieder, als Italien 1915 auf Seiten der Alliierten in den Krieg eintrat und die Armeen der kuk Monarchie im Sommer 1916 unter der russischen Offensive im Galizien praktisch zusammenbrachen. Im Westen begannen nun die verheerenden Materialschlachten, die trotz unvorstellbarer Opfer auf beiden Seiten die Front meist nur um wenige Hundert Meter in die eine oder andere Richtung verschieben konnten.
Seit 1915 versuchte Deutschland mit dem Mittel des U-Boot-Kriegs die Seeblockade zu durchbrechen, mit der England in der Nordsee Deutschland von Importen aus Übersee abschnitt. Die mit Riesenbeträgen gebaute deutsche Flotte erwies sich gegen die Übermacht der Royal Navy und angesichts der geostrategischen Vorteile Englands als weitgehend nutz- und machtlos. Während des Kriegs kam sie im Wesentlichen nur einmal in der – unentschiedenen – Schlacht am Skagerrak (1916) zum Einsatz.
Schon kurz nach Kriegsausbruch begann in Deutschland die Diskussion um die Kriegsziele. Im August 1914 formulierte der Alldeutsche Verband ein weitreichendes Kriegszielprogramm, das Annexionen im Westen und die Errichtung einer deutschen Oberherrschaft von Skandinavien bis Bulgarien vorsah. Die von Reichskanzler Bethmann-Hollweg wenig später formulierten Kriegsziele (→ M 2.2) waren kaum weniger aggressiv als das alldeutsche Programm, dem sich alle wichtigen Wirtschaftsverbände anschlossen.
Seit Beginn des Krieges verlagerte sich das Machtzentrum von der politischen zur militärischen Führung. Vollends wurde die zivile Regierung seit 1916 in den Hintergrund gedrängt, als Hindenburg und Ludendorff die (3.) Oberste Heeresleitung bildeten, die bis zum Herbst 1918 – dank der scharfen Pressezensur von der Öffentlichkeit weitgehend unbemerkt – praktisch die unbeschränkte Macht in Deutschland innehatte. Mit der Bildung der OHL unter Hindenburgs Führung wuchs in den verantwortlichen Kreisen des Reiches noch einmal die Bereitschaft für den Sieg alle denkbaren Risiken einzugehen. Vor diesem Hintergrund wurde gegen den Widerstand des bald darauf abgesetzten Reichskanzlers Bethmann-Hollweg Anfang 1917 der uneingeschränkte U-Boot-Krieg proklamiert, der sich ausdrücklich (und ohne Vorwarnung) auch gegen Schiffe neutraler Staaten richtete. Die Ankündigung des uneingeschränkten U-Boot-Kriegs führte zum Kriegseintritt der USA. Amerikanische Staatsbürger waren schon vor diesem Zeitpunkt – z. B. bei der Versenkung des englischen Passagierdampfers „Lusitania" 1915 – Opfer deutscher U-Boot-Angriffe geworden.
Als die revolutionäre Entwicklung am 15.12.1917 Russland zum Waffenstillstand zwang, sah man sich in Deutschland dem Sieg nahe. Im Frieden von Brest-Litowsk vom 3.3.1918 (mit Ergänzungsvertrag am 27.8.1918) erzwang das Deutsche Reich die Abtrennung von Finnland, Estland, Lettland, Litauen, Polen und der Ukraine und damit von 1,4 Mill. km², 60 Mill. Einwohnern und 75% der Eisen- und Stahlproduktion von Russland.
Die folgende Offensive im Westen scheiterte je-

An das Deutsche Volk.

Seit der Reichsgründung ist es durch 43 Jahre Mein und Meiner Vorfahren heißes Bemühen gewesen, der Welt den Frieden zu erhalten und im Frieden unsere kraftvolle Entwicklung zu fördern. Aber die Gegner neiden uns den Erfolg unserer Arbeit.

Alle offenkundige und heimliche Feindschaft von Ost und West, von jenseits der See haben wir bisher ertragen im Bewußtsein unserer Verantwortung und Kraft. Nun aber will man uns demütigen. Man verlangt, daß wir mit verschränkten Armen zusehen, wie unsere Feinde sich zu tückischem Überfall rüsten, man will nicht dulden, daß wir in entschlossener Treue zu unserem Bundesgenossen stehen, der um sein Ansehen als Großmacht kämpfte und mit dessen Erniedrigung auch unsere Macht und Ehre verloren ist.

So muß denn das Schwert entscheiden. Mitten im Frieden überfällt uns der Feind. Darum auf! zu den Waffen! Jedes Schwanken, jedes Zögern wäre Verrat am Vaterlande.

Um Sein oder Nichtsein unseres Reiches handelt es sich, das unsere Väter neu sich gründeten. Um Sein oder Nichtsein deutscher Macht und deutschen Wesens.

Wir werden uns wehren bis zum letzten Hauch von Mann und Roß. Und wir werden diesen Kampf bestehen auch gegen eine Welt von Feinden. Noch nie ward Deutschland überwunden, wenn es einig war.

Vorwärts mit Gott, der mit uns sein wird, wie er mit den Vätern war.

Berlin, den 6. August 1914.

Wilhelm.

Aufruf Kaiser Wilhelms „An das Deutsche Volk“

doch bereits im Frühjahr und Sommer 1918. Bei der Gegenoffensive der Alliierten waren nun auch 300 000 amerikanische Soldaten beteiligt. Die Verbündeten waren seit dem Spätsommer 1918 zur Fortführung der Kriegshandlungen nicht länger imstande. Den hochfliegenden Erwartungen auf einen „Siegfrieden“ folgte der militärische Zusammenbruch. Erst als die militärische Katastrophe unübersehbar wurde, war die Oberste Heeresleitung bemüht ihre Macht so rasch wie möglich wieder an zivile Stellen abzugeben und damit die Verantwortung für die Niederlage abzuwälzen (s. S. 46f.).

Sozialdemokratie im Krieg

Die heute schwer verständliche, von der staatlichen Propaganda gezielt geschürte Kriegsbegeisterung in der Bevölkerung 1914 erfasste auch die Arbeiterschaft. Die SPD, in der die Furcht vor dem zaristischen Russland die internationalistischen und teilweise pazifistischen Grundsätze verdrängte, übernahm die offizielle Version eines Deutschland aufgezwungenen Verteidigungskrieges und stimmte den Kriegskrediten im Reichstag zu. – Diese politische Kehrtwendung von SPD und Gewerkschaften erfolgte ohne Vorbedingungen, wohl aber in der Erwartung, dass diese Linie spätestens nach Kriegsende durch politische Zugeständnisse honoriert werden würde. An eine Regierungsbeteiligung von Führern der Arbeiterbewegung, wie sie in Belgien und Frankreich bei Kriegsausbruch praktiziert wurde, war in Deutschland jedoch nicht zu denken.

Die SPD blieb bis 1918 der Politik des „Burgfriedens“ treu, musste dafür allerdings einen hohen innerparteilichen Preis zahlen. Im Dezember 1914 lehnte als Vertreter des linken Parteiflügels

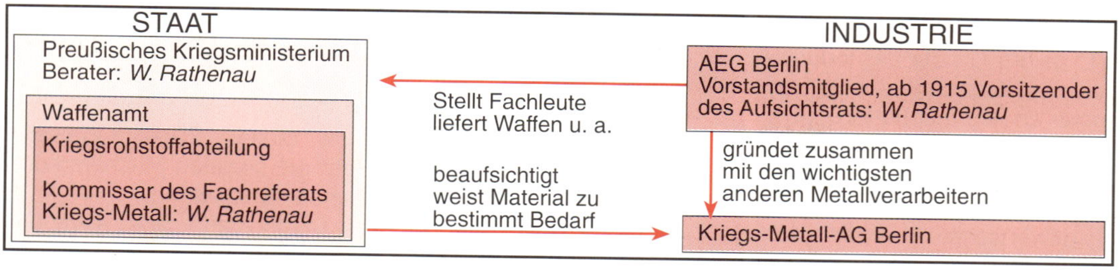

Karl Liebknecht demonstrativ die zweite Kriegskreditvorlage ab und stimmte damit gegen die eigene Fraktion. Als linke innerparteiliche Oppositionsgruppe entstand 1916 der Spartakus-Bund; schließlich spaltete sich 1917 der linke Flügel der Partei als „Unabhängige Sozialdemokratische Partei Deutschlands" ab. Im Reichstag lehnte die USPD jede Unterstützung der Kriegspolitik ab; sie begrüßte die revolutionären Ereignisse in Russland 1917 und verstärkte mit dieser Position die Revolutionsangst in Deutschland.

Eine für die Zukunft bedeutsame Zusammenarbeit zwischen dem Zentrum, der linksliberalen Fortschrittlichen Volkspartei und der SPD bahnte sich erst seit 1917 an, als eine Mehrheit der Abgeordneten unter dem Eindruck der russischen Februarrevolution und der zunehmenden Kriegsmüdigkeit in der deutschen Bevölkerung auf Parlamentarisierung und weitere Reformen drängte. Die neue Reichstagsmehrheit forderte in einer Friedensresolution im Juli 1917 einen Verständigungsfrieden und die Unversehrtheit des territorialen Besitzstandes aller Staaten. Da der Reichstag anschließend jedoch neuen Kriegskrediten zustimmte, fehlte diesen Initiativen aber nach außen die Glaubwürdigkeit.

Kriegswirtschaft und soziale Spannungen

Die neuen, riesigen Ansprüche der Kriegsführung an die Produktion führten zu einer ganz neuartigen Zusammenarbeit zwischen Industrie und Staatsapparat, die allen ▷ liberalen Theorien des freien Unternehmertums in einem freien Markt widersprach. Neben zahlreichen ▷ Kartellen und anderen Organisationen der Industrie spielten im Ersten Weltkrieg die zahlreichen (insgesamt ca. 200) Kriegsrohstoffgesellschaften eine zentrale Rolle, die mit der Sammlung und Verteilung der knappen Rohstoffe die Rüstungsproduktion steuerten. Insofern diese Gesellschaften von Fachabteilungen des Kriegsministeriums beaufsichtigt wurden, erweckten sie den Anschein, als ob der Staat die Industrie unter Kontrolle genommen hätte. Tatsächlich aber entwickelte sich eine enge personelle Verflechtung zwischen Bürokratie und Unternehmen, die das genaue Gegenteil zur Wirklichkeit werden ließ. Da nur die Wirtschaft den ökonomischen und organisatorischen Sachverstand für die Steuerung so komplizierter Prozesse besaß, bediente sich der Staat ihres Personals, was zu sehr verblüffenden Doppelfunktionen einzelner Personen führte, wie sich am Beispiel des Elektrokonzerns AEG und seines führenden Kopfes, Walther Rathenaus, gut zeigen lässt:

Das System erwies sich als sehr leistungsfähig, sodass es nicht nur später die Kriegswirtschaft des Nationalsozialismus prägte, sondern auch Lenins Modell einer ▷ sozialistischen Zentralverwaltungswirtschaft beeinflusste. – Während des Ersten Weltkriegs sicherte die kriegswirtschaftliche Organisation gerade der Großindustrie einen enormen Zuwachs an wirtschaftlicher Macht und außerordentliche Gewinne, was der Öffentlichkeit nicht verborgen blieb.

Der innenpolitische Burgfrieden bedeutete 1914 zunächst ein Einfrieren der sozialen Auseinandersetzungen (→ M 2.5). Die wachsende Arbeitsbelastung bei gleichzeitiger katastrophaler Verschlechterung der Ernährungslage ließ aber von 1916 an die Protestbereitschaft der Arbeiter stark ansteigen. 1917 beteiligten sich laut amtlicher Statistik 670 000 Arbeiter an Streiks, das waren doppelt so viele wie 1905, dem streikintensivsten Jahr der Vorkriegszeit. Die zunehmende Streikneigung der gut bezahlten Rüstungsarbeiter zeigte, dass politische Motive die übrigen zu überlagern begannen.

Das System der Kriegswirtschaft, in dem Rüstungsindustrie, Staat und schließlich teilweise auch Gewerkschaften zusammenarbeiteten, führte zu Unzufriedenheit und Protest weiterer Bevölkerungsgruppen. Auch Beamte und Angestellte stellten eine Verschlechterung ihrer mate-

riellen Lage fest. Objektiv näherte sich ihre soziale Lage oftmals der des Industrieproletariats, gegen das sie sich ihrem Selbstverständnis nach immer abgegrenzt hatten.
Gewerkschaften und Mehrheits-SPD waren 1917/18 immer weniger in der Lage das gewachsene Protestpotenzial ihrer Anhängerschaft in die gewünschten Bahnen zu lenken. Zwar führte der Eintritt eines namhaften SPD-Politikers in die Streikleitung eines größeren Ausstandes meist zu einer Dämpfung des Konflikts, aber zugleich wurden SPD und Gewerkschaften bei der Linken wegen ihrer Zusammenarbeit mit Staat und Industrie immer stärker mit dem System des Kaiserreichs identifiziert.
Das wichtigste sozialpolitische Gesetz der Kriegszeit, das „Gesetz über den vaterländischen Hilfsdienst“ (1916), zeigte die Ambivalenz des gewerkschaftlichen Wirkens unter den Vorzeichen des Burgfriedens. Einerseits führte das Gesetz auf Betreiben der OHL einen Arbeitszwang für die männlichen Beschäftigten ein, mit dem auch das wichtige Recht auf einen freiwilligen Arbeitsplatzwechsel erheblich eingeschränkt wurde. Diesem gravierenden Einschnitt in Arbeitnehmerrechte stand die Einführung von betriebsräteähnlichen „Arbeiterausschüssen“ in Betrieben mit über 50 Beschäftigten gegenüber, die ein Antrags- und Beschwerderecht in Lohn- und sonstigen Fragen erhielten. Mit diesem erst in der parlamentarischen Beratung durchgesetzten Zugeständnis von Staat und Unternehmern hatten die Gewerkschaften praktisch das lang ersehnte Ziel ihrer Anerkennung erreicht. Über die Dauerhaftigkeit dieses Zugeständnisses konnten jedoch erst die sozialen Machtverhältnisse nach Kriegsende entscheiden.
Der Krieg hatte in Deutschland, aber auch bei seinen Kriegsgegnern, einen Prozess der Konzentration der wirtschaftlichen Macht in Gang gesetzt, der die sozialen Chancen des alten ▷ Mittelstandes (selbstständige Kaufleute, kleinere Produzenten) ebenso wie die des neuen (kaufmännische und technische Angestellte) verschlechterte. Er hatte der Arbeiterschaft eine neue Erfahrung ihrer Macht gegeben, da ohne die höchste Leistungsfähigkeit der Industrie kein Krieg zu führen war. Die Mobilisierung der Millionenheere, die jahrelange Erfahrung von Kampf, Tod und Sinnlosigkeit der Opfer hatte alte Autoritäten und soziale Ordnungen aufgelöst und vor allem in den Staaten, die den Krieg verloren, die Glaubwürdigkeit der monarchischen Verfassungen zerstört. Zwischen den Werten, die die offizielle Propaganda verkündete, und der konkreten Kriegserfahrung der Bevölkerung hatte sich ein Abgrund geöffnet; in Russland hatte er 1917 nicht nur die Monarchie, sondern auch die bürgerliche Ordnung verschlungen.

Granaten für den Sieg – Arbeiterinnen in einer Munitionsfabrik im Ersten Weltkrieg

2.4 Die Erbschaft des Kaiserreichs

Das untergehende Kaiserreich hinterließ der Weimarer Republik ein schweres Erbe. Kosten und Folgeschäden des Krieges sprengten alle bisherigen Vorstellungen. Für das Reich werden die reinen Kriegskosten auf etwa 160 Milliarden Mark geschätzt. Davon wurden weniger als zehn Prozent durch Steuereinnahmen, der Rest durch Kredite (Kriegsanleihen) und über die Notenpresse aufgebracht. Die verzinslichen Kriegsanleihen – die insgesamt neun Anleihen brachten dem Reich bis 1918 97 Milliarden Mark ein – wurden von den Bürgern in der Erwartung gezeichnet, dass nach dem militärischen Sieg alle Kosten von den Kriegsgegnern beglichen werden müssten. Nach Kriegsende waren die Kriegsanleihen, für deren Erwerb vor allem Angehörige des Mittelstandes ihre für Alter und Krankheit angehäuften Ersparnisse eingesetzt hatten, durch Geldentwertung und Staatsverschuldung wertlos geworden (s. S. 78f.).

Sicherlich besaß Deutschland auch am Ende des Kriegs noch eine leistungsfähige und moderne Wirtschaft, aber die gestörten weltwirtschaftlichen Beziehungen, die Umstellung von Kriegs- auf Friedenswirtschaft und die gewachsenen Ansprüche an die Wirtschaft hatten die Verhältnisse der Vorkriegszeit, die fortan in allen Schichten als erstrebenswertes Wohlstandsziel galten, grundlegend verändert. Klar war, dass die Alliierten, wie es ja auch das Deutsche Reich geplant hatte, gewaltige Wiedergutmachungsansprüche stellen würden. Hinzu kamen im Innern die hohen sozialen Leistungen, die neben den Kriegsveteranen die mehr als 500 000 Kriegerwitwen und die 1,2 Millionen Kriegswaisen beanspruchten.

Aber auch in anderer Hinsicht hinterließ der Untergang des Kaiserreichs tiefe Spuren: Der preußische Adel, die bisher führende und bevorzugte Schicht, konnte nicht darauf hoffen, jemals die alte Machtposition wiederzugewinnen. Er war sozusagen der geborene Feind der nun unvermeidlichen Demokratisierung und der neuen republikanisch-parlamentarischen Ordnung, gegen die er künftig alle Kräfte zu mobilisieren versuchte.

Die Parteien, auf die mit dem Zusammenbruch des Kaiserreichs die Übernahme der politischen Macht unabweisbar zulief, waren auf diese Aufgabe schlecht vorbereitet. Unter den Bedingungen des Kriegs – die Reichstagswahlen wurden ausgesetzt, die scharfe Pressezensur machte

Propaganda für den Kauf von Kriegsanleihen mit Bild Hindenburgs (1916)

das politische Leben noch schwieriger – konnten die deutschen Parteien ihre Position im konstitutionellen System des Kaiserreichs nur wenig verbessern.

Nicht erst im Herbst 1918 zeigte sich, dass es schwer sein würde, die Eliten des Kaiserreichs zu zwingen die Verantwortung für die Katastrophe von Krieg und Kriegsniederlage zu übernehmen. Schon während des Kriegs begann die Suche nach Sündenböcken und die wachsenden sozialen Spannungen gaben vor allem einen idealen Nährboden ab für eine Steigerung des Antisemitismus, der im Zeichen der Burgfriedenspolitik 1914 nur für kurze Zeit zum Schweigen gebracht worden war. Während jüdische Soldaten bei Beförderungen immer stärker benachteiligt wurden und antijüdische Witze in Offizierskreisen schnell zum guten Ton gehörten, gingen gleichzeitig bei den Behörden unzählige Beschwerden über „jüdische Drückebergerei" und „jüdische Kriegsgewinnler" ein. Angeblich um solchen Vorwürfen entgegentreten zu können, ordnete das preußische Kriegsministerium in einem Erlass 1916 eine gesonderte „Judenzählung" im Heer an – was von Bürgern jüdischen Glaubens als schmähliche Sonderbehandlung empfunden wurde. Zunächst freigestellte jüdische Heerespflichtige wurden nachgemustert. Und Anfang 1918 stellte der Vorsitzende des Alldeutschen Verbandes ein „erfreuliches Anwachsen der antisemitischen Stimmung“ fest; für die Juden habe der „Kampf ums Dasein begonnen“. – Gerade im Angesicht der militärischen Niederlage wurden Ideen der rassischen Überlegenheit des Deutschtums – z.B. in der am Ende des Krieges sehr mitgliederstarken Deutschen Vaterlandspartei – immer populärer. Gelegentlich tauchten sogar schon Gedanken an eine Förderung, ja Züchtung der Angehörigen der überlegenen Rasse auf.

Schließlich hatte in allen am Krieg beteiligten Ländern die jahrelange und alltägliche Erfahrung von Gewalt und Tod Folgen für die Nachkriegszeit: Überall wurden politische Konflikte immer häufiger mit Gewalt ausgetragen und eine gezielte politische Propaganda heizte die politische Atmosphäre immer neu in aggressiver Weise auf. In Deutschland waren politische Morde nach dem Krieg an der Tagesordnung. Selbst ernannte politische Führer und staatliche Stellen hatten keine Schwierigkeiten ehemalige Soldaten, meist junge Leute, zu finden, die ihre Zukunft eher in paramilitärischen Kampfverbänden als im zivilen Leben sahen.

Überlegungen zur weiteren Arbeit

Auch das zweite Kapitel dient dem Rückblick auf das Kaiserreich. Im Mittelpunkt der Darstellung und der Quellen stehen Strukturen und Mentalitäten der wilhelminischen Zeit sowie die Katastrophe des Erstes Weltkriegs, ohne die die Entwicklungen der Nachkriegsepoche nicht angemessen zu analysieren sind.
Die Darstellung bedient sich zunächst des Verfahrens einer synchronen Untersuchung wirtschaftlicher, politischer und kultureller Faktoren im Blick auf Deutschland und Europa um die Jahrhundertwende und leitet dann zu einer an der Chronologie orientierten Darstellung des Kriegsausbruchs und des Kriegsverlaufs über. Die Informationen dieses Kapitels erlauben so eine Klärung der Entstehungsvoraussetzungen und der spezifischen historischen Belastungen der ersten deutschen Demokratie. Darstellung und Quellen sind geeignet die These eines deutschen Sonderwegs wieder aufzugreifen und anhand von Ereignissen und Entwicklungstendenzen zu erörtern.

Materialien zu Kapitel 2

M 2.1

1912 – Deutsch-britische Verhandlungen über ein Neutralitätsabkommen

A – Bericht des britischen Kriegsministers Lord Haldane in seinen 1930 erschienenen Erinnerungen

Ich traf am 8. Februar 1912 in der deutschen Hauptstadt ein und verbrachte einige Tage mit Unterredungen mit dem Kaiser, dem Reichskanzler, dem Staatssekretär des Reichsmarineamtes (Admiral von Tirpitz) und anderen Ministern des Kaisers. Diese Unterredungen habe ich auf Grund der Notizen wiedergegeben, die ich nach jeder Unterredung machte, um die im Laufe derselben erfolgten Äußerungen möglichst genau festzuhalten.

Zuerst unterhielt ich mich mit Herrn von Bethmann Hollweg, dem Reichskanzler. Wir trafen uns in der englischen Botschaft und unsere ganz zwanglose Unterhaltung ging tief auf die Materie ein und verlief sehr angenehm. Mein Eindruck war und ist es bis heute geblieben, dass Bethmann Hollweg damals ebenso ehrlich bestrebt war, den Krieg zu vermeiden, wie ich selbst. Ich wies auf gewisse Gefahrenpunkte ganz offen hin, und er hörte zu und antwortete mir mit anscheinend vollem Verständnis für unsere Lage. Ich sagte, dass das deutsche Volk das unbestrittene Recht habe, seine bereits großartige Rüstung noch weiter zu verstärken. Doch wäre es eine unvermeidliche Folge einer solchen Haltung, dass andere Völker sich im Interesse ihrer eigenen Sicherheit zueinander hingezogen fühlten. Dies geschähe gerade jetzt. Ich verhehlte ihm nicht, dass wir in militärischer Beziehung und zur See Vorbereitungen getroffen hätten, doch handelte es sich nur um Verteidigungsmaßnahmen, die man in Deutschland nicht als ungewöhnlich ansehen würde. Ich bemerkte ferner, dass wir entschlossen wären, keinen Angriff irgendeiner Nation zu dulden, und sagte ihm, was ihn zu beruhigen schien, dass wir keine geheimen militärischen Verträge abgeschlossen hätten. Aber, fügte ich hinzu, wenn Frankreich angegriffen und der Versuch gemacht würde, französisches Gebiet zu besetzen, so dürfte Deutschland nicht darauf rechnen, dass wir neutral blieben. Zweifellos würde die Lage unserer vom Meere geschützten Insel ernstlich gefährdet sein, wenn Deutschland sich in den Besitz der Kanalhäfen an der Nordküste Frankreichs setzte. Ferner wären wir vertraglich verpflichtet, Belgien gegen einen Überfall beizustehen, geradeso wie wir unter gewissen Umständen Portugal und Japan helfen müssten. Drittens könnten wir, weil wir für unsere Versorgung mit Lebensmitteln und Rohstoffen auf ungehinderten Seeverkehr angewiesen wären, nicht so lange warten, bis Deutschland es für gut befunden haben würde, seine Flotte so stark zu vergrößern, dass der uns durch unsere Flotte gebotene Schutz nicht mehr ausreichen würde. Deutschland könnte nach Belieben mehr Schiffe bauen, aber wir würden alsdann für jedes deutsche Schiff zwei in Auftrag geben. Der Kanzler sagte, dass er mir meine Äußerungen keineswegs verübelte, dass aber seine Admirale und Generale außerordentlich schwer zu behandeln wären.

Ich erklärte, dass es sich mit den Admiralen und Generalen in meinem eigenen Lande auch nicht leicht auskommen ließe. Im Laufe unserer Unterredung schlug der Kanzler mir eine Neutralitätsformel vor, auf die ich später zurückkommen werde.

B – Aus einer Stellungnahme des Staatssekretärs von Tirpitz vom 26. Februar 1912

[...] Wir fordern von England eine Neuorientierung seiner Gesamtpolitik in dem Sinn, dass es seine bisherigen Ententen aufgibt und wir an die Stelle Frankreichs treten.

England fordert von uns eine Neuorientierung unserer Flottenpolitik in dem Sinne, dass unsere Flotte England in keiner Weise mehr gefährlich werden kann.

Das Schwierige der Situation liegt darin *für uns,* dass einzig und allein unsere Flottenpolitik uns die Garantie bietet, dass die englische Schwenkung aufrichtig und von Dauer ist, und dass wir bei der angestrebten Entente mit England künftig unsere „Gleichberechtigung“ zu wahren vermögen;

für England, dass nach seiner Meinung die Entente mit Frankreich ihm die beste Sicherheit gegen ein zu mächtiges Deutschland gewährt.

Ich glaube heute nicht mehr, dass aus diesem Circulus Vitiosus[1] herauszukommen ist, und dass große Chance vorhanden ist, zu einem beiderseits befriedigenden Abkommen zu gelangen. Auch in England scheint diese Ansicht die Oberhand zu gewinnen […]

C – Aus dem Schreiben des Reichskanzlers an den Botschafter in London vom 18. März 1912

Sir E. Grey[2] will uns für die Zukunft zusichern, dass England keinen *unprovozierten* Angriff auf Deutschland machen oder sich an einem solchen beteiligen wird. Es lässt das die Folgerung zu, dass wir bis jetzt mit einer solchen Eventualität rechnen mussten. Trotzdem mutet uns der Minister zu, von bereits bekannt gewordenen Rüstungsmaßnahmen Abstand zu nehmen, die nach Ansicht der zuständigen militärischen Stellen für eine wirksame Defensive gegen einen Angriff der vereinigten Flotten der Ententemächte absolut erforderlich sind, ohne uns die erforderlichen Garantien gegen einen solchen Angriff geben zu wollen. Jedenfalls ist bei der Dehnbarkeit dessen, was unter einem unprovozierten Angriff zu verstehen ist, die von Sir E. Grey angebotene Formel in dieser Hinsicht wertlos.
Ich bitte, Sir E. Grey unter Verwertung des Vorstehenden keinen Zweifel darüber zu lassen, dass ein die Neutralität Englands verbürgendes, einem Schutzbündnis mit uns nahe kommendes Abkommen die absolute Voraussetzung bildet, unter der allein ich bei Seiner Majestät dem Kaiser einen Verzicht auf wesentliche Bestandteile der geplanten Flottennovelle befürworten und der öffentlichen Meinung in Deutschland gegenüber diesen Verzicht würde rechtfertigen können […]

Zit. nach: Günter Schönbrunn (Hrsg.): Das bürgerliche Zeitalter 1815–1914 (Geschichte in Quellen). (bsv) München 1980, S. 727ff.

1 Teufelskreis
2 englischer Außenminister

M 2.2

1914 – Deutsche Kriegsziele

Aus den Aufzeichnungen des Reichskanzlers v. Bethmann-Hollweg über die deutschen Kriegsziele (Anfang September 1914):

1. *Frankreich.* Von den militärischen Stellen zu beurteilen, ob die Abtretung von Belfort, des Westabhangs der Vogesen, die Schleifung der Festungen und die Abtretung des Küstenstrichs von Dünkirchen bis Boulogne zu fordern ist.
In jedem Falle abzutreten, weil für die Erzgewinnung unserer Industrie nötig, das Erzbecken von Briey.
Ferner eine in Raten zahlbare Kriegsentschädigung; sie muss so hoch sein, dass Frankreich nicht imstande ist, in den nächsten achtzehn bis zwanzig Jahren erhebliche Mittel für die Rüstung anzuwenden.
Des Weiteren: ein Handelsvertrag, der Frankreich in wirtschaftliche Abhängigkeit von Deutschland bringt, es zu unserem Exportland macht, und es ermöglicht, den englischen Handel in Frankreich auszuschalten. Dieser Handelsvertrag muss uns finanzielle und industrielle Bewegungsfreiheit in Frankreich schaffen – so, dass deutsche Unternehmungen nicht mehr anders als französische behandelt werden können.
2. *Belgien.* Angliederung von Lüttich und Verviers an Preußen, eines Grenzstrichs von Provinz Luxemburg an Luxemburg.
Zweifelhaft bleibt, ob Antwerpen mit einer Verbindung nach Lüttich gleichfalls zu annektieren ist.
Gleichviel, jedenfalls muss Belgien, wenn es auch als Staat äußerlich bestehen bleibt, zu einem Vasallenstaat herabsinken […]
3. *Luxemburg.* Wird deutscher Bundesstaat und erhält einen Streifen aus der jetzt belgischen Provinz Luxemburg und eventuell die Ecke von Longwy.
4. Es ist zu erreichen die Gründung eines *mitteleuropäischen Wirtschaftsverbandes* durch gemeinsame Zollabmachungen, unter Einschluss von Frankreich, Belgien, Holland und Dänemark, Österreich-Ungarn, Polen und eventuell Italien, Schweden und Norwegen. Dieser Verband, wohl ohne gemeinsame konstitutionelle Spitze, unter äußerlicher Gleichberechtigung seiner Mitglieder, aber tatsächlich unter deutscher Führung, muss die wirtschaftliche Vorherrschaft Deutschlands über Mitteleuropa stabilisieren.

5. *Die Frage der kolonialen Erwerbungen,* unter denen in erster Linie die Schaffung eines zusammenhängenden mittelafrikanischen Kolonialreichs anzustreben ist, desgleichen die Russland gegenüber zu erreichenden Ziele werden später geprüft.
Als Grundlage der mit Frankreich und Belgien zu treffenden wirtschaftlichen Abmachungen ist eine kurze provisorische für einen eventuellen Präliminarfrieden geeignete Formel zu finden.
6. *Holland.* Es wird zu erwägen sein, durch welche Mittel und Maßnahmen Holland in ein engeres Verhältnis zu dem Deutschen Reich gebracht werden kann.

Zit. nach: Fritz Fischer: Griff nach der Weltmacht. Die Kriegszielpolitik des kaiserlichen Deutschland 1914/18. (Droste) Düsseldorf[4] 1971, S. 117f.

M 2.3 1915 – Die Haltung der Freien Gewerkschaften im Weltkrieg

Aus einer Stellungnahme im Zentralorgan der Freien Gewerkschaften (Dezember 1915):

Die Politik des 4. August 1914 entspricht den vitalsten Gewerkschaftsinteressen. Sie sichert die Fernhaltung jeder feindlichen Invasion, sie schützt uns vor Zerstückelung des deutschen Gebietes und vor der Vernichtung blühender Wirtschaftszweige; sie schützt uns vor dem Schicksal eines unglücklichen Kriegsabschlusses, der uns auf Jahrzehnte hinaus mit Kriegsentschädigungen belasten würde. Diese Politik scheint uns sowohl die heimischen Industrie- und Rohstoffgebiete als auch die Zufuhr der für unsere Produktion benötigten Rohstoffe und die Ausfuhr und den Absatz unserer Erzeugnisse in andere Länder zu sichern. Sie macht die strategischen und wirtschaftlichen Niederwerfungspläne unserer Gegner zunichte und gewährleistet der deutschen Arbeit die freie Entwicklung und den freien Weltmarkt. Die Gewerkschaften müssen an dieser Politik des 4. August 1914 unter allen Umständen festhalten und können nicht eindringlich genug vor den Bestrebungen warnen, diese Politik der jetzigen Fraktion zu durchkreuzen.

Zit. nach: Gerd Hardach: Der Erste Weltkrieg (Geschichte der Weltwirtschaft im 20. Jahrhundert, 2). (Deutscher Taschenbuch Verlag) München 1973, S. 190f.

M 2.4 1917 – Aus der Reichstagsdebatte über die Friedensresolution[1] (19. Juli)

Hugo Haase (USPD):
[...] Wie in der auswärtigen Politik, so müssen wir das Selbstbestimmungsrecht auch für uns im Innern fordern. Nicht irgendwelche unverantwortlichen Stellen, nicht irgendein Einzelner, sondern das Volk selbst hat über sein eigenes Geschick zu bestimmen. [...]
Der Obrigkeitsstaat hat keine Existenzberechtigung, die *Selbstregierung des Volkes* muss an seine Stelle gesetzt werden. [...]
Wir haben durch unsere Anträge hier den Anstoß zu dem Verfassungsausschuss gegeben. Was wir gefordert haben, ist der Anfang der Demokratisierung unserer Einrichtungen. Aber wie ist es den Anträgen gegangen? Der Antrag, dass der Reichskanzler entlassen werden müsse, wenn die Mehrheit des Parlaments es verlangt, wurde von niemanden im Verfassungsausschuss außer von meinen Freunden befürwortet. [...]
Dafür haben schließlich außer uns nur noch die Sozialdemokraten der anderen Richtung gestimmt; alle anderen Parteien, auch die Fortschrittspartei, hat sich nicht für diesen Antrag erhoben. Der Antrag, der weiter notwendig ist, um die Volksrechte auch nur ein wenig bei uns zu stärken, dass nämlich fortan nicht mehr der Kaiser allein Krieg erklären, nicht allein das Reich nach außen vertreten kann, sondern dass er zum Abschluss aller internationalen Verträge an die Zustimmung der Volksvertretung gebunden sein müsse, ist durch Beschluss des Verfassungsausschusses immer wieder vertagt worden. Dadurch ist zum Ausdruck gebracht, wie wenig Wert die Herren auf eine wirkliche Parlamentarisierung legen. Anstatt dem Volke neue Rechte zu geben, wird jede selbstständige Regung, die sich im Volke zeigt, niedergedrückt. Der *Burgfriede* ist in Wahrheit nur ein Mittel geworden, um diejenigen zu begünstigen, welche im Sinne der herrschenden Militärkaste Annexionen vornehmen, und diejenigen zu fesseln, die anderer Anschauung sind.

Zit. nach: Eberhard Jäckel/Axel Kuhn (M1.2), S. 225ff.

---

[1] s. S. 37
[2] Georg Michaelis, Nachfolger v. Bethmann Hollwegs im Amt des Reichskanzlers

M 2.5 Einfluss und Stellung des preußischen Adels

Die bekannte Journalistin und Mitherausgeberin der ZEIT, Marion Gräfin Dönhoff, geb. 1909, die aus einer ostpreußischen Adelsfamilie stammt, schreibt in ihren Memoiren über den lange nachwirkenden Einfluss des preußischen Adels:

„Bei Ausbruch des Ersten Weltkrieges waren alle Kommandeure der achtzehn preußischen und deutschen Armeekorps Adlige. Noch gegen Ende der Monarchie waren von den dreizehn Oberpräsidenten der preußischen Provinzen – also den höchsten Verwaltungsbeamten – elf adelig. Alle Botschafter – es gab damals nur neun, denn nur in den wichtigsten Staaten war das Deutsche Reich durch Botschafter vertreten – gehörten dem Adel an, und von den achtunddreißig Gesandten, die die Wilhelmstraße in den kleineren Ländern repräsentierten, waren nur vier bürgerlich. Einer von ihnen war Ulrich Rauscher, Chef der diplomatischen Vertretung in Warschau. Ein Onkel von mir war ihm 1922 als Legationsrat zugeteilt, und ich erinnere mich, dass ernsthaft diskutiert wurde, ob dieser, nicht dem Adel angehörende Gesandte wirklich in der Lage wäre, alle Nuancen dieses Metiers, einschließlich Tradition, Stil und Takt, voll zu beherrschen. [...]

Als ich fünfzehn war, wurde ich auf eine Schule nach Potsdam geschickt und lernte dort den etwa gleichaltrigen Han Plessen kennen. Sein Großvater war Generaladjutant und Kommandeur des kaiserlichen Hauptquartiers im Ersten Weltkrieg gewesen, also eine wichtige Persönlichkeit am Hof. Als wir uns etwas besser kannten, sagte Han eines Tages zu mir, und es klang wie ein Bekenntnis: „Ich bin kein Monarchist." Mir war ganz revolutionär zumute, als ich mit großer Überzeugung erwiderte: „Ich auch nicht."

Zit. nach: Marion Gräfin Dönhoff: Kindheit in Ostpreußen. (Goldmann) Berlin 1991, S. 8f., 46f.

Aufgaben zu Kapitel 2

1. Die These eines deutschen Sonderwegs wurde von den militärischen Gegnern des Deutschen Reiches in der Kriegszeit besonders akzentuiert. Welche Entwicklungen konnten Ihrer Ansicht als Beleg für eine solche Sicht angeführt werden? Halten Sie die Belege für überzeugend zur Untermauerung der These?
2. Untersuchen Sie die Kriegsziele Deutschlands 1914 und 1917 und benennen Sie die Risiken, die sich daraus und aus der Form und Dauer des Krieges innen- und außenpolitisch ergaben. Suchen Sie ein Urteil zu finden, ob die Novemberrevolution die unausweichliche Konsequenz des Krieges war. (M 2.2, 2.4 und S. 34ff.)
3. Analysieren Sie die Absichten von SPD und Gewerkschaften bei der Unterstützung der Regierung im Krieg und die Risiken, die sich daraus mit der Dauer des Krieges ergaben. (M 2.3 und S. 36f.)
4. Beschreiben Sie anhand der Farbtafeln auf den folgenden Seiten den Wandel in der Sicht des Krieges in der darstellenden Kunst. Ziehen Sie dazu die Informationen auf den Seiten 29f. heran!

Marsden Hartley, The Warriors (Die Krieger), 1913

Peter August Böckstiegel, Auszug der Jünglinge in den Krieg, 1914

Christopher Nevinson, Paths of Glory (Wege des Ruhms), 1917

Paul Nash, We are Making a New World (Wir erschaffen eine neue Welt), 1918

Lovis Corinth, Das Trojanische Pferd, 1924

3 Die Grundlegung der Republik (1918–1920)

3.10.1918	Deutsches Waffenstillstandsangebot an US-Präsident Wilson
28.10.1918	Parlamentarisierung der Reichsverfassung
29.10.1918	Beginn der Meuterei der deutschen Hochseeflotte in Wilhelmshaven
9.11.1918	Ausrufung der Republik (Bildung des Rats der Volksbeauftragten: 10. 11.)
11.11.1918	Unterzeichnung des Waffenstillstands in Compiègne
15.11.1918	Abkommen über eine Zentralarbeitsgemeinschaft zwischen Industrie und Gewerkschaften
16.–20.12.1918	Reichsrätekongress in Berlin: Entscheidung zur Einberufung einer Nationalversammlung
18.1.1919	Beginn der Friedenskonferenzen
19.1.1919	Wahl zur Nationalversammlung
11.2.1919	Wahl Eberts zum Reichspräsidenten
7.5.1919	Übergabe der Friedensbedingungen an die deutsche Delegation
28.6.1919	Unterzeichnung des Friedensvertrages durch die deutsche Delegation in Versailles
11.8.1919	Unterzeichnung der neuen Reichsverfassung durch Reichspräsident Ebert

Der Erste Weltkrieg hatte die Gesellschaften Europas ebenso wie das internationale System tief verändert. Eine automatische Rückkehr zu den alten Verhältnissen war ausgeschlossen; neue Ordnungen mussten gefunden werden um einen inneren wie einen äußeren Frieden wiederherzustellen.

Die internationale Ordnung sollte in den Friedensverhandlungen von Versailles (mit Deutschland) und anderen Orten bei Paris (mit den Verbündeten Deutschlands) neu geordnet werden. Diese Aufgabe wurde durch die Niederlage Deutschlands und Österreich-Ungarns und die Isolation des revolutionären Russlands zu einem gewissen Grade erleichtert, aber durch die unterschiedlichen Ziele der Sieger zugleich erschwert. Alle wollten die militärische und politische Stärke Deutschlands brechen und Österreich-Ungarn auflösen; Frankreich suchte dauerhafte Sicherheit vor einem deutschen Angriff (→ M 3.2) und erstrebte eine Vormachtstellung auf dem Kontinent, womit seine Verbündeten nicht vorbehaltlos einverstanden waren. Die USA, die auch wegen des Selbstbestimmungsrechts der Völker in den Krieg eingetreten waren (→ M 3.1), förderten die Entstehung zahlreicher neuer Staaten in Ost- und Südosteuropa und warfen damit die Frage auf, wie eine solche Zone außenpolitisch stabilisiert werden sollte. Waren hier Lösungen möglich, die nicht wieder neue Kriege provozieren würden?

Nicht erst die Forderung der USA nach einer Demokratisierung seiner Kriegsgegner und der neu zu bildenden Staaten, sondern auch die Mobilisierung der Massen in den Krieg führenden Staaten vom August 1914 an, die Einbeziehung sozialistischer Parteien in die politischen Entscheidungen und die Dauerpropaganda von vier Jah-

ren hatten in der Bevölkerung breite Erwartungen hinsichtlich erweiterter politischer Rechte geweckt – ein Demokratisierungsschub war unvermeidlich.
Die ungeheuren Menschenopfer des Krieges, die jahrelangen Entbehrungen von Soldaten und Zivilbevölkerung und die Erfahrung moderner Massenarmeen, in denen soziale Herkunft und individuelle Ansprüche verblassten, kontrastierten mit der Erfahrung, dass privilegierte Minderheiten vom Krieg profitierten, große Kapitalien gewaltig gewachsen waren und die Macht der Industrie zugenommen hatte. Hier war in allen am Krieg beteiligten Ländern ein massiver sozialer Druck gewachsen, der die Besitzverhältnisse in Frage stellte; die russische Doppelrevolution von 1917 war im Bewusstsein vor allem der Arbeiterschaft in Europa gegenwärtig.
Der Weltkrieg hatte nicht zuletzt das ▷ liberale Wirtschaftssystem des 19. Jahrhunderts zerstört. Innerer Wohlstand war vernichtet worden, die Rüstungsindustrie ins Gigantische gewachsen, die internationalen Handelsströme teils unterbrochen worden (Deutschland), teils verändert und geschwächt (Siegermächte). Es war nicht zu erwarten, dass eine neue Weltwirtschaftsordnung von selbst entstehen würde; nichts garantierte einen neuen Wohlstand, der allein zur Bewältigung innerer und äußerer Spannungen in Europa verhelfen würde.

England und Frankreich nach Kriegsende

Frankreich gehörte zwar zu den Siegern des Krieges, wies aber von allen Krieg führenden Mächten die relativ größten Kriegsverluste auf. Diese Tatsache führte nicht nur zur Forderung Deutschland hart zu bestrafen, sondern verschärfte auch die sozialen Spannungen im Innern. Eine Streikwelle im Frühjahr 1919 zeigte die zunehmende Radikalisierung in der Arbeiterschaft an, der die Regierung mit dem Zugeständnis des Achtstundentages sowie mit der obligatorischen Einführung von ▷ Tarifverträgen zu begegnen versuchte.
Trotz der Massenaktionen, die hauptsächlich auf Paris beschränkt blieben, geriet die politische Ordnung der Dritten Republik nicht ernsthaft in Gefahr. In den ▷ bürgerlichen und kleinbürgerlichen Schichten paarte sich eine nationalistische Stimmung mit einer tiefen Angst vor dem ▷ Bolschewismus, die gerade durch die Aktionen der Arbeiterschaft verstärkt wurde. In den Wahlen vom 16.11.1919 – für die die Einführung eines Frauenstimmrechts scheiterte – errang ein Mitte-Rechts-Parteienbündnis unter Führung des Kriegspremiers Georges Clemenceau rund 70% der Mandate, obwohl viele Franzosen den wenige Monate zuvor geschlossenen Friedensvertrag von Versailles als zu nachgiebig gegenüber Deutschland empfanden.
Auch in England wurde das Wahlbündnis von Konservativen und einem Flügel der Liberalen unter Führung von David Lloyd George in den ersten Wahlen nach Kriegsende am 14.12.1918 eindeutig bestätigt. Nicht zuletzt durch die Ausdehnung des Wahlrechts auf alle Männer über 20 und Frauen über 30 wurde soziale Unzufriedenheit schon früh durch politische Reformen besänftigt.
Die Tatsache des militärischen Sieges verlieh in England und Frankreich dem politischen System zusätzliche Legitimation und erleichterte die Überwindung der sozialen Probleme der Nachkriegszeit. Anders lagen die Verhältnisse in Deutschland, wo sich nach der militärischen Niederlage auch die Frage nach der künftigen politischen Ordnung stellte.

3.1 Zwischen Kontinuität und Revolution – Der politische Machtwechsel in Deutschland 1918/19

Die Vorstellungen der amerikanischen Öffentlichkeit – und sicherlich auch vieler Briten und Franzosen – gingen dahin, dass sich eine Demokratisierung der bisher autoritär regierten Staaten auch international spannungsmindernd auswirken würde. Schon deshalb war ein politischer Systemwechsel in Deutschland unvermeidlich (→ M 3.2).

Von der Oktober-Reform zur November-Revolution

In Deutschland ging der erste Anstoß zu einer Reform des politischen Systems eigentümlicherweise von der Obersten Heeresleitung (OHL) aus, die nach dem Abfall Bulgariens im September 1918 den Krieg als verloren betrachten musste. Jede Fortsetzung des Krieges hätte nur die Gefahr der Besetzung deutschen Territoriums mit sich gebracht und die Friedensbedingungen verschlechtert. Am 28. September 1918 forderte die OHL, die Deutschland seit 1916 faktisch in der Art einer Militärdiktatur regiert hatte, nicht nur ein sofortiges Waffenstillstandsersuchen, sondern auch eine neue zivile Reichsregierung unter Heranziehung der Parteien. Der neue Reichskanzler Prinz Max von Baden, in dessen Kabinett einige Persönlichkeiten aus den Parteien der Friedensresolution (s. S. 37) (Zentrum, Fortschritt, SPD) eintraten, richtete am 3. Oktober ein Waffenstillstandsersuchen an den amerikanischen Präsidenten Wilson.

Formell wurde die ein halbes Jahrhundert erfolgreich blockierte ▷ Parlamentarisierung Deutschlands durch ein verfassungsänderndes Gesetz am 28. Oktober beschlossen: Danach bedurfte der Reichskanzler nun des Vertrauens des Reichstags. Deutschland war damit eine parlamentarische ▷ Monarchie. An der monarchischen Spitze wollte selbst die Mehrheit der sozialdemokratischen Parteiführung festhalten, obwohl an der Abdankung Wilhelms schon aus außenpolitischen Gründen kaum ein Weg vorbeiführte. Die deshalb erwogenen Regentschaftspläne wurden jedoch durch die Entwicklung der Massenbewegung Anfang November rasch überholt.

Die spontane Massenbewegung wurde durch den Befehl zum Auslaufen der Hochseeflotte am 29. Oktober 1918 ausgelöst, gegen den die Mannschaften zweier Schiffe in Wilhelmshaven mit Gehorsamsverweigerung protestierten. Der militärisch sinnlose Flottenvorstoß in die Nordsee war ohne Absprache mit der Reichsregierung von der Seekriegsleitung angeordnet worden, die – nach jahrelanger Untätigkeit – die Existenzberechtigung der Flotte unter Beweis stellen wollte. Nicht zu Unrecht fürchteten die Matrosen, dass der Flottenvorstoß die Friedensbemühungen zum Scheitern bringen könnte.

Die Marineführung versuchte mit noch gehorsamen Einheiten gegen die Meuterer vorzugehen und ließ etwa 1000 Matrosen verhaften. Als die Admiralität die Gefangenen nach Kiel abtransportieren wollte, kam es zu einer rasch anwachsenden Solidarisierung von Matrosen, Soldaten und Arbeitern. Am 3. November brach ein Matrosen- und Arbeiteraufstand in Kiel aus, der am 6. auf die großen Häfen an der Nordsee ausgriff. Es wurden Arbeiter- und Soldatenräte gewählt, die die militärische und zivile Macht übernahmen.

Am 7. November erreichte die Revolution bereits München. Der USPD-Politiker Kurt Eisner rief die Republik aus. Mit der Flucht König Ludwigs III. fiel der erste Thron in Deutschland. Hier, wo es kurze Zeit auch gelang, die Bauern in die revolutionäre Entwicklung einzubeziehen (Arbeiter-, Bauern- und Soldatenräte), bildeten sich deutlicher als anderswo in Deutschland Ansätze zu einer ▷ sozialistischen Ordnung heraus. (Nach der Wahlniederlage der USPD im Februar 1919 und der Ermordung Eisners am 21.2. kam es zu einer kurzfristigen Radikalisierung der Linken, die von rechts blutig unterdrückt wurde.)

Die überall spontan entstehenden Arbeiter- und Soldatenräte, die ihr historisches Vorbild in den Sowjets der russischen Revolution von 1905 und 1917 hatten, waren Organe einer spontan entstehenden Selbstverwaltung oder einer Art Basisdemokratie: Die gewählten Räte unterlagen der unmittelbaren Kontrolle durch die Arbeiter und Soldaten.

Die Forderungen der Räte waren zunächst bescheiden: Vom Kieler Soldatenrat wurden neben der Freilassung der inhaftierten Matrosen beispielsweise die Einrichtung von Beschwerdekommissionen der Mannschaften in Disziplinarverfahren oder die Abschaffung der Grußpflicht gegenüber Offizieren außerhalb des Dienstes gefordert. Daneben wurden auch einige weitergehende Ziele, darunter politische Reformen und die Abdankung des Kaisers, formuliert.

Anders als in Russland ein Jahr zuvor gerieten die spontan agierenden Räte in Deutschland nicht unter den Einfluss einer ▷ kommunistischen Partei. Dennoch weckte die Entstehung der Räte in den Mittelschichten und auch in den sozialistischen Parteizentralen sowie in den Gewerkschaften große Ängste. Um ihren Einfluss auf die sich entfaltende Massenbewegung nicht zu verlieren, beschloss die Parteiführung der Mehrheits-Sozialdemokratie sich an die Spitze der Bewegung zu stellen. Am 7. November forderte sie ultimativ neben weiteren politischen Reformen den Thronverzicht des Monarchen. Zwei Tage später rief Philipp Scheidemann, nachdem der Kanzler Max v. Baden den Thronverzicht Wilhelms vor dessen Zustimmung verkündet hatte, in Berlin die Republik aus. Wie Max v. Badens Bekanntmachung war auch Scheidemanns Aktion eine eigenmächtige Entscheidung, die durch die Sorge vor radikaleren Entwicklungen motiviert war: Scheidemann kam der Ausrufung der ▷ sozialistischen Republik durch den Linkssozialisten Karl Liebknecht um zwei Stunden zuvor.

10. November 1918 – Nr. 2

Sonntagsausgabe

Die rote Fahne

Ehemaliger Berliner Lokal-Anzeiger

Verlag August Scherl G. m. b. H. Berlin SW 68, Zimmerstr. 35-41. — Fernsprecher: Amt Zentrum 9001 bis 9029. — Telegramme: Scherlverlag.

Wahl der Arbeiterräte.

Sonnabend 10 Uhr abends versammelten sich die bereits gewählten Arbeiter- und Soldatenräte im großen Sitzungssaale des Reichstages und beschlossen einstimmig folgendes:

Sämtliche Arbeiter und Arbeiterinnen versammeln sich am Sonntag, dem 10. November, vormittags 10 Uhr in den Fabriken und wählen Arbeiterräte. Frauen sind wählber. (Die Angestellten sind als Arbeiter zu betrachten).

Sämtliche Soldaten versammeln sich gleichfalls in den Kasernen bezw. Lazaretten und wählen Soldatenräte.

Auf je ein Bataillon resp. eine Formation entfällt je ein Delegierter, auf tausend Arbeiter bezw. Arbeiterinnen entfällt gleichfalls ein Delegierter. Kleinere Betriebe unter 500 Mann vereinigen sich zur Wahl eines Arbeiterratsmitgliedes.

Nachmittags 5 Uhr versammeln sich die gewählten Arbeiter- und Soldatenräte im Zirkus Busch und wählen die provisorische Regierung. (Vergl. Aufruf auf Seite 3.)

Die Regierung der Volksbeauftragten

In einem staatsrechtlich fragwürdigen Akt, der eine Kontinuität zwischen der alten und neuen Ordnung herstellen sollte, übertrug Max von Baden noch am 9. November das Amt des Reichskanzlers auf den Mehrheitssozialdemokraten Friedrich Ebert. Dieser Vorgang konnte jedoch in der ▷ revolutionären Situation als Legitimation der neuen Regierung nicht ausreichen. Gerade in der Reichshauptstadt war unverkennbar, dass die Stimmung der Massen einen deutlichen Bruch mit dem alten System verlangte. Die Führung der MSPD bot nun der USPD Verhandlungen über die Bildung einer gemeinsamen Revolutionsregierung an. Nachdem die Unabhängigen die von der MSPD gewünschte Beteiligung bürgerlicher Politiker abgelehnt hatten, wurde am 10. November ein „Rat der Volksbeauftragten“, der sich aus je drei MSPD- und USPD-Politikern unter der gemeinsamen Leitung von Friedrich Ebert (MSDP) und Hugo Haase (USPD) zusammensetzte, als revolutionäre Regierung gebildet.[1]

Die ▷ bürgerlichen Parteien blieben durch Staatssekretäre repräsentiert, die als „technische Gehilfen“ der Volksbeauftragten angesehen wurden.

Die Regierung wurde am selben Tag im Zirkus Busch von der Vollversammlung der Berliner Arbeiter- und Soldatenräte bestätigt, die mit der Einsetzung eines „Vollzugsrates“, also eines lokalen Gremiums der Reichshauptstadt, auch ein Kontrollorgan schuf.

[1] Dem Rat der Volksbeauftragten gehörten weiter Philipp Scheidemann und Otto Landsberg (MSPD) sowie Wilhelm Dittmann und Emil Barth (USPD) an. Bis auf Emil Barth, der als Vertrauensmann der Revolutionären Obleute, einer radikalen, gut organisierten Gruppe von Arbeitern in Berliner Großbetrieben, in das Gremium eintrat, gehörten alle Mitglieder des Rats der Volksbeauftragten den gemäßigten Flügeln ihrer Parteien an.

Die grundsätzliche Einigung der beiden ▷ sozialistischen Parteien wurde in der Arbeiterschaft durchweg euphorisch als Sieg der Arbeiterklasse begrüßt; allerdings wurde die Zusammenarbeit mit der MSPD vom linken USPD-Flügel, insbesondere von der Spartakus-Gruppe um Rosa Luxemburg und Karl Liebknecht, abgelehnt. Hier fürchtete man die Kompromissbereitschaft der MSPD gegenüber den Bürgerlichen und hoffte darauf, mit Hilfe der Räte die Revolution im sozialistischen Sinne weitertreiben zu können. Die Anhängerschaft der Spartakus-Gruppe war jedoch sehr klein.

Das Regierungsbündnis zwischen MSPD und USPD basierte auf der gemeinsamen Verständigung über ein politisches Sofortprogramm. Dazu zählten die Beendigung des Belagerungszustandes, die Aufhebung von Zensurbestimmungen, eine Amnestie für politische Straftaten, ein neues Wahlrecht (Frauenstimmrecht, Herabsetzung des Wahlalters auf 20 Jahre, Einführung des ▷ Verhältniswahlrechts) und eine Reihe sozialpolitischer Maßnahmen, darunter die Einführung der Erwerbslosenunterstützung.

Als ungleich schwieriger stellte sich bald die Frage einer verfassunggebenden Nationalversammlung heraus, deren schnellstmögliche Wahl die MSPD zur politischen Hauptforderung machte, während die USPD hier eine abwartende Position bezog.

Hinter der Uneinigkeit über die Frage der verfassunggebenden Versammlung verbargen sich unterschiedliche Vorstellungen über die Demokratisierung Deutschlands (→ M 3.3 – M 3.5), wobei die politischen Fronten nicht unbedingt mit der Parteigrenze zwischen der MSPD und der USPD identisch waren.

Die MSPD-Volksbeauftragten verstanden es unter der taktisch geschickten Leitung Eberts in den auf den 10. November folgenden Wochen, ihre Position zur baldigen Einberufung einer verfassunggebenden Versammlung durchzusetzen. Nach einer Reihe politischer Vorentscheidungen, u. a. dem Erlass einer Wahlordnung *vor* der grundsätzlichen Entscheidung über die Nationalversammlung, lag die Entscheidung bei dem vom 16.–20. Dezember 1918 nach Berlin einberufenen Reichskongress der Arbeiter- und Soldatenräte. Anders als in den Versammlungen der Reichshauptstadt hatte in dieser Versammlung, deren Teilnehmer aus allen Teilen Deutschlands kamen, die MSPD die Mehrheit. Nach langen und ernsthaften Diskussionen entschied der Kongress mit der großen Mehrheit von 450 zu 50 Stimmen auf Antrag des sozialdemokratischen Vollzugsratsmitglieds Max Cohen-Reuß für die Durchführung der Wahlen zur Nationalversammlung zum frühestmöglichen Zeitpunkt, dem 19. Januar 1919. In einer weiteren Abstimmung wurde der Regierung der Volksbeauftragten bis zu einer anderweitigen Regelung durch die Nationalversammlung ausdrücklich die gesamte vollziehende und gesetzgebende Gewalt übertragen, womit konkurrierenden Institutionen, vor allem dem Vollzugsrat, in der Reichshauptstadt die Legitimationsbasis entzogen werden sollte.

Der Wahltermin des 19. Januar war tatsächlich so früh gewählt, dass neu entstehende Parteien, selbst die USPD, kaum in der Lage waren flächendeckend den Wahlkampf organisatorisch

Kundgebung
des
neuen Reichskanzlers Ebert

Mahnung
zur
Ruhe und Ordnung!

Mitbürger! Der bisherige Reichskanzler, Prinz Max von Baden, hat mir unter Zustimmung sämtlicher Staatssekretäre die Wahrnehmung der Geschäfte des Reichskanzlers übertragen. Ich bin im Begriffe, die neue Regierung im Einvernehmen mit den Parteien zu bilden und werde über das Ergebnis der Öffentlichkeit in Kürze berichten. Die neue Regierung wird eine Volksregierung sein. Ihr Bestreben wird sein müssen, dem deutschen Volke den Frieden schnellstens zu bringen und die Freiheit, die es errungen hat, zu befestigen. Mitbürger! Ich bitte Euch alle um Eure Unterstützung bei der schweren Arbeit, die unserer harrt. Ihr wißt, wie schwer der Krieg die Ernährung des Volkes, die erste Voraussetzung des politischen Lebens, bedroht. Die politische Umwälzung darf die Ernährung der Bevölkerung nicht stören, es muß erste Pflicht aller in Stadt und Land bleiben, die Produktion von Nahrungsmitteln und ihre Zufuhr in die Städte nicht zu verhindern, sondern zu fördern. Nahrungsmittelnot bedeutet Plünderung und Not mit Elend für Alle. Die Ärmsten würden am schwersten leiden, die Industriearbeiter am bittersten betroffen werden. Wer sich an Nahrungsmitteln oder sonstigen Bedarfsgegenständen oder an den für ihre Verteilung benötigten Verkehrsmitteln vergreift, versündigt sich auf das Schwerste an der Gesamtheit. Mitbürger! Ich bitte Euch alle dringend, verlaßt die Straßen! Sorgt für Ruhe und Ordnung.

Berlin, den 9. November 1918.

Der Reichskanzler
Ebert.

vorzubereiten und eigene Kandidaten in den neu gebildeten Wahlkreisen aufzustellen. Mit der Entscheidung des Reichskongresses war zugleich eine Vorentscheidung für den Bruch der „sozialistischen Koalition“ aus MSPD und USPD gefallen.

Das so genannte Ebert-Groener-Bündnis

In stärkerem Maße als die USPD, die sich auf die gut organisierte und kämpferische Arbeiterschaft der großen Industriezentren in Berlin und Mitteldeutschland stützte, war die MSPD-Führung zur Zusammenarbeit mit ▷ bürgerlichen Kräften und Repräsentanten der alten Ordnung bereit. Wichtig wurde besonders die Zusammenarbeit mit der Obersten Heeresleitung, die durch einen Anruf General Wilhelm Groeners, des Nachfolgers Ludendorffs, bei Ebert am 10. November eingeleitet wurde.
Das Zusammenwirken von OHL-Spitze und Volksbeauftragten schien zunächst wegen der bevorstehenden Unterzeichnung des Waffenstillstands und der anschließenden Rückführung des Heeres unabdingbar. Die Waffenstillstandsbedingungen, die bereits am 11. November von dem Zentrumspolitiker Matthias Erzberger – nicht etwa einem OHL-General – in Compiègne unterzeichnet wurden, sahen eine Räumung der von Deutschland noch besetzten Gebiete in Frankreich, Luxemburg und Belgien sowie den Rückzug aus Elsass-Lothringen innerhalb von nur 15 Tagen vor.
Groener verfolgte mit seinem Angebot aber auch innenpolitische Ziele. Er fürchtete, „dass der Karren [...] noch weiter nach links rutscht“. In der sozialdemokratischen Parteiführung teilte man die Sorgen vor weiterer Radikalisierung und nicht mehr kalkulierbaren politischen Entwicklungen.
Für Ebert bedeutete Groeners Kooperationsangebot auch die Anerkennung der neuen Regierung durch die OHL, die bislang ihre Legitimation aus der Tatsache ableitete, dass Wilhelm II. Hindenburg vor seiner Flucht die militärische Kommandogewalt übertragen hatte. Noch nicht entschieden war Mitte November, ob es den Volksbeauftragten gelingen würde, die OHL tatsächlich unter politische Kontrolle zu bringen und ob ein neues (republikanisches) Heer aufgebaut werden könnte.

Herausforderungen von links

Eberts Neigung zu einer raschen Eindämmung der Revolution provozierte auf der anderen Seite radikalere Reaktionen.
Am 23.12. meuterte die „Volksmarinedivision“, die zum Schutz der Revolution von Cuxhaven nach Berlin verlegt worden war. Die MSPD hatte verlangt, dass sie die radikalen Angehörigen entließ, die sich ihr erst in Berlin angeschlossen hatten. Hinzu kam ein Streit um die Besoldung. Als die Volksmarinedivision den Stadtkommandanten (Wels, MSPD) festnahm und die Reichskanzlei absperrte, forderte Ebert von der OHL Truppen an.
Obgleich sich die Volksbeauftragten wenig später wieder frei bewegen konnten, griffen die am nächsten Tag (24.12.1918) anrückenden Front-

„Für die Regierung Ebert-Scheidemann, gegen den Terror“. Januar 1919: Ein Militärlastwagen mit einer Kapelle fährt als Werbezug für die MSPD durch Berlin. Auf dem Anhänger propagieren Wahlhelfer „Die deutsche Einheitsschule“. Die Schulreform galt für beide sozialdemokratischen Parteien als wesentliche Aufgabe eines Reformprogramms.

truppen unter General Lequis – bis zu Eberts mäßigender Intervention – brutal ein; es gab Tote und Verwundete.
Die Volksbeauftragten hatten mit dieser Aktion öffentlich demonstriert, dass sie nicht erpressbar waren. Dennoch fügte das Ereignis dem Ansehen der MSPD-Führung beträchtlichen Schaden zu, weil sie sich der zweifellos gegenrevolutionären Generalität bedient hatte um eine revolutionäre Truppe niederzuschlagen. Die USPD-Volksbeauftragten, die von dem „Hilferuf" nicht informiert gewesen waren, traten aus dem Rat der Volksbeauftragten („der Regierung der Matrosenmörder") aus; damit war die „sozialistische Koalition" nach siebenwöchiger Dauer zerbrochen.
Die Situation verschärfte sich Ende Dezember, als die KPD gegründet wurde. Die neue Partei umfasste neben dem Spartakus-Bund kleinere Gruppen der politischen Linken und forderte eine revolutionäre Politik. Der Gründungsparteitag hatte zwar einen von Rosa Luxemburg (→ M 3.6) verfassten Programmentwurf angenommen, der sich gegen Abenteurertum und gegen die Methoden der ▷ Bolschewiki aussprach; gleichzeitig lehnte der Parteitag jedoch gegen den Rat Rosa Luxemburgs und Karl Liebknechts eine Beteiligung an den Wahlen zur Nationalversammlung ab und geriet damit tendenziell doch auf den Weg der Putsch-Taktik.
Im Januar kam es zu neuen Kämpfen; sie gingen aus von Großdemonstrationen in Berlin gegen die Entlassung des der USPD angehörigen Berliner Polizeipräsidenten Emil Eichhorn, zu denen USPD, KPD und Revolutionäre Obleute aufgerufen hatten. Am Abend des 5. Januar besetzten bewaffnete Spartakisten eine Reihe von Verlagshäusern, darunter das der MSPD-Zeitung „Vorwärts". Gegen die eigene Überzeugung, aber getrieben von der sich radikalisierenden Anhängerschaft, die die „zweite Revolution" durchfechten wollte, erklärten Karl Liebknecht und Georg Ledebour am 6. Januar die Absetzung der Regierung; eine konsequente Führung der Aufstandsbewegung gelang ihnen jedoch nicht. Die Regierung der Volksbeauftragten griff erneut auf die Unterstützung der OHL zurück, da die eilends aufgestellten sozialdemokratisch orientierten Verbände nicht stark genug waren. Als in den folgenden Kämpfen entscheidende Truppen erwiesen sich zwei rechts stehende Freikorps-Verbände. Sie waren aufgrund des Regierungsaufrufs „Freiwillige vor" von ehemaligen Offizieren gebildet worden, nachdem sich die regulären

> **Arbeiter, Bürger!**
>
> Das Vaterland ist dem Untergang nahe.
> Rettet es!
> Es wird nicht bedroht von außen, sondern von innen:
>
> **Von der Spartakusgruppe.**
>
> **Schlagt ihre Führer tot!**
> **Tötet Liebknecht!**
>
> **Dann werdet ihr Frieden, Arbeit und Brot haben!**
>
> **Die Frontsoldaten**

Plakat in Berlin, Dezember 1918

Truppenverbände über Weihnachten weitgehend aufgelöst hatten.
Die Freikorps spielten auch in der folgenden Zeit eine wichtige Rolle. Die Freikorps-Kämpfer, die in der Regel auf einen Führer eingeschworen waren, versuchten ihre Soldatenexistenz in die Friedenszeiten hinein zu verlängern. „Kampf" wurde ihnen meistens zum Selbstzweck und Lebensinhalt, wobei der Feind nun weniger bei den äußeren Gegnern Deutschlands als bei den „Linken" in der Heimat gesucht wurde.
Am 15. Januar 1919 wurden Rosa Luxemburg und Karl Liebknecht nach ihrer Verhaftung von

> **Stramme, junge Kerls**
>
> Turner, Jungmannen, Wandervögel und wer sonst noch Lust zum Soldatenleben hat, ob gedient oder ungedient, werden bei der
>
> **Geb.-M.-G.-Abtlg. 229 in Sillmenau bei Kattern (Kreis Breslau)**
>
> eingestellt. Ihr habt am 7. März unsern strammen Durchmarsch durch Breslau gesehen. Kommt und zieht unsern grünen Rock an!
>
> Einstellung unter den bekannten Grenzschutzbedingungen. Auch Fahrer, Handwerker und Musiker werden eingestellt. Auf Anforderung wird Ausweis für Fahrkarte gesandt.
>
> **Paulssen**, Lt. d. R. u. Abt.-Führer.

Anzeige aus der „Schlesischen Zeitung" (Breslau), 8. März 1919[1]

1 Geb.-M.-G.-Abtlg. = Gebirgs-Maschinengewehr-Abteilung; Lt. d. R. = Leutnant der Reserve

einer Gruppe von Offizieren und Soldaten einer Garde-Kavallerie Einheit brutal misshandelt und ermordet. Dieses Verbrechen war nicht zuletzt durch eine gewalttätige Stimmungsmache in vielen Zeitungen in den Tagen vorher mit vorbereitet worden. Die Mörder wurden mit Zustimmung Eberts nicht vor ein Zivil-, sondern vor ein Militärgericht gestellt, dessen Befangenheit offensichtlich war. Die Urteile fielen sehr milde aus. Diese Ereignisse trugen zur Entfremdung zwischen Teilen der Arbeiterschaft und der MSPD-Führung entscheidend bei.
Zu den Auswirkungen der Berliner Januarkämpfe gehörte auch, dass die am 19. Januar gewählte Nationalversammlung im Februar nicht im unruhigen Berlin, sondern in Weimar zusammentrat – was der ersten deutschen Republik ihren Namen verlieh.

3.2 Blockierte soziale Demokratie? Gesellschaftliche Weichenstellungen 1918/19

In allen Krieg führenden Staaten Europas rief – nach den Entbehrungen der Kriegszeit – die Demobilisierung (Auflösung) der Riesenarmeen und die Umstellung der Rüstungsindustrien schwere soziale Spannungen hervor, die teilweise zu einer Infragestellung der Sozial- und Wirtschaftsordnung führten. Die Euphorie des Sieges erleichterte in den Siegerstaaten die Stabilisierung der hergebrachten Sozialordnung. Dagegen stellte sich das Problem in Deutschland bald radikaler – und nicht nur im revolutionären Russland gab es die Erwartung, dass die Front der ▷ Revolution sich nun nach Westen, ins industrielle und – nach ▷ marxistischer Auffassung – proletarische Herz Europas ausdehnen werde.

Großindustrie und Gewerkschaften

In führenden Wirtschaftskreisen Deutschlands war man sich im Herbst 1918 der heraufziehenden Gefahren durchaus bewusst: „Wie kann man die Industrie retten? Wie kann man das Unternehmertum vor der drohenden, über alle Wirtschaftszweige hinweg fegenden Sozialisierung, der Verstaatlichung und der nahenden Revolution bewahren?" notierte im Oktober ein Verbandsmanager der Eisenindustrie (J. W. Reichardt) und kam zu dem Schluss: „Einen überragenden Einfluss schien nur die organisierte Arbeiterschaft zu haben [...]".

Angesichts dieser Situationseinschätzung waren führende Unternehmer seit Oktober 1918 zur Aufnahme direkter Gespräche mit der Führung der Freien Gewerkschaften bereit. Schon am 15. November 1918 wurde ein Abkommen über die Gründung der „Zentralarbeitsgemeinschaft der industriellen und gewerblichen Arbeitgeber und Arbeitnehmer Deutschlands" (ZAG) unterzeichnet, mit dem es der Unternehmerseite gelang, die Gewerkschaften gegen eine Reihe von sozialpolitischen Zugeständnissen zum Partner im Kampf gegen radikalere Veränderungen, d.h. Eingriffen in die privatkapitalistische Eigentumsordnung, zu machen. Die Gewerkschaften erhielten die ausdrückliche Anerkennung als Vertragspartner beim Abschluss von ▷ Tarifverträgen. Aus dem Hilfsdienstgesetz (s. S. 38) der Kriegszeit wurde die Einrichtung von Arbeiterausschüssen in Betrieben mit mehr als 50 Beschäftigten übernommen. Das nach den Verhandlungsführern beider Seiten benannte Stinnes-Legien-Abkommen sah auch die Einführung des Achtstundentags vor, wenn auch nur unter dem Vorbehalt seiner internationalen Realisierung.
In der mittelständischen Industrie und in den Regionalverbänden der unternehmerischen Spitzenorganisationen wurde das von einzelnen Industriellen ausgehandelte Abkommen hauptsächlich als „Atempause" verstanden. Der Achtstundentag galt in der Unternehmerschaft generell als ein erzwungenes Zugeständnis, das kaum von Dauer sein könne. In den Gewerkschaften wurde das Abkommen dagegen optimistisch als Schritt zur wirtschaftlichen Demokratie betrachtet.
Der Rat der Volksbeauftragten schloss sich dem Abkommen durch die Veröffentlichung im Reichsanzeiger an. Damit distanzierte sich die Revolutionsregierung indirekt von Bestrebungen, die – unter dem Schlagwort der ▷ Sozialisierung – tiefere Eingriffe in das hergebrachte Wirtschaftssystem forderten.
In den Augen einer Mehrheit der Arbeiter schienen besonders der Bergbau und die Eisen- und Stahlindustrie geeignet für Sozialisierungsmaßnahmen zu sein. Und selbst Teile des Bürgertums wären mit der Sozialisierung dieser Industriezweige, in denen wirtschaftliche Machtkonzentration sehr klar zutage trat und die Unternehmer stets einen kompromisslosen „Herr-im-Hause"-Standpunkt vertreten hatten, einverstanden gewesen.

Der Rat der Volksbeauftragten übertrug die Behandlung der Sozialisierungsfrage einer Sozialisierungskommission, der neben führenden Gewerkschaftern, MSPD- und USPD-Politikern auch einige bürgerliche Mitglieder angehörten. Die Frage war damit dem unmittelbaren Einfluss der revolutionären Kräfte entzogen. Der vorläufige Bericht der Kommission vom 15. Februar 1919 schlug eine Art Sozialisierung des Kohlenbergbaus unter Entschädigung der früheren Besitzer vor und kam insofern den Wünschen in der Arbeiterschaft entgegen. Rudolf Wissell (MSPD), Wirtschaftsminister in der am 13.2. 1919 gebildeten Regierung, hielt den Bericht jedoch unter Verschluss, weil sein Inhalt der eingeschlagenen wirtschaftspolitischen Linie der Regierung zuwiderlief.

Rätebewegung und Massenstreiks im Frühjahr 1919

Die Frage der ▷ Sozialisierung kam mit dem Aufschwung der ▷ Rätebewegung im Winter und Frühjahr 1919 noch einmal auf die politische Tagesordnung. Schwerpunkt der Rätebewegung und Zentrum großer Streiks war neben Berlin, Bremen und München besonders das Ruhrgebiet. Hier drängten die Arbeiter- und Soldatenräte verstärkt auf die Durchsetzung weiter gehender Mitbestimmungsrechte und entwarfen auch ein eigenes Modell für die Sozialisierung des Bergbaus (→ M 3.10 – M 3.12).
Die eigenmächtigen Sozialisierungsaktionen der Rätebewegung an der Ruhr stießen jedoch auf den scharfen Widerstand der Berliner Regierung, die ein militärisches Eingreifen vorbereitete. Mit dem Einmarsch von Freikorpsverbänden ins Ruhrgebiet im Februar und März brach die Bewegung an der Ruhr zusammen.
In Berlin kam es im März 1919 zu schweren Kämpfen, bei denen etwa 1200 Menschen getötet wurden. Zur Niederwerfung der Aufständischen und Streikenden ließ der neue Reichswehrminister Gustav Noske (MSPD) reguläre Truppen und Freikorpsverbände in die Stadt einrücken. Noskes Befehl, jeden von den Truppen bewaffnet Angetroffenen standrechtlich zu erschießen, machte den sozialdemokratischen Wehrminister im Winter 1919 zum meistgehassten Mann bei der politischen Linken.
Wie schon im Januar/Februar in Bremen kam es schließlich in Bayern am 7. April zur Ausrufung einer Räterepublik. Die Räteregierung, deren Einflussbereich im Wesentlichen auf München beschränkt war, geriet zunehmend unter kommunistischen Einfluss. Einmarschierende Freikorps und Truppenteile der Reichswehr beendeten auch das Münchner Experiment.
Nach der Niederwerfung der bayerischen Räterepublik war der Höhepunkt der linken Massenbewegung 1919 überschritten. Als politische Kraft war die Rätebewegung ausgeschaltet. Welche Rolle Räte zukünftig spielen sollten, blieb aber noch für Monate Gegenstand der politischen Diskussion. Die MSPD wollte mehrheitlich den Räten begrenzte Funktionen auf wirtschaftlichem und sozialen Gebiet zuweisen, während die Gewerkschaften gerade durch eine solche Entwicklung unliebsame Konkurrenz fürchteten. Die USPD dagegen bekannte sich in einem neuen Aktionsprogramm vom Dezember 1919 eindeutig zum Rätesystem und zur ▷ Diktatur des Proletariats.
Im Betriebsrätegesetz vom 4.2.1920 waren zwar gewählte Betriebsräte als Arbeitervertretungen in größeren Betrieben vorgesehen, ihre Kompetenzen wurden aber hauptsächlich auf die Überwachung der Einhaltung von ▷ Tarifverträgen, Fragen des Unfallschutzes und Mitsprache bei innerbetrieblichen Wohlfahrtseinrichtungen (Pensionskassen, Werkswohnungen u. a.) begrenzt.

Gescheiterte Veränderungen auf dem Lande

Nicht nur die Großindustrie blieb von Eingriffen praktisch verschont; auch auf dem Lande setzte die Revolutionsregierung keine durchgreifenden gesellschaftlichen Veränderungen durch. Zwar wurde die aus dem Jahre 1810 stammende preußische Gesindeordnung, die beispielsweise die körperliche Züchtigung des „Gesindes“ durch die „Herrschaft“ ausdrücklich zuließ, endlich aufgehoben, aber eine einschneidende Verbesserung der Arbeitsverhältnisse auf dem Lande gelang nicht. Die jetzt vorgeschriebenen ▷ Tarifverträge wurden von den ostelbischen Großgrundbesitzern schon 1919 durch die Gründung „eigener“ Landarbeiterorganisationen unterlaufen, die den ▷ sozialistischen Verbänden erfolgreich Konkurrenz machten. An eine Enteignung der Besitztümer des alten preußischen Adels wagte sich die Regierung nicht heran – mit der Begründung die Ernährungssituation der Bevölkerung nicht gefährden zu wollen.

	Wahlen zum Reichstag 1912				Wahlen zur Nationalversammlung 1919		Wahlen zum Reichtag 1920	
Wahlberechtigte (Mio.) Wahlbeteiligung (%)	14,4 84,5			Wahlberechtigte (Mio.) Wahlbeteiligung (%)	36,8 83,0		36,0 78,4	
Parteien	Stimmen %	Mandate Zahl	Mandate % der Reichssitze	Parteien	Stimmen %	Mandate	Stimmen %	Mandate
Konservative Parteien	12,2	57	14,4	Deutschnationale Volkspartei	10,3	44	15,0	71
Nationalliberale	13,7	45	11,3	Dt. Volkspartei	4,4	19	13,9	65
Linksliberale (Fortschritt)	12,3	42	10,6	Dt. Demokratische Partei	18,5	75	8,2	39
Zentrum	16,4	91	22,9	Zentrum/Bayerische Volkspartei[1]	19,7	91	18,1	85
Sozialdemokratische Partei	34,8	110	27,7	Sozialdemokratische Partei	37,9	163	21,7	102
				Unabhängige Sozialdemokratische Partei	7,6	22	17,8	84
				Kommunistische Partei			2,0	4
Sonstige	10,6	52	13,1	Sonstige	1,6	7	3,0	9
		397				421[2]		459

[1] bei den Wahlen zur Nationalversammlung gemeinsam als Christliche Volkspartei
[2] durch Nachwahlen im Ostheer auf 423 erhöht

3.3 Nationalversammlung und Weimarer Verfassung

Die Wahlen zur Nationalversammlung am 19.1. 1919 fanden erstmals auf der Basis des reinen ▷ Verhältniswahlrechts statt, das die Ungerechtigkeiten des ▷ Mehrheitswahlrechts der Kaiserzeit beseitigen und den Volkswillen unverfälscht im Parlament zum Ausdruck bringen sollte (→ M 3.19). Die Wahlordnung sah außerdem die Herabsetzung des Wahlalters von 25 auf 20 Jahre und die Einführung des Frauenstimmrechts vor, das die SPD seit Jahrzehnten gefordert hatte.

Wahlergebnis und Regierungsbildung

Das Wahlergebnis brachte den allgemein erwarteten Ruck nach links – dabei war das Wahlverhalten der Frauen etwas konservativer als das der Männer. Trotz des auf den ersten Blick klaren Wahlsiegs von Zentrum, Linksliberalen und MSPD war das Ergebnis dennoch nur mit Einschränkungen auch ein klares Votum für die Republik: Im Zentrum, von dem sich die landsmannschaftlich geprägte und dezidiert konservative Bayerische Volkspartei abspaltete, gab es einen starken rechten Flügel, den man als Gegner einer parlamentarischen Republik einstufen musste. Das gute Abschneiden der linksliberalen Deutschen Demokratischen Partei, der um einige Nationalliberale erweiterten Nachfolgepartei der FVP, war teilweise darauf zurückzuführen, dass ▷ bürgerliche Wähler sie deshalb wählten, um überhaupt den bürgerlichen Einfluss noch zur Geltung zu bringen und „Schlimmeres" zu verhüten. Auch das gute Ergebnis für die SPD „täuschte" insofern etwas, als es die allmähliche Radikalisierung in der Arbeiterschaft noch nicht zum Ausdruck brachte. Schon im Frühjahr 1919 erlitt die MSPD beträchtliche Stimmenverluste bei Landtags- und Gemeindewahlen, während die USPD Stimmenzuwächse erzielte.
Am 11.2. wählte die Nationalversammlung in Weimar mit 277 von 379 abgegebenen Stimmen Friedrich Ebert zum Reichspräsidenten. Diese Wahl brachte den politischen Wandel in Deutschland sinnfällig zum Ausdruck: Der im Reichsgründungsjahr 1871 geborene Sohn eines Schneidermeisters war Sattler. Er war früh zur SPD gestoßen, in der er hauptberuflich seit 1905

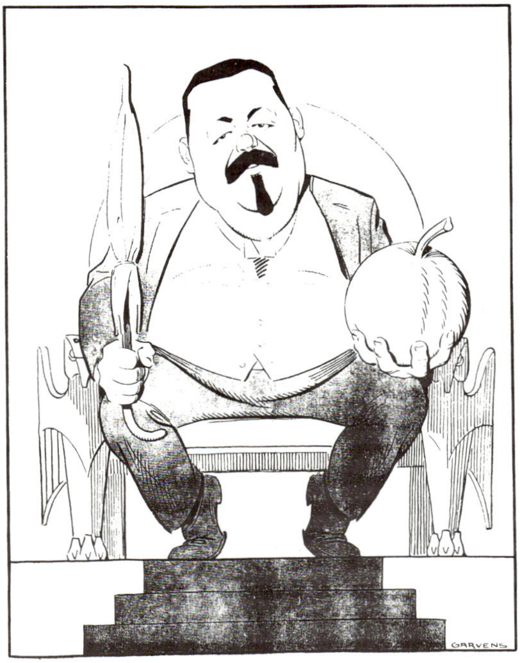

Frédéric le Gros

Reichspräsident Friedrich Ebert in der Karikatur der bürgerlichen Presse (Beilage zum „Kladderadatsch", 1919/Nr. 36)
Frédéric le Gros – Wortspiel mit Friedrich der Große (Frédéric le Grand): gros [frz.] = dick, grob

tätig war. Die vielfältigen Diskriminierungen, wie sie das Kaiserreich gegen die „vaterlandslosen Gesellen" der Sozialdemokratie praktizierte, hatte Ebert an sich und in seiner Umgebung genauestens kennen gelernt. Nach Bebels Tod wurde Ebert 1913 gemeinsam mit dem späteren USPD-Vorsitzenden Hugo Haase zum Vorsitzenden der SPD gewählt. Parlamentarische Erfahrung besaß Ebert seit 1912; im Juni 1918 wurde er zum Vorsitzenden des Hauptausschusses des Reichstags gewählt. Ebert galt als ausgleichender, pragmatischer und durchaus patriotischer Politiker. Ob sein Durchsetzungsvermögen und seine Weitsicht in der revolutionären Umbruchphase 1918/19 immer ausreichend waren, ist freilich bis heute umstritten.
Mit Eberts Wahl war eine Grundsatzentscheidung zugunsten einer Zusammenarbeit mit dem politischen Katholizismus und dem bürgerlichen Liberalismus gefallen, die sich schon seit 1917 (S. 37) angebahnt hatte. Im Auftrag Eberts bildete Philipp Scheidemann eine Koalitionsregierung aus MSPD, Zentrum und DDP, die sog. Weimarer Koalition.

Die Weimarer Verfassung

Neben dem Friedensschluss war die Ausarbeitung einer neuen Verfassung die wichtigste Aufgabe der Nationalversammlung, die in dieser Hinsicht eine ähnliche Aufgabe wie die Paulskirchen-Versammlung 1848 übernahm. Mit der Ausarbeitung eines Verfassungsentwurfs wurde der liberale Staatsrechtler Prof. Hugo Preuß betraut, dessen Berufung die Bereitschaft der MSPD zur Zusammenarbeit mit dem liberalen Bürgertum signalisierte.
Nach den rund ein halbes Jahr andauernden Verfassungsberatungen in der Nationalversammlung trat die Weimarer Verfassung nach der Unterzeichnung durch den Reichspräsidenten am 14. 8. 1919 in Kraft. Mit dieser Verfassung näherte sich die Republik westlichen Parlamentarismustraditionen an – und distanzierte sich nochmals klar von ▷ rätestaatlichen Vorstellungen. – Die Position des Reichstags wurde in der Verfassung gegenüber der Reichsverfassung von 1871 grundsätzlich verstärkt. Der Reichsrat, wie die Länderkammer jetzt bezeichnet wurde, wurde im Wesentlichen auf eine beratende Mitwirkung bei der Gesetzgebung beschränkt. Die gesetzgeberischen Kompetenzen des Reichs und damit des Reichstags erfuhren eine erhebliche Ausweitung, obgleich die von Preuß angestrebte Neugliederung der Länder und die Beseitigung des Übergewichts von Preußen an verschiedenen Widerständen scheiterte.
Eine starke Position in der neuen Verfassung erhielt der Reichspräsident (→ M 3.15), dessen Machtbefugnisse besonders im sog. Notstandsartikel 48 deutlich wurden. Die Tragweite dieses Artikels wurde 1919 von den meisten Abgeordneten nicht erkannt. Immerhin beschwor der USPD-Parlamentarier Cohn, dessen Fraktion die Verfassung ablehnte, die in diesem Artikel liegende Gefahr, indem er seinen Kollegen vor Augen führte, was geschehen könnte, „wenn ein Trabant der Hohenzollern, vielleicht ein General, an der Spitze des Reichs oder des Reichswehrministeriums steht".
Neu gegenüber der Reichsverfassung 1871 war auch die Aufnahme plebiszitärer Elemente, die gleichzeitig dem Parlament ein potenzielles Ge-

Aus der Weimarer Reichsverfassung

Art. 25 [*Auflösung*] Der Reichspräsident kann den Reichstag auflösen, jedoch nur einmal aus dem gleichen Anlass …

Art. 41 [*Wahl des Reichspräsidenten*] Der Reichspräsident wird vom ganzen deutschen Volke gewählt ...

Art. 43 [*Amtsdauer, Absetzung*] Das Amt des Reichspräsidenten dauert sieben Jahre. Wiederwahl ist zulässig …

Art. 47 [*Oberbefehl*] Der Reichspräsident hat den Oberbefehl über die gesamte Wehrmacht des Reichs.

Art. 48 [*Maßnahmen bei Störung von Sicherheit und Ordnung*] Wenn ein Land die ihm nach der Reichsverfassung oder den Reichsgesetzen obliegenden Pflichten nicht erfüllt, kann der Reichspräsident es dazu mit Hilfe der bewaffneten Macht anhalten.

Der Reichspräsident kann, wenn im Deutschen Reich die öffentliche Sicherheit und Ordnung erheblich gestört oder gefährdet wird, die zur Wiederherstellung der öffentlichen Sicherheit und Ordnung nötigen Maßnahmen treffen, erforderlichenfalls mit Hilfe der bewaffneten Macht einschreiten. Zu diesem Zwecke darf er vorübergehend die in den Artikeln 114, 115, 117, 118, 123, 124 und 153 festgesetzten Grundrechte[1] ganz oder zum Teil außer Kraft setzen.

Von allen gemäß Abs. 1 oder Abs. 2 dieses Artikels getroffenen Maßnahmen hat der Reichspräsident unverzüglich dem Reichstag Kenntnis zu geben. Die Maßnahmen sind auf Verlangen des Reichstags außer Kraft zu setzen …

Art. 50 [*Gegenzeichnung*] Alle Anordnungen und Verfügungen des Reichspräsidenten, auch solche auf dem Gebiete der Wehrmacht, bedürfen zu ihrer Gültigkeit der Gegenzeichnung durch den Reichskanzler oder den zuständigen Reichsminister. Durch die Gegenzeichnung wird die Verantwortung übernommen.

Art. 53 [*Ernennung und Entlassung*] Der Reichskanzler und auf seinen Vorschlag die Reichsminister werden vom Reichspräsidenten ernannt und entlassen.

Art. 54 [*Entzug des Vertrauens*] Der Reichskanzler und die Reichsminister bedürfen zu ihrer Amtsführung des Vertrauens des Reichstags. Jeder von ihnen muss zurücktreten, wenn ihm der Reichstag durch ausdrücklichen Beschluß sein Vertrauen entzieht.

Art. 56 [*Richtlinienkompetenz*] Der Reichskanzler bestimmt die Richtlinien der Politik und trägt dafür gegen über dem Reichstag die Verantwortung …

[1] Das waren folgende ▷ Grundrechte: Freiheit der Person, Unverletzlichkeit der Wohnung, Briefgeheimnis, Meinungsfreiheit, Versammlungsfreiheit, Vereinigungsfreiheit, Eigentumsrecht.

gengewicht gegenüberstellten. Volksentscheide waren vorgesehen, wenn der Reichspräsident ein vom Reichstag beschlossenes Gesetz vor seiner Verkündigung dem Volk zur Abstimmung vorlegte oder wenn ein Gesetzentwurf in einem Volksbegehren von mindestens zehn Prozent der Stimmberechtigten unterstützt wurde.

Der ▷ Grundrechtsteil der Verfassung, den Preuß ursprünglich knapp hatte halten wollen, schwoll durch lange Diskussionen und Forderungskataloge der Parteien in der Nationalversammlung immer weiter an. Da die Grundrechte jedoch unter dem Gesetzesvorbehalt, d. h. der konkreten Ausfüllung durch das Parlament, standen, war ihr Wert letzten Endes gering. Dass die Parlamentarier den Grundrechten kein allzu großes Gewicht beimaßen, zeigte sich schon äußerlich daran, dass sie als „Anhängsel“ an das Ende der Verfassung gesetzt wurden – anders in der Paulskirchen-Verfassung von 1848/49 und im Grundgesetz der Bundesrepublik Deutschland von 1949. Außerdem waren die Grundrechte, wie alle Verfassungsartikel, mit einer Zwei-Drittel-Mehrheit (bei einer Anwesenheit von ebenfalls zwei Dritteln der Abgeordneten) veränderbar.

In der Schlussabstimmung in der Nationalversammlung sprachen sich 262 von 338 abstimmenden Parlamentariern für den Verfassungsentwurf aus; nur die Fraktionen von DNVP, DVP und USPD stimmten dagegen. Allerdings blieben 85 Abgeordnete der Abstimmung fern; unter ihnen befanden sich auch 65 der Koalitionsfraktion, darunter 43 SPD-Parlamentarier – mehr als ein Viertel der Fraktion.

3.4 Versailles und die verdrängte Vergangenheit

Noch bis in die letzten Jahre hin hat sich in deutschen Schulbüchern die Tendenz der Zeit vor 1945 fortgesetzt, den Vertrag von Versailles und damit die deutsche Perspektive in den Mittelpunkt zu stellen. Ohne die Bedeutung dieses Problems zu mindern, sollte man dennoch von einer übergeordneten Position des internationalen Systems ausgehen: Drei der fünf alten europäischen Großmächte waren 1919 nicht mehr handlungsfähig; die Friedenskonferenzen 1919 mussten nicht nur Verträge mit den unterlegenen Kriegsgegnern ausarbeiten, sondern standen auch vor dem gewaltigen Problem eine stabile

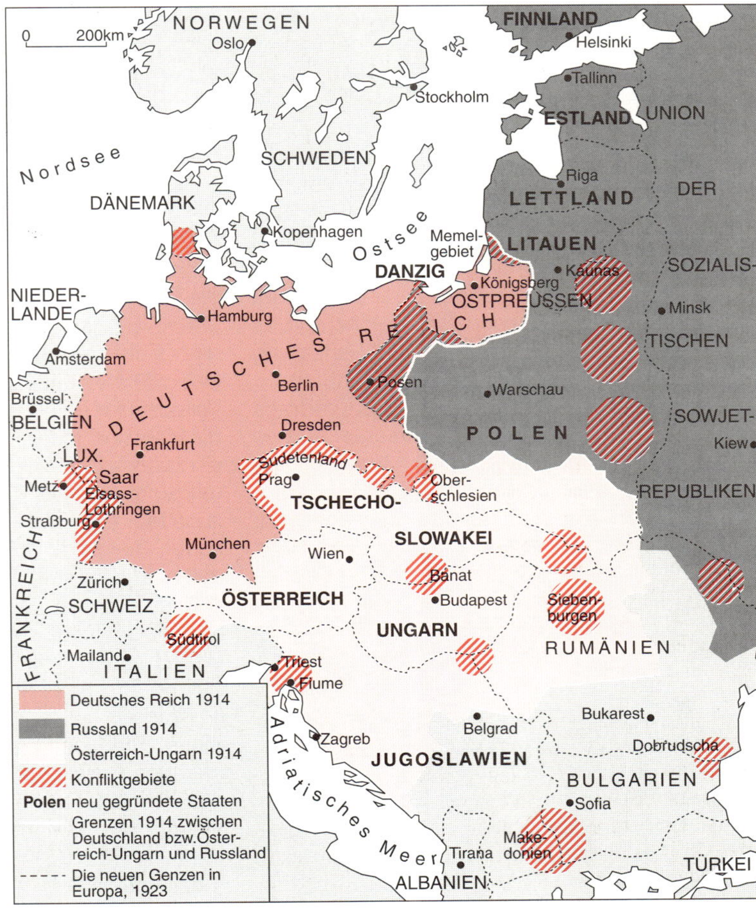

Die Auflösung der Kaiserreiche nach dem Ersten Weltkrieg: Als Nachwirkung des Krieges entstanden aus den vier zusammengebrochenen Kaiserreichen acht neue Staaten. Sie verdankten ihre Existenz der Theorie des Selbstbestimmungsrechts der Völker, die Präsident Wilson verkündet hatte. Diese neuen, vitalen Staaten veränderten bald das Bild des Nachkriegs-Europas, trugen aber gleichzeitig auch zu neuen politischen Spannungen bei.

Nach: Joel G. Colton: Das zwanzigste Jahrhundert (Time-Life International). Amsterdam 1978, S. 46.

Ordnung in dem bisher von Russland und Österreich dominierten ostmitteleuropäischen Raum zu schaffen.

Beim Wiener Kongress von 1815 hatte man das besiegte Frankreich als Partner zugelassen und es um einer dauerhaften Regelung willen geschont. Die demokratisierte und emotionalisierte Öffentlichkeit 1918/19 ließ eine Beteiligung der Kriegsverlierer nicht mehr zu, sodass an den im Januar 1919 eröffneten Friedenskonferenzen nur die Delegationen aus den 27 Staaten (ohne Russland) teilnahmen, die im Krieg gegen die Mittelmächte gestanden hatten.

Die politischen Ziele der Siegermächte waren, auch soweit es die Behandlung Deutschlands betraf, durchaus unterschiedlich. Während Frankreich den Rang einer Hegemonialmacht auf dem Kontinent anstrebte und auch deshalb an einer nachhaltigen Schwächung Deutschlands interessiert war (→ M 3.2), wollte die englische Politik, unterstützt durch die USA, ein europäisches Gleichgewicht bewahren.

Der Versailler Vertrag

Die Friedensbedingungen wurden der deutschen Delegation unter Außenminister Graf Brockdorff-Rantzau am 7. Mai 1919 überreicht. Deutschland musste Elsass-Lothringen an Frankreich und Westpreußen an Polen abtreten (das so einen Zugang zur Ostsee erhielt). Für andere Gebiete wurden Volksabstimmungen vorgesehen (Eupen, Nordschleswig, Südostpreußen, Oberschlesien).

Das Saargebiet wurde dem Völkerbund unterstellt und Deutschland musste das Eigentum an den Saargruben an Frankreich abtreten. Insgesamt verlor das Deutsche Reich rund 10% seiner Bevölkerung und 13% des Vorkriegsterritoriums – die Verluste durch die Abtretung der Kolonien nicht mitgerechnet. Wirtschaftlich waren von den Gebietsabtrennungen der Bergbau, die Eisen verarbeitende Industrie und die Landwirtschaft überproportional betroffen.

Psychologisch schwer erträglich war das Verbot eines Anschlusses Deutsch-Österreichs an das Reich, das man in Deutschland als Verletzung des Selbstbestimmungsgrundsatzes empfand.

Die militärischen Bedingungen des Vertrags sahen die Reduzierung der deutschen Armee auf ein Berufsheer von 100000 Mann (Marine 15000 Mann), das Verbot von Flugzeugen, Panzern, U-Booten und schweren Kriegsschiffen, die Auslieferung der Kriegsflotte und das Verbot eines Generalstabs vor. Frankreich konnte sein Maximalziel, die Abtretung des linken Rheinufers, nicht durchsetzen, erreichte aber die militärische Besetzung des linken Rheinufers und einiger rechtsrheinischer Brückenköpfe auf 15 Jahre sowie die Entmilitarisierung eines rechtsrheinischen Gebietsstreifens.

In den wirtschaftlichen Bestimmungen des Vertrags scheiterte der amerikanische Präsident Wilson mit seiner Konzeption die Reparationsansprüche der Siegermächte an Deutschland und seine Verbündeten in engen Grenzen zu halten. Vor allem Großbritannien drängte mit Blick auf die eigenen Kriegsschulden (s. S. 75) an die USA auf eine Ausweitung des Reparationsbegriffs. Das führte zu einer beträchtlichen Steigerung der deutschen Reparationsverpflichtungen, deren genaue Höhe jedoch zunächst nicht festgelegt wurde, da die Schätzungen der alliierten Sachverständigen über die deutsche Leistungsfähigkeit erheblich auseinander gingen.

Um die Verpflichtung Deutschlands zur Reparationszahlung prinzipiell festzustellen, wurde diesem Teil der Vertragsbestimmungen der Artikel 231 vorangestellt, in dem Deutschland und seine Verbündeten für alle Verluste und Schäden verantwortlich gemacht wurden, die die alliierten „[...] Regierungen und ihre Staatsangehörigen infolge des Krieges, der ihnen durch den Angriff Deutschlands und seiner Verbündeten aufgezwungen wurde, erlitten haben". War dieser Artikel zunächst als ein juristischer Haftungsanspruch gegenüber Deutschland konzipiert, wurde aus ihm in der öffentlichen Auseinandersetzung jedoch mehr und mehr ein politisch-moralischer Kriegsschuldvorwurf.

Reaktionen auf den Vertragsentwurf

Die Friedensbedingungen lösten nicht nur in der deutschen Delegation, sondern auch in der deutschen Öffentlichkeit in allen politischen Lagern bis hin zur KPD einen Sturm der Entrüstung aus. „Ganz Deutschland bebte vor Empörung. Wo man sich traf, auf den Straßen und Plätzen, in den größeren und kleineren Zirkeln, Gremien und Versammlungen, in der Öffentlichkeit und bis in die Familien hinein griff nationale Erregung wie ein plötzlicher, unkontrollierbarer Flächenbrand um sich. Nur wenige vermochten sich herauszuhalten aus dieser auflodernden nationalistischen Einigkeit, vom flackernden unsteten Gemeinsamkeitsgefühl. Es erfasste die Politiker ebenso wie die Journalisten; nur die Intensität und Überlegtheit des Ausdrucks wechselte, die Überzeugung war einhellig: Dieser Friedensvertrag [...] durfte nicht Wirklichkeit werden" (P. Krüger).

Diese Reaktionen zeigten, dass sich Bevölkerung und Politiker auf die bitteren Konsequenzen der Niederlage noch nicht eingestellt hatten. Selbst das Außenministerium, wo man Wilsons „Vierzehn Punkte" immer in dem für Deutschland günstigsten Sinn gedeutet hatte, wurde völlig unvorbereitet von der Entscheidung der Alliierten getroffen, Deutschland zu mündlichen Verhandlungen nach der Bekanntgabe des Vertragsentwurfs gar nicht erst zuzulassen.

Nachdem die Alliierten die deutschen Gegenvorschläge nahezu unberücksichtigt gelassen hatten und ultimativ eine Vertragsunterzeichnung innerhalb von fünf Tagen forderten, zogen Ministerpräsident Scheidemann und Außenminister Graf Brockdorff-Rantzau den Rücktritt vor. Gleichzeitig trat auch die DDP aus der Regierung aus, sodass Zentrum und Sozialdemokraten allein die Verantwortung für den Friedensvertrag übernehmen mussten. Ein Versuch des neuen Ministerpräsidenten Gustav Bauer (MSPD), in letzter Minute doch noch eine Abschwächung der Friedensbedingungen zu erreichen, scheiterte und die Regierung wurde am 23. Juni vom Reichstag zur Vertragsunterzeichnung ermächtigt. DNVP, DVP und DDP, die den Vertrag ablehnten, billigten denjenigen Politikern der Koali-

tion, denen nur die Unterzeichnung blieb, in einer Erklärung ehrenhafte Motive zu – eine Erklärung, die bald in der Propaganda von rechts vergessen wurde und mit der sich die politische Rechte aus der Verantwortung fernhalten konnte.
Einerseits war der Versailler Vertrag eine beträchtliche Hypothek für die junge Republik. Die Folgen der Niederlage wurden nicht den für den Krieg verantwortlichen politischen Kräften, sondern ihren demokratischen Nachfolgern aufgebürdet. Andererseits erfüllte der Vertrag keineswegs die noch weiter gehenden Revancheforderungen, wie sie vor allem in Frankreich vertreten wurden. Die Einheit des Deutschen Reiches blieb erhalten und Deutschland behielt durchaus den Rang einer europäischen Großmacht mit der Aussicht in absehbarer Zeit einen größeren Bewegungsspielraum wiederzugewinnen. Die ökonomischen Belastungen, die der Vertrag Deutschland aufbürdete, waren sicher hoch, aber auch nicht gänzlich unbezahlbar, wie das deutsche Angebot einer Reparationszahlung von 100 Mrd. Goldmark belegt. Nicht allein der Vertrag selbst, sondern mehr noch seine kompromisslose, rigorose Ablehnung im Innern hat der Weimarer Republik auf Dauer großen Schaden zugefügt.

Verdrängte Vergangenheit

Für kritische Beobachter war schon Ende 1918 nicht zu verkennen, dass Deutschland einen wesentlichen Teil der Verantwortung für den Kriegsausbruch 1914 trug. Aus – unvollständigen und gekürzten – Dokumenten, die der Münchner Ministerpräsident Kurt Eisner (USPD) im November 1918 veröffentlichte, ging deutlich hervor, dass die deutsche Reichsleitung Österreich im Sommer 1914 zum schnellen Vorgehen gegen Serbien gedrängt und Englands Kriegseintritt durch die Verletzung Belgiens bewusst in Kauf genommen hatte. Im März und April 1919 befasste sich die Reichsregierung mehrmals mit der Kriegsschuldfrage, lehnte aber die Veröffentlichung belastenden Materials mit der Begründung ab, es ergebe im In- und Ausland ein für Deutschland ungünstiges Bild.
Selbst nach der Unterzeichnung des Versailler Vertrags sah sich Reichsfinanzminister Matthias Erzberger (Zentrum) wütenden Attacken im Reichstag ausgesetzt, als er im Juli 1919 bisher nicht bekannte Fakten über die Kriegspolitik der kaiserlichen Regierung in der letzten Kriegsphase aufdeckte. Erzberger konnte insbesondere mitteilen, dass die deutsche Regierung Friedensbestrebungen Österreichs und eine Vermittlung des Papstes 1917 torpediert hatte. Aus der Rede Erzbergers erfuhr die Öffentlichkeit auch, dass es General Ludendorff war, der am 29.9.1918 das überraschende und überstürzte Waffenstillstandsersuchen gefordert hatte. Dennoch führten auch Erzbergers Enthüllungen nicht zu einer neuen Positionsbestimmung der Regierung oder ihrer stärksten Fraktion, der SPD (→ M 3.16). Die „Kriegsunschuldlegende“ wurde nicht in Frage gestellt und zu einer Lebenslüge der Weimarer Demokratie. Erzberger wurde 1921 ermordet.
Im November 1919 gab ein Untersuchungsausschuss des Reichstags Hindenburg und Ludendorff Gelegenheit zu einer skrupellosen Selbstdarstellung ihrer Rolle in der Kriegszeit und damit zur Verbreitung der so genannten Dolchstoßlegende. Die Vernehmung gipfelte in Hindenburgs Aussage: „Die braven Truppen, die sich von der revolutionären Zermürbung freihielten, hatten unter dem pflichtwidrigen Verhalten der revolutionären Kameraden schwer zu leiden; sie mussten die ganze Last des Kampfes tragen [...]. So mussten unsere Operationen misslingen, es musste der Zusammenbruch kommen; die Revolution bildete nur den Schlussstein.“ – Hindenburg galt nach der Vernehmung mehr denn je als der strahlende Sieger der Schlacht von Tannenberg (gegen die russischen Armeen 1914). Hindenburgs und Ludendorffs politische Rolle in den beiden letzten Kriegesjahren wurde dagegen nicht aufgeklärt.

Überlegungen zur weiteren Arbeit

Nach der militärischen Niederlage eröffneten sich Möglichkeiten, die bis dahin vielfach blockierten Demokratisierungsprozesse in Deutschland auf verschiedenen Gebieten voranzubringen. Bis heute ist allerdings strittig, ob die Chancen zur Demokratisierung damals konsequent genug genutzt wurden. Kontrovers diskutiert werden auch die Bedeutung des Versailler Vertrages und – in jüngster Zeit – zunehmend die Frage, ob das demokratische Deutschland 1918/19 die Kriegsvergangenheit hinreichend aufgearbeitet hat. – Angesichts der kontroversen Bewertung der Ereignisse beschränkt sich dieses Kapitel nicht auf die Darstellung der Ereignisse, sondern fragt nach Entscheidungsalternativen und stellt auch unterschiedliche wissenschaftliche Positionen vor.

In der Auseinandersetzung mit verschiedenen Auffassungen sollten Sie sich dabei als Leser klarmachen, dass in jedes Urteil nicht nur die Fakten eingehen, sondern auch persönliche Voreinstellungen, z.B. über die Wünschbarkeit bestimmter politischer Ziele. Die Erarbeitung der Revolutionsereignisse legt daher ein perspektivisch-ideologiekritisches Verfahren nahe, das die jeweiligen Standpunkte für historische Urteile klärt und kritisch auf ihre Voraussetzungen befragt.

Zum besseren Verständnis der Tätigkeit und des Selbstverständnisses der Räte in der Revolutionszeit enthält der Quellenteil Materialien für eine lokale Untersuchung (Fallstudie). In der Darstellung dieses Kapitels dominieren politik- und sozialgeschichtliche Aspekte, während die gravierenden wirtschaftlichen Folgen der Kriegsereignisse schwerpunktmäßig in Kapitel 4 behandelt werden.

Materialien zu Kapitel 3

Frieden und Demokratie aus alliierter Sicht

M 3.1 1918 – Die „Vierzehn Punkte“: Friedensprogramm des amerikanischen Präsidenten Woodrow Wilson (8.1.1918)

Das Programm des Weltfriedens ist unser Programm, und dieses Programm – unserer Auffassung nach das einzig mögliche – ist Folgendes:

I. Offene Friedensverträge, die offen zustande gekommen sind, und danach sollen keine geheimen internationalen Vereinbarungen irgendwelcher Art mehr getroffen werden […]

III. Beseitigung aller wirtschaftlichen Schranken, soweit möglich, und Errichtung gleicher Handelsbeziehungen unter allen Nationen, die dem Frieden zustimmen […]

IV. Austausch ausreichender Garantien dafür, dass die nationalen Rüstungen auf das niedrigste, mit der inneren Sicherheit zu vereinbarende Maß herabgesetzt werden.

V. Eine freie, weitherzige und unbedingt unparteiische Schlichtung aller kolonialen Ansprüche […]

VI. Räumung des ganzen russischen Gebiets und eine solche Regelung aller Russland betreffenden Fragen, die ihm die beste und freieste Zusammenarbeit der anderen Nationen der Welt für die Erlangung einer unbeeinträchtigten und ungehinderten Gelegenheit zur unabhängigen Bestimmung seiner eigenen politischen Entwicklung und nationalen Politik sicherstellt […]

VII. Belgien muss, wie die ganze Welt übereinstimmen wird, geräumt und wiederhergestellt werden […]

VIII. Alles französische Gebiet sollte befreit und die besetzten Teile sollten wiederhergestellt werden, und das Frankreich von Preußen im Jahre 1871 hinsichtlich Elsass-Lothringens angetane Unrecht, das den Weltfrieden während eines Zeitraums von nahezu fünfzig Jahren in Frage gestellt hat, sollte wieder gutgemacht werden, damit erneut Friede im Interesse aller gemacht werde.

IX. Es sollte eine Berichtigung der Grenzen Italiens nach den klar erkennbaren Linien der Nationalität durchgeführt werden.

X. Den Völkern Österreich-Ungarns, deren Platz unter den Völkern wir sichergestellt und zugesichert zu sehen wünschen, sollte die freieste Gelegenheit zu autonomer Entwicklung gewährt werden.

XIII. Es sollte ein unabhängiger polnischer Staat errichtet werden, der die von unbestritten polnischen Bevölkerungen bewohnten Gebiete einschließen sollte, dem ein freier und sicherer Zugang zum Meere zugesichert werden sollte und dessen politische und wirtschaftliche Unabhängigkeit und territoriale Unverletzlichkeit durch internationale Abkommen garantiert werden sollten.

XIV. Es muss zum Zwecke wechselseitiger Garantieleistung für politische Unabhängigkeit und territoriale Unverletzlichkeit der großen wie der kleinen Staaten unter Abschluss spezifischer Vereinbarungen eine allgemeine Gesellschaft von Nationen gebildet werden.[1]

Zit. nach: Heinz Michaelis / Ernst Schraepler (Hrsg.): Ursachen und Folgen. Vom deutschen Zusammenbruch 1918 und 1945 bis zur staatlichen Neuordnung Deutschlands in der Gegenwart, Bd. II. (Wendler) Berlin o. J., S. 374ff.

---

[1] Gemeint ist der Völkerbund, ein Vorgänger der UNO.

M 3.2 1919 – Note[1] des französischen Marschalls Foch an die Bevollmächtigten der Siegermächte zum Beginn der Friedensverhandlungen (10.1.1919)[2]

Foch bezeichnete den Weltkrieg als eine Krise der Freiheit der Völker und der Grundsätze des Rechts und fährt fort:

Um ihre Wiederkehr zu verhüten, genügt es zweifellos nicht, die deutsche Regierungsform zu ändern. Nachdem die Hohenzollern unter Umständen abgetreten sind, die diese Dynastie und jede Militärmonarchie in der öffentlichen Meinung besonders herabsetzen müssen, scheint die Wiederaufrichtung der Kaisermacht sicherlich nicht mehr in Frage zu kommen, wenigstens für einige Zeit. Aber eine Republik, die auf den gleichen Grundsätzen der Zentralisierung der Macht und des Militarismus aufgebaut ist und das Geschick ganz Deutschlands in die Hand nimmt, wird ebenso viele Gefahren bieten und eine ebenso furchtbare Bedrohung des Friedens darstellen. Sie ist anscheinend leicht zu verwirklichen in einem Lande, das vom preußischen Geiste, von preußischen Methoden, von militaristischen Lehren durchtränkt ist und in dem noch das Autoritätsprinzip und das Zentralisationsbedürfnis aus Anlage wie aus Tradition unbeschränkt herrscht. Mehr noch, durch den Fortfall der kleinen Fürstentümer, die der Reichseinheit zweifellos hinderlich waren, hat das republikanische Deutschland Aussicht, in seiner vollendeten Einheit sowie in der Lebens- und Tatkraft des Volkes, das nun seiner Regierung unmittelbar näher steht, einen Kraftzuwachs zu finden.

Nur aus der Stärkung der durch die Niederlage, dann durch die freie Meinungsäußerung zu richtigeren Begriffen von Recht und Gerechtigkeit gebrachten Geister, aus ihrer weitgehenden Teilnahme an der Kontrolle der vollziehenden Gewalt kann sich eine Wirksamkeit der republikanisch scheinenden Einrichtungen in demokratischem Sinne ergeben, die ohne ihn die ganze Macht einer absoluten Gewalt haben würden.[3] Eine derartige Entwicklung werden wir erst mit der Zeit erleben, zweifellos erst nach langer Zeit, denn wir sind fest entschlossen, der Überredung nicht mit Gewalt nachzuhelfen und in die Regelung der innerdeutschen Angelegenheiten nicht einzugreifen. Dürfen wir dann aber aus Achtung vor dem deutschen Herrschaftsgebiet und in schrankenlosem Vertrauen zulassen, dass unsere Grundsätze von Freiheit und Gerechtigkeit, ja unser Dasein durch plötzliche Aufwallungen der öffentlichen Meinung, durch Reaktionsversuche gefährdet werden, die jenseits des Rheines immer noch möglich sind und alsbald Truppenstämme nebst zahlreichen Jahresklassen vorzüglich ausgebildeter Soldaten, d. h. ein sehr starkes Heer, in einen neuen Krieg werfen können?

Kurz, Deutschland bleibt noch für lange Zeit, bis zu einer völligen Wandlung seiner Politik und seiner Weltanschauung eine furchtbare Drohung für die Zivilisation. […]

Johannes Hohlfeld (Hrsg.): Dokumente der deutschen Politik und Geschichte von 1848 bis zur Gegenwart (Dokumenten-Verlag Wendler). Berlin o. J., S. 8ff.

---

[1] Note – amtliche Äußerung im Verkehr zwischen Staaten

[2] Die Konferenz begann am 18. 1. 1919.

[3] Der Satz drückt die Forderungen Fochs an einen inneren politischen Wandel in Deutschland aus – und zugleich seine Skepsis hinsichtlich ihrer Realisierung.

Unterschiedliche Vorstellungen über die Demokratisierung in Deutschland

M 3.3 1918 – Rede Friedrich Eberts (MSPD) (1.12.1918)

Die Rede wurde auch als Flugblatt verbreitet.

Demokratie und Sozialismus

Die große deutsche Revolution wird keine neue Diktatur, keine Knechtschaft über Deutschland bringen, sondern die deutsche Freiheit fest begründen. Die Diktatur der Junker[1] und des Militarismus hat unser Land ins Unglück gestürzt, eine neue Willkürherrschaft erträgt unser Volk nicht. Politische Freiheit ist Demokratie auf der festen Grundlage der Verfassung und des Rechts. Diese Demokratie unerschütterlich zu festigen ist Aufgabe der Nationalversammlung […]

Arbeit ist das Gebot der Stunde.

Was auch kommen mag, kein Volk ist verloren, das sich nicht selbst aufgibt. Hier liegt die grundlegende Aufgabe der Nationalversammlung. Von ihr erwarten wir den endgültigen Frieden. Nach der überstürzten Räumung der besetzten Gebiete hängen wir noch mehr von der feindlichen Nahrungsmittelhilfe ab, als zuvor. Wir müssen Rohstoffe haben, soll nicht allgemeine Arbeitslosigkeit und tiefstes Elend Herr über unser ganzes Volk werden. Schon heute ist die Lebenskraft unseres Volkes schwer angegriffen. Nur zähe, leidenschaftliche Hingabe und eiserne Energie können das zerstörte Werk wieder aufbauen. Überzeugung und Notwendigkeit gebieten uns das im weitesten Sinne nach sozialistischen Regeln zu tun. In grundsätzlichem sozialistischen Geiste wollen wir Gebiete des Wirtschaftslebens vergesellschaften, die dazu reif sind. Das soll nach wohlüberlegter wissenschaftlicher Einsicht unter Mitwirkung der Praktiker auf groß angelegter zentraler Basis geschehen. Der Sozialismus ist nicht Selbstzweck, auch er ist nur ein Mittel,

Freiheit, Glück und Wohlstand des Volkes

zu erhöhen. Nur dort, wo die sozialistische Wirtschaftsweise höhere Erträge bringt, dem Volke weniger Arbeitslast auferlegt, und mehr Möglichkeiten des Verbrauchs und der Freude eröffnet, ist der Sozialismus am Platze, nur dort kann er sich dauernd behaupten. Von links her wird behauptet, man müsse erst sozialisieren und dann wählen; das Volk sei angeblich zum Wählen noch nicht reif. Solche junkerliche Geringschätzung des Volkes steht Proletariern schlecht zu Gesicht. Diese Parole ist ebenso unsinnig wie gefährlich. Sozialistische Experimente in einzelnen Betrieben können nur zum Schaden der Arbeiter und Diskreditierung des Sozialismus ausschlagen.

Sozialismus bedeutet die planmäßige
Ordnung der Wirtschaft durch die
Gesamtheit, zum Nutzen der Allgemeinheit.

Sozialismus schließt jede Willkühr aus, er ist Ordnung auf höchster Basis. Unordnung, persönlicher Wille und Gewalttat sind Todfeinde des Sozialismus. Es ist sehr bezeichnend, dass Lenins letzte Schrift den Titel trägt: „Ordnung, Disziplin und Arbeit müssen jetzt die Sowjetrepublik retten!“ Dazu darf es bei uns nicht kommen. Deshalb sind schon jetzt

beim Wiederaufbau des Wirtschaftslebens
Ordnung, Disziplin und Arbeit unerlässlich.

Zit. nach: Richard Müller: Geschichte der deutschen Revolution, Bd. 2. Nachdruck (Olle und Wolter) Berlin 1979, S. 286.

[1] ostelbische Adlige

M 3.4 1918 – Aus einem Aufruf der Parteileitung der USPD (Ende November)

Die Ketten der politischen Unterdrückung sind zerbrochen, die Fesseln ökonomischer Ausbeutung nur gelockert. Auch sie müssen fallen. Die *Arbeiter und Soldaten sind die Werkmeister der Umwälzung.* In allen Arbeiter- und Soldaten-Räten liegt Kraft des Rechts der Revolution die politische Gewalt. Die Regierung übt sie aus, weil und solange sie das Vertrauen der Arbeiter- und Soldaten-Räte hat. Die Organisation der Arbeiter- und Soldaten-Räte erweitert und befestigt sich. Bezirksräte bilden sich an manchen Stellen. Bald wird ein Zentralrat für das ganze Deutsche Reich geschaffen werden.

Eine Zusammenfassung aller Kräfte ist erforderlich, damit aus den Ruinen neues Leben blühen kann, damit *die deutsche Republik mit sozialistischem Inhalt erfüllt wird.*

Die Bourgeoisie ruft mit verdächtiger Eile, nachdem sie sich vom ersten Schrecken der Revolution erholt hatte, tagein, tagaus nach der *soforti-*

gen Einberufung der Konstituante[1]. Am lautesten gebärden sich dabei die alten Vertreter des Scharfmachertums, die wütendsten Feinde der Arbeiterklasse. Die Verräter des Volkswillens berufen sich jetzt mit einem Mal auf das Volk, aber sie wollen nicht den Ausdruck der Volksmeinung. [...]

Von einer konstituierenden Versammlung kann erst die Rede sein, wenn die Soldaten wieder in ihrer Heimat bodenständig geworden sind, wenn die Arbeiter erst eine feste Arbeitstätte, ein Heim gefunden haben. [...]

Eine Wahl hat nur dann Wert, wenn die Wähler auch über die ihr zugrunde gelegten politischen Fragen aufgeklärt werden. Millionen von Soldaten sind durch den so genannten vaterländischen Aufklärungsdienst über die politischen Vorgänge dauernd belogen worden. Sie zu unterrichten muss Zeit bleiben.

Konstituante – ja, sie wird kommen, aber *sie kann erst kommen, wenn alle technischen und politischen Voraussetzungen erfüllt sind, wenn in ihr wirklich der Wille des aufgeklärten Volkes ausgeprägt ist.* [...]

Die Bourgeoisie verfolgt mit ihrem Kampfgeschrei noch einen anderen Zweck. Sie will *alle tiefer greifenden sozialen Umgestaltungen aufhalten,* indem sie glauben machen will, dass die sozialistische Regierung kein Recht habe, vor Zusammentritt der Konstituante Gesetze zu erlassen oder gar an die Sozialisierung der Betriebe vorher zu gehen. Die Regierung hat das Recht dazu, weil sich in ihr die gesetzgebende Macht des souveränen Volkes verkörpert, und sie hat die Pflicht dazu, wenn sie die Massen, die die Träger der Revolution sind, nicht im Stich lassen will. Diese Pflicht gilt es nunmehr zu erfüllen. [...]

Während des ganzen Krieges hat unsere Partei die Kriegspolitik bekämpft, ihre Anhänger mit dem Geist des Sozialismus erfüllt. Ihre *geschichtliche Aufgabe* ist es, das Proletariat zu sammeln, zur Beseitigung jeder Klassenherrschaft, zur *Aufrichtung der sozialistischen Gesellschaft.*

Zit. nach: Eugen Prager: Das Gebot der Stunde. Geschichte der USPD. (Dietz Nachf.) Berlin/Bonn [4]1980, S. 176 f.

---

[1] verfassunggebende Nationalversammlung

M 3.5 1918 – Aus dem Korreferat Ernst Däumigs (USPD) zum Thema „Nationalversammlung oder Rätesystem“ auf dem Reichskongress der Arbeiter- und Soldatenräte in Berlin (19.12.1918)

Ernst Däumig war einer der führenden Köpfe des linken Flügels der USPD. 1919/20 trat er innerhalb der USPD für die Vereinigung der Partei mit der KPD ein (s. S. 81). Nach dem Zusammenschluss von KPD und linkem USPD-Flügel Ende 1920 war er kurze Zeit Vorsitzender der neuen Kommunistischen Partei.

Das Rätesystem ist so, wie es heute ist – das will ich natürlich bemerken – selbstverständlich unvollkommen und unsystematisch; denn in den ersten Stürmen der Revolutionstage lag kein fester Organisationsplan, lag kein Organisationssystem vor. Aber es ist eine Frage der Technik, das Rätesystem so zu vervollkommnen, dass wir für ganz Deutschland ein *einheitliches Wahlsystem* durchführen können, in erster Linie natürlich *für die Arbeiterschaft* und, soweit es notwendig, für die Soldatenräte, die ja mehr und mehr in den großen proletarischen Kreis aufgenommen werden, und auch für die Bauernräte, wo es erforderlich ist. Wenn ein solches einheitliches Wahlsystem durchgeführt wird, dann kann auch eine Nationalversammlung zusammentreten [...].

Und die Diktatur, die sich darin aussprechen soll: ja, ist es denn ein so großes Unglück, wenn den Leuten, die jetzt jahrzehntelang, ganz besonders während des Krieges, diese großen Reichtümer aus dem Blut und Schweiß des Volkes gesammelt haben, jetzt gesagt wird: Ihr habt genug genossen, jetzt kommen die an die Reihe, die von Euch gedrückt und ausgesogen worden sind! Das ist nur ein *Akt des Weltgerichts,* der nach meinem Dafürhalten durch keine wehleidigen Betrachtungen über die Ungleichheit der Diktatur beseitigt zu werden braucht. (Sehr gut!)

Ich will damit nur sagen, dass diese *deutsche Revolution sich selbst verflucht wenig zutraut,* dass dieser Untertanen- und Korporalsgeist als Erbschaft von Jahrzehnten natürlich noch tief in ihr sitzt (sehr richtig!) und dass dieser Geist [...] nur beseitigt werden kann durch einen herzhaften und kräftigen Versuch, das deutsche Volk ständig politisch aktiv zu erhalten, und das kann durch das Rätesystem allein geschehen. [...]

Und dann das *Problem der Sozialisierung!* Wie will man sozialisieren über die Köpfe der Arbeiter hinweg, ohne aktive Beteiligung der Arbeiter! [...] Nein, in dieser Zeit brauchen wir das Rätesystem in den Betrieben, damit die Arbeiter durch die Räte, zu denen sie Vertrauen haben, die Betriebe überwachen. Das muss gerade jetzt geschehen; denn die Unternehmen werden natürlich die Zwischenzeit bis zur Sozialisierung zu ihrem Vorteil auszunutzen suchen, und deshalb ist es gerade jetzt sehr notwendig, dass die Arbeiter den Produktionsprozess nicht bloß in der Teilarbeit, in der sie stehen, kennen lernen, sondern dass sie den ganzen Betrieb überschauen. Auch das ist nur möglich durch das Rätesystem.

Zit. nach: Günter Hillmann (Hrsg): Die Rätebewegung, Bd. I. (Rowohlt) Reinbek 1971, S. 82ff.

M 3.6 1918 – Rede Rosa Luxemburgs auf dem Gründungsparteitag der KPD/Spartakusbund (31.12.1918)

Was kann charakterischer sein für die innere Schwäche der Revolution des 9. November als ihr erstes Ergebnis, dass an die Spitze der Bewegung Elemente getreten sind, die zwei Stunden vor Ausbruch der Revolution ihr Amt darin erblickt haben, gegen sie zu hetzen,

(sehr richtig!)

sie unmöglich zu machen: die Ebert-Scheidemann mit Haase! Die Idee der Vereinigung der verschiedenen sozialistischen Strömungen unter dem allgemeinen Jubel der Einigkeit, das war das Motto der Revolution vom 9. November, – eine Illusion, die sich blutig rächen sollte und die wir erst in den letzten Tagen ausgelebt und ausgeträumt haben. [...]

Parteigenossen, was ergibt sich für uns daraus als allgemeine taktische Richtlinie für die Situation, in der wir in nächster Zeit stehen? Das Nächste, was Sie daraus schließen werden, ist wohl die Hoffnung, dass nun der Sturz der Ebert-Scheidemann-Regierung erfolgt und dass sie durch eine ausgesprochen sozialistisch-proletarisch-revolutionäre Regierung ersetzt werden müßte. Allein ich möchte Ihr Augenmerk nicht nach der Spitze nach oben richten, sondern nach unten. Wir dürfen nicht die Illusion der ersten Phase der Revolution, der des 9. November, weiterpflegen und wiederholen, als sei es überhaupt für den Verlauf der sozialistischen Revolution genügend, die kapitalistische Regierung zu stürzen und durch eine andere zu ersetzen. Nur dadurch kann man den Sieg der proletarischen Revolution herbeiführen, dass man umgekehrt anfängt, die Regierung Ebert-Scheidemann zu unterminieren durch einen sozialen, revolutionären Massenkampf des Proletariats auf Schritt und Tritt, auch möchte ich Sie hier an einige Unzulänglichkeiten der deutschen Revolution erinnern, die nicht mit der ersten Phase überwunden worden sind, sondern deutlich zeigen, dass wir leider noch nicht so weit sind, um durch den Sturz der Regierung den Sieg des Sozialismus zu sichern. Ich habe Ihnen darzulegen versucht, dass die Revolution des 9. November vor allem eine politische Revolution war, während sie doch in der Hauptsache noch eine ökonomische werden muss. Sie war aber auch nur eine städtische Revolution, das flache Land ist bis jetzt so gut wie unberührt geblieben. Es wäre ein Wahn, den Sozialismus ohne Landwirtschaft zu verwirklichen. [...]

Wir müssen deshalb nicht bloß das Arbeiter- und Soldatenräte-System ausbauen, sondern auch die Landarbeiter und Kleinbauern in dieses System der Räte einführen. Wir müssen die Macht ergreifen, wir müssen uns die Frage der Machtergreifung vorlegen als die Frage: was tut, was kann, was soll jeder Arbeiter- und Soldatenrat in ganz Deutschland?

Wenn ich es so schildere, nimmt sich der Prozess vielleicht etwas langwieriger aus, als man geneigt wäre, ihn sich im ersten Moment vorzustellen. [...] Ich übernehme es nicht, zu prophezeien, wie viel Zeit dieser Prozess braucht. Wer rechnet von uns, wen kümmert das, wenn nur unser Leben dazu ausreicht, es dahin zu bringen!

Rosa Luxemburg: Schriften zur Theorie der Spontaneität. Hrsg. von Susanne Hillmann. (Rowohlt) Reinbek 1970, S. 195ff.

Der Arbeiter- und Soldatenrat in Essen

Bürger und Kameraden!

Haltet Ruhe und Ordnung!

Am 9. November 1918 ist in Essen ein Arbeiter- und Soldatenrat mit der Stadtverwaltung und der organisierten Arbeiterschaft zusammengetreten. Es wird im gesamten Stadtgebiet die öffentliche Ruhe, Sicherheit und Ordnung im vollen Umfange aufrechterhalten.

Die Mitglieder der Arbeiter- und Soldatenwehr sind durch eine gestempelte Armbinde (weiße Binde mit rotem Stadtwappen) kenntlich.

Ihren Weisungen, die zur Aufrechterhaltung der öffentlichen Ruhe, Sicherheit und Ordnung ergehen, ist unverzüglich Folge zu leisten.

Bei Uebergriffen gegen Leben, Gesundheit und Eigentum wird sofort mit der Waffe eingeschritten. Wer plündert oder raubt wird erschossen! Jeder muß unverzüglich seinen Geschäften nachgehen! Arbeitseinstellungen ohne Zustimmung des Arbeiter- und Soldatenrats oder der zuständigen Organisationen sind zu vermeiden. Keine Ansammlung darf den Verkehr stören oder hindern.

Die Mitglieder der Arbeiter- und Soldatenwehr haben die Instruktion erhalten, die öffentliche Ruhe, Sicherheit und Ordnung im ganzen Stadtgebiet aufrechtzuerhalten. Ihren Anordnungen ist unverzüglich Folge zu leisten.

Wer plündert, raubt oder das Leben und das Eigentum seiner Mitmenschen mißachtet, hat sein Leben verwirkt.

Stadtverwaltung

Dr. Luther, Oberbürgermeister

Soldaten- und Arbeiterrat. Christliches Gewerkschaftskartell.

Aufruf des Essener Arbeiter- und Soldatenrats

M 3.7 1918 – Aus einem Zeitungsartikel über die Bildung des Arbeiter- und Soldatenrats in Essen (13.11.1918)

Die Essener „Arbeiter-Zeitung“, aus der der Text stammt, war eine sozialdemokratische Parteizeitung.

Der 9. November wird als unvergängliches Feuerzeichen in der Geschichte fortleben. […] Der 9. November ist auch der Tag, an dem in Essen die rote Fahne aufgepflanzt wurde. […] Alle Vermutungen, dass die Sozialdemokratie od[er] die Unabhängigen, oder andere Gruppen, das Zeichen zum Losschlagen gegeben hätten, entsprechen nicht den Tatsachen. Die Bewegung kam vielmehr den leitenden Personen der beiden Parteien spontan über den Hals. Den Anlass dazu gaben Soldaten, die aus Hannover hierher gekommen waren und hier beheimatet sind. Es gab nun für die Sozialdemokratie zwei Möglichkeiten: Entweder die Sache laufen zu lassen, oder die Bewegung in die Hand zu nehmen und sie in geordnete Bahnen zu bringen. Die Entscheidung darüber lag auf der Hand. In solchen Zeiten, wo den bisherigen Machthabern jede Gewalt aus den Händen gleitet, muss unter allen Umständen die Anarchie verhindert werden. Von diesem Gesichtspunkt aus gelang die Einigung der beiden sozialdemokratischen Parteien sehr schnell. Diese Entscheidung war die einzige Rettung der Lage. Sie hat in Essen unnötiges Blutvergießen verhindert, weil den alten Behörden doch kein Mensch mehr Folge leistete. […]

Essener Arbeiter-Zeitung, 13.11.1918

M 3.8 1919 – Niederschrift über die Sitzung der Stadtverwaltung mit dem Arbeiter- und Soldatenrat Essen (18.1.1919)

Im Januar und Februar 1919 kamen Vertreter der Stadtverwaltung und der Arbeiter- und Soldatenrat nahezu täglich zu gemeinsamen Sitzungen zusammen. Die folgenden Auszüge aus einem Protokoll einer Sitzung geben einen Einblick in die jeweils besprochenen Themen.

2) Verbot für die Nebenbeschäftigung

Herr *Baade* regt an, Maßnahmen zu ergreifen, um die vielfach beobachtete Doppelarbeit zu beseitigen. Es sei eine solche Maßnahme geboten, um die beabsichtigte Wirkung des 8-Stundentages nicht wieder aufzuheben. Es wurde besonders der Stadtverwaltung anheim gestellt, ein Verbot der Nebenbeschäftigung für die städtischen Angestellten und Arbeiter in Aussicht zu nehmen. […]

4) Pressenotiz der Rheinisch-Westfälischen Zeitung

Herr *Steinhauer* bemängelt, dass die hiesige Presse besonders die Rheinisch-Westfälische Zeitung die sozialisierenden Bestrebungen des Arbeiter- und Soldatenrates Essen durch Notizen beeinträchtigt, die auf eine Abschwächung dieser Bestrebungen abzielen und erneut Unruhen in die Bergarbeiterschaft hineinzutragen geeignet sind. Der anwesende Vertreter des Rheinisch-Westfälischen Anzeigers erklärte, dass diese Notiz nicht von der Redaktion selbst herstammt,

Revolution in Essen: Volkswehr 1918 (Die Volkswehr umfasste bis zu ihrer Auflösung am 21.2.1919 1800 Mann.)

die gar kein Interesse daran hätte, solche Notizen zu verbreiten, sondern dass diese Notizen übernommen seien von dem Wolff-Telegraphenbüro, das von der Regierung entsprechende Mitteilung erhalten habe. [...]

6) Herstellung und Verkauf von Pferdewurst

Bezüglich des Verkaufs von Pferdewurst stellt Herr Rechtsrat Dr. *Helm* fest, dass die Wurst aus Herne stammt und dass die hiesigen Verkäufer lediglich einen Verdienst von ungefähr 30 Pfg. haben. Falls man das Herstellen der Wurst verbieten wolle, müsse man sich nach *Herne* wenden. Es wurde beschlossen, die Behandlung der Frage dem Sonderausschuss der Rheinisch-Westfälischen Städtevereinigung zu überweisen.

7) Vermeidung von Menschenansammlungen am Wahltage

Auf Anregung des Herrn *Steinbüchel* wird die Stadtverwaltung zur Vermeidung zweckloser Menschenansammlungen am Abend des Wahltages an die Zeitungen das Ersuchen richten, eine gleichlautende Mitteilung Sonntagmorgen zu bringen, dass das Wahlergebnis an demselben Abend noch nicht bekannt gemacht werden könne. [...]

8) Anfrage betreffs Standes des Mieterschutzes

Herr *Obermeyer* fragt an, welche Stellung die Stadtverwaltung zur Zeit einnähme gegenüber den Bestimmungen des Generalkommandos über Mieterschutz. Der Vorsitzende, Herr Beigeordneter *Rath,* sagt Berichterstattung zu Dienstagvormittag zu.

Quelle: Stadtarchiv Essen, 102 I 1091, Bl. 172f.

M 3.9 1919 – Eigenmächtige Aktionen im Namen des Arbeiter- und Soldatenrats (18.2.1919)

Während der Wintermonate 1918/19 kam es immer wieder zu eigenmächtigen Aktionen von Arbeitern und Soldaten, die sich auf angebliche Anweisungen des Arbeiter- und Soldatenrates beriefen. Die folgende Niederschrift des Rektors einer Katholischen Volksschule bietet ein Beispiel für derartige Aktionen.

Heute Vormittag zwischen 11 und 12 Uhr erschienen in meinem Amtszimmer 3 Soldaten, die sich als Vertreter des A. - u. S. R. von Essen zu erkennen gaben und zunächst in allgemein höflicher Form, die sofortige Abnahme sämtlicher Kaiserbilder in den Schulräumen verlangten. Auf die Frage, von wem sie beauftragt wären, wiesen sie eine vom Platzkommandanten aufgestellte Vollmacht vor, die ich mir nicht genau angesehen habe. Ich erklärte ihnen, dass ich nicht Eigentümer der Bilder wäre, sondern dass sie im Eigentum der Stadt ständen und ich daher keine

Berechtigung hätte, anders als im Sinne der Eigentümerin darüber zu verfügen. Die Soldaten erklärten darauf, sie hätten den Auftrag, nicht eher wegzugehen, als bis die Bilder in ihrer Gegenwart abgenommen wären. Als ich mich trotzdem weigerte, erklärten sie, dass sie dann andere Mittel anwenden müssten. Auf meine Frage, was das für Mittel seien, äußerten sie, sie würden mich bitten, mit ihnen im Auto (Lastauto) zum Platzkommandanten zu fahren.
[…] ich erklärte darauf, dass ich das als Gewalt ansähe und dieser Gewalt mich beuge. Auf die Aufforderung, ich sollte die Bilder selbst abnehmen, weigerte ich mich und erklärte ihnen auf die Aufforderung, es von den Kindern tun zu lassen, dass die Eltern ihre Kinder nicht dazu in die Schule geschickt hätten. Sie verlangten dann, dass es der Schuldiener oder sonst eine andere Person tun sollte. Ich habe dann einen Knaben mit zum Schuldiener geschickt und dieser hat dann die Bilder *während des Unterrichts* in Gegenwart der Soldaten abgenommen.

Quelle: Stadtarchiv Essen, 102 I 1093, Bl. 200.

M 3.10 1919 – Aufruf des Arbeiter- und Soldatenrats Essen an die Bevölkerung des Ruhrgebiets (14.1.1919)

Die Konferenz der A.- u. S.-Räte des Ruhrkohlengebietes […] beschloss, die sofortige Sozialisierung des Kohlenbergbaues selbst in die Hand zu nehmen. In diesen kurzen Worten liegt eine Tatsache von ungeheurer Bedeutung. Damit ist die Revolution von der politischen zur sozialen, zur wirtschaftlichen Revolution geworden. Sozialisierung, das ist ein Wort, unter dem sich nicht jeder etwas vorstellen kann. Es bedeutet, dass die Ausbeutung des Arbeiters durch den Unternehmer ein Ende haben soll, dass die großen Betriebe dem Kapitalisten genommen und Eigentum des Volkes werden sollen. Niemand soll sich mehr mühelos an der Arbeit anderer bereichern können, allen Arbeitenden sollen die Früchte ihrer Arbeit selbst zugute kommen. Der Anfang soll gemacht werden bei den Bergwerken, bei den Bodenschätzen, die noch mehr als alles andere von Rechts wegen dem ganzen Volke und nicht einzelnen Bevorzugten gehören.
Zur Durchführung der Sozialisierung ist von der Konferenz ein Volkskommissar, Landrichter Ruben[1], eingesetzt worden; ihm sind von jeder sozialistischen Partei, von der Mehrheitspartei, den Unabhängigen und der Spartakusgruppe je drei Beisitzer zur Seite gegeben worden[2], die gemeinsam an die Aufgaben der Sozialisierung herangehen werden. […]
Der Volkskommissar und seine Besitzer sollen aber nicht wie die alten Behörden von oben herab alles anordnen, sondern sie sollen getragen sein von dem Vertrauen der ganzen Arbeiterschaft. Deshalb ist beschlossen worden, das Werk der Sozialisierung auf dem Rätesystem aufzubauen. Ihr braucht über dies Wort nicht zu erschrecken und dabei an Bolschewismus oder andere gräuliche Sachen zu denken. Das Beschlossene bedeutet nichts anderes als die Erfüllung dessen, was die Bergarbeiter seit Jahrzehnten für ihre Vertretungen auf den Zechen gefordert haben. Ob man die Vertretung Ausschuss oder Rat nennt, ist gleichgültig. In jedem Steigerrevier soll ein Vertrauensmann der Arbeiterschaft gewählt werden, der die Angelegenheiten des Reviers, insbesondere die Festsetzung der Gedinge[3] und die Überwachung der Arbeiterschutzvorschriften zu überwachen hat. Sämtliche Reviervertrauensleute einer Schachtanlage wählen den Zechenrat, der mit der Betriebsleitung zusammen sämtliche Angelegenheiten der Schachtanlage regelt. Der Zechenrat soll bestehen aus einem technischen Beamten, einem kaufmännischen Beamten und bis zu drei Belegschaftsmitgliedern. Für jedes Bergrevier wird ein Bergrevierrat gewählt. Die 20 Bergrevierräte des Kohlengebietes wählen den Zentralzechenrat, der die Tätigkeit des Volkskommissars und seiner Beigeordneten überwacht. […]
Wir treten nun an Euch mit der Aufforderung heran, sofort überall dem Streik ein Ende zu machen. Die allergrößte und wichtigste Forderung ist erreicht: Die Bergwerke sind Volkseigentum geworden. Es gilt jetzt, das Erreichte auszubauen, damit jedem einzelnen Arbeiter die Früchte der Sozialisierung zugute kommen.
Arbeiter, haltet die Augen offen. […]

Die Arbeiter- und Soldatenräte
des Industriegebietes
I. A.: Arbeiter- und Soldatenrat, Essen
Baade (Unabh. Soz.) König (Spartakusbund)
Limbertz (Soz.-Dem. Partei)

Zit. nach: Günter Hillmann (M 3.5), S. 100ff.

1 Ruben war Mitglied der MSPD.
2 sog. Neunerkommission
3 Akkordlohn der Untertagearbeiter

Zeittafel zur Räte- und Sozialisierungsbewegung im Ruhrgebiet

9./10.11.1918	Bildung von Räten in den Ruhrgebietsstädten
14.11.1918	Abkommen über die Einführung der Achtstundenschicht im Bergbau
10.12.1918	Streik in Hamborn (Streikbewegung weitet sich in den folgenden Wochen auf die meisten Städte und Branchen aus)
13.12.1918	Vereinbarung zwischen Unternehmern und Gewerkschaften über Lohnerhöhungen im Bergbau ab 1. 1. 1919 (Streikende im Bergbau am 30. 12. 1918)
11.1.1919	Besetzung der Büros des Zechenverbandes durch den Essener Arbeiter- und Soldatenrat
13.1.1919	Beschluss einer Konferenz der Arbeiter- und Soldatenräte des Ruhrgebiets zur Durchführung der Sozialisierung des Bergbaus; Einsetzung der Neunerkommission
6.2.1919	Konkretisierung der Forderungen an die Reichsregierung auf einer Konferenz der Arbeiter- und Soldatenräte in Essen
11.2.1919	Verhaftung des General-Soldatenrats in Münster; Vorbereitungen für ein bewaffnetes Eingreifen im Ruhrgebiet
15.2.1919	Einmarsch des Freikorps Lichtschlag in Hervest-Dorsten
18.2.1919	Ausrufung des Generalstreiks durch eine Konferenz von Arbeiter- und Soldatenräten in Essen gegen die Stimmen der MSPD-Vertreter; Ausscheiden der drei MSPD-Vertreter aus der Neunerkommission
21.2.1919	Abbruch des Generalstreiks wegen zu geringer Beteiligung der Arbeiterschaft; teilweise blutige Auseinandersetzungen in der Arbeiterschaft
28.2.1919	Einmarsch von Truppen in Düsseldorf
2.3.1919	Kommunalwahlen
9.3.1919	Einmarsch des Freikorps Schulz in Mülheim

M 3.11 1919 – Entschließung der Essener Konferenz der Arbeiter- und Soldatenräte (6.2.1919)

Die Konferenz fordert von der Regierung:

1. Anerkennung der Neunerkommission. Deckung ihrer notwendigen Geldausgaben [...]
2. Übertragung folgender Aufgaben an die Neunerkommission:
   a) Durchführung des Betriebsrätesystems nach der in Essen beschlossenen Wahlordnung;
   b) Kontrolle der Bergwerke und der Verkaufsgesellschaften durch von ihr einzusetzende Unterausschüsse. [...]

Die USP und die kommunistische Partei machen es von der Annahme dieser Mindestforderung abhängig, ob sie weiter wie bisher zur Beruhigung der Bergarbeiter und zur Verhütung von Streiks beitragen können. [...]
Um der Neunerkommission die Sammlung des gesamten Materials zur Sozialisierung des Bergbaus zu ermöglichen, ist ihr durch ein Gesetz das Recht zuzusprechen, Direktoren, Betriebsleiter, Bankdirektoren und andere Personen, die Auskunft über technische, wirtschaftliche und finanzielle Fragen geben können, zu vernehmen, und zwar müssen die Befragten gezwungen sein, die gewünschten Auskünfte wahrheitsgemäß zu erteilen.

Zit. nach: Peter v. Oertzen: Betriebsräte in der Novemberrevolution. (Dietz) Berlin/Bonn [2]1976, S. 361f.

M 3.12 Generalstreik für die Sozialisierung?

Die Reichsregierung lehnte die Forderungen der Neunerkommission mit Ausnahme einiger innerbetrieblicher Befugnisse ab. Während das Reich Truppen ins Ruhrgebiet entsandte, kam in Essen eine Konferenz der Arbeiter- und Soldatenräte zusammen, auf der KPD und USPD einen Generalstreik-Beschluss durchsetzen konnten. Die MSPD war dagegen und trat aus der Neunerkommission aus.

A – 1919 – Erklärung der Neunerkommission über das Ergebnis der Verhandlungen mit der Reichsregierung (18. 2. 1919)

Kameraden!
Hiermit geben wir euch bekannt, welchen Bescheid die Delegierten unserer Kommission von der Regierung in Weimar erhalten haben. [...]

Nach unserem Plane waren die Zechenräte (in dem Vorschlage der Regierung Betriebsräte genannt) nur ein Glied in der Kette. Wir wollten dann Bergrevierräte und einen Generalzechenrat. Der letzte sollte die Verhältnisse im gesamten Industriegebiete überschauen und überwachen. Das alles nun weist die Regierung ohne weiteres ab!
Was die Neunerkommission anbetrifft, handelt es sich um Folgendes: Wir sind von den Arbeiter- und Soldatenräten des gesamten Industriegebietes eingesetzt; uns fehlen die Geldmittel und fehlen die Befugnisse, damit wir das Werk der Sozialisierung vorbereiten können. Solange diese Befugnisse nicht von der Regierung zugestanden sind, verweigern die Unternehmer uns jede Auskunft. Aufgabe der Delegierten also war es, diese Befugnisse für uns zu erwirken.
Die Antwort der Regierung ist ein glattes Nein!
[...]
Die heutige regelmäßige Vollsitzung der Neunerkommission[1] erklärt einstimmig: Die Vorschläge der Regierung sind für uns unannehmbar.

Zit. nach: Institut für Marxismus-Leninismus beim ZK der SED (Hrsg.): Dokumente und Materialien zur Geschichte der Arbeiterbewegung, Bd. VII/1. (Dietz) Berlin 1966, S. 16ff.

[1] Ohne die drei MSPD-Mitglieder der Kommission

B – 1919 – Stellungnahme von Heinrich Limbertz (MSPD) gegen den Generalstreik (19.2.1919)

Warum soll dieser Generalstreik geführt werden?
Angeblich, um die Sozialisierung und die Zurückziehung der Regierungstruppen, die angeblich diese Sozialisierung hindern sollen, zu erzwingen.
Die möglichst baldige Sozialisierung halte ich mit allen namhaften Volkswirtschaftlern für eine dringende Notwendigkeit: Das Programm der Regierung erklärt aber dasselbe, und bevor nicht die Nationalversammlung die böse Absicht bewiesen hat, die Sozialisierung [...] zu verhindern, kann für den demokratischen Sozialisten ein außerparlamentarisches Kampfmittel zur Durchführung der Sozialisierung nicht in Frage kommen. [...]
Ich bin wie alle Mitglieder des Essener ASRates mit allen Kräften gegen die Entsendung solcher Truppen aufgetreten, weil ich weiß, dass dies nicht das beste Mittel ist, die Kohlenförderung zu steigern. [...] Aber wenn [...] man für sich das Recht in Anspruch nimmt, mit bewaffneter Faust Belegschaften, die einstimmig gegen den Streik sind, in den Streik zu zwingen [...]: braucht man sich dann zu wundern, wenn die Regierung militärische Hilfe schickt? [...] Wo die Regierungstruppen hinkommen, da kann man sich dafür bei den Elementen bedanken, die so „revolutionär" tun und doch in Wirklichkeit so reaktionär handeln!

Essener Arbeiter-Zeitung, 19. 2. 1919

M 3.13 1919 – Unruhen auf der Schachtanlage Amalie in Essen (19.2.1919)

Aus einem internen Bericht der Stadtverwaltung:

Bei der Anfahrt der Mittagsschicht um 2 Uhr, beschloss die Belegschaft des Schachtes Amalie, die Arbeit nicht einzustellen. Ein kleiner Teil der Belegschaft, etwa 40 Mann, der aus Spartakisten sich zusammensetzte, versuchte den Beschluss durch Unruhe zu verhindern. [...] Gegen 4 Uhr traf diese Gruppe der Spartakisten vor der Schachtanlage Amalie ein. Die Gruppe sprang durch das Eingangstor und bemächtigte sich des Förderschachtes Marie. Seitens der Direktion wurde über diese Vorgänge Herr Oberbürgermeister Dr. Luther benachrichtigt, der die Sendung von einer Abordnung des Arbeiter- und Soldatenrates veranlasste. Die Abordnung traf alsbald ein und verhandelte mit den den Schacht umlagernden Spartakisten, derzufolge von Sabotagen Abstand genommen werden sollte, worauf sich die Abgesandten wieder entfernten. Die den Schacht umlagernden Spartakisten besetzten diesen systematisch. Es wurde hierbei festgestellt, dass etwa 18 Personen Gewehre hatten. Die Spartakisten beschlossen zuerst, die angefahrenen Arbeiter, zur Strafe ihrer Arbeitswilligkeit, 48 Stunden in der Grube zu lassen. Sie milderten diesen Beschluss jedoch um und kamen überein, die sofortige Ausfahrt zu verlangen. Die Leute sollten am Schacht aufgestellt werden und alsdann schwarz im Zuge durch Essen geführt werden.
[...] seitens der Verwaltung [wurde] mit dem Anführer der Spartakisten verhandelt und er wurde veranlasst, den Herrn Steinhauer vom A.-S. Rat, anzurufen. In diesem Augenblick traf die Marinewehr ein. Kaum hatte die Marine [...] [das Werksgelände] betreten, als ein Schuss aus

einer Ecke fiel. Hierauf griff die Marinewehr sofort ein, stellte die Ordnung am Schachte her und befreite die arbeitswilligen Bergleute. Leider war das Vorgehen der Marinewehr nicht ohne Verluste verbunden. Von den arbeitswilligen Bergleuten wurde einer getötet und 4 leicht verletzt. Von den Spartakisten wurde 1 Mann getötet und einer schwer verletzt. Die Spartakisten hinterließen 6 Gewehre. In dem Rahmen eines Gewehres waren, wie nachher festgestellt wurde, 2 Patronen abgeschossen. Auf der Anlage wurden keine Sabotagen verübt.
Am anderen Morgen beschloss die Frühschicht, über die Aufnahme der Arbeit abzustimmen. Es wurden insgesamt 362 Stimmzettel abgegeben, hiervon stimmten 337 für Aufnahme der Arbeit, 19 für den Eintritt in den Generalstreik und 6 ungültige Stimmen. Die Belegschaft beschloss jedoch, die Arbeit nicht eher aufzunehmen, bis ihnen unbedingte Sicherheit der Arbeitsfreiheit zugesichert würde. Zu diesem Zwecke forderten sie entweder Schutz von Seiten der Stadtverwaltung oder durch Regierungstruppen.

Quelle: Stadtarchiv Essen, 102 I 1091, Bl. 77f.

Das Ende der Arbeiterräte im Ruhrgebiet

M 3.14 1919 – Das Beispiel Mülheim a. d. Ruhr

Nach dem Einmarsch von Truppen ins Ruhrrevier gaben die Arbeiter- und Soldatenräte im März 1919 ihre Befugnisse entweder freiwillig ab oder sie wurden entmachtet. In Mülheim, wo nach dem 18. Februar das Zentrum der Streikbewegung gelegen hatte, marschierte am 9. März das Freikorps Schulz ein. Da in Mülheim vom Anfang der Rätebewegung an die radikalen Gruppen dominiert hatten und die MSPD im Arbeiter- und Soldatenrat gar nicht vertreten war, waren hier die Auseinandersetzungen im März 1919 härter als in anderen Städten.

Die veränderten Machtverhältnisse bekam der Mülheimer Arbeiterrat sofort zu spüren. […] Durch Verhaftungen führender Mitglieder des Arbeiterrates […] wurde die ohnehin schwache Stellung des Arbeiterrates weiter unterminiert. […] Durch Provokationen der Freikorpsmitglieder, die deutlich machen wollten, wer jetzt in der Stadt die Macht in den Händen hielt, kam es zu ständigen Zusammenstößen zwischen ihnen und der Mühlheimer Arbeiterschaft. Das gleiche Machtgefühl hatte sich auch wieder unter den Direktionsleitungen der großen Industriebetriebe ausgebreitet. Sowohl die Thyssenwerke wie die Friedrich-Wilhelm-Hütte kündigten als Folge des Streiks und früherer Unruhen an, ihren Arbeitsbetrieb stark einschränken zu müssen, was für einen Großteil der Arbeiter Entlassung und Arbeitslosigkeit bedeutete. […]
Seit der Anordnung der preußischen Regierung vom 24. Januar 1919, dass die Gemeindevertretungen aufzulösen seien und Neuwahlen bis zum 2. März stattzufinden hätten, hatten sich von allen Seiten, auch der Mehrheitssozialdemokraten, Stimmen erhoben, die die weitere Existenz des Arbeiterrates für sinnlos, überflüssig und bloße Geldverschwendung hielten, da die neue Stadtverordnetenversammlung keine einseitige Standesvertretung mehr sei, sondern aufgrund des demokratischen Wahlrechts die Interessenvertretung der gesamten Einwohnerschaft darstelle. Dennoch beteiligten sich auch die den Arbeiterrat tragenden Parteien, USPD und KPD, an den Kommunalwahlen. […]
Das Wahlergebnis brachte dann auch eine vollständige Veränderung in der Zusammensetzung des Stadtparlamentes:

	Sitze	Stimmen	in %
SPD	19	9414	25,4
Zentrum	18	8897	24,0
DVP	12	6262	16,6
USPD/KPD	9	4884	13,2
DNVP	8	3992	10,8
DDP	5	2902	7,8
Wirtschaftliche Vereinigung	1	700	1,9

[…] Die neu gewählte Stadtverordnetenversammlung beschäftigte sich gleich in der ersten Sitzung mit der Stellung und den zukünftigen Aufgaben des Arbeiterrates. Alle bürgerlichen Vertreter waren sich einig, dass dem Arbeiterrat nur noch soziale und wirtschaftliche Funktionen zugebilligt werden könnten und er als politische Körperschaft abtreten müsse. Gegen die Stimmen der SPD-, USPD- und KPD-Stadtverordneten beschloss man, dem Arbeiterrat die finanzielle Basis zu entziehen und ihm ab 1. April keine Geldmittel mehr zu bewilligen.

Irmgard Steinisch: Linksradikalismus und Rätebewegung im westlichen Ruhrgebiet. In: Reinhard Rürup (Hrsg.): Arbeiter- und Soldatenräte im rheinisch-westfälischen Industriegebiet. (Hammer) Wuppertal 1975. S. 212ff.

Grundlagen der Weimarer Verfassung

M 3.15 1919 – Die Stellung des Reichspräsidenten (aus einem Zeitungsartikel Max Webers, Februar 1919)

Prof. Max Weber (1864–1920)[1] war Sozialwissenschaftler mit internationalem Ruf. Im Dezember 1918 gehörte er dem Verfassungsausschuss im Reichsamt des Innern unter Leitung von Hugo Preuß an. Weber trat der DDP bei, verzichtete aber auf ein Mandat in der Nationalversammlung.

Der Partikularismus ruft nach einem Träger des Reichseinheitsgedankens. Wir wissen nicht, ob die Entwicklung rein regionaler Parteien nicht weiter fortschreitet. Stimmung dafür ist da. Das wird auf die Mehrheitsbildung und die Zusammensetzung der Reichsministerien unweigerlich auf die Dauer zurückwirken. Die Wahlbewegung bei der Bestellung eines volksgewählten Reichspräsidenten bildet einen Damm gegen das einseitige Überwuchern solcher Tendenzen […]
Früher, im Obrigkeitsstaat, musste man für die Steigerung der Macht der Parlamentsmehrheit eintreten, damit endlich die Bedeutung und damit das Niveau des Parlaments gehoben würde. Heute ist die Lage die, dass alle Verfassungsentwürfe einem geradezu blinden Köhlerglauben an die Unfehlbarkeit und Allmacht der Mehrheit – nicht etwa des Volkes, sondern der Parlamentarier – verfallen sind: das entgegengesetzte, ganz ebenso undemokratische Extrem. Man schränke die Macht des volksgewählten Präsidenten ein wie immer und sorge dafür, dass er nur in zeitweilig unlösbaren Krisenfällen (durch suspensives Veto und Berufung von Beamtenministerien), im Übrigen nur durch Anrufung des Referendums[2] in die Reichsmaschine eingreifen kann. Aber man gebe ihm durch die Volkswahl einen eigenen Boden unter die Füße. Sonst schwankt in jedem Fall einer Parlamentskrise – und bei mindestens vier bis fünf Parteien wird eine solche nicht zu den Seltenheiten gehören – der ganze Reichsbau.

Zit. nach: Herbert Michaelis / Ernst Schraepler (M 3.1), Bd. VIII. S. 379f.

---

[1] vgl. auch M 2.3
[2] Volksentscheid

Versailler Vertrag und Vergangenheitsbewältigung

M 3.16 Aus der Diskussion des SPD-Parteitags um Kriegsschuld und Friedensbedingungen (10.–15.6.1919)

Eduard Bernstein war vor dem Krieg Begründer des sog. Revisionismus, der eine vorsichtige Abkehr vom ▷ Marxismus und eine reformerische Überwindung des ▷ Kapitalismus propagierte. Bernstein war wegen der Burgfriedenspolitik der Partei zur USPD übergetreten und war 1919 zeitweilig Mitglied in der USPD *und* der MSPD.
Otto Braun war im November 1919 zum preußischen Landwirtschaftsminister berufen worden; mit kurzen Unterbrechungen war er von 1920 bis 1932 preußischer Ministerpräsident.

A – Aus dem Referat Eduard Bernsteins:

Genossen! Die Friedensbedingungen, die uns von den Alliierten auferlegt werden, sind hart, sehr hart und zum Teil – das sage ich offen und habe ich in englischen Blättern, in dem „Daily Herald“ gesagt – einfach unmöglich. Aber auch Scheidemann hat das anerkannt: die Notwendigkeit eines großen Teils davon, der auch sehr schwer ist, erkennen wir an. Neun Zehntel davon sind Notwendigkeiten. (Lebhafter Widerspruch.) Neun Zehntel davon sind unabweisbare Notwendigkeiten. (Stürmischer anhaltender Widerspruch und große Unruhe. Rufe: Skandal!)
[…] Vergessen Sie eins nicht: Frankreich ist unter den Wirkungen dieses Krieges schwerer getroffen worden als Deutschland. Das wird euch jeder Fachmann sagen. (Fortgesetzte Unruhe.) Denkt daran, was in Belgien geschehen ist. […] Es wäre für Frankreich beinahe unmöglich gewesen, bei der Haltung der Sozialisten, den Krieg zu machen, wenn Deutschland nicht den Krieg erklärt hätte und ins Land eingedrungen wäre. Jedenfalls wäre die Stimmung eine andere gewesen. […]
[Amerikaner] haben mir erklärt: die Stellung Wilsons in der Entente sei ungemein geschwächt durch Reden und Erklärungen, die in Deutschland erfolgten; auf diese Dinge gestützt sagten die Franzosen zu Wilson: „Sehen Sie, Präsident, das ist noch das alte Deutschland, nur die Fassade ist geändert.“ Kurz vor seiner Rückreise nach Amerika hat Wilson in der Tat amerikanischen

Journalisten gegenüber erklärt, er habe sich überzeugt, dass dieses neue Deutschland in wesentlichen Beziehungen noch gar nicht anders sei als das alte Deutschland. (Zurufe.) Ich teile euch das mit, damit ihr wisst, was vermieden werden muss, und was zu geschehen hat. Es zeigt auch, wie eng die innere Politik mit der auswärtigen Politik verbunden ist. Daher kann der Strich, der die Deutsche Republik von dem früheren System trennt, nicht stark und deutlich genug gezogen werden. […]
Wenn ihr aber zaudert, die entscheidenden Schritte zu tun, dann zeigt ihr dadurch, dass schließlich doch eure Kritik gelähmt ist, wie sie im Kriege durch die Abstimmungen gelähmt war, dass ihr zum Teil noch heute die Gefangenen der damaligen Abstimmung seid, und ich möchte euch zurufen: Heraus aus diesem Turm, werdet endlich frei auch in dieser Sache.

B – Aus der Erwiderung Otto Brauns:

Der Friedensvertrag, der uns jetzt droht, rechtfertigt nach meiner Auffassung glänzend die Haltung, die die Partei während der Kriegszeit eingenommen hat. (Lebhafte Zustimmung.) Denn weil die Partei das Unheil fürchtete, das jetzt über uns kommt, weil sie nicht der Auffassung Bernsteins war, dass drüben die pazifistischen Lämmer die Oberhand haben, sondern dass dort genauso gut der raubgierige Imperialismus herrscht, wie er vor der Revolution bei uns geherrscht hat. Deshalb haben wir unsere Haltung eingenommen, um dieses Unheil von unserem Volke fernzuhalten.
Wenn Genosse Bernstein in der jetzigen Situation, wo uns in wenigen Tagen ein unerhörter Gewaltfriede diktiert werden soll, sagt, dass neun Zehntel dieser Friedensbedingungen berechtigt seien, dann habe ich kein Wort, um diese Haltung zu charakterisieren. (Lebhafte Zustimmung.) Selbst wenn Genosse Bernstein in der Weltfremdheit, mit der er solche Dinge behandelt, überzeugt wäre, dass dem so ist, hätte er in der jetzigen Situation kein Recht, das hier öffentlich zu erklären. (Stürmische Zustimmung.) Durch diese Erklärung hat er nicht nur dem deutschen Volke einen schlechten Dienst geleistet, nein, er ist auch unseren Parteigenossen in Frankreich und England in den Rücken gefallen. (Wiederholte stürmische Zustimmung.)

Protokoll über die Verhandlungen des Parteitages der SPD 1919. Berlin 1919. S. 241ff.

Die Novemberrevolution in der Geschichtsschreibung

M 3.17

A – 1977 – Gerd Hardach

Die Niederlage im Ersten Weltkrieg und die darauffolgende Entmachtung der herrschenden Klassen eröffnete in Deutschland die historische Chance, nicht nur die „Verspätung“ aufzuholen, sondern die bürgerliche Gesellschaft darüber hinaus auch weiter in Richtung zu einer sozialen Demokratie zu entwickeln als in irgendeinem anderen Land. Von November 1918 bis Januar 1919 hatte die Arbeiterbewegung effektiv die Macht in Deutschland in der Hand; anders als nach 1945 blieben die alliierten Sieger im Hintergrund. Dass es einen Fortschritt geben sollte und musste, war selbstverständlich. Strittig war nur der Grad des Fortschritts, für den sich theoretisch drei Alternativen abzeichneten: Eine bürgerlich-demokratische Republik mit einem soliden gewerkschaftlichen und sozialpolitischen Unterbau; eine soziale Demokratie, die durch Teilsozialisierungen, Agrarreformen und eine Reform von Verwaltung, Militär und Justiz die wirtschaftliche Macht der alten herrschenden Klassen beschränkt; oder die vollständige Revolution zu einer sozialistischen Gesellschaft. Die erste Linie wurde von der Mehrheitssozialdemokratie und den Gewerkschaften vertreten, die dritte von der am 30. Dezember 1918 gegründeten Kommunistischen Partei Deutschlands. Hinter der Forderung nach einer sozialen Demokratie stand vor allem die Rätebewegung, die sich spontan aus einer Vielzahl von einzelnen Aktionen im ganzen Reichsgebiet entwickelte. Gerade dieser dezentrale Charakter der Rätebewegung verhinderte allerdings ein schlagkräftiges Programm und erst recht eine effektive Durchsetzung; als die USPD in der zweiten Hälfte 1919 den Rätegedanken aufgriff, war die tatsächliche Rätebewegung bereits entmachtet.
Die Mehrheitssozialdemokratie riss nach kurzem Zögern die Initiative an sich und traf zusammen mit den Gewerkschaften [...] Grundsatzentscheidungen, die die Revolution in eine bürgerlich-demokratische Reformbewegung kanalisierten. […]
Dabei stützte die Regierung der Volksbeauftragten sich ohne Bedenken auf den innenpolitischen Gegner, vor allem auf die alte Armee. In dem de-

zentralisierten Bürgerkrieg, der das erste Halbjahr 1919 ausfüllte, kämpften die Regierungstruppen die Zentren der Rätebewegung […] nacheinander nieder.
Der Berliner Spartakuskampf im Januar 1919 war der Anfang, aber in der Folge wurde nicht nur der kommunistische Widerstand, sondern die gesamte Rätebewegung zerschlagen und damit die Basis eben jener revolutionären Welle, die die Regierung der Volksbeauftragten an die Macht getragen hatte, zerstört.

Gerd Hardach: Deutschland in der Weltwirtschaft 1870–1970. (Campus) Frankfurt/M., New York 1977. S. 144ff.

B – 1984 – Hans Fenske

Dass die Revolution nicht tiefer griff, zeigt, dass das gestürzte System nicht wirklich verhasst war; es gab keinen Volkszorn auf die Prominenz des monarchischen Deutschland […]
Es gab in Deutschland ganz offenkundig kein großes revolutionäres Potential: die Revolution hatte keine Massenschubkraft. Wie groß der Volksteil war, der einen tiefen Einschnitt wollte, lässt sich schwer sagen. Es ist zu vermuten, dass nur die Wählerschaft der USPD und in geringerem Umfang auch die der SPD für revolutionäre Umwälzungen zu haben war, zusammen vielleicht 4 Millionen Wahlberechtigte, also jeder Neunte. Natürlich können entschlossene Minderheiten Revolution machen, aber sie müssen mit ihrer Tat doch auf ausreichende Resonanz stoßen. Das war 1918 in Deutschland nicht der Fall. Ohnehin brachen Ebert und vor allem Scheidemann der Bewegung die Spitze ab, ehe wirklich Revolution gemacht werden konnte. Die SPD-Führung war mit dem am 28. Oktober erreichten Verfassungszustand zufrieden; sie wusste zudem, dass die Mehrheit der Deutschen mehr nicht wollte. Deshalb bekam sie, nach dem Zeugnis des Außenstaatssekretärs Wilhelm Solf, durch die Revolution „einen Todesschrecken" […]
Angesichts dieser Tatsachen scheint die im letzten Jahrzehnt lebhaft diskutierte Frage, ob in der Rätebewegung Möglichkeiten gelegen hätten, die durch Eberts Politik vergeben wurden, oder ob unter der Parole des rechten USPD-Flügels „Parlamentarismus und Räte" ein dritter Weg zwischen reinem Rätesystem und parlamentarischer Demokratie existiert habe, etwas in der Luft zu schweben. Unbestreitbar steckten im Rätegedanken Entwicklungsmöglichkeiten, aber die Basis zur ihrer Ausgestaltung war nicht in ausreichendem Maße gegeben, da die große Mehrheit der Bevölkerung Räte diskussionslos ablehnte. Selbst wenn man unterstellt, dass die gesamte Arbeiterbewegung sich zu einem Kompromiss im Sinne dieses dritten Weges zusammengefunden hätte, bleibt die Frage, ob das Bürgertum eine derartige Entwicklung hingenommen hätte. […] Die Alternative lautete 1918 offenbar: entweder eine schnelle Kanalisierung der revolutionären Bewegung und baldiger liberaldemokratischer Neubau, oder aber eine gewaltsame Auseinandersetzung um die Zukunft Deutschlands. Ebert und die anderen Spitzenpolitiker der SPD entschieden sich für den Weg des Ausgleichs und der Evolution.

Hans Fenske: Deutsche Verfassungsgeschichte. (Colloquium) Berlin [2]1984, S. 44f.

C – 1958 – Thesen des Zentralkomitees der SED über die November-Revolution 1918 in Deutschland

Die Aufgabe der Revolution in Deutschland bestand unter den gegebenen Entwicklungsbedingungen darin, zunächst die bürgerlich-demokratische Revolution zu Ende zu führen, den Militarismus zu vernichten und die Säuberung des Staatsapparates sowie die Enteignung der Junker[1] und Kriegsverbrecher durchzuführen. In diesen Kämpfen kam es darauf an, dass die Arbeiterklasse die Erfahrungen sammelte, dass sie eine kommunistische Partei schuf und das Bündnis mit der werktätigen Bauernschaft herstellte, um dann zur proletarischen Revolution, die objektiv auf der Tagesordnung stand, überzugehen. […]
Die mangelnde revolutionäre Erfahrung der Arbeiterklasse, ihre bürgerlich-parlamentarischen Illusionen und das Fehlen einer marxistischen Kampfpartei ermöglichten es der Führung der SPD, sich unter dem Deckmantel sozialistischer Phrasen in die Massenbewegung einzuschalten und entscheidenden Einfluss auf die Räte zu gewinnen, um die Revolutionen in für die Imperialisten und Militaristen ungefährliche Bahnen zu lenken. […]
Nach dem Reichsrätekongress war das Ziel der Konterrevolution, die revolutionären Kräfte mit militärischen Mitteln noch vor den Wahlen zur Nationalversammlung niederzuwerfen, um durch eine Bürgerkriegsatmosphäre, durch Mord

und Terror gegen die Vorhut der deutschen Arbeiterklasse Bedingungen für „freie“ und „demokratische“ Wahlen im Interesse der Bourgeoisie zu schaffen.

Die Verwirklichung dieses konterrevolutionären Planes sollte am 24. Dezember 1918 mit dem Überfall der reaktionären Truppen des Generals Lequis auf die Volksmarinedivision in Berlin beginnen. Aber aus den Arbeitervierteln des Nordens rückten viele Frauen und Kinder zur Unterstützung der Matrosen an und vereitelten den konterrevolutionären Anschlag. [...]

Was im Dezember 1918 nicht gelang, wurde im Januar 1919 von den Freikorpsbanden der Regierung ausgeführt. Die Konterrevolution richtete ihren Hauptstoß vor allem gegen die KPD, um die Vorhut der Arbeiterklasse niederzuwerfen. Die junge, im Feuer der Revolution entstandene Partei, die sofort vor der Aufgabe stand, die Arbeiterklasse in der Revolution zu führen, konnte unter den komplizierten Bedingungen in Deutschland jedoch noch nicht in der Lage sein, die Kämpfe des Proletariats zu organisieren und zu leiten, alle Hindernisse auf dem Wege zum Ziel zu überwinden und den Sieg der Revolution zu sichern. Dazu hätte es einer festgefügten, erfahrenen revolutionären Kampfpartei bedurft, die aber nicht in wenigen Wochen entstehen konnte [...]

Die Grundfrage der Revolution, die Frage der Macht, blieb infolge des Verrats der rechten sozialdemokratischen Führer zugunsten der Bourgeoisie entschieden. Die Ergebnisse der Revolution gingen nicht über den Rahmen bürgerlich-parlamentarischer Reformen hinaus.

Zit. nach: Eberhard Kolb (Hrsg.): Vom Kaiserreich zur Weimarer Republik. (Kiepenheuer & Witsch) Köln 1972. S. 369ff.

[1] ostelbische Adlige

Aufgaben zu Kapitel 3

1. Stellen Sie die Lage Deutschlands am 9.11.1918 (außenpolitische Situation, unmittelbar zu lösende Probleme und Verteilung der Macht im Innern) dar. Stellen Sie den Kurs der Mehrheits-SPD dar, und konfrontieren Sie ihn mit möglichen Alternativen. Sofern Sie hier zwischen mehr oder weniger wünschenswerten Entwicklungen differenzieren, legen Sie bitte dar, von welchen politischen Wertvorstellungen solche Unterscheidungen ausgehen. (S. 48ff.; M 3.3–M 3.6)

2. In den Materialien M 3.7–M 3.14 werden an einem lokalgeschichtlichen Beispiel die politische Tätigkeit der Räte und der Konflikt um die Sozialisierung des Bergbaus im Ruhrgebiet dargestellt. Untersuchen Sie Ziele und Vorgehen der Räte. Formulieren Sie ein vorläufiges Urteil über die in der Rätebewegung steckenden Chancen und Risiken zur Demokratisierung Deutschlands; machen Sie sich auch klar, aus welchen Gründen ein Urteil schwierig ist. – Vergleichen Sie Ihre Thesen mit den Auffassungen von Historikern. (M 3.17 A–C)

3. Die Novemberrevolution gehört nicht zu den Ereignissen der deutschen Geschichte, die ungeteilt zu den positiven Traditionen gerechnet werden (wie 1789 in Frankreich). Suchen Sie die Gründe dafür in den unterschiedlichen gesellschaftlich-politischen Wertvorstellungen innerhalb der deutschen Gesellschaft und bemühen Sie sich eine eigene Position zur Novemberrevolution zu finden. (M 3.17 A–C)

4. Der Versuch einer Friedensordnung im Versailler Vertrag (und den anderen Pariser Vorortverträgen) ist am Ende gescheitert. Suchen Sie Ursachen dafür in den Widersprüchen zwischen den Zielen der Sieger, den allgemeinen Rahmenbedingungen und den Reaktionen Deutschlands und anderer Länder. (Versuchen Sie zugleich vor dem Hintergrund der deutschen Kriegszielpolitik und des Friedens von Brest-Litowsk auch die positiven Züge des Versailler Friedens zu würdigen.) (S. 56ff.; M 3.1 und 3.2)

5. Untersuchen Sie die Reaktion der deutschen Öffentlichkeit auf den Versailler Frieden, wägen Sie berechtigte Einwände und andere Motive gegeneinander ab und weisen Sie Verantwortungen für das spätere Scheitern der Friedensordnung zu. Die Diskussion in der SPD über Versailles kann Ihnen wichtige Hinweise dabei geben. (S. 58f. und M 3.16)

6. Beschreiben Sie die Eigenarten der Weimarer Verfassung im Vergleich zum Kaiserreich und zum Grundgesetz der Bundesrepublik Deutschland. Beachten Sie dabei vor allem das Verhältnis zwischen Exekutive und Legislative, die Stellung des Staatsoberhauptes und die Modalitäten des Regierungswechsels. (S. 55f.; M 3.15)

4 Die Republik zwischen Konfrontation und Kooperation (1920–1930)

13 3.1920	Kapp-Putsch
6.6.1920	Reichstagswahlen: Verlust der Mehrheit für die „Weimarer Koalition“
10.5.1921	Annahme des „Londoner Ultimatums“ durch die deutsche Reichsregierung: Regelung der Reparationsverpflichtungen
16.4.1922	Vertrag von Rapallo zwischen Deutschland und der Sowjetunion
11 1.1923	Beginn der Ruhr-Besetzung durch französische und belgische Truppen
26.9.1923	Abbruch des passiven Widerstandes an der Ruhr durch das Kabinett Stresemann
8./9.11.1923	Hitler-Putsch in München
15.11.1923	Währungsreform in Deutschland
29.8.1924	Annahme der Dawes-Gesetze im Reichstag
26.4.1925	Wahl Hindenburgs zum Reichspräsidenten
5.–16.10.1925	Konferenz von Locarno: Beginn der deutsch-französischen Verständigung
8.9.1926	Aufnahme Deutschlands in den Völkerbund
17.7.1927	Gesetz zur Einführung der Arbeitslosenversicherung
28.6.1928	Bildung der Großen Koalition unter Reichskanzler Müller (SPD)
Okt.–Dez.1928	Ruhreisenstreit
21.8.1929	Unterzeichnung des Young-Plans
3.10. 929	Tod Stresemanns
12.3.1930	Annahme der Young-Gesetze im Reichstag
27.3.1930	Ende der Großen Koalition

Während im Ersten Weltkrieg die Weltöffentlichkeit auf das blutige Geschehen an den Fronten blickte, vollzog sich – kaum bemerkt – eine Verschiebung der wirtschaftlichen Kräfteverhältnisse von weltgeschichtlicher Bedeutung. Waren die USA schon vor 1914 längst zur stärksten Wirtschaftsmacht der Welt herangewachsen, so zeigte sich jetzt ihre überlegene Finanzkraft. Frankreich und sogar Großbritannien waren gezwungen den Krieg zum Teil mit riesigen Anleihen in den USA zu finanzieren. (Die Forderungen der USA betrugen 1918 ca. 12 Mrd. Dollar mit einer gegenüber heute ca. 20-fachen Kaufkraft.) Zugleich verloren Großbritannien und Frankreich riesige Kreditforderungen an das zaristische Russland, die die neue kommunistische Regierung zurückzuzahlen verweigerte.

Interalliierte Verschuldung bei Kriegsende (in Mio. Dollar)

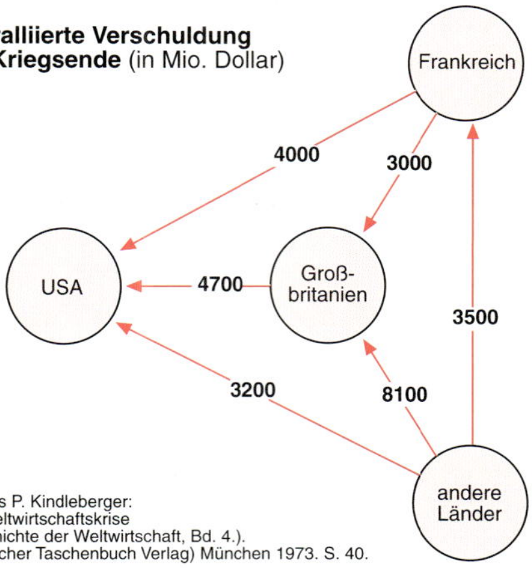

Charles P. Kindleberger:
Die Weltwirtschaftskrise
(Geschichte der Weltwirtschaft, Bd. 4.).
(Deutscher Taschenbuch Verlag) München 1973. S. 40.

Auch in den Handelsbeziehungen waren große Veränderungen eingetreten. Bis 1914 war der Welthandel wesentlich vom Austausch zwischen den Industrieländern und dem Handel europäischer Fertigwaren gegen Lebensmittel und Rohstoffe aus nichteuropäischen Ländern geprägt. Dieser Austausch war durch den Krieg ins Stocken geraten und konnte nach dem Krieg nicht wieder im alten Umfang aufgenommen werden. Die Wirtschaft Europas wurde durch die neue industrielle Konkurrenz der USA und Japans beträchtlich geschwächt, die jetzt auf dem Weltmarkt massiv auftraten. Teilweise waren diese Länder auch während des Krieges an die Stelle der europäischen Lieferländer getreten.
In den englischsprachigen Gebieten in Übersee und in Argentinien war darüber hinaus die landwirtschaftliche Produktion erheblich ausgedehnt worden, was in der zweiten Hälfte der Zwanzigerjahre zu einem gravierenden Preisverfall für Agrarprodukte und damit zu einer weltweiten strukturellen Agrarkrise führte, von der auch die europäischen Volkswirtschaften schon vor Eintritt der Weltwirtschaftskrise betroffen waren.

Produktion und Welthandel 1913–1924
(regionale Verteilung in Prozent)

	Anteil an der Weltproduktion		Anteil am Welthandel	
	1913	1923	1913	1924
Europa	43	34	59	50
Nordamerika	26	32	14	18
Asien	20	21	12	16
Lateinamerika	7	8	8	9
Afrika	2	3	4	4
Australien	2	2	3	3

Gerd Hardach (M 3.17). S. 104.

Binnenwirtschaftlich hatten die europäischen Staaten weitere Probleme zu verkraften: Besonders durch den Krieg war es zur Entwicklung von Überkapazitäten in bestimmten Branchen gekommen, die nach Kriegsende auf der Wirtschaft lasteten.
Die Konjunkturentwicklung Europas war zunächst durch einen kurzen Nachkriegsboom 1919/20, durch eine sodann in den meisten Ländern folgende Stabilisierungskrise 1921 und schließlich eine Phase relativer wirtschaftlicher Erholung bis 1929 gekennzeichnet. Die meisten Industriestaaten mussten mit ▷ inflationären Tendenzen in der Kriegs- und Nachkriegszeit fertig werden. Eine Hyperinflation wie Deutschland machten Österreich, Ungarn und Polen durch.

Großbritannien und Frankreich

Von den weltwirtschaftlichen Verschiebungen der Nachkriegszeit war England besonders stark betroffen: Die Zwanziger- und Dreißigerjahre waren für das Vereinigte Königreich eine Zeit der Massenarbeitslosigkeit; die Arbeitslosenquoten überstiegen in den meisten Jahren die Marke von 10%. Alle englischen Regierungen bemühten sich energisch den Außenwert des Pfundes zu verteidigen und auf Vorkriegsniveau zu halten, was im Innern restriktive finanz- und ▷ geldpolitische Maßnahmen nach sich zog, die wiederum die Arbeitslosigkeit verschärften.
Dennoch blieb das politische System Englands erstaunlich stabil: Extremistische Parteien hatten keine Chance, zu größeren politischen Unruhen kam es nicht. Seit 1922 verdrängte die Labour-Party die Liberalen aus ihrer Rolle als mächtigste Oppositionspartei gegen die Konservativen und bildete 1924 für zehn Monate erstmals die Regierung. Premierminister Ramsay MacDonald entfaltete eine lebhafte außenpolitische Aktivität, die zur deutsch-französischen Annäherung beitrug und auch weiterwirkte, als die Konservativen die Wahlen im Herbst 1924 gewannen und die Regierung wieder übernahmen.
Anders als England ging es Frankreich wirtschaftlich in den Zwanzigerjahren recht gut. Ein Grund dafür lag in der entgegengesetzten ▷ Geld- und Währungspolitik. Frankreich nahm den Wertverlust des Franc hin, um auf dem Weltmarkt wettbewerbsfähig zu bleiben. Im Innern schadete die – im Vergleich zu Deutschland – vorsichtige, aber dennoch beträchtliche ▷ Inflation (Ende der Zwanzigerjahre war der Franc auf weniger als ein Fünftel des Vorkriegswertes gefallen) all denen, die Geld fest angelegt hatten, während Arbeiter und Unternehmer in der Industrie profitierten. Insgesamt lag das Pro-Kopf-Einkommen in Frankreich 1929 um ein Drittel höher als 1913. Auch politisch war Frankreich in den Zwanzigerjahren einigermaßen stabil. Bis Mai 1924 amtierte eine Mitte-Rechts-Regierung (seit 1922 unter Ministerpräsident Poincaré), die nach dem unbefriedigenden Ausgang des Ruhrkampfs und einem tiefen Kurssturz des Franc Ende 1923 eine spektakuläre Wahlniederlage gegen die Linksparteien hinnehmen musste. Neuer Mi-

Wirtschaftsdaten ausgewählter europäischer Länder und der USA 1913–1924

	Deutschland			Frankreich			Großbritannien			USA		
Jahr	P	I	A	P	I	A	P	I	A	P	I	A
1913	100	100		100	100		100	100		100	100	
1919	493		3,7	355			255		5,2	206		3,4
1920	1498	61	3,8	508	62		307	100	3,2	226	141	5,8
1921	2067	77	2,8	344	55	5,0	197	68	17,0	147	100	16,9
1922	28700	82	1,5	326	78	2,0	159	81	14,3	149	126	10,9
1923	2,4 Mrd.	54	10,2	417	88	2,0	159	88	11,7	154	150	4,6
1924	142	81	13,5	487	108		166	91		150	141	

P = Index der Großhandelspreise I = Index der Industrieproduktion
A = Arbeitslosigkeit in Prozent (für Deutschland in % der Gewerkschaftsmitglieder)

Nach: Wolfram Fischer: Wirtschaftliche Rahmenbedingungen des Ruhrkonflikts. In: Klaus Schwabe (Hrsg.): Die Ruhrkrise 1923. (Schöningh) Paderborn 1984, S. 94f. (und weitere Quellen)

nisterpräsident wurde der Linksliberale (Radikalsozialist) Edouard Herriot, der parallel zu den Bemühungen der englischen Regierung nun eine Verständigung mit Deutschland anstrebte.

Kleinere Staaten Europas

In Italien misslang die Integration der verschiedenen politischen Strömungen in ein parlamentarisches System nach dem Ersten Weltkrieg völlig. Italien gehörte zwar zu den Siegermächten, große Teile der Bevölkerung waren jedoch mit den Italien zugesprochenen Gebietsgewinnen unzufrieden. Eine aggressive nationalistische Stimmung kam der ▷ faschistischen Bewegung zugute, die nach dem Marsch auf Rom 1922 unter Mussolinis Führung die Macht übernahm.
Besonders auffälliger Krisenherd der Zwanzigerjahre blieb Ostmitteleuropa, dessen Neuordnung auf der Friedenskonferenz 1919 nicht zu einer Stabilisierung geführt hatte. Gravierende ökonomische Schwächen und zahllose Minderheitenprobleme belasteten diese Staaten, die mit der Zeit fast alle zu autoritären Regierungsformen übergingen. Lediglich die Tschechoslowakei konnte bis zur Zerschlagung durch das nationalsozialistische Deutschland 1939 ein demokratisches System aufrechterhalten.
Was die Grenzziehungen anbetraf, so war Polen – trotz französischer Garantien – das potenziell am stärksten gefährdete Land, weil weder Deutschland die Westgrenze noch die Sowjetunion die Ostgrenze anerkannten, die Polen nach dem russisch-polnischen Krieg im Frieden von Riga (1921) beträchtlich in ukrainische und weißrussische Gebiete vorgeschoben hatte.

4.1 Konjunktur, Reparationsfrage und Inflation: Die deutsche Wirtschaft 1920–1923

Trotz der Gebiets- und Bevölkerungsverluste durch den Versailler Vertrag war Deutschland nach wie vor stärkste Wirtschaftsmacht des Kontinents. Durch die Geldentwertung im Innern gefördert (s. S. 78ff.), kamen die konjunkturelle Erholung und die Modernisierung der deutschen Wirtschaft sogar deutlich schneller voran als in den übrigen europäischen Staaten.
Die Hoffnungen Frankreichs mithilfe des Versailler Vertrages besonders die deutsche Schwerindustrie zu schwächen und Einfluss auf das Ruhrgebiet zu gewinnen erfüllten sich nicht. Während die französische Eisen- und Stahlindustrie in einer tiefen Krise steckte, hatte die Schwerindustrie an der Ruhr mit Hilfe der Entschädigungsgelder, die ihr für den Verlust ihrer Unternehmen in Lothringen und Luxemburg vom Reich gezahlt worden waren, ihre wirtschaftliche Position durch zielstrebige Modernisierung noch verstärken können. Nicht zuletzt spiegelten die Beschäftigtenzahlen – 3,5 Mio. in der deutschen gegenüber 1,6 Mio. in der französischen Schwerindustrie – das wirtschaftliche Übergewicht Deutschlands.
Angesichts dieser Fakten betrachteten Regierung und Öffentlichkeit in Frankreich die deutschen Reparationszahlungen, deren Höhe im Versailler Vertrag noch offen gelassen worden war, geradezu als eine nationale Existenzfrage.

Die Reparationsfrage 1920–1923

1920 diskutierten die Alliierten ihre Reparationsforderungen an Deutschland. Vorstellungen von über 200 Mrd. Mark zum Wert von 1914 (nach heutigem Wert etwa das Zwanzigfache) stellte Deutschland ein Angebot von 50 Mrd. entgegen. Im Mai 1921 wurde in London ein Betrag von 132 Mrd. Mark fixiert, dessen Annahme durch ein Ultimatum erzwungen wurde.

Schon Ende 1921 trat die deutsche Regierung mit dem Wunsch nach einer Reduzierung der deutschen Zahlungsverpflichtungen an die Alliierten heran, unter denen besonders England die deutsche Zahlungsfähigkeit zunehmend skeptischer beurteilte.

Die harte, kompromisslose Position Frankreichs in der Reparationsfrage schien 1922 noch von einer anderen Seite bedroht: Im April 1922 schlossen Deutschland und die Sowjetunion – für die internationale Öffentlichkeit überraschend – den Vertrag von Rapallo (→ M 4.6). Frankreich war von dem Vertragsschluss besonders betroffen, weil mit dem russischen Verzicht auf Reparationen aus Deutschland faktisch auch der Art. 116 des Versailler Vertrages bedeutungslos geworden war, der russische Reparationsansprüche an Deutschland gegen die Anerkennung der russischen Vorkriegs- und Kriegsschulden – Hauptgläubiger war Frankreich – vorgesehen hatte. Das Gespenst eines deutschen außenpolitischen Sonderwegs war wiederentstanden. (Noch heute weckt das Stichwort „Rapallo“ in Westeuropa ungute Gefühle.)

Den Höhepunkt der Auseinandersetzungen um die Reparationen leitete der Einmarsch französischer und belgischer Truppen ins Ruhrgebiet am 11. Januar 1923 ein, mit dem die französische Regierung unter Ministerpräsident Poincaré ein „produktives Pfand“ für die Reparationsansprüche in die Hand bekommen wollte. Den Anlass bildete ein geringfügiger Verzug bei den deutschen Reparationsleistungen. Deutschland reagierte auf den Einmarsch der französischen und belgischen Truppen ins Ruhrgebiet mit der Einstellung aller Reparationszahlungen an diese Länder und der Proklamierung des passiven Widerstandes, d. h. der Aufforderung an die Ruhrbevölkerung, den Anordnungen der französischen Besatzung keine Folge zu leisten.

Der durchaus effektive deutsche Widerstand provozierte wiederum energische Gegenmaßnahmen der französischen Regierung, für die die Ruhraktion zunehmend zur Prestigefrage wurde. Obwohl Produktion und Steuereinkünfte aus den besetzten Gebieten ausfielen, entschloss sich die Reichsregierung die arbeitslos gewordenen bzw. entlassenen Beamten und Arbeiter und ihre Familien aus Reichsmitteln zu unterstützen, was zum endgültigen Ruin der deutschen Währung führte.

Angesichts des immer aussichtsloser werdenden passiven Widerstandes an der Ruhr und der weitreichenden Folgen für die gesamte deutsche Volkswirtschaft brach die nach dem Rücktritt der Regierung Cuno gebildete Regierung Stresemann am 26. September 1923 den Ruhrkampf bedingungslos ab.

Deutschland behauptete immer wieder die ökonomische Unmöglichkeit die Reparationsansprüche zu erfüllen; dagegen verwiesen die Alliierten auf die vergleichsweise gute deutsche Konjunktur und führten Verzögerungen in den Reparationszahlungen auf den fehlenden politischen Willen Deutschlands zurück.

Tatsächlich handelte es sich um zwei getrennte Probleme: Erstens mussten die Reparationen in Deutschland durch Steuern aufgebracht werden; dann mussten sie an die Empfängerländer übertragen werden. Ob Deutschland für diesen Transfer nun Waren lieferte oder durch hohe Exportüberschüsse die Mittel zur Zahlung in Devisen erwirtschaftete – immer verstieß es gegen die Interessen der Industrien der Siegermächte. 1923 sahen alle Beteiligten die Notwendigkeit neuer Regelungen ein.

Die Inflation

Die Inflation begann mit dem Kriegsausbruch 1914 und verringerte den Wert der Mark bis Mitte 1919 um 70%; sie beschleunigte sich seit 1922 und während des Ruhrkampfs 1923 in einem atemberaubenden Tempo (Hyperinflation). Im Oktober 1923 verlor die Mark etwa alle zehn Tage 90% ihres vorherigen Wertes. Der Preis für ein Zwei-Pfund-Brot stieg beispielsweise zwischen Anfang Januar 1923 und Mitte November 1923 von 163 Mark auf 233 Milliarden Mark.

Die erste und wichtigste Ursache der großen Inflation lag in der Kriegsfinanzierungspolitik des kaiserlichen Deutschland, deren Folgen die Weimarer Republik als drückendes Erbe übernehmen musste. – Während die Ausgaben des Reiches vor dem Krieg noch unter 4 Mrd. Mark jährlich lagen, verschlang der Krieg in einem einzigen Monat 1914 1,2 Mrd. und 1918 5 Mrd. Mark. Die gesamten Ausgaben des Deutschen Reiches im Krieg erreichten etwa 160 Mrd. Mark.

Organisierte Kinderdemonstration, 1918

Von dieser Summe wurden nicht einmal 10% durch Steuereinnahmen gedeckt.
Die kaiserliche Regierung stellte sich auf den Standpunkt, dass die eigentlichen Kriegsausgaben über Kredite aufgebracht werden sollten, deren Rückzahlung man nach dem militärischen Sieg dem Gegner aufbürden wollte. „Das Bleigewicht der Milliarden haben die Anstifter dieses Krieges verdient; sie mögen es durch die Jahrzehnte schleppen, nicht wir“, formulierte der zuständige Staatssekretär Karl Helfferich.
Veranlasst durch die hohen Sozialausgaben (Erwerbslosen- und Kriegsopferunterstützung), die Entschädigungszahlungen an Unternehmer sowie die Reparationslasten, beschritten die Nachkriegsregierungen erneut den Weg, die wachsenden Staatsausgaben über die Notenpresse zu finanzieren. (Ohne eine derartige inflationäre Haushaltspolitik hätten die Steuern in Deutschland gegenüber der Vorkriegszeit etwa verdreifacht werden müssen.)
Die Inflationspolitik bot aber noch weitere Vorteile: Während jede Stabilisierungs- bzw. ▷ Deflationspolitik wenig Spielraum für Lohnerhöhungen gelassen hätte, wurden diese von einer inflationären Politik erleichtert, zumal die Unternehmen steigende Lohnkosten in Form von Preiserhöhungen weitergeben konnten. Auf diese Weise trug die Inflation zu einer Dämpfung der sozialen Konflikte der Nachkriegszeit bei. Daneben wirkte sie auch als Instrument wirtschaftlichen Aufschwungs und verminderte nicht zuletzt die Arbeitslosigkeit. So gab es in Deutschland eine Art Inflationskonsens, der erst bröckelte, als 1922/23 die Unmöglichkeit einer unbegrenzten Fortsetzung deutlich wurde.

Gewinner und Verlierer der Inflation

Die Inflation bot geschickten Unternehmern – und Sachwertbesitzern allgemein – günstigste Möglichkeiten zu Modernisierungs- und Erweiterungsinvestitionen, weil sie die Rückzahlung von Krediten in weniger wertvollem Geld erlaubte. Die Inflation beschleunigte zudem die Unternehmenskonzentration (→ M 4.4).
Zweiter Gewinner der Inflation war der Staat, dessen Schuldenproblem am Ende der Geldentwertung praktisch gelöst war. Dagegen büßten die Gläubiger (Kapitalgeber) ihre ökonomische Position weitgehend ein. So verloren die Kreditinstitute ihre Eigenkapitalbasis.
Besonders gravierend wirkte sich die Inflation für die (unselbstständigen) Mittelschichten aus. Die in Spareinlagen oder auch in Kriegsanleihen angelegten Vermögenswerte von Beamten-, Angestellten- und Akademikerfamilien waren am Ende der Inflation wertlos; die Alterssicherung war damit verloren.
Zu den Vermögensverlusten traten meistens noch laufende Einkommenseinbußen und damit auch Prestigeverluste hinzu. Im Gegensatz zu den Industriearbeitern, deren entscheidende Rolle in der Kriegswirtschaft Einkommensanpassungen nach 1914 immer wieder erforderlich

Original im Simplicissimus vom Inflationsjahr 1923 von Th. Th. Heine unter dem Motto: „Von Stufe zu Stufe“: „Jetzt bin ich Millionär – mein Gott, wie werd' ich erst als Milliardär aussehn!“

machte, wurden inflationsbedingte Einkommensverluste der Angestellten selten voll ausgeglichen. In der Nachkriegszeit konnte die organisierte Arbeiterschaft materielle Forderungen ebenfalls besser durchsetzen, so dass innerhalb der Unselbstständigen unverkennbar Einkommensnivellierungen eintraten, die dem traditionellen Sonderbewusstsein der „Privatbeamten“ – wie übrigens auch der Staatsbeamten – zuwiderliefen.

Für die Arbeiterschaft, die wenigstens anfänglich durch Vollbeschäftigung, Arbeitszeitverkürzungen und nominale Lohnerhöhungen auch die relativen Vorteile der Inflationskonjunktur spürte, zeigten sich die Nachteile in der Form gravierender Einkommensverluste erst seit 1922.

Zu den Leidtragenden der deutschen Inflation gehörte auch das Ausland. Die Gesamtverluste von Ausländern auf ihre deutschen Bankguthaben und Wertpapierbestände dürften mindestens 15 Mrd. Goldmark (3,6 Mrd. $) betragen haben – das entsprach der doppelten Höhe der deutschen Reparationszahlungen bis 1923.

In der deutschen Bevölkerung wurde die Inflation der demokratischen Republik und den Siegermächten angelastet. Gerade in den ▷ bürgerlichen Mittelschichten, die zum Teil erhebliche Geldvermögen eingebüßt hatten, diskreditierte nichts so sehr die Demokratie wie die totale Geldentwertung.

4.2 Die labile Republik: Innenpolitik 1920–1923

1920 und 1923 erlebte die Republik zwei Putschversuche von rechts. Beide Putschversuche scheiterten, aber die Republik blieb angesichts einer schwachen Akzeptanz in der Bevölkerung bedroht: Wenige Monate nach dem ersten Putschversuch verloren die republiktreuen Parteien sogar ihre 1919 errungene Mehrheit im Reichstag: Das Schlagwort von der „Republik ohne Republikaner“ begann die Runde zu machen.

Der Kapp-Putsch 1920 und die Rolle der Reichswehr

Am Morgen des 13. März 1920 besetzte die Marinebrigade Ehrhardt auf Befehl des Generals v. Lüttwitz das Berliner Regierungsviertel. Zum neuen Reichskanzler wurde Wolfgang Kapp ausgerufen, ein hoher Beamter und Politiker der äußersten Rechten. Kapp und Lüttwitz hatten sich auch öffentlich zum Sprecher des offenen Widerstandes gegen den Versailler Vertrag gemacht. Ihr Putsch verfehlte jedoch das Ziel einer breiten Mobilisierung des rechten Lagers. Nach wenigen Tagen brach er durch einen von den Gewerkschaften ausgerufenen und im ganzen Reich befolgten Generalstreik und durch die passive Haltung der Ministerialbürokratie in Berlin zusammen.

Dennoch offenbarte der Putsch die Schwäche der Regierung, die aus Berlin nach Stuttgart fliehen musste. Ein militärisches Vorgehen gegen die Putschisten unterblieb, weil sich die Führung der Reichswehr „neutral“ verhielt. Nur ein einziger der bei der entscheidenden Besprechung anwesenden Offiziere der neu gebildeten Heeresleitung, General Walther Reinhardt, war zum Einsatz der Reichswehr gegen die Putschisten und damit zur Wahrnehmung des verfassungsmäßigen Auftrags der Armee bereit. Dagegen erklärte der Chef des Truppenamtes, General Hans von Seeckt, dem Reichswehrminister: „Truppe schießt nicht auf Truppe“. In verschiedenen Teilen des Reichs stellten sich sogar Reichswehrkommandeure den Putschisten zur Verfügung.

Reichswehrminister Noske – und mit ihm der verfassungstreue General Reinhardt – traten nach dem Putschversuch zurück. Noskes Position übernahm der DDP-Politiker Otto Gessler, der sich selbst lediglich als Vernunftrepublikaner ein-

Schicksal von 775 Offizieren, die am Kapp-Putsch beteiligt waren („Amtliche Ergebnisse des Ausschusses zur Prüfung des Verhaltens der Offiziere während der Märzvorgänge“)

Art der Erledigung	Gesamtzahl der Offiziere
Einstellung des Verfahrens	486
Beurlaubung	91
Versetzung	57
Dienstenthebung	48
Disziplinare Erledigung	13
Noch keine Entscheidung (1923!)	74
Verabschiedung	6
	Gesamtstrafe: 5 Jahre

Nach: Harry Pross (Hrsg.): Die Zerstörung der deutschen Politik 1871–1933. (Fischer) Frankfurt/M. 1983. S. 146.

stufte. Die Ernennung v. Seeckts zum neuen Chef der Heeresleitung zeigte erneut, dass die Demokratisierung der Armee gescheitert war.
Dass nach dem Putsch keine energischen Eingriffe in die Armee erfolgten, lag auch an den linken Aufstandsbewegungen im Ruhrgebiet und in Mitteldeutschland, wo ein Teil der Arbeiterschaft den Generalstreik fortsetzte und weiter gehende Ziele verfolgte. Im rheinisch-westfälischen Industriegebiet übernahmen an zahlreichen Orten wieder ▷ Räte die Macht und gingen gegen politische Gegner vor. Eine Rote Ruhrarmee wurde aufgestellt, kontrollierte wochenlang militärisch das Ruhrgebiet und erzielte beachtliche Erfolge sogar gegen die anrückenden Reichswehrtruppen. In Sachsen und Thüringen griffen bewaffnete Arbeitereinheiten die verhassten Freikorps und reguläre Truppen an. Besonders aktiv in dieser neu aufflackernden linken Massenbewegung waren USPD-Anhänger und zunehmend auch Kommunisten.
In dieser Situation griff die Regierung wieder auf die Reichswehr zurück, deren Führung nunmehr nicht zögerte, den Auftrag auszuführen. Nach wochenlangen verlustreichen Kämpfen, begleitet von völlig sinnlosen Gewalttaten auf beiden Seiten, waren die mitteldeutschen Hochburgen der Linken und vor allem das Ruhrgebiet, das zeitweilig für die Regierung praktisch Ausland und nicht zugänglich war, von Reichswehrtruppen und Freikorps bis Ende April geradezu zurückerobert worden. Mit diesem Einsatz marschierte die Reichswehr praktisch unangetastet in die Nach-Kapp-Ära. Vor allem für die linke Arbeiterschaft hatte die Republik erneut an Glaubwürdigkeit verloren.

Parteien und Regierungen

Die Reichstagswahlen vom 6. Juni 1920 stürzten das parlamentarische System Deutschlands in eine erste schwere Krise. Mit dem Wahlergebnis (siehe Tab. S. 54) waren Regierungskrisen und Regierungswechsel für die nächsten Jahre vorprogrammiert.
Bis auf die kurzzeitige, nur rund zwei Monate dauernde Große Koalition 1923 waren alle Regierungen der Wahlperiode 1920–24 Minderheitsregierungen. Zentrum, DDP und SPD – die Parteien der sog. Weimarer Koalition – hatten keine Mehrheit; die Heranziehung der DVP und damit die Bildung einer Großen Koalition scheiterte daran, dass DVP und SPD nicht miteinander kompromissfähig waren.
Im Parteiensystem vollzog sich Anfang der Zwanzigerjahre eine bedeutungsvolle Umgruppierung, die von der Spaltung der USPD ausging. Auf einem USPD-Parteitag im Oktober 1920 sprach sich eine linke Mehrheit für den Anschluss an die 1919 gegründete Kommunistische Internationale (Komintern) aus und akzeptierte die dazu von Moskau gestellten Bedingungen, die auf eine völlige Unterordnung unter den Willen der KPdSU hinausliefen. Der rechte Minderheitsflügel der USPD lehnte die Annahme der Moskauer Bedingungen mit Nachdruck ab, womit die Spaltung der rund 900 000 Mitglieder zählenden zweitgrößten Partei Deutschlands unvermeidlich wurde. Der größere Teil der USPD schloss sich noch 1920 mit der KPD zusammen, die erst dadurch eine Massenbasis erhielt, während sich die sog. Rest-USPD nach einer Übergangsfrist im September 1922 wieder mit der MSPD vereinigte. – Diese Stärkung der SPD wirkte sich koalitionspolitisch hemmend aus, weil die Partei nun mit Rücksicht auf ihren neuen linken Flügel weniger kompromissfähig war.

Politischer Terror und politische Justiz

Das politische Klima der beginnenden Zwanzigerjahre wurde durch rechtsradikale Hetzkampagnen und Attentate gegen führende republikanische Politiker entscheidend geprägt. Während der erste Ministerpräsident der Repub-

lik, Philipp Scheidemann, ein Attentat überlebte, fielen der USPD-Politiker und ehemalige Volksbeauftragte Hugo Haase (8. Oktober 1919), der Zentrumspolitiker Matthias Erzberger (26. August 1921) und der DDP-Politiker Walther Rathenau (24. Juni 1922) Mordanschlägen zum Opfer. Mit Erzberger und Rathenau traf der politische Terror die wohl begabtesten Köpfe des neuen Deutschland, die auch für eine Verständigungspolitik mit den Siegern eingetreten waren.
In der Hetzkampagne der Rechten gegen Erzberger spielte der deutsch-nationale Abgeordnete Karl Helfferich eine besondere Rolle (→ M 4.1). Erzbergers Versuch, sich in einem Beleidigungsprozess gegen die maßlosen Anschuldigungen Helfferichs gerichtlich zur Wehr zu setzen, scheiterte: In einem am 12. 3. 1920 ergangenen Urteil wurden Helfferichs Anschuldigungen von den Richtern als inhaltlich korrekt bestätigt, Helfferich selbst lediglich wegen Beleidigung zu einer geringen Geldstrafe verurteilt. Noch während des laufenden Prozesses wurde Erzberger beim Verlassen des Gerichtsgebäudes durch zwei Schüsse eines Fähnrichs a. D. schwer verletzt. Der Attentäter, Mitglied der deutschnationalen „Organisation Consul", wurde lediglich zu 1 1/2 Jahren Gefängnis verurteilt (→ M 4.2), aber schon nach wenigen Wochen „krankheitshalber" entlassen. Auch die beiden ehemaligen Offiziere der Marinebrigade Ehrhardt, die Erzberger bei einem zweiten Attentat im August 1921 erschossen, wurden nach ihrer Verhaftung im Ausland durch Intervention interessierter und einflussreicher Kreise wieder auf freien Fuß gesetzt.
Auch der Mord an Rathenau, der den traurigen Höhepunkt des rechtsradikalen Terrors bildete, wurde von Angehörigen der „Organisation Consul" ausgeführt. Rathenau, der Aufsichtsratsvorsitzender und später Präsident der AEG war und während des Krieges zu den maßgeblichen Organisatoren der deutschen Kriegswirtschaft (s. S. 17f.) gezählt hatte, hatte nach dem Krieg seine Verständigungsbereitschaft gegenüber den Siegern mit einem ebenso energischen Eintreten für nationale deutsche Interessen verbunden. In der Hetzkampagne der Rechten gegen ihn spielte neben der „Erfüllungspolitik" und den dezidiert republikanisch-liberalen Überzeugungen auch seine jüdische Herkunft eine Rolle.
Nach dem Mord an Rathenau beschloss der Reichstag gegen die Stimmen der DNVP, der BVP sowie der KPD ein Republikschutzgesetz, das Verschwörungen zum politischen Mord unter schwere Strafen stellte und das Verbot extremistischer Organisationen erlaubte. Die Wirkung dieses Gesetzes blieb jedoch gering.

Die Sühne der politischen Morde

	Polit. Morde begangen von Linksstehenden	Polit. Morde begangen von Rechtsstehenden
Gesamtzahl der Morde	22	354
davon ungesühnt	4	326
teilweise gesühnt	1	27
gesühnt	17	1
Zahl der Verurteilungen	38	24
Geständige Täter freigesprochen	–	23
Dauer der Einsperrung je Mord	15 Jahre	4 Monate
Zahl der Hinrichtungen	10	–

Nach: Harry Pross (Hrsg.): Die Zerstörung der deutschen Politik 1871–1933. (Fischer) Frankfurt/M. 1983. S. 145.

Der Hitler-Putsch und die Krise der Republik im Herbst 1923

In der Krisensituation im Herbst 1923 sahen Teile der Linken und Rechten erneut eine Gelegenheit zum Kampf gegen die Republik. In Sachsen und in Thüringen, wo SPD und KPD zusammen über eine Landtagsmehrheit verfügten, bildeten die beiden Arbeiterparteien im Oktober 1923 gemeinsame Regierungen. Diese begannen mit der Aufstellung bewaffneter Arbeitereinheiten, sog. proletarischer Hundertschaften. Die KPD betrachtete die nun eingeschlagene sog. Einheitsfrontpolitik als eine günstige Ausgangsbasis für eine ▷ revolutionäre Erhebung, die nach Auffassung der Parteiführung kurz bevorstand. Als die sächsische Regierung unter Ministerpräsident Zeigner (SPD) der Aufforderung der Reichsregierung nach Auflösung der Hundertschaften nicht nachkam, marschierten am 23. 10. Reichswehrtruppen in Sachsen ein. Damit war das Experiment der Volksfrontregierungen in den beiden mitteldeutschen Ländern gescheitert.
Anders als in Sachsen und Thüringen lehnte der Chef der Heeresleitung, General Hans von Seeckt (→ M 4.5), ein militärisches Eingreifen in Bayern ab, wo ein Parteigänger der äußersten Rechten, Ritter von Kahr, als Inhaber der vollziehenden Gewalt die in Bayern stationierten Reichswehreinheiten dem Befehl Münchens unterstellt hatte! – In Bayern lag seit dem Kapp-Putsch das Zentrum der rechtsradikalen Verbän-

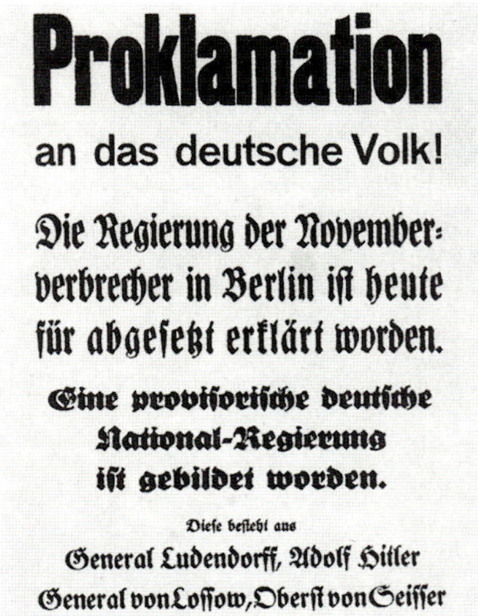

Der Hitler-Putsch 1923: links: Plakatanschlag in München am 9.11.1923, rechts: Redaktionsbüro einer Münchner SPD-Zeitung nach einer „Durchsuchung" durch Anhänger Hitlers am Abend des Putsches

de und Kampftruppen des gesamten Reichs, die die Machtübernahme der ▷ Faschisten in Italien als Vorbild betrachteten.
Eine besondere Rolle in diesen Kreisen spielte mittlerweile die zahlenmäßig noch unbedeutende Nationalsozialistische Deutsche Arbeiterpartei. Ihr „Führer" Adolf Hitler, der wegen seiner agitatorischen Fähigkeiten auch von den Honoratioren des rechten Lagers als geeigneter „Trommler" für ihre Sache angesehen wurde, war 1913 aus dem Milieu Wiener Obdachlosenasyle nach München gekommen und besaß noch immer die österreichische Staatsangehörigkeit. Nach seinem Dienst in bayerischen Truppeneinheiten während des Krieges war Hitler 1919 als Werbeobmann zu der frisch gegründeten Deutschen Arbeiterpartei gestoßen, die sich 1920 in NSDAP umbenannte. Seit 1921 war Hitler unumstrittener Führer der „Bewegung", in der Kleinbürger, Arbeitslose und Entwurzelte dominierten.
Hitler warf Kahr allzu vorsichtiges Taktieren vor und sah Ende 1923 den Zeitpunkt zum Losschlagen gegen das „marxistische Berlin" gekommen. Am 8. November nutzte Hitler eine von Kahr in den Münchener Bürgerbräukeller einberufene Versammlung, um die „nationale Erhebung" zu proklamieren. Er ließ bewaffnete Parteimitglieder in den Bürgerbräukeller eindringen, erklärte die bayerische und die Reichsregierung für abgesetzt und nötigte Kahr und den Truppenbefehlshaber General von Lossow zur Zustimmung zu einer provisorischen Reichsregierung. Hitlers Überrumpelungstaktik scheiterte jedoch am Morgen des 9. November, als Kahr und Lossow sich anders entschieden und die vor der Feldherrnhalle demonstrierenden Nationalsozialisten gewaltsam auseinander treiben ließen. Hitler wurde verhaftet und zu fünf Jahren Festungshaft verurteilt, von denen er jedoch dank seiner einflussreichen Fürsprecher nur rund ein Jahr unter vorteilhaften Bedingungen absitzen musste.

Bilanz des Krisenjahres 1923

Dass die Republik die vielfältigen Herausforderungen des Jahres 1923 – Ruhrkampf, Hyperinflation, kommunistische Aufstandspläne und Hitler-Putsch, dazu noch separatistische Bestrebungen im Rheinland – überstand, verdankte sie, so der Historiker Klaus Schwabe, hauptsächlich „zwei Umstände(n): einerseits der fehlenden Koordinierung zwischen den verschiedenen Putschversuchen, andererseits und vor allem der Standfestigkeit und dem politischen Geschick Stresemanns". Daneben dürften auch die äußere Schwäche und außenpolitische Abhängigkeit Deutschlands für die alten Machteliten entscheidend gewesen sein, an der Weimarer Ordnung festzuhalten.

„Fototermin" für die Angeklagten beim Prozess 1924 (links Frick, in der Mitte Ludendorff und Hitler, rechts Röhm)

4.3 Die Ära Stresemann: Innere Stabilisierung und äußere Verständigung

Im Gefolge des Ruhrkampfs kam es zu einem Kurswechsel der deutschen Außenpolitik, der von Gustav Stresemann eingeleitet wurde. Seine Politik der Verständigung mit Frankreich – Stresemann erhielt dafür 1926 zusammen mit dem französischen Außenminister Briand den Friedensnobelpreis – wird gelegentlich sogar als Keimzelle späterer europäischer Einigungsbestrebungen gesehen.
Außenwirtschaftlich vollzog Deutschland – mit der Hilfestellung der USA – die Reintegration in den Weltmarkt und erlebte damit einen bescheidenen wirtschaftlichen Wiederaufschwung.
Nach seiner kurzen Kanzlerschaft im Herbst 1923 gehörte Stresemann allen folgenden Kabinetten bis zu seinem Tode am 3. Oktober 1929 als Außenminister an. Als „heimlicher Kanzler" schwor er seine eigene Partei wie auch die wechselnden Kabinette immer von neuem auf Verständigung und Kompromisse ein. Die Jahre von 1924 bis 1929 gelten deshalb auch innenpolitisch als die stabilste Phase der Republik.

Die Kanzlerschaft Stresemanns und die innere Stabilisierung 1923

Noch während des Ersten Weltkriegs war Stresemann Wortführer einer annexionistischen deutschen Kriegspolitik, an dessen Person Ende 1918 noch die Bildung einer gemeinsamen bürgerlich-liberalen Partei scheiterte. Die von Stresemann und dem Großindustriellen Hugo Stinnes gegründete Deutsche Volkspartei stand zunächst keineswegs eindeutig auf dem Boden der parlamentarischen Republik: Erst seit 1921/22 wandelte sich Stresemann zum „Vernunftrepublikaner" und brachte auch die DVP, deren Vorsitzender er war, mehr und mehr auf diesen Kurs.
Am 11. August 1923 wurde Stresemann zum Reichskanzler ernannt. Gerade die Stimmungslage im Bürgertum, das sich in der Krisensituation 1923 nach der „ordnenden Hand eines starken Mannes" sehnte, ließ es Ebert ratsam erscheinen, einen Kanzler auszuwählen, der „so weit rechts wie möglich" stand und dem man allgemein energisches Handeln zutraute.
Stresemann bildete erstmals eine Große Koalition aus DVP, Zentrum, DDP, und SPD, was seinen Handlungsspielraum in der Krise vergrößern sollte. Seine Regierung ließ er in einem Ermächtigungsgesetz am 10. Oktober autorisieren, weitgehende politische Reformen ohne weitere parlamentarische Beteiligung durchzuführen.
Zu den ersten Entscheidungen der Regierung Stresemann zählte die Beendigung des aussichtslos gewordenen Ruhrkampfs (S. 78) am 26. September 1923.
Die zweite bedeutsame Entscheidung der 103 Tage dauernden Kanzlerschaft Stresemanns war die Währungsreform vom 15. November 1923. Die neue „Rentenmark" entsprach einer Vorkriegsmark bzw. 4,20 Mark je Dollar oder 1000 Milliarden Papiermark. Das eigentliche Problem der Markstabilisierung lag jedoch nicht in der Einführung eines neuen Zahlungsmittels an sich, sondern in der Stabilisierung seines Wertes. Dazu wurden die Reichsausgaben scharf begrenzt und ihre Finanzierung über die Notenpresse eingestellt. Darüber hinaus musste die Reichsbank zu einer restriktiven ▷ Geldpolitik übergehen, die die Kredite drastisch verteuerte. Firmenzusammenbrüche und wachsende Arbeitslosigkeit waren die Folgen; allein das Reich entließ 330000 Beschäftigte und senkte Löhne und Gehälter der Übrigen ab.
Die Währungsstabilisierung brachte eine Verschiebung der sozialen Machtverhältnisse mit sich. Die Unternehmerschaft, von staatlicher Seite unterstützt, nutzte die Beendigung der Inflation zu einer Revision des sozialen Kompro-

misses der Revolutionsära. Nach der Arbeitszeitverordnung vom 21. Dezember 1923 galt der Achtstundentag zwar als Normal-Arbeitstag formell weiter, praktisch aber wurde die Arbeitszeit außerhalb des Bergbaus fast überall auf neun bis zehn Stunden verlängert. Auch in den Folgejahren blieben die sozialen Kosten der Stabilisierung hoch: Vollbeschäftigung wurde in Deutschland schon vor Ausbruch der Weltwirtschaftskrise nicht mehr erreicht: Von den Gewerkschaftsmigliedern waren immer zwischen sieben und 18 Prozent arbeitslos.
Die Regierung Stresemann wurde nach Abschluss der wichtigsten Weichenstellungen gestürzt: Die SPD nahm das unterschiedliche Vorgehen der Reichsregierung gegenüber den Volksfrontregierungen in Mitteldeutschland und den rechten Kräften in Bayern am 2. November zum Anlass, aus der Koalition auszutreten.

Dawes-Plan und deutsche Reintegration in die Weltwirtschaft

Nach dem Scheitern aller gewaltsamen Lösungsversuche des Reparationsproblems 1923 kamen nur noch multilaterale Anstrengungen in Frage, für die sich die USA nach der erfolgten Währungsstabilisierung in Deutschland verstärkt einsetzten. Ein unter dem Vorsitz des amerikanischen Bankiers Ch. G. Dawes tagendes Sachverständigungsgremium legte im April 1924 ein Gutachten zur vorläufigen Reparationsregelung vor. Dieser sog. Dawes-Plan verzichtete zunächst auf die Festlegung einer Gesamtforderung an Deutschland und legte nur steigende Jahresraten zwischen einer und 2,5 Mrd RM für die Jahre 1924/25 bis 1928/29 fest. Ein Reparationsagent kontrollierte nicht nur die deutsche Finanzpolitik, sondern auch den Transfer der Zahlungen an das Ausland, wobei er auf die Stabilität der deutschen Währung Rücksicht zu nehmen hatte. Einseitige Aktionen zur Durchsetzung von Reparationsansprüchen waren nicht mehr zulässig.
Der Dawes-Plan wurde auf einer Konferenz in London im August 1924 von allen Beteiligten akzeptiert. Außenminister Stresemann konnte als Erfolg verbuchen, dass die deutsche Regierung an der Londoner Konferenz anders als 1919 oder 1921 gleichberechtigt teilnehmen konnte.
Am wichtigsten war, dass Deutschland nun wieder international als Kreditnehmer auftreten konnte. Zwischen Ende 1923 und 1930 erhielt Deutschland ausländische, in erster Linie amerikanische Kredite in Höhe von rund 21 Mrd RM (gegenüber einem deutschen Kapitalexport von knapp acht Mrd RM). Der starke Kapitalstrom nach Deutschland fügte sich in die Strategie amerikanischer Banken und Industrieunternehmen ein, die den deutschen Markt als Vorreiter bei einer weiteren Erschließung des europäischen Marktes ansahen.
Die amerikanischen Kredite trugen zur konjunkturellen Erholung in Deutschland bei, dennoch stand die wirtschaftliche Prosperität dieser Jahre auf unsicheren Füßen: Etwa die Hälfte der US-Kredite wurde kurzfristig, d. h. mit Laufzeiten bis zu sechs Monaten, vergeben, aber in die Finanzierung langfristiger deutscher Investitionsvorhaben eingebracht. Und nicht zuletzt wurden die Reparationen mit Hilfe der ausländischen Kapitalzufuhren bezahlt – und nicht durch deutsche Exportüberschüsse verdient.

Deutsche Außenpolitik bis 1929/30

Die mit dem Dawes-Plan versuchte Stabilisierung des Versailler Systems unter deutscher Zustimmung – trotz langfristiger Revisionsabsichten (→ M 4.8) – blieb ohne eine deutsch-französische Verständigung unvollständig. Stresemann leitete diesen Ausgleich durch ein an die englische und französische Regierung gerichtetes Sicherheitsmemorandum Anfang 1925 ein, in dem er die Möglichkeit einer deutschen Garantie der bestehenden Rheingrenze andeutete und multilaterale Gewaltverzichtserklärungen anregte. Diese Initiative Stresemanns bedeutete eine Abkehr von der bisherigen deutschen Außenpolitik, besaß aber auch defensiven Charakter; denn zum Zeitpunkt des deutschen Memorandums schien auch der Abschluss eines englisch-französischen Sicherheitspaktes (ohne deutsche Beteiligung) in greifbarer Nähe. Stresemanns Vorstoß wurde im Frühjahr 1925 von dem neuen französischen Außenminister Aristide Briand aufgegriffen, der damit ebenfalls eine Wendung in der Außenpolitik seines Landes einleitete.
Im Oktober 1925 kam es in Locarno zum Abschluss einer Reihe von Verträgen: In einem durch mehrere Schiedsverträge ergänzten Garantiepakt verzichteten Deutschland auf der einen, Frankreich und Belgien auf der anderen Seite auf eine gewaltsame Veränderung der beste-

Wahlplakat der DNVP 1928

henden Grenzen, die wiederum von England und Italien garantiert wurden. In der Konsequenz der Locarno-Politik lag die ein Jahr später erfolgende Aufnahme Deutschlands in den Völkerbund.
Zur endgültigen Lösung der Reparationsfrage nahm 1929 eine Kommission von Sachverständigen ihre Arbeit auf, die nach sehr schwierigen Verhandlungen in den sog. Young-Plan mündeten, dem alle beteiligten Regierungen im August 1929 zustimmten. Danach sollte Deutschland noch bis 1987/88 Zahlungen leisten; die nach dem Dawes-Plan bestehenden Kontrollen entfielen, und vor allem sah der Young-Plan den Abzug der französischen Truppen aus dem Rheinland bis zum 30. 6. 1930 vor.
In der Beurteilung von Stresemanns Außenpolitik gehen die Ansichten der Historiker bis heute auseinander (→ M 4.9 A–C). In jedem Fall muss berücksichtigt werden, dass Stresemann selbst – trotz aller „Entspannungspolitik" – den außenpolitischen Status quo keineswegs als unabänderbar betrachtete (→ M 4.8).
Vor allem nach Osten fand die auf Verständigung zielende West-Politik keine Entsprechung: Eine Anerkennung der deutsch-polnischen Grenze wurde von Stresemann wie in der deutschen Öffentlichkeit strikt abgelehnt. Im Gegenteil betrachtete der deutsche Außenminister die Regelung der Grenzfrage im Westen ausdrücklich als Voraussetzung für die Revision der Ost-Grenze.
Da in Frankreich in der Tat nach Locarno das Interesse an der polnischen Sicherheit nachließ, ging Stresemanns Kalkül sogar teilweise auf; Polen betrachtete sich auch selbst als Verlierer von Locarno.
Stresemanns Westpolitik war auch eine Entscheidung gegen eine einseitige, auf eine außenpolitische Annäherung an Russland zielende Strategie, wie sie nach dem Vertrag von Rapallo in rechtsstehenden Kreisen gefordert worden war (→ M 4.7). Stresemann fand sich aber 1926 zu einem deutsch-russischen Freundschaftsvertrag (Berliner Vertrag) bereit, in dem Deutschland Neutralität im Falle eines Krieges zwischen Russland und dritten Mächten versprach. Auch die schon nach Rapallo begonnene militärische Zusammenarbeit zwischen beiden Staaten, die z. B. Deutschland eine heimliche Umgehung der Versailler Vertragsbestimmungen zur Rüstungsbegrenzung ermöglichte, wurde weiter fortgesetzt.

Deutsche Innenpolitik 1924–1928

Die innenpolitische Instabilität der Republik wurde auch in den Jahren der äußeren und wirtschaftlichen Stabilisierung nicht überwunden. Zwischen dem 30. 11. 1923 und den Reichstagswahlen am 20. 5. 1928 amtierten insgesamt sechs Regierungen, von denen nur zwei durch

die zeitweilige Beteiligung der DNVP über eine schwache Mehrheit im Reichstag verfügten. Die SPD war an den sog. Bürgerblock-Regierungen unter den Reichskanzlern Wilhelm Marx (Zentrum) und Hans Luther (parteilos) nicht beteiligt, verhalf aber der Außenpolitik Stresemanns im entscheidenden Augenblick zu parlamentarischen Mehrheiten, etwa durch ihre Zustimmung zu den von der DNVP abgelehnten Locarno-Verträgen.
Wie schon in den vorherigen Jahren waren die Parteien nur begrenzt in der Lage, ihre Rolle im parlamentarischen System überzeugend auszufüllen (→ M 4.11). „Die Sozialdemokraten haben die Übernahme der Regierungsverantwortung als Bürde empfunden, die Zentrumsleute als Opfer", urteilt der Historiker R. Morsey. Wie sich an SPD und DNVP zeigte, waren auch Regierungs- und Oppositionsrollen nicht klar geschieden, was den Wählern die politische Orientierung erschweren musste. Wie wenig die Parteien überzeugende Führungspersönlichkeiten zu präsentieren vermochten, zeigte sich an der mehrmaligen Berufung des parteilosen Luther zum Reichskanzler.
Angesichts der schwierigen Verhältnisse auf Reichsebene wuchs das Gewicht des Reichspräsidenten. Einen stabilisierenden Faktor verlor die Republik aber mit dem frühen Tod Eberts am 28.2.1925.
Die nach Eberts Tod um mehrere Monate vorgezogenen Reichspräsidentenwahlen brachten im ersten Wahlgang keinem der Bewerber die erforderliche absolute Mehrheit. Um die Chancen des demokratisch-republikanischen Lagers zu wahren, zog die SPD für den zweiten Durchgang ihren Kandidaten, Otto Braun, zugunsten des Zentrumsvorsitzenden Wilhelm Marx zurück, während die Rechte nun Paul v. Hindenburg präsentierte. Hindenburgs knapper Sieg über Marx im zweiten Wahlgang (48,3%:45,3%) wurde durch zwei folgenreiche Entscheidungen ermöglicht: Erstens empfahl die katholische Bayerische Volkspartei ihren Wählern den 78 Jahre alten ehemaligen Generalfeldmarschall statt des Parteivorsitzenden der Schwesterpartei Zentrum; zweitens ließ die KPD entgegen Moskauer Warnungen ihren Kandidaten Ernst Thälmann (6,4%) auch im zweiten Wahlgang im Rennen.
Die Wahl Hindenburgs war eine Provokation für die demokratische Republik: Nicht nur seine Nähe zur extremen Rechten und seine Verbundenheit mit dem Hause Hohenzollern waren unübersehbar, auch seine Rolle im Dolchstoßprozess 1919 (s. S. 59) disqualifizierte ihn an sich für das höchste Amt der Republik. Seine persönlichen Fähigkeiten und Eigenschaften machten ihn ebenfalls kaum geeignet für das Amt. Die Person Hindenburgs – er galt als Sieger von Tannenberg, der 1914 die russischen Armeen in Ostpreußen zurückgeschlagen hatte – lieferte aber offenbar ein Stück nationaler Identitätsstiftung, zu der die glanzlose Republik sich als unfähig erwiesen hatte.

4.4 Die Große Koalition und die „Krise vor der Krise"

Mit den Reichstagswahlen vom 20.5.1928, die für die Mittelparteien das beste Ergebnis seit 1919 brachten (→ M 6.1), schien die Republik noch einmal eine Chance zur inneren Stabilisierung zu bekommen. Stresemann und einflussreiche Industrielle traten für eine Wiederauflage der Großen Koalition ein, mit der die Sozialdemokratie wieder in die Regierung zurückkehren sollte.

Gescheiterter politischer Kompromiss

Den Auftrag zur Regierungsbildung erhielt der sozialdemokratische Parteivorsitzende Hermann Müller, der allerdings schon keine festen Koalitionsabsprachen zwischen den an der Regierung beteiligten Parteien von DVP bis SPD zustande brachte. – Die inneren Schwierigkeiten der Koalition traten sehr bald im Streit um das Rüstungsprojekt des Panzerkreuzers A zutage, dessen Bau die SPD bekämpfte und dem die SPD-Minister in der Koalition gegen ihre eigene Fraktion zustimmen mussten.
Die Hauptgegensätze innerhalb der Koalition bestanden jedoch auf dem Gebiet der Wirtschafts-, Finanz- und Sozialpolitik. Ein monatelang ausgetragener Streit um die erst 1927 eingeführte Arbeitslosenversicherung führte schließlich im März 1930 zum Bruch der Koalition. Angesichts der krisenhaften Konjunkturentwicklung im Winter 1929/30 – die Arbeitslosenzahl war im Vergleich zum Vorjahr um 1 Mio. Personen gestiegen – war die Finanzierung der Arbeitslosenversicherung ohne Leistungseinschränkungen nur durch Beitragserhöhungen und/oder unter starker Ausweitung der Reichsunterstützung möglich. Nach langen koalitionsinternen Verhandlungen einigte sich das Kabinett

Anfang März auf eine Erhöhung der Versicherungsbeiträge um 0,5 auf 4 Prozent, wovon Arbeitgeber und Arbeitnehmer jeweils die Hälfte aufzubringen gehabt hätten. Unter dem massiven Druck der Arbeitgeberverbände lehnte jedoch die Reichstagsfraktion der DVP den Regierungsvorschlag ab; parlamentarisch war die Koalition nun praktisch handlungsunfähig.
Ein in letzter Minute vorgelegter Kompromissvorschlag, der die anstehenden Entscheidungen im Wesentlichen vertagte, wurde – unter dem Druck der Gewerkschaften – von der SPD-Reichstagsfraktion abgelehnt. Am 27. März trat das Kabinett Müller zurück. Die liberale „Frankfurter Zeitung" kommentierte das Ende der Großen Koalition mit dem Hinweis, dass „der Gegenstand des Streits mit seiner Kleinheit in einem [...] grotesken Missverhältnis zu den verhängnisvollen Folgen steht, die daraus erwachsen können" (→ M 4.12).
Dass die Koalition angesichts dieser inneren Konflikte nicht schon früher zusammenbrach, lag hauptsächlich an den anstehenden außenpolitischen Entscheidungen, d. h. der Ratifizierung des noch von Stresemann ausgehandelten Young-Plans im Reichstag. Die nationalistische Rechte – die DNVP, die Frontkämpfervereinigung des Stahlhelm und jetzt auch die erstmals zur Mitarbeit aufgeforderte NSDAP – nutzte die plebiszitären Möglichkeiten der Verfassung und leitete ein Volksbegehren gegen den Young-Plan ein. Zwar scheiterte der anschließende Volksentscheid am 22. Dezember 1929 bei nur 5,8 Millionen Ja-Stimmen (13%) klar; Massenmobilisierung und innenpolitische Polarisierung sowie die damit einhergehende Vergiftung des politischen Klimas wirkten jedoch weiter.
Die Annahme des Young-Plans im Reichstag am 12. März 1930 – der letzte Erfolg der Großen Koalition – ebnete gerade den Weg für innen- und außenpolitische Neuorientierungen: Außenpolitisch bekam Deutschland wieder größere Freiräume, die die (neue) Regierung zu nutzen bestrebt war.

Einladung zu einer Protestversammlung gegen den Young-Plan, 1929

Das Ende des sozialen Kompromisses: Die Haltung der Unternehmerschaft

Schwierigkeiten und Scheitern der Großen Koalition 1929/30 wurden von einer Neuorientierung in der Unternehmerschaft am Ende der Zwanzigerjahre begleitet (→ M 4.10), die mit dem sog. Ruhreisenstreit Ende 1928 eingeleitet wurde. Nach einer längeren Tarifauseinandersetzung in der rheinisch-westfälischen Eisenindustrie lehnte die Arbeitgeberseite einen durch das Reichsarbeitsministerium für verbindlich erklärten Schlichtungsspruch – eine derartige Zwangsschlichtung wurde zur Regelung schwieriger Tarifauseinandersetzungen häufig angewandt – rundheraus ab und sperrte etwa 230000 Arbeitnehmer aus. In einer an sich nicht üblichen Sonderschlichtung unter Vorsitz des sozialdemokratischen Reichsinnenministers Severing fiel der Schiedsspruch für die Arbeitgeberseite günstiger aus. Wichtiger als dieser materielle Erfolg war den Schwerindustriellen an Rhein und Ruhr jedoch, dass sie sich mit Erfolg überhaupt gegen den ersten staatlichen Schiedsspruch zur Wehr gesetzt hatten. So gesehen, war der Konflikt nur ein gelungener Auftakt für weitere Angriffe auf die soziale Ordnung der Republik.
Ein Jahr nach dem Ruhreisenstreit wurde in der Denkschrift „Aufstieg oder Niedergang", die der Reichsverband der Deutschen Industrie (RDI) 1929 veröffentlichte, die Wirtschafts- und Sozialpolitik der Republik noch fundamentaler kritisiert. Als oberste Grundsätze stellte das RDI-Programm die Förderung der Kapitalbildung und die Befreiung der Wirtschaft von „allen unwirtschaftlichen Hemmungen" heraus und forderte eine durchgreifende Senkung der direkten Steuern sowie eine „wesentliche Senkung der öffentlichen Ausgaben". Der öffentliche Finanzbedarf sollte künftig stärker durch indirekte Steuern, also Massenkonsumsteuern, gedeckt werden. Vor allem aber zielte das Programm auf eine Be-

schneidung der sozialen Leistungen: So sollten die Versicherungsbeiträge in der Arbeitslosenversicherung auf dem aktuellen Stand eingefroren und die öffentlichen Zuschüsse – trotz sprunghaft steigender Arbeitslosenzahlen – ganz gestrichen werden. Die sozialstaatlichen Errungenschaften der Weimarer Republik – und die Republik selbst – wurden für die unbestreitbaren wirtschaftlichen Probleme verantwortlich gemacht, die in Wahrheit vielfältigere Ursachen hatten.

„Krise vor der Krise"? Die deutsche Wirtschaft am Vorabend der Weltwirtschaftskrise

Wie sind nun die wachsenden autoritären Neigungen in der deutschen Unternehmerschaft zu erklären? Der Wirtschaftshistoriker K. Borchardt weist dazu auf den „einzigartigen Problemdruck" der deutschen Wirtschaft am Ende der Zwanzigerjahre hin und setzt dem äußerlichen Anschein eines wirtschaftlichen Aufschwungs bis zum Ausbruch der Weltwirtschaftskrise das Bild einer „Krise vor der Krise" entgegen.
Tatsächlich bekam Deutschland erst nach der Stabilisierung der Währung und der Reintegration in den Weltmarkt einige der strukturellen Veränderungen der Nachkriegszeit voll zu spüren, die bis 1923 durch die inflationsgestützte Binnenkonjunktur teilweise verdeckt waren. Die meisten Wirtschaftsdaten zeigen ein Bild eines blockierten oder gehemmten Wirtschaftswachstums. Für Wachstum und Beschäftigung wirkte sich besonders das Sinken der Netto-Investitionsquote[1] von durchschnittlich 16% in den Vorkriegsjahren auf 10,5% in den Jahren 1925 bis 1929 negativ aus. Auch der Export fiel in den Zwanzigerjahren als Wachstumsfaktor der Wirtschaft weitgehend aus.
Die Diskussion um die Ursachen der ungünstigen wirtschaftlichen Entwicklung Deutschlands nach 1923 ist immer noch kontrovers. Einige Historiker verweisen besonders auf die relativ hohen Löhne in Deutschland (und bestätigen damit die Behauptungen der deutschen Industrie), die eine beträchtliche Einkommensumverteilung zuungunsten der Kapitalseite bewirkt hätten. Andere Historiker weisen darauf hin, dass die Zwanzigerjahre weltweit eine Phase abgeschwächten Wirtschaftswachstums waren. Neue Impulse durch bahnbrechende wirtschaftliche Neuerungen, wie sie für Zeiten eines langfristigen Aufschwungs kennzeichnend sind, fehlten. Da neue Märkte nicht in Sicht waren und die Nachfrage stagnierte, erwarteten die Unternehmer eine Verbesserung der Kostensituation hauptsächlich durch Rationalisierungen, Lohnsenkung oder Abbau von Sozialleistungen.
Verstärkte ▷ Kartellierung und Konzentration waren weitere Strategien, mit denen die Unternehmer sinkenden Gewinnen und dem Preisverfall auf verschiedenen Märkten begegnen wollten. In der Welle der Unternehmenszusammenschlüsse ragten besonders der 1925 gegründete Chemiekonzern IG Farben und die 1926 gegründeten Vereinigten Stahlwerke heraus, die jeweils mehr als 200000 Beschäftigte hatten. Die Zahl der Kartelle wurde von der Reichsregierung 1925 auf insgesamt etwa 3000 geschätzt.

Reale Wochenverdienste von Arbeitern in Deutschland, Großbritannien und USA (Indexwerte: 1913 = 100)

	D	GB	USA
1924	70	94	126
1925	87	98	125
1926	90	99	125
1927	97	104	129
1928	108	102	131
1929	110	103	132
1932	94	114	112

Nach: G. Bry: Wages in Germany 1871–1945. Princeton 1960. Table A–50.

Problemfall: Landwirtschaft

Infolge der sinkenden Weltmarktpreise waren die Schwierigkeiten der Landwirtschaft noch größer als die der Industrie. Vor allem die Großbetriebe östlich der Elbe mit ihrem hohen Arbeitskräfteeinsatz waren trotz Inflationsgewinnen und staatlichen Subventionen hoch verschuldet. Das verschärfte die republikfeindliche Haltung des Reichslandbunds und des ihn beherrschenden preußischen Adels. Dank ihres Einflusses bei Reichspräsident Hindenburg, dem man 1927 ein Rittergut schenkte, trugen die Agrarier 1932/33 entscheidend zum Ende der Republik bei.

[1] Anteil der Investitionen am ▷ Sozialprodukt eines Landes nach Abzug der Abschreibungen für die Abnutzung von Investitionsgütern.

Überlegungen zur weiteren Arbeit

Während in Kapitel 3 vorwiegend politik- und sozialgeschichtliche Dimensionen verknüpft werden, erfordert eine angemessene Bearbeitung des Jahrzehnts von 1920 bis 1930 zusätzlich eine stärkere Berücksichtigung der Wirtschaftsgeschichte. Die Zeitgenossen empfanden besonders die Inflation, das Reparationsproblem und seit 1924 die wirtschaftliche Stabilisierung als prägend für das alltägliche Leben und die politischen Entscheidungen.
Seit 1924 war es dann die Außenpolitik Gustav Stresemanns, die leidenschaftliche politische Diskussionen auslöste. Sie beendete den außenpolitischen Konfrontationskurs der Republik, ohne ihr aber eine stärkere innere Zustimmung zu sichern. Die Person Gustav Stresemanns provoziert geradezu die Frage nach individuellen Gestaltungsmöglichkeiten und geschichtlicher Bedeutung politischer Führungspersönlichkeiten. (Auch für Ebert und – in anderer Weise – seinen Nachfolger im Amt des Reichspräsidenten, Paul v. Hindenburg, ließen sich diese Fragen sinnvoll erörtern.) Dieses Kapitel legt im Wesentlichen eine diachrone Arbeitsweise nahe.

Materialien zu Kapitel 4

Gegner der Weimarer Republik

M 4.1 1919 – Deutschnationale Propaganda gegen Repräsentanten des republikanischen Systems

Aus einer Flugschrift des deutschnationalen Politikers Karl Helfferich gegen Finanzminister Matthias Erzberger (Zentrum):

Das ist Erzberger!
[…]
Das ist Erzberger, der als schwerindustrieller Aufsichtsrat einer der schlimmsten Annexionisten war und dann nach seiner plötzlichen und nicht freiwilligen Abkehr von der Schwerindustrie nicht genug Worte der Verdammnis und Verhetzung gegen die Schwerindustrie und die Annexionisten finden kann![1] […]
Das ist Herr Erzberger, [...] der sich eine unsaubere Vermischung politischer Tätigkeit und eigner Geldinteressen zum Vorwurf machen lassen muss; […]
Das ist Herr Erzberger, der im entscheidenden Augenblick des Krieges [...] die deutsche Politik mit seiner Juli-Aktion[2] hinterrücks überfiel, im deutschen Volk den Glauben an den Sieg und damit die Kraft zum Sieg zerstörte, bei unseren Feinden den wankenden Glauben an den Sieg wieder aufrichtete und den Willen zum Sieg neu bestärkte […]
Das ist Herr Erzberger, dessen Namen mit Recht unter dem elenden Waffenstillstandsvertrag steht […]
Das ist Herr Erzberger, der uns nach Versailles geführt hat, der während der Friedensverhandlungen den Feinden seine Bereitwilligkeit zu erkennen gab, den Schand- und Knechtschaftsfrieden bedingungslos zu unterzeichnen, der damit die Auslieferung des Kaisers und andrer deutscher Männer auf dem Gewissen hat, der aber in Erkenntnis seines Werkes sich von der Unterzeichnung seines Friedens zu drücken wusste!
Das ist Herr Erzberger, dessen Namen trotzdem für alle Zeit mit Deutschlands Not und Deutschlands Schmach unlösbar verbunden sein wird!
[…]
Deshalb gibt es für das deutsche Volk nur eine Rettung. Überall im Lande muss mit unwiderstehlicher Gewalt der Ruf ertönen:

Fort mit Erzberger!

Zit. nach: Herbert Michaelis / Ernst Schraepler (M 3.1), Bd. IV., S. 185f.

[1] Erzberger, der enge freundschaftliche Beziehungen zu dem Schwerindustriellen Thyssen unterhielt, war am Anfang des Krieges entschiedener Befürworter einer deutschen Annexionspolitik.

[2] Gemeint ist die Friedensresolution des Reichstags 1917 (S. 37).

M 4.2

1920 – Gerichtsurteil gegen Erzberger-Attentäter

Aus dem Urteilsspruch des Berliner Gerichts (21.2. 1920) gegen Oltwig von Hirschfeld, der Erzberger während des Prozesses gegen Helfferich am 26. Januar 1920 durch zwei Schüsse schwer verletzt hatte:

Das Gericht hat berücksichtigt, dass der Angeklagte ein junger Mensch ist, der unmittelbar aus einer Gerichtsverhandlung kam und dann auf der Straße auf den Reichsfinanzminister geschossen hat. Er ist dazu bewogen worden durch die Lektüre von Zeitungen, Broschüren und den persönlichen Eindruck, den er in der Gerichtsverhandlung gewonnen hatte, und der dahin ging, dass der Minister ein Schädling sei, den er unfähig machen müsste, seines Amtes zu walten. Auch im gegenwärtigen Staatsleben kann es nicht eingeführt werden, dass man einen politischen Gegner mit einer Schusswaffe beseitigt. Das ist als strafverschärfend erwogen; als strafmildernd auf der anderen Seite, dass die Schüsse nachteilige Folgen nicht gehabt haben und dass der Angeklagte jugendlich, von idealer Gesinnung und unbestraft ist. Aus diesen Gründen hat der Gerichtshof auf ein Jahr sechs Monate Gefängnis unter voller Anrechnung der Untersuchungshaft in Höhe von 26 Tagen erkannt.

Zit. nach: Schulthess' Europäischer Geschichtskalender, N. F. 36. Jahrgang, 1920. S. 24.

M 4.3

Kritik am Bürgertum

George Grosz, einer der bedeutendsten Künstler der Weimarer Epoche, setzte sich in seinen Arbeiten mit den reaktionären Stimmungslagen – gerade auch im deutschen Bürgertum – auseinander.

Der absolute Monarchist, 1922/23 (Blatt 35 aus „Ecce Homo")

Deutsche Männer, 1922/23 (Blatt 71 aus „Ecce Homo")

Gewinner der Inflation

M 4.4 1915–1924 – Die Entwicklung eines großen Vermögens in der Inflationszeit – das Beispiel Friedrich Flick

Da der Verfall des Geldwertes trotz extrem hoher Zinsen die Schuldner begünstigte, beschleunigte die Inflation den Konzentrationsprozess. Der spektakulärste Fall war der von Hugo Stinnes, der über 1000 Unternehmen zu einem Riesenkonzern in den Bereichen Kohle, Stahl, Transport und Elektrizität vereinigte. Nach der Währungsreform vom 15.11.1923 und dem Tod von Stinnes im April 1924 begann der Zerfall des Konzerns. Im Gegensatz zu vielen anderen Unternehmen, die in der Inflation gewachsen war, erwies sich dasjenige Flicks als stabil.

Zeitpunkt	Wert des US-Dollars (Mark)	Friedrich Flick …	Flicks Vermögen
1.4.1915	4,86	… wird Vorstandsmitglied der Charlottenhütte AG Niederschelden bei Siegen, Aktienkap. 5 Mio. Mark, 2000 Arbeiter	wesentlich unter 1 Mio. Mark
1915/18		… kauft für die Charlottenhütte aus ihren Gewinnen statt Maschinen Firmen, Kohlen- und Erzbergwerke … kauft privat Firmenanteile (auch der Charlottenhütte), Schrott u. Anleihen	
1918		… ist Generaldirektor der Charlottenhütte, Aktienkap. jetzt 9,5 Mio. Mark, 4000 Beschäftigte	20% der Aktien der Charlottenhütte
Jan. 1919	8,90	… verkauft bzw. beleiht seine Kriegsanleihen und kauft dafür Rohstoffe und Aktien	
Jan. 1920	64,80	… ist Mehrheitsaktionär der Charlottenhütte	
Sept. 1920	58,—	… kauft 54% der Aktien der Bismarckhütte in Oberschlesien weitgehend auf Kredit	
Ende 1921	263,—	… kauft nach Rückzahlung des Bismarckhüttenkredits großen Anteil an der Kattowitzer AG (Kohlenbergbau in Schlesien) auf Kredit … kauft 25% der Oberschlesischen Eisenindustrie AG (zweitgrößtes Hüttenwerk Schlesiens)	
Jan. 1923	17982,—	… stockt Besitz an der Oberschlesischen Eisenindustrie AG auf über 50% auf	
16.11.1923		Währungsreform	
1924	4,20	… kauft Mehrheit der Linke – Hofmann – Lauchhammer AG (Eisen u. Maschinenbau in Schlesien u. Mitteldeutschland	in der Größenordnung von 100 Mio. RM

Herbert Prokasky: Der Erste Weltkrieg und die Inflation 1914–1923. Geschichtsdidaktik, Heft 3/1980. S. 279f.

Die Reichswehr

M 4.5 1923 – Die politische Haltung General v. Seeckts

Schreiben General v. Seeckts, des Chefs der Heeresleitung, an den bayerischen Generalstaatskommissar von Kahr (5. 11. 1923). Die in Klammern gesetzten Teile finden sich nur in Seeckts Entwurf, nicht aber in der abgeschickten Reinschrift.

Im Übrigen habe ich es von Anfang an für meine Aufgabe gehalten und erblicke sie auch heute noch darin, die Reichswehr zu einer (solchen) Stütze der Autorität des Reiches, nicht einer bestimmten Regierung auszugestalten. Hierin liegt auch mein Festhalten an den verfassungsmäßigen Formen und Wegen, deren Aufgabe meiner Überzeugung nach große Gefahren birgt und die deshalb nur im Falle äußerster Not aufgegeben werden sollten.
(Die Weimarer Verfassung ist für mich kein noli me tangere[1]; ich habe sie nicht mitgemacht, und sie widerspricht in den grundlegenden Prinzipien

meinem politischen Denken. Ich verstehe daher vollkommen, dass Sie ihr den Kampf angesagt haben. […] Ich sehe klar, dass ein Zusammengehen mit der soz.dem. Partei ausgeschlossen ist, weil sie sich dem Gedanken der Wehrhaftigkeit verschließt. Ein Gleiches gilt für mich von allen Strömungen, die auch außerhalb der Sozialdemokratie pazifistisch und international eingestellt sind.

Wenn dieser Kampf gegen die Sozialdemokraten im außerbayrischen Deutschland nicht oder noch nicht mit der wünschenswerten Schärfe geführt worden ist, so liegt es an dem andersgearteten Kräfteverhältnis und vor allem an der Machtstellung der Soz.Dem. in Preußen, die ihr im Wesentlichen von den bürgerlichen Parteien ohne Not bisher eingeräumt wurde[2].) […]

Ich halte ein Kabinett Stresemann auch nach einer Umbildung nicht für lebensfähig. Diesem Mangel an Vertrauen habe ich dem Kanzler selbst und dem Reichspräsidenten gegenüber Ausdruck gegeben und ihnen gesagt, dass ich nicht auf die Dauer für die Haltung der Reichswehr unter einer Regierung einstehen könnte, zu der sie kein Vertrauen habe. Mehr noch, ich sehe ohne Umschwung in der Reichsregierung den Bürgerkrieg mit Sicherheit voraus. Sein Ausgang ist ungewiss; sein Verlauf auf alle Fälle für uns vernichtend, wenn er nicht mit klarer Einheitsfront aller national Gesinnten geführt wird. Dann ist er mit Aussicht auf Erfolg zu führen. Eine Regierung Stresemann ohne überzeugte Unterstützung der Reichswehr und der hinter ihr stehenden Kräfte kann sich nicht halten, auch wenn heute noch einmal der Versuch dazu gemacht wird. Die Reichswehr darf dabei nicht in die Lage gebracht werden, sich gegen Gesinnungsgenossen für eine ihr wesensfremde Regierung einzusetzen. Andererseits kann sie nicht dulden, dass von unverantwortlicher und unberufener Seite mit Gewalt eine Änderung herbeizuführen unternommen wird. Sie wird zerbrechen in diesem Kampf, wenn sie nach zwei Seiten die Staatsautorität verteidigen muss. Dann haben wir Frankreichs Spiel gespielt, dann dem Moskauer Kommunismus die letzte Chance zum Erfolg geboten.

Zit. nach: Wolfgang Michalka / Gottfried Niedhart: Die ungeliebte Republik – Dokumentation zur Innen- und Außenpolitik Weimars 1918–1933. (dtv) München ³1984. S. 90ff.

---

[1] (lat.) „Rühr mich nicht an."

[2] In Preußen regierte zwischen 1920 und 1932 eine SPD-geführte Koalition.

Rapallo-Vertrag und deutsche Ostpolitik

M 4.6 1922 – Vertrag von Rapallo zwischen Deutschland und der Sowjetunion (16.4.1922)

Artikel 1 […]

a. Das Deutsche Reich und die russische Sowjetrepublik verzichten gegenseitig auf Ersatz der Kriegskosten sowie auf Ersatz der Kriegsschäden, d. h. derjenigen Schäden, die ihnen und ihren Staatsangehörigen im Kriegsgebiet durch militärische Maßregeln einschließlich aller in Feindesland vorgenommenen Requisitionen entstanden sind […]

Artikel 2. Deutschland verzichtet auf die Ansprüche, die sich aus der bisherigen Anwendung der Gesetze und Maßregeln der Sowjetrepublik auf deutsche Reichsangehörige oder auf ihre Privatrechte sowie auf Rechte des deutschen Reichs und der Länder gegen Russland, die sich aus von der Sowjetregierung oder ihren Organen gegen deutsche Reichsangehörige oder ihre privaten Rechte getroffenen Maßregeln ergeben, vorausgesetzt, dass die Regierung der Sowjetrepublik auch ähnliche Ansprüche dritter Staaten nicht bewilligt.

Artikel 3. Die diplomatischen und konsularischen Beziehungen zwischen dem deutschen Reich und der Sowjetregierung werden sogleich wieder aufgenommen […]

Artikel 4. Beide Regierungen sind ferner auch darüber einig, dass für die allgemeine Rechtsstellung der Angehörigen des einen Teils im Gebiete des anderen Teils und für die allgemeine Regelung der beiderseitigen Handels- und Wirtschaftsbeziehungen der Grundsatz der Meistbegünstigung[1] gelten soll […]

Artikel 5. Die beiden Regierungen werden den wirtschaftlichen Bedürfnissen der beiden Länder in wohlwollendem Geiste wechselseitig entgegenkommen […]

16. 4. 1922 gez. Rathenau Tschitscherin.

Zit. nach: Günter Schönbrunn (Hrsg.): Weltkriege und Revolutionen (Geschichte in Quellen). (bsv) München ³1979. S. 177.

---

[1] Meistbegünstigung: Grundsatz der Handelspolitik, nach dem alle einem dritten Land gewährten handelspolitischen Vorteile automatisch auch dem jeweiligen Vertragspartner eingeräumt werden.

M 4.7

1922 – Deutsche Diskussion um die Bedeutung des Rapallo-Vertrags

A – Denkschrift von Graf Brockdorff-Rantzau[1] (14.8.1922).

Der schwere Nachteil des Rapallovertrages liegt in den militärischen Befürchtungen, die an ihn knüpfen. Lloyd George[2] hat diesen Besorgnissen unlängst in einer Rede Ausdruck gegeben [...] Wir müssen also damit rechnen, dass England uns im Verdacht hat, eine Revanche mit Russland vorzubereiten, und dass es in der Lage ist, falls entsprechende Vereinbarungen wirklich getroffen oder im Werden wären, uns diese nachzuweisen.

Eine ausschließlich nach Osten orientierte deutsche Politik wäre im gegenwärtigen Augenblick nicht nur verfrüht und gefährlich, sondern aussichtslos und darum verfehlt. Verfrüht ist sie, weil wir wirtschaftlich ebenso wie Russland außerstande sind, uns auf ein derartiges Experiment einzulassen. Gefährlich ist sie, weil wir uns der völlig skrupellosen Sowjetregierung durch Abmachungen, die uns militärisch verpflichten, in die Hand geben. Man wird in Moskau, wo man begreiflicherweise größeren Wert auf eine Verständigung mit der mächtigen Entente als mit dem um seine eigene Existenz ringenden Deutschland legt, keinen Augenblick zögern, unter der Drohung des Verrates der militärischen Vereinbarungen, Erpresserpolitik mit uns zu treiben. Aussichtslos ist die Politik, weil wir bei einem Angriff Russlands auf Polen – und diese Kombination kann doch nur ernsthaft in Frage kommen – im Westen dem französischen Einmarsch nahezu wehrlos gegenüberstehen würden [...]

Zit. nach: Günter Schönbrunn (M 4.6). S. 178f.

[1] Brockdorff-Rantzau (s. auch S. 36f.) war der erste Botschafter der Weimarer Republik in Moskau.
[2] englischer Premierminister.

B – Antwort des Generals v. Seeckt[1] auf die Denkschrift des Grafen Brockdorff-Rantzau (11.9. 1922)

Hat nicht endlich die erste Regung deutscher politischer Aktivität, der Rapallovertrag, seine klare Wirkung in der Richtung einer Hebung deutschen Ansehens gebracht? Die Stellung zu diesem Vertrag scheidet die Geister bei der Beurteilung des russischen Problems. Es kommt bei ihm nicht in erster Linie auf die wirtschaftliche Bewertung an, obwohl sie durchaus nicht gering einzuschätzen ist, sondern auf den politischen Erfolg. Eine Verbindung Deutschlands mit Russland ist der erste und bisher fast einzige Machtzuwachs, den wir seit dem Friedensschluss erreichten. Dass der Anfang dieser Verbindung auf wirtschaftlichem Gebiet liegt, ist nach der Gesamtlage naturgemäß; die Stärke liegt aber darin, dass diese wirtschaftliche Annäherung die Möglichkeit politischer und damit auch militärischer Verbindung vorbereitet. [...]

Mit Polen kommen wir nun zum Kern des Ostproblems. Polens Existenz ist unerträglich, unvereinbar mit den Lebensbedingungen Deutschlands. Es muss verschwinden und wird verschwinden durch eigene, innere Schwäche und durch Russland – mit unserer Hilfe. Polen ist für Russland noch unerträglicher als für uns; kein Russland findet sich mit Polen ab. Mit Polen fällt eine der stärksten Säulen des Versailler Friedens, die Vormachtstellung Frankreichs. Dieses Ziel zu erreichen, muss einer der festesten Richtungspunkte der deutschen Politik sein, weil er ein erreichbarer ist. Erreichbar nur durch Russland oder mit seiner Hilfe.

Polen kann niemals Deutschland irgendwelchen Vorteil bieten, nicht wirtschaftlich, denn es ist entwicklungsunfähig, nicht politisch, denn es ist Vasall Frankreichs. Die Wiederherstellung der Grenze zwischen Russland und Deutschland ist die Voraussetzung beiderseitiger Erstarkung. Russland und Deutschland in den Grenzen von 1914 sollte die Grundlage einer Verständigung zwischen beiden sein [...]

Freilich, wer in einem Einvernehmen mit Russland nur die Gefahr sieht, dass wir uns den Engländern gegenüber „bloßstellen", und nicht sieht, dass Russland uns braucht, und jede aktivere Politik mit dem Schlagwort „militärisches Experiment" abtut, kann nicht zur richtigen Würdigung der Lage und noch weniger zu ihrer folgerichtigen Ausnutzung kommen. Wer an „Uniformkoller" leidet und noch nicht begriffen hat, dass jede politische und wirtschaftliche Betätigung letzten Endes auf der Macht beruht, wird keine aktive deutsche Politik treiben [...]

Zit. nach: Günter Schönbrunn (M 4.6). S. 180f.

[1] s. M 4.5

Deutsche Außenpolitik in der Ära Stresemann

M 4.8 1925 – Aus einem Brief Stresemanns an den ehemaligen deutschen Kronprinzen (7.9.1925)

Die deutsche Außenpolitik hat nach meiner Auffassung für die nächste absehbare Zeit drei große Aufgaben: Einmal die Lösung der Reparationsfrage in einem für Deutschland erträglichen Sinne und die Sicherung des Friedens, die die Voraussetzung für eine Wiedererstarkung Deutschlands ist.

Zweitens rechne ich dazu den Schutz der Auslandsdeutschen, jener 10 bis 12 Millionen Stammesgenossen, die jetzt unter fremdem Joch in fremden Ländern leben.

Die dritte große Aufgabe ist die Korrektur der Ostgrenzen: die Wiedergewinnung von Danzig, vom polnischen Korridor und eine Korrektur der Grenze in Oberschlesien.

Im Hintergrunde steht der Anschluss von Deutsch-Österreich, obwohl ich mir klar darüber bin, dass dieser Anschluss nicht nur Vorteile für Deutschland bringt, sondern das Problem des Deutschen Reiches sehr kompliziert [...]

Wollen wir diese Ziele erreichen, so müssen wir uns aber auch auf diese Aufgaben konzentrieren. Daher der Sicherheitspakt, der uns einmal den Frieden garantieren und England sowie, wenn Mussolini mitmacht, Italien als Garanten der deutschen Westgrenze festlegen soll. Der Sicherheitspakt birgt andererseits in sich den Verzicht auf eine kriegerische Auseinandersetzung mit Frankreich wegen der Rückgewinnung Elsass-Lothringens, ein deutscher Verzicht, der aber insoweit nur theoretischen Charakter hat, als keine Möglichkeit eines Krieges gegen Frankreich besteht. [...]

Die Frage des Optierens zwischen Osten und Westen erfolgt durch unseren Eintritt in den Völkerbund nicht. Optieren kann man [...] nur, wenn man eine militärische Macht hinter sich hat. Das fehlt uns leider. Wir können weder zum Kontinentaldegen für England werden, wie einige glauben, noch können wir uns auf ein deutsch-russisches Bündnis einlassen. Ich warne vor einer Utopie, mit dem Bolschewismus zu kokettieren. Wenn die Russen in Berlin sind, weht zunächst die rote Fahne vom Schloss, und man wird in Russland, wo man die Weltrevolution wünscht, sehr zufrieden sein, Europa bis zur Elbe bolschewisiert zu haben, und wird das übrige Deutschland den Franzosen zum Fraß geben.

Dass wir [...] bereit sind, mit dem russischen Staat, an dessen evolutionäre Entwicklung ich glaube, uns auf anderer Basis zu verständigen und uns durch unseren Eintritt in den Völkerbund durchaus nicht nach dem Westen verkaufen, ist eine Tatsache, über die ich E. K. H. gern [...] Näheres sagen würde. [...]

Das Wichtigste ist für die unter 1. berührte Frage der deutschen Politik das Freiwerden deutschen Landes von fremder Besatzung. Wir müssen den Würger erst vom Hals haben. Deshalb wird die deutsche Politik, wie Metternich von Österreich wohl nach 1809 sagte, in dieser Beziehung zunächst darin bestehen müssen, zu finassieren und den großen Entscheidungen auszuweichen.

Zit. nach: Arnold Harttung (Hrsg.): Gustav Stresemann – Schriften. (Berlin-Verlag) Berlin 1976, S. 336ff.

M 4.9 Stresemanns Außenpolitik im Urteil heutiger Historiker

A – 1983 – Hagen Schulze

Stresemann [...] ging es letztlich um die Beseitigung des internationalen Systems der Pariser Vorortverträge von 1919 und um die Rückkehr zu einem europäischen Gleichgewicht, in dem Deutschland wie zur Bismarck-Zeit schon aufgrund seiner hohen Bevölkerungszahl und seiner wirtschaftlichen Überlegenheit die erste Geige spielen sollte. Stresemann, das war Bismarck redivivus[1], konservativ bis in die Fingerspitzen, der eine an den Grenzen des politisch Möglichen orientierte aufgeklärte Machtpolitik betrieb. Es war derselbe Stresemann, der 1914 Gebiete von Calais bis Petersburg annektieren wollte, der 1919 die Dolchstoßlegende gepredigt und sich der Annahme des Versailler Vertrags wie der Weimarer Reichsverfassung widersetzt hatte, und der nun daranging, mit den westlichen Alliierten den Ausgleich zu suchen – „Entspannungspolitik“ zu betreiben, würde man heute sagen –, der mit aller Macht in den Völkerbund drängte, der den Friedensnobelpreis erhalten und der Nachwelt als großer Europäer erscheinen sollte. Doch in Wirklichkeit hat eine Wandlung vom nationalistischen Saulus zum pan-europäischen Paulus nie stattgefunden. Der Stresemann, der Anfang 1924 daranging, das Deutsche Reich in die Völkergemeinschaft zurückzuführen, hat nie andere Interessen als die des nationalen Wohls gesehen. Der Unterschied zwischen ihm und seinen Kritikern und Feinden im Lager der Rechtsparteien war der zwischen Bismarck und den Hochkonservativen seit 1862 – er konnte kühl mit den bestehenden Machtkonstellationen und Möglichkeiten kalkulieren und sich ihnen zur besseren Verfolgung seiner Ziele anpassen, jene konnten es nicht.

Hagen Schulze: Weimar. Deutschland 1917–1933. (Siedler) Berlin [2]1983. S. 272f.

[1] wiederbelebt, wiedererstanden

B – 1981– Henning Köhler

Zweifellos ist es berechtigt, einige Abstriche am Mythos des Europäers Stresemann vorzunehmen, der vor allem ein Produkt der Publizistik, der internationalen Konferenzberichterstattung ist. Dennoch lässt sich nicht verkennen, dass Stresemann bei aller Wahrnehmung nationaler Interessen fähig war, im europäischen Rahmen zu denken und für eine europäische Friedensordnung zu wirken. Wenn ihm häufig – mehr oder weniger deutlich – vorgeworfen wird, dass er Deutschland wieder in den Rang einer Großmacht erheben wollte – ein Ziel, das heute unterschwellig vielfach als geradezu verwerflich gilt –, so ist demgegenüber festzustellen, dass das Deutsche Reich auch unter den Beschränkungen des Versailler Vertrages aufgrund seiner geografischen Lage und seines wirtschaftlichen Potenzials als europäische Großmacht anzusehen war. Die Revisionsforderungen hinsichtlich des Versailler Vertrages, die auch Stresemann vertrat und die von den Konservativen verächtlich als viel zu gering abgetan wurden, veränderten den Status quo in Europa nicht und sollten vor allem nur auf friedlichem Wege erreicht werden. Sein Hauptziel, für das er sich unablässig einsetzte, war die Räumung des Rheinlandes. Er erlebte sie nicht mehr, hatte aber in den Verhandlungen um den Young-Plan noch die Voraussetzungen für ihre Verwirklichung geschaffen.

Henning Köhler: Geschichte der Weimarer Republik. (Colloquium) Berlin 1981. S. 51f.

C – 1987 – Detlev Peukert

Das Exempel Oberschlesiens[1] hätte eigentlich davor warnen müssen, das Heil der deutschen Ostpolitik in einer Grenzrevision zu sehen, da im polnischen Korridor genau die gleiche Problemkonstellation zu erwarten war. Dennoch blieb die Stresemann'sche Position in der Grenzfrage inhaltlich völlig unbeweglich. Nur die Modalitäten der Revision wurden von ihm realistischer gesehen als von jenen Leuten um den deutschen Heereschef v. Seeckt, der mit dem Rapallo-Vertrag 1922 den Weg zur gemeinsamen Auslöschung Polens durch Russland und Deutschland einschlagen wollte. [...]
Es ist charakteristisch für die Beschränktheit der gegenüber dem Westen doch so realistischen Außenpolitik in der Ära Stresemann, dass diese Aporien der deutschen Ostpolitik nicht konstruktiv angegangen wurden. Das hätte sicherlich den schmerzhaften Verzicht auf Grenzrevision verlangt, damit aber zugleich eine Region stabilisiert, deren nationalistisches Konfliktpotenzial immer wieder die Gefahr kriegerischer Zusammenstöße provozieren konnte. [...]
Ein Deutschland, das mit dem sicher schmerzlichen Verzicht auf eine Revisionspolitik nach Osten eine ähnliche Zone der Sicherheit und Kooperation wie im Westen angeboten hätte, hätte wahrscheinlich die Rolle einer informellen, vor allem wirtschaftlich abgestützten Hegemonialmacht in Ostmitteleuropa gewonnen. [...] Ungleich zukunftsträchtiger wäre daher eine kooperationsorientierte Ostpolitik in der Ära Stresemann gewesen.

Detlev J. K. Peukert: Die Weimarer Republik – Krisenjahre der Klassischen Moderne. (Suhrkamp) Frankfurt/M. 1987. S. 199ff.

[1] Teilung zwischen Deutschland und Polen mit starken Minderheitenproblemen auf beiden Seiten.

Probleme der Innenpolitik

M 4.10 Der Industrielle Paul Silverberg über das Verhältnis der Unternehmer zur Weimarer Republik

Paul Silverberg (1876–1959), bis 1933 Vorstands- und Aufsichtsratsvorsitzender der Rheinischen Braunkohlen AG und von 1930–1933 Stellvertretender Vorsitzender des Reichsverbandes der Deutschen Industrie, gehörte zu den einflussreichsten Industriellen der Weimarer Zeit.

A – 1926 – Aus einer Rede Silverbergs auf einer Tagung des Reichsverbandes der Deutschen Industrie in Dresden (6.9.1926)

Die politische Revolution, mit der nach dem Kriegsverlust die Nachkriegszeit anfing, wurde sehr bald zu einer wirtschaftlichen und sozialen

Revolution. Das deutsche Unternehmertum, bis zum Kriege und von Einzelnen abgesehen auch im Kriege, politisch indifferent, jedenfalls nicht aktiv, sah sich plötzlich als Objekt des politischen Kampfes. Es sah als seinen unmittelbaren Gegner die revolutionäre Arbeiterschaft und den von ihr beherrschten Staat. Es hatte einen Kampf um seine Existenz nach vielen Seiten zu führen [...] Dieser Kampf musste ausgekämpft oder wenigstens so weit geführt werden, dass für Volk und Wirtschaft eine erträglich standfeste Basis erstritten und errichtet wurde. Dieses Ziel ist heute in gewissem Umfange erreicht, und es ist von ganz besonderem Interesse festzustellen, dass es die politische Not des gesamten Volkes – ich nenne Reparationsfrage und Ruhrkampf – und damit die Außenpolitik es waren, die Unternehmertum und nachrevolutionäre Regierungen zu aktiver Zusammenarbeit für den Staat brachten. Und trotz aller besonderen neuen Schwierigkeiten und Kritiken am Tun oder Unterlassen hatte diese Zusammenarbeit das gute Ergebnis, dass die Einstellung des Unternehmertums auf den heutigen Staat auf eine klare Linie gebracht worden ist: Das deutsche Unternehmertum steht restlos auf staatsbejahendem Standpunkt. [...] Es hieße sich selbst etwas vormachen, wollte man verkennen, dass die überwiegende Mehrheit der deutschen Arbeiterschaft in der Sozialdemokratie, eine Minderheit in der Zentrumspartei, ihre politische Vertretung findet. Die in den christlichen Gewerkschaften organisierte Minderheit leidet unter allen Schwächen einer Minderheit, die sich vor allem in der Überspannung sozial- und lohnpolitischer Forderungen ausdrückt, die wieder bei der Mehrheit, den freien Gewerkschaften, die Tendenz zum Überbieten auslöst. Das Unternehmertum hat natürlich sehr zu achten, dass es nicht noch mehr, wie es schon geschehen ist, von diesem Wettstreit, dem wirtschaftspolitische Überlegungen fremd sind, betroffen wird und dessen Zeche zu zahlen hat. Aber nicht nur dem Unternehmertum erwachsen aus dieser Lage besondere Schwierigkeiten; sie entstehen mindestens in demselben Umfange für die Zentrumspartei, solange die Sozialdemokratie Oppositionspartei ist. Deshalb ist es eine auf die Dauer im höchsten Maße allgemeinpolitisch und wirtschaftspolitisch unerträgliche und schädigende Lage, wenn eine große Partei wie die Sozialdemokratie in einer im deutschen Parlamentarismus mehr oder weniger verantwortungsfreien Opposition steht. Man sagte einmal, es kann nicht gegen die Arbeiterschaft regiert werden. Das ist nicht richtig: Es muss heißen: Es kann nicht ohne die Arbeiterschaft regiert werden. Und wenn das richtig ist, muss man den Mut zur Konsequenz haben; es soll nicht ohne die Sozialdemokratie, in der die überwiegende Mehrheit der deutschen Arbeiterschaft ihre politische Vertretung sieht, regiert werden. [...]

Zit. nach: Ursachen und Folgen, Bd. 6, S. 164–170.

B – 1929 – Aus einem Brief Silverbergs an Paul Reusch, Vorstandsvorsitzender der Gutehoffnungshütte/ Oberhausen[1] (24.12.1929)

Nachdem mein Versuch, mit dem verständigen und, wie ich glaubte, politisch einflussreichen Teil der Arbeiterschaft zusammen Ordnung zu schaffen (Dresden), von beiden Seiten misslungen ist, müssen wir allein arbeiten.

Zit. nach: Heinrich August Winkler: Der Schein der Normalität – Arbeiter und Arbeiterbewegung in der Weimarer Republik 1924 bis 1930. (Dietz Nachf.) Berlin/Bonn 1985. S. 760.

[1] Reusch, Vorstandsvorsitzender der Gutehoffnungshütte/Oberhausen, gehörte zu den einflussreichsten Schwerindustriellen der Zeit.

M 4.11 1929 – Aus einem Brief Stresemanns an Wilhelm Kahl[1] über die Deutsche Volkspartei und ihre Stellung in der Großen Koalition (13.3.1929)

Wenn ich in ruhigen Stunden die Stellung der Deutschen Volkspartei zur politischen Lage überblicke, so kann ich an der Tatsache nicht vorübergehen, dass zwischen dem Führer und der Partei eine weitgehende Verschiedenheit der Auffassung besteht. Es hat gar keinen Sinn, irgendwie daran zu zweifeln, dass die Partei die Verantwortung nicht mehr tragen will oder glaubt, nicht mehr tragen zu können. Seit beinahe sechs Jahren ist die Deutsche Volkspartei im Reichskabinett vertreten. Damit war die frischfröhliche Opposition zu Ende, jene bedenkenfreie Verantwortungslosigkeit, die so leicht Programme aufstellen ließ, die man nicht zu verwirklichen brauchte. Die in vieler Beziehung glücklichere Deutschnationale Partei hat es verstanden, daraus Vorteile zu ziehen. Manche Parteisekretäre empfinden es als angenehm, in der Opposition gegen den Staat zu stehen. Man kann sich dann wieder mit dem „Stahlhelm“[2] verbrüdern, man kann wieder „den nationalen Gedanken vor dem Volke leuchten lassen", man kann wieder drohende Reden halten, hinter denen zwar nichts steht, die aber dem Volke so lieblich eingehen. Verstärkt wird die Unzufriedenheit in der Partei dadurch, dass wir mit den Sozialdemokraten in einer Regierung zusammen sind. Von rechts wird in Bezug auf die Sozialdemokratie das Wort „Landesverräter" gebraucht, als wenn man es wagen könnte, das von einer Partei zu sagen, die vielleicht prozentual die meisten Toten im Weltkriege gehabt hat [...]

Die Partei erträgt auf die Dauer höchstens ein Mittelkabinett, die Sehnsucht vieler drängt sie aber nach der Rechten. Jeder bejaht im Prinzip die Große Koalition, und die meisten bemühen sich, sie zu verhindern.

Es kommt hinzu, dass wir keine Partei der Weltanschauung mehr sind, sondern mehr und mehr zu einer reinen Industriepartei werden.

Zit. nach: Wolfgang Michalka / Gottfried Niedhart (M 4.5). S. 255f.

[1] Ehrenvorsitzender der DVP
[2] rechtsstehender Wehrverband

M 4.12 1930 – Das Ende der Großen Koalition in der Diskussion der SPD

A – Hugo Sinzheimer[1]

Es ist lächerlich zu glauben, dass eine angeblich falsche taktische Wendung die Umlagerung der politischen Herrschaft nach rechts herbeigeführt habe, wie es auch durchaus falsch ist, für jene Umlagerung nur die Haltung der Fraktion in einer isolierten Einzelfrage verantwortlich zu machen. [...]

Heute ist es die Arbeitslosenversicherung, morgen wird es die Verbindlicherklärung[2], übermorgen das wirksame Tarifrecht sein, das als Opfer gefordert wird. [...]

Die Sozialdemokratie hat ihren geschichtlichen Beruf verteidigt, als sie die Idee des sozialen Rechts allen anderen Erwägungen politisch-taktischer Art überordnete. Nun muss sie alle Konsequenzen aus der Lage ziehen, in der sie sich befindet. Sie hat die Republik geschaffen, sie gegen alle Stürme erhalten, das Reich vor dem Verfall bewahrt, die Reparationsfrage geregelt, das Volk vor dem Chaos gerettet – nun ist es an ihr, ihre ganze freie Kraft zu entfalten, um die Republik von den großkapitalistischen und großagrarischen Einflüssen zu befreien, denen sie verfallen ist, und in der Republik den sozialen Gehalt zu erhalten und zu steigern, dessen Erhaltung und Steigerung gerade ihr, der Sozialistischen Partei, anvertraut ist.

So wichtig auch ihr Kampf um die Sicherung der Republik ist, so gewiss ist dieser Kampf nur ein Nebenkampf, den sie zu führen hat. Ihr Hauptkampf gilt dem Sozialismus und den aus diesem Grundwillen fließenden konkreten Aufgaben in unserer Zeit. Die tiefsten Ströme unserer Zeit sind antikapitalistisch, antipartikularistisch und bei aller Betonung der deutschen Lebensinteressen europäisch. [...] Es darf nicht geschehen, was zweifellos manche kluge Taktiker der bürgerlichen Front planen, dass die reaktionären Maßregeln unter Ausschluss der Sozialdemokratie geschaffen werden, um dann die Sozialdemokratie wieder in die Regierung aufzunehmen, wenn es gilt, die Folgen dieser Maßregeln abzuwehren. Der Weg zu einer wahrhaften neuen Machtgewinnung liegt heute nicht in der Koalition, sondern im Kampfe.

Zit. nach: Jens Flemming u. a. (Hrsg.): Die Republik von Weimar, Bd. I. (Athenäum/Droste) Düsseldorf 1979. S. 154f.

[1] führender Sozialpolitiker der SPD
[2] vgl. S. 67

B – Rudolf Hilferding[1]

So außerordentlich wichtig aber die Frage der Arbeitslosenversicherung ist, so muss die Entscheidung der Fraktion doch noch von dem allgemeinen Gesichtspunkt der politischen Situation aus geprüft werden, in der sie erfolgt ist. Es ist sicher richtig, dass die Republik in der gegenwärtigen Situation von einem gewaltsamen Umsturz kaum mehr bedroht ist. Hier liegt nicht die Gefahr. Das besagt aber durchaus nicht, dass die Zukunft des deutschen Parlamentarismus und der Demokratie nicht in anderer Weise gefährdet werden kann. [...] Es unterliegt keinem Zweifel, dass, wenn das Parlament in seiner grundlegenden und wichtigsten Funktion versagt, nämlich eine Regierung zu bilden, die Macht des Reichspräsidenten sich auf Kosten und durch Schuld des Parlaments erweitert und der Reichspräsident Funktionen ausüben muss, die zu erfüllen sich der Reichstag versagt. Nimmt man hinzu, dass diese Lähmung des Parlaments von sehr starken Gruppen direkt gewünscht und gefördert wird, so wird man verstehen, dass die eigentliche Gefahr für die Zukunft des deutschen Parlamentarismus nicht von außen, nicht von einem gewaltsamen Putsch her droht, sondern von innen her; [...] Gerade diese Gefahr zu vermeiden, war ja stets ein zwingendes Moment für die Sozialdemokratie, in den schwierigsten und für sie abträglichsten Situationen die Verantwortung zu übernehmen.

Und diese Situation war gegeben, als die Fraktion ihren Beschluss fasste. [...] Zerfiel die große Koalition, so war die Bildung einer rein parlamentarischen Regierung im Reichstag zunächst überhaupt unmöglich. Und in der Tat trat die Regierung Brüning als antiparlamentarische Regierung ins Leben. [...]

Gerade wenn man den Unterschied zwischen Regierungsvorschlag und Kompromiss[2] nicht allzu hoch veranschlagt, bleibt die Verantwortung der Parteien, die den Regierungsvorschlag abgelehnt haben, besonders groß. Sie haben eine Krise herbeigeführt in einem Moment, wo sowohl der Zustand der Wirtschaft als die allgemeine politische Situation ihre Vermeidung gebieterisch forderten, und sie haben es getan, ohne die Gewissheit, schwere Erschütterungen und kostspielige Lösungen zu vermeiden.

In: Die Gesellschaft, Bd. 7/1 (1930). S. 385ff.

---

[1] Hilferding war vor dem Krieg einer der führenden Theoretiker der Partei, später Mitglied der USPD und nach der Vereinigung des rechten USPD-Flügels mit der MSPD wiederum einer der führenden Köpfe der Sozialdemokratie. Im Kabinett Müller war Hilferding 1928/29 Reichsfinanzminister.

[2] Vgl. S. 67

Aufgaben zu Kapitel 4

① Die Inflation 1914–1923 gehört zu den wichtigen Ereignissen der deutschen Geschichte, wobei die wirtschaftlichen Wirkungen hinter den allgemeinpolitischen zurücktreten; ihre Verwertung in der politischen Presse hat in Deutschland die antirepublikanischen Stimmungen erheblich verstärkt. Erklären Sie diese Tatsache und vergleichen Sie die in solchen Stimmungslagen enthaltene Sichtweise mit den tatsächlichen Ursachen der Geldentwertung! (S. 78ff.)

② Stellen Sie stichwortartig die wirtschaftlichen und sozialen Folgen der Währungsstabilisierung 1923 zusammen (S. 84f.). Ziehen Sie noch einmal die Darstellung über Ursachen und soziale Folgen der Inflation heran und vergleichen Sie die sozialen Folgen der Inflationspolitik nach 1918/19 mit der Stabilisierungspolitik nach 1923/24!

③ Welchen Eindruck wollten die am Hitler-Putsch 1923 Beteiligten mit dem auf S. 84 abgedruckten Foto in der Öffentlichkeit erwecken? Vergleichen Sie diesen Eindruck mit den Informationen, die die Abbildungen auf S. 83 enthalten!

④ Untersuchen Sie die Gruppierungen der Gegner der Republik von rechts, ihre Wert- und Zielvorstellungen und die Mittel ihres politischen Kampfes. Sie können hier eine Gruppe, z. B. die Reichswehr oder die nationale Rechte in DNVP und DVP, auswählen und in Kapitel 6 und 7 weiterverfolgen. (S. 80ff., M 4.1, 4.5 und 4.11)

⑤ Stellen Sie die Haltung der Industrie zur Republik dar, klären Sie ihre Motive und Ziele und entscheiden Sie, inwieweit die internationalen Wirtschaftsbedingungen und inwieweit innerdeutsche, teilweise außerwirtschaftliche Momente ausschlaggebend waren. – Ein abschließendes Urteil werden Sie erst nach der Behandlung der Kapitel 6 bis 8 geben können. (S. 88f., M 4.10 und 4.11)

⑥ Bis heute ist die Außenpolitik Stresemanns als eine der wenigen großen Chancen der Weimarer Republik verstanden worden; andererseits hat man ihm unterstellt, er habe seine Politik „inhaltlich am Machtanspruch des Deutschen Reiches, seine Strategie [jedoch] methodisch an den Machtverhältnissen nach 1918" orientiert. Suchen Sie hier ein Urteil zu finden, indem Sie die praktischen Möglichkeiten deutscher Außenpolitik mit den Interessen und langfristigen Zielen vor allem der traditionellen Eliten vergleichen! (S. 85f. und M 4.8–4.9)

⑦ Skizzieren Sie die Beziehung zwischen Außenpolitik und Koalitionspolitik im Innern. Inwiefern war im Frühjahr 1930 ein „günstiger Zeitpunkt" für die Berufung einer Rechts-Regierung gegeben?

⑧ Nicht so sehr die Zahl als vielmehr die begrenzte Kompromiss- und Koalitionsfähigkeit der Parteien bildete ein wesentliches Schwächemoment der Weimarer Republik. Untersuchen Sie dies am Beispiel der Regierung Müller (1928–1930)! (S. 87f., M 4.11 und 4.12)

5 „Goldene Zwanziger“ oder gestörte Modernisierung? Gesellschaftliche Strukturen und ideologische Strömungen in den Zwanzigerjahren

Die Jahre zwischen der Großen Inflation und der Weltwirtschaftskrise prägten sich vielen Zeitgenossen als die „Goldenen Zwanziger“ ein. Die relative politische Stabilität und die Zeichen wirtschaftlicher Erholung gaben dieser Sicht eine gewisse Berechtigung. Auf der anderen Seite waren viele ungelöste wirtschaftliche Probleme und tiefreichende soziale Spannungen kaum zu übersehen. Auch in ideologischer Hinsicht gab es tiefe Bruchlinien in Deutschland: Den auf Modernisierung und Demokratisierung drängenden Kräften, die Einflüssen von außen – besonders von Amerika – offen waren, standen pessimistische, kultur- und zivilisationskritische Stimmungslagen gegenüber.

5.1 Strukturen der deutschen Gesellschaft

Soziale Schichtung der deutschen Gesellschaft

Auf der Grundlage der Volkszählung von 1925 hat der Soziologe Theodor Geiger Anfang der Dreißigerjahre die bis heute beste Analyse der deutschen Gesellschaft der Weimarer Zeit vorgenommen. Geiger ging zunächst von einer „Rohgliederung“ der Gesellschaft aus, in der die Bevölkerung nach ihrer objektiven ökonomischen Lage in drei Gruppen – kapitalistische, mittlere oder proletarische Lage – differenziert wird. Zur „proletarischen Lage“ zählte Geiger auch diejenigen Selbstständigen („Proletaroide“), deren Betrieb nur einen Gewinn in Höhe eines durchschnittlichen Arbeiterlohns erwirtschaftete. Der „mittleren Lage“ rechnete Geiger neben kleineren Unternehmern auch Lohn- und Gehaltsbezieher höherer Qualifikation zu. Auf dieser Basis ordnete er weniger als 1% der Bevölkerung der „kapitalistischen Lage“, etwa 25% der mittleren und rund 74% der proletarischen Lage zu.

Geiger ging davon aus, dass die objektive ökonomische Lage und das Bewusstsein der Menschen von ihrer Lage nicht unbedingt deckungsgleich sind, am wenigsten im Mittelstand. Deshalb versuchte Geiger durch eine „Tiefengliederung“ der deutschen Gesellschaft die sozialen Schichten „als typische Orte von Lebensstilen und von sozialen und politischen Mentalitäten“ sichtbar zu machen. Nach ihrem Bewusstsein unterschied Geiger fünf Gruppen:

Kapitalisten	(1%);
alter Mittelstand	(18%);
neuer Mittelstand	(16%);
Proletaroide	(14%);
Proletariat	(51%).

Während bei der schmalen Schicht der Kapitalisten im Wesentlichen Einstellungen vorherrschten, die ihrer tatsächlichen sozialen Lage entsprachen (intakte „hochkapitalistische Haltung“), fiel der Befund für Mittelschichten und sog. Proletaroide ganz anders aus (→ M 5.1). Ähnliches galt auch für Teile der Arbeiterschaft, deren Bewusstsein nach Geiger nicht immer ihrer objektiven sozialen Lage entsprach. Das traf besonders für die große Gruppe der 2 1/2 Millionen Landarbeiter zu, die nach Qualifikations- und Einkommensniveau eindeutig der proletarischen Lage, und zwar ihren unteren Rängen, zuzurechnen waren. Dennoch kam Geiger zu dem Schluss, dass die Lebensanschauungen „nirgends so konservativ“ waren wie in dieser Gruppe: „Der Landarbeiter ist noch so sehr von feudalistisch-patriarchalischer Atemluft eingehüllt, dass er noch heute vielfach ohne erheblichen Widerspruch z. B. die Bevormundung bei politischen Wahlen seitens des Arbeitgebers hinnimmt“.

Erwerbstätigkeit nach Wirtschaftsbereichen – Deutsches Reich und BRD 1907–1970

Statistisches Bundesamt (Hrsg.): Bevölkerung und Wirtschaft 1872–1972. (Kohlhammer) Stuttgart und Mainz 1972. S. 142.

Jahr	Land- u. Forstwirtschaft, Fischerei Mio.	%	Produzierendes Gewerbe Mio.	%	Handel, Verkehr, Dienstleistungen Mio.	%
1907	9,9	35,2	11,3	40,1	7,0	24,8
1925	9,8	30,5	13,2	41,4	9,0	28,2
1939	8,9	25,0	14,6	40,8	12,2	34,2
1950	5,2	22	10,5	45	7,8	33
1970	2,4	9	12,9	49	11,3	43

„Klassengesellschaft im Übergang"

Erwerbstätigkeit nach der Stellung im Beruf – Deutsches Reich und BRD 1907–1970

	Erwerbs-Personen (in Mio.)	Stellung im Beruf (in Prozent)			
		Selbstständige	Mithelfende Familienangehörige	Angestellte und Beamte	Arbeiter
1907	28,1	20	15	10	55
1925	32,0	17	17	17	49
1939	35,7	13	16	22	49
1970	26,7	10	7	36	47

Statistisches Bundesamt (Hrsg.): Bevölkerung und Wirtschaft 1872–1972. (Kohlhammer) Stuttgart und Mainz 1972. S. 142.

Die starke Aufspaltung der deutschen Gesellschaft in scharf gegeneinander abgegrenzte soziale und kulturelle Milieus, wie sie schon in der Kaiserzeit existiert hatten, wurde nicht entscheidend verändert. Die deutsche Gesellschaft zwischen Kaiserzeit und Nationalsozialismus *war* eine Klassengesellschaft, aber – rückblickend betrachtet – eine „Klassengesellschaft im Übergang" (H. A. Winkler). SPD, KPD und Gewerkschaften konservierten durch eigene Zeitungen, Vereine und Kulturarbeit viel von dem Klassenbewusstsein aus der Zeit vor 1914; zugleich zeigten sich Ansätze zu Veränderungen: Das Selbstbewusstsein hochqualifizierter Arbeiter (besonders in der Großindustrie), bessere Wohnverhältnisse und schulische Chancen der Kinder und neue Freizeitangebote (Sport, Film, Radio, Schrebergartenbewegung) stellten die Klassenorientierung in Frage. Charakteristisch ist die Entwicklung der Arbeitersportvereine: „Was uns Arbeiter vom Bürgertum politisch und wirtschaftlich trennt", schrieb die „Arbeiter-Turnzeitung" 1919, „das trennt uns Arbeitersportler vom bürgerlichen Sport: der Klassengegensatz und die Weltanschauung." – Aber schon die öffentliche Förderung des Breitensports schwächte solche Gegensätze ab. Die strikte Ablehnung von Auszeichnungen für sportliche Leistungen, die als Ausdruck bürgerlichen Konkurrenzstrebens galten, wurde von den jugendlichen Vereinsmitgliedern infrage gestellt.

Richtungsweisender sozialer Wohnungsbau: Die Hufeisensiedlung Berlin-Britz

Frauenrolle und Jugendprobleme in den Zwanzigerjahren

Verschiebungen in der Struktur der Erwerbsbevölkerung betrafen in den Zwanzigerjahren zwei Gruppen im besonderen Maße: Frauen und Jugendliche. – Die Erwerbsquote der Frauen stieg von 1907 bis 1925 von 31,2% auf 35,6% an; die Öffentlichkeit nahm diese Veränderungen auch deshalb als sehr einschneidend wahr, weil sich die Frauenbeschäftigung in bestimmten Bereichen kräftig erhöhte. In der Industrie stieg der Anteil der Frauen an den Beschäftigten um rund ein Viertel auf 23%, und in der Gruppe der Angestellten und Beamten hatte sich der Frauenanteil auf ein Achtel der Beschäftigten verdoppelt. Dagegen ging der Anteil der Arbeiterinnen unter den weiblichen Erwerbspersonen deutlich zurück. Typische Frauenberufe waren neben der Fließbandarbeiterin in der Industrie im tertiären Sektor die einfachen Büroberufe, die Verkäuferin oder jetzt auch die Lehrerin. An der Universität nahm der Anteil weiblicher Studenten bis 1932 auf 16% zu.

Unzählige Diskriminierungen der Frauen im Erwerbsleben, darunter die schlechtere Entlohnung, blieben in den Zwanzigerjahren bestehen. Das von Männern produzierte Bild der „neuen Frau“, das diese als modebewusst, konsumorientiert und attraktiv, dabei etwas zu selbstbewusst zeichnete, entsprach der Realität kaum und reflektierte gewisse männliche Ängste und Sehnsüchte gleichermaßen.

Gegenbewegungen waren, vor allem in der wirtschaftlichen Krisensituation nach 1929, unübersehbar. Seit 1932 konnten beispielsweise weibliche „Doppelverdiener“ aus dem öffentlichen Dienst entlassen werden. Noch vor der Machtübernahme der Nationalsozialisten wurde wieder verstärkt die Hauptaufgabe der Frau als Hausfrau und Mutter betont.

Von den demographischen Verschiebungen besonders betroffen waren die Jugendlichen. Zwar waren die Geburtenzahlen – entsprechend einem in allen Industriegesellschaften beobachtbaren Trend – seit 1910 rückläufig, aber in den Zwanzigerjahren drängten gerade die (noch) starken Geburtsjahrgänge des ersten Jahrzehnts auf den Arbeitsmarkt, der durch die Kriegsfolgen und das ohnehin schwache Wirtschaftswachstum kaum aufnahmefähig war. Die beträchtliche Jugendarbeitslosigkeit hatte zur Folge, dass die Jugendlichen oftmals ihren Familien länger „zur Last fielen“, als beiden Seiten lieb war. Ihr faktischer Ausschluss von den Verlockungen der neuen Massenkultur und den neuen Freizeitangeboten der Zwanzigerjahre verbitterte die Jugendlichen, verstärkte Neigungen zu Protest- und Gewalttaten und machte sie empfänglich für radikale Ideologien und Gruppierungen. Autoritätsverlust der Familien und Jugendkriminalität wurden unübersehbare Phänomene der Zwanzigerjahre.

Besonders die ganz überwiegend bürgerliche studentische Generation fühlte sich um ihre Lebens- und Karrierechancen weitgehend betrogen, was hauptsächlich der „vergreisten“ Republik angelastet wurde. Bei studentischen Wahlen gab es Ende der Zwanzigerjahre sehr große Stimmenanteile für völkisch-nationalistische Gruppen.

Jugendliche Arbeitslose aus proletarischen Verhältnissen gerieten in den Sog der NSDAP-Organisationen, daneben behielt auch die KPD, die wie die NSDAP radikale Veränderungen propagierte, eine beträchtliche Attraktivität.

Von den jugendlichen Subkulturen der Zwanziger- und beginnenden Dreißigerjahre wurden die

Frauenerwerbstätigkeit nach Stellung im Beruf – Deutsches Reich und BRD 1882–1980

	1882	1907	1925	1933	1939	1980
A Anteil der erwerbstätigen Frauen an Gesamtzahl Frauen	33,8	31,2	35,6	34,2	36,1	32,6
B Anteil der Tätigkeiten an der Gesamtzahl der erwerbstätigen Frauen:						
– Mithelfende Familienangehörige	40,7	35,2	36	36,1	36,3	7,9
– Dienstmädchen/Hausangestellte	17,9	16,1	11,4	10,5	10,5	
– Arbeiterinnen						
– in Industrie u. Handel	11,8	18,3	23	22,9	24,8	
– in der Landwirtschaft	15,5	14,5	9,2	7,5	6,2	
– Angestellte und Beamtinnen	1,7	6,5	12,6	14,8	15,6	55,9
– Selbstständige	12,3	9,2	7,7	8	6,4	4,8

Zusammenstellung nach: Ute Frevert: Frauen-Geschichte. Frankfurt 1986, S. 290

Gerd Arntz: Amerikanisches, 1924

Mädchen nur am Rande erfasst. Auch hier zeigten sich die engen Grenzen der weiblichen Emanzipation, die Mädchen blieben stark in die Familien eingebunden. Die typische Vorbereitung eines Unterschichtmädchens auf seine spätere Familienrolle vollzog sich noch immer durch eine meist jahrelange Tätigkeit als Dienstmädchen in einem bürgerlichen Haushalt. Die Bezahlung ging in der Regel über Kost und Logis oder ein bescheidenes Taschengeld nicht hinaus.

5.2 Weltanschauliche und kulturelle Strömungen

Ein Pädagoge schrieb im Jahre 1929 über die ‚Proletarische Jugend' der Großstädte: „Wollte man sie nach dem Sinn des Lebens fragen, so könnte sie nur antworten: ›Was es eigentlich soll, das wissen wir nicht, und es interessiert uns auch nicht, es zu erfahren. Da wir aber nun einmal leben, so wollen wir auch vom Leben so viel haben wie nur irgend möglich.‹ Verdienen und Vergnügen, das sind die beiden Angelpunkte des Daseins, wobei unter Vergnügen beides, das Edle und das Unedle, von primitiver Sexualität und Jazzmusik bis zu neuproletarischer, künstlerisch einwandfreier Wohnkultur und rational durchgeführter Körperpflege, zu verstehen ist. Eins steht jedenfalls fest: Diese Jugend hat durchaus die Absicht, ›mit festen, markigen Knochen auf der wohlgegründeten dauernden Erde zu stehen‹. Aus dieser Welt und aus ihr allein sucht man für sich herauszuholen, was man nur herausholen kann. Dieses Volk ist wirklich amerikanisiert bis in die Wurzeln seines Denkens, bewusst und selbstverständlich oberflächenhaft. Immer wieder muss man, wenn man mit ihm in Berührung kommt, denken: Nicht etwa der Sozialismus, sondern der Amerikanismus wird das Ende aller Dinge sein. Wenn fast kaum noch ein Proletariermädchen die alte Haartracht trägt, sondern selbstverständlich den wahrlich metaphysikfreien Bubikopf, so sollte man anerkennen, dass dies ein sinnvoller Ausdruck der ganzen hier vorliegenden Lebenshaltung ist."[1]

Massenkultur und Massenmedien

Zur Verbreitung eines Lebensgefühls, in dem alles Amerikanische als Vorbild und Ausdruck der Modernität galt, trugen nicht zuletzt die neuen Medien der Zwanzigerjahre bei: Boulevardzeitungen, z. B. die „BZ am Mittag", erreichten erstmals ein Massenpublikum; die Illustrierten genossen zunehmende Beliebtheit und entwickelten jetzt auf der Basis verbesserter Reproduktionstechniken das Genre der Bildreportage, die den Leser am „Leben der Welt" viel näher teilnehmen ließ als je zuvor.
Noch wichtiger wurde der Vormarsch des Films, zunächst des Stummfilms, seit 1929 dann des Tonfilms. Obgleich es eine anspruchsvolle deutsche Filmproduktion in den Zwanzigerjahren

[1] Zit. nach: Detlev Peukert (M 4.9C). S. 178f.

gab, waren es gerade die Hollywood-Filme, die den Geschmack eines Millionenpublikums prägten und amerikanisches Lebensgefühl vermittelten. In der Mitte der Zwanzigerjahre wurden in Deutschland täglich 2 Millionen Kinokarten verkauft. Deutschland war in Europa das Land mit den meisten Kinos. Schließlich verbesserte das Radio die Informationsmöglichkeiten beträchtlich. Der Rundfunk nahm 1923 regelmäßigen Sendebetrieb auf, die Hörerschaft stieg seitdem rapide an: 1932 verfügte jeder vierte, in Großstädten sogar jeder zweite Haushalt über ein Radiogerät.

So viel Presse, Film oder Radio zur Verbreitung neuer Einstellungen und Lebensstile beitrugen, wäre doch der Eindruck falsch, dass sie dies ausschließlich im Sinne eines amerikanisch geprägten Zeitgeistes bzw. einer unkritischen Amerika-Bewunderung taten. Gerade im Rundfunk wirkten bis zu dessen Umwandlung zum Staatsrundfunk durch die Papen-Regierung 1932 auch namhafte Intellektuelle der Linken in der Programmgestaltung mit. Die Presse- und Filmlandschaft war allerdings stark von der konservativ-antidemokratischen Rechten beeinflusst. In den Zwanzigerjahren beherrschte Alfred Hugenberg, seit 1928 DNVP-Vorsitzender, in dem von ihm allmählich zusammengefügten Medienkonzern nicht nur die Filmgesellschaft UFA, sondern beeinflusste durch eine eigene Nachrichtenagentur, eigene Informationsdienste und die Lieferung fertiger überregionaler Zeitungsteile rund 1600 Provinzzeitungen. In den weit über die Klientel der DNVP hinaus gelesenen Blättern des Hugenberg-Konzerns überwog eine radikale Propaganda, die mit der demokratischen Republik auch neue westliche Strömungen in der Kultur scharf bekämpfte und völkisch-nationalistischen Strömungen breiten Raum gab.

Gespaltene Kultur

In der heute dominierenden Vorstellung von der Kultur der Weimarer Republik spielt Berlin eine herausragende Rolle. Berlin wurde in den Zwanzigerjahren stärker als Paris der europäische Mittelpunkt der Kultur – wie des Vergnügens. Die Reichshauptstadt verkörperte das großstädtische Leben mehr als Paris oder London. Zugleich entwickelten sich die zahlreichen traditionellen kulturellen Zentren Deutschlands sehr fruchtbar.

Der Expressionismus, der in der Malerei, in Drama und Lyrik seinen Aufschwung und Höhepunkt schon vor dem Ersten Weltkrieg erlebt hatte, prägte auch die Weimarer Kultur noch in ihren ersten Jahren. Auf den Bühnenspielplänen standen häufig expressionistische Stücke, etwa von Ernst Toller oder Walter Hasenclever. Die revolutionäre Aufbruchstimmung des Expressionismus entsprach dem Gefühl der Menschen von den Umwälzungen der Nachkriegszeit.

Die „Goldenen Zwanziger“, also die Jahre nach 1923, wurden indessen mehr von einer neuen Richtung bestimmt, für die sich in der Kunst bald der Begriff der „Neuen Sachlichkeit“ durchsetzte. Anders als der Expressionismus dämonisierte die Neue Sachlichkeit die Technik nicht länger, sondern akzeptierte sie und gewann ihr eine neue Ästhetik ab.

Die Entwicklung in Literatur und Theater war von einer außerordentlichen und vielfältigen Fruchtbarkeit geprägt. Als Thomas Mann 1929 den Literaturnobelpreis erhielt, wurde nicht nur der

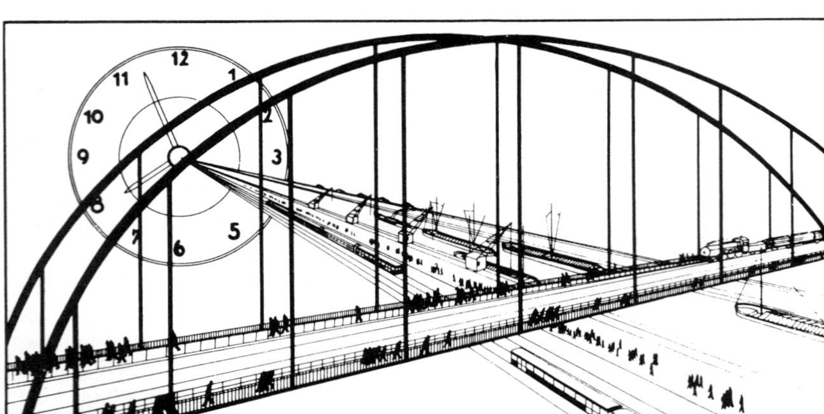

Oskar Nerlinger: Straßen der Arbeit (1923)

Verunglimpfung Heinrich Manns in der satirischen Wochenzeitschrift der Nationalsozialisten. Lied: „Ich bin von Kopf bis Fuß auf Liebe eingestellt."

größte deutsche Romancier seiner Zeit geehrt, der sich überdies vom Gegner zum Anhänger der Republik gewandelt hatte, sondern auch der Rang der deutschen Literatur und Kultur als ganzer in Europa hervorgehoben. Betonter Naturalismus und häufig sozialkritischer Realismus prägten die Werke vieler Autoren der Zeit: Döblins „Berlin Alexanderplatz" (1929), Brechts „Dreigroschenoper" (1928) und noch Hans Falladas „Kleiner Mann, was nun?" (1932) sind Beispiele für die neue Orientierung der Literatur. Ein Autor wie Alfred Döblin verstand es auch, die neuen Formen der Massenkultur zu nutzen: „Berlin Alexanderplatz" erschien als Roman 1929, ein Jahr später als Hörspiel und war schon 1931 verfilmt. – Werke wie Erich M. Remarques Roman „Im Westen nichts Neues" traten dem Kriegspathos der Rechten entgegen.

Unter der Leitung des Regisseurs Erwin Piscator kamen in Berlin zahlreiche sozialkritische Stücke zur Aufführung. Themen wie die des Außenseiters, des in der modernen Welt tendenziell überforderten Individuums, die Probleme von Leben und Überleben in der Großstadt, aber auch Frauenrechte und Abtreibungsfrage kehrten in vielen Werken der Zeit wieder.

Während die genannten, meist der politischen Linken verbundenen Autoren die Probleme des Menschen in der modernen Gesellschaft kritisch-realistisch schilderten, entstand gleichzeitig eine rechte Gegenströmung, die sich in eine neue Irrationalität flüchtete. Dem in der bürgerlichen Gesellschaft zerrissenen und ihrer kommerziellen Rationalität ausgelieferten Menschen setzte Ernst Jünger das Bild eines sich in der „Aktion", in Tat und Tod realisierenden, heroischen Menschen entgegen. Zu diesem Zweck wurde das Kriegserlebnis des Ersten Weltkriegs mystifiziert.

In vielen Schriften der Zeit geriet der Fortschrittsgedanke selbst immer mehr in die Krise: So sprach Oswald Spengler schon im Titel seines Hauptwerks vom „Untergang des Abendlandes". – Die neuen rechten Ideologien verstanden sich selbst als antiliberal, vor allem als antibürgerlich. An die Stelle des Pluralismus der Werte in der ▷ liberalen Demokratie setzten sie eine neue „organische" Ordnung, eine feste Hierarchie. Die „Gemeinschaft" wurde dem Einzelnen und seinen Rechten übergeordnet. Daher verstanden sich viele der rechten Strömungen auch als „sozialistisch", obwohl sie mit dem ▷ Sozialismus marxistischer bzw. sozialdemokratischer Prägung nichts gemein hatten. Auch ständestaatliche Vorstellungen erlebten eine neue Konjunktur. Schließlich standen Führer- und ▷ Elitegedanken hoch im Kurs – sie versprachen neue Gewissheiten in einer Zeit der Ungewissheiten. Die neue Irrationalität erreichte eine besondere Variante im Rassismus und natürlich in dem verbreiteten ▷ Antisemitismus, der mit seiner Gegnerschaft gegen die Juden den Sündenbock für die ungelösten Gegenwartsprobleme hatte.

Nicht wenige Bücher der Zeit lieferten schon im Titel Schlagworte für die völkisch-nationalistischen Strömungen, so Hans Grimms Bestsellerroman „Volk ohne Raum" (1926), Arthur Moeller van den Brucks „Das Dritte Reich" (1923) oder Hans Freyers Werk „Revolution von Rechts" (1931), das den Revolutionsbegriff im konservativen Sinne in Beschlag nahm.

Diese neuen ideologischen Strömungen, die vor allem in der Jugend begierig aufgegriffen wurden, lebten „weniger von dem Pro eines Zukunftsentwurfs als von den großen Antipositionen, die gleichsam Erlösung von den Übeln der Modernisierung verhießen" (K. D. Bracher).

Überlegungen zur weiteren Arbeit

Berlin war neben Paris am Ende der Zwanzigerjahre eine der beiden kulturellen Metropolen Europas. Nicht zuletzt deshalb gelten diese Jahre noch heute in Deutschland vielfach als „Goldene Zwanziger“. In Wirklichkeit waren die kulturellen Strömungen jedoch vielschichtiger: Sie umfassten eine radikale Modernität ebenso wie eine ebenso radikale Ablehnung der Moderne, Trends zu einer Massenkultur nach amerikanischem Vorbild wie rückwärtsgewandte, zivilisationskritische Tendenzen.
Dieses Kapitel behandelt also kultur- bzw. mentalitätsgeschichtliche Aspekte. Aber schon der Befund der tiefen Spaltung im geistig-kulturellen Leben Deutschlands macht die Erweiterung des Blickfelds über die kulturgeschichtliche Dimension hinaus erforderlich. Deshalb stellt dieses Kapitel eine Darstellung sozialer und demographischer Strukturen und Entwicklungen in den Zwanzigerjahren (sozialgeschichtliche Dimension der historischen Erfahrung) voran. Im Sinne eines synchronen Verfahrens können Sie diesen Überblick über sozial- und kulturgeschichtliche Entwicklungen am Ende der Zwanzigerjahre besonders aus Kapitel 4.4 um wichtige wirtschafts- und politikgeschichtliche Aspekte ergänzen.

Materialien zu Kapitel 5

M 5.1 1932 – Mittelstand in Bedrängnis

Aus Theodor Geigers Studie zur sozialen Schichtung in Deutschland

In diesem Bevölkerungsteil [des „alten Mittelstandes“] haben wir ein Beispiel dessen, was man mit einem Terminus der Geologen als *sozialgeschichtliche Verwerfung* ansprechen darf: Strukturen, die im sozialgeschichtlichen Nacheinander auftreten, finden sich im gesellschaftlichen Jetzt bei verschiedenen Bevölkerungsteilen im Nebeneinander. So wirken im alten Mittelstand die ständischen Schichtungen der frühkapitalistischen Epoche als Querdifferenzierungen nach; ständische Sitte und Lebensauffassung haben sich bewahrt und leisten der Durchsetzung des hochkapitalistischen Klassenprinzips zähen Widerstand. Das gilt vom Bauern und Handwerker in höherem Grade als vom Händler; die Bauern allein stellen aber mehr als die Hälfte des ganzen alten Mittelstandes. […]

a) Am wenigsten stabil ist verhältnismäßig das kleinere Händlertum. Im Gegensatz zum Handwerk haben wir im Handel eine unsolide und volkswirtschaftlich zum Teil unmotivierte Zunahme der kleineren Selbstständigen zu verzeichnen gehabt, was sich ja in der besonders großen Zahl proletaroider Händlerexistenzen deutlich macht […]. Diese Inflation der kleineren Selbstständigen ist bekanntlich dadurch gefördert, dass einen Laden zu eröffnen und sich als Kaufmann zu bezeichnen keinerlei Fachkenntnisse voraussetzt. Es gibt hier eine Gruppe der Selbstständigen, die durchaus den ungelernten Gelegenheitsarbeitern unter den Abhängigen vergleichbar ist. Sehen wir aber hier von den Proletaroiden[1] ab; auch der Händler*mittelstand* umfasst eine große Zahl von Existenzen, die keineswegs als berufs-, höchstens als besitzständisch anzusehen sind, die auch des im Handwerk noch weithin wirksamen Fonds an ständischer Sitte und Überlieferung entbehren; gerade dieses Zusammentreffen der Umstände macht das kleinere Händlertum dem Nationalsozialismus besonders aufgeschlossen: Die Abwehrmotive gegen die wirtschaftliche Bedrängnis, die zum großen Teil durch verantwortungslose Überbesetzung der Sparte (Luftexistenzen) und mangelnde Branchenkenntnis bedingt ist, trifft mit dem Mangel wirklicher ständischer Überlieferung zusammen; die Herkunft aus wirklich berufsständischer Lebenswelt schützt vor radikalistischem Ausschlagen ebenso, wie die Minderwertigkeitsgefühle,

die der Mangel fester beruflicher Verankerung erzeugt, es fördern.
b) Über die soziale Lebensform des Bauerntums ist des Breiten genug geschrieben, eine Skizze auf wenig Seiten ist sinnlos; bemerkt sei nur: Den Bauern unterscheidet von allen andern Teilen des alten Mittelstandes eine besonders strenge Ortgebundenheit und die Tatsache, dass er in viel geringerem Umfange als kaufender Konsument auftritt. Seine wirtschaftliche Autarkie, soweit die Deckung des täglichen Nahrungsbedarfs infrage kommt, steigert sein Selbstbewusstsein gegenüber dem Städter und der nicht-agrarischen Bevölkerung überhaupt; die Tatsache aber, dass sein eigenes Bareinkommen am gesamten Lebensbedarf gemessen gering ist, verleitet ihn zu einem Vorurteil hinsichtlich der wirtschaftlichen Lage des Gehalts- und Lohnempfängers, dessen Geldeinkommen er nach falschen Maßstäben bewertet (überbewertet). [...]
c) Den drei Hauptelementen des alten Mittelstandes ist gemein, dass sie sich gegenwärtig im *Verteidigungszustand* befinden. Dabei scheint mir die Abwehr gegen *wirtschaftliche Bedrängnis* im Grunde und auf die Dauer nicht so entscheidend zu sein wie die gelegentlich in krampfhafte Formen abartende Verteidigung eines *gesellschaftlichen Prestiges* der Schicht als solcher.

Theodor Geiger: Die soziale Schichtung des deutschen Volkes (Nachdruck der Ausgabe von 1932). (Enke) Stuttgart 1967. S. 84ff.

M 5.2 Bewusstseinslage im selbstständigen Mittelstand

Aus einer Reichstagsrede des Abgeordneten Hermann, der der kleinen mittelständischen Wirtschaftspartei angehörte (13.3.1931):

Gegen diese Gestaltung der Löhne nach der jeweiligen politischen Machtlage[1] und nicht nach den Gesetzen der Wirtschaft haben sich Handwerk, Kaufmannschaft und Industrie in immer stärkerem Maße gewehrt. [...] Ebenso ungesund wie die Zwangslohnbildung ist jene Entwicklung, die den Handwerker und den Kaufmann den mächtigen Organisationen der Großwirtschaft gegenüberstellt, den Kartellen, Syndikaten, Trusts, Konzernen usw., die in immer höherem Maße aus der freien Wirtschaft eine private Zwangswirtschaft gemacht haben. [...]
Dazu kommen noch die Bindungen der Preise durch Schutzzölle und Hochschutzzölle, die vielfach im Interesse der Landwirtschaft von der Gesamtwirtschaft haben übernommen werden müssen.
Diese Entwicklung [...] hat in immer höherem Maße dazu geführt, aus dem Handwerker und Kaufmann nur noch ein Objekt der Wirtschaft zu machen und ihn als Subjekt nahezu auszuschalten. [...]
In den letzten zwölf Jahren hat man regierungsseitig und auch hier im Reichstag zwei Götzen angebetet. Man hat sowohl die Macht der Gewerkschaften als auch die Macht der großen Industrieverbände [...] maßlos überschätzt. [...] [Der Mittelstand] war nicht mehr interessant genug, und man glaubte, über seine Interessen hinweggehen zu können, ohne sich am Staat zu vergehen. Alle diejenigen, die sich auf sich selbst besinnen, wissen, dass auch heute noch unter den völlig veränderten wirtschaftlichen Umständen die große historische Aufgabe des Handwerks, des Kaufmannes, des gesamten deutschen Mittelstandes nach wie vor darin besteht, die unheilvollen Gegensätze zwischen Kapital und Arbeit in Deutschland zu mildern.

Verhandlungen des Reichstags, V. Wahlperiode 1930, Bd. 445. Stenografische Berichte. S. 1511ff.

[1] Gemeint ist die sog. Zwangsschlichtung (vgl. S. 88).

M 5.3 1929 – Angestellte und Arbeiter

Der Soziologe und Schriftsteller Siegfried Kracauer (1889–1966) untersuchte die Situation der Angestellten und fand – nach seinen Worten – eine „Exotik des Alltags, abenteuerlicher als eine Filmreise nach Afrika".

Alle diese Gegensätze [innerhalb der Angestelltenschaft] schrumpfen im Vergleich mit dem zwischen Arbeitern und Angestellten zu Nuancen zusammen. Er wird als Klassengegensatz empfunden, obwohl er es im entscheidenden Punkt und auf lange Strecken hin nicht mehr ist. Nicht nur die Angestellten, die es besser wissen müssten, halten an ihm fest, sondern erst recht die Arbeiter, denen sein Schwinden offenbar entgangen ist. Wenigstens urteilt so ein gut unterrichteter Gewerkschaftsfunktionär, der die im Proletariat übliche Auffassung, dass die Angestellten noch die gleiche Rolle innerhalb der Bourgeoisie wie früher spielten, aus dem Outsidertum der Arbeiter ableitet, das ihnen den Zerfall der bürgerlichen Welt verschleiere. Wie überzeugt sie immer noch von der Köstlichkeit des Angestelltenlebens sind, geht eindeutig aus der Tatsache hervor, dass in der Betriebszählung des Jahres 1925 weniger Angestellte angegeben waren als in der gleichzeitigen Berufszählung, in der sich viele Arbeiter auf eigene Faust zu Angestellten ernannten. Was sie nicht sind, sollen doch ihre Sprösslinge werden, denen sie rasche Anstiege erträumen. Jedenfalls wird dem Berufsberater einer freigewerkschaftlichen Angestellten-Organisation von den Arbeitereltern unter seinen Klienten stets vorgehalten, dass sie ihren Kindern einmal eine bessere, leichtere und „sauberere“ Arbeit als die von ihnen verrichtete wünschen. Die Kinder selbst sehnen sich in der Regel nicht minder danach, schmuck auszusehen und ein beschwingtes Dasein zu führen. Ein großer Teil der im Zentralverband der Angestellten zusammengefassten Leute ist denn auch proletarischer Herkunft. Manchmal schließt sich der Kreis, und sie treten, um einige Erfahrungen reicher, nach erfolgtem Abbau[1] von neuem in den Stand ihrer Erzeuger zurück. […] So gewiss sich ein Werkstattschreiber mehr vom Prokuristen als vom qualifizierten Arbeiter unterscheidet, ebenso gewiss rechnet er sich zu den Kollegen des Prokuristen. In einer diesjährigen Nummer der G.d.A.-Zeitschrift[2] wird unter der Überschrift „Was Fragebogen erzählen“ berichtet: „So kehren häufig die Klagen von jüngeren und älteren Angestellten wieder, dass die Arbeiter im Betriebe mehr als ein Angestellter verdienen …“ Das ist freilich ein Unding, und man kann nur von Glück sagen, dass vermutlich viele von ihrem gekränkten Selbstgefühl nach dem Muster jenes Bankbeamten aufhelfen, der zu mir äußert, die Zugehörigkeit zum Proletariat hinge seines Erachtens nicht allein vom Einkommen ab. […]

Besonders die in Angestelltenberufen untergebrachten Mädchen meinen gewöhnlich, dass sie zu gut für Arbeiter seien. Oder ihre Eltern wollen doch höher mit ihnen hinaus. Eine junge Verkäuferin hat mir von ihrer Freundschaft mit einem tüchtigen Metallarbeiter erzählt, der auf das Drängen ihres Vater hin seinen Beruf gewechselt habe. Der Vater ist nichts Geringeres als ein Justizwachtmeister und duldet daher keinen Arbeiter in der Familie. Nun muss sich der Erwählte mit dem subalternen Posten eines Kassenboten begnügen, ist aber dafür zum Bräutigam avanciert.

Siegfried Kracauer: Die Angestellten, aus: Schriften I. (Suhrkamp Verlag) Frankfurt/M. 1971, S. 81ff.

[1] Entlassung

[2] G.d.A. = Gewerkschaftsbund der Angestellten (bürgerlich-national orientiert)

Frauen in der Weimarer Republik

M 5.4 Erinnerungen einer weiblichen Angestellen

Anita Sellenschloh, geb. 1913, arbeitete seit 1929 als Kontoristin:

Ich war vorgeschlagen zum Gymnasium, aber meine Eltern waren dagegen, weil sie kein Geld für die lange Schulzeit hatten. 1928 machte ich die Mittlere Reife, das war schon was Gewaltiges.

Die Sozialbehörde machte damals Tests unter den Schulabgängern. Obwohl ich die Zweit- oder Drittbeste war, kriegte ich keinen Bescheid, geschweige denn eine Arbeitsaufforderung. Ich war erst sechzehn und nahm das so hin. Für eine Lehrstelle war es dann zu spät. […]

Ich fing als Fakturistin in einer kleinen Im- und Exportfirma an. Dort arbeiteten zehn bis 15 Fakturistinnen im Saal. Aus Körben mit Aufträgen mussten wir Kolonnen schreiben und abends alles zusammenzählen. Ich erinnere noch sehr genau meine Wut auf die Kollegen, die sich immer die größeren Rechnungen rauspickten und abends eher fertig waren als wir Jüngeren und Unerfahreneren. Abends musste alles ausgewiesen werden. Es war laut dort, ein ewiges Geklapper. Ich habe eigentlich mehr unter dem Arbeitsstress und der Hetze gelitten. In der Firma war ich ein halbes Jahr und kriegte 80 bis 90 Mark im Monat. Das habe ich alles bis auf zehn Mark zu Hause abgegeben. […]

Für das Maschineschreiben nahm man nur Frauen. Es war nie richtig rauszukriegen, was die Männer verdienten, die kriegten irgendwelche Zuschläge. Arbeitskräfte waren billig. Man hat den untersten Dreck im Büro gemacht als Ablegerin und Fakturistin. Ich war sehr frustriert.

Abends hatte ich kaum noch Kraft, mein Privatleben zu gestalten. […] Man musste gut angezogen sein, freundliche Miene machen, bescheiden und höflich sein. Ich bin erst in der Nachkriegszeit richtig wütend geworden. Meine Mutter war nur Reinmachefrau, in meinem Beruf machte man sich nicht schmutzig. Er galt als gehobener Beruf, und ich verdiente zehn Mark mehr als sie.

Zit. nach: Projektgruppe Arbeiterkultur Hamburg (Hrsg.): Vorwärts – und nicht vergessen, Arbeiterkultur in Hamburg um 1930. (Frölich & Kaufmann) Berlin 1982. S. 42.

M 5.5 1932 – Junge Frau in Berlin

1932 gelang der 22-jährigen Irmgard Keun mit dem Roman „Das kunstseidene Mädchen“ ein beachtlicher literarischer Erfolg. Die Heldin – Büromädchen, aus proletarischen Verhältnissen stammend –, ist modern und schillernd wie Kunstseide (ein neues Produkt der Zeit), intelligent und ehrgeizig, lebensfroh und unbeeindruckt von verlogener Moral. (Irmgard Keun passte den Nationalsozialisten nicht; sie emigrierte 1936.)

Ich hatte einen angenehmen Tag, weil der Letzte ist und Geldkriegen einem mit am meisten gut tut, trotzdem ich von 120 – und Therese kriegt 20 mehr – 70 abgeben muss, was mein Vater doch nur versäuft, weil er jetzt arbeitslos ist und nichts anders zu tun hat. Aber von meinen 50 Mark hatte ich mir gleich einen Hut mit Feder gekauft – dunkelgrün – das ist jetzt Modefarbe, und steht mir herrlich zu meinem erstklassigen rosa Teint. Und ist schief auf einer Seite zu tragen – kolossal fesch – und ich hatte mir bereits einen dunkelgrünen Mantel machen lassen – streng auf Taille und mit Fuchsbesatz – ein Geschenk von Käsemann, der mich durchaus beinahe heiraten wollte. Aber ich nicht. Weil ich doch auf die Dauer zu schade bin für kleine Dicke, die noch dazu Käsemann heißen. Und nach dem Fuchs hab ich Schluss gemacht. Aber ich bin jetzt komplett in Garderobe – eine große Hauptsache für ein Mädchen, das weiter will und Ehrgeiz hat.
Und nu sitz ich hier in einem Kaffee – Tasse Kaffee kann ich mir heute auf eigne Faust leisten. Die Musik spielt, was ich gern höre: Zigeunerbaron oder Aida – kommt ja nich so drauf an. Neben mir ein Mann mit einem Mädchen. Er ist was Feineres – aber nicht sehr – [...]

Irmgard Keun: Das kunstseidene Mädchen. (Lübbe) Berg. Gladbach 1980. S. 10 u. 101f.

M 5.6 1923–1945 – Politik und Emanzipation

Marta Schanzenbach (* 1907) stammt aus einer sozialdemokratischen Arbeiterfamilie und gehört der Generation von Politikerinnen an, die von der Weimarer Republik geprägt wurden und nach 1945 vor allem die Sozialpolitik der Bundesrepublik Deutschland entscheidend geprägt haben.
(1923 hat sie in Gengenbach [Schwarzwald] die Ortsgruppe der sozialistischen Arbeiterjugend mitbegründet.)

Wir haben uns zugehörig gefühlt zur SPD. Wir waren ganz bewusst die „Junge Garde des Proletariats“. Wir waren nicht nur Wandervögel, sondern es war absolut politisch. Ich bin als Vorsitzende unserer Gruppe bekannt geworden, dann sehr schnell die Kreisvorsitzende des Schwarzwaldkreises geworden und bin 1926 auch Mitglied des Landesvorstandes gewesen. Da war ich neunzehn Jahre. Zuvor, mit achtzehn Jahren, wurde ich Verkäuferin beim Konsum in Gengenbach. Dort war ich drei Jahre lang. Dadurch habe ich auch Kontakt zu anderen Genossen gehabt. Das war ja damals ein reiner SPD-Laden, dieser Konsum-Verein. Dadurch bekam ich Kontakt zu den Gengenbacher Frauen. Die sind oft gekommen und haben mir ihr Leid geklagt. Ich bin die Abladestation für viele Kümmernisse gewesen.
Schließlich habe ich über die sozialistische Arbeiterjugend erfahren, dass es die Arbeiterwohlfahrt gibt, die in Berlin eine Schule für Fürsorgerinnen eingerichtet hatte. Vorher hatte ich weder von der Existenz der Arbeiterwohlfahrt noch von der Existenz sozialer Berufe gehört. [...] Ich habe dann an die Reichstagsabgeordnete Marie Juchacz geschrieben und gefragt, ob sie mir ein Studiendarlehen geben würden. [...]

(Marta Schanzenbach ging 1929 nach Berlin.)

Bis ich auf diese Schule kam, habe ich vom Sozialismus nur geschwärmt. Wer hat mir denn mal vorher gesagt, was Sozialismus ist? Vorher dachte ich, na ja, dann ist die Welt gut, und alle Menschen sind friedlich, und es wird keinen Krieg geben. Auf der Schule bin ich dann mit Politik konfrontiert worden. Da ist über Verfassung und über die Geschichte der Parteien gesprochen worden, und so ist in mir ein ganz anderes politisches Weltbild entstanden. Da es an dieser Schule keine Radikalinskis gab, sondern nur solide, gestandene Sozialdemokraten, bin ich ganz auf die Linie der Reformer, der Mehrheitssozialdemokraten, gekommen. Alles andere habe ich abgelehnt. Wäre diese Schule radikal gewesen, wär' ich sicher bei der Linken gelandet. In der Arbeiterwohlfahrt-Schule hat Siegfried Bernfeld Psychologie unterrichtet, ein Schüler von Sigmund Freud. Das war der große Mann damals in der Psychoanalyse in Berlin. Zwar hab' ich das meiste nicht verstanden, was er sagte, fand es aber aufregend, eine andere Welt. Ich, aus der katholischen Welt mit diesen Tausenden von Tabus, höre plötzlich, dass es etwas anderes im Leben gibt.

(Nach ihrem Examen arbeitete Marta Schanzenbach als Fürsorgerin in einem Berliner Arbeitervorort; 1933 wurde sie entlassen, aber 1939, als männliche Arbeitskräfte knapp wurden, wieder angestellt.)

Renate Lepsius: Frauenpolitik als Beruf. (Hoffmann und Campe) Hamburg 1987, S. 15ff.

M 5.7 1920 – Antidemokratisches Denken in der Jugendbewegung

Aus einem Buch von Max Hildebert Boehm[1], der sich zu den Anhängern der „Konservativen Revolution“ zählte:

[...] Den stärksten Widerwillen empfindet die Jugend gegen die Reaktion von heute, gegen die westlerische liberale Weltreaktion, der der Präsident Wilson die Fahne vorangetragen hat, die uns niedergeworfen und vergewaltigt hat, und deren Henkersknechte die Erzberger und Scheidemänner, die Formaldemokraten aus allen Parteilagern sind. Nicht vor der feindlichen materiellen Übermacht, sondern auch vor den Ideen des Westens hat unsere Formaldemokratie schmählich kapituliert. Sie hat sich geistig unterworfen. Von dieser billigen und feigen Übereinkunft des bourgeoisen Durchschnitts, von diesen Parasiten und Schmarotzern der Revolution, von den Trägern des moralischen Staatsbankerotts: vom faden Absud der verworfenen Generation vor uns will die Jugend nichts wissen. Sie fühlt es mit all ihren Witterungen, dass unfruchtbare und eitle Selbstzufriedenheit sich hier in widerlichem Lächeln bläht, ein Geschlecht ohne Fähigkeiten und ohne Würde, lauwarm ausgespien, eine Schändung für den deutschen Namen in der Heimat und in der Welt. Nach rechts und links auseinander drängt diese Reaktion die Jugend in den Radikalismus, weil sie heiß und kalt sein will, aber nicht lau, weil sie an Gefühle glaubt und nicht an Sentimentalitäten, an neue Form und nicht an leere Formel, an Ideen und nicht an platten aufgeklärten Verstand. Die westlerische Reaktion von heute, deren Herold der jüdische Zeitungsschreiber ist, sie, die gestern eine monarchistische Livree trug und heute das neueste Sansculottenkostüm der Republik, die plattbürgerliche Reaktion mit ihrer pazifistischen Quallenhaftigkeit, ihren Lakaienmanieren vor dem Ausland, ihrem unfruchtbaren Doktrinarismus und ihrem abgestandenen Epigonen-Idealismus hat sich aus Eitelkeit zur Verantwortung gedrängt, ohne Verantwortlichkeit zu besitzen. Sie ist gestraft, indem sie nach ihrem letzten Unfall ihren Namen unter den Schandvertrag von Versailles setzen durfte. Aber ihr Mund ist zahnlos, ihre Stimme winselt, bald wird sie ein Gespött sein für Kinder. [...]

Zit. nach: Harry Pross (Hrsg.): Die Zerstörung der deutschen Politik 1871–1933. (Fischer) Frankfurt/M. 1963. S. 357f.

[1] 1933 bereits in der 3. Auflage erschienen.

Zwischen 1930 und 1933: marschierende Kinder

M 5.8 1930 – Nationalistisch-marxistische Ablehnung des Parlamentarismus

Ernst Niekisch (1889–1967) war ein marxistischer Publizist und Politiker und nach 1945 zeitweilig Mitglied der KPD und SED und Professor in Berlin (DDR).

Der Westen hat die Hand an Deutschlands Kehle; noch um ein kleines und Deutschlands machtpolitische, wirtschaftliche und kulturelle Selbstständigkeit, ja die Wurzeln seiner Besonderheit überhaupt werden erstorben sein. Nur eine äußere Anstrengung, eine übermenschliche Tat, ein Heldentum, das seinesgleichen in der Welt nicht mehr hat, eine Aufraffung, die ins Wunderbare ragt, könnte Deutschland noch retten. Der Westen ist Deutschlands Tod; die Rettung erfordert, sich loszulösen von allem, was aus dem Westen kommt und was westlich ist. Alle westlichen Elemente, die Deutschland selbst in sich trägt, sind Spione, Soldaten, Advokaten und Missionare der westlichen Mächte. Weil es um Sein oder Nichtsein geht, bleibt Deutschland, wenn es sich selbst erhalten will, das Schwerste nicht erspart:

die Bartholomäusnacht[1] *und Sizilianische Vesper*[2] *gegen alles, was an Westlichem in ihm lebt.* Mit grausamer Härte muss es in sich selbst ausrotten, was in ihm dem Westen verbündet ist, dem Westen Zuträgerdienste anbietet, dem Westen Vorschub leistet. Das *Bürgerlich-Liberale* ist unter den heutigen Weltverhältnissen für Deutschland „Feind im Land"; es ist die Romanisierungs-, Zivilisations-, Urbanisierungs-, Verwestlichungs- und Entdeutschungsform des deutschen Menschen. *Je mehr einer Bürger ist, desto weniger ist er Deutscher.* Die bürgerlich-liberale Lebensordnung ist der Natur der Sache nach seit 1918 eines der folgenschwersten Hemmnisse deutscher Befreiung. Diese Lebensordnung bricht die deutsche nationalrevolutionäre Angriffsenergie in der Sorge um das Schicksal der ihr eigentümlichen Werte, die an der deutschen Gemeinschaft mit dem Westen ihren stärksten Rückhalt finden.

[Niekisch befürwortet eine enge Verbindung zwischen Deutschland und der Sowjetunion.]

Zit. nach: Harry Pross (M 5.7). S. 92f.

1 1572 ließen der katholische Hof und seine Verbündeten in Frankreich mehrere tausend Hugenotten (Protestanten) ermorden.

2 1282 erhob sich Sizilien gegen die französische Fremdherrschaft.

M 5.9 1933 – Die Begeisterung der konservativen Kräfte für Hitler

Noch nie wurde in Deutschland so viel gedacht und geplant. Die Kruste war plötzlich durchbrochen, als die alten Mächte, die des Weimarer Systems, endlich abzutreten begannen. Über die Nebelwolken des Jargons reckten sich auf einmal allerorten die Köpfe und begannen, in einer Sprache zu reden, die ihnen in einem neuen Sinne gemeinsam war. Plötzlich gab es die alten, sturen Einteilungen nicht mehr, diese blödsinnigen Reservate von links und rechts [...] Es war wie ein Rausch. Alles schien möglich, wenn es nur recht angepackt werde, und überall waren schon die Kräfte dabei, es anzupacken. Nichts schien mehr zu stimmen, was jahrelang als endgültige Weisheit gepredigt worden war, alles gewann einen neuen Sinn. Aber dann zeigte es sich bei jeder Diskussion, dass einer dabei war, ein stummer Gast, der meist gar nicht sichtbar war und der doch die Diskussion beherrschte, weil er die Themen stellte, die Methodik vorschrieb und die Richtung bestimmte. Und dieser stumme Gast hieß Adolf Hitler.

Zit. nach: Martin Greiffenhagen: Das Dilemma des Konservativismus in Deutschland. (Suhrkamp) Frankfurt 1986. S. 298f.

Aufgaben zu Kapitel 5

1. Lage und Bewusstsein der Mittelschichten nach 1918 sind Elemente wichtiger Versuche, das Scheitern der Republik und den Erfolg autoritärer politischer Lösungen zu erklären. Analysieren Sie unter diesem Aspekt die Texte M 5.1–5.3 und ziehen Sie vielleicht schon M 6.6 für die Fragen heran, wie die Programmatik der NSDAP den Ängsten und Wünschen großer Teile der Mittelschichten entgegenkam!

2. Untersuchen Sie, welche Elemente der wirtschaftlichen und sozialen Entwicklung und der neuen Massenkultur der marxistischen Erwartung entgegenwirkten, dass die objektive wirtschaftliche Lage zu wachsendem Klassenbewusstsein aller abhängig Beschäftigten führen würde! (S. 103f., M 5.1 und 5.3)

3. Der Prozess des sozialen Wandels und die Widerstände dagegen zeigen sich auch an der Entwicklung der Situation der Frauen. Bezeichnen Sie emanzipationsfördernde und -hemmende Elemente dieses Prozesses und fassen Sie Ihre Ergebnisse in einem wertenden Urteil zusammen! (S. 102f., M 5.4–5.6)

4. Bezeichnen Sie die wichtigsten Elemente der modernen Massenkultur in den Zwanzigerjahren und beurteilen Sie ihre gesellschaftlichen und politischen Auswirkungen! – Betrachten Sie besonders die Rolle der Architektur; auch in ihr gab es eine Frontstellung zwischen „modernem Bauen" und Traditionalismus. Zeigen Sie anhand der Abbildung auf S. 101, welche Richtung den öffentlich geförderten Wohnungsbau inspirierte!

5. Die Texte 5.7 bis 5.9 dokumentieren – auf unterschiedlichem Niveau und von unterschiedlichen Werten aus – Widerstand gegen die neue Massenkultur, westliche Demokratie und aufklärerische Traditionen. Beschreiben Sie die Mentalitäten, die sich darin artikulieren, und ihre sozialen und geistigen Hintergründe! Überprüfen Sie, wo sich typische Äußerungen deutschen Sonderwegdenkens zeigen!

6 Das Scheitern der Republik (1930–1933)

29. 3. 1930	Ernennung Heinrich Brünings zum Reichskanzler
18. 7. 1930	Reichstagsauflösung
14. 9. 1930	Reichstagsneuwahlen: hohe Stimmengewinne der NSDAP
6. 7. 1931	Verkündung des Hoover-Moratoriums: Aussetzung der Reparations- und Kriegsschuldenzahlungen für ein Jahr
10. 4. 1932	Wiederwahl Hindenburgs zum Reichspräsidenten
30. 5. 1932	Entlassung Brünings (Papen Reichskanzler, 1. 6.)
16. 6. – 9. 7. 1932	Konferenz von Lausanne: Ende der Reparationszahlungen
20. 7. 1932	Staatsstreich in Preußen: Absetzung der preußischen Regierung durch Reichskanzler von Papen
31. 7. 1932	Reichstagswahlen: NSDAP stärkste Fraktion
6. 11. 1932	erneute Reichstagswahlen (Rücktritt von Papens, 17.11.)
3. 12. 1932	Ernennung von Schleichers zum Reichskanzler
4. 1. 1933	Zusammenkunft von Papens und Hitlers in Köln
30. 1. 1933	Ernennung Hitlers zum Reichskanzler

Nach dem landläufigen Verständnis begann die Weltwirtschaftskrise mit dem rapiden Kurssturz an der New Yorker Börse am 24. Oktober 1929, dem „schwarzen Donnerstag“, dem am 29. Oktober („schwarzer Dienstag“) die größten Panikverkäufe in der Börsengeschichte folgten. Der Dow-Jones-Index der Industrieaktien fiel zwischen dem 3. September 1929 bis Jahresende von 381 auf 198, d. h. der Börsenwert der Aktiengesellschaften halbierte sich. Den Ereignissen vom Herbst 1929 in den USA folgte in den nächsten Jahren ein beispielloser weltweiter Niedergang von Industrie und Handel, der den Hoffnungen der Linken auf ein baldiges Ende der ▷ kapitalistischen Wirtschaft neue Nahrung gab, aber auch bei den ▷ bürgerlichen Verfechtern der industriekapitalistischen Ordnung Zweifel an den hergebrachten Auffassungen aufkommen ließ.

Der Börsensturz vom Oktober 1929 war mehr Symptom als Ursache der Krise. Eindeutig ist heute, dass die Krise von den USA ihren Ausgang nahm. Die USA hatten in den Zwanzigerjahren wie kein anderes Land der Welt die Massenproduktion von Konsumgütern forciert und den Konsumentenkredit gefördert; eine Abschwächung der Nachfrage, die hohen Risiken der Aktienspekulation und der weltweite Verfall der Agrarpreise genügten, um 1929 eine Katastrophe auszulösen.

Die Spirale des Volumens des Welthandels (in Mio. US-Dollar)

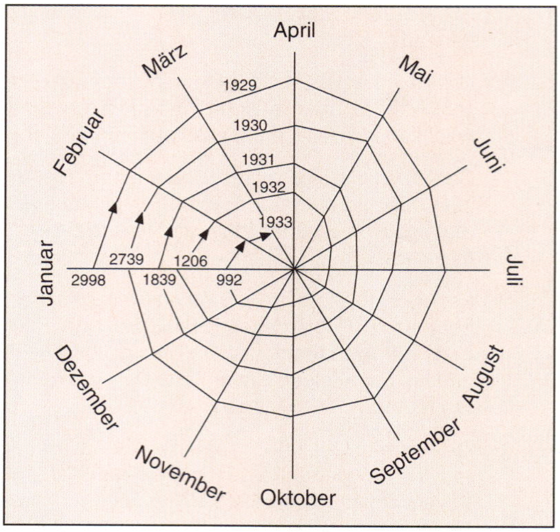

Charles P. Kindleberger: Die Weltwirtschaftskrise (Geschichte der Weltwirtschaft, Bd. 4). (dtv) München 1973, S. 179.

Dass die Krise in den USA rasch auf die übrigen Industriestaaten und Rohstoff produzierenden Länder übergriff, lag vor allem in dem Gewicht der amerikanischen Wirtschaft begründet. Die USA erzeugten 1926–1929 42% der Weltindustrieproduktion und kauften rund 40% der Weltproduktion der wichtigsten Rohstoffe. Gleichzeitig verringerten die USA ihre Kapitalexporte; kurzfristige amerikanische Kredite wurden 1931 in großem Umfang aus Europa abgezogen. Das ohnehin schwache europäische Bankensystem – besonders das österreichische und deutsche – wurde katastrophal destabilisiert und der Handlungsspielraum der Regierungen drastisch eingeschränkt. Jetzt (und nicht schon 1929) brach die Weltwirtschaftsordnung zusammen.
Entscheidend für die Verschärfung und Ausdehnung der Krise – so wird heute von Wirtschaftswissenschaftlern und Historikern argumentiert – war die Tatsache, dass die USA als führende Wirtschaftsmacht ihre Verantwortung für die Stabilisierung des Gesamtsystems nicht übernahmen. Als größter Gläubiger, also Kapitalexporteur der Welt, hätten die USA ihre Grenzen für die Warenexporte und Dienstleistungen der übrigen Welt öffnen müssen, um die internationalen Zahlungsströme im Gleichgewicht zu halten und den anderen Ländern die Rückzahlung der amerikanischen Kredite zu ermöglichen. In Wahrheit hatten die USA zwischen 1925 und 1929 einen beträchtlichen Handelsbilanzüberschuss, während die ▷ Handelsbilanzen der Gläubigerländer Deutschland und Frankreich jahrelang, die Englands ständig stark negativ waren. Die ohnehin ▷ protektionistische Wirtschaftspolitik der USA wurde durch weitere Zollerhöhungen 1930 noch einmal verschärft.
Vor diesem Hintergrund sahen sich die europäischen Staaten veranlasst, nach eigenen, nationalen Auswegen aus der Krise – zu Lasten der übrigen Staaten – zu suchen (beggar-my-neighbour-policy). Zum Nachteil aller schrumpfte der Welthandel weiter.

Entwicklung der industriellen Produktion in 4 Ländern mit zusammen knapp 50% der Welteinfuhr und -ausfuhr von 1928 bis 1935 (1928 = 100)

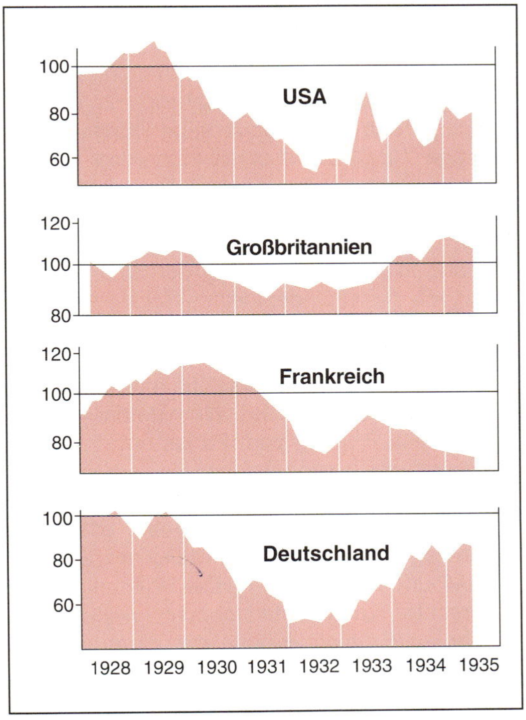

Innere Entwicklung der west- und südeuropäischen Staaten

Für England war das Jahr 1931 nicht nur in wirtschaftlicher, sondern auch in politischer Hinsicht eine Zäsur. Bei dem Versuch, die – schließlich doch unausweichliche – Pfund-Abwertung zu vermeiden, brach im August 1931 die Labour-Regierung unter Ramsay Macdonald auseinander, als die Mehrheit der Labour-Fraktion die von der Regierung zur Lösung der Finanzkrise vorgeschlagene Senkung der Arbeitslosenunterstützung ablehnte. Macdonald blieb dennoch Premierminister eines sog. „Nationalen Kabinetts", dem neben einigen Labour-Ministern, die der Parteilinie nicht folgten, mehrheitlich Konservative und einige Liberale angehörten. Diese Regierung gewann im Oktober 1931 die Unterhaus-Wahlen, bei denen viele bisherigen Labour-Wähler für Kandidaten des „Nationalen Kabinetts" stimmten, und blieb bis 1935 im Amt.
Selbst auf dem Höhepunkt der Krise blieben die Kommunisten in England chancenlos. Auch eine 1932 gegründete ▷ faschistische Gruppierung (British Union of Fascists), die im äußeren Erscheinungsbild wie in ihrer aggressiven ▷ antisemitischen und antisozialistischen Propaganda den deutschen Nationalsozialismus kopierte, erzielte keine nennenswerten Erfolge.
Größeren Zulauf aus bäuerlichen und kleinbürgerlichen Schichten erhielten rechtsradikale

Gruppen dagegen in Frankreich zu Beginn der Dreißigerjahre. Die Aufmärsche und Gewalttaten der „Action Française“ oder des nationalistischen Frontkämpferbundes „Croix de Feu“ brachten das Land 1932–1935 an den Rand des Bürgerkrieges. Entscheidenden politischen Einfluss errangen diese Gruppen jedoch letzten Endes nicht. Nachdem 1932–1934 fünf Kabinette an haushaltspolitischen Auseinandersetzungen gescheitert waren und bis 1936 eine konservative Regierung amtiert hatte, siegte in den Wahlen von 1936 ein Volksfrontbündnis aus Sozialisten und Kommunisten, das von den liberalen Radikalsozialisten unterstützt wurde.
Weniger stabil als die auf langen ▷ liberalen Verfassungstraditionen basierenden politischen Systeme Frankreichs und – mehr noch – Englands waren die politischen Ordnungen in vielen anderen europäischen Staaten: In Italien war der Aufbau des ▷ faschistischen Einparteienstaates schon 1929 abgeschlossen; in Portugal etablierte sich Anfang der Dreißigerjahre eine konservativ-autoritäre Diktatur, und in Spanien gingen aus dem 1936 ausbrechenden Bürgerkrieg ebenfalls die Faschisten unter General Franco siegreich hervor. Auch in Österreich gipfelte eine schon seit Jahren vorbereitete autoritäre Entwicklung, nicht zuletzt unter dem Eindruck der Ereignisse in Deutschland, Anfang März 1933 in der Aufhebung der parlamentarischen Verfassung.

6.1 Das Kabinett Brüning und die Septemberwahlen 1930

Ein halbes Jahr nach dem Ende der Großen Koalition führten die vorgezogenen Reichstagswahlen am 14. September 1930 zu einem politischen Erdrutsch in Deutschland. Die Nationalsozialistische Partei vereinigte 18,3% der Wählerstimmen auf sich, verfünffachte damit ihren Stimmenanteil gegenüber 1928 und zog mit 107 Abgeordneten als zweitstärkste Fraktion in den Reichstag ein (→ M 6.1).
Die Wirkungen des Wahlergebnisses waren verheerend: Unmittelbare Folge war der Abzug von Auslandsgeldern. Im Reichstag gab es nicht einmal mehr eine rechnerische Mehrheit für eine Große Koalition. Der Wahlerfolg beflügelte außerdem die Anhänger der NSDAP, die ihren Machtanspruch zunehmend mit Terror und Gewalt unterstrichen. Damit geriet die Republik seit 1930 in bürgerkriegsähnliche Zustände.
Die politische Verantwortung für den Entschluss, die an sich erst 1932 fälligen Reichstagswahlen vorzuziehen, lag bei dem neuen Kabinett unter Reichskanzler Heinrich Brüning sowie beim Reichspräsidenten Hindenburg. Der dem ▷ konservativen Flügel der Zentrums-Partei angehörende Finanzpolitiker Brüning war am 29. März als Nachfolger Müllers von Hindenburg zum Kanzler ernannt worden. Hinter den Kulissen hatte der Chef des Ministeramts im Reichswehrministerium, General Kurt v. Schleicher, seit Monaten im engen Beraterkreis Hindenburgs für die Beauftragung Brünings geworben. Ausgestattet mit weitgehenden Vollmachten des Reichspräsidenten, sollte die neue Regierung einen konservativen Kurswechsel im Innern einleiten.
Die Regierung Brüning verfügte – nach dem Ausscheiden der SPD aus der Regierung – über keine parlamentarische Mehrheit; Hindenburg stellte dem Reichskanzler aber von vornherein die Vollmachten des Artikels 48 der Weimarer Verfassung in Aussicht, die Brüning bewusst in sein politisches Kalkül einbezog.
Nachdem ein weit reichendes Hilfsprogramm zugunsten der Landwirtschaft im April noch mit Unterstützung des größten Teils der DNVP angenommen worden war, scheiterte das Kabinett Brüning im Sommer mit dem Versuch, ein Programm zur Sanierung der Reichsfinanzen durchzusetzen, das u. a. eine kräftige Erhöhung der Beiträge zur Arbeitslosenversicherung vorsah. Noch am selben Tage setzte Reichspräsident Hindenburg das Finanzprogramm der Regierung durch die Anwendung des Artikels 48 als Notverordnung in Kraft. Auf Antrag der SPD – unterstützt von der KPD, der kleinen NSDAP-Fraktion sowie der Mehrheit der DNVP um Hugenberg – beschloss das Parlament am 18. Juli 1930 mit einer Mehrheit von nur sieben Stimmen die Aufhebung der Notverordnung. Unmittelbar danach übermittelte Brüning dem Parlament die Auflösungsverordnung des Reichspräsidenten.
Schon die vorangegangenen Gemeinde- und Landtagswahlen 1929/30 hatten erhebliche Stimmengewinne für die radikalen Parteien NSDAP und KPD gebracht. Die Hoffnung auf eine „rechte“ parlamentarische Mehrheit für die Regierung Brüning – ohne die extremistische NSDAP – war daher im Grunde unrealistisch. Dagegen war abzusehen, dass ein nach den Neu-

Gesetzgebungspraxis unter den Präsidialregierungen

	1930	1931	1932
Vom Reichstag beschl. Gesetze	98	34	5
Präsidiale Notverordnungen	5	44	66
Sitzungstage des Reichstags	94	41	13

Karl Dietrich Bracher: Demokratie und Machtvakuum. Zum Problem des Parteienstaats in der Auflösung der Weimarer Republik. In: Karl Dietrich Erdmann (Hrsg.): Weimar – Selbstpreisgabe einer Demokratie. (Droste) Düsseldorf 1980. S. 129.

wahlen noch weiter in sich zersplittertes und noch weniger arbeitsfähiges Parlament den Ruf nach autoritären politischen Lösungen verstärken würde.

Unter dem Eindruck des Wahlergebnisses sprach sich sogar der Reichsverband der Deutschen Industrie ganz im Gegensatz zu seiner bisherigen politischen Linie (s. auch S. 88) für eine Wiedererrichtung der Großen Koalition aus. Auch der einflussreiche preußische Ministerpräsident Otto Braun (SPD) forderte eine „Große Koalition der Vernünftigen". Zu einer ernsthaften Diskussion dieser ohnehin schwer zu realisierenden Vorschläge kam es jedoch nicht.

Das Ergebnis der Septemberwahlen besiegelte den Übergang von einem parlamentarischen System zur ▷ „Präsidialregierung", die sich hauptsächlich auf den Artikel 48 der Weimarer Verfassung stützte. Diese Art der Krisenregierung in Deutschland wurde allerdings erst durch einen politischen Kurswechsel der SPD-Reichstagsfraktion ermöglicht: Bis 1932 lehnte sie alle parlamentarischen Anträge auf Aufhebung erlassener Notverordnungen konsequent ab. Mit dieser „Tolerierungspolitik" (→ M 6.3) trug die SPD indirekt sozial- und finanzpolitische Entscheidungen mit, die die Arbeiterschaft weit härter als die im Frühjahr 1930 zur Diskussion stehenden Maßnahmen belasteten.

6.2 Verfehlte Wirtschaftspolitik? Brünings Sanierungsstrategie 1930–1932

Bis heute verbinden die Zeitgenossen das Kabinett Brüning in der Erinnerung unauflöslich mit dem Höhepunkt der Wirtschaftskrise in Deutschland; Historiker führen noch immer Debatten um Richtigkeit, Fehler und Folgen von Brünings Wirtschaftspolitik.

In der Sicht Brünings bestand die wirtschafts- und finanzpolitische Hauptaufgabe der Regierung in einer Sanierung der Staatsfinanzen, die in erster Linie über den Weg dauerhafter Ausgabensenkungen, vor allem auch im sozialpolitischen Bereich, erfolgen sollte. Ganz im Sinne klassisch ▷ liberaler Vorstellungen sah Brüning in der Begrenzung der öffentlichen Ausgaben und Aufgaben zugleich einen Beitrag zum wirtschaftlichen Wiederaufschwung. Brüning vertraute also auf die Selbstheilungskräfte der Wirtschaft und nahm sogar kurzfristig die Verschärfung der Krise durch die öffentlichen Ausgabenkürzungen in Kauf. Gesamtwirtschaftlich strebte Brüning – nicht zuletzt zur Verbesserung der Exportchancen der deutschen Wirtschaft – eine Senkung der nach seiner Auffassung durch Steuern, Löhne und Soziallasten zu hohen Produktionskosten der Wirtschaft an (▷ Deflationspolitik). Dabei mutete er bewusst den Arbeitnehmern große Opfer zu.

Am meisten wirkte sich die staatliche Kürzungspolitik auf die Arbeitslosenversicherung aus: Das Reich stellte seine Zuschüsse an die Versicherung völlig ein, sodass trotz höherer Beiträge die Leistungen für die Arbeitslosen immer weiter gekürzt werden mussten. Die Unterstützungsdauer, die ursprünglich ein halbes Jahr betragen hatte, wurde 1932 auf sechs Wochen beschränkt. Damit war die 1927 eingeführte Arbeitslosenversicherung, die die sozialstaatliche Bindung der Weimarer Republik in besonderer Weise zum Ausdruck brachte, nahezu bedeutungslos geworden.

Arbeitslosen- und Beschäftigtenzahlen in der Krise (Jahresdurchschnittswerte)

	Beschäftigte nach der Krankenkassenstatistik (in Mio.)	Gemeldete Arbeitslose bei den Arbeitsämtern (in Mio.)
1928	18,0	1,4
1929	17,9	1,9
1930	16,5	3,1
1931	14,4	4,5
1932	12,5	5,6

Gerhard Kroll: Von der Weltwirtschaftskrise zur Staatskonjunktur. Berlin 1958, S. 109.

Brünings Krisenstrategie schloss insgeheim auch weit reichende außenpolitische Zielsetzungen ein (→ M 6.2). Zwar scheiterte der Plan einer Zollunion mit Österreich 1931 am Widerspruch der Alliierten; dafür kam die Regierung in der Reparationspolitik ihren Zielen bald näher. Angesichts des drohenden Zusammenbruchs des in-

ternationalen Kreditsystems verkündete der amerikanische Präsident Hoover im Juli 1931 einen einjährigen Zahlungsaufschub für Reparations- und Kriegsschuldenzahlungen. Brüning drängte nun, unterstützt von allen Parteien in Deutschland, mit Nachdruck auf eine endgültige Streichung aller Reparationslasten, die schließlich auf einer internationalen Konferenz in Lausanne im Juli 1932 beschlossen wurde (ohne formelle Übereinkunft stellten auch die Kriegsschuldner ihre Zinszahlungen an die USA ein).
Der wirtschaftliche Niedergang verschärfte sich bis 1932. Zu diesem Zeitpunkt hatte die Weimarer Republik auch den letzten politischen Kredit in weiten Bevölkerungskreisen verspielt, die den wirtschaftlichen Niedergang dem Weimarer System anlasteten. Brünings Politik trug damit, selbst wo sie Erfolge zeitigte, politisch zum Ende der Republik entscheidend bei.
Ob es sinnvolle wirtschaftspolitische Alternativen zu Brünings Kurs gab, ist nicht leicht zu entscheiden. Keineswegs hätte der wirtschaftspolitische Kurs der Regierung so rigoros ausfallen müssen; ernsthafte Versuche, eine Kooperation zwischen den Sozialparteien zur Lösung der Probleme anzustreben, sind nicht gemacht, im Gegenteil sogar von Unternehmerseite und Regierung bewusst abgelehnt worden.

Handelsbilanz des Deutschen Reiches 1928–1934
(Ein- und Ausfuhr in Mio. RM, reiner Warenverkehr)

	Einfuhr	Ausfuhr	Saldo
1928	14001	12276	– 1725
1929	13447	13483	+ 36
1930	10393	12036	+ 1643
1931	6727	9599	+ 2872
1932	4667	5739	+ 1072
1933	4204	4871	+ 667
1934	4451	4167	– 284

Statistisches Bundesamt (Hrsg.): Bevölkerung und Wirtschaft 1872–1972. (Kohlhammer) Stuttgart, Mainz 1972. S. 191.

Seit 1931 wurden sowohl auf der Beamtenebene der Regierung als auch in den Gewerkschaften Konzepte für Arbeitsbeschaffungsmaßnahmen entwickelt. Obwohl vermutlich alle derartigen konjunkturbelebenden Maßnahmen – wie neue Forschungen gezeigt haben – wohl nur begrenzte wirtschaftliche Erfolge nach sich gezogen hätten, wären sie in der Bevölkerung doch als positive Zeichen verstanden worden. – Staatliche Maßnahmen zur ▷ Konjunkturbelebung wurden erst von der ▷ Präsidialregierung unter Papen Ende 1932 eingeleitet.

Mieterstreik während der Weltwirtschaftskrise in Berlin

6.3 Der Aufstieg der NSDAP

Entgegen einer landläufigen Auffassung waren es nicht in erster Linie Arbeitslose, die der NSDAP zu ihren Wahlerfolgen verhalfen: In Kreisen mit hoher Arbeitslosigkeit schnitt die Partei erheblich schlechter ab als in Gebieten mit niedriger Arbeitslosigkeit. Beschäftigungslose Arbeiter neigten offenbar eher der KPD zu. Dagegen gibt es einen deutlichen Zusammenhang zwischen Konfession und Wahlverhalten: In überwiegend protestantischen Gemeinden erzielte die NSDAP deutlich größere Wahlerfolge als in Gemeinden mit überwiegend katholischer Bevölkerung, wo das Zentrum seine starke Stellung halten konnte.

Erwerbstätige	Im Reichsgebiet (Volkszählung von 1925)	In der NSDAP vor dem 14.9.1930	Neue NSDAP-Mitglieder (zw. 14.9.1930 und 30.1.1933)
Arbeiter	45,1	28,1	33,5
Selbstständige:			
- Land- u. Forstwirtschaft	6,7	14,1	13,4
- Industrie u. Handwerk	5,5	9,1	8,4
- Handel u. Verkehr	3,7	8,2	7,5
- Freie Berufe	1,5	3,0	3,0
Beamte: - Lehrer	1,0	1,7	1,7
- andere	3,3	6,6	5,5
Angestellte	15,9	25,6	22,1
Mithelf. Fam.-Angehörige	17,3	3,6	4,9
Insgesamt	100,0	100,0	100,0

Soziologische Struktur der NSDAP vor 1933 (Erwerbstätige im Reich und in der NSDAP nach sozialen und Berufs-Gruppen in Prozent)

Nach: Martin Broszat: Der Staat Hitlers. (dtv) München [2]1971, S. 51.

Die schon vor der Weltwirtschaftskrise einsetzende schwere Agrarkrise (s. S. 89) eröffnete der NSDAP seit 1929/30 Möglichkeiten, im ländlichen, konservativ-protestantischen Milieu Fuß zu fassen. Um in das zersplitterte Reservoir der Mittelschichtwähler einzubrechen, entledigte sich die Partei gewisser sozialistischer Bestandteile ihres Programms bzw. interpretierte sie um.

Wahlkämpfe und Propaganda

Der Wahlerfolg von 1930 war auch das Ergebnis einer systematischen organisatorischen Aufbauarbeit seit der Neugründung der Partei 1925. Bis 1930 gelang es der NSDAP, in großen und kleinen Städten wie in Landgemeinden fast gleichermaßen präsent zu sein und die hierarchisch aufgebaute Parteiorganisation in den Dienst eines fast permanenten Wahlkampfes zu stellen. Regionale und soziale Sonderinteressen wurden propagandistisch geschickt aufgegriffen. Es gelang der Partei, ihre Anhänger in typisch mittelständische Vereine und Verbände einzuschleusen und so die bürgerlich-liberalen und konservativen Parteien zu schwächen. Durch Sonderorganisationen – für Lehrer, Ärzte, Juristen oder Studenten – wurden einzelne Bevölkerungsgruppen gezielt angesprochen und für die Partei mobilisiert.
Die mit beispielloser Intensität geführten Wahlkämpfe wurden zentral gesteuert: Flugblatt- und Plakataktionen, Großveranstaltungen mit geschulten Rednern, Aufmärsche, örtliche Festveranstaltungen (mit Filmvorführungen, Platzkonzerten u.a.) wurden präzise verknüpft und aufeinander abgestimmt. Im Einsatz modernster Technik – Schallplatten, Radio, Film, Benutzung von Flugzeugen – übertraf die NSDAP bei weitem alle anderen Parteien.
Eine Sonderrolle in der Agitation der Partei spielte die Kampforganisation der SA („Sturmabteilung"). Während die paramilitärischen Kampfverbände der Rechten in den mittleren Jahren der Republik allmählich zu Veteranenverbänden herabsanken, nahm die SA gerade junge Leute auf, die die Idee des „Kampfes" in der politischen Auseinandersetzung sehr wörtlich nahmen. Gezielte Propagandamärsche in Stadtviertel, die z. B. als SPD- oder KPD-Hochburgen galten, endeten oftmals in Straßen- oder Saalschlachten. Die Opfer solcher Auseinandersetzungen in den eigenen Reihen wurden zu Symbolen des kompromisslosen Einsatzes für das „Neue" und gegen das „System" stilisiert. Das „revolutionäre" Vorwärtsdrängen der SA führte wiederholt zu innerparteilichen Konflikten, die aber der Partei nicht dauerhaft schadeten, weil sie den „jungen", „unverbrauchten" Charakter der NSDAP zu bestätigen schienen.

Die NSDAP – eine „Weltanschauungspartei"?

Die NSDAP galt in ihrer Zeit und weit darüber hinaus als eine „Weltanschauungspartei", deren Programm sich nicht an Realitäten und Kompromissmöglichkeiten orientierte, sondern an einer Ideologie. Tatsächlich aber entwickelte die NSDAP keine wirklich eigene und für ihre Politik richtungweisende Programmatik, sondern stand in der völkisch-nationalen Tradition (S. 105, M 5.7 und 5.9).

Was als „Weltanschauung" Hitlers in seinem während der Haftzeit geschriebenen Buch „Mein Kampf" erschien, war nur eine Bündelung von Ideologiefragmenten, die von den unterschiedlichsten Gruppen der Rechten längst vertreten wurden. Im Mittelpunkt standen ein extremer Nationalismus, der von sozialdarwinistischen und rassistischen Fragmenten gespeist wurde und ein gegenüber seinen „Vorbildern" noch gesteigerter Antisemitismus, daneben eine diffuse Ablehnung von Kapitalismus wie Sozialismus. In der propagandistischen Stilisierung „der Juden" als Feinde wurden Antisemitismus, Antikapitalismus und Antisozialismus auf fast unentwirrbare Weise zusammengeführt: Danach waren Kapitalismus und (marxistischer) Sozialismus gleichermaßen Ergebnis einer „jüdischen Weltverschwörung".
Auf die komplizierte Wirklichkeit der modernen Industriegesellschaft reagierte der Nationalsozialismus mit rückwärtsgewandten und antidemokratischen Denkmustern. Eine autoritäre Führer-Gefolgschafts-Ordnung verdeckte die gesellschaftlichen Widersprüche; Klassengegensätze und Interessenkonflikte sollten in einer harmonischen „Volksgemeinschaft" aufgehoben sein. Ein solches Ideologiegemisch traf offenbar recht genau die Sehnsüchte und Bedürfnisse der von Krisen und Konflikten geschüttelten deutschen Nachkriegsgesellschaft. Dabei erlaubte die Unschärfe des Programms in Verbindung mit der radikalen Benennung von Sündenböcken und Feindbildern die Ansprache ganz unterschiedlicher sozialer Gruppen (→ M 6.5–M 6.7).
Nicht zuletzt war es Hitlers unbestreitbare Wirkung auf die Massen, die den Aufstieg der NSDAP – und die Verdrängung konkurrierender rechter Gruppen – ermöglichte. Aufgrund seiner rhetorischen Talente und mit instinktsicherer, hemmungsloser Demagogie beherrschte Hitler Parteiveranstaltungen und die riesigen Massenkundgebungen der beginnenden Dreißigerjahre. In diesem Sinne ist die Interpretation des Historikers Martin Broszat zu verstehen, dass die NSDAP „nicht primär eine ideologische und programmatische, sondern eine charismatische[1] Bewegung war" (→ M 6.8)

[1] Charisma: Ausstrahlung einer nicht alltäglichen, schicksalsprägenden Persönlichkeit

Durchsichtige Legalitätstaktik

Hitler propagierte nach dem gescheiterten Putsch von 1923 eine Machtübernahme auf legalem Wege; doch konnte es an den wirklichen Zielen der Partei keinen Zweifel geben. „Wir gehen in den Reichstag hinein", schrieb J. Goebbels 1928, „um uns im Waffenarsenal der Demokratie mit deren eigenen Waffen zu versorgen. [...] Wir kommen als Feinde! Wie der Wolf in die Schafherde einbricht, so kommen wir." Die Reichsregierung verfügte seit 1929/30 über ausreichendes Material, das die verfassungsfeindlichen Ziele und Methoden der NSDAP eindeutig belegte, hielt aber die Dokumente weitgehend zurück. Reichsregierung und Justiz blieben sogar noch bei ihrem Kurs, als 1931 der Polizei detaillierte Pläne zur Errichtung von Konzentrationslagern und zur Ermordung politischer Gegner nach einer Machtübernahme durch die NSDAP bekannt wurden. Maßgebliche Vertreter der alten Eliten in der Regierung, im Beraterstab Hindenburgs und in der Reichswehr hofften weiter darauf, die NSDAP für ihre Ziele einspannen zu können und ebneten mit dieser Fehleinschätzung letzten Endes der Partei Hitlers nur den Weg.

6.4 Der Weg in die Diktatur (1932/33)

Hindenburgs Wiederwahl und Brünings Sturz

Am 30. Mai 1932 trat Brüning zurück, nachdem ihm Reichspräsident Hindenburg sein Vertrauen entzogen hatte. Fünf Wochen zuvor war Hindenburg mit Brünings aktiver Hilfe zum zweiten Mal zum Reichspräsidenten gewählt worden. Angesichts der Kandidatur Hitlers hatte die SPD auf einen eigenen Kandidaten verzichtet und Hindenburg unterstützt.
Schon kurz nach Hindenburgs Wiederwahl geriet das Kabinett Brüning in Schwierigkeiten, deren Ausgangspunkt das von Innenminister Groener ausgesprochene SA-Verbot war. Das Verbot der auf 400 000 Mann angewachsenen nationalsozialistischen Bürgerkriegsarmee kurz vor mehreren Landtagswahlen löste jedoch nicht nur wütende Attacken der „nationalen Opposition" aus, sondern fand auch in der Reichswehr und besonders beim Chef des Ministeramtes im Reichswehrministerium, v. Schleicher, keinen Rückhalt. Schleicher verhandelte sogar insgeheim mit Hitler. Dieses Intrigenspiel führte weni-

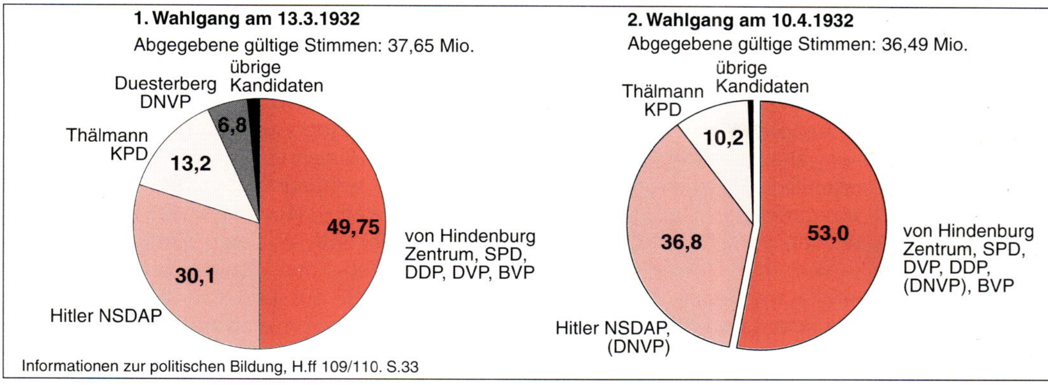

Die Reichspräsidentenwahl 1932 (Ergebnisse in % der gültigen abgegebenen Stimmen)

ge Tage später zum Sturz des Reichswehr- und Reichsinnenministers Groener. Brünings Regierung wurde weiter durch wachsende Kritik aus der Industrie geschwächt, die noch weiter gehende soziale Einschnitte forderte. Den letzten Anstoß zum Sturz Brünings lieferten Regierungspläne, die das Ende der staatlichen Subventionierung für die maroden Güter des ostelbischen Adels vorsahen. Die Agrarlobby nutzte ihren Einfluss auf Hindenburg und seinen Beraterkreis und besiegelte damit Brünings Sturz.

Manche Historiker sind der Meinung, dass nach Hindenburgs Sieg bei den Präsidentenwahlen im Frühjahr 1932 eine Chance zur Stabilisierung der Republik vertan wurde: Die „Hindenburg-Mehrheit“, zusammengesetzt aus protestantisch-konservativen Wählerschichten, dem katholischen Zentrum und SPD-Anhängern, hätte vielleicht Möglichkeiten gehabt, dem Ansturm der Nationalsozialisten wirkungsvoll zu begegnen. An einer solchen Alternative waren die Vertreter der konservativen Eliten in der Umgebung Hindenburgs aber nicht ernsthaft interessiert. In völliger Verkennung der realen Alternativen ersehnten sie die Rückkehr zu einem autoritären Staatsmodell.

Das Kabinett Papen und die NSDAP

Als Nachfolger Brünings präsentierte Schleicher nun dem Reichspräsidenten den weithin unbekannten Franz v. Papen, dessen „Kabinett der Barone“, wie es wegen einer Mehrzahl von Ministern mit Adelstiteln genannt wurde, sich parlamentarisch nur auf die DNVP stützen konnte.

Schleicher, Hindenburg und sein Beraterkreis setzten aber nach Brünings Sturz darauf, die ▷ Präsidialregierung dauerhaft durch eine Heranziehung der NSDAP stabilisieren zu können. Die dafür von Hitler selbstbewusst geforderten Vorleistungen, nämlich die Aufhebung des SA-Verbots und vorzeitige Neuwahlen, wurden erfüllt. Der Wahlkampf artete zu bürgerkriegsähnlichen Auseinandersetzungen aus; die Polizei erwies sich vor allem in den Städten als zunehmend machtlos. Diese Umstände ermöglichten es der Reichsregierung, das Versagen der Polizei, besonders im noch immer sozialdemokratisch regierten Preußen, festzustellen und mit

Karikatur aus dem „Simplicissimus“ vom 18. September 1932: „Hoher Standpunkt“.

„Lächerlich diese Parteiparolen: „Der Feind steht rechts“, „Der Feind steht links“ – Für'n überparteiliches Adels-Kabinett jibts bloß die Devise „Der Feind steht unten“!“

dieser Begründung die preußische Regierung selbst abzusetzen. Papens sog. Preußenschlag am 20. Juli 1932 war ein offener und kühl kalkulierter Staatsstreich, mit dem die Reichsregierung den letzten nennenswerten demokratischen Gegenspieler ausschaltete. Die (geschäftsführende) preußische Regierung unter Otto Braun und Innenminister Carl Severing (SPD) – seit den Wahlen vom 24.4.1932 ohne Landtagsmehrheit – wich der Gewalt und verzichtete auf den Aufruf zum offenen Widerstand an die sozialdemokratischen und gewerkschaftlichen Mitglieder und Organisationen. An eine Zusammenarbeit der beiden Arbeiterparteien zur Abwehr der von rechts drohenden Gefahren war seit dem Übergang der KPD zu einem „ultralinken" Kurs (→ M 6.9) kaum zu denken, der – durch den Aufbau eigener kommunistischer Gewerkschaften – sogar zur Spaltung der Gewerkschaftsbewegung geführt hatte.
Die Wahlen am 31. Juli 1932 brachten die erwartete Stärkung der NSDAP, die mit rd. 37% den Erfolg Hitlers bei der Reichspräsidentenwahl wiederholte (→ M 6.1). Mit Ausnahme der KPD und des Zentrums verloren alle übrigen Parteien Stimmen. Papens und Schleichers Rechnung, nach den erfolgten Vorleistungen an die NSDAP diese zur Unterstützung, wenigstens aber zur Duldung der Regierung bewegen zu können, schlugen jedoch fehl. Hitler hatte zwar das Ziel einer eigenen absoluten Mehrheit weit verfehlt, fühlte sich aber nach dem großen Wahlerfolg stark genug, jede Regierungsunterstützung abzulehnen, sofern er nicht selbst das Kanzleramt erhielt. Hindenburg lehnte diese Forderung Hitlers in einer scharf formulierten öffentlichen Erklärung am 13. August 1932 ab. Auch Bündnisverhandlungen zwischen Zentrum und NSDAP, die nach den Juliwahlen über eine Mehrheit verfügt hätten, scheiterten.
In der NSDAP mehrten sich nun Krisenzeichen, als sich erwies, dass der Wahlerfolg keine unmittelbaren politischen Erfolge nach sich zog. Starke Mitgliederfluktuation, Unzufriedenheit in der SA über Hitlers „Legalitätskurs" (so durchsichtig er war), Kritik an Hitlers unduldsamen Maximalforderungen auch in Führungskreisen der Partei zeigten, wie sehr die NSDAP auf ständig neue Erfolge angewiesen war und dass das Ausbleiben erwarteter „Durchbrüche" schnell zur Krise führen konnte.
Papens gescheiterter Versuch, die NSDAP für eine wie auch immer geartete Unterstützung zu gewinnen, ließ keinen anderen Ausweg als die erneute Reichstagsauflösung und Neuwahlen, ohne dass klar gewesen wäre, wie eine parlamentarische Unterstützung der Regierung nach dem erneuten Urnengang hätte aussehen können. Papen und sein Innenminister traten für eine autoritäre Verfassungsform ein.
Die Wahlen vom 6. November 1932 bestätigten die Krise in der NSDAP, deren Nimbus unaufhaltsamen Aufstiegs nun dahin war: Die NSDAP sank von über 37 auf rund 33% der Wählerstimmen und verlor im Vergleich zur Juliwahl mehr als 2 Mill. Wählerstimmen. Erneute Gespräche mit Hitler scheiterten, wie im August, an Hitlers Unnachgiebigkeit.

Von Schleicher zu Hitler

Nach Papens Rücktritt übernahm General Schleicher am 3. Dezember 1932 selbst das Kanzleramt. Schleichers – kühne – Strategie zur Lösung der politischen Krise zielte auf eine Heranziehung der jeweiligen Gewerkschaftsflügel in den verschiedenen Parteien, also der Freien (sozialdemokratisch orientierten) und Christlichen Gewerkschaften, aber vor allem des „linken Flügels" der NSDAP unter Gregor Strasser. Schleichers Kurs scheiterte jedoch an beiden Fronten. Die Führung der Freien Gewerkschaften erteilte nach massiven Warnungen der SPD-Zentrale Schleichers Plänen eine Absage. Die Heranziehung der NSDAP scheiterte an Hitlers Widerstand, der den durchaus koalitionswilligen Strasser in der Partei ausbootete.
Schon kurz nach den Novemberwahlen und verstärkt nach Schleichers Übernahme des Kanzleramts setzten sich einflussreiche Kreise aus Industrie und Landwirtschaft, u. a. in einer offenen Eingabe an Hindenburg, für eine Ernennung Hitlers zum Kanzler ein (→ M 6.10). Im Hintergrund spielte auch Papen wieder eine wichtige Rolle. Am 4. 1. 1933 fand im Haus des Kölner Bankiers Kurt v. Schroeder die entscheidende Begegnung zwischen Hitler und Papen statt, in der diese im Prinzip Einigkeit über die zukünftige Regierung unter Hitlers Führung erzielten. Papen setzte in den Verhandlungen lediglich durch, dass außer Hitler nur zwei Nationalsozialisten – nämlich Frick als Innenminister und Göring als stellvertretender Reichskommissar für Preußen mit der Zuständigkeit für das preußische Innenministerium – in das Reichskabinett eintraten. Papen sollte

das Amt des Vizekanzlers und die Aufgabe des Reichskommissars für Preußen übernehmen. Da auch der DNVP-Parteivorsitzende Hugenberg für das neue Kabinett gewonnen werden konnte, schien Papen und einflussreichen konservativen Kreisen Hitler sozusagen „eingerahmt". Unter dem Einfluss seines engen Beraterkreises stimmte Hindenburg der hinter seinem Rücken gefundenen Lösung und schließlich auch der nationalsozialistischen Forderung nach erneuter Reichtstagsauflösung zu. Am 30. Januar 1933 ernannte er Hitler zum Reichskanzler.

6.5 Das Scheitern der Republik im Streit der Historiker

Hitlers Ernennung zum Reichskanzler erfolgte zu einem Zeitpunkt, als die „Bewegung" schon Krisensymptome zeigte und ihren Höhepunkt wohl überschritten hatte, jedenfalls aber jede Hoffnung für die NSDAP, aus eigener Kraft und allein die Macht zu erobern, dahin war. Neuwahlen Anfang 1933 hätte die NSDAP, „ohne den Bonus des Regierungschefs zu haben, mit Sicherheit nicht erfolgreich durchgestanden" (H. Mommsen). Umso wichtiger ist die Frage nach den Verantwortlichkeiten für Hitlers Ernennung und damit auch nach den tieferen Ursachen für das Scheitern der Weimarer Demokratie. Diese Frage führt in Kontroversen der Geschichtsschreibung über das Ende der ersten deutschen Demokratie hinein.

In der Geschichtsschreibung werden neben personalen Erklärungsmustern, in denen Fehlverhalten und Versagen der handelnden Politiker in den entscheidenden Jahren 1930–1933 betont werden, auch institutionelle Schwächen der Weimarer Republik herausgearbeitet: Dazu können z.B. Konstruktionsfehler der Verfassung – etwa die starke Stellung des Reichspräsidenten oder das die Parteienzersplitterung begünstigende Wahlrecht – oder Mängel des Parteiensystems gerechnet werden. Sozialgeschichtliche bzw. sozialökonomische Deutungen betonen heute stärker das Verhalten der Machteliten in der Industrie, aber stärker noch in den präkapitalistischen Sozialgruppen der Großlandwirtschaft, der Armee, der Bürokratie und der Justiz (→ M 6.13).

Überlegungen zur weiteren Arbeit

Die Jahre 1930–1932 in Deutschland können nur als die Vorgeschichte des 30. Januar 1933 gesehen werden. Kein Ereignis lässt sich von der Frage lösen, inwieweit es dazu beigetragen hat, dass Adolf Hitler zum Reichskanzler ernannt wurde; die Suche nach denkbaren Alternativen dient dabei der Klärung von Verantwortung für diesen Prozess. Unter diesem Zukunftsbezug ist eine genetische Betrachtungsweise angemessen.

Die wirtschaftsgeschichtliche Dimension ist angesichts der Weltwirtschaftskrise und ihrer Folgen von erheblichem Gewicht, ohne dass man sie einseitig zur Erklärung des politischen Prozesses verwenden darf: Die langfristigen gesellschaftlichen Entwicklungen lassen sich dabei nicht in einem einzigen Modell zwingend erklären. Die Komplexität der Faktoren und die Tragweite des Geschehens haben zu ganz unterschiedlichen Interpretationen des Scheiterns der Weimarer Republik geführt; so schließt dieses Kapitel mit einem perspektivisch-ideologiekritischen Vergleich von Erklärungsansätzen.

Materialien zu Kapitel 6

M 6.1 Reichstagswahlen 1924–1933

(aus verschiedenen Quellen zusammengestellt)

	4. Mai 1924		7. Dez. 1924		20. Mai 1928		14. Sept. 1930		31. Juli 1932		6. Nov. 1932		5. März 1933	
Wahlberechtigt (in Mill.)	38,38		38,99		41,22		42,96		44,23		44,37		44,69	
Wahlbeteiligung	76,30%		77,69%		74,60%		81,41%		83,39%		79,93%		88,04%	
	%	Sitze	%	Sitze	%	Sitz	%	Sitze	%	Sitze	%	Sitze	%	Sitze
NSDAP	6,5	32	2,9	14	2,6	12	18,3	107	37,2	230	33,0	196	43,9	288
DNVP	18,4	95	20,4	103	14,2	73	7,0	41	5,9	37	7,2	52	8,0	52
DVP	9,2	45	10,6	51	8,7	45	4,5	30	1,1	7	1,7	11	1,0	2
BVP	3,2	16	3,7	19	3,9	16	3,0	19	3,2	22	2,9	20	2,7	18
Zentrum	13,3	65	13,5	69	11,9	62	11,7	68	12,4	75	11,9	70	11,2	74
DDP (Staatspartei)	5,3	28	6,3	32	4,9	25	3,7	20	1,0	4	0,9	2	0,8	5
SPD	23,9	100	26,0	131	28,7	153	24,5	143	21,5	133	20,4	121	18,3	120
USPD	0,7	–	0,5	–	–	–	–	–	–	–	–	–	–	–
KPD	12,7	62	8,9	45	10,6	54	13,1	77	14,2	89	16,8	100	12,3	81
Andere	7,0	29	7,4	29	14,5	51	14,2	72	3,5	11	5,2	12	1,8	7
		472		493		491		577		608		584		647

Das Kabinett Brüning

M 6.2 1934/35 – Aufzeichnungen Heinrich Brünings über eine Unterredung mit Hitler am 6.10.1930

Der folgende Textauszug stammt aus Brünings Memoiren, die er auf der Grundlage täglicher Aufzeichnungen seiner Kanzlerzeit in der Emigration 1934/35 niederschrieb. Die Memoiren wurden erst 1970 publiziert.

Nach einigen einleitenden kurzen Gesprächen begann ich mit der Darlegung der Lage und der Absichten der Regierung für die Zukunft. Die Krise würde nach unserer Schätzung etwa vier bis fünf Jahre dauern, frühestens im Sommer 1932 sei die erste Besserung möglich. Wahrscheinlich aber kämen wiederholte Rückschläge, und erst vom Jahre 1935 an könne man mit einem gleichmäßigen Wiederanstieg der Wirtschaft rechnen, falls keine unvorhersehbaren Ereignisse dazwischenträten. Eine Wiedererreichung des Lebensstandards von 1927/28 sei auch nach Streichung der Reparationen in den nächsten Jahren nicht möglich. Diese Streichung der Reparationen herbeizuführen, unter gleichzeitiger Inangriffnahme der Abrüstungsfrage, würde das erste Streben der Außenpolitik der Regierung sein. Mit beiden Fragen hoffe man im Laufe von anderthalb bis zwei Jahren den ganzen Versailler Vertrag, ohne darüber zu reden, ins Wanken zu bringen. […]

Die Regierung sei fest entschlossen, den dargelegten Weg bis zum Äußersten zu gehen. Sie könne darüber vor der Öffentlichkeit keine Erklärung abgeben. Allein die Idee, dass ein halbes Jahr nach Inkrafttreten des Young-Planes die Offensive mit dem Ziel, die gesamten Reparationen zu streichen, beginnen würde, wäre ein Schock für die Welt und würde von ihr mit der sofortigen Herausziehung des kurzfristigen Kapitals beantwortet, was eine Kapitulation Deutschlands zwei Monate später zur Folge haben müsste. Fast alle Gläubiger Deutschlands seien sich noch nicht klar darüber, wie verzweifelt die Lage im Augenblick schon sei. Um die Welt über diese Lage hinwegzutäuschen, brauchte ich den 125-Millionen-Dollarkredit, der mir von Lee-Higginson[1] ohne jede politische Bedingung, nur gegen verstärkte Schuldentilgung, angeboten war. Diesen Kredit müssten wir um jeden Preis haben, um nicht schon Mitte Dezember einen Zusammenbruch zu erleben. Er würde zusammen mit den sonstigen Maßnahmen der Regierung die Chance bieten, im nächsten Jahr die Reparationen ausschließlich durch unsern Ausfuhrüberschuss zu bezahlen und dadurch das Gefüge des gesamten Weltmarkts auseinander zu brechen. Ich schätze die Zeit, die notwendig sei, um auf diese Weise den Ruf nach Streichung der Reparationen in der Welt zu wecken, auf etwa 12 bis 14 Monate.

Das sei die erste Phase der Politik, für die eine schärfere außenpolitische Opposition seitens der NSDAP das zweckmäßigste wäre. Eine Verständigung im Einzelnen über die Formen der Opposition wäre natürlich eine Voraussetzung für ein späteres Zusammengehen. Ich hoffe, in der zweiten Phase zusammen mit der Rechten an die Verfassungsreform herangehen zu können, die nach meinen persönlichen Wünschen in einer monarchischen Restauration enden müsse [...]. Unter der Voraussetzung, dass er, Hitler, mir sein Wort gebe, sich mit mir in jeder Phase über die Form der Opposition zu verständigen, würde ich dafür sorgen, dass seiner Presse abseits jeder persönlichen Verunglimpfung volle Freiheit gegeben würde, auch zur schärfsten Kritik an der Außenpolitik und an meiner Person. [...]

Um dieses Werk zu vollbringen, müssten ungeschwächte Kräfte erhalten bleiben. In dem nunmehr beginnenden, wahrscheinlich zwei bis drei Jahre dauernden großen Weltringen würden sich alle deutschen Parteien mehr oder minder abnutzen, in der zweiten Phase auch die NSDAP. Es komme aber darauf an zu versuchen, alle für diesen großen Kampf nur irgendwie bereiten Kräfte zu mobilisieren. Das erste Land, das bereit wäre, alle unpopulären Opfer nach innen auf sich zu nehmen, würde an die Spitze kommen. Die Krise würde auch Länder wie Frankreich und England nicht verschonen. Diejenigen Länder, die zuletzt von ihr betroffen würden, würden als letzte auch [...] Gegenmaßnahmen treffen und daher die unterliegenden sein.

Wenn Hitler bereit sei, auf der Grundlage dieser Außenpolitik in loyaler Weise, erst versteckt und dann offen, mitzuarbeiten, so würde das deutsche Volk in zwei bis drei Jahren die Fesseln des Versailler Vertrages los sein. Ich hoffe, dass ich an ihn als alten Frontsoldaten nicht vergeblich appelliere, genauso wie es mir und meinen Freunden als alten Frontkämpfern gleichgültig sei, ob der Enderfolg mit unseren Namen verknüpft würde.

Hitler antwortete in einer einstündigen Rede.

Heinrich Brüning: Memoiren 1918–1934, Bd. 1. (DVA) Stuttgart 1972. S. 203ff.

---

[1] amerikanisches Bankhaus

M 6.3 1930 – Erklärung der SPD-Reichstagsfraktion (18.10.1930)

Die Sozialdemokratie hat den Wahlkampf mit der Front gegen das Kabinett Brüning geführt. Sie steht auch jetzt in entschiedenster Gegnerschaft gegen diese Regierung. Trotzdem hat sie keinen Misstrauensantrag gegen das Kabinett Brüning eingebracht, sie hat auch die von den Nationalsozialisten, Kommunisten und anderen Parteigruppen eingebrachten Misstrauensanträge abgelehnt. Diese Ablehnung bedeutet aber nicht, dass die Sozialdemokratie Vertrauen zu der jetzigen Regierung habe. Diese taktische Stellung der sozialdemokratischen Reichstagsfraktion besagt nichts anderes, als dass sie selbst den Zeitpunkt bestimmen wird, an dem sie zum Angriff gegen das Kabinett Brüning vorgeht. Eine solche Taktik ist in Ländern mit gefestigter parlamentarisch-demokratischer Verfassung eine Selbstverständlichkeit. [...]

Die sozialdemokratische Fraktion ist jeden Tag in der Lage, mit Nationalsozialisten, Kommunisten und Deutschnationalen die Regierung zu stürzen, sie kann aber unmöglich mit solchen Bundesgenossen gemeinsam eine neue Regierung bilden. Deshalb und weil die Sozialdemokratie von dem Gefühl der Verantwortung für die arbeitende Klasse durchdrungen ist, lehnte sie jetzt die Zustimmung zu den Misstrauensanträgen anderer Parteien ab. Und zwar solcher Parteien, die, wie die Nationalsozialisten und die Deutschnationalen, offen arbeiterfeindlich sind oder, wie die Kommunisten, durch ihre Taktik zur Schwächung der Arbeiterklasse und zur Stärkung des Faschismus beitragen.

Die Sozialdemokratie und die Freien Gewerkschaften sind das Bollwerk gegen die Herrschaft des Faschismus in Deutschland. Die gesamte Arbeiterklasse muss den parlamentarischen Kampf der sozialdemokratischen Reichstagsfraktion für die Verbesserung der Wirtschaftslage, für die Ordnung der öffentlichen Finanzen, für die Erhaltung der Sozialgesetzgebung und für die Sicherung der politischen Freiheiten des Volkes mit allen verfügbaren Kräften unterstützen.

Zit. nach: Heinz Michaelis / Ernst Schraepler (M 3.1), Bd. VIII. S. 114ff.

Soziale Folgen der Krise

M 6.4

A – 1932 – Kürzung der Arbeitslosenunterstützung[1]

Arbeitsamt Hamburg
Aktz.: A 25735

Hamburg, den 6.August 1932.

An
Herrn
~~Frau~~
~~Frl.~~ Adolf Müller

Hamburg

Jhre bisherige Arbeitslosen-~~Krisen~~-Unterstützung in Höhe von Rm. 25.20 ist auf Grund der Verordnung des Reichspräsidenten über Massnahmen zur Erhaltung der Arbeitslosenhilfe und der Sozialversicherung sowie zur Erleichterung der Wohlfahrtslasten der Gemeinden vom 14.Juni 1932 vom 18.7.1932 ab auf Rm. 12.– ermässigt.

Gegen diesen Bescheid steht Jhnen binnen 14 Tagen das Recht des Einspruchs zu. Jhr Einspruch ist schriftlich unter Angabe des obigen Aktenzeichens in der für Sie zuständigen Versicherungsabteilung einzureichen.

Der Vorsitzende
Jm Auftrage:

Bescheid bei Ermässigung des Unterstützungssatzes.

Rot. III/156

Projektgruppe Arbeiterkultur Hamburg (M 5.4). S. 47.

[1] Die „Arbeitslosen-Krisen-Unterstützung" wurde für einige Wochen oder Monate gezahlt, wenn die Ansprüche eines Arbeitslosen auf Leistungen aus der Arbeitslosenversicherung erschöpft waren. Die genannten Unterstützungssätze sind wöchentliche Leistungen. (Im Anschluss an die „Krisen-Unterstützung" waren die Arbeitslosen auf die Wohlfahrtsunterstützung der Gemeinden angewiesen.)
Nach einer Untersuchung des Statistischen Landesamtes Hamburg aus dem Jahre 1927 beliefen sich die durchschnittlichen Bruttojahreseinkünfte einer Arbeiterfamilie in der Hansestadt auf 3768 RM, davon wurden für Nahrungsmittel 1614 RM ausgegeben. Unter den sonstigen Ausgaben fielen besonders ins Gewicht: Wohnungsmiete 376 RM, Heizung und Beleuchtung 141 RM, Bekleidung und Wäsche 402 RM, Versicherungen (einschl. Sozialvers.) 250 RM, Steuern 121 RM.

B – Arbeitslosigkeit und Wohnungsnot

Da viele Arbeitslose ihre Miete nicht mehr zahlen konnten, entstanden an den Rändern der Großstädte zahlreiche „Laubenkolonien".

Laubenkolonien zu beiden Seiten der Straße. Seltsame Dörfer, abgegrenzt von der Stadt. Betritt man die Straßen dieser Siedlungen, ist man wirklich aus Berlin heraus, auf dem Lande. Die Kolonie ‚Albrechtsruh' liegt an der breiten hohen Front des Bahnhofes für die Elektrischen. Die andere Grenze ist eine verfallene Kirchhofsmauer. An den kleinen primitiven Holzhütten – mit großartigen Schildern: ‚Villa Marie', ‚Villa Luise' – führen richtige breite Dorfstraßen vorbei. Wasserlachen, noch vom letzten Regen her. Jede Laube hat ihren streng persönlichen Charakter. Einige Hütten sind mit einem winzigen Vorbau versehen, der ‚Glasveranda'. In den Gärten sehe ich Engel aus Gips, Zwerge, bunte Glaskugeln. Pumpen stehen da, und Hühner spazieren über die Beete. Durch die Türe kommt man nur gebückt in die Häuser. Mit dem Kopf stößt man an die Decke. Enge Zimmer, kaum zwei Menschen können aneinander vorbei. An den zerbrechlichen Bretterwänden bunte Landschaftsbilder, Familienfotografien […] Die Kolonisten sind fast nur Arbeiter, klassenbewusste Proletarier, politisch geschult, und gleichzeitig Bauern, stolz auf ihr ‚Haus' und ihr Stück Land. Aber diese bäuerlich-ländliche Kultur, die mühsam in der Großstadt errichtet wird, ist eine Scheinwelt. Die Arbeiter sind Bauern auf Kündigung. Den Boden hat man nur gepachtet. Jeden Tag kann die monatliche Kündigung eintreffen. Die Stadt braucht das Gebiet für neue Häuserblocks [...]

Alexander Graf Stenbock-Fermor: Deutschland von unten – Reisen durch die proletarische Provinz. Stuttgart 1931. Zit. nach: Heinrich August Winkler: Der Weg in die Katastrophe – Arbeiter und Arbeiterbewegung in der Weimarer Republik 1930 bis 1933. (Dietz) Berlin/Bonn 1987. S. 39.

Die NSDAP: Wählerschaft, Ideologie und Propaganda

M 6.5 1930 – Der liberale Journalist Hellmut von Gerlach über den Wahlerfolg der NSDAP

(Zeitungskommentar vom 6. 10. 1930 zur Reichstagswahl am 14. 9. 1930)

Die Hitlerwähler setzen sich aus zwei Kategorien zusammen: einer kleinen Minderheit von Nationalsozialisten, die auf das Hakenkreuz eingeschworen sind, und einer riesigen Mehrheit von Mitläufern. Keine andere deutsche Partei ist so labil wie die nationalsozialistische, das heißt bei keiner anderen ist das Missverhältnis zwischen Stammkunden und Laufkunden ebenso groß. [...]

Idealisten mit verwirrtem Kopf und Landsknechte ohne Kopf, insgesamt ein paar hunderttausend Mann, das ist Hitlers Kerntruppe.

Die Millionen der Wähler, die er diesmal mustern konnte, dank der Gunst der Umstände, das heißt dank der Ungunst der Wirtschaftslage, rekrutieren sich aus den verschiedensten Schichten.

Da sind Arbeiter, relativ genommen nicht sehr viele, aber eine Million wird es doch wohl gewesen sein. Es sind Landarbeiter, die sich immer noch vom „gnädigen Herrn“ abhängig wähnen und von ostelbischen Granden[1] für Hitler kommandiert wurden. Es sind jene labilen Elemente, die erst bei den Kommunisten hospitiert haben und sich nun den Nationalsozialisten zuwenden, weil diese sich noch radikaler gebärden. Es sind junge Leute, Friseurgehilfen, Chauffeure usw., die sich etwas Besseres dünken als die Masse der gewerkschaftlich organisierten Fabrikarbeiter. [...]

Da sind Massen von Angestellten, [...] die berühmten oder berüchtigten Stehkragenproletarier. Ihr Interesse müsste sie in eine Einheitsfront mit den Arbeitern führen. Aber ihr „Standesgefühl“ ist stärker als ihre soziale Einsicht.

Da ist das Gros der Studenten und sonstigen jungen Akademiker. Bei ihnen fällt die antisemitische Hetzphrase auf besonders dankbaren Boden. Der Jude wird eben als unbequemer Konkurrent empfunden. Sie sind fanatisch nationalistisch. Den Krieg kennen sie nicht. [...]

Da sind bedauerlich viele Beamte. Ihre politische Freiheit verdanken sie ausschließlich der Republik. Aber leider hat ihnen die Republik mit der politischen Freiheit nicht auch zugleich das politische Denken geben können. [...]

Da ist vor allem der große Block des so genannten selbstständigen Mittelstandes. Diese Millionen von Handwerkern, Gewerbetreibenden und Kleinkaufleuten führen seit der nach 1871 einsetzenden großindustriellen Entwicklung einen verzweifelten Kampf um ihre Existenz. Es fehlt ihnen an wirtschaftlicher Einsicht. Darum fallen sie auf jeden Schwätzer herein, der ihnen die Wiederherstellung des „goldenen Bodens“ durch Kampf gegen Juden und Warenhäuser, gegen Börse und Gewerbefreiheit verspricht. [...]

Zit. nach: H. Bennecke: Wirtschaftliche Depression und politischer Radikalismus 1918–1938. München 1970. S. 345ff.

[1] ostelbische Junker

M 6.6 1920 – Aus dem 25-Punkte-Programm der NSDAP

1. Wir fordern den Zusammenschluss aller Deutschen auf Grund des Selbstbestimmungsrechtes der Völker zu einem Groß-Deutschland.
2. Wir fordern die Gleichberechtigung des deutschen Volkes gegenüber den anderen Nationen. Aufhebung der Friedensverträge von Versailles und St-Germain.
3. Wir fordern Land und Boden (Kolonien) zur Ernährung unseres Volkes und Ansiedlung unseres Bevölkerungsüberschusses.
4. Staatsbürger kann nur sein, wer Volksgenosse ist. Volksgenosse kann nur sein, wer deutschen Blutes ist, ohne Rücksichtnahme auf Konfession. Kein Jude kann daher Volksgenosse sein. [...]
7. Wir fordern, dass sich der Staat verpflichtet, in erster Linie für die Erwerbs- und Lebensmöglichkeit der Staatsbürger zu sorgen. Wenn es nicht möglich ist, die Gesamtbevölkerung des Staates zu ernähren, so sind die Angehörigen fremder Nationen (Nicht-Staatsbürger) aus dem Reiche auszuweisen. [...]
10. Erste Pflicht jedes Staatsbürgers muss sein, geistig oder körperlich zu schaffen. Die Tätigkeit des Einzelnen darf nicht gegen die Interessen der

Allgemeinheit verstoßen, sondern muss im Rahmen des Gesamten und zum Nutzen aller erfolgen. Daher fordern wir:
11. Abschaffung des arbeits- und mühelosen *Einkommens, Brechung der Zinsknechtschaft.*[1] [...]
13. Wir fordern die Verstaatlichung aller (bisher) bereits vergesellschafteten (Trusts) Betriebe.
14. Wir fordern Gewinnbeteiligung an Großbetrieben.
15. Wir fordern einen großzügigen Ausbau der Altersversorgung.
16. Wir fordern die Schaffung eines gesunden Mittelstandes und seine Erhaltung, sofortige Kommunalisierung[2] der Groß-Warenhäuser und ihre Vermietung zu billigen Preisen an kleine Gewerbetreibende, schärfste Berücksichtigung aller kleinen Gewerbetreibenden bei Lieferung an den Staat, die Länder oder Gemeinden.
17. Wir fordern eine unseren nationalen Bedürfnissen angepasste Bodenreform, Schaffung eines Gesetzes zur unentgeltlichen Enteignung von Boden für gemeinnützige Zwecke. Abschaffung des Bodenzinses und Verhinderung jeder Bodenspekulation[3]. [...]
23. Wir fordern den gesetzlichen Kampf gegen die *bewusste* politische Lüge und ihre Verbreitung durch die Presse. Um die Schaffung einer deutschen Presse zu ermöglichen, fordern wir, dass:
a) sämtliche Schriftleiter und Mitarbeiter von Zeitungen, die in deutscher Sprache erscheinen, Volksgenossen sein müssen [...]
c) Zeitungen, die gegen das Gemeinwohl verstoßen, sind zu verbieten. Wir fordern den gesetzlichen Kampf gegen eine Kunst- und Literaturrichtung, die einen zersetzenden Einfluss auf unser Volksleben ausübt, und die Schließung von Veranstaltungen, die gegen vorstehende Forderungen verstoßen [...]
24. Wir fordern die Freiheit aller religiösen Bekenntnisse im Staat, soweit sie nicht dessen Bestand gefährden oder gegen das Sittlichkeits- und Moralgefühl der germanischen Rasse verstoßen.

Zit. nach: Walter Hofer (Hrsg.): Der Nationalsozialismus – Dokumente 1933–1945. (Fischer) Frankfurt/M. 1957. S. 28ff.

---

[1] Beliebtes Schlagwort der Antisemiten, das die Macht der Banken mit jüdischem Einfluss und Gewinnstreben identifizierte.
[2] Übernahme in das Eigentum der Gemeinden.
[3] Erklärung Hitlers April 1930 zu diesem Punkt, dass „die NSDAP auf dem Boden des Privateigentums steht".

M 6.7 1942 (1925) – Hitlers Rassenideologie und Lebensraumvorstellungen

Das allgemeinste unerbittliche Gesetz des Lebens ist nun Kampf um sein Dasein und seine Entfaltung, Kampf der Rassen um ihren Lebensraum, d. h. auch auf die Völker bezogen mit der Natur und, wenn es sein muss, mit anderen Völkern, die der eigenen völkischen Lebensentfaltung entgegenstehen. Grundvoraussetzung für jede völkische Entwicklung, ja jeder Entwicklung des Lebens überhaupt, ist eine beständige Erneuerung an seinen Quellpunkten durch Zeugung und Fortpflanzung. Völker, die sich nicht mehr genügend fortpflanzen, sind dem Untergange geweiht, mögen sie auf noch so imponierender Höhe der Kultur und der politischen Macht stehen. Sie müssen nach einer bestimmten Zeit dem Drucke geburtenstärkerer Rassen weichen, in denen sich zugleich im Bevölkerungsüberschuss die emporzüchtende Kraft der Auslese zu entfalten vermag. Von grundlegender Bedeutung für das Staats-, Kultur- und Bildungsideal ist hier nun die Art, wie Rassen und Völker diesen Kampf um ihren Lebensraum bestehen. Die einen suchen diesen durch Bedürfnislosigkeit, Fügsamkeit, Zähigkeit, vielfach auch Fleiß und allmähliches unmerkliches Eindringen in schon bevölkerte Räume auszufechten. Sie zeichnen sich durchgehends durch eine außerordentliche Fruchtbarkeit aus, aber vermeiden möglichst den offenen Kampf zur Sicherung des Lebensraumes für ihre Nachkommen.
Zu diesen „Kuli- oder Fellachenrassen" gehört die Überzahl der Bevölkerung des Erdballs, das Gros der farbigen Menschen Asiens und Afrikas und das ostbaltisch-ostisch-innerasiatische Volkstum Russlands. Ein kleiner, aber mächtiger Teil der Erdbevölkerung wählte den Weg der Parasiten. Er sucht sich durch intelligente und heuchlerische Einfühlung und Überlistung in bodenständigen Volkstümern einzunisten, diese mit händlerischer Schlauheit um den Ertrag ihrer Arbeit zu bringen und durch raffinierte geistige Zersetzung der Selbstführung zu berauben. Die bekannteste und gefährlichste Art dieser Rasse ist das Judentum.
Die dritte Gruppe endlich führt den Kampf offen, mit Wagemut und selbstbewusstem Einsatz rassischer Kraft. Sie umfasst die ausgesprochenen Herren- und Kriegerrassen. Sie ringen mit der Natur, um ihr Nahrung und Schätze des Bo-

dens abzugewinnen, erst als Jäger, dann als Hirten und Bauern. Aber sie greifen auch zum Schwerte, wenn man sie ihrer Freiheit berauben will oder andere, insbesondere niedere Rassen, ihrem Nachwuchs einen Lebensraum streitig machen wollen, den diese ungenügend zu nutzen wissen. Nur diese Rassen haben sich als kulturschöpferisch und staatenbildend erwiesen. Die bedeutsamste unter ihnen ist die nordische geblieben, die sich mit ihrer Arbeits- und Wehrkraft über die Hälfte des Erdballes erobert und mit ihrer Technik und Wissenschaft ihn heute fast ganz unterworfen hat, das Vorvolk dieser Rasse aber ist das deutsche.

Adolf Hitler: Mein Kampf (erstmals 1925). (F. Eher Nachf.), 748.–752. Aufl. 1942, S. 468

M 6.8 1971 – Der Historiker Martin Broszat über Hitlers Rhetorik und Charisma[1]

Schon aus den frühen Anfängen der NSDAP ist bezeugt, dass Hitler-Reden als eine Art Volksvergnügen „genossen" wurden, denen die Begeisterungswilligen schon vorher wie einer sportlichen Sensation entgegenfieberten. Hier war „etwas los", hier wurde schonungslos „abgerechnet". Aber die demagogische Aggressivität allein hätte die Besonderheit der Wirkung nicht zu erzielen vermocht, wenn Hitler es nicht zugleich meisterlich verstanden hätte, den Eindruck „heiligen Ernstes" zu vermitteln. Erst die Verbindung von volkstümlicher Demagogie, die sich auch des sarkastischen Spottes vorzüglich zu bedienen wusste, mit dem feierlichen Gestus des politischen Missionars zeichnete Hitler sowohl vor gröberen Agitatoren wie Hermann Esser[2] oder Julius Streicher[3] wie anderseits vor so effektvollen (aber weniger glaubhaften) intellektuellen Rhetoren wie Joseph Goebbels aus und verschaffte ihm eine Breitenwirkung (bei einfachen und anspruchsvolleren Hörern), die in der Partei nicht ihresgleichen hatte.

Das hohe Maß von Bewusstheit in der Ausspielung seiner rhetorischen Mittel, Wechsel der Tempi und der Tonhöhe, Übergang von „piano" zu „fortissimo", die einstudierte Technik der Vorbereitung der rechten Stimmung (Flaggenaufmarsch und Musikumrahmung, absichtlich verspäteter Einzug des lang erwarteten Redners in den vollbesetzten Saal u. Ä.) können indes nicht darüber hinwegtäuschen, dass Hitler nicht nur Stimmung zu machen wusste, sondern seine Wirksamkeit als Redner auch umgekehrt in hohem Maße von der beifälligen Aufnahmebereitschaft seiner Zuhörer abhing. Das langsame, redende Herantasten an die Stimmung einer Versammlung, die Anlaufzeit, die Hitler jedes Mal brauchte, um gleichermaßen sich und die Versammlung „warm zu reden", und die Art, wie er sich dann vom Applaus befeuern und weitertreiben ließ, bezeugen seine Abhängigkeit von der Disposition des Publikums. Namentlich in den politisch ruhigeren (und deshalb für ihn schwierigen) Jahren zwischen 1925 und 1928 lehnte Hitler es auch gelegentlich ab oder zögerte lange, eine Rede zu halten, wenn er einer durchschlagenden Wirkung nicht sicher war. [...]

Hitlers Besonderheit lässt sich [...] biografisch kaum fassen und erklären. Sein plötzlicher Aufstieg aus geistiger und persönlicher Mediokrität[4] auf die Rampe des politischen Geschehens scheint vielmehr zu bestätigen, dass solches Führertum sich nur im Fluidum einer bestimmten Krisenatmosphäre und Kollektiv-Psychologie entfalten konnte. Die ungewöhnliche Leidenschaft, mit der Hitler der allgemeinen Pathologie des deutschen Nationalismus verfiel und sich mit seiner ganzen Existenz darauf konzentrierte, sie zum Ausdruck zu bringen und in Aktion umzusetzen, ließ ihn zum „Führer" werden. Erst die Krise machte aus dem Exzentriker und Sonderling den treffsicheren Demagogen. Hitler war weit weniger politischer Lehrer als Lenin, eher von der Art des Katalysators, der, ohne Neues beizubringen, gleichwohl als Zündstoff und Beschleunigungsmoment realer Spannungen und Bewusstseinskrisen ungeheure Prozesse und Wirkungen in Gang zu setzen vermag.

Martin Broszat: Der Staat Hitlers – Grundlegung und Entwicklung seiner inneren Verfassung. (dtv) München ²1971. S. 40ff.

[1] Ausstrahlung eines politischen oder religiösen Führers, der seine Aufgabe als „Berufung" versteht.
[2] Vertrauter Hitlers
[3] Begründer des ▷ antisemitischen Hetzblatts „Der Stürmer".
[4] Mittelmäßigkeit

Die KPD

M 6.9 1932 – Rundschreiben Nr. 11 des Sekretariats des Zentralkomitees der KPD, Auszug (4.6.1932)

Die SPD wird vom Finanzkapital weiterhin als soziale Hauptstütze der Bourgeoisie eingesetzt.

Die Nazis als Kampf- und Terrororganisation der Bourgeoisie werden nach wie vor von der unmittelbaren Teilnahme bei der Ausübung der Regierungsgewalt vorsichtig ausgeschlossen. Sie werden zwar vom Finanzkapital in den Dienst seiner Diktatur restlos eingespannt, aber die Exekutivgewalt bleibt in den Händen bewährter Kreise. [...]

Hauptstoß in der Arbeiterklasse muss gegen die Sozialdemokratie geführt werden. Die Isolierung der SPD, die Abwerbung der Arbeiter, ist die wichtigste Voraussetzung für den Sieg über die Bourgeoisie. Das bedeutet aber nicht, dass die Entlarvung der SPD im Vordergrund der Arbeit steht, sondern, dass die SPD-Arbeiter zum gemeinsamen Kampf gegen den Faschismus, gegen das Unternehmertum, gegen die imperialistische Kriegshetze gewonnen werden. Hauptstoß gegen die SPD bedeutet nicht Geschrei gegen die SPD, sondern vor allem selbstständige Organisierung des Klassenkampfes. Gegenüber der SPD gilt es vor allem ihre Rolle als Wegbereiter der heutigen Junker- und Generalsherrschaft und des Hitlerfaschismus herauszuarbeiten.

Zit. nach: Siegfried Bahne: Die KPD und das Ende von Weimar. (Campus) Frankfurt/M., New York 1976. S. 73.

Die Haltung der Großindustrie

M 6.10 1932 – Politische Haltung der Schwerindustrie im November 1932

Auszug aus einem Bericht von Dr. Scholz, Leiter des Pressebüros der Industriellen Otto Wolff und Friedrich Flick, an den Reichskommissar in Preußen, Franz Bracht, über eine Tagung des schwerindustriell beherrschten Langnamvereins[1] (26.11.1932). Der erste Abschnitt des Berichts wurde 1967 von dem DDR-Historiker Eberhard Czichon publiziert; zusätzlich veröffentlichte der westdeutsche Historiker Reinhard Neebe 1981 nach Einsicht des Originals im Deutschen Zentralarchiv Potsdam den zweiten Abschnitt.

Vertraulich!

Die Tagung des Langnamvereins[1] in Düsseldorf, die wohl ursprünglich im Rahmen des Papen-Programms und zur Stützung [der Regierung Papen] vorgesehen war, ergab anlässlich der zwanglosen Unterhaltung die überraschende Tatsache, dass fast die gesamte Industrie die Berufung Hitlers, gleichgültig unter welchen Umständen, wünscht. Während man noch vor wenigen Wochen Papen zugejubelt hat, ist man heute der Auffassung, dass es der größte Fehler sei, wenn Hitler, auch unter Vorbringung ernsthafter Gründe, nicht mit der Regierungsbildung beauftragt würde [...]

Dabei scheint es sich weniger um einen Stimmungswandel zugunsten Hitlers als vielmehr um die Auffassung zu handeln, dass um eine Regierung Hitler nicht mehr herumzukommen ist. Unter diesen Umständen müsse man aber den Regierungsantritt Hitlers beschleunigen, auch wenn er sich nicht bewähre und seine Regierung, wie Skeptiker in der Industrie annehmen, nur wenige Wochen dauert. [...]

Zit. nach: Reinhard Neebe (Hrsg.): Die Republik von Weimar 1918–1933. (Klett) Stuttgart 1987. S. 111.

[1] Regionalverband der Ruhrindustrie (Verein zur Wahrung der gemeinsamen wirtschaftlichen Interessen in Rheinland und Westfalen). Die Tagung fand am 23.11.1932 statt.
Wenige Tage zuvor hatten einige namhafte Industrielle eine Eingabe an Hindenburg gerichtet, Hitler mit der Kanzlerschaft zu betrauen. Von den Ruhrindustriellen hatte zunächst nur Thyssen unterzeichnet, nachträglich ließen auch Reusch und Vögler ihr Einverständnis ausrichten, ohne zu unterschreiben.

M 6.11 1933 – Schreiben des Geschäftsführenden Präsidialmitglieds des RDI[1], Ludwig Kastl, an den RDI-Präsidenten Gustav Krupp von Bohlen und Halbach (26.1.1933)

Bei Erörterung der politischen Lage [mit Staatssekretär Planck] erfuhr ich ... als neuesten Stand das Bestreben der Deutschnationalen und der Nationalsozialisten, die Harzburger Front[2] wieder herzustellen. Man spricht von einem Kampf-Kabinett Papen-Hitler-Schacht, bei dem Papen die Spitze darstellen soll und Hitler Wehrministerium und Ministerium des Innern erhalten soll, Schacht Finanzministerium, Hugenberg Wirtschafts- und Landwirtschaftsministerium. Ich halte diese Kombination, an der sich keiner der gegenwärtigen Minister beteiligen wird, für äußerst bedenklich und gehe so weit zu befürchten, dass eine derartige Kombination als offene Kampfansage gegen den größten Teil der Bevölkerung angesehen würde und man nicht ohne Unruhen durchkommen würde, wenn es tatsächlich dazu käme. Im Augenblick bestehen noch immer erhebliche Zweifel, ob der Herr Reichspräsident sich auf einen solchen Vorschlag einlassen wird. Andeutungen sprechen dafür, dass man nicht ganz ohne Erfolg ihm klargemacht haben soll, dass ein solches Kabinett ein ganz großes Kabinett werden würde mit größten Aussichten auf Stabilität. Man hat sogar von einem so genannten Bombenkabinett gesprochen, worauf ich scherzweise bemerkte, dass mir bedauerlicherweise der Nachdruck mehr auf Bomben als auf Kabinett zu liegen scheine. Das Zentrum ist entschiedener Gegner und die Sozialdemokraten selbstverständlich erst recht.

Zit. nach: Reinhard Neebe: Großindustrie, Staat und NSDAP 1930–1933. (Vandenhoeck & Ruprecht) Göttingen 1981. S. 152.

---

1 Reichsverband der Deutschen Industrie

2 Bündnis von DNVP, NSDAP und Stahlhelm (nationalistischer Wehrverband), benannt nach einem gemeinsamen Auftreten in Bad Harzburg im Oktober 1931.

M 6.12 1933 – Aufzeichnung vom 21.2.1933 über die Sitzung Hitlers, Görings und Schachts mit Industriellen am 20.2.1933

Die Aufzeichnung wurde verfasst von dem Leiter des Berliner Büros der Gutehoffnungshütte, Dr. Martin Blank, für Paul Reusch.[1]

Bei der Besprechung waren u. a. anwesend: RDI-Präsident Gustav Krupp v. Bohlen und Halbach, die Ruhr-Schwerindustriellen Albert Vögler, Fritz Springorum, Ernst Tengelmann und Hugo Stinnes jun., Fritz v. Opel, Ludwig v. Winterfeld (Vorstandsmitglied der Siemens & Halske AG), Georg v. Schnitzler (Vorstandsmitglied der IG Farbenindustrie) und Günther Quandt.

Über den Verlauf der Besprechung, zu der auch Sie eine Einladung erhalten hatten, habe ich heute von einem Teilnehmer Folgendes erfahren. [...] Der Reichstagspräsident[2] [...] wies in einer Ansprache auf die Bedeutung des kommenden Wahlkampfes, der auf absehbare Zeit der letzte sein werde, hin und berichtete von dem Wunsch des Kanzlers, sich vor den Herren der Wirtschaft persönlich zu äußern. Der Kanzler erschien dann [...] und begrüßte jeden der Erschienenen mit Handschlag. Er setzte dann in einer rhetorisch glänzenden, 1 1/2stündigen, frei gehaltenen Rede seine politischen Absichten auseinander. Zu wirtschaftlichen Fragen hat er verhältnismäßig wenig geäußert, aber die schon von anderer Seite gegebene Erklärung bestätigt, dass alle Gerüchte über etwaige Experimente, die mit der Wirtschaft gemacht werden sollten, falsch seien. Er bekannte sich ausdrücklich zum Privateigentum und zum Erbrecht, das aus der Leistung der Vorfahren heraus seine Berechtigung habe. Er ging dann auf die Geschichte der deutschen Revolution ein, stellte westliche Demokratie einerseits und Führertum, begründet auf Leistungen, andererseits einander gegenüber. [...]

[...] Es sei wahrscheinlich das Richtige, das Volk noch einmal sprechen zu lassen. Er sei kein Freund von illegalen Maßnahmen, aber man werde sich auch nicht aus der Macht drängen lassen, wenn das Ziel der absoluten Majorität nicht erreicht sei. An sich sei dieses Ziel durchaus nicht unerreichbar. Unter täglichem Einsatz ihres Lebens kämpften SA und SS den Wahlkampf für die gegenwärtige Regierung. Der Reichskanzler hat dann seine eigenen Gedankengänge entwickelt, die ihn zur Gründung der NSDAP und zur Fortführung seines Kampfes geführt haben. Grundlage sei die völkische Idee und der Gedanke der Wehrhaftigkeit. Das Leben sei ein fortgesetzter Kampf, und nur ein wehrhaftes Volk könne bestehen. Auch könne nur eine wehrhafte Nation eine blühende Wirtschaft haben. Volk und Boden seien die Wurzeln seiner [des Redners] Kraft und der Kraft einer Nation.

Herr v. Bohlen sprach dem Redner den aufrichtigen Dank der Beteiligten aus und hob insbesondere das Bekenntnis zum Privateigentum und zur Wehrhaftigkeit hervor.

Der Kanzler verließ dann die Besprechung. [...]

Herr Schacht[3] ergriff das Wort, indem er darauf hinwies, dass die Schicksalsstunde der Wirtschaft gekommen sei. Er wolle keine großen Worte machen und ohne Umschweife erklären, dass erforderlich seien insgesamt RM 3000000,–, deren Aufbringung er sich wie folgt gedacht habe:

RM 1000000,–	westliche Kohlen- und Eisenindustrie,
RM 1000000,–	chemische Industrie und Kalibergbau,
RM 1000000,–	Braunkohle, Maschinenbau und Elektrotechnik[4]

Zit. nach: Dirk Stegmann: Zum Verhältnis von Großindustrie und Nationalsozialismus. Archiv für Sozialgeschichte, 17 (1977). S. 477ff.

---

1 Vorstandsvorsitzender der Gutehoffnungshütte, Oberhausen.

2 Hermann Göring.

3 Hjalmar Schacht, 1924–1930 Reichsbankpräsident, nach Hitlers Amtsantritt erneut bis 1939 Reichsbankpräsident, Reichswirtschaftsminister 1934–1937.

4 1 Mio. RM aus der Ruhrindustrie und ein Teil der anderen Spenden wurden noch während der Sitzung Hitler zugesagt.

Aus einer Diskussion zwischen Historikern über das Ende der Weimarer Republik

M 6.13

A – Knut Borchardt:

Die erste These: Hitler ist natürlich nicht das alleinige und ausschließliche Ergebnis der Weltwirtschaftskrise, und er ist es doch. […]
Dies meint im ersten Teil der These, dass er nicht in dem Sinne Ergebnis der Krise sei, dass sie ihn mit Notwendigkeit hervorgebracht habe. Zunächst haben wir auch zu beachten (was meist zu wenig geschieht), dass die ersten dramatischen Erfolge dieser Bewegung 1929/30 in den Gemeinde- und Landtagswahlen eingetreten sind, die man häufig übersieht. Es ist nicht erst die Reichstagswahl vom September 1930; und die Young-Plan-Agitation hat auch nicht unmittelbar mit der Krise zu tun. Es gibt also viele Elemente, die die Mobilisierung schon vor der Weltwirtschaftskrise bringen. […]
Aber Hitler ist selbstverständlich in dem Sinne das Ergebnis der Weltwirtschaftskrise, als seine *spätere Herrschaft* ohne diese Krise überhaupt nicht vorstellbar ist, insbesondere nicht sein späterer so genannter Erfolg, aus dem er die Legitimität seiner Herrschaft im Inneren und nach außen gewonnen hat. […]
Es ist eine Legende, dass Hitler vornehmlich durch die Industriefreunde unterstützt worden sei und dass dies so seinen Erfolg erklärt. Vielleicht brauchen Menschen immer Dunkelmänner, um die Komplexität historischer Phänomene zu reduzieren. Wir wissen um die Rolle des Weltjudentums im nationalsozialistischen Konzept, die Rolle des Weltkapitals in anderen. So hat auch die Industriefront in der Diskussion eine große Rolle gespielt. Es ist aber – neuere Untersuchungen erhärten dies geradezu zweifelsfrei – die Rolle sehr herabzustufen, die Industrielle in diesem Zusammenhang gespielt haben.

B – Hans Mommsen:

Ich möchte […] die Auffassung vertreten, dass die Chancen einer wirklichen Stabilisierung des parlamentarischen Systems von Weimar von Anfang an und insbesondere nach den Juni-Wahlen von 1920 extrem gering gewesen sind. Die Frage kann gestellt werden, warum das parlamentarische System von Weimar nicht bereits früher zusammengebrochen ist. Ich glaube, dass gerade die Außenpolitik, das heißt der Druck der westlichen Alliierten, die finanzpolitische Abhängigkeit des Deutschen Reiches, die konservativen Gruppen, das, was sich später als das „nationale Deutschland“ deklarierte, dazu zwangen, zunächst am parlamentarischen System *pro forma* festzuhalten; hier liegt der Wirkungszusammenhang zur Weltwirtschaftskrise, der den finanziellen Druck, insbesondere Frankreichs und der Reparationsfrage, herabminderte, sodass nun konsequent die politische Rechte versuchte, die eigene Regierung des „nationalen Deutschlands“ zu bilden, um dann konsequent in Mehrheitsschwierigkeiten zu kommen und Hitler als Juniorpartner hineinzunehmen.
Paradoxerweise könnte man sagen: Es waren nicht Stresemanns außenpolitische Erfolge, sondern seine relativen außenpolitischen Misserfolge, die bewirkten, dass er so lange im Amt geblieben ist. Denn eine Überwindung des Reparationsproblems hätte es der Rechten dann ermöglicht, selbst in die Regierung zu gehen. […]
Herrn Borchardt ist darin zuzustimmen, dass die Industrie bei der Finanzierung dieser erst nach 1929 relevanten Massenpartei keineswegs eine übermäßige Rolle gespielt hat; jedoch muss dezidiert hinzugefügt werden, dass dem Kampf von weiten Kreisen der Industrie und insbesondere der agrarischen Gruppen gegen den Parlamentarismus die typische Identifizierung des parlamentarischen Systems – mit Sozialpolitik und Gewerkschaftsstaat – zugrunde lag und dass das erklärte Ziel der Verbände der Rechten, die die Parteien mediatisierten[1], seit der Mitte der Republik in einem Regierungssystem unter Ausschaltung der Sozialdemokratie und der Isolierung der freien und zum Teil der christlichen Gewerkschaften und der Rückgängigmachung der sozialpolitischen Konzessionen von 1918/19 liegt. Dieses Ziel war nur zu erreichen durch die Zerschlagung des parlamentarischen Systems […]

C – Erich Matthias:

[…] Als Erstes: Es gab keinen Grundkonsensus über Republik und Demokratie, und zwar galt das bis in die demokratischen Parteien hinein, von denen sich eigentlich nur zwei verbal wirklich mit beidem identifizierten, nämlich die SPD und die Deutsche Demokratische Partei. Aber auch hier wären noch nähere Kautelen[2] zu erörtern, wenn man ins Einzelne ginge, obgleich, „die Republik, das ist nicht viel, der Sozialismus ist das Ziel“[3], die Sonntagsreden nicht allzu viel besagten.

Der zweite Gesichtspunkt, der mir sehr wichtig erscheint, ist die Überforderung dieses unter ganz anderen Konditionen geformten und ausgeprägten Parteiensystems durch die neuen Aufgaben, das heißt durch den Übergang zum parlamentarischen System, und zwar unter den Konditionen des Parteienstaates, also zwei Schritte, die auf einmal, die gleichzeitig getan werden sollten. Und das hat man nicht geschafft. So haben wir im Kern des Systems weiter – und das ließe sich sehr leicht illustrieren – das konstitutionelle, oder, wenn Sie so wollen, das obrigkeitsstaatliche Erbe [...]

Der dritte Punkt, den ich noch anführen möchte, ist der: Man kann ja eigentlich gar nicht leugnen, dass so etwas zu verzeichnen ist, eigentlich noch bis 1930, wie ein Lern- und Eingewöhnungsprozess, der aber in den zwölf Jahren bis dahin nur begrenzte Fortschritte gemacht hat. Indikatoren für diese Fortschritte sind beispielsweise die veränderte Rolle, die die Deutsche Volkspartei gespielt hatte, und auch die Einbeziehung der Deutschnationalen in der Zwischenperiode der Republik. Und so konnte es nach den Wahlen von 1928 scheinen, dass – wie Arthur Rosenberg gesagt hat – diese Demokratie in Deutschland vielleicht doch eine Chance hätte haben können ohne den Einbruch der Wirtschaftskrise, dass sie eine ähnlich labile Stabilität hätte gewinnen können wie beispielsweise die französische Demokratie. [...]

1 mediatisieren – unterwerfen, in Abhängigkeit bringen
2 Kautel – Vorbehalt
3 oft benutzte sozialdemokratische Parole

D – Hagen Schulze:

[...] Die Geschichte Weimars ist ja nicht nur eine Geschichte von Abläufen und Strukturen, sondern auch von Situationen, von Entscheidungslagen, in denen handelnde Personen angesichts einer dunklen Zukunft zwischen Alternativen entscheiden, bis hin zum 28. und 29. Januar 1933, als Hindenburg nach Schleichers Entlassung vor der Frage stand, ob er Hitler zum Reichskanzler ernennen sollte. Er hätte sehr wohl anders entscheiden können. Nicht umsonst hat er anderthalb Tage lang gezögert, bis er die Entscheidung getroffen hat. Es gibt Indizien dafür, dass einige Monate später der nationalsozialistische Appeal sehr stark an Reiz verloren hätte.

Ich meine also, dass wir auch von den Alternativen reden sollten und von persönlichem Handeln. Man könnte das Verhältnis zwischen den strukturellen Zwängen und der personellen Handlungsfreiheit etwa so beschreiben: Die Ereignisse seit etwa 1930 standen im Rahmen einer starken, aus vielen kurz-, mittel-, langfristigen Entwicklungssträngen zusammengesetzten Kontinuität, die einen bestimmten Zeitgeist ermöglichte, der einen Verfassungswandel in Deutschland auf autoritäre Staatsmodelle hin begünstigt hat. Es ist aber darauf zu beharren, dass Weimar nicht auf *die* Weise scheitern musste, in der es dann tatsächlich gescheitert ist. Hitler war vielfach vermeidbar. Alternativen bestanden bis in die letzten Tage hinein.

Wir sollten, meine ich, an der letzten Verantwortung von Personen auch deswegen festhalten, um der Gefahr des geschichtsphilosophischen Fatalismus zu entgehen und um die Schuldfähigkeit der Politiker – und Politiker sind wir ja im Grunde alle – als ethische Grundvoraussetzung für unser Handeln beizubehalten und zu begründen. Dann erst – scheint mir – ist Geschichte für unsere Gegenwart auch noch bedeutsam. [...]

Zit. nach: Martin Broszat u. a. (Hrsg.): Deutschlands Weg in die Diktatur – Internationale Konferenz zur nationalsozialistischen Machtübernahme. (Siedler) Berlin 1983. S. 124ff.

Aufgaben zu Kapitel 6

1. Die Septemberwahl 1930 brachte den parlamentarischen Durchbruch der Nationalsozialisten. Erarbeiten Sie anhand der Darstellung (S. 114f.) Vorgeschichte, Ergebnis und politische Folgen dieser Wahl! (Die Statistik M 6.1 erlaubt Ihnen beim Vergleich der Wahlen von 1928 bis 1932 Vermutungen über Wählerwanderungen.) Überprüfen Sie, inwieweit die Erklärung des Publizisten Hellmut von Gerlach (M 6.5) das Geschehen erklärt – und inwieweit nicht!

2. Brünings Wirtschafts-, Sozial- und Außenpolitik ließe sich als eine „doppelte Revisionspolitik" beschreiben. Erläutern Sie diese Kennzeichnung und untersuchen Sie die Folgen, die sich aus der Überlagerung dieser Politik mit der Weltwirtschaftskrise ergaben! (S. 115f. und M 6.2).

3. Untersuchen Sie die Politik der Linken (S. 114f., M 6.3 und M 6.9) und der Rechten (S. 116ff.) in der seit 1930 entstandenen Situation und diskutieren Sie die Alternativen Brünings zwischen Parlamentarismus und autoritärer Regierung! (Sie müssen an dieser Stelle auf die besondere Rolle des Reichspräsidenten und ihre Möglichkeiten in Krisenzeiten zurückkommen – s. S. 55f., M 3.15).

4. In der Darstellung (S. 117f.) finden Sie einige Fakten, mit denen eine konsequente Verbots- und Unterdrückungspolitik der Reichsregierung gegenüber der NSDAP hätte begründet werden können. Untersuchen Sie anhand von M 6.2, warum Brüning sich zu einer solchen Politik nicht entschloss, und erörtern Sie, wie sich die Chancen für eine Verbotspolitik bis 1932 entwickelten!

5. Von vielen Historikern werden die Kontinuitätslinien der Präsidialregierungen von Brüning bis Schleicher im Rahmen eines stufenweisen Prozesses der „Auflösung der Weimarer Republik" (K. D. Bracher) stark betont. Andere Historiker sehen vor allem einen Bruch zwischen der Politik Brünings und Papens und ziehen deshalb hier eine scharfe Trennungslinie. Suchen Sie nach Argumenten für beide Auffassungen und formulieren Sie eine eigene Position!

6. Die Rolle der (Groß-)Industrie in der Vorgeschichte der Machtergreifung Hitlers wird unter Historikern sehr kontrovers diskutiert. Bis heute ist die Quellenlage nicht so gut, dass abschließende Beurteilungen möglich wären. Formulieren Sie anhand der Darstellung auf S. 120f. und der Materialien M 6.10– M 6.12 Thesen zur Haltung der Industrie 1932/33! – Untersuchen Sie darüber hinaus, welche weiteren Faktoren für die Ernennung Hitlers eine Rolle spielten.

7. Sie können nun – den ersten Teil dieses Arbeitsbuchs abschließend – die Frage erörtern, warum die erste deutsche Republik gescheitert ist. Die Texte M 6.13 A–D bieten Ihnen alternative Erklärungsansätze. Sie müssen dazu auf Ihre Ergebnisse aus dem voraufgegangenen Unterricht zurückgreifen und dabei besonders folgende Aspekte berücksichtigen: wirtschaftliche und soziale Wandlungsprozesse und ihre Konsequenzen für Unter- und Mittelschichten, die Novemberrevolution und die deutschen Führungseliten, die materiellen und die bewusstseinsmäßigen Folgen des Ersten Weltkriegs.

Der Nationalsozialismus in Deutschland 1933–1945

7 Die NS-Diktatur bis 1939: Begeisterung – Mitläufertum, Einschüchterung – Widerstand

4. 2. 1933	Verordnung des Reichspräsidenten „Zum Schutz des deutschen Volkes" (Pressezensur und Einschränkung der Versammlungsfreiheit)
28. 2. 1933	Verordnung des Reichspräsidenten „Zum Schutz von Volk und Staat" (Aufhebung der Grundrechte)
5. 3. 1933	Reichstagswahlen: NSDAP 43,9%, DNVP 8,0%, Zentrum 11,2%, SPD 18,3%, KPD 12,3%, DVP 1,1%, DStP 0,9%, Sonstige 4,3%
20. 3. 1933	Errichtung des ständigen Konzentrationslagers Dachau bei München
23. 3. 1933	Ermächtigungsgesetz „Zur Behebung der Not von Volk und Reich": die Regierung übernimmt die Aufgaben des Reichstags, die Gesetzgebung; Ausschaltung der KPD
7. 4. 1933	„Gesetz zur Wiederherstellung des Berufsbeamtentums" (erste gesetzliche Sonderstellung von jüdischen Bürgern, Mittel gegen politisch missliebige Beamte)
2. 5. 1933	Zerschlagung der Gewerkschaften
20. 7. 1933	Reichskonkordat mit der Katholischen Kirche (Anerkennung durch den Vatikan als erster außenpolitischer Erfolg)
30. 6.–2. 7. 1934	Entmachtung der SA; Mord an konservativen Gegnern
2. 8. 1934	Tod Hindenburgs; Hitler „Führer und Reichskanzler"; Vereidigung der Wehrmacht auf Hitler
16. 3. 1935	Allgemeine Wehrpflicht verkündet (Bruch des Versailler Vertrages)
15. 9. 1935	Nürnberger Gesetze: Diskriminierung der jüdischen Bürger
25. 11. 1936	Antikominternpakt zwischen Deutschland und Japan; 1937 Beitritt Italiens
29. 9. 1938	Münchner Konferenz zwingt ČSR zur Abtretung des „Sudetenlandes"
31. 3. 1939	Britisch-französische Garantie für Polen
3. 4. 1939	Führerweisung für Angriffskrieg gegen Polen

Die Schwierigkeiten und Kontroversen bei dem Versuch, das Ende der Weimarer Republik zu erklären, setzen sich fort, wenn die Stabilisierung und der Aufbau der nationalsozialistischen Herrschaft diskutiert werden. ▷ Marxistische und nicht-marxistische Positionen mit unterschiedlichen Gewichtungen sozialer, ökonomischer, politischer, institutioneller und psychologischer Faktoren konkurrieren dabei miteinander.

Der folgende Teil des Buches verfolgt keinen dieser Ansätze ausschließlich, geht aber davon aus, dass eher aus den inneren als aus den äußeren Verhältnissen die Fragen nach Erfolg und Stabilität des Nationalsozialismus beantwortet werden können. Die Verfasser setzen voraus, dass den ökonomischen und sozialen Bedingungen und den jeweiligen Bewusstseinslagen in modernen Industriegesellschaften ein besonderes Gewicht für die historische Entwicklung zukommt. Daraus ergibt sich auch die Gewichtung der verschiedenen Bereiche: Außenpolitische Einflussfaktoren werden nicht als selbstständige Teile der Darstellung herausgehoben, sondern jeweils an den Orten ihrer innenpolitischen Bedeutung behandelt. Bei der Darstellung der inneren Entwicklung und Strukturen dominieren der wirtschaftliche und der soziale Blickwinkel, ohne dass das Eigengewicht des Politischen dabei übersehen wird.

Sicherlich war der Nationalsozialismus keine Einzelerscheinung in Europa. Alle nach 1918 entstandenen Demokratien – mit Ausnahme der Tschechoslowakei – scheiterten und endeten in autoritären oder diktatorischen Ordnungen mit mehr oder weniger ausgeprägten faschistischen Zügen, d. h. sie waren antiparlamentarisch und antikommunistisch und formierten in der Regel die Massen in den Organisationen einer Staatspartei.

Viele politische Beobachter befürchteten seit dem Spanischen Bürgerkrieg 1936 bis 1939 (s. S. 147) eine Vorherrschaft von Diktaturen in Europa, die wie Italien, Deutschland und Spanien faschistische Züge aufwiesen. Italien und das Deutsche Reich näherten sich außenpolitisch immer stärker aneinander an, ihre Streitfragen um Südtirol und die Selbstständigkeit Österreichs legten sie bei und gingen schließlich ein Bündnis ein. Spanien unter General Franco jedoch hielt sich aus direkten militärischen Verpflichtungen gegenüber den beiden anderen Staaten heraus, um nicht in einen Krieg gegen England hineingezogen zu werden.

Die parlamentarisch-demokratischen Staaten Frankreich und Großbritannien kämpften weiter mit der Wirtschaftskrise und ihren innenpolitischen destabilisierenden Folgen sowie mit den wachsenden Schwierigkeiten in ihren Kolonialreichen. Außenpolitisch wurden sie durch die zunehmende Macht der antiparlamentarischen und antidemokratischen Staaten (die kommunistische Sowjetunion war weitgehend isoliert) in die Defensive gedrängt, da sie ihr Militär nicht in dem Maße wie Deutschland und Italien erneuern und verstärken konnten.

Schon früh ist die politische und wissenschaftliche Frage aufgetaucht, ob diese antidemokratischen Regime und Bewegungen in Europa einheitliche Ursachen und Strukturen aufwiesen (s. S. 10; → M 10.5). Aber der Oberbegriff ▷ „Faschismus“, der für die meisten dieser extrem nationalistischen Gesellschaftsformen häufig verwendet wird, darf über die große Spannweite der Ursachen und Ausprägungen dieser Herrschaftsweise nicht hinwegtäuschen. Dementsprechend wird man auch den Nationalsozialismus in seinen charakteristischen Ausprägungen vor allem auch aus der deutschen Geschichte heraus betrachten und interpretieren müssen.

Am 30. Januar 1933 wurde Adolf Hitler nicht zum Reichskanzler gewählt, auch ergriff er nicht in einem revolutionären Akt die Macht in Deutschland, vielmehr wurde ihm die Kanzlerschaft nach der Verfassung durch den Reichspräsidenten Hindenburg ganz in der Tradition der ▷ Präsidialkabinette übergeben.

Begeisterung und abwartende Sympathie, Skepsis und Angst begleiteten die flackernden Fackelzüge und marschierenden SA-Kolonnen, die Massenversammlungen und dröhnenden Reden in Berlin und sonst überall im Deutschen Reich. Sie schienen eine Erhebung der gesamten deutschen Nation aller Welt vor Augen zu führen. Aber die Geschlossenheit dieses Bildes trog: Die ▷ Konservativen und deutschvölkischen Bündnispartner der Nationalsozialisten hatten zwar Hitler als Reichskanzler unterstützt, aber nur in der Hoffnung, selber die Zügel in der Hand behalten zu können. Es galt aus ihrer Sicht, die populistische Massenbewegung der Nationalsozialisten in einem autoritären Präsidialkabinett einzubinden. Führende Industrielle, vor allem die Schwerindustrie, erhofften eine massive Einschränkung des Sozialstaats und der gewerkschaftlichen Gegenmacht, auch der entsprechenden Forderungen des „linken“ NSDAP-Flügels. Das Militär beobachtete argwöhnisch SA und SS, die paramilitärischen Kampfverbände der NSDAP, die leicht zu einem gefährlichen Machtkonkurrenten für seine traditionelle Vorrangstellung werden konnten. Alle diese Bündnispartner wollten die alte gesellschaftliche Ordnung nach dem Vorbild des Kaiserreichs wiederherstellen.

Auch die großen christlichen Kirchen hofften ei-

nerseits auf einen sicheren Platz in dem kommenden autoritär-nationalistischen Staat, wobei Distanz zur modernen Gesellschaft, Antikommunismus und auch latenter bis offener ▷ Antisemitismus den ideologischen Kitt für dieses angestrebte Zusammenleben bieten konnten. Andererseits aber trafen die Kirchen mit den nun die Regierung führenden Nationalsozialisten auf eine kaum verhüllt atheistische Bewegung. Hier waren mögliche Konflikte angelegt.
Im Gegensatz zum Nationalsozialismus standen die Kommunisten und die Träger der parlamentarischen Weimarer Republik: die Sozialdemokratie, große Teile des Zentrums und Reste der liberalen Parteien.
Wie weit verbreitet die Ablehnung zunächst war, zeigte sich im März 1933, als die NSDAP siegessicher Reichstagsneuwahlen betrieb, aber die ersehnte absolute Mehrheit – trotz des offenen Terrors während des Wahlkampfes – verfehlte. Dennoch war sie nur ein Vierteljahr später im nahezu uneingeschränkten Besitz der politischen Macht in Deutschland.

7.1 Machtsicherung und Gleichschaltung: eine „braune Revolution"?

Am leichtesten fiel es der alten politischen Rechten, sich mit Hitler abzufinden: „Ein unbeschreibliches Hochgefühl, verbunden mit dem tiefsten Dank gegen den allmächtigen Herrn der Geschichte erfüllte mein Herz, wie es wohl bei jedem nationalen deutschen Menschen gewesen ist." Mit diesen Worten gab der spätere evangelische Bischof von Hamburg, Franz Tügel, in seinen Erinnerungen das Erlebnis des 30. Januar und die hoffnungsfrohe Siegesstimmung der nationalen Rechten in Deutschland wieder.
Das autoritäre Regime eines Kanzlers Hitler in Abhängigkeit vom Reichspräsidenten und ehemaligen kaiserlichen Feldmarschall von Hindenburg schien der Garant für die gesellschaftliche und politische Machtposition der alten Eliten des Militärs, des Adels und der Agrarier sowie der Großindustrie und des Großbürgertums zu sein. Zwar waren ihre Interessen im Einzelnen durchaus verschieden und boten später Ansatzpunkte für die Taktik der Nationalsozialisten, sie gegeneinander auszuspielen, aber einig waren sie sich im Ziel einer „konsequenten nationalen" Machtpolitik eines „starken Staates". Sie sollten die innen- und außenpolitischen Folgen des Ersten Weltkriegs, den gerade diese „Eliten" zu verantworten hatten, beseitigen. Die führende Rolle dieser Gruppen schien die Einbindung der NSDAP und Hitlers im Rahmen eines Koalitionskabinetts, der Regierung der „Nationalen Kon-

Der Fackelzug vom Abend des 30. Januar 1933 in Berlin, nachgestellt am dritten Jahrestag: authentische Fotos existierten nicht.

zentration", auch nach außen sichtbar zu machen (s. S. 99).
„In zwei Monaten haben wir Hitler in die Ecke gedrückt, dass er quietscht", konnte Vizekanzler Franz von Papen stolz und überheblich verkünden. Papen und der DNVP-Vorsitzende Hugenberg mit ihren konservativen Gefolgsleuten in der Regierung vertrauten auf die Macht des Präsidenten, in dessen Händen die Verfügung über den Notstandsartikel 48 der Weimarer Verfassung lag. Mit diesem Artikel konnte der Präsident in Verbindung mit Artikel 53, wie früher der Kaiser, den Reichskanzler ernennen bzw. wieder entlassen, eben möglicherweise auch einen Reichskanzler Hitler. So sollte die „nationale Erhebung" gesichert, eine nationalsozialistische Diktatur aber verhindert werden. Es bedurfte jedoch nur knapp der vom Vizekanzler genannten zwei Monate, um den Nationalsozialisten mit der Verabschiedung des Ermächtigungsgesetzes am 23. März 1933 die alleinige Herrschaft zu sichern.
Hitler, Frick, Göring und der später zusätzlich als Propagandaminister ins Kabinett aufgenommene Goebbels betrieben eine Politik der Wechselbäder. Die Inszenierung propagandistischer Feiern zur Festigung und Verbreiterung der Anhängerschaft, scheinbares Entgegenkommen gegenüber möglichen Gegnern, äußere formale Legalität zur Beruhigung der Vorsichtigen sowie offener Druck und Terror zur Einschüchterung und Ausschaltung der Gegner wechselten ständig miteinander ab. An fünf Stationen der Errichtung der nationalsozialistischen Diktatur soll dies im Folgenden behandelt werden: der Auflösung des Reichstags am 1. Februar, der Reichstagsbrandverordnung, dem Ermächtigungsgesetz, der Gleichschaltung und der Entmachtung der SA.

Die Suspendierung der Grundrechte und die Ausschaltung der Konkurrenten um die Macht

Dem konservativen und völkischen Taumel der „nationalen Erhebung" folgte unmittelbar der Bruch der Abmachung Hitlers mit seinen konservativen Kabinettsmitgliedern, vorerst den Reichstag nicht aufzulösen und keine Neuwahlen auszuschreiben. Die Konservativen, vor allem die DNVP, fürchteten bei solchen Neuwahlen starke Stimmenverluste zugunsten der NSDAP. Dass jedoch Hitler den Reichspräsidenten Hindenburg zu der Auflösung des Reichstags so schnell bewegen konnte, zeigt schon in dieser Anfangsphase nationalsozialistischen Regierens, wie trügerisch die Hoffnungen der Konservativen waren, über den Reichspräsidenten und den Artikel 48 das politische Handeln kontrollieren zu können.
Öffentlich ließ sich dieser Schachzug damit vertreten, dass durch den erwarteten Wahlerfolg der Regierung die Ausnahmepraxis der Notverordnungen durch eine stabile Mehrheitsgesetzgebung abgelöst werden könnte. In Wirklichkeit aber ging es Hitler um die Sprengung des Zähmungskonzepts der Rechten, da er sicher war, die absolute Mehrheit für die NSDAP zu erlangen. In der Zeit des Wahlkampfes stand der Regierung Hitler zudem das Mittel der Notverordnungen zur Verfügung, ohne dass eine Reichstagsmehrheit sie hätte aufheben können.
Die fünf Wochen des Wahlkampfes waren durch eine in Deutschland beispiellose Verfolgung und Drangsalierung der politischen Gegner – in erster Linie Kommunisten und Sozialisten – und auch schon der jüdischen Bürger bestimmt. Im Kampf gegen sie ließ sich die konservativ-völkische Rechte fest an die Nationalsozialisten binden. Auch die Kirchen sahen das Vorgehen gegen diese Gruppen nicht als Grund zur Kritik oder gar zum Widerstand an. Die Unternehmer unterstützten diesen Kampf, indem sie nun weitaus bereitwilliger als im Herbst 1932 die NSDAP mit finanziellen Mitteln förderten. Die ersten Ausschreitungen gegen die jüdischen Deutschen betrachteten viele Konservative mit Unbehagen, verstanden sie aber als anfängliche, bald überwundene „übereifrige" Begleiterscheinungen.
In den linken Parteien und ihren Gewerkschaften sahen Hitler und die NSDAP sicher einen ernst zu nehmenden Gegner. Ob Hitler aber wirklich an die Gefahr eines Generalstreiks bzw. eines Bürgerkriegs glaubte, ist ungewiss. Auf alle Fälle gelang es ihm, diese Möglichkeiten als Schreckgespenst für die Konservativen und das Militär an die Wand zu malen.
Die Basis der Linken (→ M 7.1–7.3) erwartete vielerorts, dass der Generalstreik ausgerufen würde. Aber die Führungen von Kommunisten und Sozialdemokraten konnten trotz dieser gefährlichen Situation die tiefe Spaltung der Linken, die sie seit dem Ende des Kaiserreiches zu erbitterten Gegnern machte, nicht überwinden. Und während die Kommunisten von den National-

sozialisten als Hauptgegner aufgebaut wurden, hofften viele Sozialdemokraten noch auf ein glimpfliches Davonkommen (→ M 7.1). So war die Linke in sich politisch gelähmt und dazu noch aller ihrer parlamentarischen Einflussmöglichkeiten durch die Reichstagsauflösung und das Notverordnungsrecht beraubt. Die einzige, hinsichtlich ihrer Chancen sehr umstrittene Alternative wäre der außerparlamentarische, illegale Kampf auf der Straße gewesen.

Die juristischen Grundlagen der Verfolgung wurden durch eine scheinlegale Einschränkung der Grundrechte geschaffen. Das waren Maßnahmen wie die Pressezensur, der Schießerlass des kommissarischen preußischen Innenministers Göring, der der Polizei Straffreiheit bei Schusswaffengebrauch gegen „Staatsfeinde“ zusicherte, und der Einsatz von 50000 SA-, SS- und Stahlhelm-Leuten als Hilfspolizei. Widerrechtliche Übergriffe der SA wurden geduldet und nur selten verfolgt. Gelegentliche Kritik Konservativer und besonders des Zentrums änderten nichts.

Im Gegenteil, die verschärfte Verfolgung der Gegner und der entscheidende Schlag gegen die Kommunisten sollten noch kommen. Am 27. Februar 1933 nämlich brannte der Reichstag, das Zentrum des deutschen Parlamentarismus seit dem Kaiserreich. Diesen Brand nutzte die Regierung Hitler zur Aufhebung der Grundrechte. Sie machte den ehemaligen holländischen Kommunisten Marinus van der Lubbe als Täter für die Brandstiftung verantwortlich. Göring stellte die Tat als Signal für einen Aufstand der KPD dar. Der Reichstagsbrand kam den Nationalsozialisten bei ihrer Machtergreifung so gelegen, dass die Linke sofort von einer provokativen Tat der NSDAP und Görings ausging und die Behauptung, dass es sich dabei um ein Zeichen für einen kommunistischen Aufstand gehandelt habe, erbittert bekämpfte. Und in der Tat, bei dem Prozess vor dem Reichsgericht in Leipzig vermochte Göring nicht, seine Vorwürfe zu belegen, und das Gericht stellte ausdrücklich fest, dass kein Zusammenhang zwischen dem Reichstagsbrand und irgendeinem Aufstandsversuch bestanden habe. (Die Mehrheit der Geschichtswissenschaftler geht mittlerweile von der Alleintäterschaft des politisch verzweifelten Marinus van der Lubbe aus.)

Unbestritten ist jedoch, dass den Nationalsozialisten nichts willkommener sein konnte als dieser Brand. Nun konnte propagandistisch die angeblich drohende „kommunistische Gefahr“ voll ausgenutzt werden. Die bürgerliche und konservative Rechte in der Regierung konnte und wollte sich jetzt auch nicht mehr der Anwendung außerordentlicher Mittel widersetzen, zumal sie ja in erster Linie gegen die verhassten Kommunisten gerichtet sein sollten. Noch in der Nacht vom 27. auf den 28. Februar ließ Göring ohne Rechtsgrundlage die Parteibüros der KPD schließen, ihre Abgeordneten und führenden Funktionäre verhaften und die Parteipresse verbieten. Der Parteivorsitzende Ernst Thälmann blieb elf Jahre bis zu seiner Ermordung in Haft. Auch sozialdemokratische Zeitungen wurden für zwei Wochen, d. h. über den Wahltag vom 5. März hinaus, verboten.

Aber die Nazis nutzten die für sie einmalige Situation zu einem noch viel weiter gehenden Schritt in derselben Nacht. Reichsinnenminister Frick legte eine offensichtlich juristisch gut vorbereitete Notverordnung „Zum Schutz von Volk und Staat“ – die so genannte „Reichstagsbrandverordnung“ – vor, die die wichtigsten Grundrechte der Weimarer Verfassung und damit den Kern des Rechtsstaats außer Kraft setzte. Die Konservativen in der Regierung stimmten zu, weil die Notverordnung offensichtlich nur gegen die Linke gerichtet zu sein schien und nach der Verfassung nur befristet gelten konnte. Noch immer habe der Präsident in der Anwendung des Artikels 48 das letzte Wort. Bis Mitte März waren dann allein in Preußen ca. 10000 Personen in „Schutzhaft“, vorwiegend Kommunisten, aber auch zahlreiche Sozialdemokraten und hunderte Angehörige anderer Parteien und Gruppen. Bis Ende Oktober waren bereits 500 bis 600 Personen ermordet worden und rund 100000 inhaftiert.

Die Reichstagsbrandverordnung hatte damit nicht ausgedient, sie blieb vielmehr bis 1945 in Kraft. Sie bildete eine Art Grundgesetz des Dritten Reiches, entscheidender noch als das spätere Ermächtigungsgesetz (→ M 7.5).

Dennoch, trotz aller nationalen Begeisterung und aller Propaganda, trotz aller Einschüchterungen und Terrormaßnahmen verfehlte die NSDAP am 5. März deutlich die ersehnte absolute Mehrheit, immer noch war sie auf die, allerdings nun schwächere DNVP in der Regierung angewiesen. Eine verfassungsändernde Zweidrittelmehrheit konnte die Regierung nur mit den Stimmen des Zentrums und der Reste der liberalen Parteien erreichen.

Die Ausschaltung der unabhängigen Legislative

Knapp einen Monat später wurde ein weiteres zentrales Verfassungselement der Weimarer Republik außer Kraft gesetzt. Wieder wurden Freunde und Gegner einem Wechselbad der Gefühle ausgesetzt.
Der neugewählte Reichstag sollte am 21. März, dem Gedenktag der Eröffnung des ersten Deutschen Reichstags 1871 durch Bismarck, zu seiner konstituierenden Sitzung zusammentreten. Dazu wurde eine Feier in der Potsdamer Garnisonskirche, der Begräbnisstätte des bedeutendsten Preußenkönigs, Friedrich II., mit allem propagandistischen Aufwand vorbereitet. An dieser Stelle sollte demonstriert werden, dass die nationalsozialistische Massenbewegung in der Tradition Preußens stand. Die jungen Nationalsozialisten auf der einen Seite und auf der anderen die alten Preußisch-Konservativen, der Kronprinz der ehemaligen Monarchie, das kaisertreue ▷ Bürgertum, die Militärs und die Großindustrie, alle, die deutsche Großmachtpolitik anstrebten und die Konsequenzen aus dem verlorenen Ersten Weltkrieg nicht anerkennen wollten, sollten sich an diesem Tag vereint fühlen. Auch die Kirchen wollten und sollten dabei nicht fernstehen. Evangelische und katholische Festgottesdienste, an denen zahlreiche SA-Leute in Uniform und führende Vertreter der NSDAP wie Göring und Himmler teilnahmen, leiteten den Festtag ein. In der Garnisonskirche verbeugte sich Hitler in bürgerlichem Cut vor dem in der Uniform eines kaiserlichen Marschalls erschienenen Reichspräsidenten Hindenburg. „Wie eine Sturmwelle ist gestern die nationale Begeisterung über Deutschland hinweggefegt", jubelte am folgenden Tag die Berliner Börsenzeitung ohne Übertreibung.
Die kommunistischen und sozial-demokratischen Abgeordneten waren zu dem Festakt nicht geladen worden oder waren „durch dringende und nützliche Arbeiten [...] in den Konzentrationslagern" am Erscheinen gehindert, wie Innenminister Frick zynisch erklärte. Deshalb konnte auch die gesamte KPD-Fraktion bei der Eröffnungssitzung des Reichstags am Nachmittag in dem provisorischen Tagungsort, der Kroll-Oper, nicht teilnehmen.
Die Ausschaltung der KPD aus dem Reichstag war ein Schachzug bei der Durchsetzung des verfassungsändernden „Gesetzes zur Behebung der Not von Volk und Reich", des so genannten Ermächtigungsgesetzes, das die Legislative in die Hände der Reichsregierung legen sollte. Die Aufhebung der Gewaltenteilung sicherte auf Dauer die alleinige Machtausübung der NSDAP. Hitler erstrebte zugleich eine breite öffentlichkeitswirksame Zustimmung auch der liberalen Parteien und vor allem des Zentrums.
Für eine Verfassungsänderung war bei Anwesenheit von mindestens zwei Dritteln aller 647 Abgeordneten eine Zweidrittelmehrheit erforderlich. Diese war bei 288 NSDAP- und 85 konservativen und liberalen Stimmen gefährdet, wenn über 85% der Abgeordneten teilnahmen. So war die „Schutzhaft" für 81 KPD- und 15 SPD-Abgeordnete eine skrupellose Methode der Absicherung der Mehrheit.

23. März 1933: SA- und SS-Verbände ziehen in den Reichstag ein, wo sie Tribünen und Wandseiten besetzten.

Dennoch lag der Regierung auch an der rechnerisch überflüssigen Zustimmung des Zentrums. Dessen Stimmen sicherten die Zustimmung der Katholiken in Deutschland, erhöhten den Eindruck im Ausland und ließen vor allem das Wohlwollen des Papstes erhoffen. Das Zentrum stellte verfassungs- und kirchenpolitische Bedingungen: Anerkennung der bestehenden Länderkonkordate, Sicherung des christlichen Einflusses in Schule und Erziehung, Wahrung der Rechte des Reichspräsidenten, Beibehaltung der Unabhängigkeit der Richter, Sicherung der dem Zentrum angehörenden Beamten und Pflege und Verbesserung der Beziehungen zum Vatikan.

Trotz der Bedenken einiger Abgeordneter um den Ex-Kanzler Brüning stimmte das Zentrum dem Gesetz zu; es hatte sich nur die trügerische Hoffnung erkauft, die eigene Organisation zu retten.

In der entscheidenden Reichstagssitzung am 23. März hielt der SPD-Vorsitzende Otto Wels unter wüsten Drohungen der SA und dem Eindruck einer neuen Verhaftungswelle seine Rede, die die Ablehnung dieses Gesetzesantrags durch die SPD begründete. Hitler antwortete wütend und stellte die Parteien vor die Wahl zwischen Krieg und Frieden mit der Regierung. Schließlich stimmten 444 Abgeordnete, darunter auch die Liberalen und das Zentrum, dem Antrag und damit der Selbstentmachtung des Parlaments zu, allein die noch anwesenden Volksvertreter der SPD blieben geschlossen bei ihrer Haltung.

Die Gleichschaltung: Nationalsozialistische Durchdringung des Staatsapparates und der gesellschaftlichen Organisationen

Dennoch schwankten auch die SPD und die freien Gewerkschaften weiter zwischen Hoffnung und Angst um den Erhalt ihrer Organisationen. Wenn überhaupt ernsthafter Widerstand gegen die Etablierung der Diktatur zu erwarten war, dann doch zunächst von den selbstständigen Organisationen der Arbeiter, an erster Stelle von den sozialistischen Gewerkschaften. Der von ihnen getragene Generalstreik hatte 1920 den reaktionären Kapp-Putsch scheitern lassen. Aber den Nationalsozialisten gelang ein müheloser Sieg über die Führung der Gewerkschaftsorganisation des ADGB. Sicher ist zuzugestehen, dass die Gewerkschaften kein Konzept für einen Generalstreik hatten, der in dieser Situation als Zeichen für einen Aufstand hätte verstanden werden können. Vor allem konnten sie der Arbeiterschaft nicht sicher sein. Aber bis heute meinen ernstzunehmende Stimmen, dass zumindest ein Zeichen hätte gesetzt werden müssen. Aber nicht genug, dass die SPD als politische Vertretung der Arbeiter gelähmt war, demoralisierte der ADGB-Vorstand die Arbeiter zusätzlich durch eine betonte Anbiederungspolitik an die nationalsozialistisch geführte Regierung nach den Wahlen vom 5. März: Zunächst ging er offen auf Distanz zur SPD – eine politische Linie, die er schon 1932 angedeutet hatte – und erklärte sich parteipolitisch für „neutral". Zwei Tage vor dem Ermächtigungsgesetz bot der Bundesvorstand der Hitler-Regierung die Zusammenarbeit in einem Brief des Vorsitzenden Theodor Leipart mit dem Satz an: „Die sozialen Aufgaben der Gewerkschaften müssen erfüllt werden, gleichviel welcher Art das Staatsregime ist." Der Rücktritt jüdischer Gewerkschaftsführer, wie des Vorsitzenden der Angestellten im ADGB, Siegfried Aufhäuser, kam dem Bundesvorstand bei seiner Strategie der Anpassung und Anbiederung nur recht. Disziplin und Ordnung, um jeden „Terror" als Anlass zur Zerschlagung der Organisation zu vermeiden, waren Prinzipien des Handelns, obwohl die Gewerkschaften tagtäglich den Terror der SA zu spüren bekamen.

Für die Möglichkeit einer Einheitsgewerkschaft aller Arbeiter und Angestellten – den alten Traum der deutschen Arbeiterbewegung – ging der ADGB Verhandlungen mit den Nationalsozialistischen Betriebszellenorganisationen (NSBO) ein. Während er noch hoffte, durch dieses Verhalten seine Organisation und ein gewisses Maß an Eigenständigkeit der Arbeiterschaft zu erhalten, wurde der Schlag gegen den ADGB und im Gefolge auch gegen die anderen Arbeitnehmerorganisationen von der NS-Regierung geplant.

Der „Tag der Arbeit", der 1. Mai, wurde zum Staatsfeiertag erklärt, Gewerkschaften und NS-Formationen marschierten gemeinsam auf. Tags darauf aber, am 2. Mai 1933, wurden einem Überfall gleich die Gewerkschaftshäuser des ADGB durch die SA gestürmt, die Vermögen eingezogen und ein Teil der Führer gefangengenommen. Kurze Zeit später, am 10. Juni, wurden alle Arbeitnehmerorganisationen (auch die christlichen und liberalen) gemeinsam mit den NSBO in die „Deutsche Arbeitsfront" (DAF) überführt. Auch die Unternehmerorganisationen tra-

ten der DAF bei und schufen den Anschein einer Versöhnung von Kapital und Arbeit.
Im Januar 1934 wurde durch das „Gesetz zur Ordnung der nationalen Arbeit“ mit Hilfe des Arbeitsbuches die disziplinarische Kontrolle der Arbeiter sichergestellt und die freie Wahl des Arbeitsplatzes eingeschränkt. Die Arbeiterschaft wurde so der politischen und wirtschaftlichen Verfügung der NS-Regierung ausgeliefert, ein möglicherweise ernstes soziales Unruhemoment zugunsten der Verbindung zu den Machteliten in Großindustrie und Bürokratie ausgeschaltet.
Nach dem Verbot der SPD mussten die bürgerlichen Parteien ihre Organisationen selbst auflösen oder gingen wie die DNVP in der NSDAP auf. Die Neugründung von Parteien wurde verboten, die NSDAP war jetzt die allein zugelassene Staatspartei.
Durch das „Gesetz zur Wiederherstellung des Berufsbeamtentums“ wurde die Verwaltung gleichgeschaltet, indem der Zugang zum öffentlichen Dienst von politischen und rassischen Kriterien abhängig gemacht wurde. Die Länder des Deutschen Reichs wurden der direkten Verwaltung der Zentralregierung unterstellt und ihrer verfassungsmäßig festgelegten Eigenständigkeit beraubt.
Die selbstständigen und oft vielfältigen gesellschaftlichen Organisationen und Verbände der Industrie, des Handels und der Landwirtschaft, der Hochschulen, Justiz und Verwaltung, der Frauen und der Jugend wurden zu jeweiligen Einheitsorganisationen unter nationalsozialistischer Führung zusammengefasst. Der Einfluss der NSDAP reichte nun tief und weit in Staat und Gesellschaft hinein. Nur die Kirchen vermochten trotz allen nationalsozialistischen Drucks ihre organisatorische Eigenständigkeit zu bewahren. Die Industrie sicherte sich neben ihrer Mitgliedschaft in der DAF mit der Reichsgruppe Industrie eine eigene Interessenvertretung.

Der „Führerstaat“ und die Unabhängigkeit der Justiz

Politisch blieben am Ende der Machtergreifungs- und -sicherungsphase nur noch drei Institutionen übrig, die dem Machtausbau der NS-Diktatur gefährlich werden konnten: der Reichspräsident, die Reichswehr und – die SA.
Immer lauter meldete der Führer der SA, Ernst Röhm, die Ansprüche seiner Parteiarmee auf

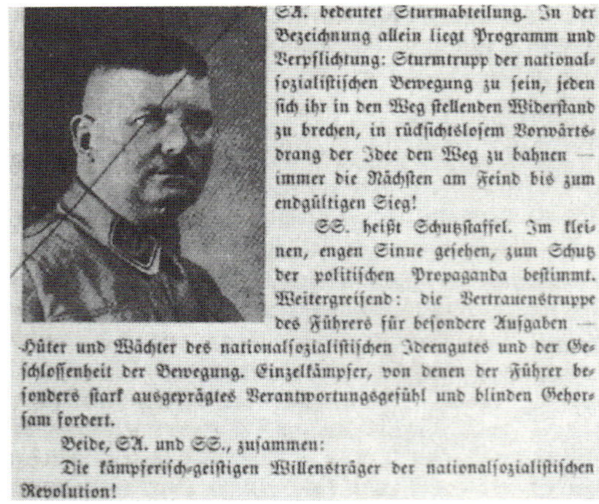

SA. bedeutet Sturmabteilung. In der Bezeichnung allein liegt Programm und Verpflichtung: Sturmtrupp der nationalsozialistischen Bewegung zu sein, jeden sich ihr in den Weg stellenden Widerstand zu brechen, in rücksichtslosem Vorwärtsdrang der Idee den Weg zu bahnen – immer die Nächsten am Feind bis zum endgültigen Sieg!

SS. heißt Schutzstaffel. Im kleinen, engen Sinne gesehen, zum Schutz der politischen Propaganda bestimmt. Weitergreifend: die Vertrauenstruppe des Führers für besondere Aufgaben – Hüter und Wächter des nationalsozialistischen Ideengutes und der Geschlossenheit der Bewegung. Einzelkämpfer, von denen der Führer besonders stark ausgeprägtes Verantwortungsgefühl und blinden Gehorsam fordert.

Beide, SA. und SS., zusammen:

Die kämpferisch-geistigen Willensträger der nationalsozialistischen Revolution!

Foto Ernst Röhms im „Almanach der nationalsozialistischen Revolution“ (1934); das Bild wurde nach dem 30. Juni 1934 vom Besitzer durchgestrichen

eine Fortführung der „nationalen ▷ Revolution“ durch eine „zweite, braune Revolution“ an (→ M7.7 u. 7.8). Die SA-Mitglieder und mit ihnen viele „alte Kämpfer“ erwarteten nun die Einlösung der Versprechungen aus der „Kampfzeit“ während der Weimarer Republik und der ersten Phase der Machtergreifung. Sie wollten mit Machtpositionen und Stellen belohnt werden. Offen wurde das wichtigste Ziel der SA von Röhm ausgesprochen, die Übernahme der militärischen Gewalt durch die Verschmelzung von SA und Heer zu einer Volksmiliz unter seiner Führung. Die SA sollte damit zum entscheidenden Faktor im innenpolitischen Kampf werden und zugleich militärpolitische Mitsprache in äußeren Angelegenheiten gewinnen. Hitler und seinen Gefolgsleuten missfiel nicht nur die mögliche gewaltige Machtzusammenballung in den Händen Röhms, sondern vor allem die antikapitalistischen, gegen die Großindustrie gerichteten Wirtschaftsziele der SA. Für die NSDAP war es gefährlich, das Militär und die Industriellen herauszufordern, die Garanten der Verbindung mit den Konservativen waren. Hinzu kam auch noch, dass eine Auflösung der Reichswehr und eine Umstrukturierung des Heereswesens die geplante schnelle Aufrüstungs- und Kriegspolitik verzögert hätten.
Hitler, Göring und Goebbels vereinigten so mehrere Ziele miteinander, als sie sich mit der Reichswehr gegen die SA verständigten. Auch Himmler schlug sich auf die Seite Hitlers, weil er in der Entmachtung der SA die Chance für den

Aufstieg seiner SS sah. Putschgerüchte über die SA wurden gezielt in Umlauf gesetzt, ohne dass es ernsthafte Aufstandsversuche gegeben hätte. Schließlich gaben Aufmärsche der SA und aggressive Reden ihrer Führer in München den erhofften Vorwand zum Losschlagen. Am 30. Juni 1934 wurden Ernst Röhm und die SA-Führung von Hitler und der SS unter Leitung Himmlers während einer Konferenz in Bad Wiessee bei München, die Hitler eigens zu diesem Zweck einberufen hatte, verhaftet und sofort bzw. am folgenden Tag ermordet. Bei dieser Gelegenheit ließ Hitler auch noch einige konservative Gegner, darunter den früheren Reichskanzler von Schleicher, ermorden. Hitler selbst gab vor dem Reichstag 58 „Hinrichtungen" zu.

Per Gesetz wurde am 3. 7. 1934 die Ermordung all dieser Menschen als „Staatsnotwehr" für rechtens erklärt. Hitler wurde zur obersten Rechtsinstanz ernannt, da er durch das „Führerrecht" im Notfall selbst richten könne. Führende Rechtswissenschaftler hatten die juristische Begründung für diese endgültige Beseitigung der Gewaltenteilung in Deutschland geliefert. Das letzte Element eines Rechtsstaats war damit gefallen.

Eid der Armee vom 2. August 1934

In der Öffentlichkeit aber steigerte sich trotz dieser offensichtlichen Verbrechen und Verfassungsbrüche Hitlers Ansehen in erstaunlichem Maße. Nicht zuletzt hatte der propagandistisch aufgebauschte Vorwurf angeblicher Homosexualität einzelner SA-Führer dazu beigetragen. In den Augen weiter Teile der Bevölkerung galt Hitler nun als der Mann klaren politischen Handelns und kompromissloser moralischer Sauberkeit in den eigenen Reihen. Man wünschte und glaubte, dass mit diesen Maßnahmen die Phase der Gewalttaten beendet und die Rechtssicherheit wiederhergestellt werde. Sogar Teile der Arbeiterschaft missverstanden die Aktion gegen die SA als Schlag gegen „Verbrecher" und „Bonzen".

Die Reichswehr unterstützte zum Dank für die Ausschaltung der SA-Konkurrenz die Nachfolge Hitlers im Amt des Reichspräsidenten. Hindenburg starb am 2. August 1934 und Hitler wurde mit dem Titel „Führer und Reichskanzler" sein Nachfolger. Darüber hinaus tat die Führung der Reichswehr durch ihren Minister, General von Blomberg, ohne Zwang einen zusätzlichen verhängnisvollen Schritt. Sie ließ die Armee am selben Tag auf die Person Hitlers vereidigen. Damit waren alle „Zähmungskonzepte" der Konservativen gegenstandslos geworden.

Der Schlag gegen die SA hatte das Militär fest an die Seite Hitlers gebracht, die Privatindustrie vor der befürchteten „zweiten", vor allem wirtschaftlichen ▷ Revolution gesichert und dem Bürgertum die Furcht vor einer als zu brutal und bedrohlich empfundenen SA genommen und ihr moralisches Empfinden beruhigt. In einem Plebiszit bestätigte dann das deutsche Volk Hitler als nun unumschränkten Diktator mit großer Mehrheit. Es fanden sich aber auch noch gut 10%, die den Mut hatten, mit „Nein" zu stimmen. War Hitlers Erfolg im Plebiszit vom 19. August 1934 nun ein Beleg dafür, dass Staat, Wirtschaft und Gesellschaft durch eine „braune Revolution" des Nationalsozialismus grundlegend umgewälzt worden waren? (→ M 7.7 und 7.8)

7.2 Die nationalsozialistische Diktatur – Konsolidierung und Konsens

Im August 1934, anderthalb Jahre nach seiner Ernennung zum Reichskanzler, war Hitler mit der NSDAP im praktisch uneingeschränkten Besitz der politischen Macht in Deutschland. Auch mögliche Konkurrenten im eigenen Lager waren ausgeschaltet. Trotzdem gab es unüberhörbare und unübersehbare Kritik und ablehnende Haltung von Teilen der Bevölkerung. Es galt daher für das NS-Regime, sich möglichst allgemeine und vorbehaltlose Zustimmung der Menschen in Deutschland zu sichern und so die Macht zu konsolidieren. Einerseits sollten wirtschaftliche und außenpolitische Erfolge die innere Bereitschaft zum Konsens zwischen Herrschenden und Beherrschten stärken. Der Ausbau des Überwachungsapparates und eine verstärkte ideologische Erfassung sollten andererseits den Konsens durch äußeren Druck und Terror sicherstellen.

Wirtschaftsbelebung und Aufrüstung

In der Erinnerung der Zeitgenossen überwogen die scheinbar positiven Elemente: Noch heute ist die Meinung populär, dass Hitler die Weltwirtschaftskrise überwunden habe. Solche Vorstellungen übersehen den weltwirtschaftlichen Rahmen der deutschen Entwicklung; sie ignorieren, dass es auch demokratische Wege aus der Krise gab.

Den wirtschaftspolitischen Maßnahmen der Regierung Hitler kamen weitaus günstigere Rahmenbedingungen als den vorherigen Regierungen zu Hilfe. Schon vor dem Machtantritt der Nationalsozialisten war der Tiefpunkt der Wirtschaftskrise in Deutschland durchschritten. Zusätzlich unterstützte eine weltwirtschaftliche Belebung die deutsche Entwicklung.

Arbeitslosigkeit in den großen Industriestaaten 1924–1938 (in Prozent)

	Deutschland	Großbritan.	USA	Frankreich
1924	4,9	10,3	8,0	3,0
1926	10,0	12,5	2,8	3,0
1929	8,5	10,4	4,7	1,0
1932	29,9	22,1	34,0	15,4
1933	25,9	19,9	35,3	14,1
1934	13,5	16,7	30,6	13,8
1935	10,3	15,5	28,4	14,5
1936	7,4	13,1	23,9	10,4
1937	4,1	10,8	20,0	7,4
1938	1,9	12,9	26,4	7,8

Nach: Hans-Ulrich Thamer: Verführung und Gewalt. (Siedler Verlag) Berlin 1986. S. 470.

Feier des Reichsarbeitsdienstes, einer Institution, die aus der Weimarer Republik übernommen worden war.

In Deutschland bemerkte die Bevölkerung seit 1934/35 einen deutlichen Aufschwung: öffentliche Arbeitsbeschaffungsprogramme (→ M 8.1 u. 8.2) im Straßenbau, im öffentlichen und privaten Bauwesen, sowie steuerliche Anreize für die Industrie, die schon unter den Regierungen Papen und Schleicher eingeleitet worden waren, begannen ihre Wirkung zu zeigen (s. S. 168ff.). Das Hauptziel, die Senkung der Arbeitslosenzahlen, konnte nach zunächst mehr „kosmetischen“ Mitteln, wie dem Reichsarbeitsdienst, nun auch real erreicht werden.

Entscheidend für die Wirtschaft waren erst die forcierten Rüstungsausgaben und ▷ Autarkiebestrebungen seit Ende 1934 (s. S. 167–169; → M 8.2), so dass schon 1936 in einigen Branchen wie der Bau- und Metallindustrie Arbeitskräftemangel eintrat. 1937/38 war die Vollbeschäftigung erreicht.

„Kanonen *und* Butter“ – das war die Überschrift des nationalsozialistischen Wirtschaftsprogramms, dessen Architekt Hjalmar Schacht – Reichsbankpräsident und gleichzeitig Wirtschaftsminister – war.

Die Ausrichtung der Wirtschaft auf die militärischen Ziele trieb zwar eine Wirtschaftsblüte in

Deutschland hervor, die aber in Wahrheit nur eine Scheinblüte war. Gewiss nahm die Kaufkraft der Masse der Bevölkerung allein schon dadurch zu, dass Millionen von Menschen Löhne verdienten, statt von der Arbeitslosenunterstützung zu leben; überdies stiegen Löhne und Gehälter durch Sonderzuwendungen in den rüstungswichtigen Industriezweigen trotz eines offiziellen Lohnstopps. Dem Anstieg des Geldvolumens stand jedoch kein angemessenes Wachstum bei den Konsumgütern gegenüber. So lenkte man z. B. im Ernährungsbereich die Bevölkerung von der Mangelware hochwertiger Nahrungsmittel auf die Produkte geringerer Qualität um.

Schon 1936 hatte Hitler in einer zunächst nur engsten Vertrauten zugänglichen Denkschrift festgestellt, dass der durch die Rüstungswirtschaft geweckte Bedarf „aus der inneren deutschen Wirtschaft" nicht befriedigt werden könne. Die Lösung liege nur „in der Erweiterung des Lebensraumes bzw. der Rohstoff- und Ernährungsbasis" des deutschen Volkes (→ M 8.4). Hitler begründete hier in geheimer Form nur ökonomisch, was er rassenideologisch bereits rund ein Jahrzehnt zuvor in Band 2 seines Buches „Mein Kampf" ganz offen als Eroberung von Lebensraum im Osten (→ M 7.20) verkündet hatte.

Hieraus ergibt sich ein ganzer historischer Fragenkomplex: so *zunächst* die Frage, weshalb 1936 streng vertraulich formuliert wurde, was 1927 offen nachzulesen war, und *dann,* ob Krieg die unbedingte Konsequenz der nationalsozialistischen *Wirtschaftspolitik* sein musste; die Antworten darauf wiederum hängen mit zwei weiteren zentralen Problemen eng zusammen, und zwar *einerseits,* ob die nationalsozialistische Außenpolitik in einer Kontinuitätslinie vom Deutschen Kaiserreich her steht oder einen Bruch mit dieser Politik und etwas völlig Neues bedeutet, und *andererseits,* ob Hitler als Person der bestimmende Faktor der NS-Außenpolitik war oder diese eher von den politischen und wirtschaftlichen Strukturen des NS-Systems hervorgebracht wurde.

Nationalsozialistische Außenpolitik

Der Historiker Bernd-Jürgen Wendt teilt die Vorkriegsaußenpolitik des nationalsozialistischen Deutschland in vier Phasen ein: die Jahre der außenpolitischen Isolierung von 1933–1935, die Entscheidung zur Aufrüstung 1936, die Schaffung des „Großdeutschen Wirtschaftsraumes" als Ausgangsbasis für den Krieg 1938 und das Jahr des „strategischen Fensters" für ein erfolgreiches militärisches Losschlagen 1939 vor dem Erstarken der wahrscheinlichen Gegner im Westen und Osten. Die Abfolge dieser vier Phasen deutet schon an, worüber in der Geschichtswissenschaft Einigkeit besteht, dass Krieg die Konsequenz der nationalsozialistischen Politik sein musste. Was jedoch für uns heute im Nachhinein so klar erscheint, war für die meisten handelnden und miterlebenden Zeitgenossen bei weitem ungewisser und offener.

Das Stichwort „Isolierung", mit dem Wendt die Anfangsphase der NS-Außenpolitik kennzeichnet, liefert uns einen Schlüssel zu Antworten auf die oben aufgeworfenen Fragen im Rahmen der „Eroberung von Lebensraum im Osten". Mit der Regierungsübernahme durch Hitler und die NSDAP im Bündnis mit der nationalkonservativen Rechten waren die extremen Gegner des Versailler Friedensvertrages in Deutschland an die Macht gelangt. Für die Welt war das ein entscheidender Grund zur Beunruhigung. Man befürchtete eine gewaltsame Revisionspolitik, dass nun die internationalen Verträge endgültig zerrissen würden, Deutschland wieder aufrüsten werde und Österreich an das Reich anschließen könnte. Die grundsätzliche Ablehnung des Versailler Friedensvertrages und die Gefahr einer mehr oder weniger gewaltsamen Aufhebung seiner Bestimmungen isolierten die neue deutsche Regierung in der internationalen Politik. Gleichzeitig aber setzten Politiker und Bürger der anderen Länder – wie auch viele Deutsche selber – ihre Hoffnung darauf, dass die Hitler-Regierung in der politischen Verantwortung und in Anbetracht der realen Machtverhältnisse schon bald ihre radikalen Revisionsziele mäßigen werde.

Das erste Ziel der deutschen Außenpolitik seit dem Machtantritt der extremen Rechten musste danach die Durchbrechung der außenpolitischen Isolation sein, um einen größeren Handlungsspielraum in den internationalen Beziehungen zu gewinnen.

Dabei war den alten Eliten in der auswärtigen Diplomatie, dem Militär und der Wirtschaftsführung mit den neuen nationalsozialistischen Machthabern gemeinsam, auf diesem Wege die Grundlage für eine wirtschaftliche und politische Großmachtstellung und hegemoniale Rolle Deutschlands in Europa und der Welt zu schaffen. Dies belegt schon eine „Aufzeichnung über die außenpolitische Lage Deutschlands" des Staatssekretärs im Auswärtigen Amt von Bülow in enger Absprache mit dem Reichswehrministerium vom 13. März 1933 an den Außenminister von Neurath. Dieses Ziel hatte bereits die Außenpolitik des Deutschen Kaiserrreiches bestimmt (s. S. 31ff.) und war auch nicht in der Weimarer Republik aufgegeben worden. Der Rapallo-Vertrag mit der Sowjetunion von 1922 und die Offenhaltung der Frage der deutschen Ostgrenze durch Stresemann 1925 (s. S. 85f. und 93–95) dienten durch Unterlaufen und Revidieren des Versailler Vertrages letztlich diesem Zweck. Verschärft wurde diese Revisionspolitik der Weimarer Republik durch die autoritären Präsidialkabinette von 1930–1933. Angefangen mit Brüning wurde die Weltwirtschaftskrise als Druckmittel zur Aufweichung des Versailler Vertrages benutzt und in der Reparationsfrage auch erfolgreich eingesetzt (s. S. 116 u. 122f.). Die Brüche in der deutschen Außenpolitik sind also weniger in ihren Zielen zu finden, als eher in den Methoden ihrer Verfolgung und Durchsetzung. Während eine gewaltsame Durchsetzung des Weltmachtanspruchs in der Kaiserzeit durchaus zu möglichen Mitteln der Politik gehörte, war dies in der Weimarer Republik schon aufgrund der militärischen Beschränkungen durch den Versailler Vertrag unmöglich. Die friedliche offizielle Revisionspolitik war jedoch mit einer offensiven und geheimen „Deutschtumpolitik" gepaart, die über Deckorganisationen zunächst die deutsche Minderheit in Polen, seit 1925 auch weiter im Osten und Südosten Europas finanziell unterstützte, um einen möglichst großen „nationalen Besitzstand" zu bewahren, der die Grundlage für die Revision der Grenzen im Osten bilden sollte. Diese Deckorganisationen des Auswärtigen Amtes arbeiteten auch in der nationalsozialistischen Ära unverändert weiter.

Das Neue in der Außenpolitik des Deutschen Reiches war vor allem Hitlers Bereitschaft wie ein Spieler auf das Glück zu setzen, der Wille der Nationalsozialisten auch erpresserisch vorzugehen und schließlich internationale Verträge – auch die selbst geschlossenen – willkürlich zu brechen und zunehmend mit militärischer Gewalt zu drohen.

Anfangs hing also für die Hitler-Regierung in der Außenpolitik alles davon ab, das Ziel einer gewaltsamen Revisionspolitik oder gar eines Expansionskrieges zu verschleiern. Und hierin liegt wohl der Grund, dass Hitler in seiner Denkschrift von 1936 den Gedanken einer ökonomisch notwendigen kriegerischen Expansion vertraulich äußerte. Sie hätte als hartes nachprüfbares Faktum im Ausland eher ernst genommen werden müssen. Die offene ideologische Propagierung der Gewinnung von „Lebensraum im Osten" dagegen konnte man leicht als frühe radikale Form der Propaganda für harmloser halten (→ M7. 20 A–C).

Es galt somit, die Befürchtungen der Nachbarn Deutschlands zu zerstreuen und die Hoffnungen der Völker, besonders der Westmächte, auf Frieden wach zu halten. Denn Frieden benötigten sie dringend angesichts ihrer eigenen inneren wirtschaftlichen und sozialen sowie äußeren, vor allem kolonialen Probleme. Großbritannien wie Frankreich hatten lange und schwer mit der Weltwirtschaftskrise zu kämpfen (s. S. 113f.). Die wachsenden Widerstände der abhängigen Völker in den Kolonien, so z. B. in Indien und Vietnam (Indochina), verursachten zunehmend militärische Kosten, die die Staatshaushalte in den Krisenjahren zusätzlich belasteten. Sowjetrussland war durch die inneren Auseinandersetzungen infolge der stalinistischen Industrialisierungspolitik außenpolitisch gelähmt. Stalin hatte in großen und brutalen Säuberungswellen die Gegner seiner Politik, die die Landwirtschaft einseitig zugunsten der Industriewirtschaft belastete, aus Partei, Verwaltung und Militär beseitigt. Vor allem in der Armee fehlten die Führungskräfte, so dass diese für längere Zeit als Sicherheitsinstrument für die Sowjetunion nicht einsetzbar war. Die USA waren nach Versailles wieder auf ihren traditionellen Weg des politischen und militärischen Isolationismus eingeschwenkt. Ihre Ablehnung, dem Völkerbund beizutreten, signalisierte den Wunsch, nicht auf Dauer in die europäischen Konflikte verwickelt zu werden.

Friedenspropaganda der Hitler-Regierung und Friedenshoffnung des Auslands, eine loyale Beamtenschaft im Auswärtigen Amt und die gewachsene Bereitschaft des westlichen Auslandes zu Zugeständnissen, schließlich auch die schon oben im Rahmen der Machtsicherung erwähnte Taktik der „Wechselbäder" wirkten zusammen und führten auch hier zu eindrucksvollen Erfolgen der Regierung Hitler.

Heute wird oft und besonders auch von Deutschen betont, dass die Friedenspolitik der Westmächte, die so genannte Appeasement-Politik, erst Hitlers Triumph ermöglicht habe. Sie hätten schon die ersten Verletzungen des Versailler Ver-

„L'home au double visage et aux déclarations contradictoires" (Der Mann mit dem Doppelgesicht und den sich widersprechenden Erklärungen), Karikatur der Pariser Zeitung „Le Rempart", 1933

trages nicht dulden dürfen. Diese Argumentation übersieht die ökonomischen, finanziellen und sozialen sowie außenpolitischen Schwierigkeiten der Westmächte. Sie lösten diese Probleme als demokratische Staaten nicht durch eine forcierte Aufrüstung. Vor allem glaubten die verantwortlichen Politiker, dass ein Entgegenkommen Krieg verhüten könne (s. S. 170 u. 210).
Zudem war auch außerhalb Deutschlands Kritik an den Versailler Friedensbestimmungen lauter geworden. Schon unmittelbar nach dem Abschluss des Vertrages hatte der Ökonom John Maynard Keynes beklagt, dass der Vertrag „keine Bestimmungen zur wirtschaftlichen Wiederherstellung Europas" unter Einschluss der besiegten Mittelmächte und Russlands enthalte. Zunehmend geriet in den Blick, dass der Friedensvertrag zu viele Konflikte zwischen Siegern, zu kurz gekommenen Siegern wie Italien und Besiegten wie Deutschland oder Österreich hatte bestehen oder neu entstehen lassen. Die ungleiche Anwendung des Prinzips des Selbstbestimmungsrechts der Völker ist dafür ein wichtiges Beispiel. So sah man die Forderungen der Deutschen nach vollständiger internationaler Gleichstellung mehr und mehr als im Kern berechtigt an und hoffte, durch Zugeständnisse in den Revisionsfragen die nationalen Bedürfnisse der Deutschen zu befriedigen und so das nationalsozialistische Deutschland in die internationale Staatengemeinschaft einzubinden.
Bereits am 20. Juli 1933 gelang Hitler und seiner Regierung ein erster großer Erfolg durch den Abschluss des Konkordats mit der Katholischen Kirche, d. h. dem Papst. Ein solcher Ausgleich zwischen den Ansprüchen der Kirche und dem Reich war allen vorherigen Regierungen nicht gelungen. Die deutsche Regierung sicherte den Bestand und die ungehinderte Tätigkeit der religiösen, kulturellen und karitativen katholischen Organisationen zu; der Vatikan dagegen verbot Priestern und Ordensleuten jede parteipolitische Bestätigung, wie sie vorher in der Zentrumspartei durchaus üblich gewesen war. Sowohl im Innern wie auch nach außen musste dieser Vertragsabschluss allein aufgrund der moralischen Autorität des Papstes beruhigend wirken. Zudem konnte er als Signal für die Katholiken in Deutschland verstanden werden, auch im nationalsozialistisch geführten Staat mitzuarbeiten. Im Herbst 1933 folgte diesem beruhigenden Schritt aber bereits der Austritt aus dem Völkerbund, was eine unverhüllte Kampfansage an die Versailler Friedensordnung bedeutete.
Am 26. Januar 1934 schloss das Deutsche Reich überraschend einen Nichtangriffspakt mit dem bis dahin von den Konservativen, Völkischen und Militärs so heftig bekämpften Polen. Die Weltöffentlichkeit verstand diesen Vertrag als Beweis für den Verständigungswillen auch eines NS-Deutschland.
Dann erfolgte 1935 die Rückgliederung des Saargebietes, dies ganz im Einklang mit der im Versailler Vertrag vorgesehenen Abstimmung. Über 90% der Wähler stimmten für den Anschluss an das Deutsche Reich und damit auch für den nationalsozialistischen Staat. Das sorgte für einen unbeschreiblichen nationalen Jubel. Dass aber auch 5000 deutsche NS-Gegner, die bis dahin unter dem Schutz der Franzosen in Sicherheit waren, fliehen mussten, fiel dagegen kaum jemandem auf. Im selben Jahr aber folgte unter Bruch der militärischen Bestimmungen des Versailler Vertrages die Wiederherstellung der „Wehrhoheit" und die Einführung der allgemeinen Wehrpflicht. Hitler übernahm dabei seit 1933 diskutierte Pläne der Reichswehrführung, die Armee auf 36 Divisionen, d. h. 550000 Mann, aufzurüsten, ging aber wesentlich schneller vor als es die Militärs für machbar hielten. Er verkündete am 16. März ganz überraschend den versammelten ausländischen Botschaftern schlicht die

Tatsache der geplanten Aufrüstung. Dies war ein gewagtes Spiel Hitlers; denn niemand wusste, wie die Westmächte auf einen solchen eklatanten Vertragsbruch reagieren würden. Es kam aber zu nichts weiter als schriftlichen Protesten. Ja, die Engländer verbanden ihre Protestnote noch mit der alle Seiten überraschenden Anfrage, ob die deutsche Regierung noch an einem Treffen zwischen dem englischen Außenminister Simon und Hitler interessiert sei.

Diese Anfrage wurde zum Auftakt für die deutsch-britischen Verhandlungen um ein Flottenabkommen. Es wurde auch tatsächlich am 16. Juni abgeschlossen, obwohl Hitler durch Joachim von Ribbentrop (NSDAP), seinen „außerordentlichen und bevollmächtigten Botschafter in besonderer Mission", in geradezu erpresserischer Weise die Bedingungen dafür gestellt hatte. Der Vertrag mit Großbritannien bedeutete *zum einen* die Beilegung eines tief greifenden Streits beider Staaten seit der Jahrhundertwende. Verhängnisvoll war jedoch dabei, dass Großbritannien, indem es Deutschland scheinbar bescheidene 35 % der britischen Flottengröße zugestand, selbst den Versailler Vertrag (s. S. 57f.) aufgab. *Zum anderen* bedeutete das Abkommen einen strategischen Erfolg für die deutsche Außenpolitik – die Durchbrechung der Isolation. Noch am 14. April 1935 hatten Frankreich, Großbritannien und Italien in der italienischen Stadt Stresa in Reaktion auf die Wiederbewaffnung Deutschlands vereinbart, das einseitige Kündigen von Verträgen abzuwehren und die Bestimmungen der Locarno-Verträge (s. S. 85f.) zu verteidigen. Diese Abwehrfront war durch das Verhalten Großbritanniens ins Wanken geraten und schließlich durch den Überfall Mussolinis auf Abessinien am 3. Oktober, für den Frankreich bereits Anfang des Jahres grünes Licht gegeben hatte, völlig gesprengt.

Im März 1936 besetzten deutsche Truppen unter erneutem Bruch des Versailler Vertrages das Rheinland. Nach dieser ersten *militärischen* Gewaltaktion fanden im August in Berlin die bis dahin aufwendigsten „Olympischen Spiele", die allgemein als Friedensfest der Nationen galten, statt (→ M 7.12–7.14).

Hätten jetzt die Westmächte militärisch eingreifen sollen, da die deutsche Aufrüstung noch in ihren Anfängen steckte? Wie hätten die französischen und englischen Politiker das ihren Landsleuten vermitteln können? So wurde das Jahr 1936 zum Startjahr der forcierten Aufrüstung Deutschlands mit dem Ziel der Angriffsfähigkeit in vier Jahren. Göring war am 4. April durch einen Geheimerlass Hitlers zum Beauftragten für alle Rohstoff- und Devisenfragen ernannt worden. Im September wurde in enger Zusammenarbeit mit dem Management der IG-Farben der „Vierjahresplan" verkündet, dessen politisch-militärische Zielsetzungen Hitler in seiner geheimen Denkschrift vom September 1936 erläuterte (s. S. 186ff.: → M 8.2–5).

Im März 1938 erfolgte der Anschluss Österreichs; das als so niederdrückend empfundene Vereinigungsverbot des Versailler Vertrages war damit ausgelöscht. Im Oktober erzwang Hitler unter massiver Kriegsdrohung die Abtretung der deutsch besiedelten „Sudetengebiete" von der Tschechoslowakei. Dabei ging er entgegen der Ansicht wichtiger Militärs, bei ungewisser Haltung der Westmächte, mangelndem Rüstungsstand und knapper Rohstoffvorräte das hohe Risiko eines Krieges ein, in dem die deutsche Seite eine längere Auseinandersetzung nicht hätte durchstehen können. Dennoch gaben die Westmächte dieser Gewaltpolitik schließlich im Münchener Abkommen nach, um durch äußerstes Entgegenkommen den Frieden zu wahren. Sie hatten aber auch zu Hitlers großem Verdruss das eigentliche Ziel der Aktion noch verhindert, nämlich die Auflösung des tschechoslowakischen Staates und die Angliederung des tschechischen Teils an das Deutsche Reich. Bei allen diesen außenpolitischen Aktionen hatte Hitler die Westmächte immer wieder zu beruhigen vermocht. Es gehe nur um die Gleichberechtigung Deutschlands und seine nationale Selbstbestimmung, war die ständig wiederholte Formel. Mit der Eingliederung der Sudetendeutschen in das Reich sei das letzte Problem für die deutsche Außenpolitik gelöst, es bestünden keine weiteren Ansprüche mehr. Dass das Deutsche Reich nun mit 79 Millionen Einwohnern kaum weniger Menschen zählte als Großbritannien und Frankreich zusammen (88 Mill.) und mit seiner aggressiven Politik nichts als Erfolg gehabt hatte, bedeutete mehr als die immer wieder geforderte „Revision von Versailles". Es war eine Verkehrung der Machtverhältnisse von 1918. Gleichzeitig hatte das Deutsche Reich den „Großdeutschen Wirtschaftsraum" geschaffen, der die Ausgangsbasis für die vorgesehene Kriegführung bilden sollte. Eng verbunden war diese geostrategische und wehrwirtschaftliche Politik mit den Plänen der deutschen Industrie, vor allem der IG-Farben

und ihres führenden Managers Carl Krauch (s. S. 188), den gesamten südosteuropäischen Raum den deutschen Interessen verfügbar zu machen und ein autarkes mitteleuropäisches Wirtschaftsgebiet (→ M 7.20) zu schaffen.
Sorge und Angst, aber auch Respekt bestimmten das Verhalten der ausländischen Mächte. Die moderne deutsche Luftwaffe hatte 1936 im spanischen Bürgerkrieg zwischen der legalen ▷ Volksfrontregierung und dem putschenden faschistisch-nationalistischen General Franco auf dessen Seite ihre militärische Fähigkeit einerseits und den nationalsozialistischen Vernichtungswillen andererseits der Welt offen demonstriert, als sie die regierungstreue Stadt Guernica und ihre Einwohner durch brutalen Bombenterror vernichtet hatte. Da sich auch das faschistische Italien auf Seiten General Francos an dem Krieg beteiligte, kam es zu einer Annäherung zwischen Deutschland und Italien, obwohl beide vor allem wegen der Frage der Südtiroler, die durch den Versailler Vertrag zu Italien geschlagen worden waren, mit einem ständigen Streit belastet waren. Die nun entstehende „Achse Berlin-Rom" wurde schließlich zu einem formellen Bündnis zwischen beiden Staaten, als Italien 1937 dem gegen die Sowjetunion gerichteten Antikominternpakt Deutschlands und Japans beitrat. Hitler und Goebbels forderten dabei aber das sonst so vielbeschworene Selbstbestimmungsrecht der Deutschen nicht für die Südtiroler, da es die Zielsetzungen der NS-Machtpolitik nach außen störte.
Obwohl nun ein antidemokratisch beherrschtes Europa möglich schien, setzte die britische Diplomatie weiter darauf, das nationalsozialistische Deutschland als Bollwerk gegen die Sowjetunion und damit eine Ausdehnung des Kommunismus zu nutzen. Erst 1939, unter dem Eindruck des Bruchs des Münchner Abkommens, vollzog die englische Politik eine Wende. Unter der Androhung, militärische Gewalt anzuwenden und die tschechische Hauptstadt Prag zu bombardieren, hatte Hitler im März die Besetzung der „Rest-Tschechei" und ihre Angliederung als „Protektorat Böhmen und Mähren" an das Deutsche Reich erzwungen. Die Slowakei war unter ihrem nazifreundlichen Ministerpräsidenten Tiso kurz zuvor für selbstständig erklärt worden.
In blanker Willkür und den Westmächten zum Hohn hatte Hitler seine eigene Verpflichtung von München wie einen wertlosen Fetzen Papier zerrissen. Was für die deutsche und ausländische Öffentlichkeit nicht zuletzt durch die NS-Propaganda so konsequent geplant und Schritt um Schritt vollzogen zu sein schien, war oft und vor allem 1938/39 das Ergebnis langen Hin- und Herschwankens und sogar einer ausgesprochenen Entscheidungsunwilligkeit Hitlers, über die sich selbst Göring mit den Worten beschwerte: „Führer will möglichst wenig entscheiden." Vor allem die Briten mussten erkennen, dass sowohl

Französische Karikatur von Roger Roy aus „Le Gringoire" vom 23. März 1939: „Die Stärke der Deutschen, ihre Tradition"

Plakat in einem Londoner Reisebüro im Sommer 1939

ihre Appeasement-Politik als auch ihre Hoffnungen endgültig gescheitert waren, das nationalsozialistische Deutschland in ein Sicherheitssystem einzubinden. Ab jetzt betrachteten sie den Nationalsozialismus und nicht mehr den Kommunismus als Hauptgefahr für den Frieden in Europa und der Welt.

Die Zustimmung der Deutschen zur nationalsozialistischen Politik aber kannte unter dem Eindruck der innen- und außenpolitischen Erfolgsbilanz trotz aller Vertragsbrüche, trotz der Erpressungen und Drohungen und terroristischer Gewalt kaum noch Grenzen. Darin kommt letztlich auch zum Ausdruck, dass die *Zielsetzungen* der deutschen Außenpolitik auf eine breite Zustimmung stießen, wie sie spätestens seit Anfang des Jahrhunderts bestanden – nämlich die bestimmende Macht in Europa zu werden und Weltmacht zu sein. Die neuen *Methoden* der deutschen Außenpolitik der Vertragsuntreue, unkalkulierter Risiken und Gewalt, die den Weg auf den sozialdarwinistisch und rassistisch begründeten Vernichtungskrieg zur „Eroberung von Lebensraum" wiesen, wurden mitgetragen oder ohne entscheidenden Widerspruch hingenommen. Nur eine Minderheit von kritischen Stimmen war zu hören, wie die Deutschland-Berichte der emigrierten SPD (Sopade) für den März 1939 mitteilen: Mit der Annektion der „Tschechei" sei offenbar geworden, dass es Hitler nicht auf die „Befreiung unterdrückter deutscher Minderheiten" angekommen sei; man habe erkannt, „dass zum ersten Mal der neue deutsche Imperialismus weithin sichtbar zutage getreten sei".

10 Pfennig

B.Z. am Mittag

täglich AUTO-MARKT

Nr. 62

Berlin, Dienstag, 14. März

Wie lange noch?

Der Brandherd Europas

Wachsende Empörung über den wilden Terror

Die Slowakei erklärt sich unabhängig.

Ungarische ... in die Karp...

Holsteinischer Courier

für Neumünster

Tageblatt für den ehem. Kreis Bordesholm

Montag, 13. März 1939

Schreckenstag in Iglau

Beneschs Haßgeist tobt wieder

Brünn unter Tschechenterror — Empörende Überfälle auf Volksdeutsche fordern viele Verletzte – Schmähungen des Führers, des deutschen Volkes und seiner Hoheitszeichen

Zeitungsschlagzeilen aus: Deutschland-Berichte der Sozialdemokratischen Partei Deutschlands (Sopade) 1934–1940. Sechster Jahrgang 1939

7.3 Widerstand 1933 bis 1939: Politischer Kampf – gesellschaftliche Verweigerung – weltanschaulicher Dissens

▷ Widerstand gegen die NS-Herrschaft gab es vom ersten Tag der Reichskanzlerschaft Hitlers bis zum letzten Tag des nationalsozialistischen Deutschen Reiches am 8. Mai 1945. Die Vielfalt seiner Erscheinungsformen, Motive und Zielsetzungen macht es schwer, ihn genau und angemessen zu erfassen. Die Achtung vor dem Mut und den Opfern der Widerstehenden und Widerständigen macht es schwer, ihn in seinen jeweiligen Zielen und bei seiner letztlichen Erfolglosigkeit gerecht zu beurteilen.

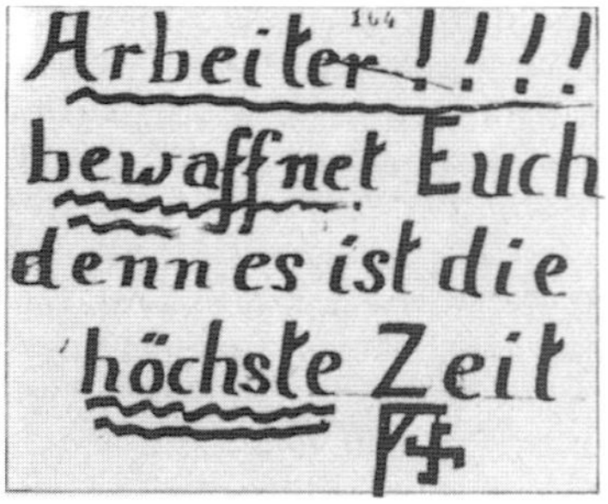

Kommunistisches Plakat aus dem Mainzer Raum, August 1933

Der Politikwissenschaftler Richard Löwenthal hat ein – sicher noch nicht endgültiges, aber wenigstens doch breiter anerkanntes und gut anwendbares – Begriffsinstrumentarium vorgeschlagen, mit dem wir „Widerstand“ unter der NS-Diktatur klären, verstehen und beurteilen können. Löwenthal unterteilt ihn in drei Arten: als bewussten politischen Kampf gegen das Regime, als Verweigerung im alltäglichen Lebensvollzug gegenüber der Nazi-Herrschaft und als innere geistige Abgrenzung von der Nazi-Herrschaft und ihrer Ideologie.

Die Hauptgegner: Kommunisten und Sozialisten

Der offene Widerstand begann eindeutig bei den Linken, innerhalb der Arbeiterbewegung. Und hier wiederum waren die Kommunisten die Ersten, die entschiedenen Widerstand zu leisten suchten. Allein ihre umfangreiche, zu konspirativer Arbeit fähige Organisation und ihre starke Position in der Arbeiterschaft der Großindustrie, ihre Fähigkeit, wirksam zu Streik und Sabotage aufzurufen, machten sie zum Hauptfeind für die NSDAP. So traf die erste Terrorwelle der Regierung Hitler vor allem die Kommunisten und in etwas schwächerer Form SPD- und Gewerkschaftsmitglieder. SA und SS sperrten viele von ihnen, wenn sie nicht ins Ausland fliehen oder untertauchen konnten, in ihre „Konzentrationslager“, wo sie sie ohne jede Kontrolle misshandeln und foltern konnten und Hunderte von ihnen ermordeten (s. S. 136; → M 7.4–7.6, 7.15).

Nachdem der wilde Terror seine Aufgaben der Einschüchterung und Lähmung erfüllt hatte, setzte die gezielte und staatlich kontrollierte Verfolgung durch Gestapo und SS ein. Dieser fielen alle Versuche von KPD und SPD, sozialistischen und christlichen Gewerkschaften zum Opfer, illegale, im Untergrund arbeitende Organisationen aufzubauen. 1935 gab es kaum noch organisierte Kommunisten oder Sozialisten mehr in Deutschland.

Gruppen der Gesellschaft

Trotz der Kollaboration großer Teile der evangelischen wie der katholischen Kirche mit den Nationalsozialisten ging wohl die bedeutendste Form gesellschaftlicher Verweigerung von ihnen aus. Aber sie gerieten in der Regel nicht aus grundsätzlicher politischer Gegnerschaft in Konflikt mit dem NS-Staat, sondern aus Sorge um die Selbstständigkeit ihrer Organisationen oder wegen der Diffamierungen und Behinderungen von Gläubigen und Geistlichen. Der Schritt zum politischen Widerstand war danach, wenn überhaupt, nur individuell möglich, wurde aber doch immer wieder gewagt.

Selbst nationalsozialistische Praktiken gegen politische Gegner und vor allem jüdische Deutsche, die allen christlichen Humanitätsidealen Hohn sprachen, veranlassten die Kirchen nicht, diese grundsätzlich anzuprangern oder gegen sie Widerstand zu leisten. Trotzdem geriet die katholische Kirche in Konflikte mit dem Staat. Neigte die Kirchenleitung meist zum Einlenken, erwiesen sich viele Priester als mutiger; die Gegnerschaft von Bischöfen trat selten einmal so deutlich hervor wie bei Graf von Galen, der 1941 als Bischof von Münster öffentlich die Euthanasie (Tötung kranker Menschen; s. S. 183f.) verurteilte. Ebenso widersetzte sich die „Bekennende Kirche“, eine vor allem von Pfarrern getragene Gemeinschaft innerhalb der protestantischen

Kirchen, einem „Deutschen Christentum", d.h. der Integration evangelischer Christen in den NS-Führerstaat (→ M 7.9–7.11).
Auch im Militär und in der Bürokratie gab es Kritik oder hinhaltenden Widerstand, z. B. Versuche, die eigenen Behörden oder Einheiten von besonders aktiven NSDAP-Angehörigen oder Anpassern freizuhalten, Verfolgten zu helfen oder, wie Ernst von Weizsäcker im Auswärtigen Amt, mit vorsichtigen diplomatischen Mitteln den Risiken der aggressiven NS-Außenpolitik entgegenzutreten. Aber zwischen den Institutionen des Staates und seiner NS-Regierung war keine klare Trennungslinie zu ziehen. Widerstrebende Militärs, Beamte und Diplomaten waren daher oft Mittäter im Großen, um eventuell Schützer und Helfer im Kleinen sein zu können.
Ähnlich wie im weitgehend festgefügten katholischen Milieu schotteten sich vor allem auch traditionsgebundene, regionale Gruppen von Industriearbeitern ab, um solidarisch den Druck der NS-Herrschaft auszuhalten (→ M 7.16).
Zunehmend, wenn auch immer nur in geringer Zahl, versuchten sich Jugendliche dem Totalitätsanspruch des Nationalsozialismus und der Hitler-Jugend zu entziehen. Dabei reichte das Spektrum vom Widerstand der Arbeiterjugendbewegung über die Wahrung der eigenen christlichen Identität der kirchlichen Jugend bis hin zur Verweigerung der bündischen Jugend, die auf die alten Vorbilder einer freien Jugendbewegung zurückgriff und ihre Freizeit außerhalb großer Organisationen gestalten wollte. Erst im Kriege fanden sich dann Studenten und Jugendliche außerhalb des sozialistischen Milieus zu aktivem Widerstand zusammen (s. S. 222).
Sich wehren durch Verweigerung, diese Haltung bestimmte schließlich die vielen einzelnen Hilfstaten von Menschen im Alltag, die einem jüdischen Mitbürger Unterschlupf gewährten, das boykottierte Geschäft doch betraten oder jemandem zur Flucht verhalfen.

Innere Emigration

Viele, die sich vor 1933 für die Republik eingesetzt hatten, zogen sich auch dann, wenn sie nicht von den Nationalsozialisten entlassen wurden, aus öffentlichen Ämtern und dem Staatsdienst in die Wirtschaft oder in die freien Berufe zurück. Selbst die Armee konnte eine – wenn auch sehr bedenkliche – Rückzugsposition sein. Die geistige, innere Integrität zu wahren war ein Weg zahlreicher Wissenschaftler und Künstler, die nicht selten auch konservativ oder national eingestellt waren und anfänglich wie so viele andere aus dem Bildungsbürgertum die so genannte „nationale Erhebung der Deutschen", das Bündnis zwischen Konservativen und Nationalsozialisten, begrüßt hatten. Sie zogen enttäuscht und erschreckt die innere Emigration der äußeren Anerkennung vor.
Viele Kritiker dieser Einstellung haben bis heute gefragt, was ein solcher „hilfloser Antifaschismus" nützte. Richard Löwenthal antwortete darauf, dass es diesen Menschen um die „Bewahrung der humanen und humanistischen Tradition unserer Zivilisation" gegangen sei und sie damit auch ihren Beitrag zur Wahrung der Würde der Deutschen geleistet hätten. Sie hätten auf ihre Weise mit die Basis für ein anderes Deutschland nach 1945 gelegt. Krieg und Völkermord zu verhindern oder auch nur nennenswert abzukürzen, ist keiner der Widerstandsgruppen gelungen. Anders als 1918 hat nur der völlige militärische Sieg der Alliierten das System zerstört.

Überlegungen zur weiteren Arbeit

Kapitel 7 stellt die Durchsetzung der nationalsozialistischen Diktatur in Deutschland und seine Außenpolitik zunächst diachron, d. h. nach ihrem zeitlichen Verlauf, dar. Der rasche Erfolg der Nationalsozialisten und ihre weitgehende Akzeptierung durch die Deutschen kann den heutigen Betrachter leicht dazu verleiten, das Handeln der Beteiligten als unausweichlich und alternativlos zu verstehen. So ließe sich historische Schuld nicht mehr beurteilen. Daher sind die Dokumente möglichst so ausgewählt, dass Möglichkeiten eines anderen Handelns in ihnen deutlich werden. Materialien zum Gesellschafts- und Situationsverständnis wichtiger Gruppen und Personen der damaligen Zeit und Positionen der heutigen Diskussion um den Nationalsozialismus ermöglichen im Zusammenhang mit der Darstellung eine ideologiekritische Untersuchung.
Im Gegensatz dazu wird der Widerstand gegen die Hitler-Diktatur und den Nationalsozialismus „quer" zum zeitlichen Zusammenhang nach drei Grundtypen behandelt, was uns ermöglicht, Widerstandshaltungen und -handlungen systematisch zu vergleichen und nach Voraussetzungen, Grenzen und Chancen zu befragen. Die Materialien sollen konkret die Lage der Betroffenen einbeziehen und eine grundsätzliche Beurteilung unter dem Aspekt des Sinns von Widerstand ermöglichen. Zur Bearbeitung können auch Materialien aus anderen Kapiteln und Abschnitten, vor allem aus Abschnitt 9.3, herangezogen werden.

Materialien zu Kapitel 7

Linke Selbsttäuschung ?

M 7.1 1933 – Rudolf Breitscheid[1] auf der Sitzung des Parteiausschusses der SPD mit Vertretern der Reichstagsfraktion und der Eisernen Front[2] am 31.1.1933 (Auszug)

Genossinnen und Genossen! Was viele von uns aufgrund der Wahlergebnisse des letzten Jahres und aufgrund der ablehnenden Haltung, die der Reichspräsident im August und November 1932 eingenommen hatte, für unmöglich gehalten hatten, ist Wirklichkeit geworden: Seit gestern ist Adolf Hitler Reichskanzler! Und zwar ist er Reichskanzler auf legalem Wege geworden, nicht durch einen Putsch, nicht durch einen Marsch auf Berlin. […]

Es ist begreiflich, dass man in Diskussionen jetzt in erster Linie spricht von den außerparlamentarischen Aktionen und die Frage ventiliert[3]: Massenstreiks, Einzelstreiks, Demonstrationen mit dem Ziel, dass etwas anderes und mehr daraus wird als „eine Manifestation in der Öffentlichkeit".
Wir stellen die Gegenfrage: Ist der Augenblick zu einer großen, außerparlamentarischen Aktion gekommen? Welches Ziel soll eine solche außerparlamentarische Aktion haben, und wenn wir bereit sind, sie zu unternehmen, verspricht diese Aktion dann Erfolg?
Ich will meine Meinung dazu sagen. Wenn Hitler sich zunächst auf dem Boden der Verfassung hält, und mag das hundertmal Heuchelei sein, wäre es falsch, wenn wir ihm den Anlass geben, die Verfassung zu brechen, ihn von dem Boden des Rechtes entfernen, abgesehen von dem Grund, dass wir in demselben Augenblick die widerstre-

benden Kräfte innerhalb des Kabinetts zusammenschweißen. [...]
Man sprach auch von der Möglichkeit, einen befristeten Generalstreik zu unternehmen. Verspricht man sich davon einen Erfolg, wenn man zwei bis vier Stunden oder vielleicht einen ganzen Tag streikt? Danach gehen die Arbeiter in die Betriebe zurück, und Hitler wird sich sagen, das Schlimmste ist überstanden. Die größere Gefahr wäre die, wir und die Gewerkschaften geben die Parole aus: Zurück in die Betriebe, und die Kommunisten fallen uns in den Rücken und sagen, hier muss die Revolution weitergetrieben werden, dass ein Teil unserer Anhänger sich dadurch beeinflussen lässt und dass dann eine Bewegung entsteht, die von der Staatsmacht zusammen mit der Reichswehr im Blute der Arbeiter erstickt wird. Dann sind uns auf lange Zeit hinaus die Wege zu solchen Aktionen abgeschnitten. [...]
Von Verhandlungen mit den Kommunisten mit dem Ziel der Einheitsfront verspreche ich mir „nicht viel". Sie würden enden mit „einer Entlarvungsfeststellung der SPD"[4]. Wir müssen immer wieder darauf hinweisen, wie dringend notwendig die Einheitlichkeit der Arbeiterschaft ist, es ist aber nicht zu reden von einer Einheitlichkeit mit der kommunistischen Partei und deren Leitern. [...]
Was haben wir zu tun in unserem Verhältnis zu den Kommunisten? Wir haben den Arbeitern das zu sagen, was notwendig ist, und ich habe den Eindruck gewonnen, dass gerade in der letzten Zeit das Verständnis für die Notwendigkeit der Demokratie auch in der Arbeiterklasse wieder gewachsen ist, dass die Arbeiter anfangen, zum mindesten sich abzuwenden von denen, die ihnen sagen: Parlament ist Unsinn, Parlament ist im besten Falle eine Tribüne, das Parlament und die Demokratie ist keine Regierungsform für die Arbeiterklasse.

Zit. nach: Hagen Schulze (Hrsg): Anpassung oder Widerstand? Aus den Akten des Parteivorstandes der deutschen Sozialdemokratie 1932/33. (Verlag Neue Gesellschaft) Bonn-Bad Godesberg 1975. S. 145–147.

---

1 Rudolf Breitscheid (1874–1944), Reichstagsmitglied der SPD, außenpolitischer Experte und Fraktionsführer seit 1928, im KZ umgekommen.

2 Ende 1931 aus SPD, ADGB, Reichsbanner Schwarz-Rot-Gold, Arbeitersportverbänden und Freier Gewerkschaftsjugend gebildetes republikanisches Gegengewicht gegen die „Harzburger Front" der national-völkischen und nationalsozialistischen Rechten

3 ventilieren – sorgfältig erwägen

4 vgl. M 6.9

M 7.2

1933 – Resolution des Exekutivkomitees[1] der Kommunistischen Internationale vom 1.4.1933 (Auszug)

Das Präsidium des EKKI konstatierte nach Entgegennahme des Referates des Genossen *Heckert* über die Lage in Deutschland, dass die politische Linie und die organisatorische Politik, die das ZK der Kommunistischen Partei Deutschlands mit dem Genossen Thälmann[2] an der Spitze bis zum Hitler'schen Umsturz und im Augenblick dieses Umsturzes befolgte, vollständig richtig war. [...]
Die charakteristische Besonderheit der Situation im Moment des Hitler-Umsturzes besteht darin, dass diese Voraussetzungen für den siegreichen Aufstand zu jener Zeit noch nicht auszureifen vermocht hatten, [...].
Was die Avantgarde des Proletariats, die Kommunistische Partei betrifft, so konnte sie, da sie nicht in Abenteurertum verfallen wollte, diesen mangelnden Faktor natürlich nicht durch ihre Handlungen ersetzen. [...]
Die Errichtung der faschistischen Diktatur in Deutschland ist somit [...] die Folge der sozialdemokratischen Politik der Arbeitsgemeinschaft mit der Bourgeoisie im Verlaufe der ganzen Lebensdauer der Weimarer Republik. [...] Die Kommunisten hatten Recht, als sie die Sozialdemokraten als Sozialfaschisten bezeichneten.
Dadurch aber, dass sich die faschistische Diktatur auf die bewaffneten Banden der Nationalsozialisten und des „Stahlhelm" stützt, dass sie den Bürgerkrieg gegen die Arbeiterklasse aufnimmt, dass sie alle Rechte des Proletariats aufhebt, zerschlägt sie gleichzeitig auch die sozialdemokratischen Theorien von der Möglichkeit der Eroberung einer parlamentarischen Mehrheit durch Wahlen und von der friedlichen Entwicklung zum Sozialismus, ohne Revolution. Sie zerschlägt die sozialdemokratischen Theorien von der Arbeitsgemeinschaft mit der Bourgeoisie sowie von der Politik des „kleineren Übels" und macht alle *demokratischen Illusionen* in den breiten Arbeitermassen zunichte. Sie zeigt, dass der Staat durchaus kein über den Klassen schwebender Überbau, sondern ein Werkzeug der Diktatur der Bourgeoisie ist, dass es die moderne Staatsgewalt – die bewaffneten SA-Banden, der „Stahlhelm", die Polizei und das Offiziersgesindel sind, die im Namen der Bourgeoisie und der Junker herrschen. Die Arbeiterklasse überzeugt sich in

der Praxis, dass die Kommunisten Recht hatten, als sie jahrelang gegen die demokratischen Illusionen und die sozialdemokratische Politik des „kleineren Übels" sowie die Arbeitsgemeinschaft mit der Bourgeoisie kämpften.
Gleichzeitig vermag die zügellose faschistische Diktatur Hitlers, die den Bürgerkrieg im Lande entfesselt hat, keine einzige politische und wirtschaftliche Frage des heutigen Deutschlands zu lösen. Not und Elend der Massen nehmen mit jedem Tage mehr zu. [...]
Die Lage der Industrie verschlechterte sich, da die abenteuerliche Politik der Regierung lediglich die Schrumpfung sowohl des Binnen- wie auch des Außenmarktes beschleunigt. Es fehlt jegliche Perspektive eines ernsthaften Rückgangs der Erwerbslosigkeit, ja es kann eine solche Perspektive auch gar nicht geben. Es besteht absolut keine Möglichkeit, allen Anhängern der Nationalsozialisten Arbeit und Ämter zu verschaffen. [...]
Die Errichtung der offenen faschistischen Diktatur, die alle demokratischen Illusionen in den Massen zunichte macht und die Massen aus dem Einfluss der Sozialdemokratie befreit, beschleunigt das Tempo der Entwicklung Deutschlands zur proletarischen Revolution. [...]

Zit. nach: Erich Matthias / Rudolf Morsey (Hrsg.): Das Ende der Parteien 1933 – Darstellungen und Dokumente. (Athenäum / Droste-Tb) Königstein/Ts. 1979. S. 728ff.

---

1 Exekutivkomitee: Leitungsgremium der Kommunistischen Internationale aus den Führern der angeschlossenen kommunistischen Parteien der Länder

2 Ernst Thälmann (1886–1944, ermordet im KZ), KPD-Vorsitzender und Reichstagsmitglied, führendes Mitglied der Kommunistischen Internationale

M 7.3 1933 – Aus den Erinnerungen der Journalistin Carola Stern über Heinz Zörger, Jung-Kommunist in Leipzig (veröffentlicht 1986)

Als der Fackelzug in Leipzig durch die Petersstraße zieht, stehen am Straßenrand zwei siebzehnjährige Jungen, Heinz und sein Kollege Gehrke. Nichtsahnend sind sie am Abend aus der Druckerei gekommen und hatten sich über Vor- und Nachteile eines Globetrotterlebens unterhalten, denn Gehrke will zu gern Globetrotter werden. Verwundert sehen sie unzählige Nazis in endlosen Kolonnen vorüberziehen. Als sie erfahren, was das zu bedeuten hat, beginnen die beiden zu spotten, machen Witze, bringen Leute auf. „Seid still, Jungens, seid vernünftig, geht nach Hause!", mahnt ein alter Mann.
Daran ist jetzt nicht zu denken. Heinz eilt in die Bülowstraße, schwingt sich auf sein Fahrrad und fährt, so schnell er kann, ins Vereinslokal der Jungen Garde.[1] Dort wartet er zusammen mit anderen Genossen bis tief in die Nacht auf ein Einsatzzeichen der Partei. Doch niemand kommt, nichts geschieht.
Am nächsten Abend treffen sich alle wieder im Lokal. Ein Funktionär berichtet, dass mehrere Genossen, die in der vorangegangenen Nacht Flugblätter verteilt hätten, in denen zum Generalstreik aufgerufen worden sei, verhaftet wurden. Dann gibt er Order, keiner dürfe sich vorläufig bemerkbar machen, jeder müsse bekannte Vereinslokale meiden. An den nächsten Abenden stehen sie auf dem Volkmarsdorfer Markt herum. Heinz radelt zum Bruder und den Freunden.
„Nur keine Panik!", warnt Hans Trepte. „Der Spuk geht schnell vorbei." – „Höchstens ein, zwei Jahre, dann haben die abgewirtschaftet", meinen auch die Kollegen in der Druckerei. Für Heinz ist Hitler ein „Agent des Kapitalismus", sein „Stimmenfänger bei den entwurzelten Mittelschichten", aber doch kein ernst zu nehmender Politiker! Vielmehr ein hergelaufener Anstreicher, über den man wie Tucholsky[2] und Ossietzky[3] spottet. Arthur redet von Konflikten zwischen den Nazis und der Reichswehr, die Hitler wieder stürzen werde. „Die herrschende Klasse haut sich selbst die Köpfe ein", meint Hanne. Doch Martha will, dass auch eine frühere Mahnung des Genossen Thälmann[4] nicht in Vergessenheit gerät: „Der Faschismus beginnt nicht, wenn Hitler kommt, er hat längst begonnen." Der 30. Januar als ein Tag, an dem die einen Faschisten durch andere ersetzt worden sind? [...] Wird ein Massenaufstand gegen Hitler sich schließlich in die proletarische Revolution verwandeln?

Carola Stern: In den Netzen der Erinnerung – Lebensgeschichten zweier Menschen. (Rowohlt) Reinbek bei Hamburg 1986. S. 85f.

---

1 Kommunistischer Jugendverband

2 Kurt Tucholsky (1890–1935), sozialistischer Schriftsteller und Satiriker, Leiter der Zeitschrift „Weltbühne", stirbt durch Freitod in der Emigration in Schweden.

3 Carl von Ossietzky (1889–1938), Pazifist und linksliberaler Publizist, Herausgeber der „Weltbühne", Friedensnobelpreis 1936, im KZ ermordet.

4 siehe M 7.2, Anm. 2

Reichstagsbrand und Terror: Der Rechtsstaat wird zerstört

M 7.4 1933 – Schmähung des politischen Gegners

Im Rahmen einer größeren Verhaftungsaktion wird der SPD-Reichstagsabgeordnete Bernhard Kuhnt von der SA durch die Straßen von Chemnitz geschleppt. Die Fotos von der Aktion gegen Kuhnt wurden von den Nationalsozialisten als Postkarten vertrieben.

M 7.5 1933 – Verordnung des Reichspräsidenten „Zum Schutz von Volk und Staat" (28.2.1933)

Aufgrund des Artikels 48, Abs. 2 der Reichsverfassung wird zur Abwehr kommunistischer staatsgefährdender Gewaltakte Folgendes verordnet:

§ 1. Die Artikel 114, 115, 117, 118, 123, 124 und 153 der Verfassung des Deutschen Reichs werden bis auf weiteres außer Kraft gesetzt. Es sind daher Beschränkungen der persönlichen Freiheit, des Rechts der freien Meinungsäußerung, einschließlich der Pressefreiheit, des Vereins- und Versammlungsrechts, Eingriffe in das Brief-, Post-, Telegrafen- und Fernsprechgeheimnis, Anordnungen von Haussuchungen und von Beschlagnahmen sowie Beschränkungen des Eigentums auch außerhalb der sonst hierfür bestimmten gesetzlichen Grenzen zulässig.

§ 2. Werden in einem Lande die zur Wiederherstellung der öffentlichen Sicherheit und Ordnung nötigen Maßnahmen nicht getroffen, so kann die Reichsregierung insoweit die Befugnisse der obersten Landesbehörde vorübergehend wahrnehmen.

§ 3. Die Behörden der Länder und Gemeinden (Gemeindeverbände) haben den aufgrund des § 2 erlassenen Anordnungen der Reichsregierung im Rahmen ihrer Zuständigkeit Folge zu leisten.

§ 4. Wer den von den obersten Landesbehörden oder den ihnen nachgeordneten Behörden zur Durchführung dieser Verordnung erlassenen Anordnungen oder den von der Reichsregierung gemäß § 2 erlassenen Anordnungen zuwiderhandelt oder wer zu solcher Zuwiderhandlung auffordert oder anreizt, wird, soweit nicht die Tat nach anderen Vorschriften mit einer schwereren Strafe bedroht ist, mit Gefängnis nicht unter einem Monat oder mit Geldstrafe von 150 bis zu 15000 Reichsmark bestraft.

Wer durch Zuwiderhandlung nach Abs. 1 eine gemeine Gefahr für Menschenleben herbeiführt, wird mit Zuchthaus, bei mildernden Umständen mit Gefängnis nicht unter sechs Monaten und, wenn die Zuwiderhandlung den Tod eines Menschen verursacht, mit dem Tode, bei mildernden Umständen mit Zuchthaus nicht unter zwei Jahren bestraft. Daneben kann auf Vermögenseinziehung erkannt werden.

Wer zu einer gemeingefährlichen Zuwiderhandlung (Abs. 2) auffordert oder anreizt, wird mit Zuchthaus, bei mildernden Umständen mit Gefängnis nicht unter drei Monaten bestraft.

§ 5. Mit dem Tode sind die Verbrechen zu bestrafen, die das Strafgesetzbuch in den §§ 81 (Hochverrat), 229 (Giftbeibringung), 307 (Brandstiftung), 311 (Explosion), 312 (Überschwemmung), 315 Abs. 2 (Beschädigung von Eisenbahnanlagen), 324 (gemeingefährliche Vergiftung) mit lebenslangem Zuchthaus bedroht.

Mit dem Tode oder, soweit nicht bisher eine schwerere Strafe angedroht ist, mit lebenslangem Zuchthaus oder mit Zuchthaus bis zu 15 Jahren wird bestraft:

1. Wer es unternimmt, den Reichspräsidenten oder ein Mitglied oder einen Kommissar der Reichsregierung oder einer Landesregierung zu töten oder wer zu einer solchen Tötung auffordert, sich erbietet, ein solches Erbieten annimmt oder eine solche Tötung mit einem anderen verabredet;
2. wer in den Fällen des § 115 Abs. 2 des Strafgesetzbuchs (schwerer Aufruhr) oder des § 125 Abs. 2 des Strafgesetzbuchs (schwerer Landfrie-

densbruch) die Tat mit Waffen oder in bewusstem und gewolltem Zusammenwirken mit einem Bewaffneten begeht;
3. wer eine Freiheitsberaubung (§ 239 des Strafgesetzbuchs) in der Absicht begeht, sich des der Freiheit Beraubten als Geisel im politischen Kampfe zu bedienen.
§ 6. Diese Verordnung tritt mit dem Tage der Verkündung in Kraft.

Zit. nach: Wolfgang Michalka (Hrsg.): Das Dritte Reich, Bd. 1. (dtv) München 1985. S. 27f.

M 7.6 1933 – Göring rechtfertigt seine Terrorpolitik (Tagebucheintrag vom 11.3.1933)

Ich habe erst angefangen zu säubern, es ist noch längst nicht fertig. Für uns gibt es zwei Teile des Volkes: einen, der sich zum Volk bekennt, ein anderer Teil, der zersetzen und zerstören will. Ich danke meinem Schöpfer, dass ich nicht weiß, was objektiv ist. Ich bin subjektiv. Ich stehe einzig und allein zu meinem Volke, alles andere lehne ich ab. Wenn sie sagen, die Bevölkerung ist in furchtbarer Erregung, weil jüdische Warenhäuser vorübergehend geschlossen waren, so frage ich: Ist es nicht natürlich, wenn wir Deutsche endlich erklären: Kauft nicht bei Juden, sondern beim deutschen Volk. Ich werde die Polizei rücksichtslos einsetzen, wo man das deutsche Volk zu schädigen weiß. Aber ich lehne es ab, dass die Polizei eine Schutztruppe jüdischer Warenhäuser ist. Es muss endlich einmal der Unfug aufhören, dass jeder Gauner nach der Polizei schreit. Die Polizei ist nicht dazu da, die Gauner, Strolche, Wucherer und Verräter zu schützen. Wenn sie sagen, da und dort sei einer abgeholt und misshandelt worden, so kann man nur erwidern: Wo gehobelt wird, fallen Späne. Wir haben jahrelang die Abrechnung mit den Verrätern angekündigt. Ruft nicht so viel nach Gerechtigkeit, es könnte sonst eine Gerechtigkeit geben, die in den Sternen steht und nicht in euren Paragrafen! Und wenn diese Gerechtigkeit leuchtet, ist euer Ende gekommen. Man klagt über die Unterdrückung von Zeitungen. Wundert euch das? Mich wundert, dass sie noch existieren. Ich würde pflichtwidrig handeln, wenn ich länger dieses Gift ins Volk hineinträufeln ließe. Wenn wir auch vieles falsch machen, wir werden jedenfalls handeln und die Nerven behalten. Lieber schieße ich ein paar Mal zu kurz oder zu weit, aber ich schieße wenigstens.

Zit. nach: Wolfgang Michalka (M 7.5). S. 29f.

Nationalsozialistische Revolution?

M 7.7 1933 – Hitler erklärt vor den Reichsstatthaltern den Abschluss der „nationalen Revolution“ (6.7.1933)

Die politischen Parteien sind jetzt endgültig beseitigt. Dies ist ein geschichtlicher Vorgang, dessen Bedeutung und Tragweite man sich vielfach noch gar nicht bewusst geworden ist. Wir müssen jetzt die letzten Überreste der Demokratie beseitigen, insbesondere auch die Methoden der Abstimmung und der Mehrheitsbeschlüsse, wie sie heute noch vielfach bei den Kommunen, in wirtschaftlichen Organisationen und Arbeitsausschüssen vorkommen, und die Verantwortung der Einzelpersönlichkeiten überall zur Geltung bringen.
Der Erringung der äußeren Macht muss die innere Erziehung der Menschen folgen. Man muss sich davor hüten, rein formale Entscheidungen von heute auf morgen zu fällen und davon eine endgültige Lösung zu erwarten. Die Menschen vermögen leicht die äußere Form in ihre eigene geistige Ausprägung umzubiegen. Man darf erst umschalten, wenn man die geeigneten Personen für die Umschaltung hat. Es sind mehr Revolutionen im ersten Ansturm gelungen als gelungene aufgefangen und zum Stehen gebracht worden.
Die Revolution ist kein permanenter Zustand, sie darf sich nicht zu einem Dauerzustand ausbilden. Man muss den frei gewordenen Strom der Revolution in das sichere Bett der Evolution hinüberleiten. Die Erziehung der Menschen ist dabei das Wichtigste. Der heutige Zustand muss verbessert und die Menschen, die ihn verkörpern, müssen zur nationalsozialistischen Staatsauffassung erzogen werden. Man darf daher nicht einen Wirtschaftler absetzen, wenn er ein guter Wirtschaftler, aber noch kein Nationalsozialist ist; zumal dann nicht, wenn der Nationalsozialist, den man an seine Stelle setzt, von der Wirtschaft nichts versteht! In der Wirtschaft darf nur das Können ausschlaggebend sein.

Zit. nach: Wolfgang Michalka (M 7.5). S. 42f.

M 7.8 1934 – Rede des obersten SA-Führers Röhm vor dem diplomatischen Korps und der Auslandspresse (18.4.1934)

Wir haben keine nationale, sondern eine nationalsozialistische Revolution gemacht, wobei wir besonderes Gewicht auf das Wort ‚sozialistisch' legen! Wo diese Kräfte inzwischen zu ihrem nationalen Denken noch den Sozialismus hinzugelernt haben und praktisch betätigen, mögen sie weiter mit uns marschieren! Wo sie aber meinen, wir würden ihnen zuliebe auch nur die geringsten Abstriche von unserem konsequent sozialistischen Wollen machen, irren sie gewaltig! Reaktion und Revolution sind natürlich Todfeinde. Es führen keine Brücken hinüber und herüber, weil eines das andere ausschließt.

In einer unbegreiflichen Milde hat das neue Regiment in Deutschland bei der Machtübernahme mit den Trägern und Handlangern des alten und noch älteren Systems nicht rücksichtslos aufgeräumt. Heute noch sitzen in beamteten Stellen Menschen, die des Geistes der nationalsozialistischen Revolution noch keinen Hauch verspürt haben. Wir nehmen es ihnen nicht übel, dass sie eine durch die Entwicklung überholte Gesinnung haben, obwohl wir es nicht für glücklich halten, dass man sie gleich- statt ausgeschaltet hat. Wir brechen ihnen aber bestimmt und erbarmungslos der Genick, wenn sie diese reaktionäre Gesinnung zu betätigen wagen.

Da mitten in dem gewaltigen Geschehen der nationalsozialistischen Revolution die Kräfte der Reaktion sich nicht offen zur Geltung bringen können, ohne zermalmt zu werden, kämpfen sie – wohl gar als Nationalsozialisten getarnt! – insgeheim und deswegen umso hinterhältiger.

Nur mit äußerster Vorsicht gehen sie zu Werke bei ihrem Bemühen, das rollende Rad der Revolution rückwärts zu drehen.

‚Ruhe und Ordnung' ist ihr Feldgeschrei. Und in diesem treffen sie sich mit allen Schichten und Lagern des Mucker- und Spießertums.

Reaktionären, Muckern und Spießern *muss* ihrer ganzen Geisteshaltung nach der Begriff der Revolution ein Gräuel sein, genauso wie umgekehrt uns schlecht wird, wenn wir nur an sie denken.

Als unerschütterliches Bollwerk gegen Reaktion, Spießer- und Muckertum steht die SA, – denn in ihr verkörpert sich alles, was den Begriff der Revolution ausmacht!

Zit. nach: Wolfgang Michalka (M 7.5). S. 48f.

Die Kirchen suchen ihren Platz im NS-Staat

M 7.9 1933 – Dietrich Bonhoeffer[1]: Der Arierparagraf in der Kirche

Der Ausschluss der Juden-Christen aus der kirchlichen Gemeinschaft zerstört die Substanz der Kirche Christi. [...]

Die D. C.[2] sagen:

Die Kirche darf die Ordnungen Gottes nicht auflösen oder missachten. Solche Ordnung aber ist die Rasse, darum muss die Kirche rassisch bestimmt sein.

Wir antworten:

Die gegebene Ordnung der Rasse wird ebenso wenig verkannt wie die der Geschlechter, der Stände etc. In der Kirche bleibt Jude Jude, Heide Heide, Mann Mann, Kapitalist Kapitalist etc. Aber der Ruf Gottes beruft und sammelt alle zu einem Volk, zum Volk Gottes, zur Kirche, zu der sie alle in gleicher Weise und miteinander gehören [...] Die Rasse, das Blut ist eine unter den Ordnungen, in die die Kirche eintritt, aber sie darf nie Kriterium für die Zugehörigkeit zur Kirche sein, dies ist allein das Wort Gottes und der Glaube. [...]

Die D. C. sagen:

Das deutsche Kirchenvolk kann die Gemeinschaft mit den Juden, die ihm politisch so viel Schaden getan haben, nicht mehr ertragen.

Wir antworten:

Gerade hier muss dann in aller Deutlichkeit gesagt werden, dass hier der Ort ist, an dem es sich bewährt, ob man weiß, was Kirche ist. Hier, wo der mir unsympathische Juden-Christ neben mir als Glaubender sitzt, hier gerade ist Kirche. [...]

Zusammengefasst:

Kirche ist die Gemeinde der Berufenen, in der das Evangelium recht gepredigt und die Sakramente recht verwaltet werden, die kein Gesetz für die Zugehörigkeit zu ihr aufrichtet. Darum ist der Arierparagraf eine Irrlehre von der Kirche und zerstört ihre Substanz. Darum gibt es einer Kirche gegenüber, die den Arierparagrafen in dieser radikalen Form durchführt, nur noch einen Dienst der Wahrheit, nämlich den Austritt. Dies ist der letzte Akt der Solidarität mit meiner Kirche, der ich nie anders als allein mit der ganzen Wahrheit und allen ihren Konsequenzen dienen kann.

Zit. nach: Georg Denzler / Volker Fabricius (Hrsg.): Die Kirchen im Dritten Reich. (Fischer-Tb) Frankfurt/M. 1984. Bd. 2 / Dokumente, S. 74–76.

[1] (1906–1945) ev. Pfarrer und Mitglied der „Bekennenden Kirche“, Verbindung zum politischen Widerstand, 1943 verhaftet und 1945 im KZ Flossenbürg ermordet.

[2] „Deutsche Christen“, nationalsozialistisch orientierte Richtung innerhalb der Evangelischen Kirche Deutschlands.

M 7.10 1933 – Kirchengesetz der Generalsynode der Evangelischen Kirche der Altpreußischen Union (6.9.1933)

§ 1 […] Absatz 2: Wer nicht arischer Abstammung oder mit einer Person nichtarischer Abstammung verheiratet ist, darf nicht als Geistlicher oder Beamter der allgemeinen kirchlichen Verwaltung berufen werden. Geistliche und Beamte arischer Abstammung, die mit einer Person nichtarischer Abstammung die Ehe eingehen, sind zu entlassen.

Wer als Person nichtarischer Abstammung zu gelten hat, bestimmt sich nach den Vorschriften der Reichsgesetze[1] […]

§ 3 […] Absatz 2: Geistliche oder Beamte, die nichtarischer Abstammung oder mit einer Person nichtarischer Abstammung verheiratet sind, sind in den Ruhestand zu versetzen.

Zit. nach: Georg Denzler / Volker Fabricius (M 7.9). S. 76.

[1] Vgl. M 9.1

M 7.11 1933 – Kundgebung der katholischen deutschen Bischöfe vom 28.3.1933

Die Oberhirten der Diözesen Deutschlands haben aus triftigen Gründen, die wiederholt dargelegt sind, in ihrer pflichtmäßigen Sorge für Reinerhaltung des katholischen Glaubens und für Schutz der unantastbaren Aufgaben und Rechte der katholischen Kirche in den letzten Jahren gegenüber der nationalsozialistischen Bewegung eine ablehnende Haltung durch Verbote und Warnungen eingenommen, die so lange und insoweit in Geltung bleiben sollten, wie diese Gründe fortbestehen.[1]

Entwurf Bertrams[2] vom 24. März 1933

Es ist nunmehr mit Dank anzuerkennen, dass von leitender Stelle jener Bewegung Erklärungen gegeben sind, durch die der Unverletzlichkeit der katholischen Glaubenslehre und den unveränderlichen Aufgaben und Rechten der Kirche Rechnung getragen wird.

Der Episkopat hegt daher das Vertrauen, dass die vorbezeichneten Verbote und Warnungen nicht mehr als notwendig betrachtet zu werden brauchen. […]

Endgültiger Text[3]

Es ist nunmehr anzuerkennen, dass von dem höchsten Vertreter der Reichsregierung, der zugleich autoritärer Führer jener Bewegung ist, öffentlich und feierlich Erklärungen gegeben sind, durch die der Unverletzlichkeit der katholischen Glaubenslehre und den unveränderlichen Aufgaben und Rechten der Kirche Rechnung getragen sowie die vollinhaltliche Geltung der von den einzelnen deutschen Ländern mit der Kirche abgeschlossenen Staatsverträge durch die Reichsregierung ausdrücklich zugesichert wird. Ohne die in unseren früheren Maßnahmen liegende Verurteilung bestimmter religiös-sittlicher Irrtümer aufzuheben, glaubt daher der Episkopat das Vertrauen hegen zu können, dass die vorbezeichneten allgemeinen Verbote und Warnungen nicht mehr als notwendig betrachtet zu werden brauchen.

Für die katholischen Christen, denen die Stimme ihrer Kirche heilig ist, bedarf es auch im gegenwärtigen Zeitpunkte keiner besonderen Mahnung zur Treue gegenüber der rechtmäßigen Obrigkeit und zur gewissenhaften Erfüllung der staatsbürgerlichen Pflichten unter grundsätzlicher Ablehnung allen rechtswidrigen oder umstürzlerischen Verhaltens. […]

Zit. nach: Georg Denzler / Volker Fabricius (M 7.9), S. 42f.

[1] Gleicher Wortlaut in Entwurf und endgültigem Text

[2] Kardinal Bertram von Breslau, 1933 Vorsitzender der Fuldaer Bischofskonferenz, dem obersten Gremium der Katholischen Kirche in Deutschland

[3] Von Kardinal Bertram festgelegter Text, ohne alle Voten der Fuldaer Konferenzmitglieder abzuwarten, die z.T. kritischer eingestellt waren, als es der Wortlaut des endgültigen Textes wiedergibt. Die Eile Bertrams erklärt sich wohl daraus, dass der Kardinal in der Zwischenzeit vom möglichen Konkordatsabschluss zwischen dem Deutschen Reich und dem Vatikan unterrichtet worden war (s. S. 145).

Die Olympischen Spiele 1936 im nationalsozialistischen Deutschland

M 7.12 1936 – Die französische Olympia-Mannschaft beim Einmarsch der Nationen in Berlin

M 7.13 1936 – Die Berichte der Exil-SPD (SOPADE) zur antijüdischen Hetze in der Nähe Berlins

Berlin: Die zahlreichen Stürmerkästen[1], die bisher an der Kopfleiste die Inschrift trugen: „Die Juden sind unser Unglück“, sind in Berlin und Umgebung geändert worden. Meist steht jetzt an der Stelle dieses Satzes der Name der NSDAP-Ortsgruppe oder es sind irgendwelche „Kernsprüche“ angebracht worden. Wahrscheinlich ist diese Änderung wegen der Olympiade erfolgt. Der „Stürmer“ selbst ist aus den Kästen verschwunden und durch „Angriff“ und „V.B.“[2] oder durch „Das Schwarze Korps“[3] ersetzt worden. […]

Der Landesfremdenverkehrsverband Harz hielt am 25. April in Ballenstedt am Harz seine Jahreshauptversammlung ab, welche der Ministerpräsident Klagges–Braunschweig leitete. Die Teilnehmer fanden in ihrer Arbeitsmappe folgendes Rundschreiben:

„Landesfremdenverkehrsverband Harz.

Braunschweig, den 23. IV. 36

Streng vertraulich!

Mitteilung an alle Gast- und größere Beherbergungsstätten!

Anlässlich der olympischen Spiele wird auch der Harz von zahlreichen Ausländern besucht werden, die leider noch immer eine falsche Auffassung über das neue Deutschland haben.

Das Gaststätten- und das Beherbergungsgewerbe steht im Fremdenjahr 1936 deshalb in vorderster Front. Die ausländischen Besucher müssen deshalb unter allen Umständen davon überzeugt werden, dass die Gastlichkeit Deutschlands von keinem Land der Erde überboten werden kann. Im Benehmen mit der politischen Leitung bitten wir deshalb auch, die Judenfrage sinngemäß zu behandeln.“

Der gleiche Landesfremdenverkehrsverband erließ noch im Herbst 1935 mit der Unterschrift des gleichen Klagges eine Anordnung […], in der es u. a. hieß: „Insbesondere ist auch die Entschließung bekanntzugeben, dass Juden in den betreffenden Orten unerwünscht sind.“ Demgemäß wurden damals in zahlreichen Harzer Kurorten Tafeln mit der Aufschrift: „Juden sind hier nicht erwünscht“ aufgestellt.

Zit. nach: Deutschland-Berichte der Sozialdemokratischen Partei Deutschlands. (Zweitausendeins) Frankfurt/M. 1980. S. 981f. (1936)

1 Aushängekästen der NS-Propaganda- und Hetzzeitschrift „Der Stürmer“
2 Abkürzung für das Hauptorgan der NSDAP, den „Völkischen Beobachter“
3 SS-Wochenzeitung

M 7.14 **1936 – Moderne Technik – ein Auszug aus dem Sammelalbum zur Olympiade 1936**

Wunder der Technik

Das großartige olympische Geschehen hat seine Wellen in die entlegensten Orte der Erde entsandt. Der wundervolle prachterfüllte Ausbau der Spiele, ihre Größe und Erhabenheit sind tief in das Wissen der Menschen gedrungen. Weit über Deutschlands Grenzen hinaus hat der Begriff Olympia neue mächtige Antriebe entfaltet, und unverlierbar erscheinen die Wirkungen, die von so gewaltigen menschlichen Anstrengungen ausgehen müssen. Aber nicht allein die Großtaten des Sports, die vorbildlichen Kampfstätten sind es, die Bewunderung verdienen, sondern neben sie tritt ein riesiges Reich der Technik, das die Erfassung und Verarbeitung, Vorbereitung und Ausführung in mancher Beziehung erst ermöglicht. Eine Entwicklung ist mit der andern in der menschlichen Kultur eng verflochten, und die Abhaltung eines Riesensportfestes wie Olympia ist überhaupt nur noch mit dem Einsatz der modernen Technik denkbar. [...] An der Spitze steht die Radiotechnik, die teilweise Neukonstruktionen schaffen musste, um ihren besonderen Aufgaben im Riesenstadion mit den verwickelten Klangvorgängen gerecht zu werden. Im Stadion waren allein 28 Mikrofone zur Ansage- und Nachrichtenübermittlung aufgebaut, sodass z. B. an jeder Sprunggrube und an jedem der 8 Wurfkreise ein Anschluss vorhanden war. Dazu kamen nicht weniger als 350 Mikrofone zur Versorgung der „Außenwelt“ mit dem Hörbild der Geschehnisse. Interessant ist, dass auch der Klang der Olympiaglocke, die ja in einiger Entfernung vom Stadion im Glockenturm am Rande des Maifeldes hängt, durch die Lautsprecher übertragen werden musste, weil man schon bei den Proben bemerkt hatte, dass der Originalton nicht so weit reichte. Mit besonderer Aufmerksamkeit wurde der Fernsehwagen, der vom Marathontor in die Ereignisse äugte, betrachtet. Galten ihm doch schon große Hoffnungen für die Weltspiele in Tokio 1940.

Zit. nach: Die Olympischen Spiele 1936 in Berlin und Garmisch-Partenkirchen, Bd. 2. Hrsg. vom Cigaretten-Bilderdienst Hamburg-Bahrenfeld. 1936. S. 162.

Emigration und Widerstand

M 7.15 **1936 – Willy Brandt in seinen Erinnerungen von 1982**

Willy Brandt war fast 25 Jahre SPD-Vorsitzender und von 1969 bis 1974 Bundeskanzler; vor dem Kriege gehörte er der „Sozialistischen Arbeiterpartei“ (SAP) an, einer linken Abspaltung von der SPD, bereits im März 1933 flüchtete er nach Norwegen.

Ich muss festhalten, was gewesen ist – unabhängig davon, ob dumme Menschen immer noch einmal plappern, „den Emigranten“ sei es unverschämt gut gegangen. Führten sie nicht ein Leben ohne Not und Gefahr? An gut gefüllten Fleischtöpfen, während in Deutschland gehungert wurde? Im Krieg ohne russische Winter und alliierte Bombennächte? Und haben sie sich nicht abgewandt von ihrem Volk?

Die Abwendung von Hitler-Deutschland war für die meisten von uns unvermeidlich, doch sie war nicht bequem. Mit einem sorgenfreien Leben und den vollen Fleischtöpfen war es nicht weit her. Wer aus politischen Gründen ins Exil ging, verstand diesen Schritt nicht als Abwendung von seinem Volk, sondern als Dienst an der deutschen (und europäischen) Zukunft. Die Deutschen jüdischer Herkunft litten oft besonders an dem ihnen widerfahrenen Unrecht. Den Holocaust sahen sie so wenig voraus wie wir nichtjüdischen Antinazis. Viele lebten von kärglichen Unterstützungen. In fast allen europäischen Ländern, in denen die politischen Flüchtlinge Zuflucht fanden, herrschte Arbeitslosigkeit. [...]

Die Zahl der Menschen, die am eigenen und an dem sie umgebenden Elend zerbrachen, ist nicht klein. In der Liste der Opfer stehen die Namen von Persönlichkeiten, die weit über ihre Zeit hinaus wirkten. Kurt Tucholsky[1] nahm sich schon 1935 in der schwedischen Kleinstadt Hindås das Leben. Ernst Toller[2] suchte den Tod in New York, Stefan Zweig[3] in Brasilien. Im Juni 1940, bevor Lion Feuchtwanger[4] die Flucht aus dem südfranzösischen Lager gelang, verübte – fast an seiner Seite – Walter Hasenclever[5] Selbstmord. Der deutsch-österreichische Schriftsteller Ernst Weiß brachte sich um, als deutsche (und deutsch-österreichische) Truppen in Paris einzogen. Der Kunstschriftsteller Carl Einstein – während des Spanienkrieges Freiwilliger in einer Einheit der Anarchosyndikalisten[6] – rannte auf der Flucht in den Tod. Walter Benjamin setzte seinem Leben ein Ende, nachdem er die Pyrenäengrenze überschritten hatte und auf spanischer Seite gestellt worden war. Die Liste ist noch lang. [...]

Juli 1936: Ich hatte keinen Urlaub genommen, sondern war in Oslo geblieben. Wie an allen Wochentagen ging ich am späten Vormittag zu meinem Postamt, um das Schließfach zu leeren. Das unterhielt ich aus Tarnungsgründen unter dem Namen einheimischer Freunde, und ich behielt auch nie zu lange dasselbe. Ich fand einen Luftpostbrief aus Paris, der mich in camouflierten[7] Wendungen aufforderte, für einige Zeit nach „Metro" – das hieß: nach Berlin – zu gehen. Dort waren wieder einige unserer Freunde verhaftet worden. Die Verbindungen waren bedroht. Ich sollte für politische Informationen in beiden Richtungen sorgen. [...]

Ich lebte in Berlin isoliert. Während jener Monate habe ich mich mit niemandem in einer Wohnung verabredet, auch nicht in Restaurants. Alle Treffs fanden im Freien statt, die Gespräche beim Spazierengehen, fast immer nur mit einer Person. Den Organisationsleiter traf ich mehrfach in der Woche, die anderen, die Informationen brachten und Anregungen an wenige Vertrauensleute in ihrem Stadtbezirk weitergaben, nur einmal. [...]

Ende 1934 hatte unsere Berliner Gruppe noch 700 Mitglieder. Durch die Verfolgungen war die Zahl auf weniger als die Hälfte geschrumpft, als ich 1936 nach Berlin kam. Eine Reichsleitung gab es nicht mehr, aber natürlich persönliche Verbindungen zwischen verschiedenen Städten, in manchen Fällen sogar bis Kriegsende. Die einzelnen regionalen Organisationen waren auf sich gestellt, und bei weitem nicht alle hielten Kontakt mit der Auslandsorganisation. Anderen war dies zu schwierig und gefährlich geworden. Wir hatten den Vorteil, uns vor allem auf treue junge Menschen stützen zu können; das kam auch der Unauffälligkeit meiner Treffs zugute. Die SAP hatte mehr jugendliche Mitglieder als andere Teile der Arbeiterbewegung. Die etwa 300 Menschen, die wir zu diesem Zeitpunkt als „Kader" straff organisiert hatten – wenige hundert unter den über vier Millionen Bürgern von Berlin –, versuchten durch Austausch von Informationen möglichst gut im Bilde zu sein. [...]

Wo die Voraussetzungen gegeben waren, wirkten wir auf betriebliche Strukturen ein. Das schloss die offiziellen „Vertrauensräte", die eigentlich der Arbeitsfront zuzurechnen waren, nicht von vornherein aus, doch ich riet, sich vor allem um die „natürlichen" Vertrauensleute zu kümmern, die infolge ihrer gewerkschaftlichen Tätigkeit früher Ansehen erworben hatten und auch die Nazis bis zu einem gewissen Grad respektieren mußten.

Willy Brandt: Links und frei – Mein Weg 1930 bis 1950. (Hoffmann und Campe) Hamburg 1982. S. 75, 79, 171 und 181f.

---

1 siehe M 7.3, Anm. 2
2 Ernst Toller (1893–1939), USPD-Mitglied und Mitwirkender an der bayerischen Räterepublik (s. S. 26); 1928–1933 Angehöriger der Reichsleitung der „Kommunistischen Parteiopposition", einer kommunistischen Splitterpartei
3 Stefan Zweig (1881–1942), österreichischer Schriftsteller sozialkritischer und humanistischer Richtung
4 Lion Feuchtwanger (1884–1958), linksliberaler Schriftsteller, der einer der aktivsten Emigranten gegen die NS-Herrschaft war
5 Walter Hasenclever (1890–1940), expressionistischer Schriftsteller, 1933 von den Nationalsozialisten ausgebürgert
6 spanische sozialistische Gruppe
7 verdeckten

M 7.16 1934 – „An alle, die es angeht!"

Im Mai 1934 veröffentlichte die Ortsgruppenleitung der NSDAP im oberbayerischen Bergarbeiterstädtchen Penzberg, einer alten Hochburg der Sozialdemokraten und Kommunisten, ein Flugblatt mit diesem Titel.

Wenn man heute mit offenen Augen durch die Straßen, über die Plätze oder tief unter der Erde im Schacht geht, fallen einem Gruppen und Grüppchen von Menschen auf, die bald geheimnisvoll flüsternd, bald hämisch lachend beisammen stehen. Kommt ihnen ein Nationalsozialist oder ein bloß deutsch denkender Mensch in die Nähe, verstummen sie wie kleine Schulmädchen und schauen sich vor lauter Verlegenheit recht saudumm an. Am liebsten würden sie noch rot werden, wenn sie noch einen Funken Schamgefühl hätten. Wenn man diese Menschen genauer betrachtet, sind es beileibe nicht die alten und öffentlich bekannten Gegner der verflossenen Parteien, die wenigstens früher für irgendeine Idee, und wenn sie hundertmal verkehrt war, gekämpft haben, sondern es sind diejenigen, die weitab von den Kriegsschauplätzen, die Füße unter dem Tisch, sich zuhause [so i.O.] als Marschälle dünkten, die längst Paris und auch London eingenommen hätten, aber bloß mit dem

Maul: Sie waren zu feige dazu. Es ist interessant zu beobachten, wie sich da Menschen zusammenfinden, die in ihrer politischen Anschauung früher grundverschieden waren, aber sich heute ein Herz und eine Seele fühlen. Es ist dies die ekelhafteste und widerlichste Menschensorte, die Kaste der Nörgler, Besserwisser und Bessermacher, von deren Schlag wir auch in Penzberg genügend haben. Diese Hanswurste fühlen sich berufen, auch heute an den Arbeiten der nationalsozialistischen Regierung zu mängeln und zu kritteln, gerade sie, die vom Geist der neuen Zeit noch keinen Hauch verspürt haben, jede Mitarbeit – und wenn sie noch so klein – ablehnen. [...] Wehe denjenigen, wenn einmal der Führer befiehlt, sie zu vernichten, wenn der Arm des Führers sich hebt! Millionen von alten Kämpfern warten fiebernd auf dieses Signal. Gründlich wird nachgeholt werden, nachdem man diesen Herren genügend Zeit gelassen, sich umzustellen, was aus Großmut versäumt wurde.

Zit. nach: Klaus Tenfelde: Proletarische Provinz – Radikalisierung und Widerstand in Penzberg/Oberbayern 1900–1945. (Beck) München/Wien 1982. S. 254f.

Widerstandsrecht im Grundgesetz

M 7.17 1949 – Der Artikel 20 des Grundgesetzes der Bundesrepublik Deutschland

(1) Die Bundesrepublik Deutschland ist ein demokratischer und sozialer Bundesstaat.
(2) Alle Staatsgewalt geht vom Volke aus. Sie wird vom Volke in Wahlen und Abstimmungen und durch besondere Organe der Gesetzgebung, der vollziehenden Gewalt und der Rechtsprechung ausgeübt.
(3) Die Gesetzgebung ist an die verfassungsmäßige Ordnung, die vollziehende Gewalt und die Rechtsprechung sind an Gesetz und Recht gebunden.
(4)[1] Gegen jeden, der es unternimmt, diese Ordnung zu beseitigen, haben alle Deutschen das Recht zum Widerstand, wenn andere Abhilfe nicht möglich ist.

Zit. nach: Grundgesetz für die Bundesrepublik Deutschland. Hrsg. v. der Bundeszentrale für politische Bildung. Bonn 1975. S. 29.

[1] Abs. 4 wurde 1968 im Rahmen der „Notstandsgesetzgebung“ ergänzt; der Parlamentarische Rat hatte 1949 ein „Widerstandsrecht“ abgelehnt.

M 7.18 1983 – Widerstand im Nationalsozialismus – Widerstand im demokratischen Staat

Otto Schily, Bundestagsabgeordneter der „Grünen“

Worum geht es? Das Nazi-Regime war eine faschistische Militärdiktatur, bei deren leider misslungener Beseitigung die Widerstandsbewegung gewaltsame Mittel anwenden musste, deren politisch-moralische Legitimation von niemandem bestritten wird. Bei der Bundesrepublik handelt es sich bekannterweise um eine parlamentarische Demokratie, deren nach unserer Meinung unbestreitbare Mängel mit demokratischen Mitteln überwunden werden müssen. Zu solchen demokratischen Mitteln gehört für uns auch das Recht auf gewaltfreie Formen des Widerstandes (wie z. B. ziviler Ungehorsam). Wir haben immer wieder erklärt, dass wir die Stationierung der neuen amerikanischen Mittelstreckenraketensysteme für völkerrechts- und verfassungswidrig halten. Gegen die friedensstörende (Artikel 26 Grundgesetz) und friedensgefährdende Stationierung neuer Massenvernichtungsmittel ist gewaltfreier friedlicher Widerstand nicht nur legitim, sondern ein demokratisches Recht. Für einen solchen Widerstand ist eine analoge Situation nicht der 20. Juli 1944, sondern z. B. die große amerikanische Bürgerrechtsbewegung der 60er-Jahre oder die gegenwärtige Friedensbewegung in Holland, Dänemark und nicht zuletzt in den USA sowie in vielen anderen demokratischen Ländern. Allerdings meinen wir auch, dass im Andenken an die Widerstandskämpfer des 20. Juli es richtig ist, sich rechtzeitig bedrohlichen Entwicklungen entgegenzustellen und nicht erst dann zu handeln, wenn es wieder einmal zu spät ist.

Zit. nach: Der deutsche Widerstand 1933–1945. Informationen zur politischen Bildung, Heft 160. München 1984. S. 2f.

Die Machtergreifung im Urteil der Historiker

M 7.19 A. Der Historiker Hans-Ulrich Thamer

So durchlöchert der Mantel der Legalität von Anfang an war, das Ermächtigungsgesetz hat der Stabilisierung des Regimes große Dienste geleistet, und das war sein eigentlicher Zweck. Denn es bot den im formalen Denken groß gewordenen konservativen Sympathisanten und Mitläufern die Möglichkeit, das Gewissen wie die positivistischen[1] Vorstellungen von Staat und Recht zu befriedigen. Gewiss, es war eine Revolution, was sich da in den letzten Monaten abgespielt hatte, aber sie ging sauber und legal vor sich und unterschied sich damit so wohltuend von dem „Ludergeruch“ der Novemberrevolution. Über die gewalttätigen Begleitumstände war man bereit, hinwegzusehen. Denn, so ging ein in diesen Tagen vielzitiertes Sprichwort: „Wo gehobelt wird, da fallen Späne!“[2] An der „konstruktiven“ Ausfüllung des neuen Deutschland wollte der Apparat der staatlichen Bürokratie einschließlich der Justiz mitarbeiten. Dahinter standen die antidemokratischen Traditionen eines Standes und die Befürchtungen, dass ohne die mäßigende Mitwirkung die revolutionären Exzesse wieder aufleben könnten. „Aber eine einfache Wahrheit ist doch, dass dieses Regime nicht umschmeißen darf. Denn welches Negativ davon käme hinter ihm“, schrieb der deutsche Gesandte in Oslo, Ernst Freiherr von Weizsäcker, am 23. März. „Man muss ihm alle Hilfe und Erfahrung angedeihen lassen und mit dafür sorgen, dass die jetzt einsetzende Etappe der neuen Revolution eine ernsthaft konstruktive wird.“

Am Ende wurde nicht wenigen von ihnen bewusst, dass sie Opfer einer folgenschweren Unterschätzung geworden waren. Das Verwirrspiel war so erfolgreich, weil die Regisseure der Machtergreifung den Übergang vom autoritären Verordnungsregime der „nationalen Erhebung“ zur revolutionären Diktatur des Nationalsozialismus auf offener Bühne, aber unter der Maske der Legalität und Tradition, inszenierten.

Bald konnte man vom verschleiernden Sprachgebrauch Abschied nehmen. Schon in seiner Rede zum Ermächtigungsgesetz hatte Hitler nicht mehr von „nationaler Erhebung“, sondern von „nationaler Revolution“ gesprochen. Vierzehn Tage später nahm auch Göring von dieser Formel Abschied und nannte nun beim Namen, was sich tatsächlich in den letzten Wochen vollzogen hatte und sich noch weiter durchsetzen sollte, die „national-sozialistische Revolution“. […]

Hans-Ulrich Thamer: Verführung und Gewalt. Deutschland 1933–1945. (Siedler Verlag) Berlin 1986. S. 280f.

---

[1] positivistisch: mehr nach den Buchstaben als nach dem Geist von Gesetzesnormen fragende und urteilende Einstellung zur Gesetzlichkeit

[2] vgl. M 7.6

B. 1976 – Der marxistische Historiker Joachim Streisand

Was hat sich im gesellschaftlichen Kräfteverhältnis in Deutschland mit dem 30. Januar 1933 verändert und was blieb unverändert? Die Einsetzung des Hitlerkabinetts und die Errichtung der faschistischen Diktatur hat selbstverständlich weder die von den Nazis versprochene „Volksgemeinschaft“ herbeigeführt, noch war sie, wie linksbürgerliche und rechtssozialdemokratische Soziologen und Publizisten meinten, das Ergebnis eines Aufstandes rabiat gewordener Kleinbürger. Die Hauptklassen der deutschen Gesellschaft blieben vor und nach dem 30. Januar 1933 die gleichen, und der grundlegende Widerspruch des deutschen Imperialismus, der Widerspruch zwischen den Expansions- und Aggressionsinteressen des deutschen Finanzkapitals und den Interessen des deutschen Volkes an Demokratie und Frieden, blieb der gleiche. Aber den herrschenden Klassen war es nun gelungen, Ergebnisse und Erfolge der Novemberrevolution, die bisher noch unangetastet geblieben waren, zu beseitigen und den offenen Terror zur wesentlichen Methode ihrer Herrschaft zu machen, den Terror im Dienste eines zweiten Versuches zur gewaltsamen Neuaufteilung der Welt. Hitler gab den reaktionärsten Kreisen des deutschen Finanzkapitals die Gewähr, dieses Ziel nie aus dem Auge zu verlieren, und weil er ihnen diese Gewähr gab, haben diese Kreise des deutschen Finanzkapitals dem Faschismus die Macht übertragen. […] Am 3. Februar traf er mit Befehlshabern des Heeres und der Marine zusammen und bekräftigte in einer Ansprache, er erstrebe „die völlige Umkehrung der gegenwärtigen innenpolitischen Zustände in Deutschland“, worunter vor allem zu verstehen sei: „Keine Duldung der Betätigung irgendeiner Gesinnung, die dem Ziel entgegensteht (Pazifismus!). Wer sich nicht bekehren lässt, muss gebeugt werden. Ausrottung des Marxismus mit Stumpf und Stiel. Einstellung der Jugend und des ganzen Volkes auf den Gedanken, dass nur der Kampf uns retten kann und diesem Gedanken gegenüber alles zurückzutreten hat.“

Joachim Streisand: Deutsche Geschichte von den Anfängen bis zur Gegenwart – Eine marxistische Einführung. (Pahl-Rugenstein) Köln 1976. S. 349f.

NS-Außenpolitik

M 7.20

A. 1927 – Hitler und die Politik des „Lebensraums“

Im 2. Band seines Werkes „Mein Kampf“, verfasst 1927, äußert sich Hitler im Rahmen der internationalen Lage des Deutschen Reiches zur Lebensraumpolitik folgendermaßen:

Die völkische Bewegung hat nicht der Anwalt anderer Völker, sondern der Vorkämpfer des eigenen Volkes zu sein. […] Insbesondere aber sind wir nicht der Schutzpolizist der bekannten „armen, kleinen Völker“, sondern Soldaten unseres eigenen.

Wir Nationalsozialisten haben jedoch weiter zu gehen: *Das Recht auf Grund und Boden kann zur Pflicht werden, wenn ohne Bodenerweiterung ein großes Volk dem Untergang geweiht erscheint.*[1] Noch ganz besonders dann, wenn es sich dabei nicht um ein x-beliebiges Negervölkchen handelt, sondern um die germanische Mutter all des Lebens, das der heutigen Welt ihr kulturelles Bild gegeben hat. *Deutschland wird entweder Weltmacht oder überhaupt nicht sein.*[1] […]

Damit ziehen wir Nationalsozialisten bewusst einen Strich unter die außenpolitische Richtung unserer Vorkriegszeit. Wir setzen dort an, wo man vor sechs Jahrhunderten endete. Wir stoppen den ewigen Germanenzug nach dem Süden und Westen Europas und weisen den Blick nach dem Land im Osten. Wir schließen endlich ab die Kolonial- und Handelspolitik der Vorkriegszeit und gehen über zur Bodenpolitik der Zukunft.[1] […]

Wenn wir aber heute in Europa von neuem Grund und Boden reden, können wir in erster Linie nur an *Russland*[1] und die ihm untertanen Randstaaten denken. […]

Zit. nach: Adolf Hitler: Mein Kampf. München (Verlag Franz Eher Nachf.) 1933, S. 741f.

---

[1] im Original gesperrt gedruckt

B. 1933 – Hitler zu seinen politischen Zielen

Hitler vor den Befehlshabern des Heeres und der Marine über seine politischen Ziele nach den Aufzeichnungen eines der Teilnehmer, des Generalleutnants Curt Liebmann, 3.2.1933 (gekürzt).

Ziel der Gesamtpolitik allein:

Wiedergewinnung der pol. Macht. Hierauf muss gesamte Staatsführung eingestellt werden (alle Ressorts!).

1. *Im Innern.* Völlige Umkehrung der gegenwärt. innenpol. Zustände in D. Keine Duldung der Betätigung irgendeiner Gesinnung, die dem Ziel entgegensteht (Pazifismus!). Wer sich nicht bekehren lässt, muss gebeugt werden. Ausrottung des Marxismus mit Stumpf und Stiel. Einstellung der Jugend u. des ganzen Volkes auf den Gedanken, dass nur d. Kampf uns retten kann u. diesem Gedanken gegenüber alles zurückzutreten hat. […] Ertüchtigung der Jugend u. Stärkung des Wehrwillens mit allen Mitteln. Todesstrafe für Landes- u. Volksverrat. Straffste autoritäre Staatsführung. Beseitigung des Krebsschadens Demokratie!

2. *Nach außen.* Kampf gegen Versailles. Gleichberechtigung in Genf; aber zwecklos, wenn Volk nicht auf Wehrwillen eingestellt. […]

3. *Wirtschaft!* Der Bauer muss gerettet werden! Siedlungspolitik! Künft. Steigerung d. Ausfuhr zwecklos. Aufnahmefähigkeit d.Welt ist begrenzt u. Produktion ist überall übersteigert. Im Siedeln liegt einzige Mögl., Arbeitslosenheer z. T. wieder einzuspannen. Aber braucht Zeit u. radikale Änderung nicht zu erwarten, da Lebensraum für d[eutsches] Volk zu klein.

4. *Aufbau der Wehrmacht* wichtigste Voraussetzung für Erreichung des Ziels: Wiedererringung der pol. Macht. Allg. Wehrpflicht muss wieder kommen. […] Wie soll pol. Macht, wenn sie gewonnen ist, gebraucht werden? Jetzt noch nicht zu sagen.Vielleicht Erkämpfung neuer Export-Mögl., vielleicht und wohl besser – Eroberung neuen Lebensraums im Osten u. dessen rücksichtslose Germanisierung. Sicher, dass erst mit pol. Macht u. Kampf jetzige wirtsch. Zustände geändert werden können. […]

Zit. nach: Wolfgang Michalka (Hg.): Das Dritte Reich, Band 1. München (dtv) 1985, S. 23

C. 1939 – Hitler über Außenpolitik und Krieg

Bericht des Oberleutnants Rudolf Schmundt, Chefadjutant der Wehrmacht bei Hitler, über eine Besprechung Hitlers mit den Befehlshabern und führenden Offizieren der drei Wehrmachtsteile, 23.5.1939.

Nachstehend werden die Ausführungen des Führers sinngemäß wiedergegeben: […] Deutschland war ausgeschieden aus dem Kreis der Machtstaaten. Das Gleichgewicht der Kräfte wurde ohne die Beteiligung Deutschlands festgelegt.

Geltendmachen der Lebensansprüche Deutschlands und Wiedereintritt in den Kreis der Macht-

staaten stört dieses Gleichgewicht. Alle Ansprüche werden als „Einbruch“ gewertet. [...]
Die 80 Millionen Masse hat die ideellen Probleme gelöst. Die wirtschaftlichen Probleme müssen auch gelöst werden. Um die Schaffung der wirtschaftlichen Voraussetzungen hierzu kommt kein Deutscher herum. Zur Lösung der Probleme gehört Mut. Es darf nicht der Grundsatz gelten, sich durch Anpassung an die Umstände einer Lösung der Probleme zu entziehen. Es heißt vielmehr die Umstände den Forderungen anzupassen. Ohne Einbruch in fremde Staaten oder Angreifen fremden Eigentums ist dies nicht möglich. Der Lebensraum, der staatl[ichen] Größe angemessen, ist die Grundlage für jede Macht. Eine Zeit lang kann man Verzicht leisten, dann aber kommt die Lösung der Probleme so oder so. Es bleibt die Wahl zwischen Aufstieg oder Abstieg. In 15 oder 20 Jahren wird für uns die Lösung zwangsweise notwendig. Länger kann sich kein deutscher Staat um die Frage herumdrücken. [...]
Danzig ist nicht das Objekt, um das es geht. Es handelt sich für uns um die Erweiterung des Lebensraumes im Osten und Sicherstellung der Ernährung sowie der Lösung des Baltikum-Problems. Lebensmittelversorgung ist nur von dort möglich, wo geringe Besiedelung herrscht. [...]
Die Bevölkerung nicht deutscher Gebiete tut keinen Waffendienst und steht zur Arbeitsleistung zur Verfügung. Das Problem „Polen“ ist von der Auseinandersetzung mit dem Westen nicht zu trennen. [...]
Es entfällt also die Frage Polen zu schonen und bleibt der Entschluss bei erster passender Gelegenheit Polen anzugreifen. An eine Wiederholung der Tschechei ist nicht zu glauben. Es wird zum Kampf kommen. Aufgabe ist es, Polen zu isolieren. Das Gelingen der Isolierung ist entscheidend.
Daher muss sich der Führer den endgültigen Befehl zum Losschlagen vorbehalten. [...] Ist es nicht sicher, dass im Zuge einer deutsch/polnischen Auseinandersetzung ein Krieg mit dem Westen ausgeschlossen bleibt, dann gilt der Kampf in erster Linie England und Frankreich. Grundsatz Auseinandersetzung mit Polen – beginnend mit Angriff gegen Polen – ist nur dann von Erfolg, wenn der Westen aus dem Spiel bleibt.

Zit. nach: Wolfgang Michalka (Hg.): Das Dritte Reich. Band 1. München (dtv) 1985, S. 274–276

Aufgaben zu Kapitel 7

(1) Die schnelle Durchsetzung der nationalsozialistischen Diktatur mit Hilfe der Institutionen der Republik und der Verwaltung erstaunte Zeitgenossen und spätere Betrachter gleichermaßen. – Untersuchen Sie anhand der Darstellung S. 133–141 und der Texte M 6.6, 6.7, 7.4–7.7 die Stationen und Methoden des Machtgewinns! Gab es Alternativen des Handelns für die Betroffenen?

(2) Stellen Sie das Verhältnis von Legalität und Gewalt bei der Erlangung und dem Ausbau der nationalsozialistischen Macht dar und beschreiben Sie die unterschiedlichen Wirkungen dieser beiden Elemente auf Machteliten und Bevölkerung! (Darstellung S. 133–150 und Materialien wie in Aufg.1)

(3) Während man früher Hitlers Politik von 1933 als etwas absolut Neues ansah, betont die Geschichtswissenschaft inzwischen, dass sie in mancher Hinsicht von den Präsidialregierungen seit Brüning vorbereitet wurde. Überprüfen Sie diese Meinung besonders an der Rolle des Reichstags und der Wirkung dieser Politik auf die Öffentlichkeit! (Kapitel 6, Aufgabe 3)

(4) Untersuchen Sie das Verhalten der Linken in der Endphase der Weimarer Republik und besonders 1933 und beurteilen Sie die Chancen für eine Volksfront, die Diktatur des Nationalsozialismus zu verhindern! Versetzen Sie sich in die Lage von KPD, SPD und Gewerkschaften! (Darstellung S. 87ff., M 6.3 u. 6.8 und S. 135–140, M 7.1–3)

(5) Betrachten und erklären Sie das Verhalten traditioneller deutscher Eliten gegenüber dem Anfang der nationalsozialistischen Diktatur; das Verhalten der Kirchen kann hier als ein Beispiel dienen. (S. 135–139; 145 und M 7.9 bis 7.11)

⑥ Die NSDAP verstand ihre Machtübernahme 1933 als eine Revolution. Überprüfen Sie diesen Anspruch an der Wirklichkeit des Vorgangs! Ziehen Sie dazu eine Definition des Begriffs Revolution und die Texte M 7.7, 7.8 und 7.19 heran! (Eine vertiefte Betrachtung dieser Frage wird erst in Kapitel 8 möglich sein.)

Für viele Städte und Regionen sind die Ereignisse 1933—1945 dokumentiert worden. Die Auswertung solcher Materialien in gemeinsamer oder Gruppenarbeit kann die Epoche plastischer gestalten und die Spannung wecken, in den eigenen örtlichen Archiven nach neuem Material zu forschen.

⑦ Die Olympischen Spiele 1936 sollten eine große Werbung nach innen und außen für das NS-Deutschland sein. Beschreiben Sie anhand der Materialien 7.12–14 Möglichkeiten und Erfolge dieser Werbung. Nehmen Sie auf diesem Hintergrund auch Stellung zur Appeasement-Politik (Darstellung S. 144f. u. 146)!

⑧ Erarbeiten Sie anhand der Seiten 134 und 143–148 sowie M 7. 20 A–C die außenpolitische Lage in Europa und die Methoden der NS-Außenpolitik. Welche Probleme ergaben sich für die Westmächte, die Sowjetunion und die Nachbarn Deutschlands? Diskutieren Sie das Verhalten der Mächte gegenüber NS-Deutschland.

⑨ In der Darstellung der NS-Außenpolitik wird auf S. 147 die These vom „entscheidungsschwachen" Führer Hitler aufgestellt. Setzen Sie sich auf der Basis der Darstellung und der Materialien M 7. 20 A–C kritisch mit dieser These auseinander. Gehen Sie dabei theoretisch von den beiden Texten M 8. 34 A und B vom „starken" bzw. „schwachen" Diktator aus.

⑩ Betrachten Sie die Träger des Widerstands gegen den Nationalsozialismus 1933–1939, ihre Motive und Mittel und beurteilen Sie seine Erfolge und Chancen (Darstellung S. 149f., M 7.15 und 7.16)! In zahlreichen politischen und gesellschaftlichen Gruppen wird Widerstand als Mittel der politischen Auseinandersetzung unter Berufung auf Art. 20 des GG und unsere geschichtlichen Erfahrungen auch im demokratischen Rechtsstaat für legitim gehalten. Setzen Sie sich mit diesem Problem auseinander (M 7.17 und 7.18)!

⑪ Der ehemalige Bundestagspräsident Philipp Jenninger führte zum 50. Jahrestag der „Reichskristallnacht" vom 9./10. November 1938 zu der Geschichte der Vorkriegsjahre in Deutschland u. a. Folgendes aus: „Die Jahre von 1933 bis 1939 sind selbst aus der distanzierenden Rückschau und in Kenntnis des Folgenden noch heute ein Faszinosum insofern, als es in der Geschichte kaum eine Parallele zu dem politischen Triumphzug Hitlers während jener ersten Jahre gibt." (Die Zeit, Nr. 47 vom 18. 11. 1988). Beurteilen Sie diese Einschätzung aus historischer Sicht!

⑫ Der Historiker Ian Kershaw stellt eine Beziehung zwischen der deutschen Geschichte und dem Bedürfnis der Deutschen nach einem Führer her. Erörtern Sie diese Meinung unter dem Aspekt der Sonderwegsthese und der Kritik an ihr (Einleitung, S. 8–10) und beziehen Sie in Ihre Überlegungen einerseits die konkreten Ereignisse des Jahres 1933 und andererseits die interpretierenden Texte M 7.19 ein!

8 Herrschaft und Gesellschaft im nationalsozialistischen Deutschland – das Doppelgesicht des Nationalsozialismus

Die „totale Diktatur“ Hitlers, die perfekt organisierte Staatsmaschine, die jeden ganz und gar erfasste, auf der einen Seite und die gesteuerte und eingeschüchtert folgsame Gesellschaft auf der anderen bestimmen noch heute weithin das Bild vom nationalsozialistischen Deutschland. Ganz entsprechend und mit Bewunderung sah es auch die Mehrheit von Schülern bei einer Befragung im Jahre 1977. Ein 14-jähriger Hauptschüler meinte: „Adolf Hitler war der Mann, der den Staat, der vorher durcheinander war, wieder geordnet hat.“ Kaum anders meinte dazu eine 15-jährige Realschülerin: „Früher waren es noch nicht so viele Verbrechen wie heute, denn Hitler schaffte Ordnung.“ Auch ein 15-jähriger Gymnasiast formulierte: „Er sorgte in seinem ‚1000-jährigen Reich‘ für Recht und Ordnung.“ Gern wird dieses Bild zur Entschuldigung von denen herangezogen, die alle Verantwortung auf die Führerfiguren des Nationalsozialismus und ihren Apparat abwälzen wollen.

„Das Dritte Reich“, Holzschnitt von Gerd Arntz (1934/35)

Aber diesem Bild eines perfekten Systems steht in der wissenschaftlichen Diskussion ein anderes gegenüber: Machtkämpfe und ungeklärte Kompetenzen zwischen Staat und NSDAP-Organisationen und zwischen diesen selbst statt einer nach allgemein gültigen Satzungen arbeitenden Regierung und Verwaltung, die der Bürger rational verstehen und kalkulieren kann; das verwirrende Gegeneinander von rückwärts gewandten Ordnungsvorstellungen und dennoch feststellbaren Modernisierungstrends in Wirtschaft und Gesellschaft; das Nebeneinander von Verfolgung jeder Opposition einerseits und Verlockung durch materielle Besserung und ablenkende Unterhaltung andererseits. Gestritten wird bei diesen Problemen kaum mehr über die Tatsache, eher über die jeweilige Gewichtung, vor allem aber über die Deutung.

Nutzte Hitler die Kompetenzstreitigkeiten geschickt und förderte sie bewusst, um seine persönliche Macht zu steigern, oder war er letztlich von ihnen abhängig und nutzte nur jeweils die Gunst der Stunde? Mussten Hitler und die NSDAP-Führung den gesellschaftlichen Erfordernissen einer modernen Industriegesellschaft folgen oder sollten z. B. die alten Leitbilder einer mittelständisch-bäuerlichen Gesellschaft später nach der Eroberung neuer Siedlungsgebiete im Osten doch noch realisiert werden? Schließlich, in welchem Maße legten die Modernisierungsprozesse nach 1933 unbeabsichtigt eine Basis

für die wirtschaftliche und gesellschaftliche Entwicklung der beiden deutschen Staaten nach 1945? Damit wird eine Frage gestellt, die uns empfindlich berührt: Ist der Nationalsozialismus keine abgeschlossene und vergangene Phase der deutschen Geschichte, sondern ein fortwirkendes Ereignis, das von uns heute Teilnahme und Auseinandersetzung fordert?
Die Dynamik der modernen Industriegesellschaft wirkte unter dem Nationalsozialismus in Deutschland fort. Mit ihren Tendenzen – mehr Konsum, mehr Mobilität, weniger familiäre und traditionelle Bindungen – gingen die Erfahrungen von Bedrohung und Unsicherheit einher, die die Sehnsucht nach Stabilität der alten, bekannten Werte und Ordnungen im Rahmen einer „organischen Gemeinschaft" wach hielten.
Mit dieser Spannung zwischen Modernisierung und Tradition setzt sich die Schwierigkeit fort, wie man den Nationalsozialismus in die deutsche Geschichte einordnen soll: Sicher bedeutete er eine Phase des Bruchs mit Ordnungen und Werten der voraufgehenden Epochen (auch wenn sich dieser Bruch als Möglichkeit schon früher anbahnte). Zugleich aber setzte der Nationalsozialismus die wirtschaftlichen, technologischen und sozialen Neuerungsprozesse der Moderne fort, beschleunigte sie sogar und schuf so Voraussetzungen, die beide deutsche Staaten nach 1945 nutzen konnten.
Die Probleme, die sich hier abzeichnen, sind bis heute weder historisch noch politisch ganz ausdiskutiert. Die folgenden Beispiele aus den Bereichen Wirtschaft, Gesellschaft, Kultur und Staat im Nationalsozialismus aber sollen Grundlagen bereitstellen die Erörterung der Vieldeutigkeit des Nationalsozialismus zu erleichtern.

Hitler zu Pferde – Gemälde von Hubert Lanzinger

Werbung für das private Kraftfahrzeug

8.1 Wirtschaft und Kriegsvorbereitung

„Die nationale Regierung wird das große Werk der Reorganisation der Wirtschaft unseres Volkes mit zwei großen Vierjahresplänen lösen:
Rettung des deutschen Bauern zur Erhaltung der Ernährungs- und Lebensgrundlage der Nation.
Rettung des deutschen Arbeiters durch einen gewaltigen und umfassenden Angriff gegen die Arbeitslosigkeit."
Mit diesen Worten ihres Aufrufs vom 31. Januar 1933 begab sich die Hitler-Regierung öffentlich ins Wort, obwohl gerade die Nationalsozialisten über kein zusammenhängendes Wirtschaftsprogramm verfügten. Hitler und Göring vertraten eine eher industriell und privatkapitalistisch orientierte Linie um die Rüstungswirtschaft im Rahmen der anvisierten Großmacht- und ▷ Lebensraumpolitik schnell in Gang bringen zu können. Ganz im Gegensatz dazu standen die verschwommenen antikapitalistischen Tendenzen der SA und ihres Führers Ernst Röhm (s. S.140). Ungeklärt war auch, in welchem Maße die Agrarwirtschaft und der alte Mittelstand unterstützt und gefördert werden sollten, deren Interessen im Gegensatz zu denen der Großindustrie standen. Über eines aber war sich die NS-Führung im Klaren, dass ihr Erfolg direkt von der Überwindung der Wirtschaftskrise mit ihrer Arbeitslosigkeit abhing.

Beibehaltung der traditionellen Privatwirtschaft – staatliche Globalsteuerung als Modernisierungsschub?

Im so genannten „ewigen" Parteiprogramm der NSDAP von 1920 war in den wirtschaftspolitischen Punkten die Rede von teilweisen Verstaatlichungen, Gewinnbeteiligungen der Arbeitnehmer und unentgeltlicher Bodenenteignung. Gegen die großen Warenhäuser und gegen die von den Antisemiten beschworene „Zinsknechtschaft" wurde in der gesamten Zeit der Weimarer Republik agitiert.
Damit sprach die NSDAP auch bürgerliche Kreise an, die seit dem Kaiserreich – bedroht von den Auswirkungen der Großindustrie – in vagen Vorstellungen von „Gemeinnützigkeit" oder gar „Sozialismus" einen Ausweg suchten. Dass Hitler und seine Anhänger die NSDAP nicht als sozialistisch im Sinne der europäischen Arbeiterbewegung sahen, bewies schon die persönliche Erklärung Hitlers zum Parteiprogramm in Frühjahr 1928 durch den Zusatz, dass „die NSDAP auf dem Boden des Privateigentums steht". Diese Erklärung Hitlers war eine wichtige Grundlage für die immer enger werdenden Beziehungen zwischen der NSDAP und deutschen Industriellen und Bankiers.
In einer Besprechung mit den wichtigsten Vertretern der Großindustrie über ein Arbeitsbeschaffungsprogramm am 29. Mai 1933 bestätigte Hitler noch einmal ausdrücklich die Sicherung der privatwirtschaftlichen Ordnung. Endgültig und offen vor aller Augen entschieden war dann der großindustriell-privatkapitalistische Kurs mit der Entmachtung der SA im Sommer 1934. Ob spätere Entwicklungen, wie die eigenen Unternehmungen der SS und vor allem die immer stärkeren Produktionsvorgaben, z. B. durch den Vierjahresplan und seine Rüstungspolitik, auf eine Beseitigung der Privatwirtschaft abzielten, lässt sich nicht eindeutig entscheiden. Fest steht, dass bis zum Ende der NS-Herrschaft der Privatbesitz an Produktionsmitteln und das private Gewinnstreben tragende Elemente der Wirtschaftsordnung im Nationalsozialismus blieben, trotz aller dirigistischen Eingriffe in den Arbeitsmarkt, das Preis-Lohn-Gefüge, in Rohstoff- und Kapitalmärkte und einzelne Produktionsbereiche. Dies war daher auch die eine Leitlinie der Wirtschaftspolitik: Beruhigung vor „sozialistischen Experimenten" (d. h. einem Sozialismus im Sinne der Überwindung des Kapitalismus). Die andere Leitlinie sollte in zunehmend bestimmender Form die unten behandelte Aufrüstungspolitik werden.
Ganz im Gegensatz zu den großen öffentlichen Ankündigungen einer grundsätzlichen Neuorientierung der Wirtschaftspolitik knüpfte Hitler mit seiner Regierung an vorhandenen Vorbildern und Plänen zur Arbeitsbeschaffung der Vorgängerregierungen von Papens und von Schleichers (s. S. 116 und 142f.) an. Unter diesen Voraussetzungen dauerte es fast ein halbes Jahr, bis neue staatliche Investitionsprogramme verabschiedet wurden. Die Industrie und besonders die Großindustrie wurden dafür mit der Aussicht auf sichere Aufträge und hohe Gewinne sowie durch Hitlers gleichzeitiges Versprechen gewonnen, fünf Jahre lang die Steuern für private Unternehmen auf dem Tiefstand des Krisenjahres 1932 zu belassen.
Die Felder der öffentlichen Wirtschaftsförderung waren anfänglich vornehmlich der private Wohnungsbau und der Ausbau des Straßennetzes, besonders der für die militärischen Pläne und die angestrebte Massenmotorisierung wichtige Autobahnbau. Die Leistungen der Regierung Hitler bei der Bekämpfung der Arbeitslosigkeit sind nicht so eindrucksvoll, wie sie bis heute immer noch dargestellt werden. Hitler hatte keine eigenen Programme zur Wirtschaftsbelebung. So halfen ihm die von 1932 und dabei nutzte die Propaganda auch kleine Erfolge massenwirksam aus. Tatsächlich ging die Arbeitslosigkeit anfangs nur langsam zurück. Erst der Übergang zu einer massiven Aufrüstung brachte die Vollbeschäftigung (s. S. 142).

Wirtschaft und Rüstung

Hitler brauchte die Großindustriellen nicht zur Rüstung zu drängen. Aus ihrem traditionellen Machtdenken und ihrem ausgeprägten Nationalismus heraus hatten führende Industrielle von 1919 an die Überzeugung vertreten, dass die Machteinbuße Deutschlands im Versailler Frieden wieder ausgeglichen werden müsste und dass dies ohne eine entsprechende militärische Aufrüstung nicht möglich sein würde. Die vielfältigen Verbindungen zwischen Großindustrie und Reichswehr in der Weimarer Republik hatten ein enges Vertrauensverhältnis zwischen beiden Institutionen geschaffen, auf dessen Basis detailliert ausgearbeitete Pläne zur Rüstung entstanden waren. Bis 1935 vertraten Reichswehr und Industrie rüstungspolitisch fast weiter gehende Forderungen als Hitler (→ M 8.1 u. 8.3). Charakteristisch für die Haltung der Großindustrie war die Zusammenarbeit zwischen Unternehmen und Reichsbank bei einer finanztechnischen Konstruktion, mit deren Hilfe das Reich große Mittel für die Rüstung bereitstellen konnte, ohne dass dies den Reichshaushalt belastete und für die Öffentlichkeit sichtbar wurde:

1933 gründeten vier Großunternehmen, die stark in der Rüstung engagiert waren (Krupp, Rheinmetall, Deutsche Werke und Siemens), ein Unternehmen ohne eigene Wirtschaftstätigkeit und ohne echte Wertschöpfung, die Metallurgische Forschungsgesellschaft (Mefo). Einziger Zweck dieses Unternehmens war, dass Rüstungslieferanten darauf Wechsel ziehen konnten. Ein Wechsel ist eine schriftliche Anweisung eines Ausstellers (normalerweise eines Lieferanten) an einen „Bezogenen“ (normalerweise einen Kunden), an einen Dritten einen bestimmten Geldbetrag zu zahlen. Auf diese Weise erhält der Lieferant kurzfristig sein Geld, während seinem Kunden ein Kredit eingeräumt wird. Die Verletzung elementarer wirtschaftsrechtlicher Bestimmungen bestand darin, dass – mit Wissen und Billigung der Industrie – die Reichsbank die Mefo-Wechsel aufkaufte, aber der Mefo nicht zur Einlösung vorlegte, weil diese sie auch gar nicht einlösen konnte.

Die Mefo-Finanzierung schuf ein erhebliches Inflationsrisiko, insofern es den Geldumlauf erhöhte, ohne dass entsprechende Gegenwerte für den Konsum entstanden. Immerhin finanzierte das Reich so bis 1938 – für Inland und Ausland unsichtbar – einen großen Teil seiner Rüstungskosten. (Die 12 Mrd. RM Mefo-Wechsel entsprächen in etwa dem reichlich Zehnfachen in heutigem Geld.) Ab 1938 weitete das Reich die Geldschöpfung noch skrupelloser aus, indem es direkt bei der Reichsbank Kredite aufnahm. Einige Historiker sehen in dieser Verschuldungs- und Inflationspolitik einen Zwang zur militärischen Expansion und zur Sanierung des Reiches auf Kosten seiner Nachbarn.

So elegant und wirksam (wenn auch kriminell) die Mefo-Finanzierung auf den ersten Blick erscheint, so deutlich verrät sie zugleich die Schwäche der wirtschaftlichen Grundlagen einer forcierten Aufrüstung. Die außenwirtschaftlichen Schwierigkeiten und die Staatsverschuldung riefen schon bald Skepsis und sogar Widerstand in der Schwerindustrie hervor. Besonders die traditionelle Kohlen-, Eisen- und Stahlindustrie an der Ruhr verlangte 1936 nach einer gewissen Dämpfung der Aufrüstung.

Es waren besonders die „modernen“ Industrien des Fahrzeug- und Flugzeugbaus, der Elektrotechnik und vor allem der Großchemie, die eine schnelle Aufrüstung befürworteten. Unter ihrem Einfluss erfolgte die endgültige Entscheidung zugunsten der Aufrüstung und der Kriegsbereitschaft der deutschen Wehrmacht zum Jahre 1940: Unterstützt von Fachleuten der IG Farbenindustrie AG (des damals größten Unternehmens in Europa) entstand Hitlers Denkschrift über die Aufgaben des Vierjahresplans (→ M 8.4). Er fixierte den Vorrang einer Autarkiepolitik, die die Unabhängigkeit Deutschlands vom Ausland in allen kriegswichtigen Produkten sicherstellen sollte. Das bedeutete für die IG-Farben u. a. den Auftrag zur Entwicklung des synthetischen Benzins und Gummis ohne Konkurrenz und ohne Rücksicht auf Wirtschaftlichkeit.

Das System der Mefo-Finanzierung

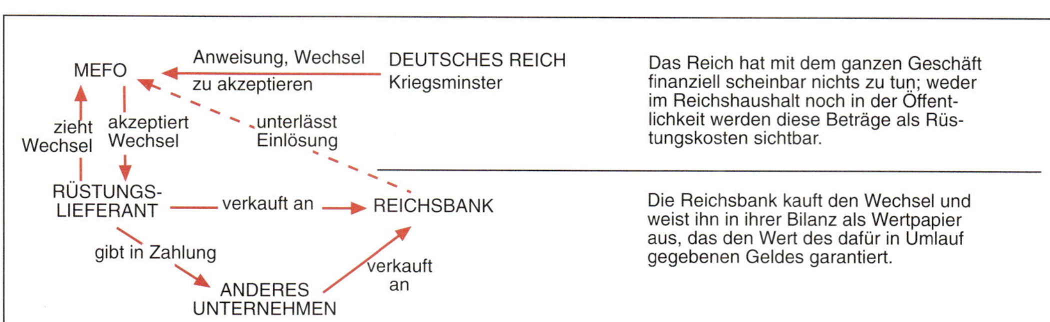

Rüstungsausgaben und Bruttosozialprodukt Deutschlands, Großbritanniens und der USA, 1929–1939

	Deutsches Reich			USA			Großbritannien		
	Mrd. RM BSP (1)	Rüstungs-ausgaben (2)	(2) in % von (1) (3)	Mrd. Dollar (1)	(2)	(3)	Mrd. Pfund (1)	(2)	(3)
1929	89	0,8	1	104	0,7	1	4,2	0,1	2
1932	58	0,8	1	59	0,6	1	–	0,1	–
1933	59	1,9	3	56	0,5	1	3,7	0,1	3
1934	67	4,1	6	65	0,7	1	3,9	0,1	3
1935	74	6,0	8	73	0,9	1	4,1	0,1	2
1936	83	10,8	13	83	0,9	1	4,4	0,2	5
1937	93	11,7	13	91	1,0	1	4,6	0,3	7
1938	105	17,2	17	85	1,0	1	4,8	0,4	8
1939	130	30,0	23	91	1,3	1	5,0	1,1	22
Summe 1933-1939	611	81,7	13,4	544	6,3	1,2	30,5	2,3	7,5
Ø 1933–1939	87,3	11,7	11,9	77,7	0,9	1	4,4	0,3	7,1

Zit. nach: Funkkolleg Geschichte, Studienbegleitbrief 9. (Beltz) Weinheim/Basel 1980. S. 77.

Ähnlich wie in der Kriegswirtschaft des Ersten Weltkriegs entstand eine enge Durchdringung der Apparate von Staat und Wirtschaft, die noch heute den Streit darüber nährt, ob hier der Staat die unternehmerische Freiheit massiv eingeschränkt habe oder ob im Gegenteil die staatliche Wirtschaftspolitik privatisiert worden sei. Zugleich haben wir hier ein Beispiel für die eigenartige politische Struktur des NS-Staats vor uns, in der traditionelle Zuständigkeiten je nach Bedarf durch Sonderregelungen durchbrochen wurden. Eigene wirtschaftliche Aktivitäten entfaltete der Staat nur dort, wo etwa beim Abbau und der Verhüttung einheimischer Erze die Privatwirtschaft uninteressiert war. Die Gründung der „Reichswerke Hermann Göring" (Reste heute in der Salzgitter-AG) bedeutete keinen grundsätzlichen Gesinnungswandel gegenüber dem privaten Unternehmertum.

Wirtschaftspolitik zugunsten der Großindustrie: gegen den alten Mittelstand und die Bauern?

Der Nationalsozialismus war als politische Bewegung vor allem auch der Hoffnungsträger des ▷ unteren Mittelstandes – der Kleinhändler, Handwerker und Bauern. Existenzängste und Furcht vor sozialem Abstieg waren die Triebfedern für ihre überproportionale Unterstützung der Nationalsozialisten. Deren Programmatik, die Mittelstand und Landwirtschaft zu bevorzugen schien, versprach ihnen Hilfe. Der schroffe ▷ Antisemitismus ließ viele von ihnen hoffen, dass die jüdischen Geschäftsleute, in denen sie vorurteilsbesetzt die Bedrohung ihrer Existenz erblickten, aus dem Wirtschaftsleben verdrängt würden (s. S. 217ff.). Ihre Erwartungen, von Konkurrenz befreit zu werden, wurden jedoch nicht erfüllt.

Die Verbindung von Staat und Wirtschaft

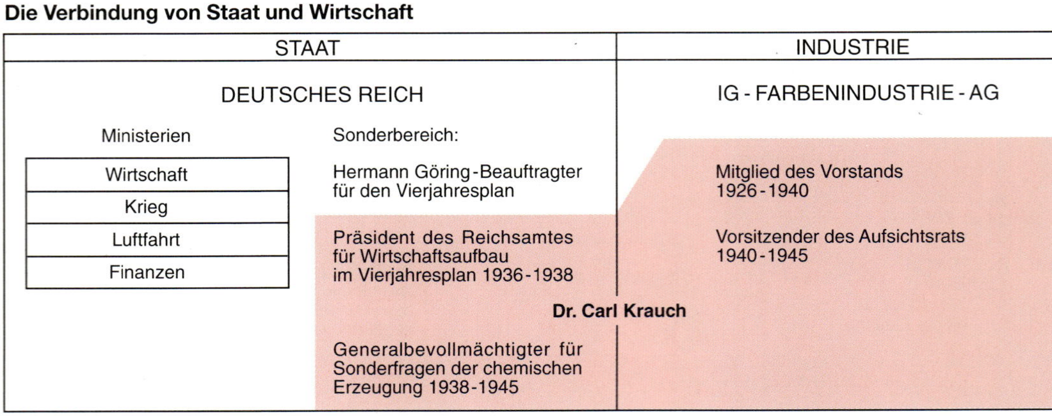

1925 und 1939 – Die Erwerbspersonen nach Stellung im Beruf (vgl. zur Langzeitentwicklung S. 101f.)

Stellung im Beruf	1925 (in 1000)		1939 (in 1000)		Zu- oder Abnahme 1925–1939 in v.H.	
	männlich	weiblich	männlich	weiblich	männlich	weiblich
Selbstständige	4122,2	890,6	3974,3	809,5	– 3,6	– 9,1
Mithelf. Familienangehörige	1304,3	4132,9	1008,5	4619,1	– 22,7	+ 11,8
Angestellte und Beamte	4075,1	1459,9	4482,9	1999,0	+ 10,1	+ 36,9
und zwar Beamte	.[1]	.[1]	1696,0	122,8		
Angestellte	.[2]	.[2]	2786,9	1876,8		
Arbeiter	11029,7	4994,6	12102,7	5272,6	+ 9,7	+ 5,6
Erwerbspersonen insgesamt	20531,3	11478,0	21568,4	12700,2	+ 5,1	+ 10,6

Nach: Dörte Winkler: Frauenarbeit im „Dritten Reich". (Hoffmann und Campe) Hamburg 1977. S. 195.

[1] Werte für 1933: 1380,1–128,7 [2] Werte für 1933: 2523,2–1580,4

So waren schon 1934 alle Hoffnungen des Kleinhandels auf die Beseitigung der großen Warenhäuser zerstoben. Die Kaufhäuser blieben in den Großstädten für eine leistungsfähige und preisgünstige Versorgung der Masse der Bevölkerung mit Konsumgütern unentbehrlich. Auch bei der so genannten ▷ „Arisierung" (→ M 9.3–9.5) der jüdischen Konkurrenz gingen gerade die schwächeren der Kleinunternehmer leer aus.
Die Ausrichtung der Produktion auf die Rüstung förderte nur die kriegswichtigen Gewerbebetriebe und Zulieferer, auch hier hatten die anderen Kleingewerbebetriebe kaum Anteil an der wirtschaftlichen Aufwärtsentwicklung. Der Rückgang der Zahl der Selbstständigen von 5,3 Millionen 1933 auf 4,8 Millionen 1939, vor allem aber der Rückgang der Handwerksbetriebe von 1,65 auf 1,35 Millionen allein in der Zeit von 1936 bis 1938 macht deutlich, dass nationalsozialistische Wirtschaftspolitik zweckrational die Konzentration der Wirtschaft förderte. Die Systemzwänge des modernen ▷ Kapitalismus und die beschleunigte Aufrüstung waren wichtiger als ein „gesunder Mittelstand".
Für die Bauern lässt sich die Frage nach Gewinnern oder Verlierern weniger eindeutig beantworten. Zwar erfüllten sich auch nicht alle Hoffnungen auf Sicherung der Existenz und bevorzugte Förderung ihrer Interessen. Dennoch, zunächst wurde die Landwirtschaft mehr unter ideologischen Gesichtspunkten, seit 1936 dann verstärkt unter Autarkiegesichtspunkten gefördert.
Das Reichserbhofgesetz von 1933 sollte die bäuerlichen Betriebe bis 125 Hektar sichern, indem es den Verkauf, Kreditaufnahme auf Grund und Boden sowie die Erbteilung verbot.
Aber das Gesetz verhinderte nicht die Abnahme der Zahl selbstständiger bäuerlicher Betriebe. Deshalb ordnete Göring dann im Rahmen des Vierjahresplanes ab 1936 an, dass durch niedrigere Düngemittelpreise, garantierte Abgabepreise für landwirtschaftliche Produkte, Bodenverbesserung und nicht zuletzt durch verstärkte Maschinisierung die Effizienz der Landwirtschaft erhöht werden sollte.

8.2 Gesellschaft unter nationalsozialistischer Herrschaft: Wandel oder Konservierung?

Die nationalsozialistische Wirtschaftspolitik sicherte im alten ▷ Mittelstand die Gewinne der etablierten größeren und stärkeren Betriebe, die Schwächeren dagegen ließ sie scheitern. Dadurch förderte sie einen Wandlungsprozess, der in allen modernen Industriegesellschaften gleichermaßen geschah. Das sozialgeschichtliche Ergebnis war eine Entwicklung, die allen ständischen und vorindustriellen Leitbildern der NSDAP völlig widersprach.
War die NS-Wirtschaftspolitik gegenüber dem alten Mittelstand aufgrund seines schrumpfenden sozialen Gewichts nahezu risikolos, so war der Umgang mit den gesellschaftlichen Gruppen, die auf ▷ Emanzipation drangen, wie vor allem Arbeiter und Frauen, wesentlich riskanter. Wie sollten diese beiden Gruppen in das Konzept einer ständisch organisierten und männerbeherrschten „Volksgemeinschaft" integriert werden? Konnte und sollte ihr Anspruch auf Wandel zu ihren Gunsten völlig ignoriert werden? Inwieweit wirkte der Nationalsozialismus gewollt oder ungewollt auch für die Lage dieser Gruppen modernisierend? Eine solche Entwicklung war besonders für Deutschland nicht überraschend:

Sozialdemokratische Arbeiter, ehemalige „Schutzhäftlinge", werden im Rahmen einer Jubiläumsfeier der Torpedoversuchsanstalt in Eckernförde (Schleswig-Holstein) wieder in ihre sozialen Rechte eingesetzt. (1943/44)

Schon die Bismarck'sche Sozialgesetzgebung war moderne Sozialpolitik, die zugleich eine Demokratisierung verhindern sollte. Auf die Zeit des Kaiserreichs geht auch die Verknüpfung der traditionellen konservativen Kräfte mit dem technisch-wirtschaftlichen Fortschritt der Industrialisierung zurück. Konservative Wertvorstellungen und industrielle Modernität waren schon vor 1933 gut zu vereinbarende Größen in Deutschland.

Die Arbeiter, die Deutsche Arbeitsfront (DAF) und der Nationalsozialismus

Je konsequenter die NS-Führung auf eine gewaltsame Veränderung der europäischen Verhältnisse hinarbeitete, desto dringender stellte sich ihr das Problem, wie die Arbeiter zu einer stabilen Loyalität für das System gebracht werden könnten. Waren auch in der Phase der Herausbildung der uneingeschränkten NS-Herrschaft die alten Organisationen der Arbeiterbewegung rasch zerschlagen worden, so hatte das Regime doch keine Garantie, dass die Arbeiter die Anstrengungen der Aufrüstung und die Begrenzung des Konsums klaglos hinnehmen würden. Vor allem aber ängstigte die NS-Führung wie auch die Eliten von Industrie und Wehrmacht, die alle stark vom Ersten Weltkrieg geprägt waren, dass ein Krieg zu einer revolutionären Situation führen könnte. Sie, die die Dolchstoßlegende verbreitet hatten, befürchten, dass dann die Arbeiter – sei es in den Betrieben der Kriegsproduktion, sei es an der Front – Deutschland eine zweite Novemberrevolution bereiten könnten.
Die Führung suchte die Lösung ihres Problems in einer Verbindung von reaktionärer Gesellschaftspolitik mit moderner Sozialpolitik: Die selbstständigen politischen und wirtschaftlichen Organisationen der Arbeiter wurden verboten und aufgelöst und ihre persönlichen wie kollektiven Rechte durch ein Führer-Gefolgschafts-Verhältnis eingeschränkt; gleichzeitig zwang das sozialpolitische Gewicht der Arbeiterschaft Industrie und Staat zu einer „modernen" Sozialpolitik. Das drückte sich z. B. in sozial fürsorgenden Maßnahmen wie der Weiterführung und dem Ausbau von Versicherungen, Arbeitsschutz, Mutterschutz und Erziehungswesen aus. Die scheinbare Widersprüchlichkeit der nationalsozialistischen Politik gibt einen Schlüssel zur Erklärung eines Tatbestandes in die Hand, der lange in der Geschichtsschreibung übergangen oder nur sehr am Rande erwähnt wurde, nämlich eine erstaunlich haltbare Loyalität der Masse der Arbeiter gegenüber dem Regime bis zu seinem Ende – trotz der Verfolgung ihrer politischen und gewerkschaftlichen Organisationen, trotz der unternehmerfreundlichen Wirtschaftspolitik und der rüstungsbedingten Konsumbeschränkungen und schweren Arbeitsbelastungen. Die objektive Klassenlage hatte nicht, wie z. B. die marxistische Theorie erwarten ließ, zum massenhaften, revolutionären Widerstand der Arbeiterklasse geführt.

Diese Brücke zwischen Arbeitern und Nationalsozialismus suchte in besonderem Maße die Deutsche Arbeitsfront (DAF) herzustellen. Sie sollte den Plänen der Regierung und der Unternehmer zufolge nach der Zerschlagung der unabhängigen politischen und gewerkschaftlichen Organisationen der Arbeiter das Erziehungs- und Kontrollinstrument einer „Volksgemeinschaft" werden, um die ▷ Klassengegensätze verschwinden zu lassen (→ M 8.7 und 8.12). Gleichzeitig sollte sie so auch die eigene gewerkschaftliche NS-Betriebszellen-Organisation (NSBO), die auf das Weitertreiben der „nationalen" zur „sozialen" Revolution hoffte (s. S. 140f.; → M7. 7 u. 7.8), neutralisieren. Unternehmer, Angestellte und Arbeiter sollten jeweils als „Stände" unter dem gemeinsamen Dach der DAF zusammengefasst sein, anstatt mit eigenständigen Organisationen ihre Gruppeninteressen konfliktträchtig zu verfolgen. So sollte Interessenharmonie im Sinne eines völkisch-nationalen Gemeinschaftsbewusstseins anstelle des Klassendenkens demonstriert werden. Hier kam die Ideologie weit verbreiteten Sehnsüchten in einer sich schnell wandelnden Industriegesellschaft entgegen.
Durch das „Gesetz zur Ordnung der nationalen Arbeit" und die neue Organisationsstruktur der DAF vom Frühjahr 1934 wurde diese Rolle der Deutschen Arbeitsfront festgeschrieben, alle möglichen gewerkschaftlichen Ansatzpunkte juristisch ausgeschaltet. Die Tarifpolitik war bereits im Mai 1933 durch die so genannten „Treuhänder der Arbeit" in staatliche Regie übernommen worden. Mitbestimmungsrechte im Betrieb wurden endgültig beseitigt. Das „Gesetz zur Ordnung der nationalen Arbeit", das wichtigste und umfassendste sozialpolitische Gesetz des Dritten Reiches, organisierte die Betriebe nun nach dem Führerprinzip. Die „Betriebsgemeinschaft" leitete der „Führer des Betriebes", Arbeiter und Angestellte bildeten seine „Gefolgschaft", die ihm zu Treue und Gehorsam verpflichtet war. An die Stelle der Mitbestimmung trat die „Beratung", an die der gewählten Betriebsräte die ernannten „Vertrauensräte". Diese Ordnung und ihre Einhaltung sollten die bereits erwähnten „Treuhänder der Arbeit" und neuerrichtete „soziale Ehrengerichte" überwachen und sichern. Demokratische Legitimation der Interessenvertretung von unten wurde durch autoritäre Legitimation von oben ersetzt. An die Stelle der Selbstverantwortung trat der nur den staatlichen Instanzen verantwortliche, also scheinbar neutrale Schiedsrichter.

Eine zentralistische Gliederung der DAF mit einem Zentralbüro und darunter Bezirks-, Gau-, Kreis- und Ortsgruppenwaltern sowie daneben Betriebs- und Zellenblockwarten sollte eine ständige Betreuung und vor allem Kontrolle der Mitglieder im Betrieb und möglichst auch in ihrer Freizeit gewährleisten. Ergänzt wurde dieses System durch die Organisation „Kraft durch Freude" (KdF), deren Angebot nach ihrem italienischen Vorbild von Theater- und Filmvorführungen, Ausstellungen, Sport- und Tanzveranstaltungen über Weiterbildungsmöglichkeiten bis hin zu den berühmten massentouristischen Reiseveranstaltungen und zum Wohnungsbau reichte (→ M 8.24 und 8.25). Die DAF erreichte schließlich 20 Millionen Mitglieder, und zwar ohne formalen Zwang zur Mitgliedschaft. Da aber die Beiträge zur DAF durch den Betrieb vom Lohn abgezogen wurden, war eine Nichtmitgliedschaft nicht geheim zu halten und der Arbeiter oder Angestellte konnte leicht unter Druck gesetzt werden.
Aber trotz der äußeren Eingrenzung der DAF auf die ideologische Erziehung und Kontrolle ihrer Mitglieder kam ihr durch ihre so große Mitgliederzahl und ihr gewaltiges Vermögen aus den Beiträgen der Mitglieder ein erhebliches politisches Gewicht zu. Schon 1935 hatte die DAF einen Jahresetat von 500 Mio. RM und 45000 hauptberufliche Funktionäre. Die automatische Macht jeder solcher Großorganisationen und der soziale Druck der Mitglieder, die für ihre Beiträge Leistungen forderten, ließen die DAF so gewissermaßen zu einem Unruheherd zugunsten sozialpolitischer Aktivität für die abhängig Beschäftigten werden (→ M 8.8). Diese Aktivität versuchte sie zum Teil auch für konkrete sozialpolitische Erfolge, die einer modernen Industriegesellschaft angemessen waren, einzusetzen. Indem sie zwischen den Interessen von Unternehmern, NSDAP und Arbeiterschaft nach ihrer Aufgabe und einem Anteil an der Macht suchte, wurde sie zwangsläufig und letztlich gegen die Absichten der NSDAP-Führung auch ein Element der Veränderung.
Die Vertrauensräte, der Ersatz der ehemaligen Betriebsräte, waren ihrer Idee nach ein weitgehend rechtloses Organ im Unternehmen, das ausschließlich ein reibungsloses Funktionieren der „Betriebsgefolgschaft" garantieren sollte. So oft diese kümmerliche Randexistenz der Vertrauensräte auch in Wirklichkeit zutraf, so kam es dennoch immer wieder zu Konfliktfällen zwi-

schen Vertrauensräten und Unternehmern. Sofern den Vertrauensräten hier Erfolge gelangen, erhielten sie Reste gewerkschaftlichen Denkens und Operierens in der Arbeiterschaft, die einem völligen Verfall der Solidarität entgegenwirkten. Allerdings verstärkten die Vertrauensräte, indem sie Spannungen kanalisierten und durch kleine Erfolge verringerten, zugleich die Stabilität des NS-Systems.
Die Politik der DAF traf eine sehr empfindliche Stelle des NS-Regimes, da der Lohnstopp als zentrales Steuerungsmittel zur Stabilisierung der Preise diente. Das Reichsarbeitsministerium und die Treuhänder der Arbeit bemühten sich daher ständig, den Einfluss der DAF auf die Lohnpolitik, d.h. die Übernahme gewerkschaftsähnlicher Aufgaben, möglichst zu begrenzen. Die zunehmende Brisanz der Lohn- und Einkommenspolitik für die DAF lenkte deren Aktionen daher vermehrt in die betriebliche Sozialpolitik als „Ersatz von Lohnerhöhungen".
Verbesserte Urlaubsregelungen und eine Annäherung der Zahl der Urlaubstage von Arbeitern und Angestellten wurden tarifvertraglich festgelegt. Die Urlaubs- und Freizeitangebote der KdF trugen zusätzlich zu einer befriedigenderen Nutzung dieser erhöhten Freizeit bei. Über das DAF-Amt „Schönheit der Arbeit" gelang es, auch die Methoden und Erkenntnisse der modernen Arbeitswissenschaft zur Verbesserung des Arbeitsschutzes und der Arbeitsmedizin einzusetzen. Eine verbesserte Berufsausbildung ermöglichte sozialen Aufstieg. Maßnahmen zum Frauen- und Jugendschutz wurden ergriffen. In ihren Plänen für die Nachkriegszeit forderte die DAF sogar schon eine Grundrente für alle Arbeitnehmer.
Die Unternehmer befürworteten solche Maßnahmen im Wesentlichen nur, sofern sie die Leistungsbereitschaft und Leistungsfähigkeit der Arbeiter und Arbeiterinnen zu steigern verhießen. Je kostspieliger sie für den Betrieb zu werden drohten, um so mehr leisteten gerade die kleineren Betriebe Widerstand dagegen.
Im Kriege konnte der Einfluss der DAF in Fragen der Lohngestaltung, der Arbeitszeit und des Urlaubs dann endgültig gesichert werden, wenn auch ihre Macht innerhalb des sich gegenseitig überlagernden Machtsystems von Führer, Parteistellen, Regierungsämtern und Unternehmerschaft zunehmend umstritten wurde. Dennoch blieb die DAF bis zum Ende des Krieges aktiv, was den Historiker Heinrich-August Winkler vermuten ließ, „dass im Falle eines deutschen Sieges die große Zeit der Arbeitsfront erst noch gekommen wäre".

Die Frauen, die DAF und der Nationalsozialismus

Nicht nur zur Entlastung des Arbeitsmarktes wie schon seit der Weltwirtschaftskrise unter den Präsidialregierungen, sondern vor allem aus grundsätzlichen ideologischen Erwägungen heraus sollten die Frauen im Nationalsozialismus entsprechend dem bürgerlich-kleinbürgerlichen Ideal keiner gewerblichen Arbeit nachgehen. Sie sollten vielmehr zu Hause als Mütter für möglichst viele Kinder sorgen. Die Sicherung des Einkommens und die Außenvertretung der Familie sollte Sache des Vaters als Oberhaupt der Familie sein. Unter diesen Zielsetzungen stand die NS-Frauenpolitik. Aber bereits 1936 hieß es von Parteiideologen: „Die Stellungnahme von 1933 zur Frauenarbeit ist, soweit sie arbeitsmarktpolitisch begründet war, heute [...] gegenstandslos geworden. Die bevölkerungspolitischen Gesichtspunkte allerdings bleiben in gleicher Weise bestehen." Diese Sätze sind als das frühe Eingeständnis zu verstehen, dass die nationalsozialistische Frauenideologie gescheitert war.
Der Kinderreichtum war für Hitler aus macht- und rassepolitischer Sicht Voraussetzung für die sichere Zukunft eines Volkes. Mit allen materiellen und propagandistischen Mitteln wie Ehestandsdarlehen, Steuererleichterungen, Kindergeldzuschüssen und Ehrungen (Mutterkreuzen) sollte die Bereitschaft der Frauen, Kinder zu gebären, gesteigert werden.
Zwar erreichten die Nationalsozialisten auch ein Wachstum der Geburtenrate, jedoch keine Senkung der Frauenerwerbstätigkeit, vielmehr das Gegenteil. Auch hier waren die Nationalsozialisten in ein Dilemma zwischen Ideologie und Wirklichkeit geraten. Die Entwicklung der modernen Industriewirtschaft und vor allem die Ausweitung der Rüstungsproduktion machten den Einsatz zusätzlicher Arbeitskräfte nötig. Diese konnten zunehmend nur durch Frauen gestellt werden. So stieg die Zahl der weiblichen Erwerbstätigen von 1933 bis 1939 um über 1,3 Millionen. Aber obwohl der Arbeitskräftemangel immer größer wurde, wagte die NS-Führung trotz ihrer diktatorischen Machtmittel selbst später im Krieg nicht, die Frauen einer allgemeinen Dienstpflicht zu un-

terwerfen. Sicher wollte man nicht die eigenen ideologischen Ziele offen in Frage stellen; aber besonders schreckte man vor allzu unpopulären sozialen Härten zurück, die die Loyalität der Frauen und ihrer Angehörigen gegenüber dem Regime zu stark belastet hätten. Auch hier wirkte die Erinnerung an die sehr harten Belastungen der Frauen in der Rüstungsproduktion des Ersten Weltkriegs, die erheblich zur Unruhe in der Bevölkerung der Heimat und bei den Soldaten beigetragen hatte. Eine Wirtschafts- und Sozialpolitik des Sowohl-als-Auch gegenüber den Frauen war die Folge solcher Widersprüche. Ihre Kennzeichen waren auch hier: modernisierende Anpassung an die Erfordernisse der Industriewirtschaft und gleichzeitig rückwärtsgewandte Ideologie und Propaganda.

Am erfolgreichsten glaubten die Nationalsozialisten zunächst noch die Beschränkung der Zahl der Akademikerinnen und Beamtinnen durchsetzen zu können, da hier der direkte staatliche Eingriff leichter möglich war. Ein Numerus clausus sollte den Anteil der Studentinnen an allen Studierenden auf 10% festschreiben.

Verheiratete Kassenärztinnen mussten ihre Praxis an ledige männliche Kollegen abtreten. In der Justiz wurden das Richteramt und die Anwaltstätigkeit den Frauen durch eine persönliche Ent-

Jahr	Erwerbspersonen			Erwerbsquote[1]	Frauen-	Männer-erwerbsquote[2]
		davon Frauen				
	1000	1000	%	%	%	%
1907	28092	9493	33,8	45,5	30,4	61,1
1925	32009	11478	35,8	51,3	35,6	68,0
1933	32296	11479	35,5	49,5	34,2	65,7
1939	35781	12823	35,8	51,6	36,2	67,7

[1] Anteil der Erwerbspersonen an der Bevölkerung
[2] Anteil der männl. bzw. weibl. Erwerbspersonen am männl. bzw. weibl. Bevölkerungsteil

Aus: Dietmar Petzina u. a.: Sozialgeschichtliches Arbeitsbuch III. München (Beck) 1978. S. 54.

scheidung Hitlers 1936 verboten. Verbeamtet werden konnten Frauen nur ab dem 35. Lebensjahr und ihre Besoldung konnte abweichend von den männlichen Kollegen bemessen werden. Schulrektorinnen, Direktorinnen und ihre Stellvertreterinnen wurden durch Männer ersetzt, nur Lehrerinnen brauchten keine sofortige Entlassung aus dem Staatsdienst zu befürchten. So nahm die Zahl der Beamtinnen von 1933 bis 1939 ab, jedoch nur um 5,5%.

Aber spätestens der Krieg brachte auch für diese Gruppen weiblicher Erwerbstätiger eine völlige Wende der Verhältnisse. Die Zulassung zum Studium wurde gelockert und die Zahl der weiblichen Studienanfänger erreichte eine Rekord-

Anzahl der Studierenden

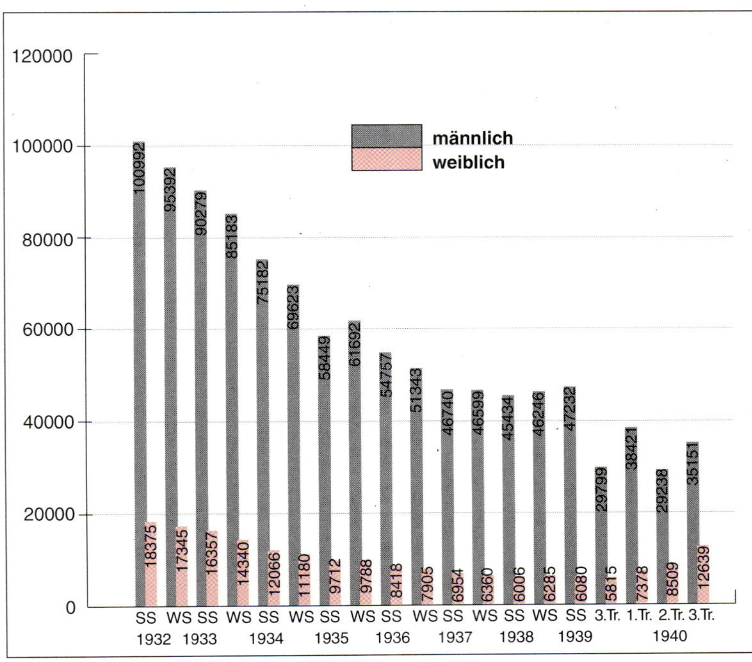

Nach: Dörte Winkler: Frauenarbeit im „Dritten Reich“. Hamburg (Hoffmann und Campe) 1977. S. 196.

höhe. Entlassene Beamtinnen und Akademikerinnen wurden wieder eingestellt. Jedoch bleibt zu vermuten, dass die Frauen nur als Lückenbüßerinnen dienen sollten und nach dem „Endsieg" wieder ihre Plätze für die zurückkehrenden Kollegen räumen sollten.

In der privaten Wirtschaft misslang die Verdrängung weiblicher Arbeitskräfte von Anfang an. Die Unternehmer widersetzten sich z. B. sofort und heftig der Kampagne der Nationalsozialisten gegen das so genannte „Doppelverdienertum". Auf keinen Fall wollten sie dulden, dass ihnen dadurch die billigeren weiblichen Arbeitskräfte entzogen wurden. Die wachsende Nachfrage nach diesen, vor allem seit der Vollbeschäftigung 1936, veranlasste sogar die nationalsozialistischen Machthaber, den Arbeitgebern nahe zu legen, durch geeignete Maßnahmen, wie z. B. durch Maschinen, Fahrzeuge für schwere Lasten und besondere Sicherheitsvorkehrungen, die Effizienz der Frauenarbeit zu steigern. Ja, ganz im Gegensatz zur eigenen Ideologie suchte man nachzuweisen, dass die Frauenbeschäftigung nicht unbedingt einen Geburtenrückgang zur Folge haben müsse, dass Frauen nicht schwächer und nicht weniger intelligent als Männer seien (→ M 8.15).

Während einerseits die Frauenerwerbsarbeit nicht abgebaut, sondern im Gegenteil mit allen werbenden Mitteln und schließlich zunehmend dienstverpflichtenden Maßnahmen ausgeweitet werden musste, versuchten andererseits eine große Zahl von Frauen, der Erwerbstätigkeit und vor allem den Dienstverpflichtungen zu entgehen, soweit das Familieneinkommen es erlaubte. Selbst als nach Ausrufung des „totalen Krieges" (s. S. 214f.) die gesetzliche Möglichkeit geschaffen wurde, alle Frauen zur Arbeit in der Kriegswirtschaft heranzuziehen, kam es nicht zu einer konsequenten Frauendienstpflicht, wie sie z. B. das demokratische Großbritannien seiner Bevölkerung zumuten konnte. Zwar wurden in Deutschland 3 Millionen Frauen als geeignete Arbeitskräfte erfasst, aber nur 900000 weibliche Arbeitskräfte wurden trotz dringenden Bedarfs in der Rüstungswirtschaft eingesetzt. Die Lücke zwischen Arbeitskräftebedarf und dem Angebot musste schließlich ein Heer von 7,5 Millionen zwangsverpflichteten „Fremdarbeitern" und Kriegsgefangenen aus dem besiegten Europa schließen.

Um die Loyalität der Frauen zu sichern war wiederum die DAF bemüht, deren „Frauenamt" sich intensiv mit den weiblichen Berufstätigen beschäftigte. Hier machte sich wieder die Eigenart des politischen Systems des Nationalsozialismus bemerkbar, in dessen widerspruchsvoller Struktur weniger die Abstimmung mit einer zentralen Führung als vielmehr das Eigengewicht der Organisation beachtet wurde. Zu dessen Steigerung schienen die Frauen den DAF-Führern und -Führerinnen ein besonders geeignetes Mittel zu sein; denn sie hofften, die Frauen mit Hilfe sozialpolitischer Maßnahmen leicht politisch beeinflussen zu können. In der Konsequenz erweiterten die Nationalsozialisten ungewollt das Feld der Sozialpolitik zu einem modernen Mittel der Innenpolitik, was sich mit einer Tendenz aller Industrieländer traf.

In Großbetrieben gab es zwar schon seit Jahrzehnten soziale Einrichtungen wie Kantinen, Büchereien, Erholungsheime und eine betriebliche Altersversorgung. Jetzt aber wurden auch Haushaltsschulen zur Weiterbildung der Frauen eingerichtet. Großunternehmen wie Siemens zahlten Schwangerschafts- und Stillgeld, gewährten Entbindungsprämien. In zahlreichen größeren Firmen wurden Kinderkrippen und Stillstuben eingerichtet. Die DAF führte – begleitet von lauter Propaganda – Kampagnen gegen ungleiche Frauenlöhne und für besondere Frauenschutzmaßnahmen am Arbeitsplatz.

Soweit die DAF ihre Kontroll- und Einflussmöglichkeiten gegenüber den Frauen zu verstärken suchte, war ihr Erfolg begrenzt. Nach einer Umfrage des DAF-Frauenamtes vom Juni 1936 lehnten es 81% der befragten Frauen ab, sich die private Freizeit durch das DAF-Amt „Kraft durch Freude" gestalten zu lassen.

Mobilisierung der Arbeitskräfte 1939–1944 (in Mio.)

Jahr	Arbeitskräfte			
	Deutsche			Ausländer und Kriegsgefangene
	Männer	Frauen	zus.	
1939	24,5	14,6	39,1	0,3
1940	20,4	14,4	34,8	1,2
1941	19,0	14,1	33,1	3,0
1942	16,9	14,4	31,3	4,2
1943	15,5	14,8	30,3	6,3
1944	13,5	14,9	28,4	7,5

Nach: Dietmar Petzina u. a.: Sozialgeschichtliches Arbeitsbuch III. München (Beck) 1978. S. 85.

8.3 Kultur unter dem Nationalsozialismus: Herrschaftsanspruch und soziale Kompensation

In den wirtschaftlichen und gesellschaftlichen Strukturen, ja sogar in der Politik reichen viele Kontinuitäten über das Jahr 1933 hinweg. Um so deutlicher tritt der Bruch in der modernen Kunst und Literatur hervor: Meist schon 1933 verließen die meisten Künstler, Schriftsteller und Musiker – dazu zahlreiche Wissenschaftler –, deren Namen wir heute mit dem deutschen Beitrag zum 20. Jahrhundert verbinden, das Land. Die deutsche „Exilliteratur" setzte zwar wichtige Traditionen der deutschen Moderne fort, aber ihre Einwirkung auf die deutsche Gesellschaft war gering (und sollte es zum Teil auch nach 1945 bleiben). Literatur und darstellende Kunst werden hier aber weitgehend unberücksichtigt bleiben. Dafür werden die Architektur und das neue Medium Film näher betrachtet werden, in denen sich der Nationalsozialismus besonders massenwirksam darzustellen vermochte.

„Neues Bauen" und konservative Architektur in der Weimarer Republik

Für die Zeit der Weimarer Republik lassen sich zwei Grundrichtungen der Architektur und des Städtebaus gegenüberstellen: das *„Neue Bauen"* und die *„konservative Architektur",* die sich erbittert bekämpften. Das „Neue Bauen", wie z. B. das Bauhaus in Weimar bzw. später in Dessau, zielte auf eine Klarheit der Formen, die sich aus den Aufgaben und aus der technischen Natur der Bauelemente ergab: Diese Architektur verzichtet auf Dekoration, achtet auf einfache Linien und betont Material und Statik. Die Bauwerke sollten zweckgerecht sein. Sie sollten nicht gesellschaftliche Unterschiede sichtbar machen oder verfestigen. Die Architekten und Künstler des „Neuen Bauens" wollten damit eine dem demokratischen und sozialen Staat der industriellen Massengesellschaft angemessene Bauweise entwickeln. Sie wollten so die nach 1918 gewünschte Gesellschaftsordnung der Weimarer Republik sichtbar und erfahrbar in ihrer Entwicklung unterstützen. Dementsprechend fand das „Neue Bauen" bei den liberalen und vor allem den linken Parteien Förderung. So finden sich die bedeutendsten Zeugnisse dieses Baustils in damals sozialdemokratisch regierten Großstädten und Ländern.

Aber ein Großteil der Bevölkerung und auch der Arbeiterschaft fand keinen Zugang zu dem modernen Stil des „Neuen Bauens", er blieb ihnen unverständlich und provozierte oft erbitterte Ablehnung.

In der „konservativen Architektur" lassen sich zwei Hauptströmungen unterscheiden, eine *neoklassizistische,* die die Monumentalbauten des Kaiserreichs zum Vorbild hatte, und die so genannte *Heimatschutzbewegung,* die traditionelle ländliche und kleinstädtische Bauweisen, handwerkliche Produktionsmethoden und heimische Baumaterialien bevorzugte. Die Vertreter beider konservativen Richtungen schlossen sich fast ausnahmslos dem 1928 von der NSDAP gegründeten „Kampfbund der Deutschen Kultur" an.

Bundesschule des Allgemeinen Deutschen Gewerkschaftsbundes in Bernau bei Berlin, 1928–1930 von Hannes Meyer erbaut, beispielhafte Architektur des Bauhauses

Dessen Ziel in der Architektur war es, durch eine Rangfolge der Bauaufgaben und Bedeutungsunterschiede in der Baukunst das Ideal der gegliederten ▷ Ständegesellschaft auch architektonisch zu manifestieren. Den Menschen, die durch die moderne Welt, den Verlust von Traditionen, Bindungen und Werten verunsichert waren, sollte die Vorstellung einer geordneten und gesicherten Welt gegeben werden. Der Kampf gegen die Gleichheitsvorstellungen der Architekten des „Neuen Bauens" war die Konsequenz und erklärtes Ziel des Bundes.

Bauen im Nationalsozialismus

Entgegen allen Erwartungen entwickelten die Nationalsozialisten während ihrer Herrschaft in Deutschland keinen einheitlichen Baustil, wie es der Begriff des „Neuen Bauens im Nationalsozialismus" suggerieren sollte. Zwar wurden die Vertreter des „Neuen Bauens" der Zwanzigerjahre fast völlig aus ihren Positionen entfernt, zwar verließen die führenden Architekten wie Gropius, Mendelssohn und Mies van der Rohe Deutschland, aber dennoch gewannen die Architekten des „Kampfbundes" nicht die alleinige Kontrolle über die Architektur und den Städtebau im nationalsozialistischen Deutschland.

Für Industriebauten und Arbeiterwohnungen mussten billige, zweckorientierte Bauweisen eingesetzt werden. Mietwohnungen in großen Einheiten waren hier erforderlich statt des an ländlichen Leitbildern ausgerichteten Eigenheimbaus mit gestreuten und individualisierenden Wohnbereichen. Man griff hier ohne Probleme auf viele Mittel des „Neuen Bauens" der Weimarer Zeit zurück. Die Großbauten von Staat und Partei waren der konservativen Architektur verpflichtet und drückten mit ihren monumentalen Dimensionen und ihren Dekorationen absoluten Herrschaftswillen nach innen und außen aus

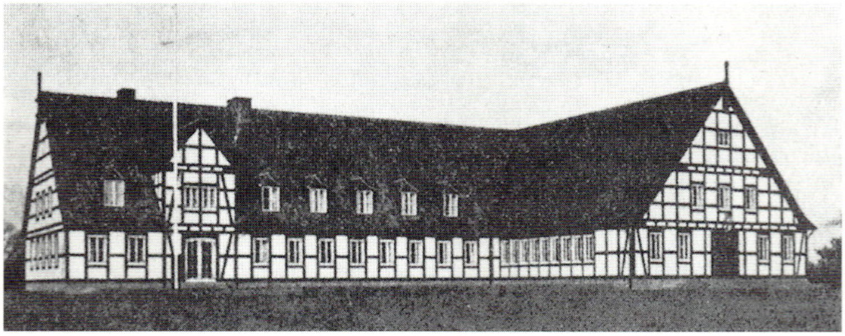

Ein Hitler-Jugend-Haus

Die Bremer Goliath-Werke (Automobilproduktion), 1935/36

(→ M 8.23). Elemente des Heimatschutzstils, die der kleinbürgerlichen Ideologie vieler NS-Führer und Bürger entsprachen, fanden sich bei Bauten des „sozialen Lebens“ (u.a. bei Schulungs- und Ordensburgen, Jugendherbergen und Kasernenanlagen).
Bei allen Bauvorhaben weckte die Propaganda die Vorstellung vom Reich als einer einzigen Baustelle und von rastloser Tätigkeit unter Einsatz aller Kräfte. Obwohl der größte Teil der staatlichen Bauvorhaben über Planungen und Modelle nicht hinausging und der Wohnungs- und Siedlungsbau eng begrenzt blieb (→ M 8.25), wurde im öffentlichen Bewusstsein mit Hilfe der Medientechnik (z.B. Filme von Modellen) die Grenze zwischen realen Bauten und geplanten Vorhaben bewusst verwischt, wodurch der Mythos vom ununterbrochenen, grenzenlosen nationalsozialistischen Aufbau unter Führung Hitlers entstand.

Film und Literatur im Nationalsozialismus

Kein politisches System (außer dem der UdSSR) hat vor 1945 die Möglichkeiten des Films so gut verstanden und so konsequent angewendet wie der Nationalsozialismus. Das Medium des Films diente zu einem bedeutenden Teil der Propaganda und dem Kult der NSDAP um die Person Hitlers. Die Schauspielerin und Regisseurin Leni Riefenstahl (→ M 8.17) feierte die NS-Machtergreifung im „Triumph des Willens“, einem Monumentalfilm über den Parteitag 1934. In einer langen Filmeinstellung schwebt Hitler mit der „Führermaschine“ wie ein Erlöser aus den Wolken auf die Parteitagsstadt Nürnberg nieder: Christliche Symbole und Heilsvorstellungen werden umgedeutet und benutzt um den Massen einen Übermenschen als Führer anzubieten und die Lösung aller Probleme zu versprechen.
Die frühen ideologischen Filme wie „Der SA-Mann Brand“ oder „Der Hitlerjunge Quex“ brachten allerdings nicht die erhofften Erfolge beim Publikum, eher schon der zu Anfang des Krieges von dem berühmten Regisseur Veit Harlan gedrehte antisemitistische Hetzfilm „Jud Süß“. Im Wesentlichen setzte der Reichspropagandaminister und Führer der Reichskulturkammer, Joseph Goebbels, auf die Unterhaltungsfunktion des Films um so von den Problemen der Gegenwart abzulenken.
Die Filme der Ufa über Friedrich II. (Fridericus Rex) und über den Reichsgründer Bismarck, andere historische Preußen- oder Kriegsfilme, Literaturverfilmungen oder Musikkomödien brachten die große, noch über 1945 hinaus wirkende öffentliche Begeisterung.
Diese Unterhaltungsfilme vermittelten die Gefühle nationalen Traditionsbewusstseins, von Zuversicht, Natürlichkeit und frohem, unkompliziertem Leben. Sie entsprachen aber auch, wie z. B. die Hollywoodfilme zeigen, durchaus dem internationalen Zeitgeschmack und damit nicht nur deutschen Schwierigkeiten, mit der komplizierten Wirklichkeit in der modernen Industriegesellschaft fertig zu werden. Auch die Frauengestalten vieler Filme wirkten widersprüchlich: Sie erschienen modern und emanzipiert, fanden sich aber letztlich bereitwillig in die Unterordnung in Gesellschaft und Ehe (→ M 8.26–8.27).
In der Filmproduktion der Vorkriegszeit bleibt der Anteil der scheinbar unpolitischen heiteren Filme relativ konstant bei ca. 50% und der politischer Agitationsfilme bei etwa 10%. Nach der Kriegswende von Stalingrad 1943 sank die Produktion der Agitationsfilme auf nur 8,1%, während die heiteren Filme auf 55,4% anstiegen.
Ganz entsprechend orientierten sich die Pläne der Schauspielbühnen an den traditionellen und den leichten, unterhaltenden Stücken. Im Bereich der Literatur verschwanden zwar die als „undeutsch“ verfemten Autoren wie Thomas und Heinrich Mann, Bert Brecht und viele andere aus den öffentlichen Bibliotheken und in den Universitätsstädten wurden ihre Werke nach dem Vorbild der Berliner NS-Studenten (10. Mai 1933) in großen Propagandaaktionen verbrannt.

Kinoerfolge im „Dritten Reich“

1934 bis 1944	eingespielte RM
1934 Flüchtlinge	1,2 Mio.
1935 Maskerade	1,4 Mio.
1936 Schwarze Rosen	1,6 Mio.
1937 Verräter	2,4 Mio.
1938 Heimat	4,8 Mio.
1939 Es war eine rauschende Ballnacht	4,5 Mio.
1940 Mutterliebe	4,9 Mio.
1941 Wunschkonzert	7,6 Mio.
1942 Frauen sind doch die besseren Diplomaten	7,0 Mio.
1943 Die große Liebe	8,0 Mio.
1944 Der weiße Traum	9,6 Mio.

Nach: Hans-Ulrich Thamer: Verführung und Gewalt. (Siedler Verlag) Berlin 1986. S. 654.

Trotz der offiziellen Linie, linke, liberale und „undeutsche“ Autoren zu unterdrücken, blieben verblüffende Widersprüche bestehen. Die Bücher vieler verfemter Autoren blieben im Handel erhältlich und zumindest dem ▷ Bildungsbürgertum zugänglich. So ließ der NS-Staat auch hier Rückzugsbereiche, erleichterte er möglichen Skeptikern das Mittun oder möglichen Kritikern das Schweigen. Der Schriftsteller Felix Hartlaub bekannte in einem Brief nach dem Judenpogrom der „Reichskristallnacht“ (s. S. 218), er habe sich „im Laufe der Zeit eine Unberührbarkeit zugelegt, die etwas ziemlich Bestialisches an sich habe“. Im Privaten konnte man sich offener äußern, fielen oft die Schranken der Abkapselung draußen. Die Wirklichkeit des Kulturbetriebes im Nationalsozialismus hatte damit eine Ventilfunktion, die den öffentlichen Druck von Propaganda, Kontrolle und Leistungszwang erträglich werden ließ. Viele Menschen aus dem Bürgertum wie aus der Arbeiterschaft führten eine doppelte, oft als „gespalten“ bezeichnete Existenz.

Ähnlich zeigte sich in der Unterhaltungsmusik, dass trotz Kritik die „Negermusik“ des Jazz und die amerikanische Tanzmusik populär blieben. Gerade auch bei den jungen Soldaten im Krieg wurden sie Bereiche entschieden verteidigter Individualität, die die Aufnahme amerikanischer Kultur nach 1945 wie eine selbstverständliche Fortsetzung erscheinen ließen.

8.4 Terroristischer NS-Staat: absolute Führerdiktatur oder polykratische Anarchie?

„Führer der Nation, Oberster Befehlshaber der Wehrmacht, Regierungschef und absoluter Inhaber der vollziehenden Gewalt, Oberster Gerichtsherr und Führer der Partei.“ (Titulatur Hitlers durch den Großdeutschen Reichstag, April 1942)

„War ursprünglich die Gesetzgebung des Reiches zu schwerfällig und an zu viele Formvorschriften gebunden, so hat sie im Laufe der letzten Jahre eine Auflockerung erfahren, deren mögliche Auswirkungen rechtzeitig erkannt werden müssen, wenn für die Staatsführung ernste Gefahren vermieden werden sollen.“ (Martin Bormann, Leiter der Parteikanzlei der NSDAP, Oktober 1941)

Reichsparteitag auf dem Zeppelinfeld in Nürnberg

Der Titel Hitlers und die Inszenierung der Auftritte Hitlers in der Öffentlichkeit vermitteln den Eindruck einer total geordneten, klar durchorganisierten Staatsmaschinerie, die letztlich von Adolf Hitler als dem allmächtigen Führer souverän gelenkt wurde. Sie bestimmen auch die heute noch am weitesten verbreiteten Bilder von der „Hitler-Diktatur“ (s. S. 165). Die Äußerung Martin Bormanns richtet unseren Blick jedoch auf eine ganz andere Wirklichkeit des nationalsozialistischen Herrschaftssystems, nämlich die Schwächen der zentralen Führung und die erheblichen Kompetenzstreitigkeiten zwischen den einzelnen Reichsleitern sowie deren unklare Abgrenzung gegenüber den herkömmlichen Regierungsorganen.
Der im amerikanischen Exil lebende Politikwissenschaftler Franz Neumann schrieb schon 1942 in einer Analyse des NS-Staates, dass die NS-Herrschaft durch den Gegensatz von Partei und Staat in sich die Tendenz zur Zersetzung des rationalen Verwaltungsstaates trage, und spitzte dies zwei Jahre später auf den Begriff einer „mehr oder minder organisierten Anarchie“ zu.

Die NSDAP: Staatspartei oder Partei der Bewegung?

Zwei Elemente hatten den Nationalsozialismus vor dem 30. Januar 1933, in der so genannten „Kampfzeit“, seine große Anziehungskraft in der orientierungslosen, krisengeschüttelten Gesellschaft der Weimarer Republik entfalten lassen: das charismatische Führertum Adolf Hitlers mit dem Mythos vom übermächtigen Retter und die NSDAP als eine autoritär geführte und sich ▷ elitär verstehende Bewegung zur politischen Massenmobilisierung, anstelle einer rationalen politischen Willensbildung (s. S. 116ff. u. 182ff.). Der Führerkult bildete die Klammer zwischen den verschiedenen Interessengruppen und ideologischen Richtungen innerhalb der Partei (→ M 8.34 D) und verlieh ihr eine erstaunlich hohe Geschlossenheit.
Diese Geschlossenheit wurde besonders nach den Reichstagswahlen 1933 mit der ungeheuren Eintrittswelle karrierebewusster Anpasser, vor allem vieler Beamter und Lehrer, zahlreicher Geschäftsleute und sogar vieler Arbeiter bedroht. Vor dem 30. Januar 1933 gehörten der NSDAP 44000 Beamte und 13000 Lehrer an. In dem Vierteljahr bis zum 1. Mai traten ihr 179000 Beamte

Die Mitgliederentwicklung der NSDAP

Ende 1925	27000
Sept. 1930	130000
Januar 1933	850000
Mai 1933	2500000 (offizieller Aufnahmestopp)
Dez. 1933	ca. 3000000
Anfang 1945	ca. 6000000

und 71000 Lehrer neu bei. Ein Aufnahmestopp seit Mai desselben Jahres sollte zwar die Entwicklung weg von der Partei der „Alten Kämpfer“ hin zu einer Staat und Gesellschaft verflechtenden Partei verhindern, aber obwohl der Stopp bis 1939 galt, wurde er dennoch immer wieder durch Ausnahmegenehmigungen durchlöchert.
Je mehr Mitglieder die NSDAP aufnahm, desto mehr musste sie eine bürokratische Massenorganisation werden. Das war Hitler sogar durchaus recht, weil eine relativ kleine, aber zielbewusste Partei seine Machtposition gefährden konnte. Wie so viele Konflikte im NS-System aber wurde auch dieser äußerlich im Sinne der Ideologie gelöst: Mit dem „Gesetz zur Sicherung der Einheit von Partei und Staat“ vom 1. Dezember 1933 wurde scheinbar der Machtanspruch der Partei eingelöst.
Seinen Niederschlag erfuhr dies in der Überführung der NSDAP aus einem privaten Verein in eine Körperschaft des öffentlichen Rechts und in der Mitgliedschaft des Stellvertreters des Führers der Partei, Rudolf Heß, und des SA-Stabschefs, Ernst Röhm, in der Reichsregierung. Im parteiamtlichen Organisationsbuch hieß es dagegen 1936, dass Partei und Staat erst dann eine Einheit seien, wenn „alle Volksgenossen von der Weltanschauung der Partei“ überzeugt seien. Aus dieser Feststellung ergab sich als Konsequenz: „Ist das Volk noch nicht in allen seinen Gliedern durch die Partei und die Weltanschauung erfasst, müssen Partei und Staat getrennt bleiben. Die Partei wird dann ein Orden sein, in dem eine Führer- und Kämpferauslese stattfindet. Von diesen Kämpfern wird die Weltanschauung ins Volk getragen.“
Ein stärkeres Maß an Verklammerung zwischen Staat und Partei fand auf der personalen Ebene der Gauleiter, den Führern der Gaue, der größten Verwaltungseinheiten der NSDAP, statt. 1935 waren von 30 Gauleitern des Reiches sechs gleichzeitig Oberpräsidenten preußischer Provinzen, zwei leiteten bayerische Regierungsbezirke und zehn waren Reichsstatthalter in den 1933 „gleichgeschalteten“ Ländern.

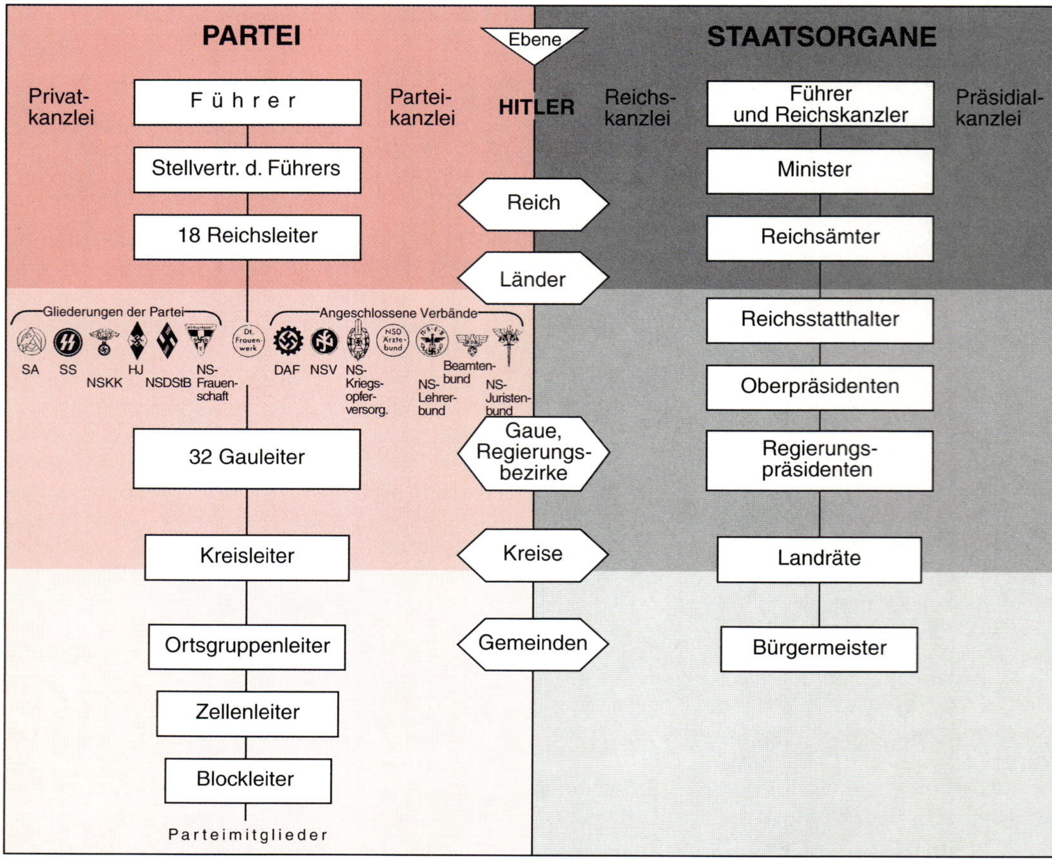

Partei- und Staatsorgane im NS-System: SA – Sturmabteilung; SS – Schutzstaffel; NSKK – NS-Kraftfahrerkorps; HJ – Hitlerjugend; NSDStB – NS-Deutscher Studentenbund; DAF – Deutsche Arbeitsfront; NSV – NS-Volkswohlfahrt

Die Organisation des Herrschaftsapparates

Was die Organisationsschemata wie beispielsweise das hier abgebildete nicht zeigen, ist nun gerade der beschriebene „Schwebezustand", in dem das Verhältnis von Staat und Partei nach der Machtetablierung durch die Nationalsozialisten gehalten wurde. In dieser labilen Konkurrenz von Partei und Staat mit ihren parallelen Strängen der Weisungsbefugnis erfuhr die Staatsgewalt im Sinne einer Herrschaft nach rationalen, allgemein geltenden Regeln eine Aushöhlung. Das zeigt sich an fünf Merkmalen:

1. Die Sonderverwaltungen. Sie waren Behörden, die auf allen Ebenen eingerichtet werden konnten und außerhalb jeden Instanzenweges nur dem „Führer und Reichskanzler" unterstellt waren, so z. B. der „Beauftragte für den Vierjahresplan", Hermann Göring, der „Generalinspektor für das deutsche Straßenwesen", Fritz Todt, oder ab 1942 der „Generalbevollmächtigte für den Arbeitseinsatz", Fritz Sauckel, dessen Behörde für die Deportation von mehr als 5 Millionen Fremdarbeitern verantwortlich war.

2. Die Kommissariate und Pseudoministerien. Ihre Macht war oft gering, wie das „Reichsministerium für kirchliche Angelegenheiten"; andere aber durchdrangen eine Vielzahl von Staats- und Parteibehörden, wie z. B. der 1939 ernannte „Reichskommissar für die Festigung des deutschen Volkstums". Hinter dieser harmlos erscheinenden Formulierung verbarg sich das von Heinrich Himmler geführte Amt, das eine rücksichtslose Germanisierungspolitik im Osten, die Deportation von Millionen Polen, Ukrainern, Russen u. a. und schließlich die Vernichtung der

Juden leitete. Sämtliche Dienststellen des Staates und der NSDAP konnten von dieser Behörde zur Amtshilfe verpflichtet werden.
3. Ämter und Behörden der NSDAP als Konkurrenten der Staatsinstanzen. Vor allem das alte und mächtige „Auswärtige Amt" wurde so durch das „Außenpolitische Amt" unter Alfred Rosenberg oder die „Dienststelle Ribbentrop", dem späteren Außenminister Hitlers, in seiner Arbeit gestört und kompetenzmäßig eingeengt.
4. Die Massenorganisationen mit staatlichem Hoheitsanspruch. Hierher gehört die „Hitlerjugend" (→ M 8.19ff.), die einerseits die allgemein verpflichtende Nachwuchsorganisation der Partei war und andererseits der vormilitärischen Ausbildung, also einem staatlichen Auftrag, diente. Spätestens seit dem Frühjahr 1939, als die HJ zur Pflichtorganisation aller Jugendlichen wurde, war sie für den Durchschnittsbürger nicht mehr von staatlichen Einrichtungen wie der Schule zu unterscheiden.
5. Die quasistaatlichen Herrschaftsapparate, Zwangskartelle und Syndikate: z.B. die von Goebbels geleitete „Reichskulturkammer", die alle künstlerisch Arbeitenden organisierte und kontrollierte. In diese Kategorie ist auch die „Deutsche Arbeitsfront" (s. S. 144–148) einzuordnen.

Die Vermengung staatlicher und parteizugehöriger Institutionen und Ämter wurde zusätzlich von einer Aushöhlung staatlicher Organe begleitet. So war der Reichstag seit dem Sommer 1933 nichts weiter als ein Akklamationsorgan, das demonstrativen Auftritten Hitlers seinen Beifall spendete und in der Folgezeit nicht mehr als vier Sitzungen im Jahr abhielt. Das Reichskabinett tagte 1938 noch einmal, dann nicht mehr. Besonders gefährlich wurde schließlich „die Privatisierung öffentlicher Gewalt", die allmähliche Überleitung staatlicher Hoheitsfunktionen auf nebenstaatliche Institutionen. Die schwerwiegendste Entscheidung dieser Art war die Unterstellung der gesamten Polizei unter Heinrich Himmler als „Reichsführer SS und Chef der Deutschen Polizei im Reichsministerium des Innern". Scheinbar war Himmler dem Innenminister untergeordnet, in Wahrheit aber war er als „Reichsführer" nur Hitler persönlich verantwortlich. Entsprechend unterhielt Himmler auch kein Büro im Innenministerium, sondern leitete die Polizei als „Sonderexekutive der SS". Polizei und Geheimpolizei (Gestapo) wurden so der Verwaltung des Innenministeriums, das wenigstens in Teilen seiner Praxis noch an den Traditionen der Rechtsstaatlichkeit orientiert war, entzogen.

Insgesamt führte dieses Mit-, Neben- und Ineinander von alten und neuen Institutionen zu Unübersichtlichkeit, Widersprüchlichkeit und Willkür in der Verwaltung; Rationalität und Rechtsstaatlichkeit wurden – für alle Menschen spürbar – abgebaut. Im Apparat selbst kam es zu einer gewaltigen Aufblähung des Personals: 1935 gab es 30 Gauleiter, 827 Kreisleiter und rund 260000 Zellen- und Blockleiter. 1937 lag die Gesamtzahl der Politischen Leiter schon bei 700000, ohne die beispielsweise 40000 Funktionäre der DAF oder die anderer Organisationen. Im Krieg stieg die Zahl schließlich auf etwa 2 Millionen an.

Die entscheidende Komponente der nationalsozialistischen Herrschaft über dem Geflecht von Gegen- und Miteinander der unteren Amtsträger war die Führergewalt. Sie war weder an positives Recht noch an allgemein verbindliche Normen oder politische Spielregeln gebunden, sondern wurde mit irrationalen Formeln wie dem „geschichtlichen Auftrag", der „Vorsehung" oder dem „Lebensgesetz des deutschen Volkes" umschrieben. Praktisch beruhte die Führergewalt auf der Verbindung der obersten staatlichen Ämter mit der Führung der Partei in der Person Hitlers. Die Folge dieser Entwicklung war die Auflösung des Rechtsstaates und der Rechtssicherheit erst aller Gegner des Regimes, schließlich der aller Menschen, die in den Machtbereich des Deutschen Reiches gerieten.

Die Konsequenzen dieser Herrschaftsform zeigten sich in immer ungehemmteren Formen des Mordens an Gegnern des Systems, an unheilbar Kranken (Euthanasie-Programm) und schließlich im Massenmord an Juden, Polen, Sowjetbürgern und allen, die sich der NS-Herrschaft widersetzten. Die Grundlage dafür bildeten schließlich nur noch mündliche Ermächtigungen des Führers Hitler an unmittelbar Beauftragte. Als einzige Ausnahme wurde der Euthanasiebefehl nach Beginn der Aktion noch schriftlich fixiert und abgezeichnet. Der Befehl zur endgültigen Ausrottung der europäischen Juden (s. S. 219f.; → M 9.13) ging an einen kleinen Kreis von vollinformierten SS-Führern, die dann in abgestufter Form die erforderlichen Stellen einschalteten.

Führererlasse, Führerbefehle oder Führerermächtigungen wurden so zu einem unkontrollierbaren Machtinstrument derer, die Zugang zu

Hitler hatten oder sich diesen verschaffen konnten. Mit seiner Ernennung zum „Sekretär des Führers“ im April 1943 war Martin Bormann zu dem mächtigen Mann geworden, „an dem praktisch jeder vorbei musste, ohne dessen Hinzuziehung es keinen Führererlass mehr gab und der schließlich auch in einer kaum noch aufklärbaren Weise den anderen Dienststellen gegenüber mit ‚Willensmeinungen‘ des Führers operieren konnte“ (Martin Broszat). Die Auflösung rationaler und rechtlich kontrollierbarer Herrschaftsstrukturen schuf so rasch wachsende Räume, in denen sich radikale nationalsozialistische Gewalt frei entfalten konnte, wobei später die Täter ungeheurer Verbrechen sich nach eigener Überzeugung als nicht verantwortlich sahen.

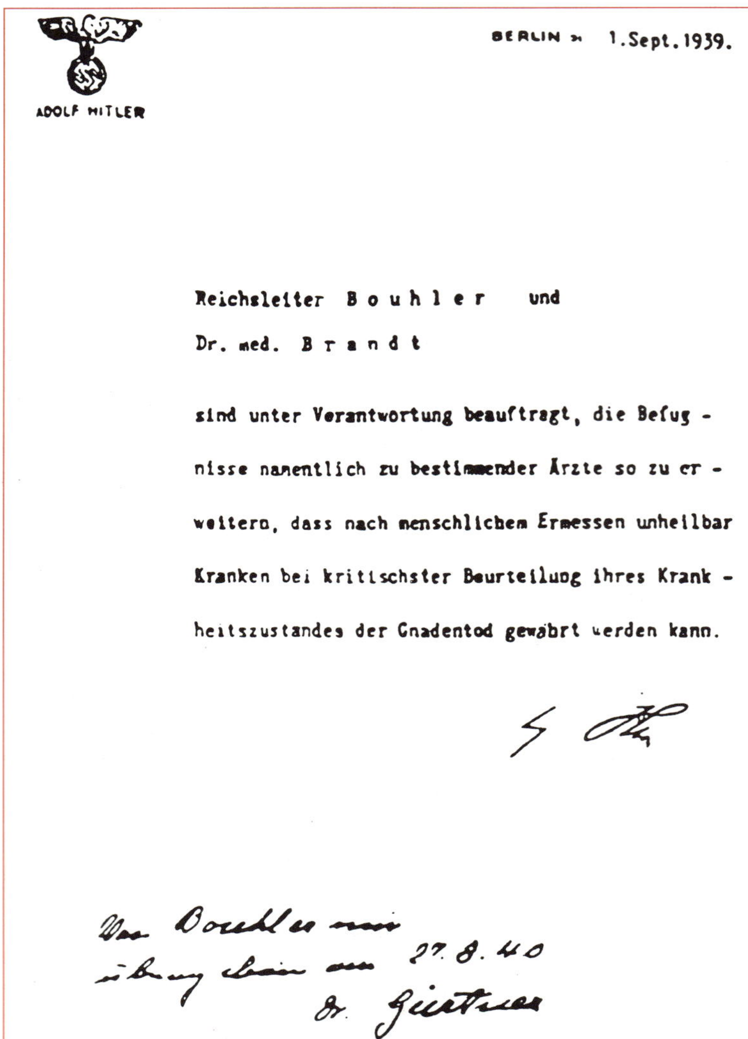
ADOLF HITLER

BERLIN, 1.Sept.1939.

Reichsleiter Bouhler und

Dr. med. Brandt

sind unter Verantwortung beauftragt, die Befugnisse namentlich zu bestimmender Ärzte so zu erweitern, dass nach menschlichem Ermessen unheilbar Kranken bei kritischster Beurteilung ihres Krankheitszustandes der Gnadentod gewährt werden kann.

A Hitler

Von Bouhler mir übergeben am 27.8.40 Dr. Gürtner

Der „Euthanasiebefehl“ Hitlers, der einzige von Hitler jemals selbst unterzeichnete Vernichtungsbefehl.

Überlegungen zur weiteren Arbeit

Kapitel 8 behandelt die gesellschaftlich-politischen Strukturen des nationalsozialistischen Deutschlands in einem Querschnitt (synchrone Betrachtungsweise). Man muss hier noch einmal – wie bereits in der Darstellung – betonen, dass der Nationalsozialismus das Problem eines scheinbar geschlossenen und klar handelnden Systems aufwirft. Dementsprechend müssen wir bei der Arbeit an den Materialien sowohl nach der inneren Folgerichtigkeit als auch nach den Widersprüchen nationalsozialistischer Politik fragen. Da die synchrone Methode Zustände modellhaft und statisch darzustellen neigt, müssen wir uns bei unserer Arbeit bewusst bleiben, dass die Entwicklung der deutschen Gesellschaft und des politischen Systems selbst in der kurzen Zeit von zwölf Jahren sehr dynamisch war.
Die Interpretation der komplexen Tatsachen ist in unserer Gesellschaft bis heute teilweise kontrovers geblieben, so dass unsere Arbeit auch hier in eine perspektivisch-ideologiekritischen Betrachtung einmündet. – Die Menge des verfügbaren Materials wird die meisten Kurse zur Auswahl zwingen. Die Komplexe Wirtschaft/Rüstung und Herrschaftssystem dürften dabei den Vorrang haben.
Der Vergleich mit der Weimarer Republik sollte die Frage nach Kontinuitäten und Brüchen in der neueren deutschen Geschichte stets gegenwärtig halten.

Materialien zu Kapitel 8

Arbeitsbeschaffung und Aufrüstung

M 8.1 1933 – Aus dem Protokoll der Sitzung des Ausschusses der Reichsregierung für Arbeitsbeschaffung (9.2.1933)

Der *Reichswehrminister* erklärte, dass die Reichswehr ein großes, auf viele Jahre verteiltes Rüstungsprogramm aufgestellt habe. Die erste Etappe, die auf ein unverzichtbares Rüstungsminimum beschränkt sei, laufe bis zum Jahre 1936. Es komme ihm im Rahmen der heutigen Debatte über das Sofortprogramm für die Arbeitsbeschaffung nicht darauf an, die Finanzierung für die erste Etappe des Rüstungsprogramms zu lösen. Richtig sei, was der Reichsminister der Finanzen gesagt habe, dass er im Rechnungsjahr 1933 nicht mehr als 50 Millionen RM tatsächlich verausgaben könne. Die Reichswehr müsse nur wissen, dass die Mittel für ihr Gesamtprogramm zu gegebener Zeit wirklich und in voller Höhe da seien. Hierüber werde man sich in gesonderten Besprechungen schlüssig werden müssen. Wenn er daher im Rahmen der Vorschläge des Reichsministers der Finanzen nur mit 50 Millionen RM bedacht sei, so habe er dagegen keine Bedenken.
Der *Reichskanzler* [erklärte:] Mit der Geringfügigkeit der vom Reichswehrministerium jetzt angeforderten Mittel könne er sich nur abfinden aus der Erwägung heraus, dass das Tempo der Aufrüstung im kommenden Jahr nicht stärker beschleunigt werden könne. Jedenfalls stehe er auf dem Standpunkt, dass in Zukunft bei einer Kollision zwischen Anforderungen für andere Zwecke die Interessen der Wehrmacht unter allen Umständen vorzugehen hätten. In diesem Sinne sei auch bei der Vergebung der Mittel des Sofortprogramms zu entscheiden. Er halte die Bekämpfung der Arbeitslosigkeit durch Vergebung öffentlicher Aufträge für die geeignetste Hilfsmaßnahme. Das 500-Millionen-Programm sei das größte seiner Art und besonders geeignet, den Interessen der Wiederaufrüstung dienstbar gemacht zu werden. Es ermögliche am ehesten die Tarnung der Arbeiten für die Verbesserung der Landesverteidigung. Auf diese Tarnung müsse man gerade in der nächsten Zukunft besonders Wert legen, denn er sei überzeugt davon, dass gerade die Zeit zwischen der theoretischen

Anerkennung der militärischen Gleichberechtigung Deutschlands und der Wiedererreichung eines gewissen Rüstungsstandes die schwierigste und gefährlichste sein werde. Erst wenn Deutschland so weit aufgerüstet habe, dass es für den Zusammenschluss mit einer anderen Macht bündnisfähig werde, nötigenfalls auch gegen Frankreich, werde man die Hauptschwierigkeiten der Aufrüstung überwunden haben.

Zit. nach: Fritz Blaich: Wirtschaft und Rüstung im „Dritten Reich". (Schwann) Düsseldorf 1987. S. 57

Wirtschaft, Staat und Kriegsvorbereitung

M 8.2 1928–1943 Rüstungsausgaben, öffentliche Investitionen und Sozialprodukt 1928, 1932–1943 (in Mio. RM)

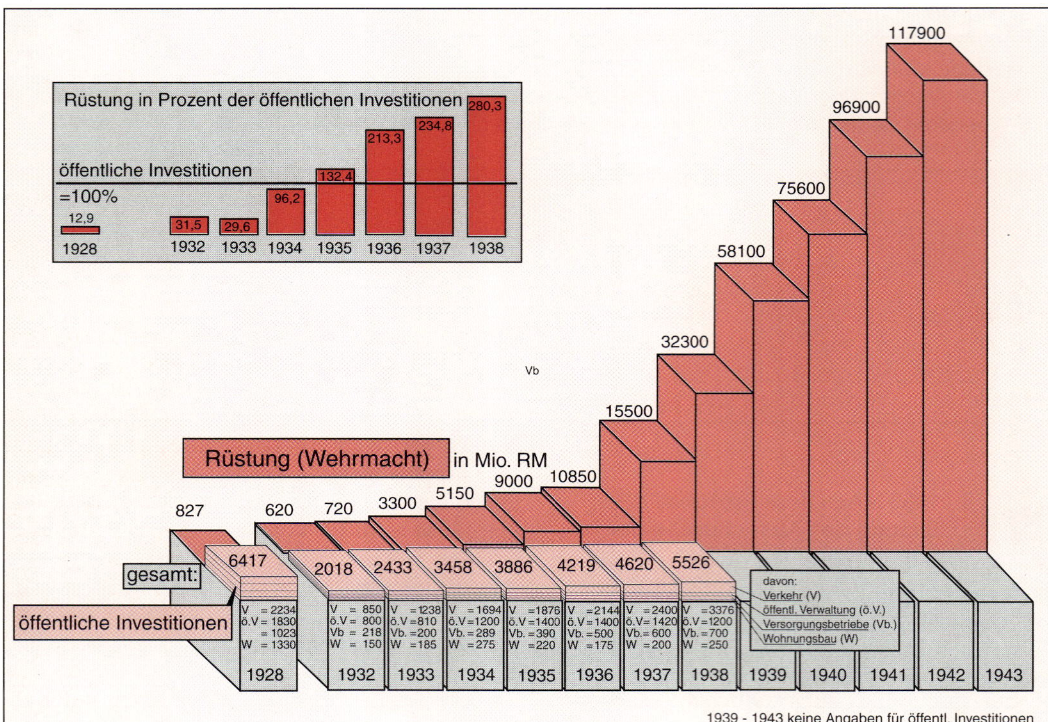

M 8.3 1935 – Aus der Denkschrift der IG Farbenindustrie AG[1] für den Rüstungsbeirat[2] des Reichswehrministeriums (März 1935)

Der Gedanke, die Außenorganisation des RWM[3] unter Einschluss des RLM[4] zur Vorbereitung der Industrie auf den Krieg zu erweitern, bedeutet letzten Endes, sich mit den Problemen über den Aufbau einer alle Kräfte des Volkes zusammenschließenden Wirtschaftsorganisation zu befassen.

Wenn man sich nicht nur an die im Kriege[5] unter dem Zwange der Not entstandene Organisationsform anlehnen will, sondern wenn man darauf ausgeht, die gesamten produktiven Kräfte auf weite Sicht vorbereitend einem einheitlichen Zweck unterzuordnen, so heißt dies – naturgemäß unter Benutzung der im Kriege[6] gesammelten Erfahrungen – eine wehrwirtschaftliche Neuorganisation zu schaffen, die den letzten Mann und die letzte Frau, die letzte Produktionseinrichtung und Maschine sowie den letzten Rohstoff der Erzeugung von kriegswichtigen Pro-

dukten zuführt und alle Arbeitskräfte, Produktionseinrichtungen und Rohstoffe in einem straff militärisch geführten wirtschaftlichen Organismus eingliedert. Die gesamte Erzeugung der Industrie, des Handwerks und Gewerbes sowie der Landwirtschaft gilt in diesem Sinne als kriegswichtig und muss daher in den Rahmen einer umfassenden Wehrwirtschaft einbezogen werden.
Das für die kämpfende Truppe selbst benötigte Heeresgerät bzw. Kriegsgerät im eigentlichen Sinne nimmt naturgemäß innerhalb der gesamten wehrwirtschaftlichen Erzeugung eine grundsätzliche Vorrangstellung ein. Das durch eine umfassende wehrwirtschaftliche Organisation zu erreichende Ziel stellt sich dann etwa folgendermaßen dar: Die für den Frontdienst benötigten Kräfte werden von der Wehrmacht aus dem Volk und damit aus der Wirtschaft herausgezogen. Hierbei wird der Grundsatz maßgebend sein, den Spezialarbeiter der Industrie, insbesondere den der Heeresgerät herstellenden Betriebe („Rüstungsarbeiter"), der Wirtschaft zu belassen, da er an seinem Arbeitsplatz einen wertvolleren Anteil an der gesamten Landesverteidigung schaffen kann, als er es mit seinem Dienst mit der Waffe in der Hand je ermöglicht. [...]
Die in Industrie, Gewerbe und Landwirtschaft verbleibenden Arbeitskräfte treten dann gemäß einem – dem militärischen Mobilmachungsplan entsprechenden – wehrwirtschaftlichen Mobilmachungsplan unter militärischem, wehrwirtschaftlichem Kommando in Tätigkeit. [...]
Die Planung der Wehrwirtschaft bzw. die Aufstellung der wehrwirtschaftlichen Mobilisierungspläne muss unter Berücksichtigung der vorhandenen Friedenswirtschaft, d. h. unter Mitarbeit der bestehenden Fachorganisationen der Wirtschaft bzw. der Unternehmer selbst, erfolgen, um die Initiative, Anregung und Mitarbeit der freien Wirtschaft in den Dienst der Sache zu stellen.
Diese gesamte Planung, sowohl was die Produktion kriegswichtiger Güter anlangt als auch die gesamte Planung über Rohstofffragen, muss dabei unter einheitlicher zentraler wehrwirtschaftlicher Leitung stehen. [...]
Einen letzten Schritt auf dem Wege der straffen militärischen Organisation würde es bedeuten, auch alle in Frage kommenden Arbeitskräfte der Wehrwirtschaft im Kriegsfalle militärisch einzugliedern und den betreffenden Organen der Wehrwirtschaft (W[ehr]w[irtschafts]offiziere usw.) zu unterstellen. Die gesamte Organisation muss von dem Gedanken getragen werden, trotz einer straffen Zentralisation der Planung die private Entwicklungsfreudigkeit zu fördern [...].

Zit. nach: Dietrich Eichholz/Wolfgang Schumann: Anatomie des Krieges. (VEB Deutscher Verlag der Wissenschaften) Berlin (DDR) 1969. S. 130-132.

---

1 Die IG Farben waren der größte Chemie-Konzern der Welt (Herstellung von Benzin aus Kohle; künstliches Gummi, das sog. Buna); heute sind die Nachfolger: BASF, Farbwerke Hoechst und Bayer Leverkusen.

2 In diesem Gremium zur Beratung des Reichswehrministeriums, das meistens unter dem Vorsitz des Reichswehrministers Werner von Blomberg tagte, saßen als ständige Vertreter der Reichswehr die Generale Walther von Reichenau und Wilhelm Keitel. Die wichtigsten Konzerne waren durch Robert Bosch, Konrad von Borsig, Wilhelm Keppler, Carl Krauch, Paul Reusch, Hermann Röchling, Carl Friedrich von Siemens, Fritz Springorum, Fritz Thyssen und Albert Vögler vertreten. (Vgl. M 6.11 u. 14)

3 Reichswirtschaftsministerium

4 Reichslandwirtschaftsministerium

5 Hier ist der Erste Weltkrieg gemeint.

6 Gemeint ist der Erste Weltkrieg, zur Kriegswirtschaft s. S. 38f.

M 8.4 1936 – Denkschrift Hitlers über die Aufgaben eines Vierjahresplans

So wie die politische Bewegung in unserem Volk nur ein Ziel kennt, die Lebensbehauptung unseres Volkes und Reiches zu ermöglichen, d.h. alle geistigen und sonstigen Voraussetzungen für die Selbstbehauptung unseres Volkes sicherzustellen, so hat auch die Wirtschaft nur diesen einen Zweck. Das Volk lebt nicht für die Wirtschaft oder für die Wirtschaftsführer, Wirtschafts- oder Finanz-Theorien, sondern die Finanzen und die Wirtschaft, die Wirtschaftsführer und alle Theorien haben ausschließlich diesem Selbstbehauptungskampf unseres Volkes zu dienen.
Die wirtschaftliche Lage Deutschlands ist aber, in kürzesten Umrissen gekennzeichnet, folgende:
1) Wir sind überbevölkert und können uns auf der eigenen Grundlage nicht ernähren. [...]
6) Die endgültige Lösung liegt in einer Erweiterung des Lebensraumes bez. der Rohstoff- und Ernährungsbasis unseres Volkes. Es ist die Aufgabe der politischen Führung, diese Frage dereinst zu lösen. [...]
Die Abwehrfähigkeit Deutschlands basiert auf einigen Faktoren. An die Spitze möchte ich stellen zunächst den inneren Wert des deutschen Volkes an sich. Das deutsche Volk, politisch einwandfrei

geführt, weltanschaulich gefestigt und militärisch durchorganisiert, stellt sicherlich den hochwertigsten Widerstandsfaktor dar, den die Welt heute überhaupt besitzt. Die politische Führung ist sichergestellt durch die Nationalsozialistische Partei, die weltanschauliche Geschlossenheit seit dem Sieg des Nationalsozialismus ist in einem bisher noch nicht erreichten Maße eingeleitet. Sie muss auf der Grundlage dieser Auffassung immer mehr vertieft und erhärtet werden. Dies ist das Ziel der nationalsozialistischen Erziehung unseres Volkes. Die militärische Auswertung soll durch die neue Armee erfolgen. *Das Ausmaß und das Tempo der militärischen Auswertung unserer Kräfte können nicht groß und nicht schnell genug gewählt werden!* Es ist ein Kapitalirrtum zu glauben, dass über diese Punkte irgendein Verhandeln oder ein Abwägen stattfinden könnte mit anderen Lebensnotwendigkeiten.

I. Ähnlich der militärischen und politischen Aufrüstung bzw. Mobilmachung unseres Volkes hat auch eine wirtschaftliche zu erfolgen, und zwar im selben Tempo, mit der gleichen Entschlossenheit und wenn nötig auch mit der gleichen Rücksichtslosigkeit. […]

II. Zu diesem Zwecke sind auf all den Gebieten, auf denen eine eigene Befriedigung durch deutsche Produktionen zu erreichen ist, Devisen einzusparen, um sie jenen Erfordernissen zuzulenken, die unter allen Umständen ihre Deckung nur durch Import erfahren können.

III. In diesem Sinne ist die deutsche Brennstofferzeugung nunmehr im schnellsten Tempo vorwärtszutreiben und binnen 18 Monaten zum restlosen Abschluss zu bringen. Diese Aufgabe ist mit derselben Entschlossenheit wie die Führung eines Krieges anzufassen und durchzuführen; denn von ihrer Lösung hängt die kommende Kriegsführung ab und nicht von einer Bevorratung des Benzins.

IV. Es ist ebenso augenscheinlich die Massenfabrikation von synthetischem Gummi zu organisieren und sicherzustellen. […] Entweder wir besitzen heute eine Privatwirtschaft, dann ist es deren Aufgabe, sich den Kopf über die Produktionsmethoden zu zerbrechen, oder wir glauben, dass die Klärung der Produktionsmethoden Aufgabe des Staates sei, dann benötigen wir keine Privatwirtschaft mehr.

V. Die Frage des Kostenpreises dieser Rohstoffe ist ebenfalls gänzlich belanglos.

Ich stelle somit folgende Aufgabe:

I. Die deutsche Armee muss in 4 Jahren einsatzfähig sein.

II. Die deutsche Wirtschaft muss in 4 Jahren kriegsfähig sein.

Zit. nach: Wilhelm Treue (Hrsg.): Denkschrift Hitlers über die Aufgabe eines Vierjahresplans. Vierteljahrshefte für Zeitgeschichte 3. (DVA) Stuttgart 1955. S. 204ff.

M 8.5

Organisation der Rüstungsplanung

	Organisationsplanung	Bevollmächtigter (Funktionen)
Mai 1935	Generalbeauftragter für die wirtschaftliche Vorbereitung für den Kriegsfall (GBW)	Hjalmar Schacht (Reichsbankpräsident; Wirtschaftsminister bis 1937)
September 1936	Verkündung des Vier-Jahres-Planes	Hermann Göring (Reichsminister für Luftfahrt; Oberbefehlshaber der Luftwaffe)
Ende 1937	4. Version des Vier-Jahres-Plans tritt in Kraft; Rücktritt Schachts als GBW	Walther Funk (Reichswirtschaftsminister; Generalbevollmächtigter für die Kriegswirtschaft, 1939 Reichsbankpräsident; Mitglied des „Ministerrats für die Reichsverteidigung“)
Sommer 1938	Wehrwirtschaftlicher Neuer Erzeugerplan ersetzt den Vier-Jahres-Plan	Hermann Göring (s. o.) und Carl Krauch (IG-Farben, S. 169f.)
März 1940	Schaffung eines Ministers für Bewaffnung und Munition	Fritz Todt (Generalinspekteur für das dt. Straßenwesen; Gen.insp. für Wasser und Energie; Leiter der „Organisation Todt“ [Kooperation staatl. Bauverwaltung und privater Firmen]; Generalbevollmächtigter für Rüstungsaufgaben im Vier-Jahres-Plan)
September 1943	Schaffung eines Ministers für Rüstung und Kriegsproduktion (Hitler-Erlass zur Konzentration der Kriegsproduktion)	Albert Speer (Generalinspekteur für die Reichshauptstadt Berlin; Übernahme der Funktionen Todts)

Nationalsozialismus – Arbeiter – Angestellte

M 8.6 1. Mai 1933 – Ein Bergwerksunglück und seine Ausnutzung für die Propaganda: Adolf Hitlers Aufruf zu einer „Stiftung für Opfer der Arbeit“

(Original-Text der Pressemitteilung vom 5. 5. 1933:) Bei seinen kurzen Einführungsworten zu der Hitlerrede am 1. Mai hatte Dr. Goebbels der sieben Soldaten der Arbeit gedacht, die tags zuvor auf der Zeche Stinnes tödlich verunglückt waren, und die Hunderttausende auf dem Tempelhofer Felde hatten die Toten durch eine Minute Schweigen geehrt.

Ein denkwürdiger Tag ist vorüber, der erste Feiertag der nationalen Arbeit. In überwältigenden, noch nie da gewesenen Kundgebungen hat sich das deutsche Volk zur Ehrung der deutschen Arbeiter und des deutschen Arbeitertums bekannt. [...] Aber dieser historische Tag darf nicht vorbeigehen, ohne dass der elementare Gefühlsausbruch des Volkes auch einen bleibenden Ausdruck findet und ohne dass dieses ideale Bekenntnis auch seinen materiellen Niederschlag in einer Leistung der Dankbarkeit findet.
Sieben deutsche Bergarbeiter, Angehörige des Arbeiterstandes, dem das Los der härtesten Arbeit zugefallen ist, sind am Vorabend des 1. Mai einem furchtbaren Unglück zum Opfer gefallen und auf dem Felde der Arbeit geblieben. Witwen und Waisen sind ihrer Ernährer beraubt worden. Der Tod dieser Helden soll der ganzen Nation der Anlass sein, eine Stiftung zu errichten, aus der von jetzt an alle Soldaten der Arbeit, die auf dem Feld des Kampfes um das tägliche Brot fallen, die ausreichende Versorgung ihrer Familien gewährleistet wird. Es darf nicht mehr vorkommen, dass in Zukunft solche Opfer der Arbeit auf die knappen Leistungen der öffentlichen Fürsorge angewiesen sind. Es ist vielmehr eine Ehrenpflicht aller Deutschen, insbesondere aber der begüterten unter ihnen, hier ihr Bestes und Möglichstes zu tun. [...]
Die Stiftung kann nicht groß genug sein. Sie muss ein sichtbares Symbol der Ehrfurcht des deutschen Volkes vor der nationalen Arbeit und ein Denkmal der unzerreißbaren Gemeinschaft aller Klassen und Stände untereinander werden.

Walther Gehl (Hg.): Die nationalsozialistische Revolution. (Hirt) Breslau (1933), S. 152.

M 8.7 1938 – Selbstverständnis der Deutschen Arbeitsfront (DAF)

Das Sozialamt der Deutschen Arbeitsfront hat für das Gebiet des Leistungseinsatzes folgenden Aufruf erlassen: „An die Schaffenden der deutschen Betriebe! Fünf Jahre nach der Machtübernahme konnte der Führer dem deutschen Volk verkünden, dass das Recht auf Arbeit sichergestellt ist. Dank der Arbeitsenergien der nationalsozialistischen Bewegung ist in Deutschland das Gespenst der Arbeitslosigkeit für alle Zeiten gebannt. Jeder arbeitsfähige Volksgenosse hat entsprechend seinem Leistungseinsatz seinen sicheren Arbeitsplatz und eine stetige Beschäftigung. Mag der Lohn in manchen Wirtschaftszweigen den Wünschen des Einzelnen noch nicht ganz entsprechen, so kann doch jeder befriedigt in dem Gefühl arbeiten, dass im Gegensatz zu den Geschehnissen in den anderen Staaten der Welt Entlassungen, verbunden mit Arbeitslosigkeit, die leidige Kurzarbeit und Feierschichten das Arbeitseinkommen nicht schmälern. Durch die aktive Politik der Arbeits- und Wirtschaftsführung ist der deutsche Arbeiter krisenfest. Das Arbeitseinkommen ist stabil, und eine Unsicherheit und Schwankung des Arbeitseinkommens besteht nicht. Die Weiterführung und endgültige Sicherstellung des wirtschaftlichen Wohlergehens aller Bevölkerungsschichten ist aber nur möglich bei einer Steigerung und Verbesserung der Arbeitsergiebigkeit. Getreue Arbeitspflichterfüllung und innere Arbeitsbereitschaft sind darum oberstes Gebot. Der Gedanke der Leistung erfordert den Einsatz jeder Arbeitskraft am Punkt ihres höchsten Wirkungsgrades. Arbeit ist Dienst am Volk und die Hingabe an das Ganze. Man kann aber keine Höchstleistungen der Produktion erwarten und keinen Betrieb zum höchsten Leistungseinsatz heranführen, solange sich nicht jeder durch Selbsterziehung restlos in die Leistungsgemeinschaft einordnet. Es ist selbstverständlich, dass vom schaffenden Volksgenossen nicht eine Arbeitsleistung verlangt wird, der er nicht gewachsen ist und für die er einen Nachteil erleidet. Die Treuepflicht erfordert aber, dass sich der schaffende Volksgenosse in jedem Fall mit seiner ganzen Kraft an jeder Stelle zur Verfügung stellt und sich regelmäßig daraufhin überprüft, ob er nicht gelegentlich durch eine selbst eingelegte Feierschicht gegen den Gedanken der Leistungsgemeinschaft verstößt. Nur dann kann die Gemeinschaft – nämlich die deutsche Volksgemeinschaft – gedeihen, der unsere Arbeit, unser ganzer Einsatz gilt."

Zit. nach: Klaus-Jörg Siegfried: Rüstungsproduktion und Zwangsarbeit im Volkswagenwerk 1939–1945. (Campus) Frankfurt/M. ²1987. S. 81.

M 8.8 1934 – Eine Studie der Reichswehr über die Gefahren, die von der DAF ausgehen

1. Die Arbeitnehmer der öffentlichen Hand, von Industrie, Handel und Gewerbe haben früher in einer großen Anzahl von sich teilweise feindlich gegenüberstehenden Gewerkschaften organisiert (sic!)[1]. Ein Streik schon einer dieser Gewerkschaften allein hatte oft für die Wirtschaft und das politische Leben des Staates schwerste Folgen. Der Munitionsstreik von 1917 war z. B. mit Schuld an dem Verlust des Krieges.

[…]

3. Der Arbeitsfront waren bisher nur erzieherische, politische und Fürsorgeaufgaben zugeteilt. Dies stellte eine bewusste Abkehr von der Hauptaufgabe der früheren Gewerkschaften, nämlich der wirtschaftlichen Betreuung der Mitglieder, dar. Das Gesetz zur Ordnung der nationalen Arbeit hat den Gedanken der Regelung der Arbeitnehmerbelange in den Betriebsgemeinschaften gebracht. Dieser Gedanke erfordert Idealmenschen, die den nationalsozialistischen Gedanken voll erfasst haben und die ihnen durch das Gesetz gegebene Machtfülle nicht missbrauchen. […] Der Wunsch, der sich in weiten Kreisen der Arbeitnehmerschaft breit machenden Missstimmung zu begegnen, hat zum Erlass des Führers geführt, der in § 7[2] der Arbeitsfront einen wichtigen Teil der von den früheren Gewerkschaften wahrgenommenen Aufgaben zurückverlangt. Damit ist der Arbeitsfront die Möglichkeit einer tief gehenden Einflussnahme auf Industrie, Handel, Gewerbe und auch auf die Dienststellen der öffentlichen Hand gegeben, der bei der gewaltigen Größe dieser Organisation einen erheblichen Gefahrenherd darstellen kann.

4. Nach den Ausführungen, die Staatsrat Dr. Ley am 30. 10. 1934 im Saal der Bank der Deutschen Arbeit vor der deutschen Presse machte, ist ein Streik auch heute noch genauso möglich wie früher.

Zit. nach: Hans Mommsen, Susanne Willems (Hrsg.): Herrschaftsalltag im Dritten Reich. (Schwann) Düsseldorf 1988. S. 167f.

---

[1] sic! = Hervorhebung, dass dies der genaue Wortlaut der Vorlage ist.

[2] § 7 lautet: „Die Deutsche Arbeitsfront hat den Arbeitsfrieden dadurch zu sichern, dass bei den Betriebsführern das Verständnis für die berechtigten Ansprüche ihrer Gefolgschaften, bei den Gefolgschaften das Verständnis für die Lage und die Möglichkeiten der Betriebe geschaffen wird. […]"

M 8.9 1938 – Lagebericht der Staatspolizei Dortmund (9.1.1938)

Unternehmer und Polizei sahen reichlich Anzeichen für eine sinkende Arbeitsbereitschaft; bei der Gelsenkirchener Bergwerks-AG war die Schichtleistung pro Mann von 1,96 t 1932 auf 1,75 t 1937 gefallen.

Im weiteren Bereich der Staatspolizei Dortmund ist es im Berichtsjahre zu größeren Aktionen gegen die illegale KP nicht gekommen. Das scharfe Durchgreifen im Jahre 1936 mit seinen Aktionen in Dortmund, Bochum, Wattenscheid und angrenzenden Großstädten dürfte seine Wirkung nicht verfehlt haben. Diese Feststellung soll aber nicht zu der Annahme verleiten, als ob in einem wesentlichen Teil des Ruhrgebietes die kommunistische Gefahr endgültig gebannt sei. Vielmehr ist damit zu rechnen, dass der Gegner sich zur Zeit abwartend verhält, um zu einer für ihn günstiger erscheinenden Zeit noch über ein genügendes Kräfte-Reservoir verfügen zu können. Die illegale KP und der mit ihr sympathisierende Kreis vertritt – trotz aller Maßnahmen, die für den schaffenden Deutschen seitens der Regierung getroffen werden – die Meinung, dass die Zeit für sie arbeite und sie selbst nur durch geschickte Mund-Propaganda in der Bevölkerung und in den Betrieben das Tempo beschleunigen brauche, um es eines Tages zu spontanen Bewegungen innerhalb der deutschen Arbeiterschaft kommen lassen zu können. Ein ernster Hinweis war in dieser Richtung die Streikgefahr im Sommer 1937 auf dem Eisen- und Stahlwerk Hoesch, dem größten Schwer-Industrie-Unternehmen Dortmunds. Nach größten Bemühungen gelang es, diese Gefahr zu bannen. Es muss darauf hingewiesen werden, dass die Unterminierarbeit und Stimmungsmache auf dem Werk von den Drahtziehern so geschickt durchgeführt worden war, dass keiner der Streikhetzer ermittelt werden konnte. Es dürfte weiter zu beachten sein, dass es den Hetzern möglich geworden ist, auf diesem

Werk eine so ernste Situation zu schaffen, obwohl die Arbeiter dort ein monatliches Einkommen von 220.– bis 340.– RM haben.

Zit. nach: Timothy W. Mason: Arbeiterklasse und Volksgemeinschaft. (Westdeutscher Verlag) Opladen 1975. S. 424f. (Auszug).

M 8.10 1938 – „Menschenverteilung"

Die Verfügung über menschliche Arbeitskraft unter Bruch von Grundrechten war aus politischen und ökonomischen Gründen so wichtig für die Nationalsozialisten, dass sie noch in der Phase hoher Arbeitslosigkeit mit einer rigorosen Beschränkung der Rechte auf freie Wahl von Beruf, Arbeitsplatz und Wohnort begannen:

Mai 1934 – Gesetz zur Regelung des Arbeitseinsatzes
Dez. 1934 – Verordnung zur Sicherstellung des Arbeitskräftebedarfs in der Metallindustrie
Feb. 1935 – Arbeitsbücher werden eingeführt und erlauben die Erfassung aller Arbeitskräfte
Mai 1935 – Volksdienstgesetz
Nov. 1936 – sieben (!) Anordnungen über die Durchführung des Vierjahresplans zur Sicherstellung des Bedarfs an Arbeitskräften
Feb. 1937 – Anordnung über den Arbeitseinsatz von Metallarbeitern
Jun. 1938 – Teildienstpflicht eingeführt

Die Liste ist unvollständig; sie wächst 1939 rapide weiter. Im Bericht über die 15. Sitzung des Reichsverteidigungsausschusses vom 15. 12. 1938 heißt es u. a.:

12.) Die Menschenverteilung ist das wichtigste und schwierigste, am weitesten rückständige Problem.
Wegen des großen Mangels an Arbeitskräften muss eine Methode angewendet werden, die nicht mehr aus dem Vollen schöpft, sondern vereinfacht, an Menschen spart. Der Mensch ist unersetzlicher Sparstoff.

13.) Das Ziel für die Menschenverteilung ist die Vorbereitung des Einsatzes aller deutschen Menschen, einschließlich der Frauen, zwischen dem 14. und 70. Lebensjahr.

14.) Die Wehrmacht hat dabei folgende Aufgaben:
(a) Überprüfung des Unabkömmlichkeitsverfahrens für Mobilmachung und Einberufung für „Sonderübungen" in Spannungszeiten durch OKH (AHA) [Allgemeines Heeresamt].
Die Wehrmacht kann auf eine größere bestimmte Zahl junger, frischer, kampffähiger, durch Familie unbeschwerter Reservisten-Jahrgänge nicht verzichten.

Zit. nach: Timothy Mason (M 8.9). S. 933.

M 8.11

A. 1929–1938 – Einkommensentwicklung: Deutsches Reich und USA

	Anteil am Volkseinkommen in Deutschland in % – Lohn und Gehalt	Anteil am Volkseinkommen in Deutschland in % – Unternehmer/Kapit.	Anteil des Privatkonsums am Sozialprodukt – Deutschl.	Anteil des Privatkonsums am Sozialprodukt – USA
1929	60,7	31,7	73	72
1932	61,9	31,1	79	78
1933	61,0	32,4	76	78
1934	59,6	33,7	71	76
1935	58,3	34,9	64	74
1936	56,8	36,5	60	72
1937	55,7	37,9	58	72
1938	54,9	39,1	52	74

Nach: Rolf Schörken (Hrsg): Das Dritte Reich – Geschichte und Struktur. (Klett) Stuttgart 1982. S. 109.

B. 1929–1942 – Nettoverdienste und Realeinkommen in der deutschen Industrie
(Index: 1932 = 100,0)

	1929	1932	1934	1936	1938	1940	1942
Bruttowochenverdienst	149,4	100,0	109,7	116,6	126,4	135,2	145,2
Abzüge vom Bruttoverdienst							
gesetzliche	12,0%	12,5%	13,0%	13,5%	14,0%	15,0%	15,0%
außergesetzliche (u.a. DAF-Beitrag)	0,5%	0,4%	2,2%	2,9%	3,1%	3,1%	3,1%
Lebenshaltungskostenindex							
nach amtlichen Angaben	127,7	100,0	100,4	103,2	104,1	107,9	113,3
korrigiert[1]	–	100,0	101,5	111,7	115,0	–	–
Wöchentl. Nettorealeinkommen							
nach amtlichen Angaben	117,7	100,0	108,6	111,6	119,4	121,7	124,3
korrigiert[1]	–	100,0	101,4	100,2	104,7	–	–

[1] Zweifel an den amtlichen Angaben zu den Lebenshaltungskosten haben zu der als „korrigiert" bezeichneten Berechnung geführt. Zu beachten ist auch die steigende Arbeitszeit von 41,5 Wochenstunden 1932 auf 45,6 im Jahr 1936.

Zit. nach: Rüdiger Hachtmann: Industriearbeit im „Dritten Reich". (Vandenhoeck) Göttingen 1989, S. 159

Kriegsmobilisierung und die Erinnerung an 1918

M 8.12 1939 – Arbeiterschaft und Krieg

Reichsarbeitsführer R. Ley am 19. 11. 1939 im Völkischen Beobachter: „Sozialismus gegen Kapitalismus!"

Arbeiter und Arbeiterinnen! Betriebsführer und Gefolgschaft! Schaffende in Stadt und Land!
Der uns von England aufgezwungene Krieg dauert nun zehn Wochen. [...] Unser unverrückbares Ziel ist: Sieg, Sieg und nochmals Sieg und damit die endgültige Niederwerfung Englands und der Herrschaft seines Geldsacks über die übrigen Völker des Erdballs. Sozialismus gegen Kapitalismus! Das ist unser Schlachtruf. Ziehen wir als klar denkende Menschen die Zwischenbilanz der ersten zehn Wochen:
1. In einem beispiellosen Blitzkrieg war die polnische Armee [...] völlig vernichtet.
„England ist keine Insel mehr!" Die Erfolge unserer Flotte, insonderheit der U-Boote, und die Siege unserer Luftwaffe reihen sich würdig an die einmaligen Erfolge im Osten. Und der Westwall? Nun hat es sich gelohnt, dass ihr Westwallarbeiter seit Jahren Opfer und Entbehrungen, Dienstverpflichtung und Mehrleistung auf euch genommen habt!
2. Die englische Einkreisung ist gebrochen. Armes England! Wie schön war es doch im Jahre 1914, wo man mit 45 Bundesgenossen eine frischfröhliche Treibjagd auf das edle deutsche Wild abhalten konnte. Vorbei, vorbei [...]
3. Die innere Front! Der Weltkrieg hat uns gelehrt, dass es nicht genügt, tapfere Soldaten zu haben und gute Waffen zu besitzen, sondern dass ein moderner Krieg ein totaler Krieg ist, dass alle daran teilnehmen und dass deshalb das gesamte Volk in der besten seelischen und körperlichen Verfassung zu sein hat und darin erhalten werden muss. Jeder Krieg bedeutet eine völlige Umstellung des Lebens. Alle Bedürfnisse und Wünsche des Menschen müssen vor dem einzigen Ziel: Stärkung der militärischen Kraft der Nation, zurückstehen. Aber ebenso müssen alle Quellen zur Erhaltung und Entfaltung der Gesamtkraft der Nation erschlossen werden. Das hat man 1914 nicht erkannt.
Am Beginn des Krieges die schwersten Opfer, der engste Engpass; nach zehn Wochen normales Leben, nur ein Bruchteil der Vollmachten brauchte ausgenützt zu werden. Alles das nicht etwa, weil die Führung vor euren Forderungen, Arbeiter und Arbeiterinnen, zurückgewichen wäre, sondern weil alles so gut vorbereitet war, dass man diese Opfer nicht benötigte. Mit unserem geringen Anteil an den Kriegsopfern der Nation müssen wir uns fast schämen, vor allem, wenn wir an die Blutopfer der Soldaten denken. Um so mehr wollen wir Arbeiter und Arbeiterinnen, Betriebsführer und Gefolgsleute dem Führer geloben, alles zu tun, was er von uns verlangt.
Führer! Du hast der arbeitenden Klasse nur ein geringes materielles Opfer auferlegt, umso mehr werden wir durch Fleiß und Leistung uns deiner und deines Vertrauens würdig erweisen.
Solange der Krieg dauert, wird kein Arbeiter und keine Arbeiterin versuchen, aus der Not des Volkes Gewinn zu schlagen. Das nationalsozialistische Arbeitertum hat mit jenem marxistischen Gesindel der Munitionsstreiks des Weltkriegs nichts zu tun.
Darin liegt enthalten, dass Deutschland den Krieg um sein Dasein zugleich für alle unterdrückten Nationen dieser Erde führt. In den sozialen Verbesserungen, die der Leiter der Arbeitsfront ankündigt, wird sichtbar, wie ein sozialistisches Volk selbst in Kriegszeiten Nöte und Opfer verteilt.
Eines aber gibt der Krieg uns: die Gewissheit, dass unser Sieg für alle Zeiten die Befreiung aus den kapitalistischen Fesseln bringt, in die die westlichen Demokratien uns mit der gesamten Erde zu legen suchen. In diesem Gefühl marschiert die deutsche Nation, begleitet von der inneren Anteilnahme der anderen jungen Völker sozialistischen Sehnens, als der Stoßtrupp für eine gerechtere Ordnung der ganzen Welt.

Zit. nach: Timothy W. Mason: (M 8.9). S. 1192ff. (Auszug).

Nationalsozialismus und Frauen – Ideologie und Wirklichkeit

M 8.13 1936 – Frau und Krieg (Auszug aus einem Lesebuch für den Deutsch- und Geschichtsunterricht)

Aus Kriegsbüchern, Schauspielen, Filmen, ganz selten auch einmal aus mündlichen Erzählungen der Frontsoldaten kommt uns Frauen eine Ahnung von dem, was Großkampftage, Stellungskrieg, Trommelfeuer, Fliegerangriffe für das Heer im Felde bedeutete. Aber die Krankenschwestern in den Feld-, Kriegs- und Etappenlazaretten, sie erlebten den ganzen furchtbaren Graus jener Jahre mit. Zu ihnen kamen die Leute aus der kämpfenden Front ganz unmittelbar auf den Operationstisch. Sie pflegten die schwer Seuchenkranken aller Ansteckungsgefahr zum Trotz und bewahrten die Heimat vor Epidemien. In oft gänzlich unzulänglichen Räumen, oder während feindliche Flieger die Lazarette mit Bomben belegten, standen sie allen ihren Kranken in helfender Liebe und Fürsorge zur Seite. Und wenn der Tod herannahte, versuchten sie, ihnen noch die letzte Stunde leicht zu machen.

Unermüdlich haben die Krankenschwestern in der Heimat für die verwundeten und kranken Soldaten gesorgt. Wer von ihnen aus diesem großen Heimatheer der Krankenpflegerinnen in die Lazarette unmittelbar hinter der Front gerufen wurde, an die wurden schier übermenschliche Anforderungen gestellt. Von ihrer selbstverleugnenden und doch so selbstverständlich geleisteten Liebestätigkeit erzählt dieses Heft. Wir sehen die Schwestern bei der kämpfenden Truppe, an den verschiedensten Fronten, im Lazarettzug und im Lazarettschiff, ja, selbst im Urwald. Überall zeigt sich das gleiche Bild ihrer nimmermüden Drangabe aller Kräfte.

Und dabei spannten sie den Kreis ihrer sorgenden Liebe noch weiter, um auch den Männern zu helfen, die ein widriges Geschick mitten in der Notzeit des Vaterlandes zur Untätigkeit in schlimmster Kriegsgefangenschaft bestimmt hatte. Neutrale Liebestätigkeit ebnete die Wege, auf denen deutsche Schwestern bis in die fernsten Gefangenenlager in Sibirien drangen. Sie ließen sich nicht abschrecken, auch wenn sie ihre unentwegte Hilfeleistung mit eigener Gefangenschaft büßen mussten.

Frauenhilfe hinter der Front und hinter Stacheldraht, das ist ein Beispiel für den Heroismus der Frau, von dem der Führer auf dem Reichsparteitag 1935 gesagt hat, dass er sich im Leben würdig der Tapferkeit des Mannes an die Seite stellt.

Rolf Schörken (Hg.): Das Dritte Reich. (Klett) Stuttgart 1982. S. 56f.

M 8.14 1935/36 – Der Weg zum BDM[1]: Melitta Maschmann, spätere BDM-Führerin, in ihren Erinnerungen

Mein Vater hatte mir oft Vorwürfe gemacht, weil ich leichtsinnig mit meiner Gesundheit umging. Ich schlief viel zu wenig und arbeitete in ständigem Hetztempo. Aber viele von uns haben es bis 1945 nicht gelernt, weniger zu tun als ihr Äußerstes.

Wie unsinnig wir arbeiteten, erwies sich auch an Petra. Als ich in der Unterprima war, musste ich sie monatelang vertreten[2], weil sie sich in einem Sanatorium erholen musste. Ich ging also gleichzeitig in die Schule und bemühte mich außerdem, ein Pensum zu schaffen, das normalerweise eine fleißige hauptberufliche Kraft beanspruchte. Die Situation wurde dadurch erschwert, dass meine Eltern mir wegen der schlechter gewordenen Zensuren in den mathematischen Fächern jede Tätigkeit in der Hitler-Jugend verboten, die über den Heimabend hinausging. Von jetzt an musste ich meine Pressearbeit also wieder illegal verrichten und mir den Spielraum dafür durch ständige Lügen schaffen. Dabei hast du oft herhalten müssen. Wenn ich zu meiner Dienststelle ging, sagte ich: „L. will Mathematik mit mir arbeiten."

An meinem 18. Geburtstag gestand ich meiner Mutter, dass ich illegal weitergearbeitet und sie unzählige Male belogen hatte. Ich hoffte, sie würde mir erlauben, meine Presse-Tätigkeit künftig wieder offen zu verrichten und dadurch meine Nerven und meine Kraft mehr zu schonen. Die Hoffnung blieb unerfüllt. Es kam zu einer schlimmen Krise zwischen meinen Eltern und mir, die schließlich dazu führte, dass beschlossen wurde, mich Ostern in ein mitteldeutsches Internat zu geben. Die Auswahl der Schule wurde von unserer höchsten BDM-Führerin getroffen. Als ich mich von ihr verabschiedete, sagte sie: „Ich erwarte, dass du ein ausgezeichnetes Abitur machst. Die Hitler-Jugend braucht Menschen mit einer soliden Ausbildung."

Während der letzten Jahre hatte ich mich wie ein schon selbstständig im Berufsleben tätiger Erwachsener gefühlt. Es fiel mir bitterschwer, plötzlich wieder die Rolle eines „Schulmädchens" zu spielen.

Melitta Maschmann: Fazit. (dtv) München 1979, S. 28f.

[1] Bund Deutscher Mädel
[2] bei der BDM-Arbeit und in der Arbeit für das Presse- und Propagandaamt der Reichsjugendführung

M 8.15 1939 – Nach Bedarf auch Lastwagenfahrer

In dem 1939 erschienenen Buch „Die Frau in der Landesverteidigung" heißt es:

Rechnen wir zu den 1,750 Millionen berufstätiger Frauen, die der Kriegswirtschaft aus nebensächlicheren Wirtschaftszweigen zugeleitet werden können, die rund 5 Millionen berufsloser Frauen hinzu, von denen wir angenommen haben, dass sie im Ernstfall zusätzlich aufgeboten werden können, so kommen wir auf eine Arbeitskraftreserve von 6,750 Millionen Frauen; sie kann im Kriege in der Heimatfront zum Einsatz gebracht werden, und zwar ohne dass mit ihrer Aufbietung eine Revolutionierung des gesellschaftlichen und des Familienlebens verbunden zu sein brauchte, [...]
Die Erziehung des deutschen Mädchens wird immer in erster Linie das Ziel verfolgen müssen, sein Verantwortungsgefühl gegenüber Staat und Volk zu festigen, es mit den Grundlagen und dem Wesen seines Volkstums vertraut zu machen und ihm jenes Maß nationalpolitischer Schulung zu vermitteln, dessen auch die Frau bedarf, um ihren Platz in einem Zeitalter stärkster politischer Bewegungen ausfüllen zu können. Eine körperliche Ausbildung, die die heranwachsenden Frauen befähigt, gesunde Mütter eines kommenden Geschlechtes zu werden, wird damit einhergehen. Schließlich aber werden sie auch eine praktische Ausbildung erhalten müssen, und diese wird sich nicht allein darauf beschränken dürfen, Hausfrauen heranzubilden, die imstande sind, auch in schwierigen Zeiten die Steuerung ihres Haushaltes den politischen und wirtschaftlichen Gegebenheiten anzupassen. Sie wird außerdem noch darauf abgestellt sein müssen, den Frauen, in möglichster Anlehnung an ihre berufliche Tätigkeit, gewisse Kenntnisse und Fertigkeiten zu vermitteln, die sie befähigen, auch auf dem weiten Felde der Landesverteidigung den ihnen bestimmten Posten mit Nutzen einnehmen zu können.
[...] Die grundsätzlichen Richtlinien für eine den Bedürfnissen der Wehrwirtschaft angepasste Erfassung und Verteilung auch der weiblichen Arbeitskräfte [...] beruhen darauf, dass alle Frauen, die tauglich und abkömmlich sind, ohne Ansehung des Berufes, des Alters, des Familienstandes zur Kriegsdienstleistung heranzuziehen sind. [...]
Das Bild, das wir uns von der Rolle der Frau in einem künftigen Kriege entwerfen, ist sicher kein schönes. Nüchtern, im höchsten Maße unromantisch wie das Maschinenzeitalter, in dem wir leben, zeigt es uns die Frau am Pflug und an der Werkbank, in den stickigen Dämpfen der chemischen Fabriken, in dröhnenden Maschinenhallen und im Staub der Kohlenbergwerke, als Briefboten, als Feuerwehrmann und als Lastwagenfahrer, in allen schweren, schmutzigen und gefährlichen Arbeiten der Männer, in entstellender Arbeitskleidung und unter rauen Daseinsbedingungen. Es hat nichts mehr gemein mit dem, welches den Kriegern früherer Zeiten vorschwebte, wenn sie für Weib und Kind und Heim und Herd in den Kampf zogen.

Rolf Schörken (Hg.): (M 8.13) S. 58f.

M 8.16 1928–1942 – Frauenlöhne im Vergleich zu Männerlöhnen in der deutschen Elektroindustrie (Bruttostundenlohn in Pfennig)

	1928	1931	1935	1937	1939	1944
Facharbeiter	121,5	116,8	105,5	111,8	117,3	121,6
Angelernte	103,1	99,0	90,9	93,9	99,8	107,0
Ungelernte	86,9	84,0	73,9	75,9	79,9	82,7
Frauen	65,5	64,7	55,9	59,3	62,7	62,9

(Die Elektroindustrie war gekennzeichnet von einem relativ hohen Anteil an Frauenarbeit – durchweg in Anlernberufen.)
Zit. nach: Rüdiger Hachtmann: (M 8.11). S. 104f.

M 8.17 **1933–1939 – Blick nach vorn? – Blick zurück? – Frauenbilder im Nationalsozialismus**

Georg Siebert: „Das Liebespaar"

Emanzipation? – Die Regisseurin Leni Riefenstahl auf dem Trickwagen bei der Fahraufnahme für den Olympiafilm 1936 (zu L. Riefenstahl s. S. 179)

Bei der Staubsaugermontage

M 8.18

1977 – Eine These zur Situation der Frau 1933–1945

Die Behauptung Ralf Dahrendorfs, der Nationalsozialismus habe eine erhöhte vertikale soziale Mobilität und vergrößerte Aufstiegschancen hervorgebracht, ist immer noch nicht belegt. Zumindest in Bezug auf die Frauen, die ja immerhin ein Drittel der Erwerbstätigen stellten, ist diese These falsch. Für die Millionen von mithelfenden Familienangehörigen in Landwirtschaft, Gewerbe und Handel verschlechterte sich die Lage durch den zunehmenden Mangel an Arbeitskräften, der ihre eigene Arbeitslast vergrößerte und die Aussicht auf einen Verdienst außerhalb des Familienbetriebs immer mehr in die Ferne rückte. Weibliche Beamte und Angestellte mussten hinnehmen, dass ihnen bei der Besetzung besser bezahlter leitender Posten Männer vorgezogen wurden. Landarbeiterinnen und Hausangestellte ebneten sich infolge des Arbeitermangels die Wege in die Industrie, was konkret etwas höhere Löhne bei kürzerer Arbeitszeit bedeutete. Ein sozialer Aufstieg war damit aber kaum verbunden, da diese Frauen auf Hilfsarbeiten beschränkt blieben. Insgesamt kann eine quantitative Ausweitung der Frauenarbeit noch nicht als „ökonomische Emanzipation" gewertet werden. Vor allem aber darf nie die Tatsache aus dem Auge verloren werden, dass die Nationalsozialisten, vorrangig Hitler, die Arbeit verheirateter Frauen ebenso wie die von Frauen in traditionell Männern vorbehaltenen Berufen und Positionen nur als ein befristetes Zugeständnis an die Aufrüstung und den Krieg duldeten. Grundsätzlich wurden den verheirateten Frauen aber in der nationalsozialistischen Gesellschaft das Recht auf Erwerbsarbeit abgesprochen. Die übrigen Frauen besaßen weder Anspruch auf freie Berufswahl noch auf dieselben Berufschancen und Löhne wie die Männer.

Dörte Winkler: (M 8.16). S. 189f.

Hitler-Jugend (HJ) und Bund Deutscher Mädel (BDM)

M 8.19

1933/39 – Der Weg des „gleichgeschalteten" Staatsbürgers

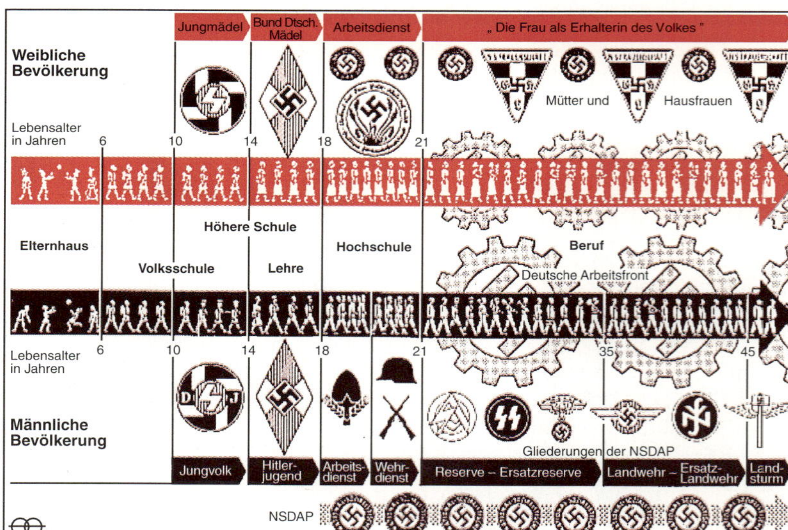

Die Einbindung der Jugend in politischen Gruppierungen ist ein Produkt des frühen 20. Jahrhunderts, das ganz allgemein die Nationalisierung und Ideologisierung der Massen gebracht hatte. In den Zwanzigerjahren schufen sich dann die meisten Parteien ihre Jugendorganisationen, die Sozialdemokraten mit der „Sozialistischen Arbeiterjugend", die Kommunisten mit dem späteren „Kommunistischen Jugendverband Deutschland", die Völkischen mit „Adler und Falken" und dem „Jungnationalen Bund" und das Zentrum unter anderem mit Jugendgruppen wie „Neudeutschland". Daneben bestand die politisch und konfessionell unabhängige bündische Jugend. Nach der Durchsetzung der NS-Macht gingen sie entweder in der Hitlerjugend auf oder wurden verboten. Die Hitlerjugend wurde die Staatsjugend des Dritten Reiches. Der Anteil der

Mädchen bei der Organisation der HJ betrug 1932 22,1%, ein Jahr später 45,7% und entsprach 1939 fast dem Bevölkerungsanteil mit gut 50%.

Hans-Ulrich Thamer (M 7.19). S. 405.

M 8.20 Die NSDAP – eine jugendliche Partei? (31.12.1934)

Altersgruppe	Mitglieder	Stützpunktleiter	Ortsgruppenleiter	Kreisleiter
18–30	37,6	19,8	15,8	14,2
31–40	27,9	44,6	47,0	55,7
41–50	19,6	26,4	27,8	26,4
51–60	11,2	8,1	8,4	3,4
61 und mehr	3,7	1,1	1,0	0,3
absolut	2.493.890	6.518	14.110	776

In dem am 14. September 1930 gewählten Reichstag waren nur 10 Prozent der SPD-Abgeordneten unter 40 Jahre, bei der NSDAP-Fraktion waren es, genau wie bei der KPD, rund 60 Prozent.

Hans-Ulrich Thamer (M 7.19). S. 178.

M 8.21 Heinrich Anacker: Lied der Hitlerjugend

Hört ihr die Trommel schlagen?
Sie ruft euch allzumal!
Vorbei das bange Zagen –
hell braust's von Tal zu Tal:
Wir sind die Hitlerjungen
und wollen euch befrei'n.
Wir stehn mit unsrem jungen Blut
für Volk und Heimat ein!
Wir kennen keine Klassen,
nur Deutsche, treu geschart.
Der Weltfeind, den wir hassen,
ist nicht von deutscher Art:
Wir sind die Hitlerjungen
und wollen euch befrei'n.
Wir stehn mit unsrem jungen Blut
für Volk und Heimat ein!
Tritt ein in unsre Reihen!
Was säumst du, Kamerad?
Alldeutschland sich zu weihen,
ist keiner je zu schad!

Zit. nach: Peter Kohrs: Kindheit und Jugend unter dem Hakenkreuz. (Metzlersche Verlagsbuchhandlung) Stuttgart 1983. S. 106.

M 8.22 1935 – Die Attraktivität der Hitlerjugend

Inge Scholl, Schwester von Sophie und Hans Scholl, die 1943 für ihren aktiven Widerstand hingerichtet wurden, berichtet, wie der Nationalsozialismus auch ihren Bruder beeinflusste, obwohl die Eltern sehr entschiedene Gegner des Systems waren. (→ M 9.25; vgl. auch M. Maschmann, M 8.14)

Wir hörten, dass wir für eine große Sache leben sollten. Wir wurden ernst genommen, in einer merkwürdigen Weise ernst genommen, und das gab uns einen besonderen Auftrieb. Wir glaubten, Mitglieder einer großen, wohlgegliederten Organisation zu sein, die alle umfasste und jeden würdigte, vom Zehnjährigen bis zum Erwachsenen. Wir fühlten uns beteiligt an einem Prozess, an einer Bewegung, die aus der Masse Volk schuf. Manches, was uns anödete oder einen schalen Geschmack verursachte, würde sich schon geben – so glaubten wir. Einmal sagte eine fünfzehnjährige Kameradin im Zelt, als wir uns nach einer langen Radtour unter einem weiten Sternenhimmel zur Ruhe gelegt hatten, ziemlich unvermittelt: „Alles wäre so schön – nur die Sache mit den Juden, die will mir nicht hinunter." Die Führerin sagte, dass Hitler schon wisse, was er tue, und man müsse um der großen Sache willen manches Schwere und Unbegreifliche akzeptieren. Das Mädchen jedoch war mit dieser Antwort nicht ganz zufrieden, andere stimmten ihr bei, und man hörte plötzlich die Elternhäuser aus ihnen reden. Es war eine unruhige Zeltnacht – aber schließlich waren wir doch zu müde. Und der nächste Tag war herrlich und voller Erlebnisse. Das Gespräch der Nacht war vorläufig vergessen.

In unseren Gruppen entstand ein Zusammenhalt, der uns über die Schwierigkeiten und die Einsamkeit jener Entwicklungsjahre hinwegtrug, vielleicht auch hinwegtäuschte.

Hans hatte sich einen Liederschatz gesammelt und seine Jungen hörten es gerne, wenn er zur Klampfe sang. Es waren nicht nur die Lieder der Hitlerjugend, sondern auch Volkslieder aus allerlei Ländern und Völkern. […]

Aber nach einiger Zeit ging eine merkwürdige Veränderung in Hans vor, er war nicht mehr der alte. Etwas Störendes war in sein Leben getreten. Nicht die Vorhaltungen des Vaters waren es, nein, denen gegenüber konnte er sich taub stellen. Es war etwas anderes. Die Lieder sind verboten, hatten ihm die Führer gesagt. Und als er darüber lachte, hatten sie ihm mit Strafen gedroht. Warum sollte er diese Lieder, die so schön waren, nicht singen dürfen? Nur weil sie von anderen Völkern ersonnen waren? Er konnte es nicht einsehen; es bedrückte ihn, und seine Unbekümmertheit begann zu schwinden.

Zu dieser Zeit wurde er mit einem ganz besonderen Auftrag ausgezeichnet. Er sollte die Fahne seines Standorts zum Parteitag nach Nürnberg tragen. Seine Freude war groß. Aber als er zurückkam, trauten wir unseren Augen kaum. Er sah müde aus, und in seinem Gesicht lag eine große Enttäuschung. Irgendeine Erklärung durften wir nicht erwarten. Allmählich erfuhren wir aber doch, dass die Jugend, die ihm dort als Ideal vorgesetzt wurde, völlig verschieden war von dem Bild, das er sich von ihr gemacht hatte. Dort Drill und Uniformierung bis ins persönliche Leben hinein – er aber hätte gewünscht, dass jeder Junge das Besondere aus sich machte, das in ihm steckte. Jeder einzelne Kerl hätte durch seine Fantasie, seine Einfälle und seine Eigenart die Gruppe bereichern helfen sollen. Dort aber, in Nürnberg, hatte man alles nach einer Schablone ausgerichtet.

Inge Scholl: Die Weiße Rose. (Fischer Taschenbuch Verlag) Frankfurt/M. 1989 (erweiterte Neuausgabe). S. 16f.

Architektur und Herrschaftsanspruch

M 8.23

A. 1938 – Die geplante Berliner Große Halle

Die Halle sollte nach Hitlers Vorstellungen 250000 Menschen fassen, wurde aber von Albert Speer auf 180 000 Personen Fassungsvermögen gedrückt. 3000 bis 4000 Jahre sollten die Staatsbauten halten.

Die „Große Halle" sollte nach Hitlers 1939 gegebener Anweisung ein Adler krönen, der die Weltkugel statt des sonst üblichen Hakenkreuzes in seinen Fängen hielt; das Kapitol in Washington dagegen hat als Kuppelabschluss eine Statue der „Liberty", der politischen Freiheit.

B. 1941 – Geplante Totenburg für das Dnjepr-Gebiet

C. 1936 – Die Marmorgalerie in der neuen Reichskanzlei

Die „Marmorgalerie“ lag unmittelbar vor Hitlers Arbeitszimmer, was eine direkte Anspielung auf die Spiegelgalerie von Versailles bedeutete. In der Presse wurde zudem ausdrücklich darauf verwiesen, dass die Marmorgalerie die Spiegelgalerie, in der der Friedensvertrag von Versailles unterzeichnet worden war, an Länge übertraf.

Wohnungsbau: Architektur und „Volksgemeinschaft“

M 8.24 1938 – „Stadt des KdF-Wagens“[1] – moderne NS-Musterstadt?

Auszug aus einer Schrift Emil Ueblers, Mitarbeiter bei der Zentralstelle für den Vierjahresplan (s. S. 169f.; → M 8.5) und seit 1938 für die statistische Abwicklung der Planung der neuen Stadt zuständig.

Der Tatbestand war folgender: Auf Grund des Auftrages des Führers, den Volkswagen in einem neu zu erstellenden Werk zu bauen, musste der Standort für dieses Werk und für die damit zusammenhängende Siedlung ermittelt werden. Bewusst ist man dabei nicht allein von technischen, wirtschaftlichen und wehrpolitischen Gesichtspunkten ausgegangen, sondern man hat in erster Linie die Sorge um die Gefolgschaftsmitglieder und ihre Familienangehörigen in den Vordergrund gestellt. Es sollte von Beginn an die Gewähr gegeben sein, dass die neu hinzuzuziehenden Menschen an diesem neuen Standort möglichst rasch eine neue Heimat finden. [...]
Entscheidend ist hierbei, dass alle Stellen besessen sind von der politischen Idee und von dem ernsten Willen, ohne Kleinlichkeit, Pedanterie und Negierung auf der einen Seite und unter Berücksichtigung des materiell und finanziell Möglichen auf der anderen Seite das Beste zu schaffen und hier eine wirkliche Musterstadt entstehen zu lassen. Es sei hier an die Einrichtungen der NSV[2], der SS, SA, NSKK[3], der Kreisleitung usw. sowie an die Schulen, Krankenhäuser usw. gedacht. Der Ansatz von *Ärzten, Rechtsanwälten* und anderen *freien Berufen* musste mit den zuständigen Spitzenorganisationen eingehend im gleichen Sinne beraten werden. Es ist auch nur zu verständlich, dass die Deutsche Arbeitsfront hier bei dieser Stadt, wo sie gewissermaßen Patenschaft übernommen hat, all die Einrichtungen der *Berufserziehung,* von NS-Gemeinschaft *Kraft durch Freude* und anderen sozialpolitischen Bestrebungen in mustergültiger und vorbildlicher Weise zu schaffen versucht.

Zit. nach: Emil Uebler: Fallersleben. In: Marie-Luise Recker: Die Großstadt als Wohn- und Lebensbereich im Nationalsozialismus. (Campus) Frankfurt/New York 1981. S. 117 und 123f.

[1] heute Wolfsburg (Volkswagenstadt)
[2] Nationalsozialistische Volkswohlfahrt
[3] Nationalsozialistisches Kraftfahrerkorps

M 8.25
1935–1939 – NS-Wohnungsbau

A. Wohnblock und Hof in der „Stadt des KdF-Wagens"

Der heute Rilkehof genannte Bereich lag im Stadtteil Mitte der „Musterstadt".

B. Wilhelm-Gustloff-Siedlung (Düsseldorf, 1937)

Die modernen Medien

M 8.26
1940 – Film und Krieg

Auszug aus einem internen Stimmungsbericht des SD. (Siehe auch das Bild S. 214)

Nach den bisher vorliegenden Meldungen aus allen Teilen des Reiches findet der Film „Wunschkonzert" in der Bevölkerung *größte Anteilnahme* und begeisterte *Zustimmung.* Schon vor seinem Anlaufen sei durch eingehende Propaganda in der Presse größtes Interesse ausgelöst worden, das durch die Beliebtheit der Wunschkonzerte überhaupt noch gesteigert wurde. Der anhaltende *Rekordbesuch* dieses Filmes stelle einen überzeugenden Beweis dafür dar, dass die filmische Gestaltung eines *zeitnahen Stoffes* und der Versuch, *gegenwärtiges Geschehen,* das jeder aus eigenem Erlebnis kennt, mit einer *Spielhandlung* zu verbinden, von vornherein einer überdurchschnittlichen Anteilnahme in allen Kreisen der Bevölkerung sicher sei. […] Im Mittelpunkt der häufig beobachteten *Mundpropaganda für den Film* stehe vor allem der Hinweis auf die außerordentliche *Fülle der im Film berührten wichtigen Ereignisse der letzten Jahre* (Olympiade, Legion Condor in Spanien, Polenfeldzug) *und auf die vielfältigen Episoden aus dem gegenwärtigen Kriegsgeschehen.* Der Film komme dem Wunsch der breiten Masse der Bevölkerung nach *Vielseitigkeit und Aktualität* in umfassender Weise entgegen. Besonders guten Anklang finden die *Originalaufnahmen vom Ablauf eines Wunschkonzertes,* von denen einige schon aus der Wochenschau bekannt gewesen seien. Stark beachtet und besprochen werde nach den vorliegenden Meldungen der Umstand, dass der Infanterie-Stoßtrupp als Richtungsweiser und Treffpunkt und später als Beobachtungsstelle eine Kirche benutze, die zunächst vollkommen unbeschädigt sei und erst nach Einbeziehung in den Kampfverlauf (Orgelspiel) beschossen und zerstört werde. […] Gerade diese *Kirchenszenen* mit dem Orgelspiel seien es […], die die noch kirchlich beeinflussten Kreise der Bevölkerung in besonderem Maße ansprächen.

Quelle: Bundesarchiv Koblenz, R 58/157.

M 8.27
Die Feuerzangenbowle – ein heiterer Film im Krieg

Heinz Rühmann, der Hauptdarsteller, berichtet 1982 in seinen Memoiren:

Von den Dreharbeiten zur „Feuerzangenbowle" habe ich bereits berichtet, aber noch nicht von dem, was hinterher geschah: Als wir 1943 auf den Flugplatz in Durach bei Kempten im Allgäu am zweiten „Quax"-Film drehten, kam eines Tages die Hiobsbotschaft aus Berlin: „Die Feuerzangenbowle", eben erst fertig gestellt, durfte nicht aufgeführt werden. Der für den Unterricht zuständige Minister Rust hatte den Film verboten. Begründung: Es fehle ohnehin der Nachwuchs für den Lehrerberuf, und man könne es sich nicht leisten, solche Typen als Lehrer zu zei-

gen. Dass der Film Jahrzehnte zurück spielte, wie aus den Bauten und der Kleidung ersichtlich, war anscheinend dem Herrn Minister nicht aufgefallen.
Mein geliebter „Pfeiffer mit drei F“ verboten! Was war zu tun? Tausend Gedanken schossen mir durchs Hirn.
Seit den Dreharbeiten für den ersten „Quax“-Film hatte ich Kontakt zu Oberst Angermund vom Reichsluftfahrtministerium, der für die Flugaufnahmen zuständig war. Ihm erzählte ich von dem Verbot, und er versprach festzustellen, ob er Hermann Göring für diesen Film interessieren könne.
Tage vergingen, dann ein Anruf: Ich solle mit einer Kopie ins Führerhauptquartier kommen, wo sich der Reichsmarschall aufhalte. [...]

[Zwei Tage später:]
Am nächsten Morgen erfuhr ich, dass die Vorführung ein großer Erfolg gewesen sei. Mittags kam die Meldung, Göring hätte beim Frührapport berichtet und auch erzählt, dass der Film verboten sei. Warum, wüsste er nicht, gestern hätten jedenfalls alle schallend gelacht.
Darauf Hitler: „Ist er wirklich so komisch?“
Göring: „Wir haben uns auf die Schenkel geschlagen!“
Hitler: „Dann soll er sofort anlaufen!“
„Die Feuerzangenbowle“ hatte am 28. Januar 1944 gleichzeitig in zwei Berliner Kinos Premiere. In der Nacht zuvor hatten 1077 englische Flugzeuge 3715 Tonnen Bomben auf Berlin abgeworfen.

Heinz Rühmann: Das war's. (Ullstein) Berlin 1982. S. 152ff.

M 8.28 Das Radio in der Bauernstube

Volksempfänger[1]

Gemälde von Paul Mathias Padua: Der Führer spricht

[1] Der Volksempfänger war das erste billige elektronische Massenmedium im Mittel- und Langwellenbereich. Er erlaubte so faktisch nur die Wahl des einheitlichen Reichsfunks. Ohne Kurzwelle waren ausländische Sender kaum zu empfangen.

Justiz und NS-Staat

M 8.29 1933 – Strafverschärfung – z. B. „Heimtücke"

Verordnung des Reichspräsidenten „Zur Abwehr heimtückischer Angriffe gegen die Regierung der nationalen Erhebung", 21. 3. 1933

Aufgrund des Artikels 48, Abs. 2 der Reichsverfassung wird Folgendes verordnet: [...]

§ 3 1. Wer vorsätzlich eine unwahre oder gröblich entstellte Behauptung tatsächlicher Art aufstellt oder verbreitet, die geeignet ist, das Wohl des Reiches oder eines Landes oder das Ansehen der Reichsregierung oder einer Landesregierung oder der hinter diesen Regierungen stehenden Parteien oder Verbände schwer zu schädigen, wird, soweit nicht in anderen Vorschriften eine schwerere Strafe angedroht ist, mit Gefängnis bis zu zwei Jahren und, wenn er die Behauptung öffentlich aufstellt oder verbreitet, mit Gefängnis nicht unter drei Monaten bestraft.

2. Ist durch die Tat ein schwerer Schaden für das Reich oder ein Land entstanden, so kann auf Zuchthausstrafe erkannt werden.

3. Wer die Tat grob fahrlässig begeht, wird mit Gefängnis bis zu drei Monaten oder mit Geldstrafe bestraft.

Zit. nach: Wolfgang Michalka (M 7.5). S. 31f.

M 8.30 Konzentrationslager – „Das Dachauer Modell"

Konzentrationslager Dachau
Kommandantur 1. 10. 1933

Disziplinar u. Strafordnung
für das Gefangenenlager

Einleitung.

Im Rahmen der bestehenden Lagervorschriften werden zur Aufrechterhaltung der Zucht und Ordnung für den Bereich des Konzentrationslagers Dachau nachstehende Strafbestimmungen erlassen.

Diesen Bestimmungen unterliegen alle Gefangenen des K.L.D. vom Zeitpunkt der Einlieferung ab bis zur Stunde der Entlassung.

Die vollziehende Strafgewalt liegt in den Händen des Lagerkommandanten, welcher für die Durchführung der erlassenen Lagervorschriften dem Politischen Polizeikommandeur persönlich verantwortlich ist.

Toleranz bedeutet Schwäche. Aus dieser Erkenntnis heraus wird dort rücksichtslos zugegriffen werden, wo es im Interesse des Vaterlandes notwendig erscheint. Der anständige, verhetzte Volksgenosse wird mit diesen Strafbestimmungen nicht in Berührung kommen. Den politisierenden Hetzern und intellektuellen Wühlern – gleichwelcher Richtung – aber sei gesagt, hütet euch, dass man euch nicht erwischt, man wird euch sonst nach den Hälsen greifen[1] und nach eurem eignen Rezept zum Schweigen bringen. [...]

§ 19. Arrest[2] wird in einer Zelle, bei hartem Lager, bei Wasser und Brot vollstreckt. Jeden 4. Tag erhält der Häftling warmes Essen.

Strafarbeit umfasst harte körperliche oder besonders schmutzige Arbeit, die unter besonderer Aufsicht durchgeführt wird.

Als Nebenstrafen kommen in Betracht:

Strafexerzieren, Prügelstrafe, Postsperre, Kostentzug, hartes Lager, Pfahlbinden, Verweis und Verwarnungen. Sämtliche Strafen werden aktlich vermerkt.

Arrest und Strafarbeit verlängern die Schutzhaft um mindestens 8 Wochen, eine verhängte Nebenstrafe verlängert die Schutzhaft um mindestens 4 Wochen. In Einzelhaft verwahrte Häftlinge kommen in absehbarer Zeit nicht zur Entlassung.

Der Kommandant des Konzentrationslagers gez.
Eicke SS-Oberführer

Zit. nach: Konzentrationslager Dachau 1933–1945. Hrsg. v. Comité International de Dachau. (Lipp KG) München o. J. S. 68f.

---

1 Die §§ 11 und 13 bestimmten ganz in diesem Sinne, dass bei politischer Betätigung („Aufwiegelung") oder Sachbeschädigung („Sabotage") der Tod durch Erhängen folgte.

2 Arrest zwischen 8 und 42 Tagen, meist verbunden mit Stockhieben, gab es z. B. für unterlassenes Grüßen (8 Tage) oder für außerhalb der Seelsorge liegende Gespräche mit Geistlichen (42 Tage).

SS und Jusitz

M 8.31 1938 – Die Aufgabe der SS (Geheimbefehl Hitlers)

1. Die SS in ihrer Gesamtheit, als eine politische Organisation der NSDAP, bedarf für die ihr obliegenden politischen Aufgaben keiner militärischen Gliederung und Ausbildung. Sie ist unbewaffnet.

2. Für besondere innerpolitische Aufgaben des Reichsführers-SS und Chefs der Deutschen Polizei, die ihm zu stellen ich mir von Fall zu Fall vorbehalte, oder für die mobile Verwendung im Rahmen des Kriegsheeres (SS-Verfügungstruppe) sind von den Anordnungen der Ziffer 1. folgende bereits bestehende bzw. für den Mob.Fall[1] aufzustellende SS-Einheiten ausgenommen:
die SS-Verfügungstruppe,
die SS-Junkerschulen,
die SS-Totenkopfverbände,
die Verstärkung der SS-Totenkopfverbände (Polizeiverstärkung).
Sie unterstehen im Frieden dem Reichsführer-SS und Chef der Deutschen Polizei, der [...] allein die Verantwortung für ihre Organisation, Ausbildung, Bewaffnung und volle Einsatzfähigkeit hinsichtlich der ihm von mir zu stellenden innerpolitischen Aufgaben trägt [...]
Die SS-Verfügungstruppe ist weder ein Teil der Wehrmacht noch der Polizei. Sie ist eine stehende bewaffnete Truppe, zu meiner ausschließlichen Verfügung [...]
Die SS-Verfügungstruppe erhält ihre Geldmittel durch das Reichsinnenministerium. [...]
Die Verwendung der SS-Verfügungstruppe im Mob.Fall ist eine doppelte:
1. Durch den Oberbefehlshaber des Heeres im Rahmen des Kriegsheeres. Sie untersteht dann ausschließlich den militärischen Gesetzen und Bestimmungen, bleibt aber politisch eine Gliederung der NSDAP.
2. Im Bedarfsfalle im Innern nach meinen Weisungen. Sie untersteht dann dem Reichsführer-SS und Chef der Deutschen Polizei. [...]
Die SS-Totenkopfverbände sind weder ein Teil der Wehrmacht noch der Polizei. Sie sind eine stehende bewaffnete Truppe der SS zur Lösung von Sonderaufgaben polizeilicher Natur, die zu stellen ich mir von Fall zu Fall vorbehalte.

Zit. nach: Walther Hofer: Der Nationalsozialismus. (Fischer) Frankfurt 1957. S. 110f.

---

[1] Mobilisierungs-Fall

M 8.32 1942 – Justiz im Dritten Reich

Lenkung der Justiz durch die Richterbriefe des Justizministers Thierack.

Deutsche Richter!

Nach alter germanischer Rechtsauffassung war immer der Führer des Volkes sein oberster Richter. Wenn also der Führer einen anderen mit dem Amt eines Richters belehnt, so bedeutet das, dass dieser nicht nur seine richterliche Gewalt vom Führer ableitet und ihm verantwortlich ist, sondern auch, dass Führertum und Richtertum wesensverwandt sind.
Der *Richter* ist demnach auch *Träger der völkischen Selbsterhaltung.* Er ist der Schützer der Werte eines Volkes und der Vernichter der Unwerte. Er ist der Ordner von Lebensvorgängen, die Krankheiten im Leben des Volkskörpers sind. Ein starkes Richtertum ist für die Erhaltung einer wahren Volksgemeinschaft unerlässlich.
Mit dieser Aufgabe ist der *Richter* der unmittelbare *Gehilfe der Staatsführung.* Diese Stellung hebt ihn heraus, sie lässt aber auch die Begrenzung seiner Aufgaben erkennen, die nicht, wie eine liberalistische Doktrin glaubte, in der Kontrolle der Staatsführung liegen kann. Denn wenn ein Staat nicht eine Organisation besitzt, die dem Besten die Führung gibt, so kann die Rechtspflege durch ihre Tätigkeit diese Auslese nicht ersetzen.
Diese Aufgaben stellen den *Richter* in den *Mittelpunkt der Rechtspflege.* Sie lassen den *Richterberuf* als einen *Urberuf* – dem des Bauern und Soldaten vergleichbar – erscheinen. [...]
Ein solches Richterkorps wird sich nicht sklavisch der Krücken des Gesetzes bedienen. Es wird *nicht ängstlich nach Deckung durch das Gesetz suchen, sondern verantwortungsfreudig* im Rahmen des Gesetzes die Entscheidung finden, die für die Volksgemeinschaft die beste Ordnung des Lebensvorgangs ist.

Zit. nach: Heinz Boberach (Hg.): Richterbriefe. (Boldt) Boppard. o. J. S. 9.

M 8.33

1940/43 – Weltanschauungsjustiz

Im Herbst 1940 gab es in Berlin eine Sonderzuteilung an Bohnenkaffee – eine Seltenheit in der Kriegszeit. Als auch Juden Kaffee zu erhalten suchten, wurden vom Ernährungsamt Ordnungsstrafen gegen sie verhängt. Ein Berliner Amtsgericht hob die Strafbescheide als nicht rechtmäßig auf. Der Richter – NSDAP-Mitglied – wurde strafversetzt. Justizminister Thierack kommentierte dies 1943 in den „Richterbriefen“:

Der Beschluss des Amtsgerichts grenzt nach Form und Inhalt an die Bloßstellung einer deutschen Verwaltungsbehörde gegenüber dem Judentum. Der Richter hätte sich fragen sollen, mit welchem Gefühl wohl der Jude diese Entscheidung des Gerichts aufnehmen wird, die ihm und seinen fünfhundert Rassegenossen auf einer zwanzig Seiten langen Begründung sein Recht und seinen Sieg über eine deutsche Behörde bescheinigt, ohne auch nur ein Wort darüber zu verlieren, wie das gesunde Volksempfinden jenes freche und anmaßende Verhalten der Juden beurteilt. Auch wenn der Richter der Überzeugung war, dass das Ernährungsamt die Rechtslage unrichtig beurteilt hatte, und wenn er sich nicht entschließen konnte, seine Entscheidung zurückzustellen, bis die Frage notfalls durch die Obersten Behörden geklärt war, hätte er für seinen Beschluss eine Form wählen müssen, die es unter allen Umständen vermied, das Ansehen des Ernährungsamts zu verletzen und den Juden ihm gegenüber ausdrücklich ins Recht zu setzen. […]
(Die) Rechtsauffassung des Ernährungsamts brauchte jedenfalls nicht als „unhaltbar“, „konstruiert“ und „gekünstelt“ hingestellt werden.
Außerdem war es nicht erforderlich, den Juden darauf hinzuweisen, dass er nur einer von vielen seiner Rassegenossen war, die sich ebenfalls beschwert haben. Ebenso überflüssig war die Mitteilung, dass das Ernährungsamt bei den vorangegangenen Verhandlungen eine Zurücknahme der Strafbescheide abgelehnt hatte und dass die Staatsanwaltschaft sich durch die Ablehnung der Übernahme der Verfahren ebenfalls in Gegensatz zum Ernährungsamt gestellt habe. Diese Hinweise waren für die Entscheidung nebensächlich. Der Jude konnte daraus nur auf eine Uneinigkeit der verschiedenen Behörden schließen. Statt dessen hätten für den Fall, dass der Richter die Strafbarkeit verneinte, wenige Sätze der Begründung genügt, die lediglich auf die Verjährung eingingen. Die umfangreiche Begründung des Falles wäre nicht einmal nötig gewesen, wenn es sich um den Rechtsstreit eines deutschen Volksgenossen gehandelt hätte. Die Anordnung des Führers in dem Erlass über die Vereinfachung der Rechtspflege vom 21. März 1942, dass „gerichtliche Entscheidungen in bündiger Kürze mit Beschränkung auf das unbedingt Notwendige abzufassen sind“, war auch vordem bereits ein Gebot der Kriegszeit.

Zit. nach: Heinz Boberach (M 8.32), S. 16.

Zur Interpretation des Diktators Hitler

M 8.34

A. 1986 – Der „starke“ Diktator

Hitlers eigentümliche Größe ist ganz wesentlich an diesen exzessiven Charakter gebunden: ein ungeheurer, alle geltenden Maßstäbe sprengender Energieausbruch. Gewiss ist das Riesenhafte nicht schon das historisch Große, und auch das Triviale ist mächtig. Aber er war nicht nur riesenhaft und nicht nur trivial. Die Eruption, die er entfesselte, verriet in fast jedem Stadium, bis in die Wochen des Untergangs, seinen lenkenden Willen. In zahlreichen Reden hat er sich, mit deutlich entrücktem Unterton, an die Zeit seines Anfangs erinnert, als er „gar nichts hinter sich (hatte); nichts, keinen Namen, kein Vermögen, keine Presse, gar nichts, überhaupt nichts“, und wie er ganz aus eigener Kraft vom „armen Teufel“ zur Herrschaft über Deutschland und bald auch über einen Teil der Welt gekommen sei: „Das ist etwas Wundervolles gewesen!“ Tatsächlich war er in einem wohl beispiellosen Grade alles aus sich und alles in einem: Lehrer seiner selbst, Organisator einer Partei und Schöpfer ihrer Ideologie, Taktiker und demagogische Heilsgestalt, Führer, Staatsmann und, während eines Jahrzehnts, Bewegungszentrum der Welt. Er hat den Erfahrungssatz widerlegt, dass alle Revolutionen ihre Kinder verschlingen; denn er war, wie man gesagt hat, „der Rousseau[1], der Mirabeau[2], der Robespierre[3] und der Napoleon seiner Revolution, er war ihr Marx, ihr Lenin, ihr Trotzki[4] und ihr Stalin. Nach Charakter und Wesensart mag er den meisten der Genannten weit unterlegen gewesen sein, doch immerhin gelang ihm, was keinem vor ihm gelungen ist: Er beherrschte seine Revolution in jeder Phase, selbst noch im Augenblick der Niederlage. Das spricht für ein beträchtliches Verständnis der Kräfte, die er heraufbeschworen hat.“ Er besaß aber auch ein außerordentliches Gespür dafür, welche Kräfte überhaupt mobilisierbar waren, und ließ sich von der herrschenden Tendenz nicht irreführen. Die Zeit seines Eintritts in die Politik stand ganz im Zeichen des liberalen bürgerlichen Systems. Aber er erfasste die verborgenen Widerstände dagegen und machte sie, in kühnen und überspannten Konstruktionen, zu seinem Programm. Dem politischen Verstand erschien sein Verhalten widersinnig, und der hochmütige Zeitgeist hat ihn jahrelang nicht ernst genommen. Doch wie sehr der Hohn, den er auf sich gezogen hat, auch in seiner Erscheinung, seinen rhetorischen Exaltationen[5] und dem Auftrittstheater begründet war, das er um sich herum entfaltete: Er stand stets auf eine schwer beschreibbare Weise über seinen banalen und dumpfen Zügen. Seine besondere Stärke beruhte nicht zuletzt darauf, dass er mit einer unerschrockenen und scharfen Rationalität Luftschlösser errichten konnte: Das meinte jener frühe Hitler-Biograf, der 1935 in Holland ein Buch unter dem Titel *Don Quichotte van München* erscheinen ließ.

Joachim C. Fest: Hitler – Eine Biografie. (Propyläen Verlag) Frankfurt/M. 1973. S. 17f.

---

1 Jean-Jacques Rousseau (1712–1778), französischer Staatsdenker, geistiger Wegbereiter der französischen Revolution

2 Graf Mirabeau (1749–1791), französischer Revolutionär und Staatsmann

3 Maximilien de Robespierre (1758–1794), französischer Revolutionär, verantwortlich für die „Schreckensherrschaft“, 1794 hingerichtet

4 Leo Trotzki (1879–1940), russischer Revolutionär, im Exil auf Befehl Stalins ermordet

5 Übersteigerungen

B. 1974 – Der „schwache“ Diktator

Das Modell der totalitären Diktatur verleitete zugleich dazu, den für das NS-System symptomatischen *Dualismus von Partei und Staat* [ein Begriff, der eine vereinfachende Umschreibung des komplizierten Geflechts rivalisierender Instanzen und Cliquen im Spannungsfeld des staatlichen Behördenapparats und der NSDAP-Dienststellen darstellt – d. Verf.] als bewusstes Herrschaftsmittel, als angewandten Sozialdarwinismus aufzufassen. Die Vorstellung, dass das Dritte Reich ein rational durchorganisiertes, perfektes System terroristischer Herrschaft dargestellt habe, ist aufgrund der Akten nicht aufrechtzuerhalten, auch wenn sie dem subjektiven Verständnis gerade derjenigen entsprach, die vom Regime verfolgt worden waren oder Widerstand zu leisten versucht hatten. Andererseits hat gerade die Irrationalität der Entscheidungsprozesse und das Chaos der Zuständigkeiten die Kräfte des Widerstands gelähmt und die naive Hoffnung, das Regime werde seine Kinderkrankheiten überwinden, begünstigt.

Das Problem der inneren Rationalität des Regimes ist in der Forschung lebhaft umstritten. Dabei tritt notwendig die Rolle des *Führers* in den Vordergrund. Zwar wird die Interpretation des Nationalsozialismus als *Hitlerismus* [...] überwiegend abgelehnt und auf die Verwurzelung des N[ationalsozialismus] im gesamteuropäischen Antidemokratismus hingewiesen [...]. Auch ist die von apologetischen[1] Untertönen nicht freie Deutung, dass die Wirkung Hitlers auf seiner verhängnisvollen dämonischen Ausstrahlungskraft beruhte, durchweg als unbefriedigend empfunden worden. [...] Indessen ist strittig, inwieweit der Diktator planvoll handelte und die innere Widersprüchlichkeit des Regimes von ihm beabsichtigt oder bewusst geduldet worden ist. [...]

In einer Hinsicht antizipierte[2] diese Interpretation [Brachers von 1956: Hitler als Herr über das Rivalitätssystem – d. Verf.] die Ergebnisse der späteren Forschung, die eine institutionelle Anarchie ohnegleichen und eine zunehmende Entsachlichung der Entscheidungsprozesse auf allen Ebenen des Systems feststellte, das äußerlich durch den Führermythos zusammengehalten wurde. Andererseits aber stieß sie auf einen entscheidungsunwilligen, häufig unsicheren, ausschließlich auf Wahrung seines Prestiges und seiner persönlichen Autorität bedachten, aufs stärkste von der jeweiligen Umgebung beeinflussten, in mancher Hinsicht schwachen Diktator. Damit erhebt sich die Frage, inwieweit es angängig ist, die Politik des Dritten Reiches in allen entscheidenden Fragen auf den Willen Hitlers zurückzuführen.

Hans Mommsen: Nationalsozialismus. In: Marxismus im Systemvergleich (Geschichte). Hrsg. v. C. D. Kernig (= Sonderausgabe der Enzyklopädie: Sowjetsystem und demokratische Gesellschaft). (Herder) Frankfurt/New York 1974. Sp. 180f.

---

1 apologetisch – rechtfertigend

2 antizipieren – vorwegnehmen

C. 1969 – Hitler als Marionette des Großkapitals

Alle Bestrebungen des Revanchismus und Antikommunismus sowie der aggressiven Expansionspolitik des deutschen Imperialismus in der Weimarer Republik kulminierten in der Herrschaft des Hitlerfaschismus. Diese These wird von fast allen bürgerlichen und rechtssozialdemokratischen Historikern und Publizisten Westdeutschlands bestritten, wobei die Skala ihrer Beweisführung beträchtlich variiert. So bezeichnet z. B. eine vom westdeutschen Industrieinstitut 1963 unter der Überschrift „Die Legende von Hitler und der Industrie" herausgegebene Studie die Unterstützung der Machtergreifung der Nazipartei durch Großindustrielle als eine 1945 von den Gewerkschaften in die Welt gesetzte „politische Zwecklüge". Ernst Nolte schrieb in seinem Standardwerk „Der Faschismus in seiner Epoche", dass der Charakter des Faschismus vor allem durch die „relativ klassenlose Erscheinung" seiner Führungsschicht bestimmt werde. Niemals sei der Faschismus „primär eine Sache der Aristokratie und des Großbürgertums" gewesen. [...]

Die in diesem Band vorgelegten Dokumente beweisen genau das Gegenteil. Sie zeigen, wie eine entscheidende Gruppe deutscher Industrieller, Bankiers und Großagrarier, z. B. diejenigen, welche im November 1932 die Eingabe an den Reichspräsidenten Paul von Hindenburg zur Übergabe der Regierungsgewalt an Hitler unterzeichneten oder ihr zustimmten[1], direkten oder indirekten Einfluss auf die deutsche Politik nahm und wie sie die Machtergreifung der Nazipartei, die Kanzlerschaft Adolf Hitlers und die Errichtung der faschistischen Diktatur gewollt und organisiert hat. Ausgangs der Weltwirtschaftskrise war das kapitalistische System in Deutschland in eine tiefgehende wirtschaftliche, politische und ideologische Krise geraten. Angesichts dieser Situation schien es den reaktionärsten und aggressivsten Gruppen des deutschen Finanzkapitals angeraten, sich auf eine neue Massenbasis mit der faschistischen Nazipartei an der Spitze zu orientieren, um die Durchführung ihrer weitgespannten Expansionsziele zu sichern. Sie hatten nicht nur keine Angst vor Hitler, vor seiner so genannten Weltanschauung und der bereits praktizierten Terrorpolitik, sondern sie wollten im Gegenteil ihre bereits bestehende Macht mit den gesteigerten Potenzen einer faschistischen Diktatur vereinigen. Sie hielten allein den Faschismus, der sich ihnen als ein politisches System anbot, das alles Reaktionäre und Barbarische in der Politik und in der Ideologie in sich einschloss, für geeignet, mit offenem Terror und mit hemmungsloser Demagogie und einer raffinierten Massenmanipulation den gordischen Knoten[2] ihrer inneren und äußeren Widersprüche zu lösen. Diese Bestrebungen wurden von einflussreichen imperialistischen Kreisen der Westmächte, insbesondere der USA, gebilligt und unterstützt, weil sie sich davon versprachen, dass ein politisches System in Deutschland wie der Faschismus besser als Speerspitze gegen die sozialistische Sowjetunion zu gebrauchen sei. [...]

Dietrich Eichholtz, Wolfgang Schumann (M 8.3). S. 10ff.

---

1 → M 6.10–6.12

2 bildlich: Probleme mit einem unkonventionellen Schlag lösen

D. 1988 – Die sozialgeschichtlichen Bedingungen der Wirksamkeit von Hitlers Persönlichkeit

Die spezifischen Voraussetzungen für das Vordringen von Führermythen im wilhelminischen Deutschland bestanden nicht zuletzt in der zunehmenden Fragmentierung[1] der Politik angesichts der Infragestellung der bestehenden politischen und sozialen Ordnung durch den Aufstieg der demokratischen sozialistischen Bewegung. Je tiefer die inneren Spaltungen einer Gesellschaft sind, desto größer ist in der Regel die Kluft zwischen hochgetriebenen gesellschaftspolitischen Erwartungen und der enttäuschenden Leistungsbilanz einer Regierung, die nicht mehr über ungeteilte Legitimation verfügt. In dem gleichen Maß wächst das Potenzial für die Ausbreitung der Idee des „charismatischen[2] Führertums", das einen grundlegenden Bruch mit der Vergangenheit und einen wirklichen Neuanfang anzubieten scheint. Gerade aufseiten jener Gruppen der nationalistischen Rechten, die populistische Vorstellungen aufgriffen, bestand zwischen der wachsenden Enttäuschung über das „persönliche Regiment" Wilhelms II. und dem Wunschbild eines „Volkskaisers", der die Stärke, Kraft und Vitalität der Nation verkörpern und sowohl die inneren Feinde zerschmettern wie der neu zusammengefassten Nation, einem „Volk ohne Raum", durch Expansion und Kolonisation auf Kosten von minderwertigen Völkern eine neue Machtbasis verschaffen würde, ein innerer Zusammenhang.

Die extreme Verherrlichung des Militarismus während des Weltkrieges und das Trauma von Niederlage und Revolution in den frühen Nachkriegsjahren verschafften dem Gedanken des heroischen Führertums in Kreisen der politischen Rechten neuen Auftrieb. Nach der Abdankung des Kaisers und dem Ende der Monarchie nahm der Führergedanke neue Züge an. Er verschmolz mit dem Wunschbild eines Mannes aus dem Volk, der persönlich die Werte der Schützengrabengemeinschaft – Härte, Entschlossenheit, Kompromisslosigkeit und Radikalität – verkörperte und dem man zutraute, die überkommenen Klassenprivilegien zu beseitigen und mit der Schaffung einer wahren „Volksgemeinschaft" einen neuen Anfang zu setzen. „In unserem Elend", so fanden diese Ideengänge 1920 in der Zeitschrift „Deutschlands Erneuerung" einen typischen Niederschlag, „sehnen wir uns nach dem Führer. Er soll uns den Weg und die Tat zeigen, die unser Volk wieder ehrlich machen können. Dies Verlangen bricht aus unseren Tiefen." „Der Führer", so heißt es weiter, „richtet sich nicht nach der Masse, sondern nach seiner Sendung; er schmeichelt der Masse nicht; hart, gerade und rücksichtslos geht er ihr voran, in guten und bösen Tagen. Der Führer ist radikal; er ist ganz, was er ist, und tut ganz, was er tun muss."

Das pseudo-religiöse Moment, das in der Vorstellung von einer „Sendung" des Führers zum Ausdruck kommt, stellte einen wesentlichen Bestandteil des um sich greifenden Führergedankens dar.

Zit. nach: Hans Mommsen, (M 8.8) S. 26f.

1 Zersplitterung der Gesellschaft in unterschiedliche politische Gruppen

2 ungewöhnliche, rational nicht erklärbare Wirkung ausstrahlend

Aufgaben zu Kapitel 8

(1) Für die Diskussion der Grundlagen des Nationalsozialismus ist es von entscheidender Bedeutung, die Rolle der Großindustrie zu kennen. Bearbeiten Sie bitte nach der Lektüre der Darstellung S. 167–171 die Materialien M 8.3 bis 8.5 und bestimmen Sie die Interessen der Großindustrie, ihre Rolle bei der Aufrüstung Deutschlands und ihre personellen Verknüpfungen mit der staatlichen Wirtschaftsbürokratie! Ordnen Sie Ihre Ergebnisse in eine längere zeitliche Perspektive ein, indem Sie die Rolle der Großindustrie in der Kriegswirtschaft des Ersten Weltkriegs berücksichtigen und ihr Verhalten gegenüber der Weimarer Republik einbeziehen (S. 38f. und 88f.; M 6.10–12)! Beurteilen Sie die Risiken, die von den wirtschaftlichen und militärischen Konsequenzen dieser Politik für den Frieden ausgingen!

(2) Analysieren Sie die Rolle der DAF im politischen Herrschaftssystem des Nationalsozialismus und überprüfen Sie, wo die Eigendynamik dieser Massenorganisation begann, ihren zugedachten Zwecken zuwiderzulaufen (Darstellung S. 171–176, M 8.6 bis 8.9)!

(3) Zentraler Bestandteil der NS-Ideologie und ihres Konzeptes, die Massen zu integrieren und loyal zu halten, war der Gedanke der „Volksgemeinschaft" (M 8.7). Informieren Sie sich über die Begriffe „Klassen-" und „Schichtengesellschaft" und konfrontieren Sie diese mit dem der „Volksgemeinschaft". Untersuchen Sie mit diesem Begriffsinstrumentarium die Darstellung S. 172–176, die Materialien 8.6, 8.8, 8.9, 8.12, 8.24, 8.25 und das Bild S. 172. Zu welchen unterschiedlichen Interpretationen des nationalsozialistischen Deutschland kommen Sie mit den drei Modellen und welchen Erkenntniswert haben sie?

(4) Die Revolutionsfurcht der Herrschenden aus der Erfahrung des Ersten Weltkriegs und die meist latente Widerständigkeit der Arbeiter standen im Gegensatz zu einem praktischen Gehorsam, der bis zur Kapitulation 1945 anhielt. Lassen sich dafür aus dem bisherigen Material Erklärungen geben (M 8.8–8.11 und Bild S. 172)? Wo stößt das Material an seine Grenzen? Nach welchen Quellen könnte man noch suchen?

(5) Die Frau als „Hegerin und Pflegerin" des Lebens im Hause war der zentrale Kern des NS-Frauenbildes. Zeigen Sie den ideologischen Charakter dieses NS-Frauenbildes anhand der Darstellung S. 174–176 (vor allem auch des statistischen Materials) und der Materialien 8.13 bis 8.17 auf. Vergleichen Sie die Wirklichkeit der Frauenrolle nach 1933 mit derjenigen der Weimarer Republik (S. 102 u. M 5.4–6). Versuchen Sie zu beurteilen, ob die Entwicklung 1933 abbrach (M 8.18)!

(6) Diskutieren Sie anhand von M 8.14 und 8.19–8.22 die These von der NSDAP als der Partei der Jugend. Ziehen Sie hierzu auch andere Materialien heran oder befragen Sie Menschen, die vor 1930 geboren sind, und berücksichtigen Sie mögliche Grenzen der Wirksamkeit von HJ, Arbeitsdienst und Militär! Inwieweit können Sie die Einstellungen von Melitta Maschmann (M 8.14) und Hans Scholl (M 8.22) zur HJ, zum BDM und damit zum Nationalsozialismus verstehen? Wie hätten Sie in der damaligen Zeit reagiert?

(7) Untersuchen Sie die Architektur (oder Film und Funk) des Nationalsozialismus hinsichtlich seiner Ausdrucksformen, Zwecke und Wirkungen; beachten Sie dabei die Diskrepanz zwischen rückwärts gewandter Ideologie und Modernität. Erarbeiten Sie im Vergleich zur Weimarer Republik (S. 103ff.) und zur Geschichte nach 1945 Unterschiede und Kontinuitäten heraus (S. 177–180 und M 8. 23 – M 8.28)!

(8) Auf der Seite 117f. und in M 6.6 und 6.7 war die Ideologie des Nationalsozialismus beschrieben und dokumentiert worden. In welchem Maße lässt sich die Umsetzung dieser Ideologie in die praktische Politik der Nationalsozialisten nachweisen? (Gehen Sie dabei zunächst von den Aufgaben 3, 5 und 7 aus Kap. 8 und den Aufgaben 1–4 aus Kap. 9 aus!) Setzen Sie sich mit der Meinung des Historikers Martin Broszat (M 10.5) auseinander, dass es heute wenig nütze, die Entfaltung des NS-Staates und die Brutalisierung seiner Politik vor allem aus der Ideologie Hitlers und des Nationalsozialismus zu erklären, die „je nach Machtlage, Schritt für Schritt" konsequent verwirklicht worden sei, sondern dass vielmehr die „Beteiligung der deutschen Gesellschaft" daran zu untersuchen sei.

(9) Auf den Seiten 180–184 der Darstellung wird das Verhältnis von zentripetalen und zentrifugalen Kräften und Gruppen im NS-Staat behandelt und letztlich von einer Anarchie der rivalisierenden Mächtegruppen gesprochen. Gehen Sie dabei auch auf die Führung der Außenpolitik im NS-System ein (S. 143–148). Bearbeiten Sie auf diesem Hintergrund die Darstellung und die Materialien M 8.5, 8.8, 8.17, 8.27 und 8.31–8.33 und nehmen Sie Stellung zu den beiden Urteilen über die „Hitler-Diktatur" von Joachim Fest und Hans Mommsen (M 8.34 A und B).

(10) Mit den Informationen aus den Kapiteln 7 und 8 können Sie jetzt eine zusammenfassende Erklärung des Erfolgs des NS-Systems versuchen. Bezeichnen Sie die zentralen Machtpositionen des nationalsozialistischen Deutschlands und ihre Inhaber; klären Sie die Verhältnisse zwischen den verschiedenen Machtzentren und versuchen Sie eine Gewichtung der Machtverhältnisse. Bestimmen Sie das Verhältnis der alten Macheliten (Militär, Bürokratie und Wirtschaft) zur NS-Herrschaft und versuchen Sie die Frage nach Teilhabe an der Macht und Verantwortung für die Stabilisierung der Herrschaft und die Vorbereitung des Krieges zu beantworten. Untersuchen Sie die Modelle, die Sie in M 8.34 A–D finden, mit Ihren Ergebnissen; benennen Sie den Nutzen und die Schwächen dieser Modelle!

(11) Über dem Kapitel 8 stand vor allem die Leitfrage nach Modernitätsschüben und -hemmungen des Nationalsozialismus. Versuchen Sie die Entwicklung Deutschlands in der NS-Zeit im Vergleich zur Weimarer Zeit und der Gegenwart zu charakterisieren. Stellen Sie dabei durchgehende Linien der Modernisierung den radikalen Brüchen zwischen diesen Phasen gegenüber. Gehen Sie zunächst von den vier Abschnitten gesondert aus um dann die Teilaspekte zu einem Gesamturteil zu integrieren. (Denken Sie bei Ihrer Arbeit an heute geläufige Begriffe wie: Globalsteuerung der Wirtschaft, freie Marktwirtschaft, sozialer Wohnungsbau, Rechtsstaat, Gewaltmonopol, Medienmacht usw.)

9 Die Steigerung der Diktatur im Krieg: 1939–1945

4.2.1938	Entlassung des Kriegsministers von Blomberg und des Oberbefehlshabers des Heeres, General von Fritsch. Hitler Oberbefehlshaber der Wehrmacht
8.–13.11.1938	Judenpogrome in Deutschland („Reichskristallnacht"): Beginn der systematischen Entrechtung und Verfolgung der jüdischen Deutschen
15.3.1939	Deutscher Einmarsch in ČSR; Böhmen und Mähren werden als Reichsprotektorat annektiert; Slowakei schließt unter Druck Schutzvertrag mit Deutschland
23.8.1939	Nichtangriffspakt Deutschland–Sowjetunion mit geheimen Zusatzprotokollen über die Aufteilung Osteuropas in Interessensphären
1.9.1939	Deutscher Angriff auf Polen
3.9.1939	Britisch-französische Kriegserklärung an das Deutsche Reich
11./12.2.1940	Deutsch-sowjetisches Wirtschaftsabkommen sichert umfangreiche Erdöl-, Metall- und Getreidelieferungen ins Deutsche Reich
22.6.1941	Deutscher Überfall auf die Sowjetunion; Beginn des Vernichtungskrieges gegen Slawen und Juden; sofortiger Widerstand durch Partisanen in den besetzten Gebieten
20.1.1942	„Wannsee-Konferenz" in Berlin: bürokratische Koordinierung der „Endlösung der Judenfrage" in Europa
22.11.1942	6. Deutsche Armee im Raum Stalingrad eingeschlossen, Kapitulation am 31. Januar 1943
24.1.1943	Forderung der Alliierten USA und GB nach „bedingungsloser Kapitulation" Deutschlands, Italiens und Japans
18.2.1943	Goebbels verkündet im Berliner Sportpalast den „totalen Krieg": umfassender Einsatz von Männern und Frauen für die Reichsverteidigung
19.4.–16.5.1943	Aufstand im Warschauer Getto: Widerstand von ca. 60000 verbliebenen Juden; brutale Niederschlagung durch die SS
Mai 1943	Beginn einer koordinierten „Résistance" in Frankreich
28.11.–1. 12.1943	Alliierte Kriegskonferenz in Teheran: u. a. erste Pläne zur Aufteilung Deutschlands
Juni 1944	Alliierte Invasion in der Normandie und sowjetische Offensive gegen Heeresgruppe Mitte leiten Endphase des Krieges ein
20.7.1944	Erfolgloses Attentat auf Hitler durch Claus Graf Schenk von Stauffenberg
1.8. – 2.10.1944	Warschauer Aufstand: Erhebung der nationalpolnischen Untergrundarmee; 166000 Polen getötet, 50000 Warschauer in KZ's transportiert
4.–11.2.1945	Alliierte Kriegskonferenz in Jalta/Krim: Regelungen zur Besatzung Deutschlands
30.4.1945	Selbstmord Hitlers im Bunker der Reichskanzlei in Berlin
7./9.5.1945	Bedingungslose Kapitulation der deutschen Wehrmacht in Reims und Berlin

Keiner der großen Industriestaaten hatte die Weltwirtschaftskrise von 1929 bis 1933 so schnell überwunden wie das Deutsche Reich, aber auch kein Land hatte dies so einseitig durch Aufrüstung erreicht (s. S. 142f. und 168ff.). Ab 1936 war die Gefahr eines neuen Krieges deutlich sichtbar. Für alle eventuellen Gegner Deutschlands hieß das diesen Krieg möglichst lange hinauszuzögern; nur für das Deutsche Reich galt es, einen möglichst frühen Zeitpunkt zur Offensive zu wählen. Schon 1938 bei der Sudetenkrise hatten Hitler und viele Generäle gehofft einen begrenzten europäischen Krieg eröffnen zu können. Nur verärgert hatte Hitler die Vermittlung Mussolinis und die Zugeständnisse der Westalliierten hinnehmen müssen (s. S. 122). Rüstungsverminderung und Überalterung des Geräts in der britischen und französischen Armee zwangen die Alliierten zum Entgegenkommen (Beschwichtigungspolitik, engl. „Appeasement"). Großbritannien hatte z. B. die Größe seiner Armee freiwillig auf den Stand des deutschen, in Versailles festgelegten 100000-Mann-Heeres zurückgeführt. Die Sowjetunion war durch den inneren Machtkampf, in dem Stalin die Spitze der Roten Armee und Tausende von Offizieren hinrichten ließ, auf Jahre hinaus nicht kriegsfähig.

Erst 1939 war die französische Aufrüstung so weit vorangekommen, dass die Regierung glaubte sich gegen einen Angriff Deutschlands behaupten zu können. Allerdings war die Luftwaffe noch so schwach, dass nur die gesamte Royal Air Force Großbritanniens die Unterlegenheit hätte ausgleichen können, d. h. nur um den unannehmbaren Preis einer völligen Entblößung der eigenen britischen Verteidigung. Auch beim deutschen Angriff auf Polen am 1.9.1939 konnten Frankreich und Großbritannien noch nicht offensiv eingreifen. Doch die im März 1939 begonnene Heeresverstärkung konnte bis zum Beginn der deutschen West-Offensive (10.5.1940) die Anzahl der britischen Divisionen von 2 auf 13 erhöhen.

Dagegen war die deutsche Armee 1939 die modernste in Europa; ihr fehlte aber die für eine längere Kriegführung nötige Masse an Reserven: hoch spezialisierte Kampfeinheiten wie etwa Fallschirmspringer waren so knapp, dass größere Verluste nicht auszugleichen waren. Chancen auf Erfolg hatte sie nur in schnellen Angriffskriegen von wenigen Monaten Dauer („Blitzkriege") um die Herrschaft in Europa und der Welt zu erobern. Die inneren Gegensätze in Europa bis 1939 kamen diesen Planungen entgegen. Hitler und die Wehrmacht fürchteten nichts mehr als einen erneuten Zweifrontenkrieg wie im Ersten Weltkrieg. Zunächst sollte daher das autoritär und antikommunistisch regierte Polen (s. S. 134 u. 144) den Osten sichern um Deutschland freie Hand gegenüber Frankreich und Großbritannien zu geben. Aber die Polen verweigerten sich Anfang 1939 Angeboten Hitlers dem Antikominternpakt beizutreten. Geht man von Hitlers Ziel der Eroberung von „Lebensraum im Osten" als dem Kernpunkt seines außenpolitischen Programms aus, dann war die Haltung der Polen nur konsequent.

Ein Bündnissystem gegen Deutschland zu errichten war nach 1933 nicht leicht. Zwar fühlten sich Frankreich und Großbritannien ebenso bedroht wie die Sowjetunion, doch misstrauten sich diese drei Mächte gegenseitig: Die Sowjetunion unterstellte ein gemeinsames Interesse aller kapitalistischen Mächte an einer Schwächung des Sowjetkommunismus und befürchtete selbst im Konfliktfalle von seinen eventuellen westlichen Verbündeten unzulänglich unterstützt zu werden. Der Westen wiederum ging davon aus, dass die Sowjetunion einen Konflikt nutzen würde um in Osteuropa die ehemals russischen Gebiete wiederzugewinnen und vor allem mit Polen die Hauptstütze des Versailler Systems in Osteuropa zu zerstören. Tatsächlich scheiterten sowjetisch-britisch-französische Verhandlungen im Sommer 1939 daran, dass die Sowjetunion ein Durchmarschrecht durch Polen verlangte. In dieser Situation führte eine deutsche diplomatische Initiative innerhalb weniger Wochen zu einem Nichtangriffspakt mit der Sowjetunion (23.8. 1939), in dessen geheimem Zusatzprotokoll die Aufteilung Osteuropas unter diese beiden Mächte geregelt wurde (→ M 9.6). Deutschland griff am 1. September 1939 Polen an und

Rüstungsproduktion der Großmächte in Milliarden $ (Preise 1944)

	1935–39	1939	1941	1943
USA	1,5	0,6	4,5	37,5
GB	2,5	1,0	6,5	11,1
UdSSR	8,0	3,3	8,5	13,9
DR	12,0	3,4	6,0	13,8

Nach: G. Mann / A. Heuß: Propyläen Weltgeschichte, Bd. IX/2. (Propyläen) Frankfurt/M.–Berlin 1976. S. 451.

löste den Zweiten Weltkrieg aus; Großbritannien und Frankreich erklärten dem Reich – entsprechend ihren vertraglichen Verpflichtungen gegenüber Polen und unerwartet für Hitler – den Krieg.
Das Konzept der Blitzkriege scheiterte, als Großbritannien auch auf dem Höhepunkt der deutschen Erfolge sich nicht unterwerfen wollte und der deutsche Angriff auf die Sowjetunion im Winter 1941/42 von der Roten Armee aufgehalten wurde. In dem dann folgenden Verschleißkrieg musste sich die materielle Überlegenheit der Kriegsgegner Deutschlands im Verein mit ihrem Widerstandswillen durchsetzen. Überall in den besetzten Gebieten kam es darüber hinaus trotz aller Kollaborationen zu breiten, in der Bevölkerung verankerten ▷ Widerstands- und Partisanenbewegungen.
Die rassistische und brutale Eroberungspolitik Deutschlands mobilisierte besonders im Osten die Gegenkräfte gegen die Vernichtungsbedrohung durch die Wehrmacht und die ihr folgenden Sonderkommandos der SS. Welche Konsequenzen diese Politik für Europa und am Ende für die Deutschen selbst haben sollten, ist der Gegenstand dieses Kapitels.

9.1 Mobilisierung der Kräfte und Terror

Sowjet Panzer
–in Richtung BERLIN

ALLE OPFER WAREN UMSONST!!

Mit der grössten Lüge dieses Krieges, der Lüge, dass die furchtbaren Opfer der Preis für den sicheren deutschen Endsieg sein würden, hat die Partei- und Staatsführung acht Monate lang vom Volke OPFER, OPFER UND NOCHMALS OPFER gefordert.

DIE OPFER WURDEN GEBRACHT – ABER DER PREIS BLIEB AUS.

Und immer wieder wurden die täglich wachsenden Qualen und Leiden der Zivilbevölkerung „gerechtfertigt" und „entschuldigt" im Namen der GROSSEN WESTOFFENSIVE, in der es – wie Rundstedt sagte – „UMS GANZE" ging.

JETZT, einen Monat nach dem Zusammenbruch der Rundstedt'schen Westoffensive ist auch im Osten die HKL überrannt und

DIE OSTFRONT ZUSAMMENGEBROCHEN!

Zieht die Partei- und Staatsführung die Konsequenzen?? NEIN! Im Namen eines sinnlosen „DURCHHALTENS" und „WEITERMACHENS" fordern die Fanatiker der Führung NEUE OPFER!

DIE PARTEI FORDERT: „WEITERMACHEN!"
DIE ZUKUNFT DEUTSCHLANDS FORDERT:

Schluss machen!

WG 33

14/3 45

Sowjetisches Flugblatt vom 14. 3. 1945, über Berlin abgeworfen

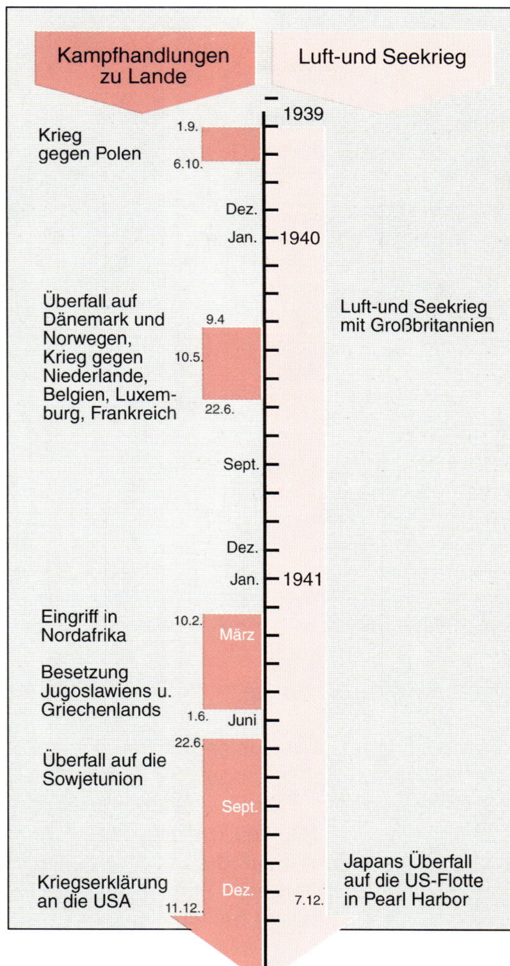

Sowjetisches Flugblatt vom 14. 3. 1945, über Berlin abgeworfen

Krieg und Nicht-Krieg in der Phase der „Blitzkriege" 1939–1941

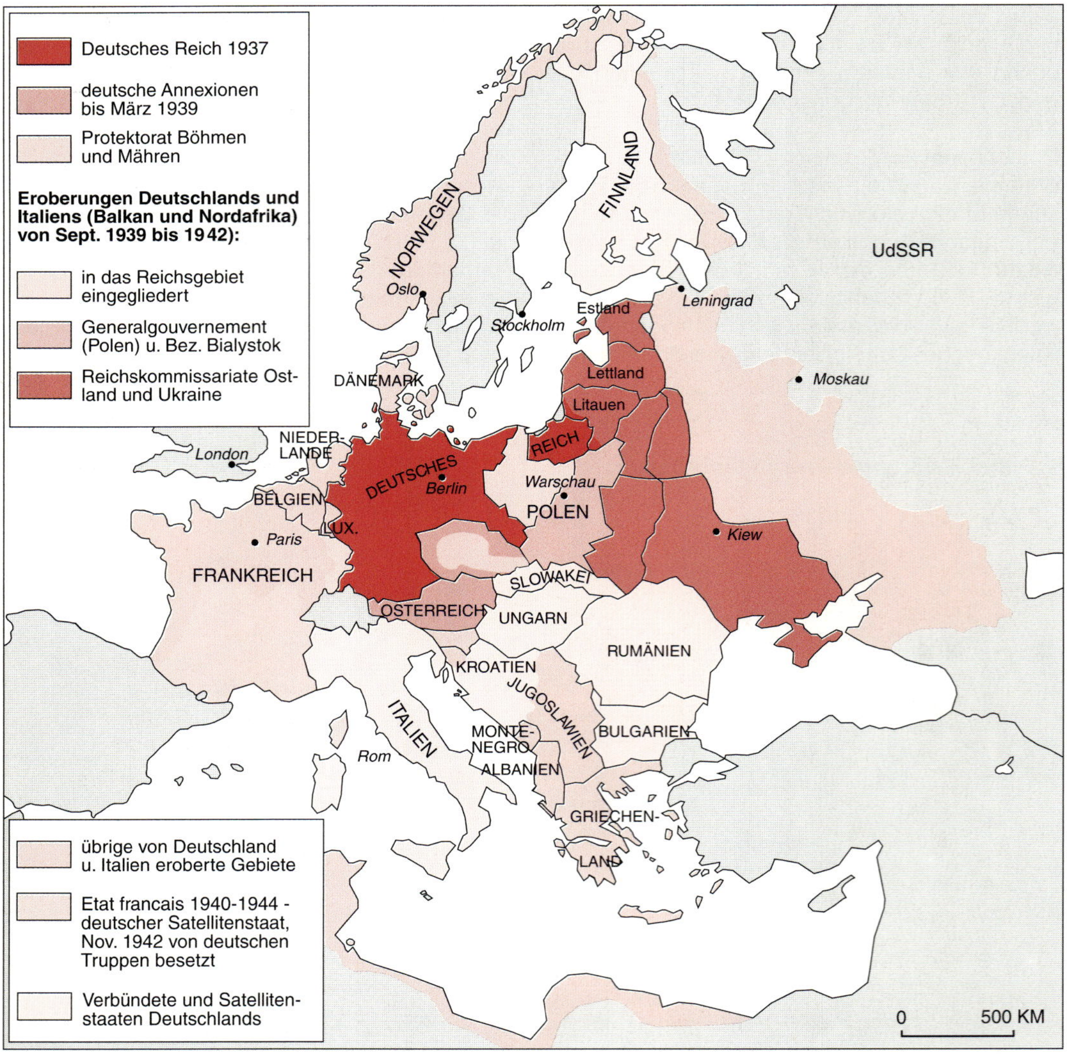

Der Krieg in Europa und Nordafrika

Die Phase der „Blitzkriege"

Zu Kriegsbeginn stellte Hitler den Deutschen die Möglichkeit von Entbehrungen vor Augen, konnte es jedoch nicht wagen, wie Churchill dem britischen Volk „Blut, Mühsal, Tränen und Schweiß" anzukündigen. Zu tief saß die Furcht der Nationalsozialisten vor Unruhen, Streiks oder gar revolutionären Widerstand bei allzu großer Belastung des Volkes. Um diese zu vermeiden mussten sie zwangsläufig anderen aufgebürdet werden, die „deutschen Volksgenossen" dagegen durch Sicherung einer erträglichen Ernährung und durch Ablenkungen von der bedrückenden Realität zur Loyalität angehalten werden (→ M 8.12; s. S. 179f.). Die Konsequenz aber war die erbarmungslose Einschüchterung und Ausbeutung des eroberten Europas.

Die Mobilisierung der deutschen Bevölkerung begann 1939; verglichen mit dem Ersten Weltkrieg blieb aber die Belastung begrenzt und erst mit dem Angriff auf die Sowjetunion trat eine entscheidende Zäsur ein, die mit der Verkündung des „totalen Krieges" durch Goebbels im Berliner Sportpalast am 18. Februar 1943 auch ihren äußeren, propagandistischen Ausdruck fand.

Plakat des bekannten NS-Malers Mjölnir (= Hans Schweitzer), 1943

Wirtschaft und Gesellschaft im Krieg

1939 hatte die NS-Regierung die „Kriegswirtschaft in Friedenszeiten“ nur in eine „friedensähnliche Kriegswirtschaft“ zu verwandeln. Der Staat besaß wirksame Instrumente zur Lenkung der Investitionen, der Rohstoffe und Arbeitskräfte sowie der Kontrolle von Löhnen und Preisen; die Ernährung der Bevölkerung war gesichert. Aber die Rohstoffversorgung war trotz aller ▷ Autarkiebestrebungen des Vierjahresplans von 1936 (s. S. 169f.) noch immer „Deutschlands Achillesferse“. Durchschnittlich bestand hier ein Einfuhrbedarf von einem Drittel des Gesamtbedarfs, im Einzelnen z. B. bei Eisenerz 45%, bei Mineralöl 66%, bei Nickel 95% und bei Bauxit, dem wichtigen Rohstoff für die Aluminiumherstellung im Flugzeugbau, sogar 99%. Die „Blitzkriegs“-Erfolge und die im Zuge des Nichtangriffspakts mit der UdSSR geschlossenen Wirtschaftsverträge verbesserten die Rohstofflage erheblich.

Die Löhne waren Ende 1939 stabil bzw. stiegen wieder, Urlaub wurde wieder gewährt. Die Unter-

Wöchentliche Lebensmittelrationen eines „Normal-Verbrauchers“, sog. „Unproduktiver“ wie Angestellte und Hausfrauen, in Gramm

Zeitpunkt	Brot	Fleisch	Fett
Ende September 1939	2400	500	270
Mitte April 1942	2000	300	206
Anfang Juni 1943	2325	250	218
Mitte Oktober 1944	2225	250	218
Mitte März 1945	1778	222	109

Nach: Hans-Ulrich Thamer: Verführung und Gewalt. Berlin (Siedler Verlag) 1986. S. 712.

stützungszahlungen für die Soldatenfrauen waren so bemessen, dass sie zahlreich ihre Berufsarbeit aufgaben, ganz im Gegensatz zu den Frauen in England oder später auch den USA, die aufgrund ihrer schlechteren materiellen Lage häufig außer Hause arbeiten mussten.

Die Beschäftigtenzahl ging vielmehr von 10,96 Millionen 1939 auf 10,0 Millionen 1940 zurück und stieg 1941 auf 10,39 Millionen, ohne den Vorkriegszustand wieder zu erreichen. Ausländische Arbeitskräfte mussten diese Schonung der Deutschen wettmachen (s. S. 176).

Drei ineinander greifende Methoden ergänzten die Strategie zur Beruhigung der deutschen Bevölkerung: kontrollierende Überwachung, Terrorisierung abweichenden Verhaltens und propagandistische Beeinflussung. Die Überwachung und Terrorisierung wurde aus dem Reichssicherheitshauptamt von der SS unter Reinhard Heydrich gelenkt (s. S. 183). Das Amt war am 27. September 1939 aus den zentralen Ämtern der Sicherheitspolizei (Gestapo) und des Sicherheitsdienstes (SD) des Reichsführers SS entstanden. Der SD überwachte mit ca. 50000 Vertrauensleuten die Bevölkerung und berichtete in den „Meldungen aus dem Reich“ über die Stimmungslage. Die Gestapo verfügte über ein ausgedehntes Spitzel- und Informationsnetz, das die „Meldungen wichtiger staatspolitischer Ereignisse“ lieferte, d. h. Materialien, die einzelne Personen oder Gruppen belasteten. Bei Fällen von so genanntem „Defätismus“ (Beeinträchtigung des Kampfwillens) konnte dann die Gestapo unmittelbar einschreiten. Die bestehenden §§ 89, 90 und 143 des Strafgesetzbuchs, die schon vor 1933 den mit Strafe bedrohten, der die militärische Einsatzfähigkeit Deutschlands schädigte, wurden verschärft. Neue Straftatbestände wie „Zersetzung der Wehrkraft“ wurden mit Verordnung vom 25.11.1939 und durch die „Verordnung gegen

Heinz Rühmann, Josef Sieber und Hans Brausewetter singen in dem Film „Wunschkonzert“ (1940) das Lied „Das kann doch einen Seemann nicht erschüttern“ (→ M 8.26 und 8.27).

die Volksschädlinge“ (5.9.1939) geschaffen. Die schon seit 1933 bestehenden Sondergerichte wurden stark vermehrt: von 27 im Jahr 1938 auf 74 im Jahr 1942. Der 1934 eingesetzte „Volksgerichtshof“ wurde unter seinen Vorsitzenden Georg Thierack und (ab 1942) Roland Freisler zur gefürchteten politischen Strafkammer (→ M 8.32 und 8.33).
Die Kriegspropaganda lenkte Joseph Goebbels, der in einer wöchentlichen „Ministerkonferenz“ die Richtlinien festlegte. Auch der Kulturbetrieb wurde in diese eingespannt (siehe S. 179f.). Der berühmte Dirigent Wilhelm Furtwängler dirigierte klassische Musik vor Arbeitern in den Fabriken um die nationalsozialistische Volksgemeinschaft zu feiern. Schlager wie „Lili Marleen“ oder „Es geht alles vorüber, es geht alles vorbei“ lenkten ganz unverblümt von der Kriegswirklichkeit ab. Filme, Fronttheater, Kabaretts und Musikorchester unterhielten die Soldaten. Die „Wunschkonzerte“ im Rundfunk sollten die Entfernung zwischen Front und Heimat überbrücken.

Materialkrieg und „totaler Krieg“

Nach der deutschen Niederlage in der Luftschlacht über England und der Weigerung Großbitanniens, Frieden mit Deutschland zu schließen, und endgültig mit dem Scheitern der Wehrmacht vor Moskau 1941/42 waren die „Blitzkriege“ vorüber und es begann der ununterbrochene Material- und Verschleißkrieg, den die deutsche Führung gerade zu vermeiden gesucht hatte. Obwohl zu erwarten stand, dass das größere Wirtschaftspotenzial der Alliierten USA, Großbitannien und UdSSR den Ausschlag geben würde, mutete das Nazi-Regime der deutschen Bevölkerung nur zögernd die „totale Mobilisierung“ der Kräfte zu. Umso rücksichtsloser wurden die Kräfte der besetzten Gebiete, d. h. der Kriegsgefangenen, der „Fremdarbeiter“, und der jüdischen Bevölkerung ausgebeutet.
Im Mittelpunkt der totalen Mobilisierung stand das Rüstungsministerium, dessen Anfänge in das Jahr 1940 zurückgehen. Fritz Todt als Minister für Bewaffnung und Munition hatte die Funktionen der teilweise chaotischen Organisationen des Vierjahresplans übernommen und die Organisation der Wirtschaft ausgebaut (→ M 8.5). Die Großindustrie durchdrang zugleich mit ihren Managern die zahlreichen Produktionsausschüsse des Ministeriums. Die Wirtschaft erlebte einen starken Schub technologischer Modernisierung und der Rationalisierung in immer größeren Produktionseinheiten, ohne dass die Privatwirtschaft ernsthaft in Frage gestellt war (s. S. 167–171). Von Anfang 1942 bis Mitte 1944 verdreifachte sich der Index der Industrieproduktion. Trotz der zunehmenden Bombardierung konnte 1944 auf dem Höhepunkt des Bombenkrieges auch der Höhepunkt der deutschen Rüstungsproduktion erreicht werden.
Parallel liefen Mobilisierungskampagnen, die vor allem die Bereitstellung von Soldaten und Arbeitskräften zum Ziel hatten, aber wenig erfolgreich waren. Umso rigider wurden durch die berüchtigten Aktionen des „Generalbevollmächtigten für den Arbeitseinsatz“, Fritz Sauckel (s. S. 182), ausländische Arbeitskräfte mehr oder weniger gewaltsam ins Reich geschafft. Von 3 Millionen 1941 stieg ihre Zahl auf 7,5 Millionen Ende September 1944 an. Vor allem die Polen, Ukrainer und Russen unter ihnen wurden als Zwangsarbeiter und Kriegsgefangene durch härtesten Arbeitseinsatz und unzulängliche Versorgung ausgebeutet.
Das Ergebnis war erschreckend: Von ca. 5,7 Millionen registrierten sowjetischen Soldaten in deutscher Gefangenschaft starben über 3 Millionen, d. h. mehr als 50 % im Gegensatz zum

1. Weltkrieg mit 5,4% verstorbener russischer Gefangener, wie Reinhard Rürup in seiner Dokumentation zum 50. Jahrestag des Kriegsbeginns mit der Sowjetunion feststellt.
Der „totale Krieg" wurde aber auch von den militärischen Gegnern nach Deutschland in der Form des Bombenkrieges, wie ihn zuvor z. B. die Großstädte Rotterdam, Coventry oder London erleiden mussten, hineingetragen. Steil stieg die Kurve der abgeworfenen Bombenlast an: 1940 10000 t, 1941 30000 t, 1942 40000 t, 1943 120000 t, 1944 650000 t und 1945 bis zum Kriegsende (8. Mai) 500000 t. Seit Mitte 1944 traf der Bombenkrieg die deutsche Wirtschaft in einem strategisch bedeutsamen Maße. Die Produktion synthetischen Benzins aus Kohle kam allmählich zum Erliegen, das Transportsystem verlor jetzt zunehmend an Funktionstüchtigkeit.

9.2 Unterdrückungs- und Ausrottungspolitik in Europa und der Völkermord an den Juden

Die militärischen Erfolge 1939 bis 1941 gaben dem Deutschen Reich die angestrebte Herrschaft über den größeren Teil des Kontinents. Erst jetzt wurden detaillierte Pläne entwickelt, wie der Kontinent regiert und ausgebeutet werden sollte. Gegenüber den westlichen Ländern hielt man sich an die Gepflogenheiten im Umgang mit Kriegsgegnern: Die Formen von Völkerrecht und Verträgen wurden meist gewahrt, die Macht verdeckt ausgeübt und die Ausbeutung der Wirtschaft verschleiert. Wo allerdings Widerstand sich abzeichnete, setzte die Verfolgung durch die deutschen Polizeidienste und teils ihrer einheimischen Helfer in aller Schärfe ein: Hinrichtung und Deportation in deutsche KZs wurden rasch und häufig angeordnet. Mit wachsendem Widerstand kam es aber auch hier zunehmend zu deutschen Vergeltungsaktionen gegen unbeteiligte Zivilpersonen. Zu einem der augenfälligsten Symbole deutscher Gewaltpolitik wurde der französische Ort Oradour-sur-Glane, wo eine Kompanie der SS-Panzerdivision „Das Reich" als Vergeltung für einen Partisanenangriff alle männlichen Bewohner exekutierte und Frauen und Kinder in die Kirche des Ortes zusammentrieb und sie dort teils erschoss, teils bei lebendigem Leibe verbrannte.
In Osteuropa war die deutsche Politik weitaus brutaler als in Westeuropa. Hier ging es um die Expansion des deutschen „Siedlungsraums" um mehrere hundert, wenn nicht gar über 1000 Kilometer nach Osten. Hier sollten Millionen Menschen deutschen „Siedlern" Platz machen (→ M 9.7 und 9.10). Zu den Plänen für gigantische Vertreibungen (allein 20 Mill. Polen) traten rasch Konzeptionen von Massentötungen; die slawischen Völker der Polen, Ukrainer und Russen sollten dezimiert und die Juden völlig ausgerottet werden. Die Reste der Bevölkerung erwartete das Los von Sklavenarbeitern. Die Realisierung dieser Pläne begann mit dem Polenfeldzug; Maßnahmen wie die in Oradour waren im Osten Alltag.
Gezielt wurden Angehörige der Intelligenz und des Bildungsbürgertums zu Tausenden umgebracht; zahllose Juden wurden von Anfang an von Sonderkommandos erschossen (→ M 9.12 und 9.13); jedes Zeichen von Widerstand wurde mit Hinrichtungen beantwortet. Außer 3 Mill. polnischen Juden wurden über 2 Mill. nichtjüdische Polen im Verlauf des Krieges außerhalb militärischer Kampfhandlungen getötet. In nur drei Jahren wurden ca. 7 Millionen Bürger der Sowjetunion (darunter eine Mill. Juden) getötet – viele unmittelbar durch Erschießungen und in KZs, der größere Teil durch eine Verbindung von härtester Arbeit und Unterernährung. Solche Zahlen können nicht anders verstanden werden als das Ergebnis einer gezielten, zentral und planmäßig verfolgten Ausrottungspolitik gegenüber Juden, Polen und anderen slawischen Völkern; je länger der Krieg gedauert hätte und je erfolgreicher Deutschland militärisch gewesen wäre, desto höher, so muss man annehmen, wären diese Zahlen noch geworden. Die Durchführung des Massenmords lag zu einem großen Teil bei der SS und anderen Organisationen der NSDAP. Das hat lange verschleiert, in welchem Umfang die Spitzen der Reichsbehörden, die Wehrmacht (deren Angehörige ihre Rolle in der Ausrottungspolitik fast immer geleugnet haben) und die Großindustrie, in deren Betrieben Ostarbeiter zu Tausenden arbeiteten und starben, für diese Politik mitverantwortlich waren. Offiziere, hohe Beamtenschaft und zahlreiche Unternehmer standen in einer Tradition deutschen Expansionsdenkens gegenüber Osteuropa, das sich im Ersten Weltkrieg und in Weimar schon geäußert hatte (s. S. 36 u. 86). Mochten auch viele Angehörige dieser Eliten die Methoden der Nationalsozialisten ablehnen, so akzeptierten sie häufig die Ziele

„Die Verdammten". Gemälde des deutsch-jüdischen Malers Felix Nussbaum (1943/44), der elf Jahre lang mit seiner Frau vor den Deutschen durch Europa geflohen war. Vier Wochen vor der Befreiung Brüssels wurden sie dort verhaftet und später in Auschwitz ermordet.

dieser Politik und waren nachsichtig hinsichtlich der Mittel (s. S. 143148; → M 7.20).
Mag sich die „Lebensraum"-Politik für einen oberflächlichen oder für einen zynischen Betrachter noch mit der Zweckmäßigkeit des Imperialismus begründen lassen, so entzieht sich die Ausrottung der europäischen Juden selbst einer solchen Form unmoralischer Vernunft.

Der „moderne" Antisemitismus seit dem 19. Jahrhundert

▷ Antisemitismus – eine vorurteilshafte, feindselige und oft aggressive Einstellung gegenüber der jüdischen Bevölkerungsminderheit – ist eine alte Erscheinung in Europa. In seinem Kern ist er zuerst religiös und so ist es nicht verwunderlich, dass mit der Aufklärung des 18. Jahrhunderts und ihrer religiösen Toleranz ein Emanzipationsprozess einsetzte, der die alte Judenfeindlichkeit zumindest in Teilen des Bürgertums und später in der Arbeiterbewegung reduzierte. Für die deutsche Geschichte wurde der moderne biologistische Antisemitismus wichtig, der sich im späten 19. Jahrhundert in Westeuropa herausbildete. Seine pseudowissenschaftlichen Grundlagen (Graf Gobineau, Houston Stewart Chamberlain) waren für die Wirksamkeit weniger wichtig als seine politische Nützlichkeit für die Konservativen. Der Antisemitismus des Deutschen Kaiserreiches vom Ende der 1870er-Jahre an war von deutschnationalen Professoren, Geistlichen und Politikern regelrecht „gemacht". Vor allem im konservativ-protestantischen Lager wurden „die Juden" zum Feind aufgebaut, der die vom industriellen Wandel ausgelösten Ängste bündeln und so zum Integrationsfaktor des neuen Reiches werden sollte. Dieser Antisemitismus war antiliberal und antisozialistisch; er zeigte antikapitalistische Tendenzen, ohne revolutionär zu sein, er gab sich antimaterialistisch, ohne christliche Werte ernsthaft zu vertreten – kurz, er war eine vielfältig schillernde Anti-Bewegung. Ihre Zielsetzungen waren unklar und gipfelten in der Forderung nach einer „Lösung der Judenfrage". Dieser „moderne" Antisemitismus verstärkte trotz seiner zunächst geringen realpolitischen Bedeutung in großen Teilen der Bevölkerung das antisemitische Vorurteil und weckte in kleinen, radikal nationalistischen Gruppen Vorstellungen von einer Vertreibung und Auslöschung der Juden. In der gesellschaftlichen Krise Deutschlands nach dem Ersten Weltkrieg gewann dieser Antisemitismus im Bürgertum und vor allem im Kleinbürgertum Zulauf; die NSDAP propagierte ihn als eine von vielen nationalen und völkischen Parteien, jedoch aggressiver als alle anderen. Diese Entwicklung verstärkte sich noch in der Schlussphase der Republik: Schon vor Hitlers Regierungsantritt empfahl der Reichsinnenminister von Gayl (DNVP) im Herbst 1932 eine Beschränkung der Einbürgerung von „Angehörigen niederer Kultur" und meinte damit vor allem seit 1918 zugewanderte Juden.

Die Sozialstruktur der jüdischen Deutschen in der Weimarer Republik

Seit der ▷ Emanzipation im 19. Jahrhundert waren die Juden in Deutschland immer mehr in eine Verbindung mit der deutschen Kultur getreten. Trotz dieses Assimilationsprozesses kam es aber nicht zu einer wirklichen Integration der Juden in der deutschen Gesellschaft. Nicht ihre Verdienste um Wissenschaft und Kultur und nicht ihre soldatischen Leistungen im Weltkrieg bewahrten sie vor Anfeindungen und Diskriminierung durch einen großen Teil der nichtjüdischen Deutschen. Seit 1910 sank der Anteil der jüdischen Bürger an der Gesamtbevölkerung, seit 1925 auch ihre absolute Zahl auf ca. 525000 Anfang 1933. Etwa zwei Drittel der jüdischen Deutschen lebten in Großstädten, etwa ein Drittel allein in Berlin. In einigen sozial angesehenen Berufen (Ärzte, Rechtsanwälte, Kaufleute) waren sie überdurchschnittlich häufig vertreten. Aber selbst im Bankwesen, das die Juden nach populärer Meinung angeblich beherrschten, blieben sie eine deutliche Minderheit. Dasselbe gilt für Wissenschaft und Kunst, wo gleichwohl eine Reihe von Juden erheblich zur weltweiten Bedeutung Deutschlands vor 1933 beigetragen haben. „Dies vor allem ist gemeint, wenn im Rückblick auf die Weimarer Republik der kulturelle Glanz einer unwiderruflich zerstörten deutsch-jüdischen Symbiose gerühmt wird."

So auffällig vielen Menschen die jüdische Position in den freien Berufen und im Bankwesen auch scheinen mochte, so war der kleine und mittlere Dienstleistungssektor für die deutschen Juden am wichtigsten: Etwa 60% von ihnen waren hier tätig. Sie gehörten damit zum alten ▷ Mittelstand und waren durch Krise und Konzentrationsprozess der Wirtschaft genauso bedroht wie alle anderen. 1932 gab es ca. 50000 Einzelhandelsgeschäfte in jüdischem Besitz, die zwar nur 6% aller Firmen ausmachten, aber rund 26% des gesamten Umsatzes deckten.

So führte gerade im Einzelhandel die Vernichtung kleiner und kleinster Existenzen zu einer starken Konkurrenz um Anstellungen. Neid auf die manchmal erfolgreichere Arbeitssuche jüdischer kaufmännischer Angestellter eröffnete so ein beträchtliches Anhängerreservoir für die NSDAP, das sich mit den geläufigen antisemitischen Vorurteilen bequem mobilisieren ließ.

Die Ausgrenzung und Vernichtung der Juden in Deutschland und Europa

Schon unter dem Eindruck des wachsenden Antisemitismus in der Weimarer Republik und durch ein zunehmendes jüdisches Eigenbewusstsein unter dem Einfluss des Zionismus hatte sich eine erste Ablösung vieler Juden von Deutschland angebahnt. Der Religionsphilosoph Schalom Ben Chorin gibt für diese Entwicklung ein beredtes Zeugnis in seiner Lebenserinnerung „Jugend an der Isar". Er beschreibt seinen Weg vom liberal-bürgerlichen Milieu einer assimilierten jüdischen Familie in München zum bewussten Judentum. Regelmäßig war beispielsweise in seiner Familie das christliche Weihnachtsfest in seiner deutschen Ausprägung gefeiert worden. Mit 15 Jahren zu Weihnachten 1928 bricht aber der junge Schalom Ben Chorin mit dieser Tradition, indem er das Fest als einer jüdischen Familie

Aufkleber beim „April-Boykott" 1933

nicht gemäßen „Klimbim" attackiert und seine Familie damit tief verletzt. Um seine persönliche religiöse Identität zu finden, glaubte er „in sich abtöten zu müssen, was er liebte". Mit diesen Worten bezeichnet er den inneren Zwiespalt eines Deutschen, der gleichzeitig bewusst Jude sein wollte. Die Verfolgung durch die Nationalsozialisten schließlich veranlasste ihn 1935 zur Auswanderung nach Jerusalem.

Die eigentliche Verfolgung der Juden Deutschlands und Europas verlief in vier Phasen. Sie begann mit der „wilden" Terrorisierung einzelner jüdischer Honoratioren und Geschäftsleute und vor allem der besonders hasserfüllten Verfolgung jüdischer Sozialisten und Kommunisten durch die SA in der frühen Machtergreifungsphase. Es folgte dann am 1. April 1933 mit dem Boykott der jüdischen Geschäfte die erste zentral gelenkte antijüdische Aktion in Deutschland. Verantwortlich waren Propagandaminister Goebbels und der berüchtigte Nürnberger Gauleiter und Herausgeber des „Stürmers", Julius Streicher. Dieser Boykott, so Goebbels voller Zynismus, sei die Antwort auf die „ausländische Hetze" gegen die neue Regierung in Deutschland und die einzige Möglichkeit, die jüdische Bevölkerung vor der unkontrollierbaren „Volkswut" zu schützen. In der Tat aber waren die „aufgebrachten Volksmengen" gezielt vorgehende Parteitrupps und SA-Horden.

Zu ersten „Arisierungen" jüdischer Unternehmungen und damit zu ersten, noch unsystematischen Verdrängungen aus dem Wirtschaftsleben kam es bereits 1933/34, indem Eigentümer mit wirtschaftlichem und physischem Druck zum Verkauf gezwungen wurden (→ M 9.3–9.5). Die juristische Ausgrenzung der jüdischen Bürger aus der deutschen Gesellschaft erfolgte dann im Herbst 1935 mit den Nürnberger Rassegesetzen (→ M 9.1), nachdem schon durch das „Gesetz zur Wiederherstellung des Berufsbeamtentums" von 1933 jüdische Beamte aus dem öffentlichen Dienst entfernt werden konnten.

Die Olympischen Spiele 1936, die den Blick der ganzen Welt auf Deutschland lenkten, führten

dann zu einer Einschränkung der allzu auffälligen Angriffe auf die jüdischen Deutschen (s. S. 146). In der Großindustrie und besonders bei ihrem Repräsentanten in der Regierung, Hjalmar Schacht, stießen die antijüdischen Aktionen und gesetzlichen Maßnahmen auf Ablehnung, wenn sie sich ökonomisch schädlich auswirkten. Erst mit der Einrichtung der wirtschaftlichen Oberbehörde des „Vierjahresplans“ unter Göring kam es zu verstärkten wirtschaftlichen Verdrängungen der jüdischen Unternehmer. Insgesamt verschärfte sich die Situation der jüdischen Deutschen, aber noch ließ sich mit den bisherigen gesetzlichen Mitteln nicht der entscheidende Schlag gegen ihren privaten Besitz führen, der zur Milderung der öffentlichen Finanzknappheit dienen sollte.
In dieser Situation verübte am 7.11.1938 ein 17-jähriger polnischer Jude in Paris ein Attentat auf einen deutschen Diplomaten. Er hatte mit seiner Tat die internationale Öffentlichkeit auf das Schicksal von etwa 18000 Juden aufmerksam machen wollen, die von Deutschland ausgewiesen worden waren, aber von Polen nicht aufgenommen wurden. – An den nächsten beiden Tagen beherrschte das Thema auf Anweisung des Propagandaministeriums die Titelseiten der Zeitungen, wobei der Anschlag auf zentrale Anweisung hin nicht als die Tat eines verzweifelten Einzelgängers, sondern als das Werk einer internationalen jüdischen Verschwörung dargestellt wurde. Den deutschen Juden wurden „Folgen“ angedroht und bald kam es zu vereinzelten Ausschreitungen. Als der deutsche Diplomat am 9.11. starb, befand sich die ganze NS-Führung in München (Jahrestag des Novemberputsches von 1923, s. S. 82f.). Goebbels verschärfte in einer Rede noch einmal die Angriffe auf das „Weltjudentum“ und erklärte es für „recht und billig, wenn für die Schüsse in der Pariser Botschaft das Judentum in Deutschland zur Verantwortung gezogen wird“. Nach dieser Veranstaltung forderten die SA-Führer ihre Einheiten telefonisch zum Handeln auf; alle Staatspolizeistellen wurden in einem geheimen Fernschreiben angewiesen die Aktionen gegen Juden „nicht zu stören“ und die Festnahme von 20000–30000 Juden vorzubereiten. („Es sind auszuwählen vor allem vermögende Juden.“) In dieser Nacht vom 9. zum 10. November 1938 wurden die meisten Synagogen im Reich niedergebrannt, viele jüdische Geschäfte geplündert und zerstört (von dem zerbrochenen Glas kommt die von den Nazis höhnisch umgedeutete Bezeichnung „Reichskristallnacht“). Es wurden Tausende von Menschen misshandelt, etwa 90 ermordet und 30000 in Konzentrationslager verschleppt.
Viele Deutsche schauten bei alldem weg; viele reagierten betroffen, nahmen zum Teil aber mehr Anstoß an den Formen des Pogroms als an seiner Zielrichtung. Es gab Fälle von aktiver Hilfe und offener Kritik und einige sprachen ihre Scham und ihr Mitgefühl aus. Die „Reichskristallnacht“ war weder innen- noch außenpolitisch ein Erfolg der Nationalsozialisten, aber sie weckte auch keinen Widerstand in Deutschland.
Durch die Berufsverbote hatte die Mehrheit der deutschen Juden ihre materielle Existenzgrundlage verloren; eine freiwillige Auswanderung scheiterte häufig an den Kosten und an der Zurückhaltung der möglichen Aufnahmeländer, die sich nicht zusätzlich zu den eigenen Arbeitsmarktproblemen noch mit einer Emigrantenwelle belasten wollten.
Eine Flut von Gesetzes- und Verordnungsmaßnahmen wurde unter der Leitung von Goebbels, Göring und SD-Chef Heydrich gegen die jüdischen Deutschen erlassen, die insbesondere ihre materielle Ausplünderung und Verelendung bezweckte. Schon im April 1938 hatten die jüdischen Bürger sämtliche Vermögen über 5000 RM anmelden müssen; jetzt wurde ihnen zyni-

Auf dem Bahnhof in Bielefeld: Judendeportation (13.12.1941)

scherweise für den eigenen Schaden auch noch eine „Buße“ auferlegt, die in Höhe von 1,12 Milliarden RM bis 1940 eingetrieben wurde. Aller Schmuck musste an den Staat abgeliefert werden. Ab 1939 mussten die wohlhabenderen Auswanderungswilligen eine „Auswanderungs-Abgabe“ zahlen. Viele Eltern retteten ihre Kinder, konnten aber selbst nicht mehr entkommen, weil ihnen das Geld fehlte oder kein Land eine Aufenthaltserlaubnis gab.

Bis Oktober 1941 gab es noch vereinzelte Möglichkeiten für Juden zur Auswanderung, aber ab 1940 plante die deutsche Regierung nur noch die Deportation „nach Osten“, wobei das Ziel und mehr noch das Schicksal der Menschen bewusst unklar gehalten wurden. Aber auch diese Überlegungen waren bald durch die Entwicklung überholt. Mit dem Überfall auf die Sowjetunion gingen zunächst die Wehrmacht selber und dann die Einsatzgruppen der Sicherheitspolizei und des SD, die bereits ab September 1939 unter der polnisch-jüdischen Zivilbevölkerung gewütet hatten, auf der Grundlage der Befehle zur Behandlung der Zivilpersonen und des Kommissarbefehls (→ M 9.8 und 9.9) zu planmäßigen Massenerschießungen über.

Wenn auch nach allgemeiner Auffassung den Einsatzgruppen des SD und der Sicherheitspolizei der Hauptanteil an der Vernichtung der Juden zugeschrieben werden muss, so hat doch auch die Wehrmacht selber in erheblichem Umfang unmittelbaren Anteil an der Vernichtungspolitik im Osten. In der Ausstellung des Hamburger Instituts für Sozialforschung über „Vernichtungskrieg. Verbrechen der Wehrmacht 1941 bis 1944“ wurden Dokumente der breiten Öffentlichkeit zugänglich gemacht, die belegen, wie Wehrmachtsangehörige bis in die höchsten Offiziersränge bei Vernichtungsaktionen durch Einsatzkommandos zugesehen und diese unterstützt haben, ja selber Verfolgungen und Erschießungen organisiert und durchgeführt haben (→ M 9.30).

Die sog. „Wehrmachtsausstellung“ von 1996 führte zu einer erbitterten Debatte über die Wehrmachtstradition in Deutschland. Kaum minder aufwühlend war im selben Jahr die Herausforderung des Buches: „Hitlers willige Vollstrecker. Ganz gewöhnliche Deutsche und der Holocaust“. Der amerikanische Politologe Daniel J. Goldhagen stellt darin die provozierende These auf, „dass die ganz ‚normalen Deutschen‘ durch eine bestimmte Art des Antisemitismus motiviert waren, die sie zu dem Schluss kommen ließ, dass die Juden *sterben sollten“.* Dieser von ihm als „eliminatorisch“ bezeichnete Antisemitismus, der „auf Ausgrenzung, Ausschaltung und Beseitigung [...] des jüdischen Einflusses, ja der Juden selbst aus der deutschen Gesellschaft“ gerichtet gewesen sei, habe sich im Laufe des 19. und 20. Jahrhunderts in Deutschland durchgesetzt. Die Wahrnehmungs- und Wertungsmuster, die die Deutschen zu Tätern werden ließen, wurzelten danach „in der deutschen Kultur“ und seien „deren integraler Bestandteil“ gewesen. Allein dieser besondere Antisemitismus der Deutschen erkläre die unvorstellbare Grausamkeit und Konsequenz der Judenvernichtung.

Letztlich wird damit auch die Frage nach dem Verhältnis von kollektiver und individueller Verantwortung und Schuld am Holocaust gestellt. Goldhagen beantwortet sie auf der Basis seiner kultur- und mentalitätshistorischen theoretischen Annahmen im Kern als Kollektivschuld, auch wenn er diesen Begriff nicht gebraucht, ihn sogar ablehnt. Dagegen legt Christopher R. Browning in seinem 1993 erstmals erschienenen Buch: „Ganz normale Männer. Das Reserve-Polizeibataillon 101 und die ‚Endlösung‘ in Polen“ den Schwerpunkt auf die individuelle Schuld jedes einzelnen Täters in seiner Umgebung. Indem Browning sein Quellenmaterial mit individual- und sozialpsychologischen theoretischen Ansätzen analysiert und interpretiert, ist er zu diesem gegensätzlichen Ergebnis gelangt, obwohl für Goldhagen dieselben Materialien ein wichtiger Bestandteil seiner Untersuchung waren (→ M 9.30 u. 31).

Bis 1942 waren der „rassischen Neuordnung“ des Ostens bereits über eine Million jüdischer und slawischer Menschen zum Opfer gefallen. Auf einer Konferenz am 20. Januar 1942 – nach dem Tagungsort „Wannsee-Konferenz“ genannt – wurde die Ausrottung aller Juden Europas or-

Eingangstor zum Konzentrationslager Dachau

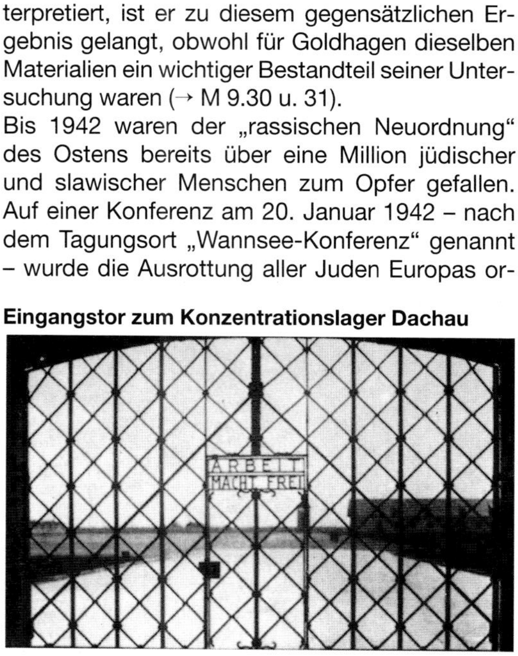

ganisiert. Reinhard Heydrich, Chef des Reichssicherheitshauptamtes unter Himmler, erhielt von Hermann Göring wohl im Auftrage Hitlers die Weisung, die Gesamtplanung dafür mit hohen Regierungsbeamten und Parteifunktionären durchzuführen (s. S. 183f.; → M 9.13). Ein riesiger Apparat wurde entworfen, generalstabsmäßig organisiert und durch präzise Befehle in Bewegung gesetzt um Millionen Menschen zu erfassen, gefangenzunehmen, zu transportieren und schließlich zu ermorden. Viele dieser Opfer mussten vor ihrem Tode in den Konzentrationslagern unter Bedingungen, die wir uns heute kaum vergegenwärtigen können, bis zur völligen Erschöpfung für ihre Verfolger und Ausbeuter arbeiten. Das Ausmaß der Verbrechen, die kriminelle Energie der Befehlenden und der Ausführenden sowie die Verdrängungsfähigkeit der bürokratischen Handlanger, der Manager, der Beamten, Richter, Ärzte, Ingenieure, Soldaten usw., droht sich dem Verstehen zu entziehen. Aber selbst ein Heinrich Himmler wusste um das Verbrecherische dieser Taten, denn im Anblick der drohenden Kriegsniederlage befahl er am 1. November 1944, die Vergasungsmorde in Auschwitz einzustellen und ihre Spuren zu verwischen.

9.3 Widerstand im Krieg: Rettung Deutschlands durch Zerstörung der Diktatur von innen?

▷ Widerstand gegen den Nationalsozialismus gab es in allen Ländern des deutschen Herrschaftsbereichs während des Zweiten Weltkriegs. Allerdings vermochte er in den besetzten Ländern – von der Résistance in Frankreich über die Partisanenbewegungen Polens und der Sowjetunion bis zu den Widerstandsbewegungen Jugoslawiens und Griechenlands – eine unvergleichlich größere Wirksamkeit zu entfalten als im „Großdeutschen Reich“ selber. Der Kampf gegen die fremde Besatzungsmacht einte die meisten politischen und geistigen Strömungen zu einem nationalen Befreiungskampf. Selbst in Italien kam es zum antifaschistischen Widerstand und Partisanenkampf, während die Deutschen weder zu einem breiten noch zu einem erfolgreichen nationalen Widerstand fähig waren.

Die Schwäche des deutschen Widerstandes

Der Grad des nationalsozialistischen Terrors reicht als Erklärung für die Schwäche und Erfolglosigkeit des Widerstandes in Deutschland nicht aus, da das übrige Europa davon ungleich härter betroffen war. Es ist weiter oben wiederholt gezeigt worden, in wie vielen Fragen der Nationalsozialismus nicht nur Ziele und Vorstellungen der deutschen Eliten erfüllte, sondern auch Erwartungen breiter Bevölkerungsgruppen entsprach. Dennoch bleibt zu fragen, wie auch noch unter den Belastungen des Krieges und angesichts der drohenden Niederlage die Deutschen und Österreicher nicht mehr Widerstandswillen bewiesen. Vor allem aber muss die Tatsache untersucht werden, dass die deutschen Widerstandsgruppen von den Nationalkonservativen und Militärs am einen Ende des politischen Spektrums bis zu den Kommunisten am anderen kaum ernsthaft zusammenarbeiteten (s. auch S. 149f.).

Durch die Anfangserfolge im Krieg war die Stellung Hitlers und des NS-Regimes so gefestigt, der Hitler-Mythos so gesteigert, dass Putschversuche ganz aussichtslos erscheinen mussten. Der Schreinergeselle Johann Georg Elser aus Württemberg jedoch versuchte als Einzelner etwas gegen Hitler zu unternehmen. Er war zwar politisch nicht aktiv, aber als Arbeiter traditionell links orientiert. Er beobachtete die sich verschlechternden Lebensverhältnisse (s. S. 142 und 173f.) der Arbeiter und kleinen Leute seiner Umgebung und war bald überzeugt, dass die Nationalsozialisten die Arbeiter täuschten. Seine Beobachtungen der NS-Außenpolitik machten ihn bereits beim Abschluss des Münchner Abkommens von 1938 (s. S. 146) sicher, dass Hitler den Krieg wolle. Durch seinen Bombenanschlag im Münchner Bürgerbräukeller am Abend des 8. November 1939 hoffte er die Nazi-Führer Hitler, Göring und Goebbels töten zu können, damit „andere Männer an die Regierung kommen, die an das Ausland keine untragbaren Forderungen stellen, die kein fremdes Land einbeziehen wollen‘ und die für eine Besserung der sozialen Verhältnisse der Arbeiterschaft Sorge tragen werden“, wie er der Gestapo zu Protokoll gab. Sein Anschlag schlug fehl. Elser wurde am selben Abend verhaftet und blieb ohne Urteil in Haft. Auf Gestapo-Befehl wurde er Anfang April 1945 im KZ Dachau umgebracht. Durch seine einfachen und klaren Überlegungen war er früher zum Handeln gekommen als intellektuell weit überlegenere Politiker und Militärs. Er war dann von der Idee besessen die NS-Führung beseitigen zu müssen, täuschte sich aber nicht über die begrenzte

Wirkungsmöglichkeit seiner Person. Seine Hoffnung auf besonnenere Mächtige war wohl für die Tatzeit Ende 1939 falsch, aber die Beseitigung Hitlers, des charismatischen Führers und Oberbefehlshabers der Wehrmacht, hätte später vielleicht das Eingreifen anderer erleichtert.
Seit der Wende des Krieges 1942/43 und der zunehmend unvermeidbaren Belastung der Deutschen zeigte sich der Wunsch nach Beendigung des Krieges in der Bevölkerung immer deutlicher. Aber ein Ende des Krieges durch gewaltsame Beseitigung der NS-Herrschaft herbeizuführen lehnte offenbar die Mehrheit der Deutschen noch beim Attentat auf Hitler vom 20. Juli 1944 ab, wie die Gestapo- und SD-Berichte belegen. Ohne wirksamen Rückhalt in der Bevölkerung jedoch musste aller politischer Widerstand trotz seiner Breite und Vielfalt chancenlos bleiben. Dennoch sollte er moralisch und für die Selbstachtung der Deutschen in der Zeit nach der Niederlage des nationalsozialistischen Deutschland von grundlegender Bedeutung werden.
Die immer deutlicher hervortretende barbarische Zielsetzung und Realität der NS-Politik, die drohende Zerstörung Deutschlands, die allmähliche Verschlechterung der Lage der Bevölkerung einerseits und die wachsende Verunsicherung des Regimes und die allmähliche Auflösung der Herrschaftsstruktur infolge der Kriegslage andererseits schufen eine Situation, die Verweigerung, Kritik und letztlich aktiven Widerstand im Ansatz möglich werden ließ. Die Skala des Widerstandes war breit: politische Agitation in Betrieben, Organisation von Untergrunddiskussionen, Drucken und Verteilen von Flugschriften, geheime Propaganda, Sabotage in der Rüstungsindustrie, Kontaktaufnahme mit dem Ausland und letzlich der Versuch Hitler zu ermorden. Deutlich lassen sich zwei große Gruppierungen im politischen Widerstand unterscheiden, der linke Widerstand von Kommunisten, Sozialisten, Sozialdemokraten und Gewerkschaften einerseits und der von den Angehörigen der oberen Mittelschicht und der Oberschicht andererseits (im Wesentlichen hohe Beamte, Offiziere und Diplomaten, dazu noch einige Geistliche). Es handelte sich bei beiden Richtungen um Gruppen mit fundierten moralischen, politischen und sozialen Wertmaßstäben, aufgrund derer sie sich entweder von vornherein nicht korrumpieren ließen oder allmählich, nach langen inneren Kämpfen den Weg fort von der Kooperation mit dem NS-Regime zum Widerstand fanden.

Wachsender Widerstand von Parteien und Gruppen seit 1942/43

Am schwächsten war im Widerstand der ▷ Mittelstand, dessen Mehrheit die längste Zeit dem Hitler-Mythos erlegen blieb. Auch Vertreter der Industrie fehlten fast völlig im Widerstand, abgesehen von der indirekten Unterstützung Goerdelers durch Bosch und Krupp, dem Kontakt des Generaldirektors eines schlesischen Bergbauunternehmens zum amerikanischen Geheimdienst (→ M 9.17, S. 238) oder des Unternehmers Oskar Schindler, der durch sog. kriegswichtige Beschäftigung eine große Anzahl von Juden vor der Ermordung in den KZ's retten konnte und dabei schließlich auch seine eigene Sicherheit aufs Spiel gesetzt hatte.
Politisch gesehen bildete der Widerstand keinen einheitlichen Block, sondern nur lockere Zusammenschlüsse zahlreicher Gruppen, die nur darin einig waren, das Nazi-Regime zu beseitigen und von Deutschland selbst aus die Befreiung vom Nationalsozialismus zu erreichen. Nur so blieb die Chance angesichts der alliierten Forderung nach „bedingungsloser Kapitulation" Deutschlands Souveränität und Verhandlungsfähigkeit zu sichern. Zwar kam es im Vorfeld des 20. Juli 1944 zu Versuchen, eine Einheit des Widerstands herzustellen, aber schließlich blieben die Kommunisten doch weitgehend isoliert von den nationalkonservativen, den christlichen und den sozialistischen Gruppen. Selbst die Widerstandsbewegung des 20. Juli wurde von drei deutlich unterscheidbaren Gruppen getragen: den nationalkonservativen Honoratioren um Goerdeler und Beck, jüngeren Offizieren um die späteren Attentäter des 20. Juli – Stauffenberg und Tresckow – und dem Kreisauer Kreis um den schlesischen Adeligen Helmuth James Graf von Moltke (→ M 9.21–9.23). Nur diese letzte Gruppe integrierte ein breiteres Spektrum von sozial engagierten Adeligen, Geistlichen beider Konfessionen, Sozialdemokraten und Gewerkschaftlern und zeigte weit blickende politische Neuansätze.
Im sozialdemokratischen Widerstand war es Julius Leber und seinen Freunden gelungen, im Laufe des Krieges ein für die Gestapo kaum fassbares lockeres System von Verbindungen zu örtlichen Vertrauensleuten aufzubauen, das bei einem Umsturzversuch wahrscheinlich aktivierbar gewesen wäre. Auf dieser Basis trat Leber durchaus konsequent als Repräsentant des sozi-

aldemokratischen Arbeiterwiderstandes an den Kreisauer Kreis heran.
Die Kommunisten versuchten im Krieg dreimal eine illegale Reichsleitung der KPD zu begründen. All diese Versuche wurden aufgedeckt, ihre Organisatoren wie Arthur Emmerlich, Robert Uhrig und Anton Saefkow wurden verhaftet und fast alle ermordet. Kommunistisch orientiert war auch die „Rote Kapelle"; ihre führenden Köpfe kamen aus intellektuellen, z.T. großbürgerlichen Kreisen (Harro Schulze-Boysen und Arvid von Harnack), teils auch aus der Arbeiterbewegung. Sogar eine jüdische Gruppe in Berlin gehörte zu dieser Organisation. Die „Rote Kapelle" hatte als einzige deutsche Widerstandsgruppe intensive Querverbindungen zum westeuropäischen Widerstand. Ihre Spionagearbeit zugunsten der Sowjetunion war getragen von der inneren Überzeugung, dass nur so deutsche Verbrechen verhindert oder wenigstens abgeschwächt werden konnten. Das hat den Männern und Frauen dieses Widerstandes nach 1945 in Westdeutschland den Vorwurf des Vaterlandsverrats eingebracht und die Anerkennung ihrer Leistung lange verhindert. 1943 wurde diese Organisation entdeckt und 75 ihrer Mitglieder, darunter 19 Frauen, zum Teil nach schwersten Folterungen hingerichtet.
In wachsendem Maße entwickelte sich auch ein schmaler selbstständiger Widerstand innerhalb der Jugend. Auf der bürgerlichen Seite erreichte die größte Bedeutung die studentische Organisation der „Weißen Rose". Durch Flugblattaktionen und Wandparolen versuchten Sophie und Hans Scholl, Alexander Schmorell, Willi Graf und Christoph Probst 1942/43 von München aus in Süddeutschland und Österreich die Öffentlichkeit wachzurütteln. Andere Gruppen entstanden bis nach Hamburg. Da sie ohne die einfachsten Vorsichtsmaßnahmen arbeiteten, wurden sie rasch gefasst – die Geschwister Scholl am 18. Februar 1943 bei einer Flugblattverteilung (→ M 9.25) in der Münchner Universität. Sie und ihre Freunde wurden vom Volksgerichtshof als „verworfene Subjekte" verurteilt und hingerichtet. Auf der proletarischen Seite sind hier neben den politischen Gruppen der Arbeiterjugend besonders die Kölner „Edelweißpiraten", wie sie sich nach ihrem Abzeichen nannten, zu erwähnen. Sie wehrten sich gegen den Zwang der Hitler-Jugend. In den Auseinandersetzungen mit dieser wurden sie allmählich zu wirklichen Gegnern des Regimes, indem sie den politischen Kampf anderer Widerstandsgruppen aktiv unterstützen. Zahlreiche Mitglieder der „Edelweißpiraten" wurden von der Gestapo gefasst und generell als „Kriminelle" z. T. ohne Urteil hingerichtet (→ M 9.26).
Das Fanal zum Sturz der nationalsozialistischen Herrschaft wollte der militärische Widerstand um Stauffenberg nach langen inneren Debatten, meist sehr ernüchternden Kontaktaufnahmen zu den Alliierten und mehrfachen, missglückten Attentatsversuchen mit dem Bombenattentat vom 20. Juli 1944 geben. Hitler aber überlebte den Anschlag fast unversehrt. Die hasserfüllte blutige Rache gegen Täter und Mitwisser, aber auch gegen jedweden Verdächtigen kündigte er in einer Rundfunkrede einen Tag später an. Keiner der Hauptverschwörer, kaum einer der Mitwisser überlebte, schon die Verwandtschaft genügte oft um verfolgt zu werden. Im Zusammenhang mit dem Attentat vom 20. Juli wurden rund 7000 Personen verhaftet, Hunderte hingerichtet. Die Mehrheit der Bevölkerung blieb stumm und folgte Hitler bis zum Ende ohne Gegenwehr, nur bemüht die eigene Existenz zu retten.

9.4 Europäische Einheit als Hoffnung in Unterdrückung, Verfolgung und Widerstand

Gut ein Jahr nach Beendigung des 2. Weltkriegs trafen sich im Herbst 1946 in Genf europäische Philosophen und Schriftsteller um über die Möglichkeiten für eine gemeinsame Zukunft der Europäer nachzudenken und zu diskutieren. Der französische Philosoph Julien Benda meinte dort, dass jede „Nation auf einen Teil ihrer kulturellen Eigenart" verzichten müsse um das Gegeneinander der Völker durch Annäherung aneinander zu überwinden. Man war sich einig, dass die gegenseitigen Abgrenzungen und nationalen Rivalitäten in Europa die entscheidende Ursache für die zwei selbstzerstörerischen Kriege gewesen seien. Der zuvor so hoch geschätzte Begriff der Nation war durch den menschenverachtenden und mörderischen Nationalismus grundsätzlich in Verruf geraten.

Die Nationalstaaten und Europa 1789 – 1918

Das Europa der freien und selbst bestimmten Nationen war durch die Französische Revolution entstanden. Im Zeichen von „Freiheit, Gleichheit und Brüderlichkeit" sollten die Völker gemeinsam die absolute Fürstenherrschaft stürzen und als Nationalstaaten im friedlichen Wettstreit miteinander leben. In den europäischen Revolutionen des 19. Jahrhunderts erlebte diese Idee immer wieder neuen Aufschwung. Gleichzeitig aber verstanden sich die Völker als historisch gewachsene kulturelle Eigenheiten, die ihre jeweilige Identität gegenüber den anderen Völkern wahren und verteidigen müssten. Dieses Bewusstsein von Besonderheit konnte schließlich aggressive Züge annehmen, wenn es sich mit dem Gefühl von Überlegenheit über andere Völker paarte. Schon Napoleons Herrschaft in Kontinentaleuropa ist für diese beiden Tendenzen ein deutliches Beispiel: Wurde er anfangs z. B. in Deutschland und Österreich weithin als Befreier der Bürger erwartet und gefeiert, so wurde er bald zusammen mit den französischen Truppen als Fremdherrscher und Unterdrücker betrachtet, da Wirtschaft und Gesellschaft zunehmend den Machtinteressen und Kriegszielen Napoleons und damit auch Frankreichs untergeordnet wurden.

Auch in der Revolution von 1848/49, die weite Teile Europas erfasste, stand noch der „Völkerfrühling" als Aufbruch der Nationen in eine gemeinsame Zukunft von Freiheit und Frieden im Mittelpunkt. So setzte sich vor allem im Laufe der zweiten Hälfte des Jahrhunderts der andere Gedanke durch, nämlich dass Erhalt, Wachstum und Ausbreitung des jeweils eigenen Volkes die Hauptaufgabe der Nationalstaaten sei. Schließlich herrschte im Imperialismus die rassistisch-biologistische Vorstellung vor, dass bestimmte Völker bzw. Rassen anderen überlegen und zur Herrschaft über diese berufen seien: so die Deutschen über ihre Nachbarvölker, die „Germanen" über die „Slawen", die „Weißen" über die „Farbigen". Mit diesem chauvinistischen Nationalismus verschärfte sich auch bereits der Antisemitismus (s. S. 216), der die Juden zum feindlichen Fremdkörper innerhalb der europäischen Nationen erklärte.

Die Rivalität der Mächte in Europa wuchs durch solche Vorstellungen genährt ständig. Militärische Aufrüstung sollte z. B. den Anspruch des deutschen Kaiserreiches auf „Weltgeltung" untermauern, Frankreich vor Deutschland schützen und Großbritannien seine Weltmachtstellung weiterhin sichern. In der Juli-Krise 1914 (s. S. 34f.) waren diese Widersprüche und Spannungen zwischen den europäischen Großmächten nicht mehr auszubalancieren.

Die Führung des Deutschen Reiches sah die Chance zum Griff nach der Vorherrschaft in Europa gekommen, die Mächte der Entente dagegen die Gelegenheit, die Unruhe stiftende deutsche Konkurrenz entscheidend in ihre Grenzen zu verweisen. Der Kampf der europäischen Völker gegeneinander wurde zum mörderischen Krieg um Weltmacht (s. S. 35ff.). In dem lange Jahre dauernden, unentschiedenen Stellungskrieg brachte 1917 letzlich erst das Eingreifen der USA auf der Seite Frankreichs und Großbritanniens die Kriegsentscheidung. Europa und seine Nationen gingen aus dem 1. Weltkrieg – Besiegte wie auch Sieger – geschwächt hervor.

„Europa" zwischen 1919 und 1945

Nach dem Wunsch des US-Präsidenten Wilson sollte nun ein erneuter Versuch gemacht werden im Zeichen des Selbstbestimmungsrechts der Völker die Vielfalt der Nationalstaaten in einem „Völkerbund" für ein friedliches Miteinander zu verbinden. Aber der Kongress der USA konnte nicht überzeugt werden dem in Versailles gegründeten Völkerbund beizutreten, ja er setzte sogar den Rückzug aus Europa durch. So verkümmerte der „Völkerbund" letztlich von seiner eigentlichen integrativen Idee zum klassischen Instrument der Macht- und Bündnispolitik der europäischen Nationalstaaten: zunächst vor allem zur Kontrolle der westlichen Ententemächte über die ehemaligen Kriegsgegner und des kommunistischen Russland, dann nach dem Beitritt Deutschlands auch zu dessen Plattform für die Revision des Versailler Vertrages. Eines der wichtigsten Ziele des Versailler Vertrages, den Frieden in Europa durch eine allgemeine Abrüstung zu stabilisieren, erreicht der Völkerbund nicht.

Die nationalsozialistisch-konservative Regierung Hitler nahm das nur ein dreiviertel Jahr nach ihrem Machtantritt zum Anlass aus dem Völkerbund auszutreten. Dieser Schritt demonstrierte das endgültige Scheitern des Völkerbundes und seiner Idee. An die Stelle kollektiver Abmachungen zwischen den Staaten wie die Locarno-Verträge traten jetzt in der deutschen Außenpolitik allein wieder die zweiseitigen Übereinkünfte in den Vordergrund. Sie bildeten ein besonders geeignetes Instrument um die einzelnen Staaten gegeneinander auszuspielen und so machtpolitische Vorteile zu gewinnen. Damit waren auch die Ansätze zu einer europäischen Einigungspolitik

und Annäherung der Völker, vor allem zwischen Deutschland und Frankreich, aus den 20er-Jahren hinfällig geworden.
Trotz aller wirtschaftlichen Großraumpläne in der deutschen Industrie, bei den Nationalkonservativen und Teilen der NSDAP, eine politische Idee für ein geeintes Europa wurde nicht entwickelt. Sie hätte auch nicht in die nationalistischen Hegemoniebestrebungen und rassistischen Vernichtungsziele der neuen Machthaber gepasst. Ganz dem entsprechend findet man auch keinen Satz über ein Gesamteuropa in Hitlers Werk „Mein Kampf". Für Hitler spielt sich Außenpolitik im Rahmen der klassischen Bündnispolitik zum Zweck des Machtzuwachses eines einzelnen Staates unter dem sozialdarwinistischen Diktat des Kampfes der Völker um ihren Erhalt ab.
Im Sommer 1941, rund zwei Jahre nach Beginn des 2. Weltkriegs, schien das nationalsozialistische Deutschland tatsächlich die Hegemonie in Europa gewonnen zu haben. Diese militärisch-

Mit Waffen-SS und der nordischen Legion gegen den gemeinsamen Feind ... Gegen Bolschewismus (norwegisches Werbeplakat für die Waffen-SS (wohl 1942)

politische Vormachtstellung war aber nicht das eigentliche Ziel der NS-Kriegsführung, sondern die Basis für die Durchsetzung einer rassistisch pervertierten Europa-Vorstellung. Daran ändert auch nichts die scheinbar politische Parole von der „Verteidigung Europas gegen den Bolschewismus", mit der verstärkt nach der Niederlage von Stalingrad antikommunistische Strömungen in den europäischen Ländern für die Zusammenarbeit mit dem Nationalsozialismus gewonnen werden sollten.
Die Waffen-SS warb unter diesem Slogan Freiwillige in Norwegen, Dänemark, den Niederlanden, Belgien und Frankreich an. Auch dieser so genannte Kampf gegen den Bolschewismus hatte eine rassistische Grundlage, nämlich in der nationalsozialistischen ideologischen Vorstellung von einer „jüdisch-bolschewistischen Weltverschwörung".

Europäische Verständigung als Hoffnung aus gemeinsam erfahrener Verfolgung

Dennoch beförderte die nationalsozialistische, rassisch begründete Hegemonialpolitik (→ M 9.27 u. 28) in einer ganz anderen Weise als beabsichtigt die Vorstellung von fundamentalen gemeinsamen Zukunftshoffnungen der Menschen in Europa. Am 6. Oktober 1939 nach der Vernichtung des polnischen Staates hatte Hitler vor dem Reichstag „eine neue Ordnung der ethnografischen Verhältnisse [angekündigt], das heißt eine Umsiedlung der Nationalitäten, so, dass sich am Abschluss der Entwicklung bessere Trennungslinien ergeben". In diesem Plan zur zwangsweisen Völkertrennung in den Mischgebieten Ost- und Südosteuropas zeichnete sich bereits ein anderes, weiter greifendes „europäisches Programm" ab: die Zwangsumsiedlung und Vernichtung des europäischen Judentums.
Im Juli 1941, kurz nach dem Überfall auf die Sowjetunion, sagte Hitler in einem Gespräch mit dem kroatischen Verteidigungsminister Kvaternik: „Wenn auch nur ein Staat aus irgendwelchen Gründen eine jüdische Familie bei sich dulde, so würde diese der Bazillenherd für eine neue Zersetzung werden. Gäbe es keine Juden mehr in Europa, so würde die Einigkeit der europäischen Staaten nicht mehr gestört werden." Ende des Monats fand dann die „Wannsee-Konferenz" statt (s. S. 219f.). Ihr Auftrag lautete, „unter Beteiligung der dafür infrage kommenden deutschen Zentralinstanzen alle erforderlichen Vor-

bereitungen für eine Gesamtlösung der Judenfrage im deutschen Einflussbereich in Europa zu treffen". Eine gewaltige Deportationswelle der Juden aus ihren Heimatländern in die Sammel- und Vernichtungslager wurde in Gang gesetzt. Zudem wurden politische Gegner aus dem Widerstand der besetzten Ländern in die Konzentrationslager geschafft. Zur Behebung des Arbeitskräftemangels der deutschen Kriegsindustrie wurden ausländische Arbeiter und Arbeiterinnen ins Reich gebracht. Diese wurden neben den Kriegsgefangenen und den KZ-Häftlingen zur Rüstungsarbeit und in der Landwirtschaft eingesetzt (s. S. 214f.). So wurden allein durch Deportation und Arbeitseinsatz weit mehr als zwanzig Millionen Menschen verschiedenster Länder und Kulturen quer durch Europa hin und her geschickt, von einem Lager und Arbeitseinsatz zum anderen.

All diese verschiedenen Menschen erfuhren an ihrem eigenen Leib die erbarmungslose Ausbeutung und Unterdrückung durch den Nationalsozialismus. Gerade sie aber konnten sich über ihre Nationalitätsgrenzen hinaus über ihre gemeinsame Lage austauschen, da sie oft in dieselben Lager verbracht worden waren und immer wieder die Lager wechseln mussten. Daraus entwickelten sich in den KZ's verstärkt seit 1943 Widerstandsorganisationen, die sowohl von deutschen als auch von ausländischen Häftlingen initiiert wurden. Diese illegalen Gruppen verbanden sich zu nationalen Arbeitsgruppen und internationalen Komitees, um gemeinsame Informationssitzungen durchzuführen und ihre Arbeit zu planen.

Die Hoffnung auf Überleben, dem Lager durch Flucht zu entkommen, Widerstand gegen die SS-Schergen zu leisten oder wenigstens Aufzeichnungen und Dokumente über die Lager für die Nachwelt zu sichern vermochte nationale Fremdheiten und Vorurteile unter den Häftlingen zu überbrücken. Dieses Zusammenwirken gegen die Unterdrückung ließ die realistische Möglichkeit für eine engere und gleichberechtigte Zusammenarbeit der europäischen Völker sichtbar werden. Im politischen Widerstand in Europa entwickelten sich schließlich unter der Erfahrung des terroristischen NS-Besatzungssystems und des gemeinsamen Kampfes dagegen tatsächlich auch Planungen für einen demokratischen Zusammenschluss der europäischen Staaten (→ M 29).

Überlegungen zur weiteren Arbeit

Der Zweite Weltkrieg stellte die letzte Konsequenz nationalsozialistischer Politik dar; seine Folgen bestimmten die Geschichte in Europa und der Welt schon allein durch die 1945 geschaffenen Grenzen und Machtverhältnisse. Darüber hinaus bedingt er bis heute die Schwierigkeiten der Deutschen mit ihrem Selbstverständnis und mit dem Verhältnis zu ihren Nachbarn und zum jüdischen Volk. Insofern sich unsere Fragen auf eine Vergangenheit richten, „die nicht vergehen will", bekommt unsere Arbeit ihren Stellenwert für unsere Gegenwart. Die „Goldhagen-Debatte", die Auseinandersetzungen um die Rolle der deutschen Wehrmacht und die Diskussion um ein zentrales Holocaust-Denkmal in Berlin zeigen das deutlich.

Der ideologiekritische Aspekt, der sich mit dem gegenwartsgenetischen verbindet, wird zusammenhängend in Kapitel 10 thematisiert werden. In diesem Kapitel steht vor allem die Frage nach den Verantwortlichkeiten für die Verbrechen im Krieg im Vordergrund. Damit uns die große Fülle des Materials zum Zweiten Weltkrieg aber nicht zur Oberflächlichkeit verführt, beschränkt sich das Kapitel neben dem Kriegsverlauf auf vier Komplexe: die Verfolgung und Ermordung der europäischen Juden, die deutsche „Lebensraum"-Politik im Osten mit ihren Folgen für Polen und die Sowjetunion, den deutschen Widerstand gegen den Nationalsozialismus und die europäische Perspektive für die Völker des alten Kontinents aufgrund der gemeinsam erfahrenen Verfolgung.

Materialien zu Kapitel 9

Die Entrechtung der jüdischen Deutschen

M 9.1 1935 – „Gesetz zum Schutze des deutschen Blutes und der deutschen Ehre“ (15. 9. 1935)

Durchdrungen von der Erkenntnis, dass die Reinheit des deutschen Blutes die Voraussetzung für den Fortbestand des Deutschen Volkes ist, und beseelt von dem unbeugsamen Willen, die Deutsche Nation für alle Zukunft zu sichern, hat der Reichstag einstimmig das folgende Gesetz beschlossen, das hiermit verkündet wird:

§ 1. (1) Eheschließungen zwischen Juden und Staatsangehörigen deutschen oder artverwandten Blutes sind verboten. Trotzdem geschlossene Ehen sind nichtig, auch wenn sie zur Umgehung dieses Gesetzes im Ausland geschlossen sind.

(2) Die Nichtigkeitsklage kann nur der Staatsanwalt erheben.

§ 2. Außerehelicher Verkehr zwischen Juden und Staatsangehörigen deutschen oder artverwandten Blutes ist verboten.

§ 3. Juden dürfen weibliche Staatsangehörige deutschen oder artverwandten Blutes unter 45 Jahren in ihrem Haushalt nicht beschäftigen.

§ 4. (1) Juden ist das Hissen der Reichs- und Nationalflagge und das Zeigen der Reichsfarben verboten.

(2) Dagegen ist ihnen das Zeigen der jüdischen Farben gestattet. Die Ausübung dieser Befugnis steht unter staatlichem Schutz.

§ 5. (1) Wer dem Verbot des § 1 zuwiderhandelt, wird mit Zuchthaus bestraft.

(2) Der Mann, der dem Verbot des § 2 zuwiderhandelt, wird mit Gefängnis oder mit Zuchthaus bestraft.

(3) Wer den Bestimmungen der §§ 3 oder 4 zuwiderhandelt, wird mit Gefängnis bis zu einem Jahr und mit Geldstrafe oder mit einer dieser Strafen bestraft.

§ 6. Der Reichsminister des Innern erlässt im Einvernehmen mit dem Stellvertreter des Führers und dem Reichsminister der Justiz die zur Durchführung und Ergänzung des Gesetzes erforderlichen Rechts- und Verwaltungsvorschriften.

§ 7. Das Gesetz tritt am Tage nach der Verkündigung, § 3 jedoch erst am 1. Januar 1936 in Kraft.

Nürnberg, den 15. September 1935, am Reichsparteitag der Freiheit

Zit. nach: Ingo von Münch / Uwe Brodersen: Gesetze des NS-Staates (Schöningh) Paderborn 1982. S. 123f.

M 9.2 1938 – Verordnung zur Ausschaltung der Juden aus dem deutschen Wirtschaftsleben (12.11.1938)

Aufgrund der Verordnung zur Durchführung des Vierjahresplans vom 18. Oktober 1936 (Reichsgesetzbl. I S. 887) wird Folgendes verordnet:

§ 1 (1) Juden (§ 5 der Ersten Verordnung zum Reichsbürgergesetz vom 14. November 1935 – Reichsgesetzbl. I S. 1333) ist vom 1. Januar 1939 ab der Betrieb von Einzelhandelsverkaufsstellen, Versandgeschäften oder Bestellkontoren sowie der selbstständige Betrieb eines Handwerks untersagt.

(2) Ferner ist ihnen mit Wirkung vom gleichen Tage verboten, auf Märkten aller Art, Messen oder Ausstellungen Waren oder gewerbliche Leistungen anzubieten, dafür zu werben oder Bestellungen darauf anzunehmen.

(3) Jüdische Gewerbebetriebe (Dritte Verordnung zum Reichsbürgergesetz vom 14. Juni 1938 – Reichsgesetzbl. I S. 627), die entgegen diesem Verbot geführt werden, sind polizeilich zu schließen.

§ 2 (1) Ein Jude kann vom 1. Januar 1939 ab nicht mehr Betriebsführer im Sinne des Gesetzes zur Ordnung der nationalen Arbeit[1] vom 20. Januar 1934 (Reichsgesetzbl. I S. 45) sein.

(2) Ist ein Jude als leitender Angestellter in einem Wirtschaftsunternehmen tätig, so kann ihm mit einer Frist von sechs Wochen gekündigt werden. Mit Ablauf der Kündigungsfrist erlöschen alle Ansprüche des Dienstverpflichteten aus dem gekündigten Vertrage, insbesondere auch Ansprüche auf Versorgungsbezüge und Abfindungen.

§ 3 (1) Ein Jude kann nicht Mitglied einer Genossenschaft sein.

(2) Jüdische Mitglieder von Genossenschaften scheiden zum 31. Dezember 1938 aus. Eine besondere Kündigung ist nicht erforderlich.
Berlin, den 12. November 1938.

Der Beauftragte für den Vierjahresplan
Göring
Generalfeldmarschall

Reichsgesetzblatt. Jahrgang 1938, Teil I, S. 1580

---

[1] s. S. 145

Die „Arisierung" des Kaufhauses Lion in Stadthagen bei Hannover – eine Fallstudie

M 9.3 1933 – Eine Zeitungsmeldung in Stadthagen

– *(Grober Unfug.)* Während der Tag des Boykotts der jüdischen Geschäfte hier in Ruhe verlief, zertrümmerten in der Nacht vom Freitag auf Sonnabend gewissenlose Buben die beiden Schaufensterscheiben im Ausstellungsraum der Firma Lion, Marktstraße 6. Die Täter konnten sich leider durch die Flucht nach dem Viehmarktplatz zu in Sicherheit bringen, obschon ein SA-Mann hinter ihnen herschoss. Am Sonnabendvormittag sind die beiden Geschäftsinhaber in Schutzhaft genommen. Der Herr Kommissar des Reiches ersucht nun alle Kreise der Bevölkerung um rege Mitarbeit bei der Ausfindigmachung der Täter, die die Scheiben zertrümmerten, und der Hintermänner oder Auftraggeber dieser Leute. Gleichzeitig wird darauf hingewiesen, dass derartige Vergehen nach den neuen Bestimmungen mit schweren Strafen geahndet werden. Es wird daher vor der Ausübung gleicher oder ähnlicher Straftaten dringend gewarnt. Der SA. und SS. sowie der Polizei und Hilfspolizei spricht der Herr Kommissar des Reiches seinen Dank und seine Anerkennung für die bewiesene Disziplin und gezeigte Umsicht aus. – Die Inhaber der Firma Lion sind nach neuerer Meldung aus bestimmten Gründen noch nicht aus der Schutzhaft entlassen.

General-Anzeiger vom 6. 4. 1933

M 9.4 1933 – Der Kaufmann Elias Lion sucht Hilfe

An den
Reichsverband der Mittel- und Großbetriebe
des Deutschen Einzelhandels e.V.
Berlin W 62
Kielganstr. 1.

Süddeutsche Ausgabe / Ausgabe A

Ausgabe A / Süddeutsche Ausgabe

88. Ausg. • 46. Jahrg. • Einzelpreis 20 Pf.

München, Mittwoch, 29. März 1933

VÖLKISCHER BEOBACHTER

Herausgeber Adolf Hitler

Die Brennessel heute neu!

Kampfblatt der national-sozialistischen Bewegung Großdeutschlands

Aufruf der Parteileitung der N.S.D.A.P.

Samstag, Schlag 10 Uhr, wird das Judentum wissen, wem es den Kampf angesagt hat!

An alle Parteiorganisationen der N.S.D.A.P.

Nationalsozialisten! Parteigenossen! Parteigenossinnen!

Nach vierzehnjähriger innerer Zerrissenheit hat das deutsche Volk, seine Stände, Klassen, Berufe und konfessionellen Spaltungen politisch überwindend, eine Er-

Das nationale revolutionäre Deutschland ist fest entschlossen

sind, trifft das ein, was wir längst erwartet hatten. Die kommunistischen und marxistischen Verbrecher und ihre jüdisch-intellektuellen Anstifter, die mit ihren Kapitalien

weitere Schädigung dieses unseres Volkes verhindern kann.

Denn verantwortlich für diese Lügen und Verleumdungen sind die Juden unter uns. Von ihnen geht diese Kampagne des Hasses und der Lügenhetze gegen Deutschland aus. In ihrer Hand läge es, die Lügner in der übrigen Welt zurechtzuweisen.

Da sie dies nicht wollen, werden wir dafür sorgen, daß dieser Haß- und Lügenfeldzug gegen Deutschland sich nicht gegen das unschuldige deutsche Volk, sondern gegen die verantwortlichen Hetzer selbst richtet.

Die Boykott- und Greuelhetze darf nicht und wird nicht das deutsche Volk treffen, sondern in tausendfacher Schwere die Juden selbst.

Anordnung an die gesamte Partei!

Es ergeht daher an alle Parteidienststellen!

Punkt 8:

Punkt 10:

Auslandsaufklärung

Die Aktionskomitees haben weiterhin die Aufgabe, dafür zu sorgen, daß jeder Deutsche, der irgendeine Verbindung zum Ausland besitzt, diese verwendet, um in Briefen, Telegrammen und Telephonaten aufklärend die Wahrheit zu verbreiten, daß in Deutschland Ruhe und Ordnung herrscht, daß das deutsche Volk keinen sehnlicheren Wunsch besitzt, als in Frieden seiner Arbeit nachzugehen und in Frieden mit der anderen Welt zu leben und daß es den Kampf gegen die jüdische Greuelhetze nur führt als reinen Abwehrkampf.

Punkt 11:

Ruhe, Disziplin und keine

Mit Nachstehendem erlaube ich mir, folgende Ausführungen zu machen.

Ich habe mich an dem Wiederaufbau der deutschen Wirtschaft tatkräftig beteiligt. Ich habe in dem Monat Mai ungeheure Warenaufträge gegeben, um die Wiedereinstellung arbeitsloser Volksgenossen zu fördern. Obwohl mein Umsatz seit April katastrophal zurückgegangen ist, habe ich mein gesamtes aus 35 Mann bestehendes Personal nicht nur behalten, sondern auch das ausgelernte Personal weiter beschäftigt. Ich habe weder Feierschichten vorgenommen noch Gehälter gekürzt. Als Mindestgehalt zahle ich das tariflich festgesetzte; teilweise bezahle ich auch über Tarif. Ich bitte, davon überzeugt zu sein, dass ich diese Maßnahmen lediglich vorgenommen habe, um tatkräftig an dem Wiederaufbau mitzuarbeiten und im Interesse des Wirtschaftsfriedens.

Nachstehend gebe ich Ihnen die Vergleichszahlen meiner Umsätze an:

	1932	1933
April	M 37.414,–	M 26.651,–
Mai	M 48.854,–	M 37.026,–
Juni	M 41.839,–	M 25.208,–
Juli	M 34.640,–	M 26.120,–
Aug.	M 43.678,–	M 26.159,–
Sept.	M 41.695,–	M 20.421,–
	248.120,–	161.585,–.

Aus diesen Umsätzen heraus geht hervor, dass mein Geschäft ein 35köpfiges Personal nicht mehr verträgt. Ich habe einen großen Teil meines Vermögens wieder in das Geschäft hineinnehmen müssen, um meine Schulden pünktlich bezahlen zu können. […]

Der Landwirtschaftliche Hauptverein für Schaumburg-Lippe und der Schaumburg-Lippische-Landbund e.V. hat erst am 23. September seinen Mitgliedern bekanntgegeben, dass jede geschäftliche Verbindung mit Juden abzubrechen sei.

In der letzten Schneiderinnen-Innung hat der Innungsmeister, Herr Sch., Stadthagen, den Schneiderinnen gesagt, dass es bei Strafe streng verboten sei, bei Juden zu kaufen.

Die gesamte Beamtenschaft von Stadthagen und Umgegend, die bis zum 1. April einen großen Teil meiner treuesten Kunden darstellte, wagt nicht, zu mir zu kommen. Es besteht nach wie vor ein geheimer Boykott, gegen den ich nicht ankämpfen kann.

Ich bin daher gezwungen, unter Beobachtung der gesetzlichen Vorschriften von meinem Personal mindestens 2/3 zu entlassen. Bevor ich gezwungener Maßen zu irgendwelchen Maßnahmen ergreife [sic!], möchte ich im Interesse der Erhaltung meines Personals bezw. des Wirtschaftsfriedens bitten, dass in Stadthagen eine Aufklärung erfolgt, dass alle Volksgenossen auch bei Juden kaufen dürfen. [...]

Ich bitte ergebenst, das weitere in dieser Angelegenheit zu veranlassen.

Ich bemerke noch hierzu, dass ich noch die gesamte Anzahl Personal beschäftige wie im Jahre 1928, also in einer Zeit, da ich mehr als den doppelten Umsatz gemacht habe als jetzt.

Hochachtungsvoll

[Elias Lion]

Zit. nach: StA Bückeburg L 4 Nr. 7902 (Name vom Verf. abgekürzt)

Trotz einer Hitler-Spende durch die Besitzer des Kaufhauses Elias Lion und Moritz Trautmann 1933 ließ sich nichts bewirken. Tränengasbomben, Todesdrohungen und ein Überfall auf den behinderten Sohn Trautmanns und dessen Betreuer durch die SA steigerten die Angriffe zur Pogromstimmung. Dennoch hielt sich das Kaufhaus, weil die ärmeren Schichten dort kaufen wollten um nicht nach Hannover reisen zu müssen. Die Drangsalierungen durch die SS seit 1936 nahmen zu. 1938 im Sommer waren Lion und Trautmann dann so weit gebracht, das Kaufhaus zu veräußern.

M 9.5 1938 – Ein „arischer“ Kaufmann beschwert sich

Brief des Kreisleiters der NS-Handels-, Handwerks- und Gewerbeorganisation (NS-HAGO) an den Reichsstatthalter und Gauleiter der NSDAP, Alfred Meyer, in Münster vom 18.8.1938 (gekürzt).

Sehr geehrter Pg.[1] Dr. Meyer!

Es widerstrebt mir, mich als älteres Parteimitglied Hilfe suchend an Parteigenossen aus der Kampfzeit zu wenden. Die große Gefahr aber, die mir und meinen Berufskollegen aus Stadthagen und Umgegend jetzt droht, ist der bereits beim Notar abgeschlossene Kaufvertrag zwischen der jüdischen Firma Elias Lion, Stadthagen (Anschlussfirma des jüdischen Katz-Michel-Konzerns) und der Firma Hermann Hagemeier, Minden (ebenfalls langjährige Anschlussfirma des Katz-Michel-Konzerns, der erst kürzlich arisiert wurde).

Ich habe vielen Partei- und Volksgenossen während der Kampfzeit, wie auch nach der

Machtübernahme, soweit es in meinen Kräften stand, geholfen, habe versucht ohne fremde Hilfe durchzukommen, obgleich es mir in den Kampfjahren und auch später oft wirtschaftlich und gesundheitlich (infolge meiner schweren Kriegsbeschädigung) recht dreckig ging. Trotzdem ist es mir gelungen, bis jetzt existenzfähig zu bleiben und hierneben noch durch Übernahme vieler ehrenamtlicher Posten dem Staate, der Partei und besonders der Wirtschaft zu dienen. [...]
Als Nationalsozialist habe ich gegen Juden und Konzerne gekämpft und es ist für mich eine Selbstverständlichkeit, dass das jüdische Kaufhaus Elias Lion mit der Zeit verschwinden muss – aber nicht auf Kosten anderer Volksgenossen! Die Prophezeiung des Juden Lion aus dem Jahre 1935 dem Pg. K., Stadthagen gegenüber „wenn er einmal gezwungen wäre sein Geschäft zu verkaufen, dann nur an einen Arier, der die hiesige Konkurrenz in kurzer Zeit zum Wohlfahrtsamt brächte" fände ihre Bestätigung darin, wenn der bereits erwähnte Kaufvertrag seine Genehmigung finden würde. Lion hat nämlich in Hagemeier nach den von mir eingezogenen Erkundigungen den Arier gefunden, wie er ihn besser für seine Zwecke nicht hätte finden können. [...]
Während ich in den Jahren vor der Machtübernahme öffentlich gegen Juden und Konzerne kämpfte, was Ihnen meine Kampfgenossen Gauwirtschaftsberater F., Kreisleiter und Landespräsident D., Gauamtsleiter W., Ortsgruppenleiter B. und Bürgermeister H. Stadthagen jederzeit bestätigen werden, kämpfte Hagemeier mit den Juden zusammen im gleichen Konzern für jüdische Kapitalbildung. Er lernte dort an der Quelle jüdisches Gebaren kennen und sog damit jüdischen Geist ein!
1933 verstand er es trotzdem in das für ihn günstige Fahrwasser hineinzukommen, denn er erhielt schon bald eine Verkaufsstelle der RZM[2], obgleich ich über die Kreisleitung für Schaumburg-Lippe Einspruch hiergegen erhob. Dieser Einspruch wurde nicht anerkannt [...].
Ich bin der Ansicht, dass Hagemeier nunmehr mit dem Erreichten hätte zufrieden sein dürfen, stattdessen wollen sich nun die Polypenarme seines Mammutbetriebes auch nach dem kleinen Stadthagen ausstrecken. Das Einzelhandelsschutzgesetz und die in letzter Zeit herausgegebenen Verordnungen über die Arisierung jüdischer Betriebe geben mir und meinen Berufskollegen die Hoffnung, dass wir gegen diesen Vorstoß des Hagemeier geschützt werden können. Denn wenn in heutiger Zeit die kleineren Gewerbetreibenden unter Schutz gestellt werden sollen, dann wäre doch die Zulassung einer Filiale dieses Großbetriebes eine Forcierung des Filialwesens. [...]

Zit. nach: StA Bückeburg L 4 Nr. 7957 (Unterstreichungen im Original; Namen vom Verf. abgekürzt)

---

1 Pg. – Parteigenosse.
2 RZM – Reichszeugmeisterei (Ausrüstung für SA und SS)

Der Stadtrat Stadthagens drängte trotz solcher Proteste des Kleinhandels auf den Erhalt des Kaufhauses durch „Arisierung". Am 1. November 1938 wurde der Verkauf an Hagemeier vollzogen – allerdings in der Form eines Scheinverkaufs an den Prokuristen Hagemeiers, Alfred Thomas.
Noch in der Nacht nach der Neueröffnung, in der „Reichskristallnacht" (s. S. 218), wurden Elias Lion und Moritz Trautmann in „Schutzhaft" genommen. Moritz Trautmann konnte im Dezember 1939 nach Chile auswandern. Elias Lion wurde im März 1942 nach Warschau deportiert; er wurde im „Generalgouvernement Polen" ermordet.

Der deutsche Eroberungskrieg in Osteuropa

M 9.6 1939 – Die Teilung Osteuropas im geheimen Zusatzprotokoll zum deutsch-sowjetischen Nichtangriffspakt (23.8.1939)

Aus Anlass der Unterzeichnung des Nichtangriffspaktes zwischen dem Deutschen Reich und der Union der Sozialistischen Sowjetrepubliken haben die unterzeichneten Bevollmächtigten der beiden Teile in streng vertraulicher Aussprache die Frage der Abgrenzung der beiderseitigen Interessensphären in Osteuropa erörtert. Die Aussprache hat zu folgendem Ergebnis geführt:
1. Für den Fall einer territorial-politischen Umgestaltung in den zu den baltischen Staaten (Finnland, Estland, Lettland und Litauen) gehörenden Gebieten bildet die nördliche Grenze Litauens zugleich die Grenze der Interessensphäre Deutschlands und der UdSSR. Hierbei wird das Interesse Litauens am Wilnaer Gebiet beiderseits anerkannt.
2. Für den Fall einer territorial-politischen Umgestaltung der zum polnischen Staat gehörenden Gebiete werden die Interessensphären Deutsch-

lands und der UdSSR ungefähr durch die Linie der Flüsse Narew, Weichsel und San abgegrenzt. Die Frage, ob die beiderseitigen Interessen die Erhaltung eines unabhängigen polnischen Staates erwünscht erscheinen lassen und wie dieser Staat abzugrenzen wäre, kann endgültig erst im Laufe der weiteren politischen Entwicklung geklärt werden. In jedem Falle werden beide Regierungen diese Frage im Wege einer freundschaftlichen Verständigung lösen.
3. Hinsichtlich des Südostens Europas wird von sowjetischer Seite das Interesse an Bessarabien betont. Von deutscher Seite wird das völlige politische Desinteressement an diesen Gebieten erklärt.
4. Dieses Protokoll wird von beiden Seiten streng geheim behandelt werden.

Moskau, den 23. August 1939

von Ribbentrop, W. Molotow

Zit. nach: Hans-Adolf Jacobsen: Der Zweite Weltkrieg. (Fischer) Frankfurt 1965. S. 37f. (Gedächtnisprotokoll; Orig. nicht veröffentlicht).

M 9.7 1939 – Alfred Rosenberg[1] über eine Unterredung mit Hitler über Neuordnungspläne in Ost- und Westeuropa (29.9.1939)

Heute rief mich d.[er] Führer um 4^h in die R.[eichs]-Kanzlei [...] Zunächst schilderte er nur eine Stunde lang den Feldzug in Polen. Die Armee heute stehe unvergleichlich über der von 1914, eine ganz andere Bindung zwischen Führung und Truppe: die Generäle mit der Mannschaft, Einheitsküche, die Generäle vorn an der Front. Wenn er, wie am San, die Bataillone vorbeiziehen sehe: ein solches Menschentum gebe es nicht wieder. Die Polen: eine dünne germanische Schicht, unten ein furchtbares Material. Die Juden, das Grauenhafteste, was man sich überhaupt vorstellen konnte. Die Städte starrend von Schmutz. Er habe viel gelernt in diesen Wochen. Vor allem: Hätte Polen noch ein paar Jahrzehnte über die alten Reichsteile geherrscht, wäre alles verlaust und verkommen, hier könnte jetzt nur eine zielsichere Herrenhand regieren. Er wolle das jetzt festgelegte Gebiet in drei Streifen teilen: 1. zwischen Weichsel und Bug: das gesamte Judentum (auch a.[us] d.[em] Reich) sowie alle irgendwie unzuverlässigen Elemente. An der Weichsel einen unbezwingbaren Ostwall – noch stärker als im Westen. 2. An der bisherigen Grenze ein breiter Gürtel der Germanisierung und Kolonisierung. Hier käme eine große Aufgabe für das gesamte Volk: eine deutsche Kornkammer zu schaffen, starkes Bauerntum, gute Deutsche aus aller Welt umzusiedeln. 3. Dazwischen eine polnische „Staatlichkeit“. Ob nach Jahrzehnten der Siedlungsgürtel vorgeschoben werden kann, muss die Zukunft erweisen.

Alfred Rosenberg: Das politische Testament. S. 98ff.

[1] Rosenberg war der bekannteste Rassenideologe des Dritten Reichs; ab 1941 Reichsminister für die besetzten Ostgebiete.

M 9.8 1941 – Führererlass zur Kriegsgerichtsbarkeit im besetzten sowjetischen Gebiet (14.5.1941, Auszug)

I. *Behandlung von Straftaten feindlicher Zivilpersonen.*

1. *Straftaten feindlicher Zivilpersonen* sind der Zuständigkeit der Kriegsgerichte und der Standgerichte bis auf weiteres entzogen.
2. *Freischärler*[1] sind durch die Truppe im Kampf oder auf der Flucht schonungslos zu erledigen.
3. *Auch alle anderen Angriffe feindlicher Zivilpersonen* gegen die Wehrmacht, ihre Angehörigen und das Gefolge sind von der Truppe auf der Stelle mit den äußersten Mitteln bis zur Vernichtung des Angreifers niederzumachen.
4. Wo Maßnahmen dieser Art versäumt wurden oder zunächst nicht möglich waren, werden *tatverdächtige Elemente sogleich einem Offizier vorgeführt. Dieser entscheidet, ob sie zu erschießen sind.*
   Gegen *Ortschaften,* aus denen die Wehrmacht hinterhältig oder heimtückisch angegriffen wurde, werden unverzüglich auf Anordnung eines Offiziers in der Dienststellung mindestens eines Bataillons- usw. Kommandeurs *kollektive Gewaltmaßnahmen* durchgeführt, wenn die Umstände eine rasche Feststellung einzelner Täter nicht gestatten.
5. Es wird *ausdrücklich verboten,* verdächtige Täter zu verwahren, um sie bei Wiedereinführung der Gerichtsbarkeit über Landeseinwohner an die Gerichte abzugeben. [...]

II. *Behandlung* der *Straftaten* von *Angehörigen der Wehrmacht* und des *Gefolges* gegen *Landeseinwohner.*

1. Für *Handlungen,* die *Angehörige* der *Wehrmacht* und des *Gefolges* gegen *feindliche Zivilpersonen* begehen, besteht kein *Verfolgungszwang,* auch dann nicht, wenn die Tat zugleich ein militärisches Verbrechen oder Vergehen ist.

Zit. nach: Hans-Adolf Jacobsen: Kommissarbefehl. In: Anatomie des SS-Staates, Bd. 2. (München (dtv) [4]1984. S. 182f.

---

[1] Partisanen

M 9.9

A. 1941 – Der „Kommissarbefehl“ vom 6.6.1941 (Präambel)

Oberkommando	F. H. Qu.,[1]
der Wehrmacht	den 6.6.1941
WFST[2]/Abt. L.(IV/Qu)	[Stempel:]Chef-Sache!
[...]	Nur durch Offizier!

Im Nachgang zum Führererlass vom 14. 5. über die Ausübung der Kriegsgerichtsbarkeit im Gebiet „Barbarossa“[3] [...] werden anliegend ‚Richtlinien für die Behandlung politischer Kommissare‘[4] übersandt.

Es wird gebeten, die Verteilung nur bis zu den Oberbefehlshabern der Armeen bzw. Luftflottenchefs vorzunehmen und die weitere Bekanntgabe an die Befehlshaber und Kommandeure mündlich erfolgen zu lassen.

Der Chef des Oberkommandos
der Wehrmacht
I. A.
gez. Warlimont

Richtlinien für die Behandlung politischer Kommissare.

Im Kampf gegen den Bolschewismus ist mit einem Verhalten des Feindes nach den Grundsätzen der Menschlichkeit oder des Völkerrechts *nicht* zu rechnen. Insbesondere ist von den *politischen Kommissaren aller Art* als den eigentlichen Trägern des Widerstandes eine hasserfüllte, grausame und unmenschliche Behandlung unserer Gefangenen zu erwarten.

Die Truppe muss sich bewusst sein:

1. In diesem Kampf ist Schonung und völkerrechtliche Rücksichtnahme diesen Elementen gegenüber falsch. Sie sind eine Gefahr für die eigene Sicherheit und die schnelle Befriedung der eroberten Gebiete.
2. Die Urheber barbarisch asiatischer Kampfmethoden sind die politischen Kommissare. Gegen diese muss daher sofort und ohne weiteres mit aller Schärfe vorgegangen werden.

Sie sind daher, wenn im *Kampf* oder *Widerstand* ergriffen, grundsätzlich sofort mit der Waffe zu erledigen.

Zit. nach: Hans-Adolf Jacobsen (M 9.8). S. 188f.

---

[1] F. H. Qu = Führer-Haupt-Quartier
[2] WFST = Wehrmachtführungsstab
[3] Operationsgebiet des deutschen Heeres in der SU
[4] Politische Kommissare waren für die ideologische Schulung der sowjetischen Soldaten zuständig; völkerrechtlich stand ihnen der Status von Offizieren zu.

B. – Beispiel einer Vollzugsmeldung der Truppe

Funk-*Spruch* Nr. 559	
Absendende Stelle:	Abgegangen 10.7.[1941], 10.30
Panzergruppe 4	An Heeresgruppe Nord

Zu Ob. d. H. Gen. z. b. V. Ob. d. H.[1] (Gruppe Rechtswesen)
Nr. 91/41 g. Kdos.[2] vom 8. 6. 41 werden bis zum 8. 7. einschl. gemeldet 101 erledigt.

Panzergruppe 4 Ic

F. d. R.
gez. Bothe
Leutnant

Zit. nach: Hans-Adolf Jacobsen (M 9.8). S. 192f.

---

[1] Oberbefehlshaber des Heeres General zur besonderen Verwendung beim Oberbefehlshaber des Heeres
[2] geheime Kommandosache

M 9.10

1941 – Hitler in einer Führerbesprechung über den Ostfeldzug

Aktenvermerk Martin Bormanns[1] vom 14.7.1941

Einleitend betonte der Führer, er wolle zunächst einige grundsätzliche Feststellungen treffen. Verschiedene Maßnahmen seien jetzt notwendig; dies bewiese u. a. ein von einer unverschämten Vichy[2]-Zeitung gebrachter Hinweis, der Krieg gegen die Sowjet-Union sei ein Krieg Europas; er sei also auch für ganz Europa zu führen. Offenbar wolle diese Vichy-Zeitung mit diesen Hinweisen erreichen, dass die Nutznießer dieses Krieges nicht allein die Deutschen sein dürften, sondern dass alle europäischen Staaten daraus ihren Nutzen ziehen müssten.

Die Motivierung unserer Schritte vor der Welt müsse sich also nach taktischen Gesichtspunkten richten. Wir müssten hier genau so vorgehen wie in den Fällen Norwegen, Dänemark, Holland und Belgien. Auch in diesen Fällen hätten wir nichts über unsere Absichten gesagt und wir würden dies auch weiterhin klugerweise nicht tun.

Wir werden also wieder betonen, dass wir gezwungen waren, ein Gebiet zu besetzen, zu ordnen und zu sichern; im Interesse der Landeseinwohner müssten wir für Ruhe, Ernährung, Verkehr usw. usw. sorgen; deshalb unsere Regelung. Es soll also nicht erkennbar sein, dass sich damit eine endgültige Regelung anbahnt! Alle notwendigen Maßnahmen – Erschießen, Aussiedeln usw. – tun wir trotzdem und können wir trotzdem tun.

Wir wollen uns aber nicht irgendwelche Leute vorzeitig und unnötig zu Feinden machen. Wir tun also lediglich so, als ob wir ein Mandat ausüben wollten. *Uns* muss aber dabei klar sein, dass wir aus diesen Gebieten nie wieder herauskommen.

Demgemäß handelt es sich darum:

1. Nichts für die endgültige Regelung zu verbauen, sondern diese unter der Hand vorzubereiten;
2. wir betonen, dass wir die Bringer der Freiheit wären.

Im Einzelnen:

Die Krim muss von allen Fremden geräumt und deutsch besiedelt werden.

Ebenso wird das alt-österreichische Galizien Reichsgebiet. […]

Grundsätzlich kommt es also darauf an, den riesenhaften Kuchen handgerecht zu zerlegen, damit wir ihn

erstens beherrschen,
zweitens verwalten und
drittens ausbeuten können.

Die Russen haben jetzt einen Befehl zum Partisanen-Krieg hinter unserer Front gegeben. Dieser Partisanenkrieg hat auch wieder seinen Vorteil; er gibt uns die Möglichkeit, auszurotten, was sich gegen uns stellt.

Grundsätzliches:

Die Bildung einer militärischen Macht westlich des Ural darf nie wieder infrage kommen und wenn wir hundert Jahre darüber Krieg führen müssten.

Zit. nach: Gerd Ueberschär / Wolfram Wette (Hrsg.): „Unternehmen Barbarossa“. (Schöningh) Paderborn 1984. S. 330.

---

[1] Reichsleiter der NSDAP, seit 1943 „Sekretär des Führers“, einer der mächtigsten Männer NS-Deutschlands (s. S. 182 u. 184).

[2] Vichy = der von Deutschland nicht besetzte Teil Frankreichs (Hauptstadt Vichy) mit seiner von Deutschland abhängigen Regierung.

Terror und Völkermord

M 9.11

1942 – Justiz und SS

Der Reichsminister der Justiz Dr. Otto Georg Thierack in einer Aussprache mit Oberlandesgerichtspräsidenten und Generalstaatsanwälten über die unterschiedlichen Aufgaben von Justiz und SS.

Ich will Ihnen zwei Vorgänge, die mir hier vorgelegt sind, mitteilen. Es ist wiederholt vorgekommen, dass die Gestapo einen Polen nur an die Staatsanwaltschaft oder an das Sondergericht herausgeben wollte, wenn ihr zugesichert wurde, dass er zum Tode bestraft wurde. Ein unmöglicher Zustand! Wie kann man einer deutschen Justizeinrichtung einen Verbrecher unter der Bedingung ausliefern, dass die Todesstrafe erkannt werden muss! Die Gestapo handelt ganz richtig. Es ist ja ihre Aufgabe, die Menschen zu vernichten. Aber der Weg ist falsch.

Wenn also dieses Problem gelöst werden muss – und es muss gelöst werden, wenn nicht etwa aus theoretischen Überlegungen heraus oder aus sadistischen Beweggründen, sondern aus unserem Volkswillen: wir müssen dieses Kolonialland für unser Volk haben –, dann mag dieses Problem gelöst werden von den Stellen, die es allein lösen können, von der Wehrmacht und der Polizei, aber nicht vom Gericht. Meine Herren, hier zerbrechen wir ja unseren Richter, wenn wir ihm zumuten, in solcher Form zu urteilen. Ich kann verstehen, dass ein Pole, der des Nachts einen deutschen Bauernhof bestohlen hat, von Ihnen zum Tode verurteilt wird. Das taten Sie auch aus innerem Verständnis, weil es unter Ausnutzung der Verdunklung geschah. Aber bei einem Polen, der z. B. gegen irgendeinen Bauern auf dem Felde Schimpfworte gebraucht oder die Hand gegen ihn erhoben hat, sind Sie schon nicht geneigt, die Todesstrafe zu erkennen. Es ist aber in Ordnung, dass der Pole, der sich gegen einen Deutschen empört, beseitigt und ausgebrannt wird. Dann mag das aber eine Stelle tun, die mit der Justiz nichts zu tun hat. So habe ich dieses Problem auch bereits weiter verfolgt. Die Verhandlungen sind abgeschlossen. In Zukunft werden deutsche Gerichte nicht mehr in Strafsachen gegen Polen, Juden, Russen, Ukrainer und Zigeuner judizieren. Diese gehen mich nichts an, das macht die Polizei!

Zit. nach: Hans Mommsen (M 8.8). S. 368f.

M 9.12 1941 – SS und SD (Sicherheitsdienst) im Einsatz in Litauen

Der Befehlshaber der Sicherheitspolizei und des SD

Kauen[1], am 1. Dezember 1941

Einsatzkommando 3
Geheime Reichssache!

[...]

Gesamtaufstellung der im Bereich des EK[2] .3 bis zum 1. Dez. 1941 durchgeführten Exekutionen.
Übernahme der sicherheitspolizeilichen Aufgabe in Litauen durch das Einsatzkommando 3 am 2. Juli 1941.
(Das Gebiet Wilna wurde am 9. Aug. 41, das Gebiet Schaulen am 2. Okt. 41 vom EK. 3 übernommen. Wilna wurde bis zu diesem Zeitpunkt vom EK. 9 und Schaulen vom EK. 2 bearbeitet.)
Auf meine Anordnung und meinen Befehl durch die lit. Partisanen[3] durchgeführten Exekutionen:

4.7.41	Kauen – Fort VII –	416 Juden, 47 Jüdinnen	463
6.7.41	Kauen – Fort VII –	Juden	2514

Nach Aufstellung eines Rollkommandos unter Führung von SS-Ostuf.[4] Hamann und 8–10 bewährten Männern des EK. 3 wurden nachfolgende Aktionen in Zusammenarbeit mit den lit. Partisanen durchgeführt:

7.7.41	Mariampole	Juden	32
8.7.41	Mariampole	14 Juden und 5 komm. Funktionäre	19
8.7.41	Cirkalinei	komm. Funktionäre	6
9.7.41	Wendziogals	32 Juden, 2 Jüdinnen, 1 Litauerin, 2 lit. Komm., 1 russ. Kommunist	38
9.7.41	Kauen – Fort VII –	21 Juden, 3 Jüdinnen	24
14.7.41	Mariampole	21 Juden, 1 russ., 9 lit. Komm.	31
17.7.41	Babtei	8 komm. Funktionäre (6 davon Juden)	8
18.7.41	Mariampole	39 Juden, 14 Jüdinnen	53
19.7.41	Kauen – Fort VII –	17 Juden, 2 Jüdinnen, 4 lit. Komm., 2 komm. Litauerinnen, 1 deutsch. K.	26
21.7.41	Panevezys	59 Juden, 11 Jüdinnen, 1 Litauerin, 1 Pole, 22 lit. Komm., 9 russ. Komm.	103
22.7.41	Panevezys	1 Jude	1
23.7.41	Kedsiniai	83 Juden, 12 Jüdinnen, 14 russ. Komm., 15 lit. Komm., 1 russ. O-Politruk[5].	125
25.7.41	Mariampole	90 Juden, 13 Jüdinnen	103
28.7.41	Panevezys	234 Juden, 15 Jüdinnen	
		19 russ. Komm., 20 lit. Kommunisten	288
		Übertrag:	3834

[Insgesamt ermordete das EK 3 in fünf Monaten 99804 Menschen. – d. Verf.]

[...]

Ich kann heute feststellen, dass das Ziel, das Judenproblem für Litauen zu lösen, vom EK. 3 erreicht worden ist. In Litauen gibt es keine Juden mehr, außer den Arbeitsjuden incl. ihrer Familien. Das sind

in Schaulen ca. 4500
in Kauen ca. 15000
in Wilna ca. 15000.

Diese Arbeitsjuden incl. ihrer Familien wollte ich ebenfalls umlegen, was mir jedoch scharfe Kampfansage der Zivilverwaltung (dem Reichskommissar) und der Wehrmacht eintrug und das Verbot auslöste: Diese Juden und ihre Familien dürfen nicht erschossen werden! [...]
Die Durchführung [der] Aktionen ist in erster Linie eine Organisationsfrage. Der Entschluss, jeden Kreis systematisch judenfrei zu machen, erforderte eine gründliche Vorbereitung jeder einzelnen Aktion und Erkundung der herrschenden Verhältnisse in dem betreffenden Kreis. Die Juden mussten an einem Ort oder an mehreren Orten gesammelt werden. Anhand der Anzahl musste der Platz für die erforderlichen Gruben ausgesucht und ausgehoben werden. Der Anmarschweg von der Sammelstelle zu den Gruben betrug durchschnittlich 4 bis 5 km. Die Juden wurden in Abteilungen zu 500, in Abständen von mindestens 2 km, an den Exekutionsplatz transportiert. [...]

Zit. nach: Reinhard Rürup (Hrsg.): Topographie des Terrors. (Wilmuth u. Arenhövel) Berlin ^{2}1987. S. 135ff.

1 Stadt in Litauen: Kaunas, Kowno
2 Einsatzkommandos
3 Antisowjetische litauische Nationalisten
4 Obersturmführer
5 politischer Führer in der sowjet. Armee

M 9.13 1942 – Die Planung zur „Endlösung der Judenfrage“ – das Wannsee-Protokoll (Auszug)

Die Besprechung zur Durchführung des Führerbefehls fand in Berlin-Wannsee am 20.1.1942 unter Leitung des Chefs der Sicherheitspolizei und des SD, SS-Obergruppenführer Reinhard Heydrich, des wichtigsten Mannes nach Heinrich Himmler, statt. Beamte der Reichsregierung und SS-Führer nahmen daran teil (s. S. 219f.).

Anstelle der Auswanderung [der Juden] ist nunmehr als weitere Lösungsmöglichkeit nach entsprechender vorheriger Genehmigung durch den Führer die Evakuierung der Juden nach dem Osten getreten. Diese Aktionen sind jedoch lediglich als Ausweichmöglichkeiten anzusprechen, doch werden hier bereits jene praktische Erfahrungen gesammelt, die im Hinblick auf die kommende Endlösung der Judenfrage von wichtiger Bedeutung sind. Im Zuge dieser Endlösung der europäischen Judenfrage kommen rund 11 Millionen Juden in Betracht [...].
Unter entsprechender Leitung sollen nun im Zuge der Endlösung die Juden in geeigneter Weise im Osten zum Arbeitseinsatz kommen. In großen Arbeitskolonnen, unter Trennung der Geschlechter, werden die arbeitsfähigen Juden straßenbauend in diese Gebiete geführt, wobei zweifellos ein Großteil durch natürliche Verminderung ausfallen wird.
Der allfällig endlich verbleibende Restbestand wird, da es sich bei diesem zweifellos um den widerstandsfähigsten Teil handelt, entsprechend behandelt werden müssen, da dieser, eine natürliche Auslese darstellend, bei Freilassung als Keimzelle eines neuen jüdischen Aufbaues anzusprechen ist. (Siehe die Erfahrung der Geschichte.)
Im Zuge der praktischen Durchführung der Endlösung wird Europa vom Westen nach Osten durchgekämmt. [...]
Es ist beabsichtigt, Juden im Alter von über 65 Jahren nicht zu evakuieren, sondern sie einem Altersgetto – vorgesehen ist Theresienstadt – zu überstellen.
Neben diesen Altersklassen – von den am 31.10.1941 sich im Altreich und der Ostmark befindlichen etwa 280000 Juden sind etwa 30% über 65 Jahre alt – finden in den jüdischen Altersgettos weiterhin die schwerkriegsbeschädigten Juden und Juden mit Kriegsauszeichnungen (EK I)[1] Aufnahme. Mit dieser zweckmäßigen Lösung werden mit einem Schlag die vielen Interventionen[2] ausgeschaltet. [...]
Im Zuge des Endlösungsvorhabens sollen die Nürnberger Gesetze[3] gewissermaßen die Grundlage bilden, wobei Voraussetzung für die restlose Bereinigung des Problems auch die Lösung der Mischehen- und Mischlingsfragen ist. [...]
[...]

Zit. nach: Reinhard Rürup (M 9.12). S. 144f.

1 Eisernes Kreuz 1. Klasse
2 Einsprüche gegen einzelne Judenverfolgungen
3 → M 9.1

M 9.14 1942 – Reaktion auf die Deportation von Juden, Bericht der SD-Außenstelle Detmold vom 31.7.1942

Lemgo im ehemaligen Land Lippe gehört zu den Orten, in denen der Nationalsozialismus 1933 auf eine überdurchschnittlich breite Zustimmung traf.

Aus Lemgo wird berichtet, dass der Abtransport der letzten Juden innerhalb der Bevölkerung größeres Aufsehen erregt habe. Die Juden wurden vor ihrem Abtransport auf dem Marktplatz in Lemgo gesammelt. Diese Tatsache gab der Bevölkerung Veranlassung, sich recht zahlreich hierzu auf dem Marktplatz einzufinden. Es konnte beobachtet werden, dass ein großer Teil der älteren Volksgenossen (darunter sollen sich auch Parteigenossen befunden haben) die Maßnahme des Abtransportes der Juden aus Deutschland allgemein negativ kritisiert hat. Gegen den Abtransport wurde mehr oder weniger offen mit allen möglichen Begründungen Stellung genommen. So wurde gesagt, dass die Juden in Deutschland ja sowieso zum Aussterben verurteilt seien und diese Maßnahme, die für die Juden eine besondere Härte bedeuteten, sich daher erübrige. Selbst solche Volksgenossen, die bei jeder passenden und unpassenden Gelegenheit früher ihre nationalsozialistische Gesinnung herausgestellt hätten, hätten in dieser Hinsicht Partei für die Interessen der Juden bzw. der kirchlich gebundenen Volksgenossen genommen. Innerhalb kirchlich gebundener Kreise wurde geäußert: „Wenn das deutsche Volk nur nicht eines Tages die Strafe Gottes zu gewärtigen hat.“ Nationalsozialistisch gefestigte Volksgenossen versuchten, den anders Denkenden klarzumachen, dass diese Aktion völlig berechtigt und auch unbedingt notwendig sei. Dem wurde entgegengesetzt, dass die alten Juden uns auch hier nicht mehr schaden können, denn sie täten „keiner Fliege etwas zuleide“. Auch seien sehr viel Juden dabei, die viel Gutes getan hätten und die noch lange nicht so schlecht seien als die „weißen Juden“. Diese müsse man dann auch abtransportieren und in ein Lager stecken.

Norbert Hopster, Alex Mole (Hrsg.): Träume und Trümmer, Der Nationalsozialismus von 1933–1945. (Verlag für Regionalgeschichte) Bielefeld 1989, S. 156.

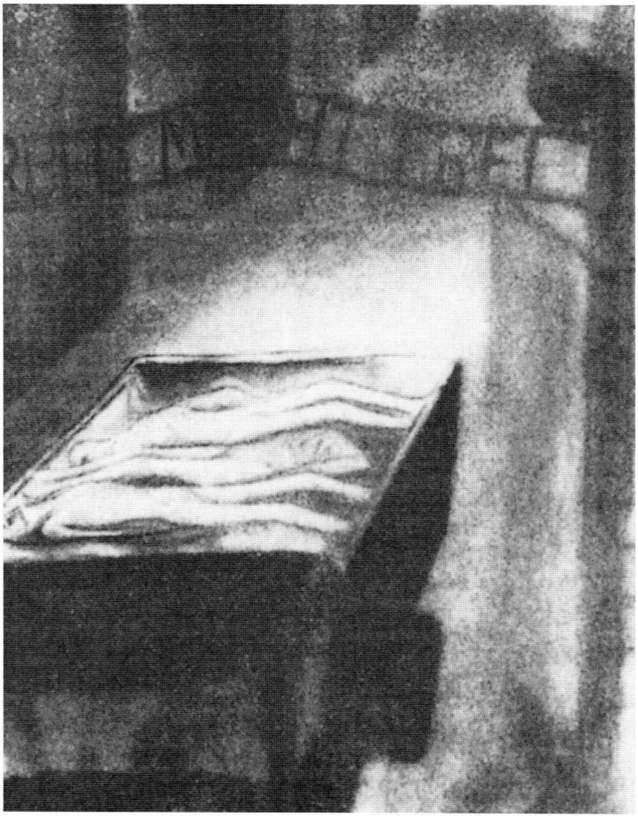

J. A. Brandhuber: Arbeit macht frei. 1946 entstanden im KZ Auschwitz

M 9.15

Die jüdischen Opfer des deutschen Nationalsozialismus

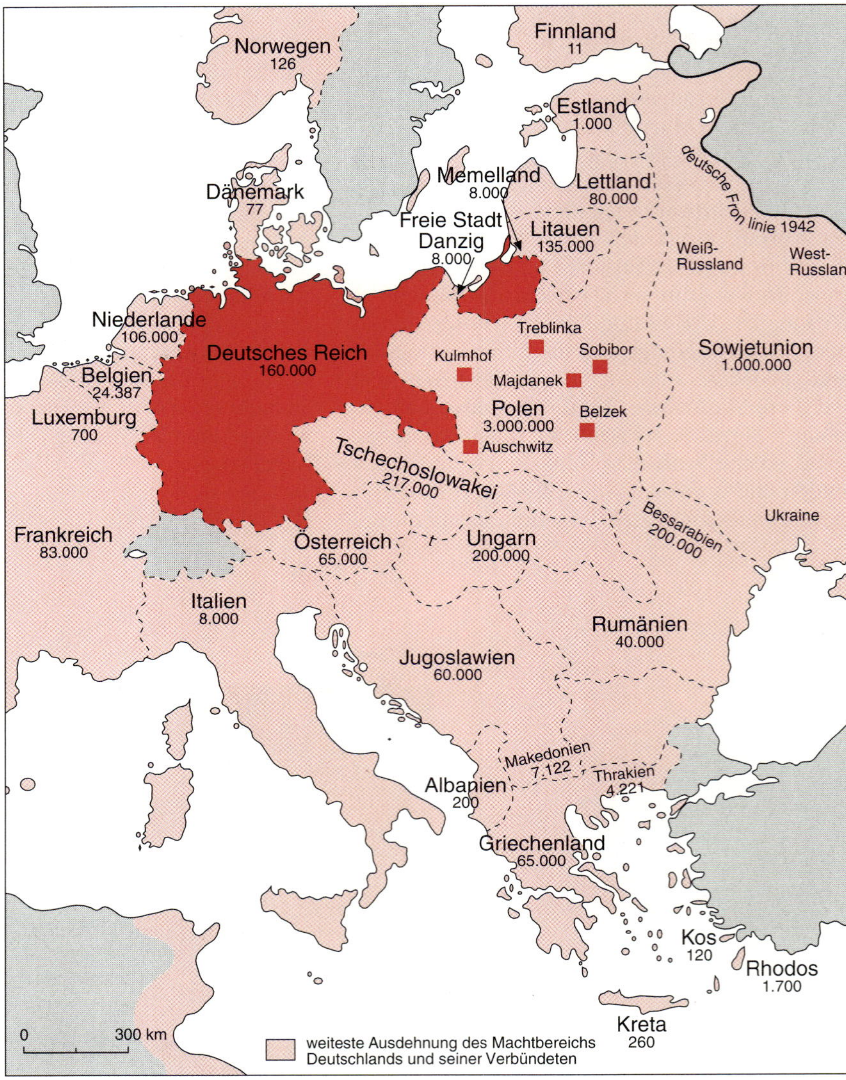

Nach: Martin Gilbert: Endlösung. (rororo) Reinbek 1982. S. 244

Konzentrationslager

Die deutsche Abkürzung KZ ist in alle europäischen Sprachen eingegangen. Die Realität, die sich dahinter verbirgt, auf ein paar Seiten darstellen zu wollen, ist ein aussichtsloser Versuch. Es können an dieser Stelle nur Andeutungen gegeben werden, die Lehrer und Schüler dazu bewegen möchten, nach mehr und eindringlicherer Information zu suchen. Es gibt schriftliche Berichte und es gibt Filme (s. S. 277) und Bildmaterial, die dem Leser und Betrachter Mühen zumuten, aber doch eine genauere Vorstellung davon vermitteln können, was das ist – das KZ. Das KZ hat für viele Menschen das bezeichnet, wozu die Menschen in der Vernichtung ihrer Mitmenschen fähig sind. Es hat seit einem halben Jahrhundert Ängste geprägt und ist vielleicht das bedränglichste Erbe, das uns die Geschichte zwischen 1933 und 1945 hinterlassen hat. (Siehe auch M 8.30!)

M 9.16 1943 – Ein vierzehnjähriges Mädchen in Auschwitz

(Erinnerungen – publiziert 1984)

Die Lagerstraße erstreckt sich leer, staubig und grau unter der erbarmungslosen, alles versengenden Augustsonne. Die Häftlinge sind in ihren Baracken, liegen keuchend und ermattet in ihren Kojen. In der Schreibstube hat jede eine Pritsche, aber in den meisten anderen Blocks sind es nur in die Wand gehauene Nischen, wo die Frauen jetzt mit einem gesparten oder gestohlenen Brotkanten hocken, mit ihren Wunden, ihren Läusen und der letzten verzweifelten oder verlöschenden Flamme ihres Lebenswillens. Auch in der Baracke der Strafkompanie haben sie Pritschen, und da Sonntag ist, marschieren die Frauen nicht zur Arbeit, heute kommen auch keine Züge an. Es ist still, mörderisch still in Auschwitz-Birkenau.

Das Mädchen fühlt sich rastlos und einsam, die Stille im Lager empfindet sie als bedrohlich, ihr ist, als sei diese Stille fähig, durch die winzigen, unsichtbaren Risse in dem großen, grauen Nichts hindurchzusickern. Dann würde es dort ein Loch geben, das sich mit etwas füllen könnte, womit, das weiß das Mädchen nicht, aber sie sieht das Loch vor sich, es hat die Form eines aufgerissenen Mundes wie auf Munchs Gemälde „Der Schrei“. Darin lauert der Schrei, der wilde, befreiende und tödliche Schrei, der, ausgestoßen, die Glaskugel, in der sie lebt, zerspringen lassen würde. Das darf nicht geschehen, denn dann wird sie ein „Muselman“. So werden die Häftlinge genannt, die sich eines Tages entschließen, ganz buchstäblich „den Geist aufzugeben“. Sie legen sich hin und warten reglos und mit aufgerissenen Augen auf den Tod; er kommt still und unmerklich, und niemand könnte sagen, wann ein Muselman die Grenze zwischen Leben und Tod überschritten hat, die Atemzüge und die Herzschläge sind so schwach, dass sie unter dem Skelett der Rippen nicht mehr wahrnehmbar sind. Der letzte Atemzug, ein leiser Hauch, der ihr Federgewicht in die Ewigkeit bläst.

Nein, das darf nicht geschehen, aber wer oder was könnte das Mädchen beschützen? Unter den Frauen in der Schreibstube gibt es keine, die sich um sie kümmert, sie tolerieren sie, nehmen sie aber kaum wahr, sie sind so viel älter als das Mädchen, sind hier schon so viel länger, und jede hat genug eigene Sorgen. Dem Mädchen sind auch keine Bilder, keine Märchen und Gedichte mehr geblieben, von denen sie zehren und mit denen sie sich trösten könnte. Das unersättliche Nichts hat alles verschlungen.

Cordelia Edvardson: Gebranntes Kind sucht das Feuer. (Hanser) München 1986. S. 91f.

M 9.17 A. 1942 – Alltag im Konzentrationslager Auschwitz (Nebenlager Birkenau)

Der folgende Text ist einem „Kalendarium“ entnommen, das nach den offiziellen Dokumenten der Lagerkommandantur (Stärkebuch, Bunkerbuch, Leichenhallenbuch usw.), Gerichtsakten der Nachkriegszeit und Erinnerungen zusammengestellt wurde. – Während die Mehrheit der im Lager eintreffenden Menschen sofort und ohne Registrierung getötet wurde, wurden die Übrigen verwaltungsmäßig erfasst. Die an den Zahlen geäußerte Kritik bezieht sich meist auf zu geringe Berechnungen.

3. Juli:
18 polnische Häftlinge, darunter ein Erziehungshäftling, werden überstellt.
Mit den Nummern 44674 bis 44726 werden 53 männliche Häftlinge bezeichnet; drei weibliche Häftlinge erhalten die Nummern 8386 bis 8388. Sie sind mit einem Sammeltransport eingeliefert worden.
Im Häftlingskrankenbau, Block 28, im Stammlager stirbt der an Flecktyphus erkrankte deutsche BV-Häftling Leo Wietschorek (Nr. 30). Er war Lagerältester im Männerlager in Birkenau und wird von den Häftlingen als einer der größten Henker unter den Funktionshäftlingen[1] des Lagers bezeichnet.
Im KL Auschwitz-Birkenau breitet sich eine Flecktyphusepidemie aus. In das Leichenhallenbuch werden die Nummern von 56 Häftlingen, darunter Nummern von 24 Häftlingen aus dem Kommando Buna-Werke, eingetragen. Höchstwahrscheinlich sind sie durch Phenolspritzen getötet worden, nachdem sie sich beim SS-Lagerarzt in der Aufnahmestube gemeldet haben. In den Männerlagern Auschwitz und Birkenau werden an diesem Tag 184 verstorbene Häftlinge notiert.

4. Juli
Zum ersten Mal führt die Lagerleitung eine Selektion[2] unter den Juden durch, die mit einem Transport des RSHA[3] aus der Slowakei in das KL Auschwitz eingewiesen worden sind. Während der Selektion werden 264 Männer aus dem Transport als arbeitsfähig ausgesucht und ins

Lager eingewiesen. Sie erhalten die Nummern 44727 bis 44990. Außerdem werden 108 Frauen ausgesucht, die mit den Nummern 8389 bis 8496 gekennzeichnet werden. Die übrigen Menschen werden in den Bunker geführt und dort durch Gas getötet.

Es wird das sog. Sonderkommando gebildet, das aus mehreren Dutzend jüdischer Häftlinge besteht. Sie müssen in der Nähe der Bunker Gräben ausheben und die in den Gaskammern Getöteten vergraben.[4] Das Kommando wird in einer der Baracken im Männerlager in Birkenau untergebracht. Es ist von den anderen Häftlingen völlig isoliert. [...]

29. Juli

Eduard Schulte, ein deutscher Industrieller und Antifaschist aus Breslau, besucht Zürich und übermittelt den Alliierten die Nachricht, dass Himmler während seines Besuchs im KL Auschwitz im Juli bei der Tötung von 499 Juden durch Gas, die in dem sog. Bunker Nr. 2 erfolgte, anwesend gewesen sei. Dies ist die erste präzise Nachricht aus deutscher Quelle über die in den Gaskammern des KL Auschwitz durchgeführte Judenvernichtung, die die Alliierten erreicht. Diese nutzen die Nachricht jedoch nicht entsprechend; es wird auch keine Vergeltungsaktion eingeleitet, um die von den Nationalsozialisten begonnene Vernichtung der europäischen Juden zu verhindern.

Während des Abendappells wird das Fehlen eines Häftlings des DAW-Kommandos[5] festgestellt und Alarmbereitschaft angeordnet. Die Suchaktion bleibt bis 6.15 Uhr erfolglos.

30. Juli

Der flüchtige tschechische Häftling Franciszek Stary (Nr. 39751) wird ergriffen. Nach seiner Festnahme wird er in den Bunker von Block 11 eingeliefert, wo er am nächsten Tag Selbstmord durch Erhängen verübt.

110 weibliche Häftlinge, die von der Sipo und dem SD aus Radom eingewiesen worden sind, erhalten die Nummern 13082 bis 13191.

Um 22.50 Uhr erschießt der auf Turm F im Stammlager Dienst tuende SS-Mann einen Häftling, der sich dem Lagerzaun nähert.

Infolge der Flecktyphusepidemie und der verschiedenen Vernichtungsformen kommen 107 männliche Häftlinge im KL Auschwitz-Birkenau ums Leben.

Nach dem Abendappell werden sieben Häftlinge auf dem Hof von Block 11 an der Hinrichtungswand erschossen. Erschossen werden drei Häftlinge, die nach ihrer Flucht aus dem Lager festgenommen und in den Bunker eingeliefert worden sind, sowie die am Vortrag zur Meldung aufgeforderten Häftlinge: Jan Basta (Nr. 11801), Zygmunt Pilawski (Nr. 14156), Feliks Żurek (Nr. 21242) sowie Hugo Ćwierk (Nr. 18090), Eugeniusz Jurkowski (Nr. 39205) und Jerzy Karwaj (Nr. 39220). Der Häftling Prof. Dr. Marian Gieszczykiewicz (Nr. 39197) meldet sich nicht, da ihn die Häftlingskameraden im Block des Häftlingskrankenhauses wegen einer vorgeschützten Krankheit zurückgehalten haben. Um 9 Uhr erteilt der Rapportführer Palitzsch den Befehl, den Häftling Gieszczykiewicz, gleichgültig in welcher körperlichen Verfassung, in den Bunker von Block 11 zu holen. Deshalb legt man den völlig gesunden Professor auf eine Trage und deckt ihn mit einer Decke zu. Die beiden Häftlingspfleger Stanislaw Glowa und Klein tragen ihn auf den Hof von Block 11. Der Rapportführer Palitzsch zieht die Decke zurück, überprüft die Nummer und tötet Professor Gieszczykiewicz mit zwei Kopfschüssen.

Danuta Czech: Kalendarium der Ereignisse im Konzentrationslager Auschwitz-Birkenau. (Rowohlt) Reinbek 1989. S. 241ff.

---

1 Die „Kapos“ waren KZ-Häftlinge – sehr häufig deutsche Kriminelle –, die die einfachen Funktionen der Lagerpolizei ausführten. In der Hoffnung, so zu überleben, bewiesen sie häufig extreme Brutalität und Sadismus.

2 Auswahl der arbeitsfähigen Personen aus den Transporten von zur Tötung bestimmter Juden.

3 Reichssicherheitshauptamt, die Oberbehörde für SD, Sicherheitspolizei und Gestapo, deren „Judenreferat“ unter Adolf Eichmann die Vernichtung der Juden durchführte.

4 Die Verbrennung der Leichen begann erst im Herbst 1942.

5 Arbeitskommando, das für die DAW (Deutsche Aluminium-Werke) arbeitete.

M 9.18 1943 – Widerstand in Auschwitz

(Während in den KZ im alten Reichsgebiet ein großer Teil der Häftlinge in erster Linie gefangen gehalten wurde – wenn auch unter unmenschlichen Bedingungen und mit einer hohen Todesrate –, war der Hauptzweck der großen KZ in Polen die rasche, massenhafte Ermordung von Menschen. Dementsprechend unterschiedlich waren die Ziele der Häftlinge, die zu Widerstand fähig waren.)
Bericht der Überlebenden Filip Müller und Rudolf Vrba:[1]

Im Herbst 1943,
als wir uns alle klar waren,

dass wir von niemandem keine Hilfe bekommen,
wenn wir uns nicht selbst helfen würden,
wir haben viele Überlegungen gemacht über den ...
Wie wir im Sonderkommando dieser Vernichtungswelle
ein Ende machen könnten
und dabei sich selbst auch das Leben retten können.
Und kamen drauf, dass da bestand nur eine Möglichkeit:
Wenn wir einen bewaffneten Aufstand durchführen können.
Wir waren nämlich der Auffassung,
dass, wenn wir einige Waffen erobern können,
durch diese Waffen und die Mithilfe
aller Häftlinge
in dem ganzen Lager könnte der Aufstand gelingen.
Das war die primäre Notwendigkeit.
Und dafür unsere Vermittlungsmänner
haben sich in Verbindung gesetzt mit der Widerstandszentrale,
der Widerstandsbewegung Birkenau, dann in Auschwitz,
um den ganzen Aufstand zu koordinieren.
Wir bekamen die Antwort, dass die Zentrale
der Widerstandsgruppe, der Widerstandsbewegung
von Auschwitz einverstanden ist mit unserem Annehmen
und ist bereit, mit uns in dieser Sache zusammenarbeit.
Leider aber, die Zentrale der Widerstandsgruppe
das waren nicht nur Juden.
Mehr waren da politische Häftlinge,
deren Leben nicht gefährdet war
und die jeden Tag, den sie überlebten ...
jeder Tag war für sie eine große Chance für Überleben.
Dagegen bei uns, in Sonderkommando, war es verdreht.
Auschwitz-Birkenau war nicht nur
ein Vernichtungslager,
es war auch ein klassisches Konzentrationslager
mit seinem eigenen internen Gesetz, wie Mauthausen,
Buchenwald, Dachau und Sachsenhausen.
War jedoch in Mauthausen das Produkt Nummer eins
der Sklavenarbeit der in einem Steinbruch abgebaute Stein,
war das Hauptprodukt von Auschwitz der Tod.
Alles lief auf den Gang zum Krematorium hinaus.
Das war das Ziel: Die Häftlinge
bauten Krematorien, Straßen, die dorthin führten,
ihre eigenen Baracken.
Doch Auschwitz war auch
ein klassisches Konzentrationslager,
weil die Unternehmen Krupp und Siemens sich
teilweise im Lager niedergelassen hatten,
um die Sklavenarbeitskraft zu nutzen.
Aus Tradition waren in den Konzentrationslagern
zahlreiche politische Gefangene untergebracht:
Gewerkschafter, Sozialdemokraten, Kommunisten,
Männer, die im Spanischen Bürgerkrieg gekämpft hatten.
Eine sehr merkwürdige Entwicklung ergab sich daraus.
Die Leitung des Widerstands in Auschwitz
befand sich vollständig in den Händen
der deutschsprachigen Gegner des Naziregimes,
gebürtiger Deutscher,
die von der Nazihierarchie als rassisch rein betrachtet wurden.
Sie wurden besser behandelt als die anderen Häftlinge.
Sicher nicht mit Samthandschuhen!
Mit der Zeit gelang es ihnen jedoch,
Einfluss auf einige SS-Würdenträger zu gewinnen.
Das Ergebnis war eine systematische
Verbesserung der Lebensbedingungen
im Lager selbst.
Während 1943...1942
im Dezember und Januar in Birkenau
vierhundert Todesfälle am Tag durchaus normal waren,
wurde im Mai 1943, weniger dank der milden Witterung
als wegen der Aktivität des Widerstands,
der Fortschritt deutlich spürbar.
Die Sterblichkeitsrate sank im Lager drastisch.
Für sie war das ein großer Sieg.

Claude Lanzmann: Shoah. (Claassen) Düsseldorf 1986. S. 199f. (Siehe auch Filmhinweis, S. 277)

[1] Wörtliche, unveränderte Wiedergabe i. S. der Oral History

Medizin und Nationalsozialismus

M 9.19 1941 – Menschenversuche

Brief des SS-Arztes Dr. Rascher an Heinrich Himmler:

„Hochverehrter Reichsführer!
Für Ihre herzlichen Glückwünsche und Blumen zur Geburt meines zweiten Sohnes danke ich Ihnen ergebenst! Es ist auch diesmal wieder ein kräftiger Junge, obwohl er 3 Wochen zu früh kam. Ein Bildchen von beiden Kindern darf ich Ihnen gelegentlich zusenden.
Auch danke ich Ihnen sehr herzlich für die großzügige regelmäßige Überweisung,[1] die gerade jetzt für Mutter und Kind von Wichtigkeit ist [...] (folgt unleserliche Stelle). Daher stelle ich die ernste Frage: ob zwei oder drei Berufsverbrecher für diese Experimente zur Verfügung gestellt werden können? Die Versuche werden angestellt in der ‚Bodenständigen Prüfstelle für Höhenforschung der Luftwaffe' in München. Die Versuche, bei denen selbstverständlich die Versuchspersonen sterben können,[2] würden unter meiner Mitarbeit vor sich gehen. Sie sind absolut wichtig für die Höhenflugforschung und lassen sich nicht, wie bisher versucht, an Affen durchführen, da der Affe vollständig andere Versuchsverhältnisse

bietet. Ich habe mit dem Vertreter des Luftflottenarztes, der diese Versuche durchführt, absolut vertraulich in diesbezüglicher Richtung gesprochen und dieser ist ebenfalls der Meinung, dass die infrage kommenden Probleme nur auf dem Wege des Menschenversuchs geklärt werden können. (Es können als Versuchsmaterial auch Schwachsinnige Verwendung finden)."

Alexander Mitscherlich, Fred Mielke (Hg.): Das Diktat der Menschenverachtung. (Lambert Schneider) Heidelberg 1947. S. 19f.

1 Dr. Rascher erhielt neben seinem Gehalt finanzielle Zuwendungen aus einem SS-Sonderfonds.
2 Da die Grenze der Überlebensfähigkeit bei Druckausfall in großen Höhen ermittelt werden sollte, stand der Tod von Versuchspersonen von vornherein fest. Nach den Unterlagen der Nürnberger Kriegsverbrecherprozesse starben bei Dr. Raschers Versuchen 70–80 Menschen.

Der deutsche Widerstand

M 9.20

1939 – Die inneren Schwächen des Widerstands

Wilhelm Pieck, einer der führenden Funktionäre der KPD und 1949 Präsident der DDR, analysiert die Schwäche der Linken im Widerstand (Berner Parteikonferenz der KPD vom 30.1.1939):

[…] Mit der Schaffung der Volksfront[1] steht es gegenwärtig eher noch schlechter als mit der Schaffung der Einheitsfront[2]. Im Lande sind überhaupt noch keine ernsten Ansätze dazu vorhanden. Es gibt wohl Verbindungen zu Handwerkern, Händlern und Intellektuellen, aber von Verbindungen zu den Bauern wissen wir sehr wenig. Auch was in der Emigration von uns versucht wurde, um einen Anfang in der Volksfront zu schaffen, ist wenig befriedigend. Der Pariser Ausschuss zur Vorbereitung einer deutschen Volksfront ist durch die Machinationen[3] einiger Sozialdemokraten wieder vollständig zerfallen. Dabei wird überall sehr viel von der Notwendigkeit der Volksfront geredet und geschrieben. Es haben sich die verschiedensten Gruppen gebildet, die von sich behaupten, dass sie die Volksfront zum Sturze des Hitlerfaschismus wollen, es herrscht aber überall die größte Verwirrung über das Wesen und die Aufgaben der Volksfront. Einige möchten die Kommunisten davon ausschalten, andere wieder verstehen darunter sogar ein Bündnis der Werktätigen mit Teilen der Bourgeoisie, was im Grunde genommen auf die Fortsetzung der Koalitionspolitik hinausläuft. Wir müssen demgegenüber ganz klar zum Ausdruck bringen, dass die Volksfront das Bündnis der Arbeiterklasse mit den Bauern, dem Mittelstande und den Intellektuellen, also ein Bündnis der Werktätigen gegen den Hitlerfaschismus ist. Selbstverständlich wird im Kampfe gegen den Faschismus auch ein vorübergehendes Zusammengehen mit Teilen der Bourgeoisie möglich sein, aber dieses Zusammengehen ist nicht auf eine Stufe mit dem Bündnis der Arbeiterklasse, mit den Bauern und anderen Werktätigen zu stellen. Dieses Bündnis richtet sich nicht nur gegen den Hitlerfaschismus, sondern ist auch auf die Aufrichtung und Sicherung einer demokratischen Volksrepublik gerichtet, in der nicht mehr die Bourgeoisie, sondern die Volksfront die Führung haben wird. Es ist schon aus diesem Grunde sicher, dass die Bourgeoisie aus ihrem Klasseninteresse heraus gegen eine solche Republik auftreten wird. […]

Zit. nach: Reinhard Kühnl (Hg.): Der deutsche Faschismus. (Pahl-Rugenstein) Köln[5] 1980. S. 425.

1 Volksfront = Zusammenarbeit marxistischer, sozialistischer und bürgerlicher Kräfte
2 Einheitsfront = Zusammenarbeit der Arbeiterparteien
3 Machenschaften, Intrigen

M 9.20

A. Carl Friedrich Goerdeler (1884–1945)

1914–1918 Teilnahme am 1. Weltkrieg
1930 Oberbürgermeister von Leipzig (DNVP)
1933 Herbst Beitritt zum NS-Juristenbund und zur Akademie für deutsches Recht
1934 Aug. Denkschrift an Hitler: Vereinfachung der Verwaltung; sparsame Wirtschaft; Aufrüstung; Sicherung der Freiheit der Person und des Eigentums; Herstellung eines erträglichen Verhältnisses zum Ausland; gesetzliche Regelung und Ausschaltung von Willkür bei der Beschränkung der Rechte der jüdischen Deutschen
Nov. Erneute Übernahme des Amtes eines Reichspreiskommissars
1935 Herbst Denkschrift an Hitler zur Wirtschaftspolitik: Kritik an Inflationspolitik, Dirigismus- und Autarkiebestrebungen
1936 Mai Bestätigung als Leipziger Oberbürgermeister ohne Bedenken der NSDAP

Aug. Rücktritt wegen der in seiner Abwesenheit erfolgten Zerstörung des Denkmals des deutsch-jüdischen Komponisten Mendelssohn-Bartholdy
1937 Verhinderung seiner Anstellung bei Krupp durch Hitler
1938 Sept. Beteiligung am vergeblichen Versuch der Militärs um Canaris, Ost und Beck zum Staatsstreich gegen Hitler
Nov. Erneute Beteiligung an Staatsstreichplänen der Militärs, um den Westfeldzug zu verhindern
1944 20. Juli Beteiligung am gescheiterten Putsch der Stauffenberg-Gruppe gegen Hitler; als Reichskanzler einer Übergangsregierung vorgesehen
1945 2. Feb. Hinrichtung in Berlin-Ploetzensee

B. 1937 – Goerdeler an englische Freunde

Der Nationalsozialismus hatte die Möglichkeit, das hohe Ideal der Lebens- und Arbeitskameradschaft zur Grundlage völkischen Lebens der Nation zu machen; er hatte die Möglichkeit, Deutschlands Staaten auch innerlich zu einen. Er hatte die Möglichkeit, so tatsächlich die moralische Führung in einer sich sozial neu ordnenden Welt zu übernehmen, wenn er Leistung und Kameradschaft, Anstand und Recht auf seine Fahnen schrieb. Er konnte Deutschlands außenpolitische Lebensrechte sichern. Er hat als Partei den Fehler der Diktatoren gemacht, hat Macht verlangt, Macht zusammengerafft und Macht missbraucht. Es ist unsere Aufgabe zu verhindern, dass dieser Missbrauch zum Schaden des deutschen Volkes führt.

Zit. nach: Michael Krüger-Charlé: Carl Goerdelers Versuche der Durchsetzung einer alternativen Politik 1933 bis 1937. In: Der Widerstand gegen den Nationalsozialismus. Hrsg. v. Jürgen Schmädeke u. Peter Steinbach. (Piper) München/Zürich 1986. S. 385.

M 9.22 1941 – „Das Ziel“

Auszug[1] aus einer Denkschrift von Generaloberst a. D. Ludwig Beck, 1938 von seinem Posten als Chef des Generalstabes des Heeres wegen der Kriegsplanung gegen die ČSR zurückgetreten, und Carl Goerdelers vom Frühjahr 1941

II) Das außenpolitische Ziel
[…]
1. *Alle zusammenwohnenden Deutschen gehören in einen Nationalstaat:* Dabei ist es keine Schwächung, sondern im Gegenteil eine Stärkung deutscher Geltung, wenn auch außerhalb der so zu bestimmenden Grenzen des Deutschen Reiches starke deutsche Teile wohnen. Diese Teile können aber nur Träger des Deutschtums bleiben, wenn sie sich in den fremden Nationalstaat einordnen. […]
2. Die Natur der Menschen und die zentrale Lage Deutschlands in einem Kreis anderer Nationalstaaten zwingt das Deutsche Reich zur Erhaltung einer ausreichenden starken Wehrmacht. Sie ist auch außenpolitisch durchzusetzen. […]
Die Wehrmacht ist auch als innenpolitische Klammer und als Erziehungsschule des Volkes unerlässlich; sie bedarf aber hierzu der vollen Wiederherstellung und Achtung soldatischer Tugenden. Diese kann sie nur auf einer sittlich reinen Grundlage haben und erhalten.
3. Die Entwicklung der Technik verlangt *größere wirtschaftliche Räume,* als sie das 19. Jahrhundert geschaffen hat. Diese Erkenntnis ist heute Gemeingut fast aller Menschen der weißen und gelben Rassen. […] Der für Deutschland in Betracht kommende Großwirtschaftsraum ist sicherlich *Europa.* […] Die zentrale Lage, die zahlenmäßige Stärke und die hochgespannte Leistungsfähigkeit verbürgen *dem deutschen Volk die Führung* des europäischen Blocks, *wenn* es sie sich nicht durch Unmäßigkeit oder durch Machtsuchtmanieren verdirbt. […]
Im Osten kann eine *fruchtbare* wirtschaftliche und politische Zusammenarbeit mit einem *bolschewistischen* Russland sich *nicht* entfalten. Es kann jederzeit festgestellt werden, dass das bolschewistische System des Kollektivismus, der Seelenlosigkeit, des mechanischen Organisierens und der Gottlosigkeit die wirtschaftliche Leistungsfähigkeit des russischen Volkes *nicht so* entwickelt hat, wie es bei diesem an Naturschätzen reichen Lande möglich gewesen wäre. […]
Neben der Verfolgung dieses Zieles müssen diejenigen *Sofort*maßnahmen ergriffen werden, die aus außenpolitischen Gründen zur Entgiftung der öffentlichen Meinung notwendig, zur Wiederherstellung der deutschen Selbstachtung unerlässlich und aus klarem und uns vollkommen bewusstem Gerechtigkeitsgefühl geboten sind:
a) die Beschränkungen der Juden auf dem Gebiete des Ernährungs-, des Wohnungs- und des Fernsprechwesens, der kulturellen Betätigung, der Gesundheitspflege, der Namensgestaltung sind aufzuheben;
b) die Gettos in den besetzten Gebieten sind menschenwürdig zu gestalten; über ihr weiteres

Schicksal bestimmen die zuständigen einheimischen Behörden mit Genehmigung der Militärgouverneure, da z. B. die Polen zu der Frage anders stehen als die Holländer. […]

Zit. nach: Reinhard Kühnl: Der deutsche Faschismus in Quellen und Dokumenten. (Pahl-Rugenstein) Köln [3]1978. S. 437–440.

---

[1] Es handelt sich bei diesem Auszug aus der Denkschrift nur um einen sehr geringen, jedoch grundsätzlichen Teil. Breite Ausführungen zur Innenpolitik folgen, z. B. zur Wiederherstellung der „Geistesfreiheit", zur Wettbewerbswirtschaft und Wirtschaftsorganisation, zur Umwandlung der HJ in eine „Staatsjugend" unter Führung eines Generals, zur Behandlung der NSDAP, die als Partei weiter bestehen bleiben soll. Die Verfassungsfrage wird nur sehr vage behandelt: Wiedereinführung der Monarchie aus „kalter Vernunft"; Aufbau des Staates „von unten nach oben", von den Kommunen aus als „organische Selbstverwaltung".

M 9.23 Wirtschafts- und Sozialordnung des künftigen Deutschland in den Planungen des Kreisauer Kreises

Der Kreisauer Kreis um Helmuth James Graf von Moltke umfasste nicht nur Vertreter der alten Eliten aus Militär und Beamtenschaft, sondern auch bürgerliche und sozialdemokratisch-gewerkschaftliche Politiker; er entwickelte detaillierte Konzeptionen für ein Deutschland nach Hitler, u. a. folgende:

1. Alle in der Wirtschaft tätigen Menschen haben gleiche Mindestpflichten zu erfüllen. Zu diesen Mindestpflichten gehören Ehrlichkeit und Sauberkeit in der Wirtschaftsführung, Vertrags- und Arbeitstreue im Rahmen der abgeschlossenen Verträge.
Die Existenzsicherung der Werktätigen ist um ihrer Menschenwürde willen Aufgabe der Wirtschaftsführung. […]
2. Die Reichsregierung sieht die Grundlage des Wiederaufbaues der Wirtschaft in einem geordneten Leistungswettbewerb, der sich im Rahmen staatlicher Wirtschaftsführung vollzieht und hinsichtlich seiner Methoden unter ständiger staatlicher Aufsicht steht.
Wo die vorhandenen Bindungen und Verflechtungen der Wirtschaft (Monopole, Kartelle, Konzerne) diesen Leistungswettbewerb ausschließen, ist es Aufgabe der Wirtschaftsführung, die Grundsätze des geordneten Leistungswettbewerbs zur Geltung zu bringen und die Interessen der Gesamtheit zu wahren.
Das Gemeinschaftsinteresse der Wirtschaft an den Großindustrien erfordert in besonderem Maße bei diesen Industriezweigen eine straffe Wirtschaftsführung des Staates. Schlüsselunternehmen des Bergbaues, der Eisen und Metall schaffenden Industrie, der Grundchemie und Energiewirtschaft werden in das Eigentum der öffentlichen Hand überführt werden.
Die wirtschaftliche Führung des Reiches wird über die Einflussnahme auf Märkte und Großindustrien die Wirtschaftspolitik der Länder fördern […]. Die Reichsregierung fördert die Entwicklung des Betriebes zu einer Wirtschaftsgemeinschaft der in ihm schaffenden Menschen. In einer solchen „Betriebsgewerkschaft" genannten Gemeinschaft wird die Beteiligung der Belegschaft an der Betriebsführung und an den Betriebsergebnissen, insbesondere dem Wertzuwachs des Betriebes, zwischen dem Eigentümer des Betriebes und der Vertretung der Belegschaft vereinbart. Diese Vereinbarung unterliegt der Genehmigung der wirtschaftlichen Selbstverwaltungskörperschaft des Landes.

Klaus Hohlfeld (Hg.): Dokumente der Deutschen Geschichte und Politik von 1848 bis zur Gegenwart. (Dokumenten-Verlag Wendler) Berlin–München o. J. Bd. 5, S. 444f.

Widerstand der Jugend

M 9.24 1942 – Junge Kommunisten

Aus dem Todesurteil des Volksgerichtshofes gegen den Jungkommunisten Hanno Günther, den Kommunisten Alfred Schmidt-Sas und ihre Kampfgefährten, 9.10.1942

Bereits im Juni desselben Jahres [1940] nahmen sie aber die Klebeaktionen wieder auf und begannen gleichzeitig mit der Herstellung einer in laufender Folge erscheinenden Flugschrift „Das Freie Wort", die sie bis zum Jahre 1941 in sechs Folgen herausbrachten. Sie stellten gemeinsam den Text her, dann schrieb Günther die Matrizen auf der Schreibmaschine und fertigte auf einem von ihm aus privaten Mitteln angeschafften Abziehapparat jeweils 200 bis 300 Abzüge an. Die meisten davon verteilte er selbst, indem er sie in verschiedenen Stadtteilen Berlins, besonders in Arbeitervierteln, in Hauseingängen niederlegte oder in Wohnungsbriefkästen steckte. Über den

Inhalt dieser Flugblätter ist Folgendes hervorzuheben:
Die erste Folge der Flugschriften endete mit der Aufforderung:
„Deutsches Volk, besinne dich in zwölfter Stunde. Stürze die Nazi-Plutokratie,[1] solange du noch mächtig genug bist, einen dauernden Weltfrieden herbeizuführen."
Die zweite Folge enthält die Sätze:
„Was ist hier sozial? Nichts, nichts, nichts! Der Sozialismus ist für die Hitler-Plutokraten nur das Mäntelchen, um das Volk nur noch schamloser auszuplündern!" [...]
Die sechste Folge gibt auf die Frage „Was sollen wir tun?" folgende Antwort:
„Langsamer arbeiten!
Nichts in die Nazi-Sammelbüchsen, stattdessen politischen Gefangenen und ihren Angehörigen helfen.
Solidarität üben und hierzu ermahnen! [...]
Unsere Flugblätter verbreiten und selbst neue Flugblätter mit unseren Parolen verfassen!
Verhindern, dass unbesonnene Kameraden dieses Flugblatt zur Polizei bringen. Sie bringen dadurch nur sich selbst und ihre Kameraden bei der Polizei in Verdacht und haben unangenehme Nachforschungen zu erwarten."
Es folgen Schlagworte wie: „Hitlers Sieg — ewiger Krieg" und die Unterschrift „Die deutsche Friedensfront!" [...]

Zit. nach: Wolfgang Michalka (M 9.7). S. 348f.

[1] Nazi-Geldherrschaft

M 9.25 1943 – Die „Weiße Rose"

Das letzte Flugblatt der „Weißen Rose", von den Studenten Hans und Sophie Scholl (→ M 8.22) in der Münchener Universität verbreitet (Februar 1943)

Kommilitonen! Kommilitoninnen!
Erschüttert steht unser Volk vor dem Untergang der Männer von Stalingrad. Dreihundertdreißigtausend deutsche Männer hat die geniale Strategie des Weltkriegsgefreiten sinn- und verantwortungslos in Tod und Verderben gehetzt. Führer, wir danken dir!
Es gärt im deutschen Volk: Wollen wir weiter einem Dilettanten das Schicksal unserer Armeen anvertrauen? Wollen wir den niederen Machtinstinkten einer Parteiclique den Rest der deutschen Jugend opfern? Nimmermehr! Der Tag der Abrechnung ist gekommen, der Abrechnung der deutschen Jugend mit der verabscheuungswürdigsten Tyrannis, die unser Volk je erduldet hat. Im Namen der deutschen Jugend fordern wir vom Staat Adolf Hitlers die persönliche Freiheit, das kostbarste Gut des Deutschen zurück, um das er uns in der erbärmlichsten Weise betrogen.
In einem Staat rücksichtsloser Knebelung jeder freien Meinungsäußerung sind wir aufgewachsen. HJ, SA, SS haben uns in den fruchtbarsten Bildungsjahren unseres Lebens zu uniformieren, zu revolutionieren, zu narkotisieren versucht. „Weltanschauliche Schulung" hieß die verächtliche Methode, das aufkeimende Selbstdenken in einem Nebel leerer Phrasen zu ersticken. [...]
Es gibt für uns nur eine Parole: Kampf gegen die Partei! Heraus aus den Parteigliederungen, in denen man uns weiter politisch mundtot halten will! Heraus aus den Hörsälen der SS-Unter- und -Oberführer und Parteikriecher! Es geht uns um wahre Wissenschaft und echte Geistesfreiheit! Kein Drohmittel kann uns schrecken, auch nicht die Schließung unserer Hochschulen. Es gilt den Kampf jedes Einzelnen von uns um unsere Zukunft, unsere Freiheit und Ehre in einem seiner sittlichen Verantwortung bewussten Staatswesen. [...]
Studentinnen, Studenten! Auf uns sieht das deutsche Volk! Von uns erwartet es, wie 1813 die Brechung des napoleonischen, so 1943 die Brechung des nationalsozialistischen Terrors aus der Macht des Geistes. Beresina und Stalingrad flammen im Osten auf, die Toten von Stalingrad beschwören uns!
„Frisch auf mein Volk, die Flammenzeichen rauchen!"
Unser Volk steht im Aufbruch gegen die Verknechtung Europas durch den Nationalsozialismus, im neuen gläubigen Durchbruch von Freiheit und Ehre.

Zit. nach: Wolfgang Michalka (M 9.7). S. 353–355.

M 9.26 1943 – Die „Edelweißpiraten"

Schreiben des NSDAP-Ortsgruppenleiters in Düsseldorf-Grafenberg an die Gestapo Düsseldorf (17.7. 1943)

Betr.: Angelegenheit „Edelweißpiraten"
Obige Burschen machen sich wieder breit. Mir wird gemeldet, dass sich und zwar nach dem letz-

ten Terrorangriff auf Düsseldorf, Ansammlungen Jugendlicher in der Ostparkanlage stärker denn je bemerkbar machen. Diese Jugendlichen im Alter von 12–17 Jahren flegeln sich bis in die späten Abendstunden mit Musikinstrumenten und weiblichen Jugendlichen hier herum. Da dieses Gesindel zum großen Teil außerhalb der HJ steht und eine ablehnende Haltung zu dieser Gliederung einnimmt, bilden diese eine Gefahr für die übrige Jugend. Neuerdings wurde festgestellt, dass auch Angehörige der Wehrmacht mit diesen Jugendlichen zusammen sind, die aufgrund ihrer Wehrmachtsangehörigkeit ein besonders arrogantes Auftreten an den Tag legen.
Es besteht der Verdacht, dass diese Jugendlichen diejenigen sind, welche die Wände in der Unterführung an der Altenbergstraße beschreiben mit „Nieder mit Hitler", „das OKW[1] lügt", „Orden und Ehrenzeichen für das große Morden", „Nieder mit der Nazzi-Bestie" (sic!)[2] usw. Diese Anschriften können so oft beseitigt werden, wie man will, innerhalb weniger Tage sind die Wände wieder neu beschrieben […]

Zit. nach: Wolfgang Michalka (M 9.7). S. 355f.

---

1 OKW = Oberkommando der Wehrmacht
2 sic! – lat.: so (wissenschaftliche Formel für „so im Original!")

Nationalsozialismus und Europa

M 9.27 1941 – Das Deutsche Reich und Europa

Karl Richard Ganzer (1909–1943), geschäftsführender Präsident des „Reichsinstituts für Geschichte des neuen Deutschland", äußert sich zu dem Thema: Nationalsozialistisches Deutschland und Europa

[…] Die Paneuropäische Bewegung war ein echtes Kind des Systems von Weimar und Versailles, in dem sich das endende alte Europa politisch ausgeformt hatte. Gezeugt in der für müde Zeiten typischen Normalehe der Ratlosigkeit mit der Ideologie, hatte sie zwar begriffen, dass Europa in einer Krise lag, die nach erneuernden Kräften verlangte.
Doch sie hatte als Heilmittel eine Idee des gesamteuropäischen Zusammenschlusses angeboten, in der gerade die *herrschenden* Mächte des kranken Zeitalters ineinander gemengt waren – die demokratische Illusion und die humanitäre Blendung, die Völkerbundshoffnung und ein säkularisierter katholischer Universalismus, das pazifistische Bedürfnis müden und vermischten Blutes und freimaurerische Heimlichkeit und über allem sodann die Redseligkeit jener Literaturwelt, die auf dem Asphalt und im Geschwätz des Salons gedeiht. […]
In den Mächten hingegen, welche die deutsche Revolution gegen die europäische Unordnung führte, waren tiefere Erbtümer lebendig. Als sie die Schatten zurücktrieb, erwies sich, dass ihre vernichtende und neugestaltende Kraft von den Gewalten einer tausendjährigen Tradition des Formens, der Führung, der Weisheit und der Verantwortung getragen war.
Wir benennen die Summe des Erbes an politischem Können, an politischer Gestaltung und an politischem Ordnungsauftrag mit dem Begriff des „Reiches". Das Reich wird, ethisch gesehen, von einer besonderen Kraft der Verantwortung getragen, die das Reichsvolk zum Schutzvolk Europas werden ließ. Das deutsche Führungsrecht wurde somit durch Einsätze errungen, zu denen kein anderes europäisches Volk zureichte. […]
So bekennt sich dies neue Geschichtsgefühl zu einem gewandelten, dennoch uralten Ethos der *Macht*. […]
Neben dem Bekenntnis zur Macht verlangt die Wiedererrichtung des Reichs ein neues und dennoch uraltes Bewusstsein der Weite. […] Indem das Reich seine ehrwürdigen Überlieferungen der Weite wieder verlebendigt, hat es Europa vor dem Schicksal des Kornes bewahrt, das zwischen den Mühlsteinen zerrieben wird. Es zwang den einsichtslosen Kontinent mit eiserner Macht aus der Verblendung zum Leben. Dabei hat das Reichsvolk erkannt, dass die ihm zugemessene Weite seit einem Jahrtausend der europäische Großraum ist. Durch seinen Ausgriff, mit dem es den Erdteil in letzter Stunde zur geschichtsmächtigen Gestalt organisierte, hat es, treu seinem überlieferten Wesen, wieder höchste Verantwortung auf sich genommen. Mit dieser verbindet sich seit alters der Auftrag zur Führung. […]
Das Bekenntnis zur Macht, der Mut zur Weite und der Ruf zur Führung wachsen nur in einem hochgezüchteten Menschentum. Es kommt darauf an, dass diese Elemente des neuen politischen und geschichtlichen Bewusstseins zu kristallischer Vollkommenheit ausgeformt werden. Der erlesene Menschenschlag, dem dies gelingt, bildet den politischen Adel des werdenden

Reichs. Nur durch ihn wird das neue Europa geformt. [...]

Zit. nach: Hagen Schulze, Ina-Ulrike Paul (Hg.): Europäische Geschichte. Quellen und Materialien. München (Bayer. Schulbuch-Verlag) 1994, S. 383–385

M 9.28

A. 1943 – Richtlinien der NS-Europapolitik

Richtlinien des Reichsaußenministers v. Ribbentrop vom 5. April 1943 für die Arbeit des „Europa-Ausschusses" (Auszug)

1. Hauptaufgabe des Ausschusses ist in der gegenwärtigen Phase des Krieges die Sammlung von Material und die Vorbereitung von Unterlagen für die bei Kriegsende zu treffenden Regelungen der europäischen Neuordnung. Die Ausarbeitung bestimmter Pläne für die Gesamtgestaltung des künftigen Europa hat daher vorerst noch zu unterbleiben. Es ist davon auszugehen, dass in Zukunft zwischen dem Großdeutschen Reich und den einzelnen europäischen Ländern Bindungen teils engerer, teils loserer Art herzustellen sein werden, die sich einer schematischen Formel entziehen. Für jedes einzelne Land und Volk wird hier zu gegebener Zeit eine besondere Entscheidung zu treffen sein. Feststehend ist jedoch schon heute, dass das künftige Europa nur bei einer voll durchgesetzten Vormachtstellung des Großdeutschen Reiches Bestand haben kann. [...]

2. Für die propagandistische Behandlung der Europa-Frage muss es vorerst noch sein Bewenden dabei haben, dass wir in allgemeiner Formulierung bei sich bietenden Anlässen zum Ausdruck bringen, unser Ziel sei die Schaffung einer gerechten Neuordnung, die den europäischen Völkern eine gesicherte Existenz in enger wirtschaftlicher und kultureller Verbundenheit und unter Ausschaltung fremder Bevormundung ermöglichen werde. Auf die politische Struktur künftigen Europas näher einzugehen, kommt bis auf weiteres nicht infrage. [...]

3. Ein sehr wirksames Mittel, die europäischen Völker auf die Notwendigkeiten der künftigen Neuordnung vorzubereiten, besteht jetzt schon in der entsprechenden Auswertung der Besorgnisse, die in allen Ländern der Gedanke an ein Vordringen des Bolschewismus nach Europa hinein auslöst. [...]

aus: R. Kühnl: Der deutsche Faschismus in Quellen. (Pahl-Rugenstein) Köln [3]1978. S. 335f.

B. 1943 – Der Plan eines „Europäischen Staatenbundes"

Entwurf des Auswärtigen Amtes vom 9. September 1943 (gekürzt)

a) Der Europäische Staatenbund ist eine Gemeinschaft souveräner Staaten, die sich gegenseitig ihre Freiheit und Unabhängigkeit gewährleisten.

b) Die Gestaltung ihrer innerstaatlichen Verhältnisse bleibt der souveränen Entschließung der einzelnen Staaten überlassen.

c) Die im Staatenbund vereinten Nationen werden die Interessen Europas nach außen hin gemeinsam wahren. Sie werden gemeinsam raumfremde Einflüsse abwehren und gemeinsam den Kampf gegen den Bolschewismus führen. [...]

d) Die europäische Wirtschaft wird von den Gliedern des Staatenbundes auf der Grundlage ihrer gemeinsamen und nationalen Interessen nach einheitlicher Planung gestaltet werden. Das Ziel soll sein, sowohl den materiellen Wohlstand wie die soziale Gerechtigkeit und soziale Sicherheit in den einzelnen Staaten zu erhöhen, die europäische Wirtschaft unter Entwicklung der Hilfsquellen und Arbeitsmöglichkeiten Europas und seines afrikanischen Ergänzungsraums vor Krisen und vor von außen kommender wirtschaftlicher Bedrohung zu schützen sowie den europäischen Völkern den Zugang zu einem gerechten Anteil an den wirtschaftlichen Gütern der Welt zu schaffen.

e) Die der Belebung des innereuropäischen Güteraustausches entgegenstehenden Zoll- und anderen Schranken zwischen den einzelnen Gliedern des Staatenbundes sollen unter Schonung und Sicherung der lebensnotwendigen Wirtschaftszweige, insbesondere der kleineren Wirtschaftsgebiete, fortschreitend beseitigt werden. [...]

f) Bei der Lösung der wirtschaftlichen Probleme der Übergangszeit von der Kriegs- zur Friedenswirtschaft werden sich die Glieder des Staatenbundes gegenseitig Hilfe und Unterstützung gewähren.

g) Die im Europäischen Staatenbund zusammengeschlossenen Staaten werden unter Wahrung ihrer völkischen Eigenart den kulturellen und geistigen Austausch weiter ausbauen und vertiefen.

h) Die an der Gründung des Staatenbundes nicht beteiligten europäischen Staaten werden eingeladen werden, dem „Europäischen Staatenbund" beizutreten.

i) Alle Einzelheiten der Organisierung des „Europäischen Staatenbundes“ werden in einer Bundesakte festgelegt werden […].

aus: R. Kühnl, a.a.O., S. 336f.

Widerstand und Europa

M 9.29 1944 – Gemeinsamer Widerstand und europäische Verständigung

Ein Kreis von Widerstandskämpfern, dem aus neun europäischen Ländern Mitglieder eines breiten parteipolitischen Spektrums von Linkssozialisten bis zu christlichen Demokraten angehörten, verfasste bei Treffen in der Wohnung des in Genf lebenden Generalsekretärs des ökumenischen Weltkirchenrats, Willem Visser't Hooft (1900–1985), den Entwurf einer Erklärung zur Bedeutung des Kampfes gegen Hitler für eine europäische Einigung.

1. Der Widerstand gegen die nationalsozialistische Unterdrückung, der die Völker Europas in einem gemeinsamen Kampf verbindet, hat zwischen ihnen eine Solidarität sowie eine Gemeinschaft der Ziele und Interessen geschaffen, die ihre ganze Bedeutung und ihre ganze Tragweite in der Tatsache sich niederschlagen lassen, dass die Delegierten der europäischen Widerstandsbewegungen sich zusammengefunden haben, um die gegenwärtige Deklaration zu formulieren, in der sie ihre Hoffnungen und ihre Absichten im Hinblick auf die Zivilisation und den Frieden zum Ausdruck bringen wollen. […]
Indem sie die wesentlichen Bestimmungen der Atlantik-Charta sich zu eigen machen, erklären sie, dass das Leben der Völker, die sie vertreten, auf die Achtung der Person, die Sicherheit, die soziale Gerechtigkeit, die umfassende Nutzung der wirtschaftlichen Hilfsquellen zugunsten der Gemeinschaft in ihrer Gesamtheit und die autonome Entfaltung des nationalen Lebens begründet sein muss.
2. Diese Ziele können nur erreicht werden, wenn die verschiedenen Länder der Welt sich bereit erklären, das Dogma der absoluten Staatssouveränität abzustreifen, indem sie sich einer gemeinsamen Bundesorganisation eingliedern. […]
3. Der Frieden in Europa stellt den Schlüssel zum Frieden in der Welt dar. Tatsächlich ist Europa im Zeitraum einer einzigen Generation das Auslösezentrum zweier Weltkriege geworden, wobei hierfür wesentlich maßgebend war, dass auf diesem Kontinent 30 souveräne Staaten existieren. Es ist unerlässlich, gegen diese Anarchie anzugehen, indem eine föderale Union für die europäischen Völker geschaffen wird. […]
4. Es ist nicht möglich, schon jetzt die geografischen Grenzen einer föderalen Union vorzusehen, die den europäischen Frieden gewährleisten soll. Jedoch ist es angebracht festzustellen, dass diese Föderation von Anfang an stark und umfassend genug sein muss, um der Gefahr zu entgehen, nur die Einflusszone eines fremden Staates zu sein oder das Instrument für die Hegemonie-Politik eines Mitglieds. Darüber hinaus muss sie von Anfang an allen Ländern offenstehen, deren Gebiet ganz oder teilweise in Europa liegt und die Mitgleider werden können und wollen. […]
Die Föderation darf nicht das Recht eines jeden Mitgliedstaates einschränken, die ihm eigenen Probleme in Übereinstimmung mit seinen völkischen und kulturellen Eigenarten zu lösen. Jedoch werden die Staaten, in Erinnerung an die Erfahrungen und Fehlschläge des Völkerbundes, unwiderruflich an den Bund diejenigen Kompetenzen ihrer Souveranität abtreten müssen, die die Verteidigung des Territoriums, die Beziehungen mit Mächten außerhalb des Bundes, die Wirtschaftsbeziehungen und die internationalen Verbindungswege zum Gegenstand haben.

Zit. nach: Hagen Schulze u. a. (M 9.27), S. 386f.

Der Holocaust und die Täter: Die Goldhagen-Debatte

M 9.30 1993 – Christopher R. Browning[1]

Erste Erfahrungen mit Massenmord: Das Massaker von Józefów (Polen), 13. Juli 1942

Vermutlich am 11. Juli setzte sich Globocnik[2] oder jemand von seinem Stab mit Major Trapp in Verbindung und erteilte dem Reserve-Polizeibataillon 101 den Auftrag, die 1800 Juden von Józefów, einem Dorf ungefähr dreißig Kilometer südöstlich von *Bilgoraj*, „zusammenzufassen“. Diesmal sollten jedoch die meisten Juden nicht umgesiedelt werden. Der Auftrag lautete, die männlichen Juden im arbeitsfähigen Alter in eines der Globocnik'schen Lager in Lublin zu schaffen und die Frauen, Kinder und alten Leute einfach an Ort und Stelle zu erschießen. […]

Als Buchmann[3] von dem drohenden Massaker erfuhr, machte er Hagen[3] klar, dass er als Hamburger Geschäftsmann und Reserveleutnant sich „in keinem Falle an einer derartigen Aktion, bei der wehrlose Frauen und Kinder erschossen werden, beteiligen würde“. Er bat darum, mit einer anderen Aufgabe betraut zu werden. Hagen sorgte daraufhin dafür, dass Buchmann die Leitung der Eskorte übertragen bekam, die die selektierten männlichen „Arbeitsjuden“ nach Lublin begleiten sollte. [...]
Der Lastwagenkonvoi verließ *Bilgoraj* gegen 2 Uhr morgens und erreichte Józefów, als es gerade hell zu werden begann. Trapp versammelte die Männer im Halbkreis um sich und erläuterte den Mordauftrag, den das Bataillon erhalten hatte. Dann machte er sein außergewöhnliches Angebot: Wer von den Älteren sich dieser Aufgabe nicht gewachsen fühle, möge vortreten. Eine Weile war es still, dann meldete sich ein Angehöriger der 3. Kompanie, Otto Julius Schimke[4]. Hauptmann Hoffmann [...] machte Schimke Vorwürfe, wurde aber von Trapp unterbrochen. Und nachdem der Major den Untergebenen in Schutz genommen hatten, traten noch zehn oder zwölf andere Männer vor. Sie gaben ihre Gewehre ab und wurden aufgefordert, sich für weitere Befehle von Trapp zur Verfügung zu halten. [...]
Als die 1. Kompanie aber anschließend zum Marktplatz beordert wurde und den Männern die Genickschussmethode erläutert wurde, um dann zum Töten in den Wald geschickt zu werden, erkannten manche, dass sie eine Gelegenheit verpasst hatten, und versuchten, diesen Fehler wieder wettzumachen. Ein Polizist ging zu Hauptwachtmeister Kammer, den er gut kannte, gestand, dass ihm der Auftrag „zuwider“ sei, und bat um eine andere Aufgabe. Kammer entsprach seiner Bitte und teilte ihn für den Rest des Tages zum Wachdienst am Waldrand ein. Mehrere andere Polizisten, die Kammer ebenfalls gut kannten, erreichten eine Abkommandierung zum Wachdienst entlang der Straße. Wiederum andere wandten sich erst an Kammer, nachdem sie bereits eine Zeit lang Erschießungen durchgeführt hatten, und erklärten, sie könnten nicht mehr weitermachen. Er entband sie von ihrer Aufgabe und teilte sie den LKW-Begleitkommandos zu. Zwei Polizisten machten den Fehler, statt zu Kammer zu Hauptmann (und SS-Hauptsturmführer) Wohlauf zu gehen. Sie argumentierten, dass sie selbst Kinder hätten und den erteilten Auftrag nicht weiter durchführen könnten. Wohlauf fertigte sie kurzerhand mit den Worten ab, dann könnten sie sich gleich neben die Juden auf den Boden legen. In der Mittagspause enthob Kammer jedoch nicht nur diese beiden, sondern auch noch eine Reihe anderer älterer Männer ihrer grausamen Aufgabe. Er schickte sie zum Marktplatz zurück,wo der sie begleitende Unteroffizier Major Trapp Meldung erstattete. Trapp entband sie für den Rest des Tages von weiterem Dienst und erlaubte ihnen, schon früher als vorgesehen in ihre Unterkünfte in *Bilgoraj* zurückzukehren. [...]
[Hauptwachtmeister] Hergert[5] betonte, dass vom 1. Zug niemand die Gelegenheit erhielt, sich vorher abzumelden. Als sich dann aber nach Beginn der Exekutionen einzelne Männer an ihn oder an Scheer[6] wandten und sagten, dass sie keine Frauen und Kinder erschießen könnten, seien ihnen andere Aufgaben übertragen worden. [...]

---

1 Zur Debatte zwischen Goldhagen und Browning s.S. 219
2 SS-und Polizeiführer von Lublin (Polen)
3 Buchmann, Leutnant und Zugführer der 1. Kompanie; Hagen, Oberleutnant und Adjutant Major Trapps
4 Name von Browning geändert
5 Name von Browning geändert
6 Leutnant und Zugführer der 3. Kompanie, Name von Browning geändert

Mörder in Uniform

Im Hinblick auf die Motivation und das Bewusstsein der Polizisten fällt die eklatanteste Auslassung auf, dass bei den Vernehmungen die Frage des Antisemitismus überhaupt nicht diskutiert wurde. [...]
Auch wenn die Angehörigen des Reserve-Polizeibataillons 101 die antisemitische Doktrin des NS-Regimes vielleicht nicht bewusst übernommen hatten, so akzeptierten sie anscheinend doch zumindest, dass die Juden zum allgemeinen Feinbild gehörten. [...]
Wenn sich anfangs auch nur ein Dutzend Polizisten meldeten, um von der Beteiligung an dem bevorstehenden Massaker freigestellt zu werden, so versuchte doch eine weit größere Zahl, sich dem Morden auf unauffälligere Weise zu entziehen, oder bat nach Beginn der Erschießungen um Ablösung von den Exekutionskommandos. Wie viele der Polizisten diesen Kategorien zuzurechnen sind, lässt sich nicht mit Bestimmtheit sagen, doch dürfte es kaum übertrieben sein, von schätzungsweise 10 bis 20 Prozent der eingeteilten

Schützen auszugehen. Hauptwachtmeister Hergert erklärte beispielsweise, er habe fünf Männer seines 40 bis 50 Mann starken Trupps von ihrer Aufgabe entbunden. Von der Drucker und Steinmetz unterstellten Abteilung, aus deren Reihen die meisten der Vernommenen stammten, sind sechs Polizisten bekannt, die nach maximal vier Erschießungen um Ablösung baten, und außerdem ein ganzes Kommando von fünf bis acht Mann, das geraume Zeit später von seinem Auftrag entbunden wurde. Die Zahl der Männer, die sich dem Massaker auf die eine oder andere Art entzogen, ist also keineswegs gering, sollte aber nicht über die Tatsache hinwegtäuschen, dass umgekehrt mindestens 80 Prozent der in den Kommandos eingesetzten Polizisten die Erschießungen so lange fortsetzen, bis 1500 Juden auf Józefów umgebracht waren.

Auch 20 oder 25 Jahre danach nannten die meisten der Polizisten, die sich der Beteiligung an den Erschießungen früher oder später entzogen hatten, als Hauptmotiv nicht irgendwelche ethischen oder politischen Prinzipien, sondern rein körperlichen Ekel vor ihrem Tun. Angesichts des Bildungsniveaus dieser Reservepolizisten konnte man von ihnen auch nicht erwarten, dass sie in komplexer Weise auf abstrakte Prinzipien Bezug nehmen würden. Doch selbst wenn Äußerungen in dieser Richtung fehlen, heißt das noch nicht, dass bei ihnen der erwähnte Ekel nicht auf menschliche Instinkte zurückging, die der Nationalsozialismus radikal ablehnte und zu überwinden trachtete. […] Dass diese Polizisten zu „schwach" waren, um mit den Erschießungen fortzufahren, führte im Hinblick auf die „Produktivität" und die moralische Verfassung des Bataillons natürlich zu Problemen, bedeutete aber nicht, dass die grundsätzliche polizeiliche Disziplin oder generell die Autorität des Regimes infrage gestellt worden wäre. Tatsächlich war es so, da Heinrich Himmler in seiner berüchtigten Posener Rede am 4. Oktober 1943 gegenüber hohen SS-Führern die Tolerierung dieser Art von „Schwäche" persönlich sanktionierte. Er hob den Gehorsam als eine der Haupttugenden aller SS-Leute hervor, meinte aber gleichzeitig, wenn man bemerke, dass jemand „mit den Nerven fertig" und „schwach" sei, „dann kann man sagen: Gut, gehen Sie in Pension."

Bei nachfolgenden „Aktionen" wurden zwei wichtige Änderungen eingeführt und – bis auf einige auffallende Ausnahmen – von da an beibehalten. Erstens wurde das Reserve-Polizeibataillon 101 nun größtenteils zur Räumung von Gettos und zur Durchführung von Deportationen eingesetzt und nicht mehr zu offenen Massakern vor Ort. […] Zweitens wurde das grauenvolle Deportationsverfahren, das durch brutalen Zwang beim Verladen der Opfer auf die Todeszüge und durch die systematische Ermordung der „nicht transportfähigen" Juden gekennzeichnet war, nun nicht mehr allein von Einheiten des Reserve-Polizeibataillons 101 durchgeführt, sondern meist gemeinsam mit Verbänden der „Trawnikis" – jenen aus den besetzten sowjetischen Gebieten stammenden Hilfsmannschaften, die in Kriegsgefangenenlagern angeworben und von der SS ausgebildet worden waren und denen bei den Gettoräumungen und Deportationen in der Regel die schlimmsten Aufgaben zugewiesen wurden. […]

Kurz gesagt, hoffte man also, durch eine doppelte Arbeitsteilung jene psychische Entlastung der Polizisten zu erreichen, die für eine effektive Einbindung des Reserve-Polizeibataillons 101 in das Tötungsverfahren erforderlich war. Die Ermordung der Juden sollte größtenteils im Vernichtungslager erfolgen, und die schlimmste „Dreckarbeit" vor Ort wollte man den Trawnikis überlassen. Wie sich zeigte, führte diese Änderung dazu, dass die Reservepolizisten sich an ihre Beteiligung an der „Endlösung" gewöhnten. Als sie kurze Zeit darauf wieder vor der Aufgabe standen zu töten, wurden sie keineswegs „verrückt", sondern entwickelten sich zunehmend zu effizienten und gefühllosen Henkern.

Ganz normale Männer
[…]

Das Verhalten jedes menschlichen Wesens ist natürlich eine sehr komplexe Angelegenheit, und wer es als Historiker zu „erklären" versucht, befleißigt sich dabei automatisch einer gewissen Arroganz. Wenn es nun um fast 500 Männer geht, ist es noch gewagter, den Versuch einer allgemein gültigen Erklärung ihres kollektiven Verhaltens zu unternehmen. Welche Schlussfolgerungen lassen sich also ziehen? Was man von der Geschichte des Reserve-Polizeibataillons 101 mitnimmt, ist großes Unbehagen. Diese Geschichte von ganz normalen Männern ist nicht die Geschichte aller Männer oder Menschen. Die Reserve-Polizisten hatten Wahlmöglichkeiten, und die meisten von ihnen begingen schreckliche Untaten. Doch jene, die getötet haben, können nicht aus

der Vorstellung heraus freigesprochen werden, dass in ihrer Situation jeder Mensch genauso gehandelt hätte. Denn selbst unter ihnen gab es ja einige, die sich von vornherein weigerten zu töten oder aber ab einem bestimmten Punkt nicht mehr weitermachten. Die Verantwortung für das eigene Tun liegt letztlich bei jedem Einzelnen.
Zugleich hat das kollektive Verhalten des Reserve-Polizeibataillons 101 aber zutiefst beunruhigende Implikationen. Es gibt auf der Welt viele Gesellschaften, die durch rassistische Traditionen belastet und aufgrund von Krieg oder Kriegsdrohung in einer Art Belagerungsmentalität befangen sind. Überall erzieht die Gesellschaft ihre Mitglieder dazu, sich der Autorität respektvoll zu fügen, und sie dürfte ohne diese Form der Konditionierung wohl auch kaum funktionieren. Überall streben die Menschen nach beruflichem Fortkommen. In jeder modernen Gesellschaft wird durch die Komplexität des Lebens und die daraus resultierende Bürokratisierung und Spezialisierung bei den Menschen, die die offizielle Politik umsetzen, das Gefühl für die persönliche Verantwortung geschwächt. In praktisch jedem sozialen Kollektiv übt die Gruppe, der eine Person angehört, gewaltigen Druck auf deren Verhalten aus und legt moralische Wertmaßstäbe fest. Wenn die Männer des Reserve-Polizeibataillons 101 unter solchen Umständen zu Mördern werden konnten, für welche Gruppe von Menschen ließe sich dann noch Ähnliches ausschließen?

Zit. nach: Christopher R. Browning: Ganz normale Männer. Das Reserve-Polizeibataillon 101 und die „Endlösung" in Polen. Reinbek bei Hamburg (Rowohlt TB Verlag) 1996 (cop. 1993), S. 86–88, 94–96, 107–112, 125 und 246f.

M 9.31 Goldhagen gegen Browning

Vor allem in den Anmerkungen zu seinen Erörterungen setzt sich Goldhagen mit den Interpretationen und Urteilen Brownings auseinander. Hier die Kritik zu den Massakern in Józefów und Lomazy:

Browning diskutiert diese Themen [von Verweigerung einzelner Angehöriger des Reserve-Polizeibataillons 101 – d. Verf.] ausführlich. […] Wenn Browning beispielsweise von „Scham" spricht – einem Gefühl also, das in Fällen wie diesem davon abhängt, dass man einen Sinn dafür besitzt, sich einer moralischen Verfehlung schuldig gemacht zu haben –, dann gibt es dafür im Quellenmaterial keinen Nachweis. Von „Ekel" kann hier die Rede sein, nicht aber von „Scham". Seine Erklärung für die fehlende moralische oder grundsätzliche Ablehnung dieser Morde als Motiv für Weigerung und Abscheu ist schier unglaublich: „Angesichts des Bildungsniveaus dieser Reservepolizisten konnte man von ihnen auch nicht erwarten, dass sie in komplexer Weise auf abstrakte Prinzipien Bezug nehmen würden". Man muss kein Kenner der Kant'schen Philosophie sein, um die Massaker an unbewaffneten, ungefährlichen Zivilisten, Männern, Frauen und Kindern, als Gräueltat zu erkennen. Browning räumt ein, dass es kaum festzustellen ist, wie viele der zu Erschießungskommandos eingeteilten Männer um Freistellung baten; doch seine Schätzung, dass es zwischen zehn und zwanzig Prozent gewesen seien, legt die vorhandenen Quellen sehr großzügig aus. So behauptet Browning, Wachtmeister „Hergert erklärt beispielsweise, er habe fünf Männer seines 40 bis 50 Mann starken Trupps von ihrer Aufgabe entbunden". Dieser Wachtmeister spricht tatsächlich von einer Zahl von „etwa 2–5 Mann". Zwei von vierzig oder fünfzig sind jedoch nicht die zehn oder gar zwanzig Prozent, die Browning zufolge von dieser Möglichkeit Gebrauch machten. […]
Mit Ausnahme einiger weniger, die sich vom Schauplatz der Hinrichtungen [in Lomazy] davongeschlichen haben sollen, nahmen alle Angehörigen dieser Kompanie an dem Massenmord teil. Die „Drückeberger" hatten eine Beteiligung offensichtlich mit stillschweigender Duldung ihrer Vorgesetzten vermeiden können. Browning nennt zwei Männer namentlich, die es vermieden haben, Juden zu erschießen, doch stützt er sich dabei nur auf deren eigene Behauptungen. […]
Aber die Aussage dieses Mannes ist nachweislich unzuverlässig und dient der Selbstrechtfertigung, wie auch der Vernehmer während der Aussage zweimal bemerkte. Browning hält diesem Mann außerdem zugute, sich bei den Exekutionen von Józefów entfernt zu haben.
Browning geht so weit, die folgende Behauptung aufzustellen: Weil die Befehlshaber es bei diesem Mordeinsatz versäumt hätten, ihre Männer offen vor die Alternative zu stellen, sich von dem Massaker freistellen zu lassen, sei das Töten in diesem Falle für die Täter *leichter* gewesen, was erkläre, warum jeder sich daran beteiligt habe. Da die Männer nach Brownings Interpretation nicht die „Qual der Wahl" hatten, konnten sie diesmal – anders als in Józefów – ihre Befehle mit einer gewissen Selbstverständlichkeit befolgen. […] Diese Interpretation, die ohne jede beweiskräftige

Grundlage bleibt, umgeht eine viel offensichtlichere, einfachere und wahrscheinlichere Erklärung für die eifrige Pflichterfüllung dieser Männer, für die übrigens auch die Art ihrer späteren Mordeinsätze sowie die Geschichte der anderen Polizeibataillone und der Einsatzkommandos spricht. Zum Zeitpunkt des Massakers von Lomazy war der Schock der ersten Einsätze und damit auch die Ursache ihrer Unruhe verflogen. Nachdem sie einmal an die Unannehmlichkeit ihrer Einsätze gewöhnt waren, erledigten sie ihre Aufgaben nun effektiv, nicht weil ihnen – wenigstens formal – keine andere Wahl blieb, sondern weil sie keinen Grund sahen, anders zu handeln. Und was Józefów betrifft, so besteht kein Grund zu der Annahme, dass jene, die die Hinrichtungen ablehnten, und insbesondere jene, die sie moralisch abstoßend fanden, töten mussten. Das ausdrückliche Angebot einer freien Entscheidung in Józefów und das Fehlen einer solch ausdrücklichen Offerte in Lomazy – wobei allerdings keineswegs klar ist, ob das Angebot von Józefów nicht ständig galt – können nicht erklären, warum einige Männer so heftig reagierten, als sie zum ersten Mal am personalisierten, direkten Mord an unbewaffneten Männern, Frauen und Kindern teilnahmen, sich dann aber zum Zeitpunkt der Ereignisse von Lomazy an diese Aufgabe gewöhnt hatten. (Zumal sie ihre Aufgabe nicht prinzipiell ablehnten, wie das Fehlen ethischer Stellungnahmen in ihren Zeugenaussagen deutlich macht.) […] Trotz der von Browning genannten Zahlen sollte man nicht vergessen, dass auch in Józefów nur wenige von Trapps Angebot Gebrauch machten.

Zit. nach: Daniel Jonah Goldhagen: Hitlers willige Vollstrecker. Berlin (Siedler Verlag) 1996, S. 624 Anm. 68 und S. 628 Anm. 98

Die Debatte in Deutschland

M 9.32

A. 1996 – Der Historiker Ulrich Herbert

Man soll sich also nicht täuschen: Der Völkermord an den Juden wurde gewiss nicht von „den Deutschen" begangen und war nicht aus einem jahrhundertelang in der deutschen Kultur eingewurzelten „eliminatorischen Antisemitismus" gespeist. Aber ein erheblicher Teil der deutschen Bevölkerung war, in abgestufter Weise, scharf gegen die Juden eingestellt, und diese Haltung ist für Ingangsetzung und Durchführung des Völkermordes ohne Zweifel von Bedeutung gewesen – zur Ausschaltung von Widerständen, als Faktor der Ermöglichung und Enthemmung, nicht zuletzt als selbstständiges Motiv mit erheblicher Schubkraft.
Die Zahl der Deutschen, die an dem Mordgeschehen beteiligt waren, geht vielleicht nicht in die Millionen, aber von vielen zehntausend wird man wohl ausgehen müssen. Und die Männer in den Führungsgruppen des Reichssicherheitshauptamtes, der SS und der Einsatzgruppen entstammten nicht den Outsidern und Randgruppen, sondern der Mitte und den Führungsschichten der deutschen Gesellschaft. *Diese* Zusammenhänge aber werden uns, die Deutschen, jenseits aller tagesaktuellen Debatten und Aufgeregtheiten noch lange Zeit beschäftigen. Demgegenüber erweist sich die indigniert-empörte Ablehnung der angeblich in die Welt gesetzten Formel von der „Kollektivschuld" der Deutschen erneut, wie schon nach 1945, als Flucht in einen nicht gemachten Vorwurf, als Vermeidungsdiskurs.

Zit. nach: Ulrich Herbert: Aus der Mitte der Gesellschaft. Der Zusammenhang zwischen Antisemitismus in Deutschland und dem millionenfachen Mord an den Juden darf nicht wegdiskutiert werden. Aus: Die Zeit Nr. 25 vom 14. Juni 1998, S. 6

B. 1996 – Der Historiker Hans Mommsen

Für ihn [Goldhagen] bildet der Hinweis auf sadistischen Terror einen entscheidenden Beleg für die extrem antisemitische Einstellung der Täter, doch ist dies wenig überzeugend. Weder Himmler noch Heydrich noch Eichmann und viele seiner Untergebenen passen in diese Kategorie, und wenn von der Psyche der Täter gesprochen werden soll, gibt „Schindlers Liste" einen eindrücklichen Einblick in die vielfältige Gebrochenheit der psychologisch-ideologischen Verfassung der meisten Vollstrecker.
Goldhagen betont etwas plakativ, dass es sich beim Holocaust um die extremste und gründlichste Revolution „in den Annalen der westlichen Zivilisation" gehandelt habe, spricht von einer „Transformation des Bewusstseins" der Deutschen, von der „Einpflanzung eines neuen Ethos" und zieht die wortspielhafte Schlussfolgerung, dass am Ende die „Kultur Himmlers" zur „Kultur Deutschlands" geworden sei. Er sieht in der Implementierung des Holocaust den Ausdruck „einer revolutionären Transformation der deutschen Gesellschaft", für die das nationalso-

zialistische Lagersystem Pate gestanden habe. [...]

Die ätzende Schärfe, mit der Goldhagen den Deutschen den Willen zum „dämonischen Antisemitismus" zuspricht und sie nicht als Komplizen, sondern pauschal als lustvolle Täter hinstellt, ist sicherlich nicht geeignet, Ressentiments stillzulegen, und alles andere als hilfreich, um zu einer nüchternen Aufarbeitung des Vergangenen gerade im Lichte der Gegenwart zu gelangen.

Zit. nach: Hans Mommsen: Die dünne Patina der Zivilisation. Der Antisemitismus ist eine notwendige, aber keineswegs hinreichende Bedingung für den Holocaust. Aus: Die Zeit Nr. 36 vom 30. August 1996, S. 14

C. 1997 – Der Journalist Anton-Andreas Guha

Auch die zu hypothetische, daher moralisch und rechtlich nicht aussagefähige, gleichwohl als wahrscheinlich geahnte Feststellung, alle Deutschen hätten am Holocaust mitgemacht, wenn es ihnen befohlen worden wäre, sollte angenommen werden: Mögen es nur 100.000 oder 500.000 Täter gewesen sein, eine oder zwei Millionen – die Zahl ist, auch aus statistisch-wissenschaftlicher Sicht, als „Sample" allemal repräsentativ für die damalige deutsche Bevölkerung. Wer immer den Befehl oder auch nur den Auftrag erhielt, sich am Holocaust zu beteiligen, hat mitgemacht, auch Frauen. Die Täter rekrutierten sich aus allen Schichten, Berufen und allen Altersstufen. Die Zahl derer, die sich geweigert haben, kann als unbedeutend vernachlässigt werden.

Die Berücksichtigung all dieser Faktoren und Konstellationen, die zum Holocuast gerade in Deutschland geführt haben, ermöglicht naturgemäß nur eine in die Vergangenheit gerichtete Antwort, für eine Zukunftsprognose taugt sie nicht.

Zwar ist unwahrscheinlich, dass in absehbarer Zeit je wieder ein solches Ursachennetz entstehen könnte, um eine vergleichbare Katastrophe herbeizuführen, aber es lassen sich wieder bedenkliche Entwicklungen auf vielen Gebieten feststellen – Rechtsradikalismus, Fremdenfeindlichkeit, aber auch Arbeitslosigkeit, soziale Perspektivlosigkeit, Enttäuschung. Ein explosives Gemisch, das zwar nicht zu einem Holocaust oder zu einem Krieg führen würde, aber einen Rückfall in düstere Zeiten auch nicht ausschließen könnte, falls nicht sozialpolitisch gegengesteuert würde. Dies ist der Auftrag, der sich aus der jüngsten Geschichte ergibt.

Zit. nach: Anton-Andreas Guha: Der Holocaust, seine Ursachen und „die" Deutschen. Aus: Frankfurter Rundschau vom 8. April 1997, S. 16.

Aufgaben zu Kapitel 9

1. Beschreiben Sie die Ziele der deutschen „Lebensraum“-Politik, die Täter und Mittel und die Auswirkungen vor allem für die Juden, Polen, Russen und Ukrainer! (S. 215f. und M 9.6–9.15)

2. Offiziere und Soldaten der deutschen Wehrmacht haben nach 1945 immer wieder betont, dass ihre Kriegsführung nicht mit den Verbrechen von SS, SD und Gestapo vergleichbar sei. Untersuchen Sie, inwieweit diese Unterscheidung zwischen Krieg und Ausrottungspolitik mit der Realität übereinstimmte und in welchem Umfang die militärische Führung und andere Gruppen (Beamtenschaft, Großindustrie) im Rahmen der deutschen Lebensraumpolitik aktiv und verantwortlich mitwirkten! (S. 215f. und 219f. und M 9.8–9.13 und 9.30–9.31)

3. Stellen Sie in knappen Zügen die Entwicklung des Antisemitismus in Deutschland seit dem Kaiserreich dar (S. 216f.)! Beschreiben Sie die wichtigsten Maßnahmen in Deutschland gegen die Juden 1933–1939 und prüfen Sie, wo die Grenzen des Rechtsstaates überschritten wurden und wo aus Diskriminierung Verfolgung wurde. (S. 217–220, M 9.1 und 9.2) Bearbeiten Sie unter diesem Gesichtspunkt auch M 9.3 bis 9.5! Gehen Sie auch einmal der Frage nach, wie die Juden auf Verfolgung und Vernichtungsdrohung reagierten (siehe auch Aufgabe 4)! (In vielen Orten ist dieser Teil der deutschen Vergangenheit bearbeitet und dokumentiert worden. Auch hier bietet es sich an, das Material dieses Arbeitsbuches durch lokales Material zu ergänzen oder zu ersetzen!)

4. Die Wirklichkeit der Konzentrationslager in einem Schulbuch darzustellen ist unmöglich. Hier stoßen das Medium und die gewohnte Arbeitsweise an ihre Grenzen. Die Texte M 9.16 bis 9.19 können vielleicht Fragen aufwerfen und Informationswünsche wecken. Die Autoren verweisen auf die Fülle veröffentlichter Darstellungen und empfehlen besonders Filme (s. Literaturverzeichnis S. 277), Museen und Gedenkstätten und hoffen, dass hier wenigstens für kurze Zeit einmal die übliche Hektik des Schulalltags zurücktreten kann.

5. Untersuchen Sie die verschiedenen Gruppen des deutschen Widerstands und unterscheiden Sie sie nach Trägern, Motiven und Widerstandsformen. Interpretieren Sie die Ziele des konservativ-militärischen Widerstands und vergleichen Sie sie sowohl mit konservativen Vorstellungen aus der Zeit vor 1933 als auch mit nationalsozialistischen Ideen! Suchen Sie nach Momenten in der Haltung der Widerständler, die in die Zukunft der späteren Teilstaaten Deutschlands sowie der gesamtdeutschen Bundesrepublik seit 1990 vorausweisen! (S. 220ff. und M 9.20–9.26) – Welche Gruppen des Widerstands fanden in den Teilstaaten ihre Würdigung, welche sollten in der Zukunft gewürdigt werden?

6. Versetzen Sie sich einmal in die Person eines einfachen Bürgers im NS-Deutschland wie die J. G. Elsers (S. 220f.) und versuchen Sie von dort aus, Möglichkeiten und Schwierigkeiten einzuschätzen, zu Widerstand zu gelangen und Widerstand zu leisten. Diskutieren Sie das Herausfordernde in der Person Elsers für seine Zeitgenossen wie für uns heute!

7. Beurteilen Sie die Chancen des deutschen Widerstands, vor allem auch unter dem Aspekt der Beseitigung der „Spur des deutschen Sonderweges“!

8. Europäer und europäische Völker verstehen sich schon lange in gewisser Weise als eine eigene, durch gemeinsame Merkmale gekennzeichnete Gruppe. Beschreiben Sie Kontinuität und Wandel dieses Verständnisses in den letzten 200 Jahren und ordnen Sie darin die Rolle des Nationalsozialismus und des Widerstandes gegen diesen ein (s.S. 222–255; M 9.22 u. M 9.27 – 9.29). Konfrontieren Sie Ihre Ergebnisse mit dem Stand der europäischen Integration heute.

9. Wehrmachtsausstellung, zentrales Holocaust-Denkmal (s.S. 219) und Historikerstreit (M10.3 u. 10.4) sind Auseinandersetzungen in Deutschland vor und nach 1989/90, die zeigen, dass gerade die Deutschen eine Vergangenheit tragen müssen, „die nicht vergehen will“, wenn es manche auch noch so wünschen. Die die Deutschen so herausfordernde Goldhagen-Debatte haben die Verfasser hier dokumentiert (M 9.30 – 9.32; s.S. 219). Suchen Sie nach einem eigenen Standort in den hier aufgeworfenen Fragen an die Deutschen.

10 Die Zerstörung der Diktatur von außen – Demokratie in Deutschland?

Die Zerstörung der Diktatur von innen, die Selbstbefreiung der Deutschen vom Nationalsozialismus, war spätestens mit dem 20. Juli 1944 misslungen. Jede Chance, der von den Alliierten seit 1943 geforderten „bedingungslosen Kapitulation“ und damit dem Verlust der nationalen Souveränität zu entgehen, war vorüber. Die demokratischen Kräfte in Deutschland waren zu schwach gewesen um eine Erneuerung von innen zu erzwingen. Deutschland und Europa waren schließlich auf den militärischen Sieg der Alliierten angewiesen um den Nationalsozialismus und Faschismus zu vernichten. Von den faschistischen Bündnisstaaten Deutschlands konnte nur Italien im Juli 1943 das faschistische Regime Mussolinis stürzen. Durch den erfolgreichen Kampf der Widerstandsbewegung, der Resistenza“, wurde für Italien der Anspruch auf eine demokratisch begründete staatliche Souveränität geschaffen.

Jugend nach dem Krieg: Ein 13-jähriger Junge in Berlin

In Deutschland konnte ein neuer Versuch mit der Demokratie erst mit dem Sieg der Alliierten begonnen werden. Wie radikal der neue Abschnitt der Geschichte begonnen hat und inwieweit der „Sonderweg“ beendet ist, ist bis heute Gegenstand politischer und wissenschaftlicher Diskussion. Der „Historikerstreit“ um die Bewertung der nationalsozialistischen Epoche innerhalb der deutschen Geschichte beweist das anschaulich (→ M 10.3 und 4).

Das Militär hatte seine Niederlage ganz im Gegensatz zum Ersten Weltkrieg selbst unterzeichnen müssen; der ostdeutsche, großagrarische Adel büßte durch die Verluste Pommerns, Schlesiens und Ostpreußens und die Bodenreform in der Sowjetischen Besatzungszone seine ökonomische Basis und gesellschaftliche Machtstellung ein. Der extreme Nationalismus des deutschen Bürgertums hatte jede moralische Basis verspielt. Die Großindustrie als Hauptstütze der Kriegsrüstung Deutschlands hatte sich als aktiver und initiativer Mittäter bei den Verbrechen gegen die Menschlichkeit erwiesen. Die alten Eliten aus Bürokratie, Diplomatie und Justiz konnten keine Autorität mehr beanspruchen.

In den vier großen „D's“ des Potsdamer Abkommens vom 2. August 1945, Demilitarisierung, Denazifizierung, Dezentralisierung von Wirtschaft und Verwaltung sowie Demokratisierung, formulierten die alliierten Sieger USA, UdSSR und Großbritannien den Rahmen, in dem sich Deutschland zukünftig entwickeln sollte. Man kann noch in diesen Forderungen erkennen, wie die Theorie vom deutschen Sonderweg auch die Kriegsgegner Deutschlands geleitet haben muss. Eine Demokratisierung der Deutschen schien ihnen nur möglich, wenn die unheilvolle Kombination von Hochindustrialisierung, autoritärem Staat und Militarismus zerbrochen würde.

Die Besatzungszonen in Deutschland und Österreich nach den Konferenzen von Jalta und Potsdam

War 1945, um ein allgemeines Schlagwort aufzugreifen, die „Stunde Null" eines völligen Neubeginns für die Deutschen gekommen? – Es traf – wenn überhaupt – nur insofern zu, als 1945 – wenn auch zuerst noch nicht verstanden – das Ende des deutschen Nationalstaates gekommen war. Abgesehen davon, dass hier die Erfahrungen mit dem Deutschen Reich alle Europäer einigte, ließ auch der ab 1945 wachsende Konflikt zwischen den USA und der UdSSR keinen Raum mehr für ein großes Deutschland. Zwei deutsche Teilstaaten sollten – geleitet von den Siegermächten – unterschiedliche Schlussfolgerungen aus der Geschichte ziehen und über 40 Jahre getrennte Wege in die Zukunft gehen.

In den Westzonen bzw. seit dem Frühjahr 1949 der Bundesrepublik Deutschland enstand nach westlichem Vorbild und unter Aufsicht der westlichen Siegermächte ein parlamentarisch-demokratischer Staat. Entsprechend der westlich-liberalen Idee, dass die wirtschaftliche Freiheit des Individuums notwendiger Bestandteil der Demokratie ist, unterblieb in Westdeutschland eine gezielte Umgestaltung von Wirtschaft und Gesellschaft. Die kapitalistischen Eigentumsverhältnisse blieben bestehen, was zu immer weitgehenderen Kompromissen zugunsten früherer Nationalsozialisten führte. Dazu schuf der Kalte Krieg einen raschen Bedarf nach hochqualifizierten Führungskräften, die den Wiederaufbau von Wirtschaft und Staat organisieren konnten. Die Justiz brauchte sich nicht einmal für ihre Terrorrechtsprechung in der NS-Zeit zu verantworten. Wurden durch die so unzulängliche Entnazifizierung die Sonderwegspuren nur zugedeckt, ihre eigentlichen Ursachen aber nicht beseitigt? Konnte auf diesem Wege das Experiment der Demokratie in Westdeutschland gelingen? (→ M 10.2) Nimmt man an, dass die Gründe für das Scheitern der Weimarer Republik vor allem in ihren politischen Strukturen zu suchen sind, oder neigt man zu einer personengeschichtlichen Erklärung der Geschichte, wird man zu anderen Schlüssen gelangen, als wenn man von sozialgeschichtlichen oder im engeren Sinne marxistischen Positionen ausgeht.

In der SBZ bzw. seit dem Herbst 1949 der DDR wurde nach parlamentarisch-demokratischen Anfängen schließlich eine ▷ „Volksdemokratie" mit der Vorherrschaft einer Partei, der SED, nach sowjetischem Vorbild eingerichtet. Auch hier knüpfte man am Scheitern der Weimarer Republik an, aber in einer grundlegend anderen Interpretation als in Westdeutschland. In der SBZ/DDR wurde auf der Basis der marxistisch-leninistischen ▷ Faschismustheorie das Scheitern als Reformunfähigkeit des Kapitalismus und als Beweis für die Notwendigkeit der sozialistisch-kommunistischen Revolution gesehen. Davon ausgehend wurden die Großagrarier und Industriellen unter dem generellen politischen Vorwurf, die Kollaborateure und Stützen des NS-Regimes gewesen zu sein, enteignet, der Landbesitz an Kleinbauern aufgeteilt und die Industrie verstaatlicht. In der öffentlichen Verwaltung und Justiz wurde eine weitaus intensivere Entnazifizierung durchgeführt als in den Westzonen und damit ein klarerer Trennungsstrich zur nationalsozialistischen Vergangenheit gezogen. Aber auch in der SBZ/DDR griff man im Zeichen des „Kalten Krieges" auf wirtschaftliche und militärische Experten mit nationalsozialistischer Vergangenheit zurück. Die Gewissheit, dass mit dem Monopolkapitalismus die Ursache des ▷ Faschismus bzw. Nationalsozialismus in der DDR beseitigt sei, garantierte ihr den radikalen Bruch mit der früheren deutschen Geschichte. Die Parteidiktatur der SED und die starke Betonung von Autorität und Militärischem in der DDR hat ab 1946 zu drastischen Defiziten an gesellschaftlicher und politischer Demokratie geführt. Wurden auch hier bestimmte Eigenarten deutscher Sonderwegentwicklung nur verdeckt?

Für die Bundesrepublik Deutschland wurde 1949 der Weg in die politische Modernität durch die Einführung des demokratischen Parlamentarismus eröffnet, die weite Teilhabe der Masse der Bevölkerung am politischen Geschehen als Ziel gesetzt. Die frühe Einbindung der Bundesrepublik in das Geflecht des Weltmarktes ermöglichte eine dynamische wirtschaftliche Weiterführung der Industrialisierung und tief greifende gesellschaftliche Änderungen.

Die „volksdemokratische" Organisation der DDR unter der Führung der kommunistischen SED, die weitgehende Trennung des Landes vom Weltmarkt, die tief greifende innere Umgestaltung und die dauernde Bindung an die Sowjetunion hemmten die wirtschaftliche, politische und kulturelle Modernisierung und Demokratisierung dieses anderen deutschen Staates.

Lange Zeit half aber auch der „Kalte Krieg" mit seinen jeweiligen innen- und außenpolitischen Konfrontationen den Deutschen in West und Ost, eine ehrliche Auseinandersetzung mit der nationalsozialistischen Vergangenheit zu vermeiden. Erst die 60er-Jahre brachten einen deutlichen Wandel – schneller im Westen, allmählich aber auch im Osten. Es waren und sind aber nicht in erster Linie die Verantwortlichen selber gewesen, die diese Diskussion mit der „unbewältigten Vergangenheit" aufgenommen haben, sondern die Jüngeren mit ihren Forderungen nach weiter gehender Demokratisierung der Gesellschaft. Die Geschichte holte nicht nur die ein, die zu vergessen wünschten, sondern auch die junge Generation der Nachgeborenen.

Sie waren es auch, die 1989 die Chancen wahrnahmen, die sich aus den Umwälzungen in Osteuropa infolge der Politik der Perestroika in der SU ergaben. Der Wille zur demokratischen Neuordnung und der Zusammenbruch des ökonomischen Systems in der DDR ließen eine Massenbewegung entstehen, die das System der SED hinwegfegte. Die im Oktober 1990 folgende Vereinigung der beiden deutschen Staaten eröffnete neue Chancen zur Demokratisierung, Modernisierung und Aufarbeitung der Epoche von 1918 bis 1945. Das reicht von der Verfassungsdiskussion über die ökologische Modernisierung bis hin zur Annahme der deutschen Geschichte und ihrer Konsequenzen für eine deutsche Großmacht. Dagegen steht die Gefahr, jetzt die Vergangenheit Deutschlands in nationaler Perspektive endlich vergangen sein zu lassen, die Demokratisierung als erfolgreich beendet anzusehen und die Modernisierung nur als wirtschaftlich-technisches Problem wahrzunehmen.

Überlegungen zum Abschluss der Unterrichtsreihe

Anders als in fast allen anderen europäischen Staaten ist in Deutschland – in der Bundesrepublik wie in der früheren DDR – eine Phase der Geschichte, die ein halbes Jahrhundert und mehr zurückliegt, Gegenstand der gegenwärtigen politischen Auseinandersetzung geblieben. Die Generation der Enkel der Täter und der Beteiligten sieht sich von einer Geschichte in die Pflicht genommen, in eine Pflicht zur Einsicht, zur Reflexion, zur Trauer und zu bewussterem Handeln für eine demokratische Gesellschaft. Die Steigerung „bewusster" ist hier nicht zufällig gesetzt: Junge Franzosen, Briten, Skandinavier usw. können sich auf andere Traditionen stützen als die Deutschen. – Wenn Ihnen hier eine Pflicht zugemutet wird, dann nicht, um Ihnen eine Erblast aufzubürden, sondern um Ihnen die Last zu nehmen, die eine unreflektierte oder verleugnete Geschichte für eine Gesellschaft bedeutet. Insofern eine Demokratie nicht durch ihre Verfassung garantiert ist, sondern in stetiger Praxis und Entwicklung erst Wirklichkeit wird, entsteht in der Bundesrepublik seit 1945 und in den neuen Ländern der früheren DDR seit 1989 eine neue Phase deutscher Geschichte, an der Sie neue, unbelastetere Identifikationen entwickeln können.

Methodisch ist dieses Schlusskapitel ungemein schwierig: Wir müssen uns die Ergebnisse von mehreren Monaten Arbeit vergegenwärtigen und in das Diskussionsgerüst, das uns einige sehr abstrakte Texte bieten, einfügen. Wir müssen die Bedingungen und die Konsequenzen möglicher Einstellungen zur Geschichte unserer Gesellschaft erörtern, unsere Wertmaßstäbe offen legen und eine Einstellung dazu entwickeln. Als einleitende Arbeitsschritte lassen sich die folgenden Aufgaben verstehen:

1. Fassen Sie die wichtigsten Merkmale der deutschen Geschichte 1918–1945 zusammen, indem Sie die Position Hans-Ulrich Wehlers mit konkreten Aussagen zum Scheitern der Weimarer Republik, zur Herausbildung der nationalsozialistischen Diktatur und zu den deutschen Zielen im Zweiten Weltkrieg verbinden. Erörtern Sie, in welchem Umfang der deutsche Sonderweg 1945 endete und in welchem Umfang er 1945 überdauert haben könnte (M 10.1)!
2. Versuchen Sie die Schwierigkeiten der Deutschen, die die Zeit bis 1945 bewusst erlebt haben und – in welcher Weise auch immer – an dem Geschehen beteiligt waren –, zu erkennen und Gelingen wie Scheitern der „Bewältigung" dieser Geschichte abzuwägen (M 10.2 u. M 9.30–9.32)!
3. Der „Historikerstreit" hat 1986 erneut die Frage aufgeworfen, wie unsere Gesellschaft mit der NS-Epoche umgehen soll und darf. Zwei Historiker bieten dazu zwei unterschiedliche Wege an. Überprüfen Sie beide Positionen so weit wie möglich an den Ihnen bekannten Tatsachen und beziehen Sie dabei besonders die Ergebnisse aus Kapitel 8, Aufgaben 10 und 11 sowie Kapitel 9, Aufgabe 9 mit ein. Vergegenwärtigen Sie sich Ihre politisch-gesellschaftlichen Wertvorstellungen und wagen Sie ein Urteil, welches Modell Ihnen helfen kann, mit der Vergangenheit Ihrer Gesellschaft umzugehen (M 10.3 und 10.4)!
4. Es ist eine wesentliche Aufgabe der Auseinandersetzung mit der Geschichte, Ereignisse, Entwicklungen und Prozesse zu erklären, um so Konsequenzen für die eigene Gegenwart ziehen zu können. Mit dem Begriff des Faschismus verbinden sich eine Vielfalt von theoretischen Erklärungsansätzen (s. S. 10; ▷ Faschismustheorien; ▷ Totalitarismus), die die Fakten verschieden werten. Orientieren Sie sich noch einmal über die Begriffe bzw. Theorien und ihren politischen Hintergrund. Aus M 10.5 können Sie verschiedene theoretische Ansätze aus der kontroversen wissenschaftlichen Diskussion erarbeiten. Konfrontieren Sie diese mit den Ergebnissen der im Kurs gesetzten Arbeitsschwerpunkte. Überprüfen Sie, mit welchen Ansätzen Sie Ihre Ergebnisse am überzeugendsten bündeln können, welche Quellen Sie dabei jeweils in den Vordergrund stellen und welche Sie weniger hoch einschätzen. Welche politischen Konsequenzen ergeben sich eventuell daraus für Sie? Überlegen Sie schließlich, wo das gebotene Material seine Grenzen hat und welche anderen Materialien Sie eventuell benötigen um offene Fragen weiterverfolgen zu können.

Materialien zu Kapitel 10

Vergangenheitsbewältigung

M 10.1 1973 – Der „deutsche Sonderweg" in den Augen des Historikers Hans-Ulrich Wehler

Wie der ökonomische Erfolg der deutschen Industrialisierung enorme soziale und politische Probleme aufwarf, so forderte auch der Erfolg der Verteidigung traditioneller Machtverhältnisse in Politik, Gesellschaft und Wirtschaft seinen Preis, spät zwar, dann jedoch um so höher und länger. Der Stau an ungelösten Fragen, die schließlich anstanden; die Petrifizierung[1] überlebter Institutionen, die der Regeneration bedurften; das starrsinnige Beharren auf Vorrechten, die längst nicht mehr Domänen weniger Privilegierter hätten sein sollen; die Permanenz[2] der Ausflüchte und Ablenkung von inneren Reformen; die Entscheidung, lieber das Kriegsrisiko zu wählen als Konzessionen zu machen[3] – sie sprechen das Urteil über die Lernbereitschaft der Machteliten, die sich weder willens noch fähig zeigten, rechtzeitig den Übergang zu modernen politischen und sozialen Verhältnissen einzuleiten. Denn hier handelt es sich nicht um theoretische Spekulationen, sondern um Prozesse, die in den revolutionären Bruch und Untergang des alten Regimes mündeten. Diese Zäsur gehört zur nicht wegdiskutierbaren Faktizität[4] der Geschichte, sie bedeutete die Rechnung für die Unfähigkeit zur produktiven Anpassung.

Dass dieser Einschnitt[5] nicht tief genug reichte und überall die Folgen der erfolgreichen Behauptung unzeitgemäßer Traditionen weiter spürbar blieben, macht die Schärfe des Kontinuitätsproblems in der deutschen Geschichte des 20. Jahrhunderts aus. [...] (Es gilt,) sich den Kontinuitätsproblemen zu stellen und sie zu differenzieren, statt zum Eskapismus[6] zu raten. Dabei geht es selbstredend nicht um eine in der Tat oberflächliche Personalisierung (von Bismarck über Wilhelm II. und Hindenburg zu Hitler), sondern sowohl um soziale, ökonomische, politische, psychische Strukturen, die, wie Matrizen[7] wirkend, lange Zeit dieselben oder ähnlichen Konfigurationen aufzubauen imstande waren, als auch um die Faktoren, die Abweichung und Diskontinuität unterstützten. Vor dem Hintergrund solcher Strukturen muss dann allerdings die Frage nach den spezifischen Voraussetzungen, die charismatische[8] Politiker in Deutschland begünstigten, erneut gestellt werden.

Bis 1945, ja in manchen Bereichen darüber hinaus, wirkte sich, durch ältere historische Traditionen und neue Erfahrungen begünstigt, der fatale Erfolg der kaiserlichen Machteliten aus: In der Anfälligkeit für autoritäre Politik; der Demokratiefeindschaft im Bildungs- und Parteiwesen; im Einfluss vorindustrieller Führungsgruppen, Normen, Wunschbilder; in der Zähigkeit der deutschen Staatsideologie; im Mythos der Bürokratie, in der Überlagerung von ständischem Gefälle und Klassengegensätzen; in der Manipulation des politischen Antisemitismus – so beginnt ein langer Katalog schwerer historischer Belastungen.

Hans-Ulrich Wehler: Das Deutsche Kaiserreich 1871–1918. (Vandenhoeck & Ruprecht) Göttingen [5]1983. S. 238f.

---

1 Versteinerung
2 Dauerhaftigkeit
3 gemeint ist 1914
4 Tatsächlichkeit
5 1918
6 Neigung zur Flucht
7 Muster/Druckvorlagen
8 nicht alltägliche und irrationale Ausstrahlung auf Menschen

M 10.2 1967 – Alexander und Margarete Mitscherlich: Unfähigkeit zu trauern

Alexander und Margarete Mitscherlich versuchten als Mediziner und Psychologen von einem psychotherapeutischen Ansatz aus kollektive historische Erinnerung zu leisten und zu initiieren.

Das, was kam, muss deswegen in seinem Wirkungszusammenhang mit dem Vorhergehenden verstanden werden, sosehr im Bewusstsein der Bruch, die Abkehr, der Neuanfang bei der Stunde Null im Vordergrund steht. Es ist klar, dass man millionenfachen Mord nicht „bewältigen" kann. Die Ohnmacht der Gerichtsverfahren gegen Täter wegen der Größenordnung ihrer Verbrechen in dieser Vergangenheit beweist diesen Tatbestand in symbolischer Verdichtung. Aber eine so eng juristische Auslegung entspricht nicht dem ursprünglichen Sinn der Formulierung von der unbewältigten Vergangenheit. Mit „bewältigen" ist vielmehr eine Folge von Erkenntnisschritten gemeint. Freud benannte sie als „erinnern, wiederholen, durcharbeiten". Der Inhalt einmaligen Erinnerns, auch wenn es von heftigen Gefühlen begleitet ist, verblasst rasch wieder. Deshalb sind Wiederholung innerer Auseinandersetzungen und kritisches Durchdenken notwendig, um die instinktiv und unbewusst arbeitenden Kräfte des Selbstschutzes im Vergessen, Verleugnen, Projizieren[1] und ähnlichen Abwehrmechanismen zu überwinden. Die heilsame Wirkung solchen Erinnerns und Durcharbeitens ist uns aus der klinischen Praxis wohl bekannt. In der politischen Praxis führt uns dieses Wissen noch keinen Schritt weiter. Denn nur der Kranke, dessen Leiden am Symptom größer ist als der Gewinn aus der Verdrängung, findet sich bereit, seine Bewusstseinszensur für die Wiederkehr des Verleugneten und Vergessenen schrittweise zu lockern. Diese Therapie müsste aber in einem Kollektiv verwirklicht werden, dem es, wenigstens materiell, insgesamt besser geht als je zuvor. Es verspürt keinen fühlbaren Anreiz, seine Auslegung der jüngsten Vergangenheit den unbequemen Fragen anderer auszusetzen; einmal, weil die manische[2] Abwehr durch Ungeschehenmachen im Wirtschaftswunder sehr erfolgreich war, die Welt akzeptiert die „deutsche Wertarbeit", was immer sie sonst von den Deutschen denken mag; zum anderen – und das fällt nicht weniger ins Gewicht –, weil die militärischen und moralischen Sieger über das Dritte Reich inzwischen in „begrenzten" Unternehmen wie dem Krieg in Algier[3] oder Vietnam[4] gezeigt haben, dass auch sie zu schwerer wiegenden Inhumanitäten fähig sind. [...]

Die große Majorität der Deutschen erlebt heute die Periode der nationalsozialistischen Herrschaft retrospektiv wie die Dazwischenkunft einer Infektionskrankheit in Kinderjahren, wenn auch die Regression[5], die man unter der Obhut des „Führers" kollektiv vollzogen hatte, zunächst lustvoll war – es war herrlich, ein Volk der Auserwählten zu sein. Dieser Glaube ist für sehr viele zwar nicht unerschüttert geblieben, aber auch nicht widerlegt. Der Nationalismus, den Deutschland heute bietet, ist relativ unauffällig, sowohl im Vergleich mit den übrigen westlichen, sicher aber mit den Ost- und Entwicklungsstaaten. Dennoch fühlen sich viele Beobachter davon bedroht und alarmiert, da sich mit deutschem Nationalgefühl nun einmal für zunächst unabsehbare Zeiten die Erinnerung an Auschwitz und Lidice[6] verbindet und der blitzartige Szenenwechsel zu friedlichem und emsigem Fleiß und rasch gesammeltem Wohlstand nur zeigt, wie übergangslos sich hierzulande alles ändern kann. Die Reaktion auf die Reorganisation einer neonazistischen Rechten hat deswegen die Welt ungleich mehr erschreckt als die Etablierung des Neofaschismus in Italien. [...]

Die „intellektuelle Aufgabe" kann es deshalb zunächst nur sein, in aller Vorsicht die Selbsttäuschungen, die zu der Entstehung eines neuen Selbstbildnisses nicht unerheblich beitragen, als das, was sie sind, sichtbar werden zu lassen.

Alexander und Margarete Mitscherlich: Die Unfähigkeit zu trauern. Grundlagen kollektiven Verhaltens. (Piper-Verlag) München. [11]1979. S. 24–27.

---

1 unbewusste psychische Abwehrstrategie zur Bekämpfung eigener, (unbewusst) abgelehnter Eigenschaften durch Kritik dieser Bedürfnisse/Fehler an anderen („Sündenbock"-Theorie)

2 besessen, tobsüchtig

3 der grausame Kolonialkrieg der Franzosen (Algerienkrieg 1954–1962)

4 Krieg der US-Amerikaner gegen den kommunistischen Vietkong-Aufstand in Süd-Vietnam (1964–1973), der nach härtestem Kampf der Amerikaner dennoch zu ihrem Abzug führte

5 unbewusste psychische Abwehrstrategie: unbewusst gesteuerter Rückfall in Verhaltensweisen, die in der Entwicklung bereits überwunden sind (hier: Abgaben der eigenen Verantwortung der erwachsenen Deutschen in die Hände des als Vater wahrgenommenen Führers, Adolf Hitler)

6 tschechoslowakische Ortschaft, die als Racheaktion für das Attentat auf Reinhard Heydrich am 10.6.1942 durch die SS vernichtet wurde: Erschießung aller männlichen Einwohner über 16 Jahren; Einlieferung der Frauen ins KZ Ravensbrück und Deportation der Kinder zur „Eindeutschung" ins SS-Lager

Der „Historikerstreit“ in der Bundesrepublik Deutschland

M 10.3

1986 – Joachim Fest: Die geschuldete Erinnerung

Die Auseinandersetzung[1] birgt […] einen Kern, der die ganze Schwierigkeit der Fragen offenbart, die durch die Hitlerzeit aufgeworfen wurden. Dabei geht es vor allem um die These von der Singularität[2] der Naziverbrechen. Es empfiehlt sich, die Begründungen, die dafür ins Feld geführt werden, einen Augenblick lang näher zu betrachten.

Zunächst vergleicht Fest die Judenverfolgung durch die Nationalsozialisten und die Verfolgung politischer Gegner durch den sowjetischen Kommunismus unter folgenden beiden Gesichtspunkten miteinander: (1) Es bestehe kein Unterschied, aufgrund der Zugehörigkeit zu einer Rasse oder aufgrund der Zugehörigkeit zu einer Klasse verfolgt bzw. getötet zu werden. (2) Die administrative und technizistische Form der Ausrottung in den Gaskammern der Vernichtungslager stehe letztlich mit den „Massenliquidierungen durch Genickschuss“ seitens der Sowjets zur Zeit des Roten Terrors nach 1917 auf einer Ebene. Fest fährt schließlich mit einem dritten Vergleich zur Verteidigung einer Kernthese Ernst Noltes im „Historikerstreit“ fort:

Die These von der Singularität der NS-Verbrechen wird zuletzt auch durch die Überlegung infrage gestellt, dass Hitler selber immer wieder die Praktiken der revolutionären Gegner von links als Lehre und Vorbild bezeichnet hat. Doch kopierte er sie nicht nur. Durchweg entschlossen, sich radikaler zu zeigen als sein erbittertster Widersacher, überbot er sie zugleich auch. […]
Man muss nicht der Auffassung sein, dass Hitlers Vernichtungswille ganz überwiegend von der Vernichtungsdrohung der russischen Revolution inspiriert war; er kam, dem Ursprung nach, doch eher aus den frühen Ängsten und Überwältigungsfantasien des Deutsch-Österreichers. Aber dass er ganz und gar unbeeinflusst davon blieb, lässt sich schwerlich denken, und jedenfalls ist die Resonanz, die seine lange Zeit einsamen Wahnideen fanden, ohne die panischen Empfindungen, die sich von Russland her ausbreiteten und München im Frühjahr 1919 immerhin gestreift hatten, nicht zu begreifen. Die Berichte über das Deportieren, Morden und Austilgen ganzer Bevölkerungsgruppen waren sicherlich übertrieben. Doch enthielten sie einen zutreffenden Kern, der durch das Pathos der nahenden Weltrevolution zusätzlich an Glaubwürdigkeit gewann. In aller Verzerrung gaben sie Hitlers Ausrottungskomplexen einen realen Hintergrund. Und dass unter denen, die der schon bald in Chaos und Schrecken auslaufenden Münchener Räterepublik vorgestanden hatten, nicht wenige Juden gewesen waren, verschaffte überdies seinen antisemitischen Obsessionen[3] eine scheinbare und jedenfalls agitatorisch nutzbare Bestätigung. Er ebenso wie die verängstigten Massen mochten glauben, dass eine Rettung, wenn überhaupt, nur durch den Entschluss möglich sei, in der Gegenwehr genauso zu verfahren, wenn auch „zehnmal“ terroristischer. Es kann nicht unzulässig sein, diese Überlegung vorzutragen und einen Zusammenhang herzustellen zwischen den Gräuelmeldungen von Osten und Hitlers Bereitschaft zum Exzess. Wenn das aber so ist, fragt man sich doch nach den wirklichen Gründen für die Ungehaltenheit, die Noltes Bemerkung ausgelöst hat, die Ereignisse in Russland seien „das logische und faktische Prius“[4] zu Auschwitz und zwischen beidem sei ein „kausaler Nexus[5] wahrscheinlich“.
Gegen diese gedankliche Verknüpfung meldet sich ein verbreiteter Einwand. Er verweist auf den grundsätzlichen, kaum ausmessbaren Unterschied der Ideologien. Der Kommunismus, so wird behauptet oder stillschweigend vorausgesetzt, reiche selbst in der sowjetischen Ausprägung, sofern man sich der Ursprünge erinnert, auf einen großen humanitären Ideenbestand zurück. Ein unverbrauchbarer Rest davon bleibe ihm immer erhalten. Weder die Leiden, die er verursacht, noch die ungezählten Toten, die er gefordert habe, löschten diese Herkunft aus. Demgegenüber entstamme der Nationalsozialismus dem inferioren[6] Gedankenmüll völkischer Sektierer, wie er um die Jahrhundertwende in Traktaten und Groschenheften unter die Leute kam.
Aber liegt nicht, gerade wenn man diesen Hintergrund ernst nimmt, die Frage nahe, warum von dem großen Geschichtsgedanken des Kommunismus, wie rudimentär[7] auch immer, in der Wirklichkeit so gut wie nichts bewahrt blieb? Warum auch die Auseinandersetzungen in den Führungsspitzen, bei allem Kommen und Gehen, so gut wie nie im Namen humanitärer Prinzipien, sondern um taktischer Gegensätze willen ausgetragen wurden und aller Widerstand aus jedem

ideellen Beweggrund nur immer die verlorene Sache namenloser oder namenlos gemachter Einzelner blieb? Und welchen Unterschied macht es aufseiten der Täter, ob sie sich durch eine korrumpierte Menschheitsidee oder durch eine von allem Anfang an vererbte „Weltanschauung" gerechtfertigt glaubten? [...]
Welchen Unterschied kann es für die Gemordeten machen, ob sie einem historischen Prinzip von einst intellektuellem und humanitärem Rang oder „nur" einem von Phantomängsten durchsetzten Wahn zum Opfer fielen? [...]
Fragen jedenfalls über Fragen, und es soll in diesem Rahmen keine Antwort, in welcher Richtung auch immer, insinuiert[8] werden. Viel eher geht es darum, Zweifel an der monumentalen Einfalt und Einseitigkeit der vielfach herrschenden Vorstellung über die vorbildlose Besonderheit der NS-Verbrechen zu wecken. Die These steht, nimmt man alles zusammen, auf schwachem Grund, und überraschend ist weniger, dass sie, wie Habermas unter Hinweis auf Nolte fälschlich behauptet, infrage gestellt wird. Weit erstaunlicher mutet an, dass dies auf ernsthafte Weise bisher gerade nicht geschehen ist. Denn es bedeutet zugleich auch, dass die ungezählten anderen Opfer, vor allem – wenn auch gewiss nicht nur – die des Kommunismus, nicht mehr in der Erinnerung sind. [...] Vielleicht nicht so sehr aus dem Gedächtnis der Welt wie aus dem der Deutschen.

Zit. nach: Joachim Fest: Die geschuldete Erinnerung – Zur Kontroverse über die Unvergleichbarkeit der nationalsozialistischen Massenverbrechen. In: Frankfurter Allgemeine Zeitung, Nr. 199, 29. 8. 1986. S. 23–24.

---

1 Hiermit ist der sog. „Historikerstreit" gemeint, in dessen Zentrum zwei Publikationen standen: die eine des Historikers Ernst Nolte: „Vergangenheit, die nicht vergehen will. Eine Rede, die geschrieben wurde, aber nicht gehalten werden konnte" (FAZ, Nr. 128, 6.6.1986, S. 25) und die andere des Soziologen und Philosophen Jürgen Habermas: „Eine Art Schadensabwicklung. Die apologetischen Tendenzen in der deutschen Zeitgeschichtsschreibung" (Die Zeit, Nr. 29, 11.7.1986, S. 25). Nolte zielte in seinem Aufsatz auf die Vergleichbarkeit von nationalsozialistischer Judenverfolgung und anderen Verfolgungen von Völkern und politischen Gegnern, vor allem seitens der sowjetischen Kommunisten in der russischen Revolution und unter Stalin ab. In Form einer rhetorischen Frage geht er dann noch einen Schritt weiter: nämlich ob diese „asiatische Tat" das Vorbild für Hitlers „asiatische" Tat im Zweiten Weltkrieg gewesen sei (siehe Anm. 4 und 5), Juden und Kommunisten zu vernichten um der befürchteten eigenen Vernichtung durch diese zuvorzukommen. Auf der Basis dieser Überlegungen will Nolte letztlich einen Schlussstrich unter die bisher immer wieder betonte Besonderheit der nationalsozialistischen Judenverfolgung ziehen.
Habermas sieht darin den Versuch die Judenvernichtung zu verniedlichen und damit gleichzeitig den Deutschen in der Bundesrepublik eine leichtere Identifikation mit ihrer deutschen Vergangenheit zu ermöglichen.
Auszüge aus dem Aufsatz Noltes konnten aufgrund des Einspruchs des Autors hier nicht veröffentlicht werden.

2 Einzigartigkeit
3 Besessenheiten
4 das gedanklich konsequente und tatsächliche Vorher
5 ursächlicher Zusammenhang
6 niederer Gedankenmüll
7 bruchstückhaft
8 unterstellt

M 10.4 1988 – Jürgen Kocka: Nach dem „Historikerstreit"

Im Mittelpunkt des „Historikerstreits", der im Sommer 1986 begann und um die Jahreswende 1987/88 auslief, stand die Frage nach dem Ort des Nationalsozialismus in der deutschen Geschichte und nach dem Selbstverständnis der Bundesrepublik.
Die herausforderndste und unhaltbarste These im „Historikerstreit" bestand in der Unterstellung eines Kausalzusammenhangs zwischen dem zeitlich vorangehenden „asiatischen Klassenmord" der Bolschewisten und dem nationalsozialistischen „Rassenmord" als einer verständlichen, gewissermaßen präventiven und insofern sinnvollen Reaktion darauf. Kaum ein Historiker hat diese These Noltes verteidigt.
Sehr viel diskutabler war der von Nolte, Fest u. a. geforderte (aber nicht durchgeführte) *Vergleich* zwischen NS-Diktatur und Holocaust einerseits, anderen Diktaturen und Genoziden[1] des 20. Jahrhunderts andererseits, mit der – jedenfalls von Nolte formulierten – Absicht, die Singularität der nationalsozialistischen Massenmorde zu hinterfragen. [...]
Die vergleichende Interpretation des Nationalsozialismus ist nicht neu, man muss sie nicht erst mit dramatischer Geste fordern. Mit den Konzepten des „Totalitarismus" und des „Faschismus"[2] hat man seit langem erfolgreich den Nationalsozialismus in eine vergleichende Perspektive gerückt – entgegen der eher die Singularität des Phänomens betonenden Sicht des Nationalsozialismus als „Hitlerismus"[3]. Allerdings ist ein-

zuräumen, dass beide Konzepte dem Phänomen des Holocaust selbst vielleicht nicht ganz gerecht geworden sind. [...]

Die vergleichende Forschung der letzten Jahre hat diese besonders wichtige Eigenart der deutschen Entwicklung – neben anderen – immer wieder bestätigt: das Gewicht und die Kontinuität der bürokratischen Tradition. Durch ein früh entwickeltes, effizientes, angesehenes, ausstrahlungskräftiges Berufsbeamtentum und durch eine lange Tradition der erfolgreichen Reformen von oben unterschied sich die deutsche Entwicklung nach Westen wie nach Osten. Ein starker Obrigkeitsstaat bestand, der viel leistete und nicht ohne Grund auf verbreitete Bewunderung stieß, aber mit einer spezifischen Schwäche bürgerlich-liberaler Tugenden – gewissermaßen als Preis – verbunden war. [...] In den verschiedensten Schichten erwartete man viel vom Staat, und wenn diese staatsorientierten Erwartungen enttäuscht wurden, konnten sie leicht in systemkritische Proteste umschlagen. Die bürokratisch-obrigkeitsstaatliche Einfärbung verbreiteter Einstellungen, Haltungen und Mentalitäten erklärt sicherlich mit, warum es in den Dreißigerjahren nicht zu mehr Widerstand gegen staatliche initiierte Monströsitäten[4] kam.

Vieles bleibt offen und umstritten. Die Forschung ist im Fluss, die Erkenntnisinteressen ändern sich. Aber wenn es – wie im „Historikerstreit“ – um den Ort des Nationalsozialismus in der deutschen Geschichte, um deutsche Identität und um das Vergleichen geht, dann stellt die unter dem Stichwort „Sonderweg“ bekannt gewordene Interpretationsrichtung weiterhin die beste Möglichkeit dar. Auch für die Deutung der Entwicklung seit 1945 wie für die historische Einordnung der Gegenwart hält sie einige Hinweise bereit. Die Eigenarten der deutschen Geschichte, die den Aufstieg und Durchbruch des Nationalsozialismus erleichterten, scheinen durch seinen Sieg und seine bald folgende Niederlage entscheidend geschwächt zu sein. Der Umbruch der Jahre um 1945 und die rasante Modernisierung danach scheinen den Sonderweg an sein Ende gebracht zu haben. Die katastrophale Art, in der dies geschah, hinterließ ihre unverwischbaren Spuren. Der „Historikerstreit“ drehte sich darum. Doch aus der Katastrophe ergab sich eine unverhoffte Chance des Neuanfangs, die nicht ganz vertan worden ist. Dieser Traditionsbruch steht im Zentrum unserer Tradition.

Jürgen Kocka: Deutsche Identität und historischer Vergleich. In: Aus Politik und Zeitgeschichte (Nr. 40/41) vom 30. 9. 1988. S. 15, 21 und 28.

1 Völkermorde
2 siehe M 7.19 B.
3 siehe M 8.34 A.
4 Ungeheuerlichkeiten

Hitlerismus – Totalitarismus – Faschismus – Nationalsozialismus

M 10.5 1983 – Eine Diskussion unter Wissenschaftlern

Der Publizist und Verleger Wolf Jobst Siedler regt zu einer Diskussionsrunde an:

Eine [meiner] Fragen betrifft den Wissensstand, den man zu der jeweiligen Zeit hatte und haben konnte über das, was der Nationalsozialismus war und wer Hitler eigentlich wirklich war. Der ▷ Faschismusbegriff, der ab 1930 ja die Presse beherrscht, hat eine derartige Inflation erlebt, dass kurz vor der Machtergreifung nahezu alle Faschisten sind. In der Roten Fahne[1] werden die Deutschnationalen die Kapitalfaschisten genannt; die Weltbühne[2] nennt das Zentrum die Klerikalfaschisten, die Kommunisten nennen die Sozialdemokraten die Sozialfaschisten[3]. Ich frage mich, ob diese Begriffsinflation nicht den ganz konkreten und präzisen Begriff so verwischt hat, dass, als die Machtübernahme Hitlers dann wirklich stattgefunden hatte, eigentlich niemand ganz genau wusste, was da geschehen war. Man muss ja nur die Leitartikel der Jahre 1930 bis 1933 nachlesen.

War der Terminus ▷ „Faschismus“ nicht längst ein denunzierendes Etikett ohne konkreten Inhalt

1 „Rote Fahne“ – das politische Zentralorgan der KPD in der Weimarer Republik
2 „Weltbühne“ – sozialistische und pazifistische Zeitschrift der Weimarer Republik; Herausgeber seit 1927 Carl von Ossietzky und ständiger Mitarbeiter Kurt Tucholsky
3 siehe M 6.9 und 7.2

geworden?, wäre meine erste Frage. Ich weiß nicht, ob die Gegner des Faschismus, also zum Beispiel das Führungspersonal der Sozialdemokratie und der Gewerkschaften, eigentlich wirklich ganz konkrete Vorstellungen hatten – und haben konnten –, dass in Hitler nicht eine besonders radikale und unappetitliche Spielart von Mussolini an die Macht gekommen sei, sondern dass das, was Ernst Nolte[4] den Radikalfaschismus nannte, sich in Deutschland etabliert hatte. Um konkret zu reden, wie war das Maß des Wissens um 1933? Eine Antwort darauf macht ein Urteil, Beurteilung und auch Verurteilung der Handelnden von damals möglich. [...]
Der Name Hitler fällt ja sehr selten in der Diskussion nicht nur dieser Tage, sondern der letzten zehn Jahre. Es sind immer Nationalsozialismus- und Faschismusdiskussionen, als ob Hitler auswechselbar gewesen wäre. Ganz konkret gefragt: Wäre Hitler im Winter 1932 gestorben und es wäre dennoch zur Regierungsbeteiligung der NSDAP gekommen, es wäre also eine Koalitionsregierung Hugenberg-Papen gebildet worden, aber nicht Hitler, sondern Strasser oder Göring wäre Kanzler geworden. Was wäre dann passiert? Ein anderes Beispiel: Nehmen wir an, das Elser-Attentat[5] von 1939 wäre gelungen. Der Polen-Feldzug lag schon zurück, aber im Westen herrschte Ruhe. Hätte es dennoch eine Großreichseroberung im Osten gegeben, wäre aus dem radikalen Antisemitismus wirklich der Holocaust geworden? [...]

Der Historiker Eberhard Jäckel:
[...] Ich bin aber besonders angesprochen worden auf die hypothetische[6] Frage, wieweit Hitler auswechselbar gewesen wäre. Ich bin grundsätzlich der Ansicht, dass wir Historiker genügend zu tun haben mit der Aufklärung dessen, was wirklich geschehen ist, als dass wir uns auch noch den Kopf darüber zerbrechen sollten, was gewesen wäre, wenn. Ich räume aber ein, dass die Frage von Herrn Siedler jedenfalls für meine Auffassung einen hohen heuristischen[7] Wert hat. Ich kann mir nicht vorstellen, dass irgendjemand, wenn Hitler entweder im Winter 1932 oder im Winter 1939 ums Leben gekommen wäre, seine beiden Hauptziele durchgesetzt hätte. Dafür gibt es eine Reihe von Belegen. Man kann zum Beispiel zeigen, dass, als Hitler im Sommer 1940 davon anfing zu sprechen, er werde nunmehr die Sowjetunion mit Krieg überziehen, seine Umgebung, einschließlich des Reichsaußenministers von Ribbentrop, überrascht war. Man hätte eigentlich erwarten können, dass deren Reaktion war: Ja, das ist ja das, was der Führer immer gesagt hat, und nun sind wir so weit, und nun werden wir es machen. Nein, Ribbentrop war keineswegs dieser Ansicht, und er hat sich gesträubt. [...]

Der Historiker Martin Broszat:
[...] Auf der anderen Seite möchte ich aufgreifen, was Herr Siedler berührt hat, als er fragte: Haben das relativ gemäßigte faschistische Regime in Italien und die relativ gemäßigte Resonanz des Auslandes calmierend[8] gewirkt? Dazu ist zu sagen: Der noch relativ maßvolle Zustand des Regimes bis 1938, die Zwischenform von autoritärem und faschistischem Staat, die Halbbalance von ordnungsstaatlichen und radikalen Weltanschauungskräften hat natürlich calmierend gewirkt in Bezug auf das Bewusstsein vieler Menschen, im Bezug auf das, was dieser Hitler denn eigentlich sei und vorhabe. Auch gerade in der Judenfrage ist natürlich ab 1938 eine massive Steigerung der Brutalität und ein qualitativer Sprung zu verzeichnen, der selbstverständlich eine Steigerung der Radikalität gewesen ist. Da frage ich mich nun allerdings: Was hat es für einen Erklärungswert, die unveränderte Fixierung und „Konsequenz" radikalantisemitischer Einstellungen Hitlers immer wieder erneut festzustellen? [...]
Gerade dieses unvorstellbare Verbrechen des Holocaust kann meines Erachtens nicht nachvollziehbar gemacht werden allein durch die immer wiederholte Feststellung, dass das eine Konsequenz Hitlerischen Denkens gewesen sei, das stufenweise, je nach Machtlage, Schritt für Schritt verwirklicht wurde. Das wirkt sogar ungewollt exkulpatorisch[9], klammert aus, wie es mit der Beteiligung der deutschen Gesellschaft und der vielen anderen Machtträger außer Hitler an diesem Verbrechen aussah.

Der Historiker Jürgen Kocka:
Ich gehöre nicht zu denen, die die große Bedeutung und Macht von Hitler auf vielen Politikbereichen bezweifeln. Kaum ein Historiker tut das.

---
4 siehe M 10.3 mit Anm. 1
5 siehe S. 220f.
6 angenommene (Frage)
7 erkenntnisfördernden (Wert)
8 beruhigend
9 entschuldigend

Und ich würde Ihnen, Herr Siedler, nicht widersprechen, wenn Sie bezweifeln, dass Hitler austauschbar war. Aber ich würde doch sehr betonen wollen, dass intellektuell mindestens ebenso spannend die Frage nach den sozialen, politischen, kulturellen Bedingungen ist, unter denen die Machtentfaltung und die Entstehung der riesigen Bedeutung einer einzelnen Person möglich wurden.

Und politisch mag dies sogar die aufklärerischere Frage sein. Wir haben wenig Einfluss hinsichtlich der Herausbildung herausragender – in der einen oder anderen Weise herausragender – Individuen. Wir haben vielleicht mehr Möglichkeiten hinsichtlich der Beeinflussung von Bedingungen, unter welchen deren unkontrollierbare charismatische Herrschaft (→ M 8.34D) möglich wird. Das war der erste Punkt.

Der zweite Punkt zum Zweifel von Herrn Hofer an dem Nutzen von ▷ Faschismustheorien. Keine Angst, ich will nicht diese lange Diskussion, die ja auch zuletzt zu Wiederholungen führen muss, diese Diskussion über Faschismustheorie und ▷ Totalitarismustheorie aufnehmen. Ich möchte nur darauf aufmerksam machen, dass auch Herr Siedler, als er eben seine Frage stellte, nicht darum herum kam, an einer Stelle diesen Sammelbegriff zu gebrauchen, nämlich dort, wo er den deutschen Nationalsozialismus mit dem italienischen fascismo[10] und mit gewissen südosteuropäischen Systemen in einem Atemzug nennen wollte. Es gibt Fragestellungen vergleichender Art, die nicht ohne einen scharfen generalisierenden Begriff auskommen, und da ist in bestimmten Situationen ein wohl definierter Faschismusbegriff meines Erachtens unverzichtbar.

Die Tatsache, dass es gravierende, wichtige, lebensentscheidende Unterschiede zwischen dem italienischen Faschismus und dem deutschen Nationalsozialismus gegeben hat, etwa ▷ Antisemitismus hier und dort nicht, ist kein Argument gegen den Gebrauch eines generalisierenden Begriffes. Denn Phänomene, die unter einen generalisierenden Begriff gebracht und subsumiert[11] werden, gleichen sich nur in bestimmten Hinsichten und können sich, und tun das in der Regel, in anderen unterscheiden. […]

Der Staatsrechtler Josef Isensee:

Nur eine Fußnote zum Thema „faschistischer Staat“. Gibt es den faschistischen Staat als staatstheoretisch brauchbaren Typus, der das nationalsozialistische System abdeckt?

Der Begriff Faschismus ist in den Kampf der Ideologen um die Wörter hineingeraten, also in den Kampf um die Macht. Es ist schon deshalb schwierig, diesen Begriff in der Staatsformen- oder Staatstypenlehre der Gegenwart zu verwenden. Die ▷ Faschismustheorie kann nicht auf kanonische Schriften bauen, wie es sie für den Kommunismus und damit für den sozialistischen Staat gibt. Sie greift auf kontingente historische Phänomene[12] zurück, vor allem auf den Mussolini-Staat. Die „faschistischen“ Phänomene sind durch nationale Besonderheiten bedingt. […] Der deutsche Nationalsozialismus lässt sich nicht ohne Gewaltsamkeit mit dem italienischen Faschismus über einen begrifflichen Leisten schlagen. Die nationalsozialistische Bewegung band sich nicht an eine vorgegebene Staatskonzeption. Die Entwicklung verlief zu kurz, zu hektisch, zu improvisiert und situationsbedingt, als dass Regierungsroutine und Herrschaftsmuster, eine eigene, besondere nationalsozialistische Legalität, hätten entstehen können. Das „Dritte Reich“ war vorbehaltlos auf die Person des Führers zugeschnitten und kann schon deshalb kein verallgemeinerungsfähiges Modell, kein politisches „System“ abgeben. […]

Der ▷ Faschismusbegriff verstellt den Blick auf die geschichtliche Individualität des Nationalsozialismus und damit auch auf die Besonderheit dieser Schreckensherrschaft. Die Gleichstellung mit mittelmeerischen Diktaturen bildet eine historische Verzerrung und eine politische Verharmlosung.

Die disparaten politischen Phänomene, welche die modischen ▷ Faschismustheorien unter einen Begriff bringen wollen, weisen wenig an struktureller Homogenität[13] auf, um einen identischen Typus abzugeben, der sich gleichermaßen vom Typus der liberalen Demokratie als auch vom Typus des sozialistischen Staates unterschiede. Wer eine staatstheoretisch brauchbare Typologie sucht, muss eine Abstraktionsstufe höher steigen. Dort findet er den Typus des totalitären Staats und seine typologische Alternative, den freiheitlichen Staat. Der Begriff des faschistischen Staats ist zu konkret, als dass die Staatstheorie, und zu abstrakt, als dass die Geschichtswissenschaft mit

10 ital.: Faschismus
11 verallgemeinernd aufnehmen
12 zufällige historische Erscheinungen/Ereignisse
13 Gleichartigkeit

ihm arbeiten könnte. Er hat keinen wissenschaftlichen Erkenntniswert, sondern einen politischen Verwirrwert.

Der Historiker Jürgen Kocka:
[...] Mein letzter Punkt: Diese Kritik am Gebrauch bestimmter Begriffe, insbesondere die Warnung davor, Begriffe der Zeit, über die wir sprechen, zu unbesehen in unsere eigene Sprache aufzunehmen, ist sicher begründet. Ich denke aber, dass man auch Kampfbegriffe vergangener oder heutiger Zeiten als Historiker benutzen darf, sofern man scharf definiert. Und das gilt insbesondere für den ▷ Faschismusbegriff. Ich möchte diese Diskussion nicht fortsetzen, aber vielleicht, Herr Isensee, können wir uns darauf einigen, dass wir beide gegen Begriffsentziehung und Begriffsverbote sind. Und das gilt dann auch für den Faschismusbegriff, solange dieser Begriff scharf definiert wird. Wir haben ja den Faschismusbegriff nicht primär zur vergleichenden Analyse von Staaten verwandt. Es gibt andere Dimensionen am Nationalsozialismus, soziale Bedingungen, soziale Folgen, die interessant sind, für die der Faschismusbegriff meines Erachtens brauchbarer ist als für eine Staatsanalyse. In jedem Fall geht es um scharfe Definition, und wenn man die leistet, löst man damit Begriffe ein Stück weit aus ihrem Entstehungszusammenhang heraus und formuliert sie zu wissenschaftlichen Instrumenten um. [...]

Aus: Deutschlands Weg in die Diktatur. Internationale Konferenz zur nationalsozialistischen Machtübernahme im Reichstagsgebäude zu Berlin. Referate und Diskussionen. Ein Protokoll. Hrsg. v. Martin Broszat u. a. (Siedler Verlag) Berlin 1983, S. 215; 217f.; 219f.; 222f.; 223f.; 226f. u. 255.

Hinweise zur Arbeit mit Quellen

Die Quelleninterpretation ist eine Arbeit, die viele Methoden umfasst und verschiedene Arbeitsstrategien erfordert.

1. Die Arbeit mit schriftlichen Quellen

Das nachfolgende Schema versteht sich als pragmatischer Ansatz, der zeigen will, wie man sich in den Umgang mit schriftlichem Quellenmaterial einüben kann.
Es werden zunächst vorbereitende Arbeitsschritte (1–5) genannt, die zur eigentlichen Arbeit – der inhaltlichen Auseinandersetzung mit der Quelle – hinführen sollen. Diese vorbereitenden Arbeitsschritte müssen nicht bei jeder Quelle und in gleichem Umfang regelmäßig durchgeführt werden, sie sollen uns aber klarmachen, dass historische Quellen einen anderen Zugriff erfordern als z. B. fiktionale Texte im Deutschunterricht.

Vorbereitende Schritte

1. *Feststellen der Quellengattung* und Kennzeichnung ihrer Eigenart, Aussagemöglichkeit, Grenzen und Manipulierbarkeit (Urkunde, Vertrag, Rede, Brief, Tagebuch, Plakat, Bild etc.).
2. *Überprüfen der Quellenüberlieferung* und des Risikos von Eingriffen bei der Entstehung, Weitergabe und Publikation. (In der Regel muss der Lehrer Hinweise geben, da sie nicht in der Quelle selbst enthalten sind bzw. der Schüler sie nur schwer beschaffen kann. Die Quellenkritik bezieht sich u. a. auf Herkunft, Überlieferung, Authentizität und Informationswert der Quelle.)
3. *Erstes Lesen und Sichern des „Wort"-Verstehens:* „Wort" ist hier im weitesten Sinne gemeint; nichts darf unverstanden bleiben; der Inhalt muss vollständig geklärt werden. Mögliche Hilfsmittel: der Kontext, Lexika, Fragen an den Lehrer.
4. *Sichern des Sachverständnisses:* Die Sache durchschauen, sie einem Gegenstandsbereich zuordnen können; den Bezug zum eigenen (Hintergrund-)Wissen herstellen; reichen die Kenntnisse nicht, ist der Rückgriff auf historische Darstellungen angebracht.
5. *Rekonstruieren des historischen Umfeldes:* Der geschichtliche Ort, die geschichtliche Zeit und der Ereigniszusammenhang, denen die Quelle angehört, müssen verdeutlicht werden.

Interpretation des Textes

1. *Bestimmen des Urhebers und des Adressaten:* Angaben zur Biografie, zum sozialen Status, zur politischen Gruppe im Umfeld des Verfassers; Situation, Interessen und Erwartungen des Urhebers wie des Adressaten.
Mögliche Fragen, die man hierzu stellen kann: Ist der Verfasser ein „Insider", ein zufälliger Zeuge oder Beteiligter, ist er ein berufsmäßiger oder ungeübter Berichterstatter? Wie viel Erkenntnis erlauben ihm seine Bildung, seine Herkunft, sein Beruf und seine Rolle bei dem Ereignis? Ist er in der Lage, zuverlässig zu berichten? An welchen Adressaten will er sich wenden und mit welchen Erwartungen und Absichten? Gibt es Gründe, etwas zu verändern bzw. ganz zu verschweigen?
2. *Erfassen der Aussagen und Intentionen:* Die verschiedenen Ebenen der Aussagen beachten: offenkundiger Inhalt und Kern der Aussagen, aber daneben offene und verdeckte Absichten oder Anspielungen.
Mögliche Fragen: Wie argumentiert der Verfasser? Beruft er sich auf Werte, Interessen, Gesetzmäßigkeiten? Bringt er Gefühle ins Spiel? Welche Begriffe kommen im Text besonders häufig vor? Mit welchen Vorstellungen sind sie beim (möglichen) Adressaten meist verbunden? Was für eine Sicht der Dinge wird offenkundig oder unterschwellig gefördert?
3. *Erklären, Deuten und Diskutieren der Ergebnisse der Quellenanalyse:* Dazu gehören der Rückgriff auf eigene historische Kenntnisse und Erfahrungen, das Einordnen der Erkenntnisse, die man bei der Arbeit mit der Quelle gewonnen hat und die Formulierung einer eigenen Stellungnahme.
Mögliche Fragen: Ist das erzielte Ergebnis zumindest plausibel? Ist es mit bisherigen Erkenntnissen vereinbar? Wenn nicht, ist die Argumentation, die zum Ergebnis führte, nachvollziehbar? Sind die Maßstäbe, die zur Wertung herangezogen werden, dem Gegenstand angemessen? Hat die Arbeit den Erkenntnisstand erweitert?

2. Die Arbeit mit statistischen Quellen

Statistiken sind wichtige Quellen der Erkenntnis und beliebte Argumentationshilfen; sie versprechen wissenschaftlich genaue und zugleich handlich aufbereitete Daten; aber sie erfüllen unsere Erwartungen nicht immer. Moderne und historische Statistiken bedürfen sorgfältiger und kritischer Auswertung, wenn sie zuverlässige Aussagen ergeben sollen.
Statistiken erfassen mess- und zählbare Merkmale (Bevölkerungszahlen, Produktionsmengen usw.). Ihre Daten sind vor allem seit dem 19. Jh. zunehmend genau und vergleichbarer geworden. Dennoch sind statistische Daten grundsätzlich auf ihre Erhebungsmethoden und Kategorien (z. B. Einwohner eines Staates, Arbeitslose, Betriebsgrößenklassen, Einkommen, Lebenshaltungskosten usw.), vor allem auch hinsichtlich ihrer Vergleichbarkeit (z.B. Einwohnerzahlen Deutschlands vor 1918 und nach 1918, 1937 und 1945) zu befragen, da der Vergleich von Zahlen für einen Zeitpunkt (Zustand, Struktur) oder für die Entwicklung in der Zeit die zentrale Arbeits- und Auswertungsmethode im Unterricht darstellt. Dabei ist die Grenze des Aussagewertes statistischer Materialien als in der Regel sehr verallgemeinerter und meist durchschnittlicher Zahlen zu beachten: Was sagen die absoluten Angaben, die Pro-Kopf-Angaben oder die Angaben zur Verteilung eines Sozialproduktes innerhalb eines bestimmten Landes jeweils aus? Was sagt das Wachstum industrieller Leitsektoren über das Wachstum einer Volkswirtschaft überhaupt und was über das Wachstum einzelner Bereiche aus? Was sagt das Wachstum der Realeinkommen von Arbeitern über das Einkommen einzelner Gruppen aus? Welche Bedeutung kommt der Arbeitslosigkeit zu? Welche der Arbeitszeit, welche der Kaufkraftberechnung? usw.
Für detailliertere Informationen zur Arbeit mit Statistiken muss man Fachliteratur heranziehen, z. B.:
Albin Atzerodt u. a.: Quelle und Statistik im Kollegunterricht. (Oldenbourg) München 1977.

3. Die Arbeit mit bildlichen Quellen

Bilder können wie schriftliche Zeugnisse als historische Quelle dienen. Sie können mehr sein als Illustration eines schon bekannten, sprachlich erschlossenen Tatbestandes. Als ein eigenes Zeichensystem vermitteln sie dem, der sie entschlüsseln kann, oft wertvolle Erkenntnisse und Einsichten. Ein wichtiger Unterschied zur schriftlichen Quelle ist die Gleichzeitigkeit aller Bildbestandteile für den Rezipienten, denn obwohl man sich Details herausnehmen und gesondert untersuchen kann, wirkt das Bild doch immer auch in der Gesamtheit seiner Elemente.
Bilder sind sehr genau nach ihren Gattungen zu unterscheiden von den verschiedenen Gemäldearten bis hin zur Fotografie. Bilder stellen nie eine Wirklichkeit dar, sondern immer mehr oder weniger gestaltete und damit interpretierte Wirklichkeit einer Vergangenheit. Sie können sogar bis zur Vortäuschung von Wirklichkeit gehen (z.B. die Modellfotografien der NS-Architektur, S. 170). Vor allem die Fotografie suggeriert ein hohes Maß an Authentizität, die aber je nach Fragestellung des Betrachters erst begründet werden muss. Auch die Zusammenstellung von Bildern ist in der Regel Ergebnis einer Interpretation und ist bei ihrer Auswertung kritisch zu berücksichtigen (z.B. S. 6).
Grundsätzlich können die Erschließung und Interpretation einer Bildquelle auf ähnliche Weise wie die einer schriftlichen Quelle erfolgen. Auch hier haben wir verschiedene Möglichkeiten des Zugriffs.
1. Bei der *bildimmanenten Arbeit* geht es zunächst darum, das Dargestellte so genau und vollständig wie möglich zu erfassen. Was ist im Einzelnen mit welchen Mitteln dargestellt? Welche Personen, Gegenstände, Gebäude, Landschaften usw. sind zu sehen, wie sind sie zueinander in Beziehung gesetzt (Gruppierungen, Größenverhältnisse, Gesten, Lichtwirkungen)?
2. Die *Erhebung externer Daten* zum Bild muss hinzukommen: wie Angaben über die Person, die das Bild geschaffen hat, über mögliche Auftraggeber, Entstehungszeit, Grad der Verbreitung, Zweck und Mittel der Darstellung. Propagandabilder, die das Handeln von Menschen beeinflussen wollen, sind anders zu bewerten als Bilder, die eher aus dokumentarischem Interesse entstanden sind.
3. Bei der Interpretation einer Quelle setzen wir beinahe selbstverständlich auch unser *historisches Kontextwissen* ein, das wir häufig aus der Sekundärliteratur oder anderen Quellen gewinnen müssen, z.B. bei der Deportation von jüdischen Bürgern (S. 190), die vor den Augen der Öffentlichkeit abgelaufen ist, von der generell aber behauptet wird, die meisten Deutschen hätten nichts gewusst.

Der Umgang mit historischen Bildquellen fordert vom Historiker neben dem üblichen Kontextwissen auch noch kunsthistorische Kenntnisse, um z. B. die Formensprache von Bildern und die Bedeutung von Motiven, Gegenständen, Gebärden richtig deuten zu können. Soweit eine Zusammenarbeit mit dem Fach Kunst/Kunstgeschichte möglich ist, sollte sie auch im Geschichtsunterricht gesucht werden, z. B. im Kapitel über die Architektur (S. 149f. und M 8.23–8.25). Anregungen und weitere Hilfen für den Umgang mit Bildern als Geschichtsquellen finden sich in zwei Nummern geschichtsdidaktischer Zeitschriften, die überwiegend dieser Frage gewidmet sind: Journal für Geschichte 4/1987: Blickwinkel; Geschichte lernen 5/1988: Bilder im Unterricht.

4. Die Arbeit bei mündlichen Befragungen

Informationsgewinnung:

1. Eine genaue und detaillierte Liste der Fragen zusammenstellen, die an den oder die Befragte(n) gerichtet werden sollen. Einfache Fragen nach Person, Herkunft, Alter, Ort und Zeit des Ereignisses gehören an den Anfang. Dann sollte man fortfahren, indem konkret beschreibbare Vorgänge erkundet werden. Zuletzt und gesondert Interpretationen, Beurteilungen und Bewertungen, deren Aussagewert besonders schwer zu erkennen ist, als solche wahrnehmen.
2. Wann immer möglich: den Fragenkatalog immer an mehrere Zeitzeugen richten.
3. Die Antworten so präzis wie möglich aufnehmen (z. B. mit einem Kassettenrekorder); den Befragten nicht unterbrechen, seine Aussagen bei der Befragung nicht kommentieren (→ M 9.18).

Interpretation:

4. Beim Auflisten wie beim Auswerten der Fragen ist zu bedenken, dass das Erinnerungsvermögen bei weit zurückliegenden Vorgängen Lücken, Verschiebungen und Umdeutungen aufweist.
5. Bei der Auswertung der Befragung gelten im Grundsatz die gleichen Arbeitsschritte wie bei anderen Quellen (s. o.); welche davon sinnvoll anzuwenden sind, muss der Einzelfall entscheiden.
6. Um die Ergebnisse der Befragung vergleichen und richtig einordnen zu können, wird man in der Regel weitere historische Materialien heranziehen müssen.

Erläuterung wichtiger Begriffe

Antisemitismus: Ablehnung oder Bekämpfung von Juden aus rassischen, religiösen oder sozialen Gründen. Der Begriff entstand 1879, aber Judenfeindschaft gab es schon in der Antike und dem Mittelalter. In der 2. Hälfte des 19. Jh. entwickelte sich ein völkisch-rassisch begründeter A. (▷ Rassismus) (→ S. 188f.). Der Nationalsozialismus nahm den A. in seine ▷ Ideologie auf und setzte ihn brutal, bis hin zur physischen Vernichtung der Juden (sog. „Endlösung") durch.

Arbeiter: Die abhängigen Arbeitskräfte des Industriezeitalters; gegenüber den zünftigen Handwerksgesellen ohne korporativen Schutz, zunächst allein vom Marktwert ihrer individuellen Arbeitskraft abhängig; ihre wachsende Zahl und zunehmende Organisation verstärkten ihr kollektives Bewusstsein als gesellschaftliche Klasse und politische Macht; der Sozialismus sieht die Arbeiter (Proletarier) als eine ▷ Klasse, die sich gegenüber der Bourgeoisie (den Kapitalbesitzern) in einem Klassenkampf befindet, an dessen Ende die Ablösung des ▷ Kapitalismus durch den ▷ Sozialismus stehen müsse. Die historische Erfahrung der starken inneren Differenzierung der Arbeiterschaft, ihres teilweise geringen Klassenbewusstseins und ihres Schrumpfens mit dem Wachsen der Dienstleistungsfunktionen stellen den Klassenbegriff infrage.

Arisierung: Die auf dem ▷ Antisemitismus bzw. ▷ Rassismus des Nationalsozialismus beruhende zwangsweise Überführung des Besitzes der Juden an Grund und Boden bzw. Produktionsmitteln in den Besitz sog. „arischer" Deutscher (→ S. 189f. und M 9.3–9.5).

– arisch: Schlagwort der NS-Ideologie für den „nordischen Menschen", das wissenschaftlich aber viel enger nur die indoeuropäischen Stämme bezeichnet, die im 2. Jahrtausend v. Chr. in den Iran und nach Nordindien eingewandert sind und sich selbst arya nannten.

Autarkie: Wirtschaftliche A. meint die Selbstversorgung mit Nahrungsmitteln und Rohstoffen, sei es aus eigenem Besitz eines Staates oder Volkes (natürliche A.) oder sei es als Einschränkung des Bedarfs auf die eigenen Mittel. Eng verbunden ist der Autarkiegedanke mit dem kolonialen Imperialismus und vor allem mit wehrpolitischen Überlegungen (Zusammenhang von Wirtschaftspotenzial und Wehrpotenzial). Die A. war seit 1933 Teil der nationalsozialistischen Wirtschaftspolitik (→ S. 140), ohne allerdings wirklich voll erreicht zu werden. A. ist abhängig von der Größe des Wirtschaftsraumes und seiner Ressourcen und führt in der Regel zu einer Senkung des Lebensstandards.

Bolschewismus (Bolschewiki, bolschewistisch): Als Bolschewiki (wörtl.: Mehrheitler, der Begriff geht auf eine zufällige Abstimmungsmehrheit auf einem Parteikongress 1903 zurück) wurden die Anhänger Lenins in der Russischen Sozialdemokratischen Partei bezeichnet. Ideologisch stellt sich der Bolschewismus in die Tradition der Theorien von Marx und Engels (▷ Marxismus), die Lenin jedoch in entscheidenden Punkten veränderte und auf die besonderen Verhältnisse Russlands zu übertragen versuchte. In seinen Schriften betont Lenin besonders die Bedeutung einer Gruppe von entschlossenen Berufsrevolutionären für den Erfolg der sozialistischen Revolution. – In der Oktoberrevolution 1917 gelang den Bolschewiki unter Lenins Führung die Machtübernahme in Russland.

Bürger (Bürgertum): In der ▷ Ständegesellschaft des Mittelalters und der Frühen Neuzeit vor allem die freien und vollberechtigten Stadtbewohner; im Wesentlichen die städtischen Kaufleute und Handwerker; im 19. und 20. Jh. die Angehörigen einer durch Besitz, Bildung und Einstellungen gekennzeichneten Bevölkerungsschicht bzw. ▷ Klasse, die sich von Adel, Klerus, Bauern und Unterschichten (besonders den Arbeitern) unterscheidet. Zu ihr gehören Besitz- oder Wirtschaftsbürger (= Bourgeoisie, i. d. S. vor allem auch in der ▷ Klassentheorie von Marx/Engels, das sind größere Kaufleute, Unternehmer, Bankiers, Manager), Bildungsbürger (Angehörige freier Berufe, höhere Beamte und Angestellte zumeist mit akademischer Bildung), am Rande auch die Kleinbürger (kleinere Handwerker, Kaufleute, Wirte). **Staatsbürger** dagegen meint alle Einwohner eines Staates ungeachtet ihrer sozialen Stellung. Staatsbürger in vollem Sinne waren lange nur die Männer, erst im 20. Jh. auch Ausweitung auf die Frauen, z.B im

Deutschen Reich seit der Revolution von 1918/19 (→ S. 33).

– Bürgerliche Gesellschaft: die Gesellschaft, in der das Bürgertum, vor allem die Produktionsmittel besitzende Bourgeoisie, zur führenden Schicht bzw. ▷ Klasse wird. Sie löste im 18. und 19. Jh. die alte ▷ Feudalgesellschaft ab. Im Verfassungsstaat gewann das Bürgertum immer mehr Einfluss und Macht; sein Leistungs- und Erwerbsdenken, seine „bürgerliche" Kultur und seine „bürgerlichen" Werte bestimmten zunehmend die gesellschaftliche Wirklichkeit.

Deflation (deflationär, Deflationspolitik): Sinken des allgemeinen Preisniveaus einer Volkswirtschaft bei mangelnder Nachfrage, im Allg. begleitet durch Arbeitslosigkeit und schlecht ausgelastete Produktionskapazitäten. Eine **Deflationspolitik** strebt die Senkung von Preisniveau und Produktionskosten einer Wirtschaft bewusst an, um z. B. die Konkurrenzfähigkeit der inländischen Wirtschaft auf dem Weltmarkt zu erhöhen (→ S. 94).

Diktatur des Proletariats: nach Marx und Engels (▷ Marxismus) sowie in der ▷ bolschewistischen Theorie Phase nach der sozialistischen Revolution, in der das Proletariat – für Marx und Engels die große Mehrheit der Bevölkerung – die Klasse der Kapitalisten unterdrückt und allmählich die Grundlagen der angestrebten klassenlosen sozialistischen Gesellschaft aufbaut.

Dreiklassenwahlrecht: Zensuswahlrecht, bei dem das Gewicht der Stimmen der Steuerleistung der Wähler entspricht: Die Gruppe der größten Steuerzahler, die das erste Drittel des Steueraufkommens aufbringt, wählt ein Drittel der Abgeordneten, die ärmsten Steuerzahler, die das letzte Drittel der Steuern aufbringen, erhalten ebenso ein Drittel der Abgeordneten wie die mittlere Gruppe. Wer keine Steuern zahlt oder Fürsorgehilfe bezieht, hat kein Wahlrecht. Das D. sicherte in Preußen bis 1918 weniger als einem Viertel der Bevölkerung eine Zweidrittelmehrheit in den Stadträten und den preußischen Landtagen.

Elite: Ende des 18. Jh. aus dem Französischen übernommene Bezeichnung für die Auswahl einer begrenzten Anzahl von Menschen, deren Überlegenheit sich gesellschaftlich bestimmend geltend macht. E. soll nicht fixiert, sondern ständig wechselnd sein; sie hat jedoch die Tendenz sich zur herrschenden Schicht oder Kaste zu verfestigen. Im soziologischen Sinne (nach V. Pareto) ist E. das bewegende Prinzip der Gesellschaft, gleichgültig ob sie regiert oder nicht.

Emanzipation: Befreiung aus einem Zustand der rechtlichen, politischen und/oder gesellschaftlichen Ungleichheit oder Abhängigkeit; ursprünglich im römischen Recht die Freilassung des Sohnes aus der Gewalt des Hausvaters bzw. eines Sklaven aus der Gewalt des Herren. In der Neuzeit wurde E. aus der Gleichheit aller Bürger vor dem Gesetz begründet und im 19. und 20. Jh. auf die politische (▷ Liberalismus) und soziale (▷ Sozialismus) Gleichstellung aller Bürger ausgedehnt. Im weiteren Sinne meint E. heute den Abbau jeder nicht durch Vernunft begründeten Herrschaft, z. B. im Geschlechterverhältnis die E. der Frauen.

Faschismus: (von lat. fasces = Rutenbündel, dem Sinnbild der Macht römischer Beamter). F. bezeichnet anfänglich die seit dem 1. Weltkrieg in Italien aufkommende nationalistische, autoritäre und imperialistische Bewegung unter Mussolini, die bis 1943 die Form des italienischen Staates bestimmte. Bald wurde der Begriff auch auf andere extrem nationalistische und völkische Parteien und Bewegungen in Europa ausgedehnt (Deutschland: Nationalsozialismus; Spanien: Falange unter General Franco). Seit 1930 wurde besonders das deutsche Beispiel des F. prägend für andere Formen der Faschismen. Gemeinsame Merkmale des F. sind: antidemokratische, antiliberale, antiparlamentarische und antimarxistische und meist sozialdarwinistische ▷ Ideologie, in der Kampf und Militarismus verherrlicht und nach der die Organisationen der Arbeiterbewegung ausgeschaltet und rassische und religiöse Minderheiten ausgegrenzt werden (▷ Antisemitismus; ▷ Rassismus). Ziel ist die Errichtung einer Diktatur, die die Massen der modernen Industriegesellschaft lenkend einbezieht und in der alle individuellen und demokratischen Freiheiten abgeschafft sind, ohne dass die industrielle Entwicklung aufgehalten werden soll. Soziale Spannungen, Interessen- und Klassengegensätze werden geleugnet und durch die Beschwörung der „Volksgemeinschaft" (→ S. 145 und M 8.7) kanalisiert bzw. Widerstand durch einen Überwachungs- und Terrorapparat unterdrückt.

– Faschismustheorie: Versuch, die verschiedenen historischen Erscheinungen des ▷ Faschismus kausal zu erklären: z. B. aus ökonomischen, sozialen, sozialpsychologischen oder ideologischen Ursachen, dann aber auch aus der Analyse der politischen Systeme (▷ Totalitarismus). Entscheidende Schwäche dieser Theorien war ihre Unfähigkeit, tatsächlich einheitliche Ursachen für den F. schlüssig nachzuweisen: z. B. die ökonomische Theorie des Marxismus, die nicht erklären kann, dass in den kapitalistischen Hauptmächten, USA und GB, der Faschismus nicht an die Macht gelangt ist, oder die soziale Theorie vom verunsicherten und radikalisierten Mittelstand, die nicht den Erfolg des F. bei der Arbeiterschaft einsichtig machen kann. In eine Sackgasse der Diskussion führte aber schließlich die Verwendung dieser Theorien im politischen Tageskampf, z. B. die ökonomische Theorie des Marxismus-Leninismus in seinem Kampf gegen das kapitalistische System (→ M 7.19 B) und die Theorie des Totalitarismus im „Kalten Krieg" nach 1945. Diese unbefriedigende Situation versucht in letzter Zeit die vergleichende Sozialgeschichte zu überwinden (→ M 10.5, S. 224).

Feudalismus (feudalistisch): abgestuftes Herrschaftssystem in vorindustriellen, agrarischen Gesellschaften, das auf persönlichem Treueverhältnis von Lehnsherren und Vasallen beruhte. Die Vasallen waren dem Lehnsherrn zum Dienst (z. B. militärisch) verpflichtet und erhielten dafür Land und Leute als Lehen (lat. feudum). Hiervon ausgehend bezeichnet F. auch insgesamt das wirtschaftliche und soziale System des europäischen Mittelalters und der Frühen Neuzeit: d. h. die gesellschaftlichen Beziehungen zwischen den Obereigentümern am Boden (Adel, Kirche, teilweise Städte) und denen, die den Boden bearbeiteten (Bauern, Hörige, Leibeigene usw.). Die Eigentümer gewährten als Grundherren Schutz und Fürsorge, die Untertanen mussten Dienste und Abgaben leisten. Historisch wird der Begriff F. oft für die Epoche bis zur Französischen Revolution und der Abschaffung der Ständegesellschaft (z. B. bei Karl Marx) gebraucht.

Geldpolitik: Maßnahmen der Zentralbank eines Staates zur Regulierung der umlaufenden Geldmenge. Eine **restriktive Geldpolitik** strebt eine knappe Versorgung der Wirtschaft mit Geld an, was zu einem steigenden Zinsniveau und zur Abschwächung der ▷ Konjunktur führen kann. Während in der Bundesrepublik Deutschland die Zentralbank (Bundesbank) in ihren Entscheidungen autonom ist, konnten die Regierungen während der Kaiserzeit, der Weimarer Republik und in der nationalsozialistischen Zeit Einfluss auf die Geldpolitik der Reichsbank nehmen und so auch ▷ deflationäre und ▷ inflationäre Entwicklungen auslösen.

Grundrechte: fundamentale Menschen- und Bürgerrechte, die in den Staatsphilosophien der Aufklärung als naturgegeben und daher als vom Staat nicht aufhebbar konzipiert wurden. Als Vorbild für die Grundrechtsgarantien späterer Verfassungen gilt besonders die Erklärung der Menschen- und Bürgerrechte der Französischen Revolution (1789).

Handelsbilanz: Bilanz aller Warenexporte und Warenimporte eines Landes innerhalb eines bestimmten Zeitraums. Von einer aktiven Handelsbilanz spricht man, wenn der Wert der Exporte den Wert der Importe übersteigt (im umgekehrten Fall: passive Handelsbilanz). (▷ Zahlungsbilanz).

Ideologie: Vor allem die Bezeichnung für eine umfassende Deutung gesellschaftlich-politischer Verhältnisse und historischer Entwicklungen; dabei ist diese Deutung durch subjektive Interessen bedingt und daher nicht objektiv, meist einseitig und verzerrt, um bestehende Verhältnisse oder angestrebte Veränderungen zu begründen bzw. zu rechtfertigen.

– Ideologiekritik: meint die argumentierende Aufdeckung der Interessenbedingtheit von Programmen, Zielen, Forderungen oder Lehren, die sich als interessenunabhängige (objektiv) darstellen und allgemeine Geltung beanspruchen.

Imperialismus: Politik der Ausdehnung und Machterweiterung; eine seiner Formen ist der Kolonialismus. Mit Bezug auf die Zeit seit der Hochindustrialisierung bedeutet I. ein ausgeprägtes, in verschiedenen Formen auftretendes, zugleich wirtschaftliches und politisches Ausnutzungs- und Abhängigkeitsverhältnis zwischen industriell fortgeschrittenen Staaten und wirtschaftlich wenig entwickelten Staaten oder Regionen (besonders in Afrika und Asien). Vor allem die Zeit von 1880 bis 1918 gilt als die Epoche des I. Der 1. Weltkrieg bedeutet die erste Erschütterung des I. Der 2. Weltkrieg, der durch den imperialistischen Expansionsdrang des nationalsozialistischen Deutschen Reiches nach ▷ „Lebensraum" ausgelöst wurde, führte das Ende des europäischen kolonialen I. herauf: Die Niederlage des Deutschen Reiches sowie die Schwächung Frankreichs und Großbritanniens verhinderten einerseits die Neubildung von Kolonialreichen und führten andererseits zur Dekolonisierung.

Inflation (inflationär): Gegensatz zur ▷ Deflation. Wenn die Nachfrage nach Gütern und Dienstleistungen das Angebot in einer Volkswirtschaft übersteigt, ist ein Anstieg des allgemeinen Preisniveaus (Inflation) die Folge. Eine Inflation kann auch durch eine bewusste Ausweitung der Geldmenge durch den Staat (▷ Geldpolitik) ausgelöst werden (→ S. 57f.).

Investition: langfristige produktive Anlage von ▷ Kapital in Sachgütern zum Zwecke der Gewinnerzielung. Der Gegenbegriff ist der Konsum, d.h. der Verbrauch von Gütern und Dienstleistungen durch Staat und Individuen.

Kapital: in einem Wirtschaftsunternehmen wie in einer Volkswirtschaft (Kapitalstock) die in Geldwert ausgedrückte Summe aller geldlichen und sachlichen Vermögenswerte – Geldforderungen, Gebäude, Maschinen, Waren etc. –, die zum Zwecke der Produktion von Waren und Dienstleistungen und damit zur Erzielung von Gewinn und Vermehrung des Kapitals eingesetzt werden.

Kapitalismus: Wirtschafts- und Gesellschaftsordnung, die gekennzeichnet ist durch das Privateigentum an Produktionsmitteln (Kapital), Ausrichtung der Produktion an Gewinn und Kapitalvermehrung, Regelung der Produktion über einen (möglichst freien) ▷ Markt und eine ▷ konjunkturell schwankende Entwicklung der Gesamtwirtschaft (Aufschwung und Wirtschaftskrise). Gesellschaftlich ist die kapitalistische Ordnung bestimmt durch den Konflikt zwischen dem Kapital besitzenden Bürgertum und der großen Mehrheit derer, die nur ihre Arbeitskraft einsetzen können (im 19. Jahrhundert weitgehend identisch mit der Arbeiterschaft, bei Marx dem Proletariat).

Kartell: Absprache zwischen einer kleinen Zahl größerer Unternehmen zur Regelung von Produktionsmengen und Preisen in einem bestimmten Markt.

Klasse: i. Ggs. zum ▷ Stand Bezeichnung einer gesellschaftlichen Gruppe seit dem Ende des 18. Jh., deren Stellung innerhalb einer geschichteten Gesellschaftsordnung durch eine gemeinsame wirtschaftliche und soziale Lage gekennzeichnet ist. Von Karl Marx wurde eine **Klassentheorie** entwickelt, nach der sich K.n vor allem dadurch unterscheiden, inwieweit sie über Produktionsmittel verfügen können. Während des 19. Jh. lief in den Industriestaaten ein Prozess der **Klassenbildung** zwischen Unternehmern (Bourgeoisie; ▷ Bürgertum) und ▷ Arbeitern (Proletariat) ab. Wenn sich diese Klassenunterscheidungen in einer Gesellschaft deutlich ausprägen, spricht man von einer **Klassengesellschaft** und bei ihren Konflikten auch vom **Klassenkampf.**

Kommunismus: Begriff mit mehreren Bedeutungen: 1. politische Theorien, die die Abschaffung des Privateigentums an Produktionsmitteln (z.T. auch jeglichen Privatbesitzes) und eine Gesellschaft materiell völlig gleicher Menschen anstrebten; 2. andere Bezeichnung für den Marxismus; 3. Bezeichnung für die letzte Stufe der historischen Entwicklung im Sinne des historischen Materialismus (▷ Marxismus).

Konjunktur: der zwischen den Extremen einer maximalen Produktion (Hochkonjunktur, Boom) und einer Absatzkrise schwankende Verlauf der wirtschaftlichen Lage einer an Gewinnerzielung und Markt orientierten Wirtschaft.

Konservatismus (konservativ, Konservative): Gegenbewegung zur Französischen Revolution und zum ▷ Liberalismus, zur Demokratie und später auch zum ▷ Sozialismus. Der Konservative will nur behutsame Veränderungen und schätzt das in der Vergangenheit Bewährte. Er bezweifelt die Planbarkeit geschichtlichen Wandels. Im 19. Jh. betonten Konservative oft die religiöse Gebundenheit politischer Ordnungen und – in Europa – bis heute die Notwendigkeit eines „starken Staates“.

Lebensraum: von dem deutschen Geopolitiker Karl Haushofer (1869–1946) geprägter geologisch-biologischer Begriff zur Bezeichnung der Sphäre bzw. des Raumes, den das Leben für seinen Ablauf beansprucht. Als politisches Schlagwort, vor allem zwischen den beiden Weltkriegen, sollte der Begriff die angeblich beengten Lebensmöglichkeiten von Völkern, z.B. der Deutschen und Japaner, charakterisieren. Hitler setzte in seinem Buch „Mein Kampf“ diese Ideen in sein Programm der „Eroberung von Lebensraum im Osten“ um und versuchte dieses Ziel im Krieg gegen Polen und die Sowjetunion zu verwirklichen (→ S. 187).

Liberalismus (liberal, Liberale): eines der bedeutendsten Modelle wirtschaftlicher, gesellschaftlicher und politischer Ordnung; entstanden im 18. Jh., erreichte es im 19. Jh. seine größte Wirkung als die ▷ Ideologie des ▷ Bürgertums und des ▷ Kapitalismus. Im Mittelpunkt des L. steht die größtmögliche Freiheit des Individuums vom Staat. Diese Freiheit beruht auf der rechtlichen und politischen Gleichheit der ▷ Bürger, der Beschränkung und Kontrolle der Regierung durch Verfassung, Parlament (repräsentative Demokratie) und unabhängige Gerichte (Gewaltenteilung) und der Sicherung der bürgerlichen Freiheiten (Grundrechte). Entscheidend für den wirtschaftlichen L. waren das Prinzip der Chancengleichheit der Produzenten und der Anbieter am Markt sowie die uneingeschränkte Verfügung über das private Eigentum.

Marxismus: von Karl Marx (1818–1883) und Friedrich Engels (1820–1885) begründete und in vielfältigen Formen weiterentwickelte Philosophie und Gesellschaftslehre. In ihrem Mittelpunkt stehen die Kritik der bürgerlichen Gesellschaft und die Geschichtsphilosophie des historischen Materialismus, die die Unausweichlichkeit, d.h. „historische Notwendigkeit“, der Überwindung des ▷ Kapitalismus und der Errichtung einer klassenlosen (kommunistischen) Gesellschaft begründet.

Mehrheitswahlrecht: Wahlverfahren, in dem die Wähler durch direkte Wahl von Kandidaten (also nicht von Parteien) in Wahlkreisen über die Zusammensetzung des Parlaments entscheiden. Gewählt ist der Kandidat, der die – absolute oder relative – Stimmenmehrheit im Wahlkreis erreicht. Das Mehrheitswahlrecht begünstigt, anders als das ▷ Verhältniswahlrecht, in der Regel große Parteien und kann im Extremfall Parteien zu parlamentarischen Mehrheiten verhelfen, die nur eine Minderheit der Wähler vertreten. Je nach Zuschnitt und Bevölkerungsentwicklung der einzelnen Wahlkreise kann das Mehrheitswahlrecht bestimmte politische Gruppierungen begünstigen oder benachteiligen. Das Mehrheitswahlrecht galt im Deutschen Kaiserreich für die Wahl des Reichstags und wurde 1919 durch das ▷ Verhältniswahlrecht ersetzt.

Mittelstand: Gesellschaftsschicht einer Industriegesellschaft, die in ihrem sozialen Status – also in Einkommen und Bildung – weder zu den Kapitalbesitzern und Führungskräften noch zur Arbeiterschaft gehört. Unterschieden werden **alter M.** (Kaufleute, Handwerker, Bauern) und **neuer M.** (Beamte, Angestellte, freie Berufe). In der Sozialgeschichte wird dem M. aufgrund seiner Bedrohungsangst vor sozialem Abstieg in der Weimarer Republik ein wesentlicher Anteil am Aufstieg des Nationalsozialismus gegeben.

Monarchie: politisches System, an dessen Spitze ein König (Monarch) steht. Man unterscheidet zwischen einer **absoluten** Monarchie, in der der König alle entscheidenden exekutiven und legislativen Befugnisse auf sich vereint, einer **konstitutionellen** Monarchie, in der die Macht des Königs durch eine Verfassung beschränkt ist und ein gewähltes Parlament an der Gesetzgebung beteiligt ist, und einer parlamentarischen Monarchie, in der ein Parlament neben der Gesetzgebung auch die Zusammensetzung der Regierung bestimmt.

Parlamentarisierung: Umwandlung einer konstitutionellen in eine parlamentarische ▷ Monarchie, in Deutschland im Oktober 1918 vollzogen (→ S. 26).

Präsidialregierungen: der Versuch, in den Jahren 1931 bis 1933 der Weimarer Republik Regierungen zu schaffen, die sich auf das Vertrauen und die Machtbefugnisse des Reichspräsidenten, vor allem auf der Basis des Art. 48 der WRV (→ S. 35), stützen sollten, nicht auf das Vertrauen des Parlamentes. Hitler trat zunächst auch an die Spitze einer P., konnte dieses System aber schon mit der Wahl zum Reichstag vom 5. März 1933 beenden. In der Wissenschaft (z. B. Karl-Dietrich Bracher) wird den P. ein entscheidender Anteil an der Aushöhlung des Parlamentarismus angelastet.

Protektionismus (protektionistisch): Außenhandelspolitik eines Staates, die durch (Schutz-) Zölle oder Einfuhrbeschränkungen ausländischen Produzenten den Zugang zum Inlandsmarkt erschwert und dadurch die inländischen Anbieter schützt. Eine protektionistische Politik vermindert die Konkurrenz und führt in der Regel zu einem Anstieg der Preise für die entsprechenden Güter auf dem Inlandsmarkt.

Räte (Rätebewegung, Rätesystem): Räte (russ.: Sowjets) entstanden als Interessenvertretung streikender und revolutionär gesinnter Arbeiter in der russischen Revolution 1905; im Verlauf der Revolutionsereignisse in Russland 1917 wurden erneut Arbeiter- und Soldatenräte gewählt. Ein Teil von ihnen unterstützte Lenin und die ▷ Bolschewiki. Trotz anders lautender Bekundungen, nach denen die Räte die Selbstbestimmung des russischen Volkes verkörpern sollten, wurden die Räte nach der bolschewistischen Machtübernahme schnell entmachtet. – Generell sind Räte Ausdruck einer spontanen, direkten Demokratie. Sie können in Betrieben, militärischen Einheiten oder auch in Wohnblöcken gewählt werden. Entsprechend den basisdemokratischen Grundgedanken sind Räte, anders als in einer repräsentativen parlamentarischen Demokratie, jederzeit ihren Urwählern zur Rechenschaft verpflichtet und können auch von ihnen abgewählt werden (→ S. 26ff.).

Rassismus: pseudo-wissenschaftliche Anwendung der biologischen Unterscheidung von menschlichen Gruppen ähnlicher erblicher Merkmale (z. B. Hautfarbe) auf das gesellschaftlich-politische Leben, wobei die Höher- bzw. Minderwertigkeit verschiedener „Rassen" unterstellt und ein Herrschaftsrecht der „besseren" abgeleitet wird. Dieser auf den Sozialdarwinismus des 19. Jh. zurückgehende R. erfuhr im nationalsozialistischen ▷ Antisemitismus mit der systematischen Judenausrottung seine bisher fürchterlichste Konsequenz (→ S. 189ff.).

Revolution: krisenhaft rasche, häufig von Gewalt begleitete dauerhafte Veränderung der sozialen Struktur und des politischen Systems einer Gesellschaft. Typisch für eine R. ist das Vorhandensein eines bewussten Willens zur Veränderung, einer entsprechenden Aktionsgruppe mit Unterstützung im Volk oder in einer Bevölkerungsgruppe. Typisch sind auch die Rechtsverletzung, die Gewaltanwendung und die schnelle Abfolge der Ereignisse. Der Begriff orientiert sich vor allem an den R.n von 1789 und 1848 (bürgerliche R.n) und der von 1917 (sozialistische R.). Inzwischen ist der Begriff so stark erweitert, dass man auch langdauernde Prozesse (jungsteinzeitliche R.; industrielle R.) mit ihm bezeichnet, womit die Gefahr seiner analytischen Entwertung einhergeht.

Sozialisierung (Vergesellschaftung): Umwandlung des ▷ kapitalistischen Privateigentums an den Produktionsmitteln in Gemeineigentum. Dabei können die Unternehmen in das Eigentum und die Verfügungsgewalt des Staates übergehen oder von den Beschäftigten selbst übernommen werden; denkbar sind auch Mischformen der beiden Varianten. Während Marx und Engels (▷ Marxismus) an eine vollständige Sozialisierung der Wirtschaft in der Phase der ▷ Diktatur des Proletariats dachten, haben sich sozialistische oder sozialdemokratische Parteien nach dem Ersten und Zweiten Weltkrieg häufig für sog. Teilsozialisierungen, etwa in der Schwerindustrie, ausgesprochen und teilweise auch entsprechende Eingriffe in die kapitalistische Eigentumsordnung vorgenommen (→ S. 31f.).

Sozialismus (sozialistisch, Sozialist): Im ▷ liberal-kapitalistischen Gesellschaftssystem der Industrialisierung entstand im 19. Jh. der S. als Antwort auf die „soziale Frage". Den verschiedenen Richtungen des S. geht es um Steuerung des Marktes, um den Abbau bzw. die Beseitigung einer sozial ungleichen, als ungerecht empfundenen Verteilung von Besitz (z. B. die Beseitigung des Privatbesitzes an Produktionsmitteln), um eine am Wohl des Ganzen orientierte Gesellschaftsordnung und um die demokratische Gleichberechtigung (▷ Emanzipation) der Unterprivilegierten. Die Frage nach Reform oder ▷ Revolution der bestehenden Ordnung bestimmte von Anfang an die Überlegungen, Vorschläge und Forderungen der Sozialisten. Im kommunistischen Sprachgebrauch bezeichnet S. die Phase des Übergangs von der ▷ kapitalistischen zur ▷ kommunistischen Gesellschaftsordnung.

Sozialprodukt: Wert aller Güter und Dienstleistungen, die in einer Periode von einer Volkswirtschaft produziert werden. Zieht man vom **Bruttosozialprodukt** die Abschreibungen, d. i. der Wertverlust für die Abnutzung von Anlagen, ab, erhält man das Nettosozialprodukt.

Stand (Stände): Rechtlich-soziales Gliederungsprinzip der Gesellschaft im ▷ Feudalismus. Im frühen Mittelalter zunächst Einteilung nach Adel, Freien und Unfreien. Später im frühneuzeitlichen Staat in Deutschland die Herausbildung der 4 Stände: Geistlichkeit (Klerus), Adel, Bauern und (Stadt-)Bürger. Ihre Vertreter wurden in Ständeversammlungen zu Trägern politischer Rechte (z. B. Steuerbewilligungsrecht) gegenüber den Monarchen (Ständestaat). Die Bauern hatten nur selten ein Vertretungsrecht. In Frankreich wurde die gesamte Bevölkerung, die nicht zum Adel oder Klerus gehörte, als 3. Stand zusammengefasst. Zwar bestand die Ständeordnung bis zum Ende des Absolutismus, dennoch höhlte gerade er die Rechte der Stände aus, z. B. durch Nicht-Einberufung der Ständeversammlungen. Mit den ▷ Revolutionen und Reformen um 1800 hörten die Stände auf, vorherrschendes Prinzip in Gesellschaft und Politik zu sein, doch Restbestände überlebten bis ins 20. Jh.

Tarifvertrag (Kollektivvertrag): Vertrag zwischen Gewerkschaften und Unternehmen/Unternehmerverbänden, in dem vor allem Löhne und Arbeitsbedingungen geregelt werden. Vor dem Ersten Weltkrieg weigerten sich die Unternehmer in vielen Branchen die Gewerkschaften als Verhandlungspartner anzuerkennen. Der Arbeitsvertrag wurde damals zwischen Arbeitgeber und Arbeitnehmer, wobei der Arbeitnehmer in der Regel in der schwächeren Position war, individuell ausgehandelt (→ S. 31).

Totalitarismus: (von lat. totus – ganz, völlig) bezeichnet das Herrschaftssystem einer antiliberalen Staats- und Gesellschaftsform des 20. Jh. wie vor allem des ▷ Bolschewismus bzw. ▷ Kommunismus und ▷ Faschismus bzw. NS. T. wird als ein System verstanden, das die „völlige Erfassung und propagandistische Gleichschaltung aller Lebensbereiche der Gesellschaftsmitglieder beinhaltet, die Willensäußerungen von Gruppen und Individuen unterdrückt" (K. D. Bracher). Da es reale historische Erscheinungen eines wirklich „totalen" Systems nicht gegeben hat und gibt, ist dieser Begriff nur als „idealer Typus" anwendbar um die historischen Systeme daran zu analysieren und ihren jeweiligen Abstand von diesem Typus zu messen. Zentral für das Verständnis des T.begriffs sollte der Anspruch eines Systems auf Durchsetzung eines „ganz anderen Wertungssystems" (M. Drath) gegenüber dem in einer Gesellschaft herrschenden sein. Eine wesentliche Schwäche des Begriffs ist seine Unfähigkeit dynamische Prozesse innerhalb von Systemen zu erfassen, die als „totalitär", d. h. also als vollständig in sich geschlossen, beschrieben und verstanden werden. Die T.theorie (▷ Faschismustheorie) ist seit dem Umbruch in Osteuropa in der wissenschaftlichen und öffentlichen Auseinandersetzung wieder von wachsender Bedeutung; es bleibt aber das Problem bestehen, dass bei dem vergleichenden Ansatz die grundverschiedenen Zielsetzungen von menschenverachtendem Faschismus und NS und des auf soziale Gerechtigkeit zielenden Sozialismus/Kommunismus nicht einbezogen werden können.

Verhältniswahlrecht: Wahlverfahren, das die Zahl der Abgeordneten der verschiedenen Parteien im Parlament proportional zur Gesamtzahl der für die jeweiligen Parteien abgegebenen Wählerstimmen verteilt. Das Verhältniswahlrecht gilt als besonders gerechtes Wahlsystem, das aber die Parteienzersplitterung begünstigen und die Regierungsbildung erschweren kann (▷ Mehrheitswahlrecht) (→ S. 33).

Volksdemokratie: Bezeichnung für die durch die UdSSR nach dem 2. Weltkrieg unterstützten kommunistischen Staatsformen Mittel- und Osteuropas. Grundlage der V. sollten zwei ▷ Revolutionen sein: eine antifaschistisch-demokratische und eine ▷ sozialistische Umwälzung. Da diese Umgestaltung anders als die russische Oktoberrevolution vor sich ging, ergaben sich Unterschiede zur UdSSR – z. B. durch das Fortbestehen von politischen Parteien (z. B. in der DDR die Blockparteien CDU und LDPD), die jedoch von der kommunistischen Partei (in der DDR der SED) geführt wurden.

Volksfrontregierung: politische Bezeichnung eines Wahl- bzw. Regierungsbündnisses aus Sozialisten, Kommunisten, Sozialdemokraten und bürgerlichen Linksparteien. In Frankreich regierte ein solches Bündnis 1936–1937 unter dem Sozialisten Léon Blum als Ministerpräsidenten; die Regierung scheiterte an Finanzproblemen. In Spanien siegte 1936 ein Volksfrontbündnis unter Manuel Azana; gegen die Linksregierung putschte die Armee unter General Franco (s. S. 123).

Widerstand: Politischer und historischer Begriff zur Bezeichnung der Abwehr gegen einen diktatorischen, die individuellen und demokratischen Freiheitsrechte (Grundrechte) ausschaltenden Staat, wobei W. vom aktiven politischen Handeln bis hin zur passiven Verweigerung und „inneren Emigration" verstanden werden kann (zur analytischen Scheidung siehe S. 123f.). Demokratische Verfassungen enthalten z. T. auch ein ausdrückliches **Widerstandsrecht** wie z. B. das Grundgesetz der Bundesrepublik Deutschland im Art. 20 (→ M 7.17).

Literatur- und Filmhinweise

Vorschlag für eine kleine Handbücherei

Die folgenden Büchervorschläge sollen als Hilfe für den Unterricht und zum Anstoß für den Umgang mit Sekundärliteratur dienen. Sie können z. B. als Handapparat im Fachraum oder in der Schülerbücherei zur Verfügung stehen. Es ist generell nicht leicht, in der Vielfalt der historischen Literatur eine überzeugende Auswahl zu treffen; für das Thema dieses Bandes aber ist die erschienene und laufend erscheinende Literatur unübersehbar. Es werden daher nur zentrale, meist leicht erreichbare Werke bzw. Hinweise für wichtige Einzelgebiete gegeben, von denen aus im jeweiligen Fall selbstständig weitergesucht werden kann. (Taschenbücher sind mit * gekennzeichnet.)
Eine Fundgrube für Einzelthemen sind die Beilage zum „Parlament“: Aus Politik und Zeitgeschichte und die Schriftenreihe der Vierteljahrshefte für Zeitgeschichte.

Gesamtdarstellungen und Überblicke

Allgemein sei verwiesen auf die entsprechenden Bände in der „Fischer Weltgeschichte“*, der „Weltgeschichte des 20. Jahrhunderts“ (dtv)* und der „Propyläen Weltgeschichte“*

Zwei Reihenwerke

Broszat, Martin u. a. (Hrsg.): Deutsche Geschichte der neuesten Zeit vom 19. Jahrhundert bis zur Gegenwart. (dtv) München 1985ff.* (Zur Weimarer Republik und NS-Zeit sind bereits mehrere Bände erschienen; für die Schülerarbeit besonders geeignet.)

Wehler, Hans-Ulrich (Hrsg.): Neue Historische Bibliothek. (edition suhrkamp) Frankfurt/M. 1983ff.* (Themenhefte zum jeweils neuesten Forschungsstand)

Sonstige Darstellungen

Fenske, Hans: Deutsche Verfassungsgeschichte. Vom Norddeutschen Bund bis heute. (Colloquium) Berlin ²1984 (knappe und verständliche Einführung)*

Gruner, Wolf D.: Die deutsche Frage. Ein Problem der europäischen Geschichte seit 1800. (Beck) München 1984*

Stern, Carola / Winkler, Heinrich A. (Hrsg.): Wendepunkte deutscher Geschichte 1848–1945. (Fischer) Frankfurt/M. 1979*

Deutscher Sonderweg – Mythos oder Realität? (Kolloquien des Instituts für Zeitgeschichte). (Oldenburg) München 1982

Grebing, Helga: Der „deutsche Sonderweg“ in Europa 1806–1945. Eine Kritik. (Kohlhammer) Stuttgart 1986*

Zum Kaiserreich

Loth, Wilfried: Das Kaiserreich. Obrigkeitsstaat und politische Mobilisierung. (dtv) München ²1997*

Stürmer, Michael: Das ruhelose Reich. Deutschland 1866–1918. (Siedler) Berlin 1983

Wehler, Hans Ulrich: Das deutsche Kaiserreich. (Vandenhoeck und Ruprecht) Göttingen ⁶1985*

Fischer, Fritz: Griff nach der Weltmacht. Die Kriegszielpolitik des kaiserlichen Deutschland 1914/18. (Droste) Düsseldorf ⁴1971

Kocka, Jürgen: Klassengesellschaft im Krieg 1914–1918. (Vandenhoeck und Ruprecht) Göttingen 1973

Kruse, Wolfgang (Hrsg.): Eine Welt von Feinden. Der Große Krieg 1914–1918. (Fischer) Frankfurt/M 1997*

Zur Weimarer Republik

Heiber, Helmut: Die Republik von Weimar. (dtv) München 1966 (und weitere Auflagen)*

Kolb, Eberhard: Die Weimarer Republik. (Oldenbourg) München 1984 (Einführungsdarstellung auf dem neuesten Forschungsstand)

Möller, Horst: Weimar. Die unvollendete Demokratie. (dtv) München 1985 (mit Quellenanhang)*

Peukert, Detlev J. K.: Die Weimarer Republik. (edition Suhrkamp) Frankfurt/M. 1987 (kultur- und sozialgeschichtlich ausgerichtete Darstellung)*

Rosenberg, Arthur: Geschichte der Weimarer Republik. (EVA) Frankfurt/M. 1961 (und weitere Auflagen)

Bracher, Karl D. u. a. (Hrsg.): Die Weimarer Republik 1918–1933. (Landeszentrale für politische Bildung Nordrhein-Westfalen) Düsseldorf 1987

Longerich, Peter: Deutschland 1918–1933 (Fackelträger) Hannover 1995

Jasper, Gotthard: Die gescheiterte Zähmung. Wege zur Machtergreifung Hitlers 1930–1934. (edition Suhrkamp) 1986 (knappe Darstellung auf dem neuesten Forschungsstand)*

Kolb, Eberhard (Hrsg.): Vom Kaiserreich zur Weimarer Republik. (Kiepenheuer und Witsch) Köln 1972

Krüger, Peter: Versailles. Deutsche Außenpolitik zwischen Revisionismus und Friedenssicherung. (dtv) München 1986*

Michalka, Wolfgang (Hrsg.): Die nationalsozialistische Machtergreifung. (Schöningh) Paderborn 1984*

Mommsen, Hans u. a. (Hrsg.): Industrielles System und politische Entwicklung in der Weimarer Republik. (Droste) Düsseldorf 1974

Rürup, Reinhard (Hrsg.): Arbeiter- und Soldatenräte im rheinisch-westfälischen Industriegebiet. (Hammer) Wuppertal 1975

Winkler, Heinrich A.: Arbeiter und Arbeiterbewegung in der Weimarer Republik, 3 Bde. (Dietz Nachf.) Berlin/Bonn 1984ff. (umfassende Darstellung der Arbeiterbewegung in der Weimarer Republik)

Winkler, Heinrich A.: Weimar 1918–1933. Die Geschichte der ersten deutschen Demokratie. (C. H. Beck) München 1993

Zum Nationalsozialismus

Benz, Wolfgang (Hrsg.): Legenden, Lügen, Vorurteile, Ein Lexikon zur Zeitgeschichte. (Moos u. Partner) München 1990

Ders. (Hrsg.): Dimension des Völkermords. Die Zahl der jüdischen Opfer des Nationalsozialismus. (Oldenbourg) München 1991

Bracher, Karl-Dietrich u. a. (Hrsg.): Nationalsozialistische Diktatur 1933–1945. Schriftenreihe der Bundeszentrale für politische Bildung 192. (Bundeszentrale f. pol. Bildung.) Bonn 1983

Broszat, Martin/Frei, Norbert (Hrsg.): Ploetz. Das Dritte Reich. (Ploetz-Verlag) Freiburg/Würzburg 1983

Browning, Christopher R.: Ganz normale Männer. Das Reserve-Polizeibataillon 101 und die „Endlösung" in Polen. (rororo) Reinbek bei Hamburg 1993

Buchheim, Hans u. a. (Hrsg.): Anatomie des SS-Staates. 2 Bde. (dtv) München ⁴1984* (mit Dokumenten!)

Hildebrand, Klaus: Das Dritte Reich (= Grundriss der Geschichte 17). (Oldenbourg) München ²1981

Thamer, Hans-Ulrich: Verführung und Gewalt. Deutschland 1933–1945. (Siedler) Berlin 1986 (derzeit die umfassendste Gesamtdarstellung)

Barkai, Avrahm: Vom Boykott zur „Entjudung" (Fischer) Frankfurt 1988*

Goldhagen, Daniel Jonah: Hitlers willige Vollstrecker. Ganz gewöhnliche Deutsche und der Holocaust. (Siedler Verlag) Berlin 1996

Greive, Hermann: Geschichte des modernen Antisemitismus in Deutschland. (Wiss. Buchgesellschaft) Darmstadt 1983

Hamann, Brigitte: Hitlers Wien. Lehrjahre eines Diktators. (Piper) München/Zürich ⁶1997

Kershaw, Ian: Hitler. 1889–1936. (DVA) Stuttgart 1998

Lane, Barbara Miller: Architektur und Politik in Deutschland 1918–1945. (Vieweg & Sohn) Braunschweig/ Wiesbaden 1986

Möller, Horst: Exodus der Kultur. Schriftsteller, Wissenschaftler und Künstler in der Emigration nach 1933. (Beck) München 1984*

Müller, Klaus-Jürgen: Armee, Politik und Gesellschaft in Deutschland 1933–1945. (Schöningh) Paderborn ⁴1986

Ders.: Der deutsche Widerstand 1933–1945. (Schöningh-UTB) 1986*

Schoeps, Julius H. (Hrsg.) : Ein Volk von Mördern? Die Dokumentation zur Goldhagen-Kontroverse um die Rolle der Deutschen im Holocaust. (Hoffmann & Campe) Hamburg 1996

Scholder, Klaus: Die Kirchen und das Dritte Reich. Bd. 1. (Propyläen) Frankfurt/Berlin/Wien 1977; Bd. 2 (Siedler) Berlin 1985

Scholtz, Harald: Erziehung und Unterricht unterm Hakenkreuz. (Vandenhoeck) Göttingen 1985*

Ueberschär, Gerd. R. / Wette, Wolfram (Hrsg.): „Unternehmen Barbarossa". Der deutsche Überfall auf die Sowjetunion 1941. (Schöningh) Paderborn 1984 (mit Dokumenten!)

Widerstand und Exil 1933—1945. Hrsg. Bundeszentrale für politische Bildung. (Bundeszentrale f. pol. Bildung) Bonn 1985

Winkler, Dörte: Frauenarbeit im „Dritten Reich". (Hoffmann und Campe) Hamburg 1977

Wirtschafts- und Sozialgeschichte

Ambrosius, Gerold / Hubbard, William H.: Sozial- und Wirtschaftsgeschichte Europas im 20. Jahrhundert. (Beck) München 1986

Aubin, Hermann / Zorn, Wolfgang (Hrsg.): Handbuch der deutschen Wirtschafts- und Sozialgeschichte. Bd. 2. (Klett-Cotta) Stuttgart 1976

Blaich, Fritz: Der Schwarze Freitag. Inflation und Wirtschaftskrise. (dtv) München 1986 (anschauliche und knappe Darstellung)

Cipolla, Carlo M. / Borchardt, Knut (Hrsg.): Europäische Wirtschaftsgeschichte. Bd. 5. (G. Fischer) Stuttgart/ New York 1980 (jetzt auch als Taschenbuch)*

Hardach, Karl: Wirtschaftsgeschichte Deutschlands im 20. Jahrhundert. (Vandenhoeck und Ruprecht) Göttingen 1976*

Henning, Friedrich-Wilhelm: Das industrialisierte Deutschland 1914 bis 1978. (Schöningh-UTB) Paderborn ⁵1979*

Petzina, Dietmar: Die deutsche Wirtschaft in der Zwischenkriegszeit. (Steiner) Wiesbaden 1975 (straffe, auch für Schüler gut verständliche Darstellung)

Zur Reflexion

Diner, Dan (Hrsg.): Ist der Nationalsozialismus Geschichte? Zu Historisierung und Historikerstreit. (Fischer) Frankfurt 1987*

Gerstenberger, Heide /Schmidt, Dorothea (Hrsg.): Normalität oder Normalisierung. Geschichtswerkstätten und Faschismusanalyse. (Westfälisches Dampfboot) Münster 1987

Wehler, Hans-Ulrich: Entsorgung der deutschen Vergangenheit? (Beck) München 1988

Wippermann, Wolfgang: Faschismustheorien (Wiss. Buchgesellschaft) Darmstadt 1972

Ders.: Kontroversen um Hitler (Suhrkamp/stw) Frankfurt 1986*

Quellen

Abelshauser, Werner u. a. (Hrsg.): Deutsche Sozialgeschichte 1914–1945. Ein historisches Lesebuch. (Beck) München 1985

Brüning, Heinrich: Memoiren 1918–1934, 2 Bde. (Taschenbuchausgabe dtv) München 1972*

Denzler, Georg / Fabricius, Volker (Hrsg.): Die Kirchen im Dritten Reich. Bd. 2: Dokumente. (Fischer) Frankfurt/M. 1984*

Eichholtz, Dietrich / Schumann, Wolfgang: Anatomie des Krieges. (VEB Deutscher Verlag) Berlin (DDR) 1969

Elser, Johann Georg: Autobiografie eines Attentäters. Hrsg. von Lothar Gruchmann. (DVA) Stuttgart 1989

Hofer, Walter (Hrsg.): Der Nationalsozialismus. Dokumente 1933–1945. (Fischer) Frankfurt/M. 1983 (Neuausgabe)*

Kühnl, Reinhard: Der deutsche Faschismus in Quellen und Dokumenten. (Pahl-Rugenstein) Köln ³1978*

Kuhn, Annette / Rothe, Valentine (Hrsg.): Frauen im

deutschen Faschismus. 2 Bde. (Schwann) Düsseldorf ²1983
Michalka, Wolfgang (Hrsg.): Das Dritte Reich. 2 Bde. (dtv) München 1985*
Michalka, Wolfgang / Niedhardt, Gottfried (Hrsg.): Die ungeliebte Republik. Dokumente zur Innen- und Außenpolitik Weimars 1918—1933. (dtv) München ³1984*
Münch, Ingo von / Brodersen, Uwe (Hrsg.): Gesetze des NS-Staates. (Schöningh) Paderborn ²1982*
Neebe, Reinhard (Hrsg.): Die Republik von Weimar 1918–1933. (Klett) Stuttgart 1987*
Petzina, Dietmar u. a. (Hrsg.): Sozialgeschichtliches Arbeitsbuch III. Materialien zur Statistik des Deutschen Reiches 1914–1945. (Beck) München 1978
Ritter, Gerhard A. / Miller, Susanne (Hrsg.): Die deutsche Revolution 1918–1919. Dokumente. (Fischer) Frankfurt/M. ²1983
SOPADE. Deutschland-Berichte der Sozialdemokratischen Partei Deutschlands 1934–1940. (Zweitausendeins) Frankfurt/M. 1980 (Neudruck) (für Schüler guter Zugang zur Forschungssituation durch Dokumente, Erfahrungsquellen aus dem Reich und ihre politische Auswertung durch die Exil-SPD/SOPADE)Steinbach, Lothar (Hrsg.): Ein Volk, ein Reich, ein Glaube? Ehemalige Nationalsozialisten und Zeitgenossen berichten über ihr Leben im Dritten Reich. (J. H. W. Dietz. Nachf.) Berlin/Bonn 1983

Filmvorschläge zur Veranschaulichung der Wirklichkeit in den Konzentrationslagern

Wir haben in der Darstellung und den Dokumentationen die innere Wirklichkeit der Konzentrationslager nur andeuten können. Der enge Raum, auf dem dieses dargestellt und belegt werden musste, kann der Sache nicht gerecht werden. Daher werden hier einige Filmvorschläge gemacht, mit deren Hilfe dieses so schwierige und wichtige Thema tiefer als durch wenige Worte und Dokumente behandelt werden kann.

Endlösung – Judenverfolgung in Deutschland, s/w und color, 92 min.
Dieser WDR-Fernsehfilm behandelt die Verfolgung und Vernichtung der Juden von 1933–1945 in chronologischer Szenenfolge anhand von Originalmaterial, NS-Propagandafilmen und Ausschnitten aus dem amerikanischen Film „Holocaust". Der Film wird durch eine Reflexion über das Problem autoritärer Erziehung und der Bereitschaft zum Töten abgeschlossen.

KZ-Schergen
s/w, 16 mm, Lichtton, 33 min.
Fernsehaufzeichnung des Prozesses gegen die beiden ehemaligen SS-Aufseher im KZ Sachsenhausen, Wilhelm Schubert und Gustav Sorge, vor dem Landgericht Bonn 1958/59: Zeugenaussagen, Geständnis Schuberts, Plädoyers der Staatsanwaltschaft und Verteidigung, Urteil des Gerichts zu lebenslangem Zuchthaus für beide. (Besonderer dokumentarischer Wert des Films durch das 1959 noch mögliche Filmen in Gerichtssälen.)
Mein Großvater – KZ-Aufseher Konrad Keller
color, 16 mm, Lichtton, 60 min.
Akribische Aufarbeitung der Lebensgeschichte Konrad Kellers durch seinen jungen Enkel, den Journalisten Kurt Kister aus Dachau. Er versucht herauszufinden: „Was war das für ein Mensch – mein Großvater?" Im Privatleben war er aufopferungs- und liebevoll, in „seiner Arbeit" war er SS-Lagerbewacher. Kister stellt den Film unter die Frage: Wie hätte ich mich verhalten, wenn ich damals gelebt hätte, und zwingt so zur Stellungnahme aus heutiger Sicht.

Nacht und Nebel
s/w, 31 min.
Der berühmte und preisgekrönte Dokumentarfilm des französischen Regisseurs Alain Resnais und des Dichters Jean Cayrol versucht das Inferno der Konzentrationslager erfahrbar zu machen, ohne in falsches Pathos zu verfallen. Der Film eignet sich gerade deshalb für eine Oberstufe, weil an ihm auch die Problematik der filmischen Stilisierung von originalen Dokumenten deutlich wird.

Shoah
Filmische Zeitzeugenbefragungen durch den französischen Schriftsteller und Filmemacher Claude Lanzmann. Opfer, Täter und Zuschauer der Judenvernichtung im Dritten Reich wurden von Lanzmann aufgespürt und zu einer oft schmerzlichen Erinnerungsarbeit veranlasst. „Shoah" ist ein hebräisches Wort und bedeutet: großes Unheil, Katastrophe. Der Film eignet sich besonders gut zur Arbeit, weil die Fragen und Antworten auch schriftlich veröffentlicht sind (dtv-Band 10924, München 1988; → M 9.18).

Register

Das Register weist die wichtigsten Erwähnungen von Begriffen, Orts- und Personennamen nach, die für das Thema von Bedeutung sind. ▷ verweist auf eine Kurzdefinition in den Erläuterungen S. 268ff.

Bildquellenverzeichnis

Jörg P. Anders, Berlin: Farbtafel IV; Archiv der Sozialen Demokratie/Friedrich-Ebert-Stiftung, Bonn: S. 154; Archiv für Kunst und Geschichte, Berlin: S. 167 u., S. 195 o. l.; Walter Ballhause, Plauen: S. 110; Bauhaus-Archiv, Berlin: S. 177; Bildarchiv Preußischer Kulturbesitz, Berlin: S. 16, S. 80, S. 105, S. 119, 198, S. 217; Peter-August-Böckstiegel-Haus, Werther bei Bielefeld: Farbtafel II o.; Bundesarchiv Koblenz: S. 88, S. 116; Deutsches Institut für Filmkunde, Frankfurt: S. 214; aus K. Hamer/K.-W. Schunck/R. Schwarz (Hg.), Vergessen und verdrängt, Eckernförde (Selbstverlag) 1984: S. 172; aus: J Hermand/F. Trommler, Die Kultur der Weimarer Republik, Frankfurt/M. (Fischer Taschenbuch Verlag) 1988: S. 104; Imperial War Museum, London: Farbtafel II u., Farbtafel III; Interfoto Friedrich Rauch, Essen: S. 83 l.; Internationales Institut für Sozialgeschichte, Amsterdam: S. 50, S. 83r.; Kulturgeschichtliches Museum, Osnabrück: S. 216; Joachim Petsch, Bochum: S. 178u., S. 200 u.; aus: V. Plagemann, Vaterstadt, Vaterland ... Hamburg (Christians) 1986: S. 7; Regis Collection, Minneapolis: Farbtafel I; aus Leni Riefenstahl, Schönheit im Olympischen Kampf, Berlin (Deutscher Verlag) 1937: S. 158, S. 195 o. r.; Ruhrlandmuseum/Archiv Ernst Schmidt, Essen: S. 66; Siemens-Museum, München: S. 195 u.; Stadtarchiv Bielefeld: S. 218; Stadtarchiv Essen: S. 65; Stadtplanungsamt Wolfsburg/Bildarchiv: S. 200 u.; Süddeutscher Verlag/Bilderdienst, München: S. 79, S. 201; aus: Überleben und widerstehen – Zeichnungen von Häftlingen des KZ Auschwitz 1940-1946, (J. A. Brandhuber, Arbeit macht frei, 1946), Köln (Pahl-Rugenstein) 1980: S. 235; Ullstein Bilderdienst, Berlin: S. 38; S. 84, S. 101, S. 138, S. 180; © VG Bild-Kunst, Bonn: S. 91, S. 103, S. 166; Volkswagen AG, Wolfsburg: S. 167 o.; aus M. Warnke (Hg.), Politische Architektur in Europa, Köln (DuMont) 1984: S. 199 u.; Yad Vashem, Jerusalem: S. 219; Zahlenbilder/Erich Schmidt Verlag, Berlin: S. 196; weitere: Verlagsarchiv Schöningh, Paderborn.

Sollte trotz aller Bemühungen um korrekte Urheberangaben ein Irrtum unterlaufen sein, bitten wir darum, sich mit dem Verlag in Verbindung zu setzen, damit wir eventuelle Korrekturen bzw. übliche Vergütungen vornehmen können.